DIE SCHOPENHAUERS
DER FAMILIEN-BRIEFWECHSEL

—

HERAUSGEGEBEN VON
LUDGER LÜTKEHAUS

DIE
SCHOPENHAUERS

DER FAMILIEN-BRIEFWECHSEL

VON

ADELE, ARTHUR, HEINRICH FLORIS UND
JOHANNA SCHOPENHAUER

HERAUSGEGEBEN UND EINGELEITET

VON

LUDGER LÜTKEHAUS

ZÜRICH
HAFFMANS VERLAG
MCMXCI

Nachweis der Erstdrucke und Vorlagen
bringt die »Editorische Notiz«
nach der »Einleitung« des Herausgebers

Für Irmgard und Marie
L. L.

1.–5. Tausend, Herbst 1991

Alle Rechte an dieser Neuedition vorbehalten
Copyright © 1991 by
Haffmans Verlag AG Zürich
Gesamtherstellung: Offizin Andersen Nexö Leipzig GmbH
ISBN 3 251 20115 8

INHALT

Ludger Lütkehaus

EINLEITUNG
Geschichte eines Plurals

Philosophen pflegen Schulen zu begründen oder anzugehören –
selten Klassen, noch seltener Familien. In den Filiationen der Schul-
bildungen erschöpft sich meist die Sozialbindung des Denkertums.
Der Geist entsteht und weht nun einmal, wo *er* will. Wenn die philosophischen Solitäre es nicht sogar vorziehen, die Welt ganz aus
der Wurzel des »solus ipse« zu konstituieren und »tabula rasa« für
ihren eigenen Auftritt zu machen, dann bringt es ihr Familiensinn
allenfalls zu Genealogien der Moral oder zu einem philosophischen Familienroman nach Art der Spekulationen Schopenhauers
über die Erblichkeit der Eigenschaften (seine Schwester Adele
wird sie später aus dem reichhaltigen familiären Fundus supplie-
ren): »Vom Vater hab' ich (neben dem Vermögen) die Willensnatur
– die Mutter gab die Geistkultur.« Was aber das eigentliche Denken
betrifft, so soll seine Genesis allein darin liegen, daß sich die Strahlen der Upanishaden, Platos und Kants in einem Geist vereint
haben: Auch der vor Nietzsche größte Psychologe unter den Philosophen, der sonst nicht zögert, die Geist-Genealogie bis zu den
Genitalien vorzutreiben, beharrt auf den Patriarchogenesen der
Lichtmetaphysik.

Dem steht allerdings die zentrale Aussage eines Briefes an
Goethe vom 11. November 1815 entgegen: In letzter Instanz ist es
nicht das Denken, sondern der Mut, der den Philosophen macht –
der »Muth keine Frage auf dem Herzen zu behalten«; der in diesem
Sinn Mutigste, der vornehmste unheilige Heilige im philosophischen Kalender aber – das ist König Ödipus. Und der ist bekanntlich kein Solitär. »Aufklärung über sein eignes schreckliches
Schicksal suchend«, muß er vielmehr nach der schon geahnten
Identität jener Jokaste »rastlos weiter forschen«, die er als »Jokaste

in sich« als größtes Aufklärungshindernis erfährt. Und seine Weimarer Excellenz König Laios werden schon die Kriegserklärung
verstanden haben, die ihr in demselben Brief von dem in der Farbenlehre abtrünnigen Kronprinzen widerfährt. Man wird also
kaum ein Sakrileg begehen, wenn man mit einer Dokumentation
des Familien-Briefwechsels Schopenhauers daran erinnert, daß
auch dieser notorische Einzelgänger einem Ensemble familiärer
Verhältnisse entstammt, mit dem seine Leidens-, seine Leiden-
schafts- *und* seine Erkenntnisgeschichte beginnt.

Auf der anderen Seite ist freilich von vornherein gegen die gängi-
gen Reduktionspsychologien, gegen eine trivialisierte Psychoana-
lyse, zu schweigen von den modischen Kopfgeburten aus dem hohlen Bauch, daran zu erinnern, daß Denken nicht nur Ursachen und
Motive, sondern auch Gründe hat, sofern und solange es eben Denken ist. Andernfalls könnte jedes Denken das Denken gleich lassen.

Und sollte die im folgenden versuchte Re-Familiarisierung des
philosophischen Solitärs als Heimholung nach dem Motto: »denn
er war unser«, als distanzlose Verbiederung, gar Verbiedermei-
rung mißverstanden werden: im Stile einer restaurativen »Jetztzeit«, die sich nur zu gerne in ihren Familienalben spiegelt, dann
wären zweifellos allein Schroffheiten Schopenhauerschen Aus-
maßes zur Wahrung der nötigen Distanzen adäquat.

Von Verbiederung und Verbiedermeierung wird jedoch im weiteren nur äußerst selten die Rede sein können: Das verbürgt schon
der ganz und gar unbiedermeierliche Geist einer Familie, die nichts
weniger als eine Heilige Familie war: ihre nur schwer überbiet-
baren Dissonanzen kommen allemal dem Mißverständnis zuvor,
mit »Re-Familiarisierung« wäre so etwas wie »Harmonisierung«
gemeint. Und in bezug auf die unaufhebbare Spannung zwischen
philosophischen Motiven und Ursachen einerseits, den Gründen
andererseits wird sich wenigstens abzeichnen, wie ein großes und
wahrhaft überzeugendes Denken im Widerspruch zu den üblichen
Axiomen der philosophischen Zunft gerade aus seiner »Genesis«
seine »Geltung«, aus seiner Geschichte seine Authentizität, aus
seinen Bedingungen seine spezifische Freiheit und aus seinen
Wurzeln seine Radikalität gewinnt. Noch einmal also: Zu beob-

achten ist ein Ensemble familiärer Verhältnisse, in dem sich eine philosophisch erkenntnis*förderliche*, nicht erkenntnis*hinderliche* Lebensgeschichte entwickelt.

Nun ist auch dieses familiäre Ensemble soweit noch aus der Sicht eines Einzelnen, des Einzigen, perspektiviert:»Schopenhauer« – das ist selbst in frauenbewegten Zeiten wie selbstverständlich Arthur Schopenhauer. Und Arthur Schopenhauer hat dem Namengebrauch zufolge offenbar weder einen Vater noch eine Mutter noch eine Schwester gehabt.

Mit dieser isolationistischen Redeweise wird im folgenden gebrochen. Wohl muß auch diese Briefsammlung die Kommunikation der anderen drei Schopenhauers untereinander vernachlässigen; aber sie wird immerhin ohne weitere Namensprivilegien von Heinrich Floris, von Johanna, von Adele und eben von Arthur (Schopenhauer) sprechen:»Im Namen des Sohnes« darf der exemplarische Individuationsprozeß dieser Familie am allerwenigsten verleugnet werden. Den nötigen Distanzen, dem fälligen Respekt muß das nicht abträglich sein: Er wird sich eher vergrößern, wenn zu dem großen Sohn, dessen singulärer Rang fraglos ist, eine bemerkenswerte Mutter und eine womöglich noch bemerkenswertere Schwester neben einem durch seine Leidensgeschichte fatal ausgezeichneten Vater hinzutritt.

Die spezifischen Differenzen der Schopenhauers wiederum sind endlich mit allem Nachdruck und ohne die in der »Schopenhauer«-Forschung üblichen Präokkupationen zu betonen. Hier wertet man gerne vor allem die unmütterliche Mutter gegenüber dem großen Sohn ab, während sich auf der anderen Seite die »Schopenhauer«-Legende nicht minder gerne an den asozialen Einzelgänger hält – die »kleine Schwester« kommt ohnehin nicht in Betracht. Dagegen wird die folgende Briefsammlung höchst ausgeprägte, gleichermaßen berechtigte und um ihrer selbst willen dokumentierenswerte Individualitäten zeigen. »Die Schopenhauers« – das ist nichts weniger als ein weibliches Spiegelkabinett, das nur bestimmt wäre, ein günstiges Licht auf den »philosophe soleil« zu werfen.

Dieser Intention kommt die fragmentarische Überlieferung des Familien-Briefwechsels paradoxerweise zu Hilfe: Adele hat – aus noch darzustellenden aufschlußreichen Motiven – den größten Teil der an sie und die Mutter gerichteten Briefe Arthurs vernichtet. Sie war hier so etwas wie die Hegelsche »Furie des Verschwindens«. Niemanden kann das freuen, zumal nicht bei einem Briefschreiber, der auch als solcher zu den größten Autoren der deutschen Literatur zählt. Aber wenn man will, mag man darin auch eine Art kompensatorischer List der Vernunft erblicken. Denn Adele kommt so wie die Mutter erheblich öfter als der uns sehr viel mehr gegenwärtige Bruder zu Wort.

Indessen reduziert die fragmentarische Überlieferung den Briefwechsel nicht, wie es in der Forschung gelegentlich vertreten worden ist, auf einen zugunsten der Frauen vollständig asymmetrischen Monolog. Arthur bleibt vielmehr als Adressat in den Briefen der Autorinnen immer so präsent, auch so provokant, daß durchaus von einem vollgültigen Brief*wechsel* zu sprechen ist. Bei den Stücken, wo die Mutter oder Adele unmittelbar Briefe Arthurs kommentieren, wird der ausgeprägt dialogische Charakter auch äußerlich deutlich.

Trotz seiner fragmentarischen Überlieferung ist dieser Briefwechsel außerordentlich umfangreich: Insgesamt sind uns von den vier Briefschreibern 214 Stücke – 11 von Heinrich Floris, 96 von Johanna, 89 von Adele und 18 von Arthur – aus exakt fünfzig Jahren, zwischen 1799 und 1849, erhalten.

Unter diesen Briefen sind auch Briefe oder Briefteile, die keine Dokumentation zu rechtfertigen scheinen: Geschäftsbriefe, Erbschaftsnachrichten, Familienklatsch, Bildungsgerede, Kulturkolportagen… Vor allem gegen Ende hin gibt es in den Briefen Adeles wie schon zuvor gelegentlich in den Briefen Johannas Geschäftliches im Übermaß. Gleichwohl sind auch diese Passagen für ein authentisches Familienbild der Schopenhauers nicht zu entbehren. Selbst bei den äußerlichsten Details sind sie immer wieder menschlich so aufschlußreich – nicht zuletzt eben dann, wenn alles Menschliche bewußt ausgespart wird –, daß sich jede Kürzung, gar eine Auswahlausgabe verbot. Und im ganzen ist dieser Briefwechsel, für den es in der deutschen Literaturgeschichte nichts auch nur annähernd Vergleichbares gibt, ein biographisch, psychologisch, kulturhistorisch und auch philosophisch einzigartiges Dokument.

Zerfall einer Familie?

Die Familiengeschichte der Schopenhauers mutet, von außen gesehen, öfters an wie die eines katastrophalen Zerfalls. Das Porträt, das Johanna wenige Jahre vor ihrem Tod in ihrem Brief vom 24. Juli 1835 malt, aber während des gesamten Briefwechsels sein Kolorit erhält, ist schon fast ein Horrorszenario finanzieller und menschlicher Verarmung, immer am Rande des Bankrotts, der vollständigen Auflösung, der suicidalen und klinischen Psychopathologie; Konsolidierungs- und Harmonisierungsversuche wirken im ganzen eher wie Ritardandi des Zerfalls.

Die Selbsttötung von Heinrich Floris führt zur Liquidation des Schopenhauerschen Geschäftes in Hamburg. Mit dem Bankrott des Danziger Handelshauses Muhl geht ein Großteil des Familienerbes verloren. Johannas Mutter und Schwestern sind Versorgungsfälle. Und als Adele mit Johanna in Danzig zu retten versucht, was noch zu retten ist, da geht sie »unter den Straßen unserer brillanten Zeit, vor dem ehemaligen Eigenthum unserer Familie oft traurig vorüber« (8. Sept. 1819).

In diesem Bankrott wiederum bricht das zuvor schon menschlich zwischen Mutter und Sohn zerbrochene Familiengefüge vollends auseinander. Und auch sonst bleibt nicht viel: Nach Johannas Tod kann die kinderlose Adele, die ihrerseits mit dem Bruder nur eine höchst prekäre, immer wieder gefährdete Beziehung verbindet, eine Familienbilanz ziehen, die auf die Weltschmerzdichtung Chateaubriands anspielt: »(...) wir bleiben *ganz* allein, – Du wirst der letzte der Abenceragen!« (21. XII. 1840). Neun Jahre später stirbt sie an Unterleibskrebs. Arthurs zwei uneheliche Kinder waren schon lange zuvor im Säuglingsalter gestorben. So bleibt er am Ende tatsächlich ganz allein: ein finaler Singular – das »Nichts«, das er am grandiosen Schluß seines Hauptwerkes als nur relatives beschwört, scheint sich familiär zum absoluten auszuwachsen.

Anlässe für Niedergangsgefühle also zuhauf. Ja, der beschriebene Zerfall könnte mitunter schon wie eine reale Vorwegnahme jenes berühmteren »Verfalls einer Familie«, erscheinen, der aus dem Gefühl des Fin de siècle und aus dem Geist einer mißverstandenen »Schopenhauerschen« Philosophie ein halbes Jahrhundert später von Thomas Mann porträtiert worden ist, wenn ihm nicht bei Mutter, Schwester und Sohn ein ebenso nachhaltiger künstlerischer und geistiger Steigerungsprozeß widerspräche. Dieses In- und Gegeneinander von Zerfall und Steigerung aber ist nicht in dem nur allzu vertrauten Schema von Décadence und Sublimation zu begreifen. Zu beobachten ist vielmehr ein Prozeß, in dessen Verlauf die Kreativität in dem Maße größer wird, wie sich die Mitglieder des familiären Ensembles voneinander distanzieren und befreien. Der Familienwappenspruch, der bei der Flucht vor der borussischen Knutokratie in die Freie und Hansestadt Hamburg nur politisch verstanden worden war, wird in diesem Prozeß unbewußt aktualisiert: »Point de bonheur sans liberté.« – Kein Glück ohne Freiheit. Ebenso keine literarische und philosophische Produktivität ohne Distanz! Und dieser Schritt für Schritt zu verfolgende Distanzierungs- und Befreiungsprozeß wird am Ende auch den zentralen Impuls, der aus dem philosophischen Werk Arthurs spricht, auf exemplarische Weise illustrieren.

Pädagogik des aufrechten Ganges

Am Anfang des Briefwechsels stehen, mit einigen frühen Briefen Johannas vermischt, die des Vaters an seinen Sohn. Bei aller Liebe, die aus diesen Briefen eines »guten Vaters« spricht – so einmal seine Unterschrift im Gegensatz zu der sonst meist von den Eltern beobachteten emotionalen Kargheit –, ist doch die Festigkeit der väterlichen Hand nicht zu übersehen. Gelegentlich steht die Mutter dem unbotmäßigen Sohn in dieser Hinsicht »in vollem Ernst, für nichts« (19. Juli 1803). Im übrigen verstehen beide die Kunst, im Rahmen der pädagogischen familiären Arbeitsteilung mit dem jeweils anderen elterlichen Büttel zu drohen, wie üblich gut.

Das Lehrstück, um das es geht, ist ein doppeltes: Dem Erben soll der aufrechte Gang und die Ordnung der Schrift buchstäblich eingefleischt werden. Die Schreiblehre ist dabei selbstverständlich mehr als bloß Schreiblehre, nämlich der obligatorische Sozialisierungs- und Anpassungsprozeß an die geltenden Normen des Schönen und Rechten. In diesem Fall ist sie allerdings auch nicht ohne paradoxen situativen Witz; denn die wahrhaft abenteuerliche Grammatik, Orthographie und Interpunktion des Sprachlehrers spottet durchaus jeder Beschreibung: »(...ein Mensch der sich der Handlung ergeben will, schlechterdings gut und flüßig schreiben muß«) – fürwahr! Ebenso wird eine psychologisch versierte Graphologie zweifellos ihr Deutungsvergnügen finden können, wenn der Vater sich bemüht, dem Sohn »eine freye mänliche Faust«, einen »flüssigen« und »männlichen Styl« für die »Handlung« zu vermitteln, so daß man die Feder »durch den Fingern allein ohne die Faust fortzurücken gantz in seiner Gewalt hat und so auch wie spielend mit ihr wirken kann«, selbst wenn dabei die allzu großen Buchstaben, die erschreckenden Längen und Schnörkel auf der Strecke bleiben müssen.

Das alles scheint ebensosehr aus dem Leben Fibels wie dem der Schopenhauers gegriffen; es fehlt aber auch nicht an Liebeserpressung und Strafandrohung dabei. Und steht gar die Geradheit des Rückens auf dem Erziehungsprogramm, so wird die elterliche Schule vollends zum pädagogischen Exercitium (was sie jüngst für die »antiparentalen« Manifeste Alice Millers qualifiziert hat: »Das verbannte Wissen«, p. 137). Wie auch immer der gekrümmte Sohnesrücken sich eingestellt haben mag – ihn mit Schlägen korrigieren zu lassen, um dann gerade wie ein »Fürstenkind« durchs Leben zu gehen und nicht mit »verkleideten Schustern oder Schneidern« verwechselt zu werden (23. Oktober und 20. November 1804): das ist gewiß im Extrem die Widersprüchlichkeit einer Pädagogik des aufrechten Ganges. Noch in den späten Gesprächen mit Julius Frauenstädt wird Arthur, nach den jugendlichen Leidenswurzeln seines Pessimismus gefragt, zugestehen, daß er »schon viel in der Erziehung, durch die Härte seines Vaters, zu leiden gehabt« habe (Gespräche, Hrsg. Arthur Hübscher, Stuttgart 1971², S. 131). Ob

der schreibende und vorschreibende »gute Vater« seinerseits in den
Tod hätte gehen müssen, wenn er sich selber wie die Seinen gelegentlich mehr hätte gehenlassen?

Allerdings ist die beschriebene Paradoxie auch als solche festzu-
halten: Keinesfalls sind hier Dokumente der »schwarzen Pädagogik« zu lesen, wie es die zitierte »antiparentale« Lesart will. Die um
dieselbe Zeit entstandenen Reisetagebücher Arthurs etwa zeigen
eine durchaus bemerkenswerte elterliche Liberalität. Und mag die
Aufforderung an den Sohn, um den rückensteifenden Schlag zu
bitten, auch auf den üblichen Verinnerlichungsprozeß der Gewalt
deuten, so ist es eben doch der aufrechte Gang, auf den der Erzie-
hungsprozeß zielt. Der aristokratische Vergleich, den der selbstbe-
wußte Bürger gebraucht, deutet auf nichts weniger als auf submis-
seste Subordination. Wenn generell in der Schopenhauer-Legende
immer noch das einseitige Bild vom politischen Reaktionär Schopenhauer dominiert, so steht dem familiär die Kontinuität einer
durchaus anderen, einer im weitesten Sinn »insubordinierten«
Tradition entgegen. Der Familienwappenspruch bindet mit
Grund das Glück nicht an die deutsche »Freiheit«, sondern an
die französische, erst aufklärerisch und dann revolutionär kontu-
rierte »liberté«. Heinrich Floris ließ sie sich beim Umzug aus dem
borussofizierten Danzig in die Freie und Hansestadt Hamburg
bekanntlich etwas kosten: Der Citoyen siegte hier über den Bour-
geois.

So ist es denn letzten Endes bei aller paradoxen Pädagogik
auch nur plausibel, daß der großgewordene Sohn den Manen des
»stolzen Republikaner«-Vaters dankbar mehr als ein Denkmal
errichtet hat. Sein Werk, schaut man nicht auf die politische Vor-
dergrundszenerie, die man getrost den allfälligen Restaurationen
überlassen darf, ist nichts anderes als eine einzige Revolte im Zeichen des aufrechten Ganges gegen den Geist der Affirmation:
gegen jede positive Philosophie dessen nämlich, was nun einmal ist
und herrscht. Und nicht weniger plausibel ist es, daß der berühm-
teste Schüler dieses Republikaner-Sohnes, Nietzsche, wieder gegen
die favorisierte Schopenhauer-Legende, das Zentrum von Schopenhauers Leben darin gesehen hat, daß er »niemandem unterthan«

war. Denn diese Formel bezeichnet in der Tat ebensowohl den Kern seiner philosophischen Existenz, wie sie auf die Kontinuität zwischen Vater und Sohn zurückführt.

Johanna in Weimar

Als die Frau »Hofrähtin« Schopenhauer zusammen mit der neunjährigen Adele im September 1806 in das eher höfisch und geistesaristokratisch geprägte Weimar übersiedelt, da bleibt freilich mit dem Sohn die ganze Welt des Vaters zurück: Die Mutter ist fest entschlossen, mit dem Leben unter ihren Gesetzen Schluß zu machen. Das äußert sich schon in der Weise des Abschieds, der im Bewußtsein, daß der Sohn von seinem selbstmörderischen Vater auch die Neigung zu »schwermüthigen Grübeleien« zum »traurigen Erbtheil« bekommen hat (28. April 1807), auf die Vermeidung aller schmerzlichen Töne gestimmt ist. Der zigarrenrauchende achtzehnjährige »Freund Arthur« wird unerachtet aller Intimität mit einem »polnischen« Adieu getäuscht – und zwar »um meinetwillen«: Der lebenskluge Egoismus dieser Mutter muß nicht anderer Wohl vorschützen, um ihre eigenen Interessen zu schützen. Später wird sie diesen Freimut, der sich so wohltuend von weiter verbreiteten Etikettenschwindeleien unterscheidet, noch eindrucksvoller zeigen: »Es ist zu meinem Glücke nohtwendig zu wissen, daß Du glücklich bist, aber nicht ein Zeuge davon zu seyn« (13. Dezember 1807).

In Weimar wird Johanna dann so etwas wie die Gnade der historisch rechtzeitigen Ankunft zuteil. Vor allem zwei Faktoren leisten dabei Integrationshilfe: Die napoleonischen Kriege, zumal die Auswirkungen der Schlacht von Jena und Auerstedt, zwingen auch die Weimaraner, näher zusammenzurücken. Zugleich betreibt neben Johanna ein anderer Außenseiter seine soziale Integration in die sogenannte »gute Gesellschaft«, wiewohl er in anderer Hinsicht seit langem ihr Zentralgestirn ist: Es ist der seinen »Bettschatz«, die Mutter seines unehelichen Sohnes ehelichende Geheime Rat Goethe, der Einlaß begehrt. Und die ebenso kluge wie vorurteilslose Johanna ist exakt die Frau, die weiß, wie man aus zwei Außenseitern einen Mittelpunkt macht. In ihren Briefen aus der zweiten Oktoberhälfte, vor allem dem großen Brief vom 18., 19. und 26 Oktober – ihrem eigentlichen Erstlingswerk, das in Hamburg, in Danzig denn auch sofort als einzigartiges historisches und literarisches Dokument aufgenommen wird – gehen Kriegs- und Gesellschaftsberichterstattung, Öffentliches und Privates, Politisches und Intimes eine denkbar enge Verbindung ein.

Das Nationale und Politische ist zwar Johannas eigentliche Leidenschaft nicht. Hier wechselt sie eher reibungslos von patriotischen Anwandlungen zur Bewunderung für den »Unbesiegbaren«, um sich später, in den Befreiungskriegen, wieder »in großer Zeit« zu fühlen. Um so nüchterner ist ihre Beobachtung: Steht am Anfang noch die Faszination des großen gewaltigen Soldatenlebens, der glänzenden Uniformen und der kriegerischen Musik, so weiß sie schon bald, wohin das kriegerisch gesteigerte Leben führt. Das Bild der Mutter, die zusammen mit ihrer Tochter den Tod erwartet; das Porträt eines versteinerten Weimarer Königs Lear, der indessen weit weniger toll als die ihn umgebende Welt ist; die fürchterliche Hilfe des Todes bei der Räumung der überfüllten Lazarette illustrieren »Gräuel«, die nach Johannas Einschätzung selbst Arthurs nachtschwarzes Weltbild übertreffen. Das Resümee lautet lakonisch: »So führt man jetzt Krieg.«

Mildernde Umstände allerdings scheint allemal ein barmherziger Gott zu gewähren. Und mag der Kriegsberichterstatterin auch das »allgemeine Leiden« das Herz pressen, so scheut sie – im vollen Bewußtsein, wie entsetzlich in dieser Situation der private Egoismus ist – doch die Bilanzierung des persönlichen Gewinns nicht.

Der liegt zunächst darin, daß die neuansässige Kriegsgewinnlerin in zehn Tagen besser als sonst in zehn Jahren Gelegenheit findet, sich zu zeigen, »wie ich bin«: geistesgegenwärtig, von schwer erschütterbarer Heiterkeit, großzügig und hilfsbereit, dazu so welterfahren und französisch kultiviert, daß sie mit den Besetzern Weimars erheblich besser als die deutschen Philister kommunizieren kann.

Solch glückliche Selbstrepräsentation wiederum ist das Billet für das Entrée in das »deutsche Athen«. Schon bei ihrer Erkundungsreise im Mai 1806 hatte Johanna mit erstaunlicher Selbstsicherheit gewußt, daß es ihr leicht werden würde, »die ersten Köpfe in Weimar, und vielleicht in Deutschland« wenigstens einmal in der Woche bei sich zu sehen. Aus einmal werden dann sogar zweimal: Donnerstags und sonntags, bei Tee und Butterbrot »im strengsten Verstande des Wortes« – was heute zweifellos jeden Autor eher zum Gehen als zum Kommen bewegen würde –, ist ein Zirkel sondersgleichen versammelt. Der »Theetisch« der »Hofrähtin Schopenhauer« wird zu dem bisher fehlenden Vereinigungspunkt. Die gutbürgerliche Republikaners-Witwe sieht gar eine Art »Cour« um sich versammelt: Ihr Hof umfaßt nicht weniger als die ganze Weimarer Bildungsaristokratie, die der mit Klassik- und Klassizismusvertraute Leser aus dem bekannten Roman eines nicht weniger bekannten Kulturberichterstatters, betitelt »Johanna in Weimar«, kennt; daneben aber auch seltenere Vögel wie den kraft- und weihevollen Zacharias Werner mit seinem »mistischen Wesen«; am Rande und um so erschütternder dargestellt, der alte Wieland, der nach dem Tode Sophie von Laroches so illusionslos über die »mißliche Sache« seines Lebens spricht, als hätte er schon mit dem illusionslosen Sohn der Hofrätin gesprochen.

Über allem natürlich der Geheime Rat Goethe. Diesem hübschen und ernsthaften Ritter von der schwarzen Gestalt kann Johanna sogleich mit jenem prätentionslosen Wesen begegnen, das er über alles schätzt, wiewohl oder gerade weil es ihm selber nur allzu fern liegt. Und die wohleingeschätzte Fremde und Großstädterin tut genau das, was er von ihr erhofft. Der Tee wird zum Vergesellschaftungsmittel par excellence. »Wenn Göthe ihr (Christiane Vulpius) seinen Namen giebt können wir ihr wohl eine Tasse Thee geben« (24. Oktober 1806) – das reduziert »die Vulpius« zwar auf den Status einer Tee- und Namensempfängerin; trotzdem ist diesem ironisch-souveränen Satz die übliche Philisterei denkbar fern: Neither pride nor prejudice…

Auch hier läßt der Gewinn nicht auf sich warten: Goethe – und das heißt: ein eher zutraulich gesehener Mitmensch, kein Menschen verschlingender Autokrat, kein steifer Höfling, kein Olympier, nur gelegentlich ein schwieriger Hypochonder, schon gar kein dämonisches Genie – wird zum familiär empfangenen allwöchentlichen Gast. Vorm heimeligen Ofenschirm, gemeinsam produziert, wird Klassik gemütlich: einfältige, nach eigener Einschätzung fast kindische »Natur« und »göttliche Kunst« scheinen sich wenigstens bei den häuslichen Scherenschnitten, die dann die Domäne Adeles werden, nicht mehr zu fliehn. Und auch Nähe und Größe – »Welch ein Wesen ist dieser Göthe, wie groß und wie gut« (28. November 1806) – schließen sich vorm Ofenschirm nicht mehr aus. Der freundlich transformierte Zeus des »deutschen Athen« hält die »kleine Frau« wie seinerzeit Arthurs Vater, der auch für Johanna immer weit mehr Vater als Mann gewesen war (die Konstruktion ihres Romans »Gabriele« illustriert das literarisch), »fest bey der Hand« (5. Januar 1807). Und die »kleine Frau«, die nicht mehr recht weiß, ob sie Tochter oder Witwe ist, fühlt sich heimischer als je, zufrieden wie nie: »Das ist das wahre Leben.« Kurz: Weimarer Klassik scheint bruchlos in Weimarer Biedermeier überzugehen. Jedenfalls ist wohl kein wärmeres und intimeres Porträt davon als in diesen Briefen gemalt worden.

Mit der Bilanz solch »wahren Lebens« ist indessen bei aller freundlichen Erinnerung an die »Väter« auch die Distanz zu dem unzufriedenen und falschen Leben, das das frühere für Johanna war, markiert: Das neue Glück verdankt sich der Verabschiedung dieser und »aller ähnlichen Familienverhältnisse« (30. Januar 1807). Und wo deren Restauration droht, da wird die »kleine Frau« die ganze Größe ihrer Widerstandskraft zeigen.

Revision eines Paktes

Unterdessen dauert für Arthur das »falsche Leben« vorerst noch an. Der Pakt, den er mit seinem Vater geschlossen hatte, nämlich Europa zu sehen und sich dafür, statt aufs Gymnasium zu gehen, dem kaufmännischen Leben zu ergeben, scheint seinen Preis einzufordern – die Sohnes-Bindung ist so tief, daß er auch gegenüber dem Toten den Vertrag nicht brechen kann.

Die Mutter nimmt dabei eine erstaunlich zwiespältige Haltung ein: Einerseits malt sie ihre Welt, von der sie weiß, daß sie eigentlich auch die Arthurs ist, in den anziehendsten Farben. Andererseits sucht sie ihn zunächst sehr wohl in der Welt des Vaters – der der Ökonomie, der Nützlichkeit statt der Schöngeisterei – zu halten. So stehen ihrer glücklichen Identitätsfindung nach der Entfremdung der Jugend- und Ehejahre bei ihm vertiefte Spannungen entgegen.

Die Reflexe dieses Risses kann man in den Brieffragmenten Arthurs aus der Hamburger Zeit entdecken, so sehr sie in ihrer Bildwelt und im gedanklichen Gehalt noch in den Klischees der christlich-pietistischen Tradition aufzugehen scheinen – die Begegnung mit der englischen Bigotterie im Hause des Reverend Lancaster in Wimbledon hatte hier offenbar noch nicht aufklärend genug gewirkt. Wo Johanna ihr Milieu gesucht und gefunden hat, räsoniert Arthur über den Dualismus von »Geist« und »Körper«, über die Fremdheit der aus ihrer *»erhabenen Apathie«* in die Welt des »Staubes« gerissenen Seele. Wo Johanna sich mit den Mitteln ihrer Geselligkeitskunst ein durchaus diesseitiges Reich schafft, nimmt er auf den Spuren Wackenroders seine Zuflucht zur »göttlichen Tonkunst« als »Widerhall des Ewigen«: ein Ausstieg auf Zeit, eine bedingte Erlösung. Und wo Johanna mit Lust die Verzweiflung vergißt, da erfährt er das »Ungeheuer Alltäglichkeit« und das Ungeheuer Vergeßlichkeit als Aspekte der Nichtigkeit.

Inmitten der noch traditionsgeleiteten Reflexionen über die zerstörerische Allmacht der Zeit, die Arthur schon während der Europareise 1803/4 umgetrieben hatten, gewinnen allerdings die über das »Ungeheuer Alltäglichkeit« spürbar schon einen eigenen Ton; kein Wunder, denn dieses Ungeheuer droht höchst realistisch, ihn zu verschlingen.

Johanna kann gleichwohl in solcher Verdüsterung zunächst nur die Verbindung von pathologischer Erblast mit Pubertätsmelancholie und Symptomen der Berufskrisis entdecken: Bei hinreichender Ausdauer werden Selbst- und Weltzufriedenheit schon proportierlich zunehmen! Dann aber ist sie, als die Klagen und Wünsche Arthurs inständiger werden, von exemplarischer Libera-

lität. Sie bricht mit dem väterlichen »Prinzip Erziehung«; sie stellt
Arthur die Wahl frei. Ja, so sehr sie ihm noch einmal aus der Sicht
der väterlichen Welt mit einem höchst drastischen – und realistischen! – Porträt des arbeitsreichen und honorararmen Gelehrten-
lebens die Risiken des Ausstiegs aus der Kaufmannskarriere vor-
stellt, so beklagt sie sich und den – mit biblischem Tonfall – »geliebten Sohn« geradezu wegen der »grausamen Listen« und Täuschun-
gen des Vaters und Mannes. Worauf sich das legitimerweise beziehen kann, ist nicht ganz ersichtlich. Doch die neue Botschaft ist klar:
Statt alter Vater-Sohn-Pakte neue Mutter-Sohn-Allianzen! Noch
einmal steht Arthur wie 1803 am Scheidewege; aber diesmal wählt
er wirklich, ohne Bestechung und ohne Köder.

Daß er es ist, der wählt, ist indessen auch gegen die in der Bio-
graphik üblich gewordene Version mit Nachdruck zu betonen:
Trotz Johannas Entgegenkommen kann keine Rede davon sein,
daß sie ihm von sich aus als die Geburtshelferin, gar als die Mutter
seiner Freiheit (womit denn auch meistens ihre Verdienste als Phi-
losophengebärerin erschöpft sind) zur Eigentlichkeit verholfen
hätte. Allein mit ihrer Zustimmung setzt der Wille des Sohnes sich
durch.

»Wir beide sind ZWEI«

Aus einem gedrückten familiären Ensemble entstehen also zwei
Freiheiten – bei gleich starken Willenspotenzen zwei konkurrie-
rende und schließlich kollidierende Freiheiten allerdings: die von
Johanna wird mit höchst dialektischer Ironie dadurch am Ende
gefährdet, daß sie die Befreiung Arthurs akzeptiert.

Die räumliche Distanz, die sie zunächst bewußt zu Arthur
wahrt, während er selber die Kunst des Abstandhaltens als Mitglied einer Gesellschaft fatal wärmebedürftiger Stachelschweine
eher widerwillig erlernt, verdankt sich neben ihrem Freiheits-
bedürfnis ihrer Lebensklugheit und einer durchaus adäquaten
Menschenkenntnis. Sie ist nicht eben zimperlich, den »Disputirgeist«, die »Superklugheit«, den »Orakelton« ihres »widerhäri-
gen« Sohnes, seine Neigung zur Besserwisserei und Weltverbesse-

rei auf den kaum angenehmen charakterologischen Begriff zu bringen. Und sie kennt seine Verachtung des Lebens und der Menschen, zu denen er doch selber – das die Dialektik aller Misanthropie – gehört (11. April 1832).

Dabei nimmt Johanna freilich nicht wahr, daß sich bei ihrem Sohn, dokumentiert in Reflexionen über das Trauerspiel und die Philosophie als Formen eines »besseren Bewußtseins«, eine Lebensanschauung bildet, die mehr ist als eine pubertätsmelancholische Quengelei. In psychologischer Hinsicht wiederum unterschätzt sie die Tiefe seiner Bindung an den Vater und auch an sie selber, obwohl sie wiederholt die Eifersucht Arthurs beobachten konnte. Dort nimmt sie ihn nicht erwachsen genug, hier zu erwachsen: als ihresgleichen.

Aus dieser Fehleinschätzung resultiert der entscheidende Fehler, den sie begeht, als sie Arthur nach seinem Studium im Widerspruch zu ihren bisherigen Distanzierungsmaximen einlädt, bei ihr zu wohnen. Die erneute dialektische Ironie der Geschichte will es, daß der isolierte Sohn wieder einmal in einer Familie leben und eine adäquate Vorstellung von der Lebensweise der Mutter gewinnen soll: Eben dabei bricht der Konflikt auf.

Der Anlaß sind neben den sich schon abzeichnenden geschäftlichen Differenzen und Arthurs konsequenter Abneigung gegen alles Patriotische anhaltende Streitereien zunächst zwischen Arthur und Johannas Hausfreund Müller von Gerstenbergk, dann auch unmittelbar zwischen Mutter und Sohn – Johanna kann sie nur dem »durchaus bösartigen« Charakter Arthurs zuschreiben. Das wirkliche Motiv ist indessen das Gefühl Arthurs, sich »verdrängt« und den nach seinem Gefühl von Johanna immer schon verratenen Vater vollends betrogen zu sehen. Die von einem Teil der Schopenhauer-Forschung so gerne erörterte Frage, ob denn die Mutter nicht auch verwerflicherweise eine mehr als platonische Beziehung zu ihrem »Freund« unterhalten habe, kann man getrost auf sich beruhen lassen: Es wäre ihr ja immerhin zu gönnen gewesen. Entscheidend ist, noch einmal, Arthurs Eifersucht und die Identifikation mit dem Vater, die zudem in dem Maße verstärkt sein mußte, als er sich selber paktbrüchig fühlte. Wenn man dabei in der symptomatischen Mischung der Haß-, Eifersuchts- und Identifikationsmotive mit dem eingangs zitierten griechischen Philosophie- und Familienheiligen eine geradezu schulbeispielhaft »verschobene« ödipale Konstellation entdecken will, so ist dagegen höchstens einzuwenden, daß das fast schon überdeutlich ist.

Johanna wiederum muß die Freiheit, die sie sich so mühsam gegen die Väter, die Männer erworben hat, von einem Sohn gefährdet sehen, der die Rolle des Familienpatriarchen zu restaurieren versucht. Insgesamt kann man den Kern des Konfliktes mit einer höchst aufschlußreichen Formel wiedergeben, die von Johanna mehrfach als Zitat Arthurs gegen Arthur gewendet wird: »Wir beide sind ZWEI« – das ist die Formel einer Selbstbehauptung, die Formel vollzogener Individuation, die in der Umkehrung der sonst eher üblichen Primärbeziehungen von der nichtsymbiotischen Mutter bekräftigt, vom symbiotisch noch fixierten Sohn hingegen verleugnet wird. Später freilich, nicht zuletzt in seiner Philosophie, wird er den eigenen Satz weit konsequenter beherzigen und aus dem Bruch mit der Mutter einen zentralen, den im Wortsinn »antibiotischen« Impuls seines Lebens und Denkens empfangen.

Symptomatischer Ausdruck der Eifersuchts- und Identifikationsmotive Arthurs ist seine zunehmende Frauenverachtung. Johanna kann dergleichen selbstverständlich nicht hinnehmen: In ihrem großen Scheidebrief vom 17. Mai 1814 fordert sie für sich gleichen Respekt wie einst der Vater: »bin ich weniger als er?« Daraus läßt sich auch die Begleichung alter Rechnungen mit dem Vater – »meinem Mann, deinem Vater«, wie es wahlweise heißt – herauslesen. Andererseits regrediert Johanna, indem sie die von Arthur bemühte väterliche Instanz gegen ihn zu wenden versucht, auch wieder auf das familiäre Normengefüge. Und da darf natürlich dessen religiöser Heiligenschein nicht fehlen: Der Gott, an den die Mutter im Gegensatz zu ihrem Sohn glaubt, näherhin – trotz der Allergie gegen das »liebe Kristenthum« – das vierte Gebot, geben den erwünschten transzendenten Geleitschutz. Den Fluch, den sie in Stellvertretung von Gott und Vater 1814 nicht explizite ausspricht und aussprechen will, spricht sie 1815 dann de facto doch aus (14. Juni): Das, was ihr – fast zum potentiellen Muttermörder avancierender – Sohn an ihr tut, getan hat und tun wird, wird ihm gewiß auch ohne ihr Zutun zum Fluche werden. Man sieht: Alttestamentarischer Geist hat auch in Weimar noch eine bleibende Statt. So ist es denn am Ende gut biblisch »vollendet«, der abschließende Wunsch für Arthur eher eine Drohung: »Lebe und sei so glücklich als Du kannst.« Ob die Horaz- und Livius-Zitate, mit denen Arthur den Scheide-Brief der Mutter auf der Rückseite versieht, unmittelbaren Bezug auf den Bruch haben, kann dahingestellt bleiben. Auf jeden Fall drückt es seine Wertschätzung aus, wenn er den Brief als Schreibpapier benutzt. Das Familienband, das Johanna 1809 noch für unzerreißbar erklärt hatte, ist wirklich zerrissen.

In der Folgezeit kooperieren Mutter und Sohn gelegentlich aus finanziellen Gründen. Doch beim Bankrott des Handelshauses Muhl brechen mit den ökonomischen die familiären Dissonanzen in womöglich noch größerer Schärfe wieder auf. Die Mutter – das ist für den Sohn in jedem Sinn die Schänderin der väterlichen Ehre. Und mag sie auch mit ihrem sentimentalischen Entsagungsroman »Gabriele« zu Hochschätzung (nicht zuletzt bei Goethe!) und zu Erfolg kommen, während der von allen Göttern verlassene Arthur in einer gleichzeitigen Ungleichzeitigkeit ohnegleichen erfolglos sein wahrhaft unsentimentalisches Hauptwerk publiziert, so wäre sie doch aus seiner Sicht »ohne den Vater« nichts; schlimmer: Sie wäre wie die arme »matante« Julchen, zu deren Unterstützung man sich ansonsten noch einmal familiensinnig zusammengefunden hat (9. November 1819) – so weit gehen Arthurs aggressive Phantasien über die familiäre Patriarchogenese. Der Reichtum, sei er materiell oder ideell, soll nun einmal unter den beiden Männern bleiben.

Der Rest ist auf geraume Zeit Schweigen. Erst nach der Übersiedlung von Mutter und Tochter an den Rhein und Arthurs Flucht vor der Cholera von Berlin nach Frankfurt ergeben sich wieder vorwiegend geschäftliche Briefkontakte. Gelegentlich fehlt es nicht an mütterlich-fürsorglichen, auch scherzhaften Tönen: guten Wünschen für den garstigen Pudel, Empfehlungen von Kamillentee, Kollegengesprächen über Verleger und Rezensenten. Sehr viel ernsthafter taucht mit den Schatten, die im Frühjahr 1832 über dem früh alt werdenden, von Krankheit und Isolation verdüsterten Arthur liegen, die Selbsttötung des Vaters als drohende Möglichkeit des Sohnes wieder auf (20. März 1832). Aber damit hat es im ganzen auch sein Bewenden: In den 24 Jahren, die Johanna nach dem Bruch von 1814 noch zu leben hatte, sind beide, auch wo sich ihre Wege kreuzten, nie wieder zusammengetroffen. Daß sie die Trennung rigoros aufrechterhalten haben – das ist auch für die Leser, denen nicht daran gelegen ist, drauflos zu urteilen und die Raben-Mutter mit dem armen, erst mutter- und dann gottverlassenen Sohn zu kontrastieren, ein wahrhaft herbes Ende. Die Verletzung, wohlgemerkt: *beider* Verletzung, muß zu tief gewesen sein. Das erhaltene Schlußwort Johannas lautet lapidar: »Lebe wohl.« Testamentarisch hat sie ihren Sohn dreimal enterbt, zwar zugunsten ihrer Gläubigerin Adele, aber gewiß ohne schlechtes Gewissen. Und als die Schwester später in der Wohnung des Bruders erstaunlicherweise einem Bild der Mutter begegnet, womit in der Schopenhauer-Forschung bisweilen der Bruch zwischen den beiden wenigstens symbolisch wieder gekittet werden soll, da ist es ein Bild, das Adele höchst fremd, ja »widerlich« empfindet (19. August 1843). Kurz: Die »zwei« haben einen wirklichen Frieden nicht mehr gemacht. Die Versöhnung, die es bei Johanna nur in der Literatur gab, bei Arthur auch nicht in seinem Denken, ist ausgeblieben. Anstelle der kleinfamilialen Sancta Trinitas, in deren Zeichen die Dialektik die Gegensätze der Wirklichkeit zu vermitteln sucht, stehen die Bruchstücke einer Dualität, die Harmoniebedürfnisse nicht befriedigen kann. Den realistischen Sinn für ungeschönte Dissonanzen freilich wird dieses Ende nur schärfen.

Briefwechsel mit einem Kinde?

An die bekannteste und mit vollem Recht verrufenste Geschwister-Beziehung der Philosophie-Geschichte: die zwischen Friedrich Nietzsche und Elisabeth Förster-Nietzsche, dem »Lama«, muß man erinnern, wenn man die Bedeutung, ohne Umschweife: die Größe Adeles kennzeichnen will. Denn läuft die Bruderliebe

der Autorin des »Willens zur Macht« auf einen rabiaten Bemächti-
gungsversuch hinaus, der keine Skrupel kennt und keinerlei Eigen-
leben erträgt, so gibt Adele ein Beispiel, wie Zuneigung und
Distanzbewußtsein verbunden werden können. Diese exemplarische Fähigkeit aber war Adele keineswegs ins familiäre Nest gelegt:
Sie, die ihrerseits zwischen den ungleich größeren Willenspotenzen
der Mutter und des Bruders zerrieben zu werden drohte, hat sie
vielmehr mühselig erworben. Grund genug für angemessene Anerkennung; Zeit aber auch für die Revision eines Frauenbildes, wie
es immer noch durch die Literatur- und Philosophie-Geschichten
geistert: das eines talentierten, indes nun einmal potthäßlichen, vor
der Zeit alt und altklug gewordenen Blaustrumpfes, den sich kein
Mann anziehen mochte. Die Negativporträts von Fanny Lewald
über Levin Schücking bis zu Friedrich Hebbel haben dieses Bild
fixiert, aber auch wohlwollendere Differenzierungen wie die von
Annette von Droste-Hülshoff. Zumal bei Hebbel werden selbst die
Spezialisten (wie der Herausgeber dieses Briefwechsels) mit den
unvermeidlichen Sympathien für »ihren« Autor nicht daran vor-
beikönnen, daß seine römische Begegnung mit Adele, berichtet
am 30. Januar 1845 an Elise Lensing, ein brutaler Akt sondersgleichen ist, der nur in seiner schmerzhaften späteren Begegnung mit
dem berühmt gewordenen Bruder von einer ausgleichenden zeitlichen Gerechtigkeit geahndet worden ist.

Freilich muß man diese Adele auch etwas gegen sie selber in
Schutz nehmen. Die Tagebücher, auch die literarische Produktion
dieses immer verliebten, meist beliebten, nie richtig geliebten alten
Mädchens, das sentimentalisch seine überhitzte Gefühlskultur
pflegt, ohne jemals mit der Realität in die Wochen zu kommen; dessen Innenleben stets in dem Maße ins Kraut schießt, wie es jede klä-
rende Äußerung vermeidet, sind in der Tat öfters dazu angetan,
Ungeduld hervorzurufen und Blaustrumpf-Porträts Vorschub zu
leisten. Selbst die berühmten Silhouetten Adeles tändeln zu sehr
mit geflügelten Amorinen und Amoretten, als daß man in ihnen
die Schwere und die Tapferkeit dieses ganz und gar nicht beflügel-
ten Daseins spüren könnte: »Schwarze Kunst«, wie sie Adele nach-
gerühmt und nur von Arthur geboten wurde, bieten sie nicht.

Indessen: Man lese diese Briefe – und man wird eine ganz andere Frau entdecken.

Das Gefühl, das die halbverwaiste Adele nach der zuerst nur geahnten Selbsttötung des Vaters empfunden hat, war das »der gänzlichen Schutz- und Rathlosigkeit« (22. Januar 1836). Auch die Mutter, die bei aller Zwiespältigkeit von Adele zweifellos geliebt worden ist, hat ihr dieses Gefühl nicht nehmen können – sie hat es ihr nur allzuoft selber vermittelt.

In dem neun Jahre älteren Bruder mußte Adele deshalb zunächst schlüssigerweise Ersatz suchen. Ihre Briefe nennen ihn nicht umsonst das »Haupt der Familie«; und sie bringen die Sehnsucht, seinen Beistand zu haben, auch explizite in unmittelbare Verbindung mit dem Gefühl der Vaterlosigkeit.

Selbst als diese Sehnsucht von Arthur mehr als einmal enttäuscht worden ist, hält Adele daran fest, bei aller Verschiedenheit von Erziehung, Lebenslauf und Geschlecht durch dieselbe »Natur« verbunden zu sein. »Niemand auf der Erde liebt Dich wie ich« (14. Januar 1820), versichert sie nicht ohne Grund dem isolierten Bruder. Ja, als Arthur ihr in einer unverhofften Anwandlung von Zärtlichkeit schreibt, *»außer* ihr« habe er »nie eine Frau ohne Sinnlichkeit geliebt« (5. Februar 1819), da läßt sie sich gerne auf das Gefühls- und Gedankenspiel ein, was wäre, wenn sie nicht seine Schwester wäre. Und gegenüber seinen noch im Säuglingsalter gestorbenen Kindern und deren Müttern entwickelt sie, männer- und kinderlos, wie sie ist, eine Fürsorglichkeit, die fast schon die einer Ersatzmutter, mindestens die einer »treuen Tante« ist (Johannas Roman »Die Tante« schreibt Arthurs Jugendfreund Anthime Grégoire de Blésimaire bezeichnenderweise Adele zu). Daß sie ihrem Bruder nur zu gerne als treue Haushälterin bei der Einrichtung seiner neuen Frankfurter Wohnung geholfen hätte, versteht sich unter solchen Gefühlsumständen am Rande.

Allerdings laufen diese Bedürfnisse schon vor allen weiteren krisenhaften Zuspitzungen weitgehend ins Leere. Das Gefühl der Vaterlosigkeit findet nur in Weimar Kompensation: Hier ist es Goethe, der für die neunjährige Adele alsbald zu jenem »theuren Vater« wird, den sie bis zu seinem Lebensende in ihm behält. Ihrerseits wird sie

den von Kindheit an geliebten Goethe-Enkel Wolfgang als »geisti-
gen Sohn« (später gar als »nächsten Freund«) für sich reklamieren,
wie sie generell dazu neigt, jüngere Freunde – Felix Mendelssohn-
Bartholdy, Louis Stromeyer – als Söhne zu qualifizieren. Die kind-
lich-töchterliche Liebe zum Ersatzvater Goethe trifft sich übrigens
mit jenen schon beschriebenen Gefühlen, die auch Johanna seiner
väterlichen Hand entgegenbringt. Ja, für eine Zeitlang schließt die
familiäre Liebesgemeinschaft sogar Arthur mit ein. Selbst als er in
der Farbenlehre eigene Wege gegangen ist, freut es den Ersatzvater
immer noch sehr, daß Arthur – seinerseits für den dummen
August der Ersatzsohn – weiterhin so an ihm hängt (5. Februar
1819). Der für den klassischen Geschmack ungraziös formatierte
erste Band der »Welt als Wille und Vorstellung« wird zwar sogleich
in zwei Teile zerschnitten – und trotz anderer Absichten auch nur
kursorisch gelesen –; aber im deutschen Athen, im Schutz des familiär transformierten Olympiers scheint die von lauter Halbwaisen
bevölkerte Welt der Schopenhauers noch einmal ganz.

Gleichwohl ist sie nach dem Bruch zwischen Mutter und Sohn
natürlich nicht mehr wirklich zu kitten. Die bei Johanna bleibende
Adele steht seitdem zwischen den Fronten. Von Arthur, den sie der
Mutter wegen etliche Jahre lang nicht sieht, wird sie als feindliche
Partei beargwöhnt. Die Situation ist hier von einer bitteren Paradoxie: Sie sucht im Bruder den Vater – er sieht in ihr die Partei der
Mutter; Johanna wiederum, die nicht nur *mit* Adele, sondern
zunehmend auch *von* ihr, von ihrem Erbteil lebt, verdächtigt sie
nicht minder des Verrats. Adeles erschütternder Brief vom 26. Juli
1819 an ihre Freundin Ottilie von Goethe zeigt, daß sie so sehr von
der Mutter als Überläuferin zur Partei der Männer verdächtigt
wird, daß sie dem Vater, von dessen Selbsttötung sie erst jetzt
definitiv erfährt, in den Tod nachzustürzen droht.

Dabei ist kaum eine loyalere Tochter als Adele denkbar. Wohl
hat sie keinerlei Illusionen, in welchem Umfang die Mutter ihr Vermögen – das einer Unmündigen – veruntreut hat und ihre »egoisti-
sche Liebe« auch die Herangewachsene als Haushälterin, Haus-
dame, Gesellschafterin, nach dem Ende ihres Weimarer »Cours«
als unterhaltsame Hofnärrin, wenn man so will, instrumentalisiert

– ganz anders, als Adele es sich vorgestellt hatte, »nütze, ja benutzt«
zu sein. In der Pflege der Mutter kann sie durchaus nicht ihren
definitiven Lebenszweck sehen. Sie feiert keine Opferfeste angeb-
licher Selbstlosigkeit. Sie mißtraut der Mutter unverhohlen. Hinter Johannas Rücken die familiären Fäden wieder anzuknüpfen, ist
für sie selbstverständlich legitim. Und die Härte, mit der sie das
Verhalten der Mutter gegebenenfalls charakterisiert, zeigt, daß sie
nichts weniger als naiv oder gar hörig ist. Aber sie gibt die Mutter auch an keinem Punkt aus Koalitions-
gründen dem Bruder gegenüber preis. Wo Arthur nur Resultate
der väterlichen Schöpferkraft entdecken kann, beharrt Adele, die
ihrerseits die Frauenfeindlichkeit Arthurs nicht weniger energisch
als Johanna bekämpft, auf der auch literarischen Selbständigkeit
der Mutter. Sie mildert, sie vermittelt, wo immer es geht. Und am
Schluß, wo keine Bedrohung mehr von den mütterlichen Willenspotenzen ausgeht, sondern nur noch eine arme, lahme, unglückliche und von Reue geschlagene Frau ihr gegenübersteht – »die alte
Frau«, wie es einmal denkbar nüchtern heißt (2. Dezember 1836) –,
da mündet das in die Bitte zu vergessen, »was die Mutter an uns
beiden gethan« (23. April 1838); in eben jenes Mitleid, in dem sich
Adele am Ende mit der Ethik des Bruders trifft. Diese lebenslang
durchgehaltene doppelte Loyalität, die sich wie Johannas Selbständigkeit keinerlei symbiotischen Zwängen fügt, zugleich aber
Wärme in die brüchigen Beziehungen bringt, machte Adele auch
dann bemerkenswert, wenn es sonst von ihr nichts weiter zu
berichten gäbe. Es gibt aber noch anderes von ihr zu berichten –
zum Beispiel von ihren Lernprozessen in der Situation, in der auch
die Beziehung zwischen Bruder und Schwester endgültig zu zerbrechen droht: beim Bankrott des Hauses Muhl.

Das Geschäft des Lebens

Daß erhebliche Teile des Familien-Briefwechsels Geschäftsbriefe
sind, ist auf dem Boden der gutbürgerlichen Gesellschaft, die die
Schopenhauers repräsentieren, und der spezifischen Erbverhält-

nisse, durch die sie verbunden sind, nicht verwunderlich. Es kommt nur darauf an, die Seele dieser Geschäfte nicht zu übersehen: Ökonomisch-psychologische Manuskripte bieten diese Briefe allemal. Und auch Geld und Geist hängen bei den Schopenhauers enger, als sonst wohl üblich, zusammen.

Mit der Dreiteilung des Familienvermögens nach der Selbsttötung von Heinrich Floris einerseits, der Treuhänderschaft Johannas für die beiden Kinder bis zu ihrer Mündigkeit andrerseits ist eine Ausgangslage gegeben, deren Konfliktpotential sich sehr bald zeigt: Johanna, so sehr sie sonst auf der Einhaltung der Distanzen beharrt, ist doch zu selbstverständlich die verfügende Mutter, als daß sie das Sondervermögen der Kinder konsequent respektieren könnte. Adeles Erbteil geht ohne weiteres in die – trotz »Thee und Butterbrot« – aufwendige gemeinsame Haushaltung ein. Und als die mündig gewordene Tochter das ganze Ausmaß der Veruntreuung und Verschwendung erkennt, ist es zu spät, die Verbindung längst unauflösbar: Der Eigenanteil wäre nur um den Preis der vollständigen Preisgabe der Mutter zu retten.

Das ist für Adele um so bitterer, als ihr Erbteil die Basis ihrer Heiratschancen ist. Denn wo sie die Natur mit Häßlichkeit geschlagen, wiewohl mit Kunst und Verstand ausgezeichnet hat – was indessen nach den geltenden Präferenzen eher ein Ehehindernis ist –, da ist nach den Gesetzen des bourgeoisen Heiratsmarktes auch nur mit gebührender Entschädigung etwas, nämlich ein Mann zu wollen.

Der Sohn wird zwar von Anfang an als Mann, als Nachfolger des Vaters und als Charakter weitaus mehr respektiert – abgesehen davon, daß in diesem Fall die getrennte Haushaltsführung profitable Unklarheiten nicht fördert. Aber auch hier gestattet sich Johanna wiederholt ein saloppes Geschäftsgebaren, das einen peinlich genauen und streng rechtlichen Rechner wie Arthur selbst bei bestem Willen nicht zufriedenstellen kann, bei dem schlechteren, der ihn nach dem Bruch von 1814 bestimmen muß, ohnehin nicht. Kein Wunder, daß der Tonfall seiner Briefe vom melancholisch-reflektierenden der Pubertäts- und Studienjahre nach dem Aus-

bruch der familiären Kapitalgewitter höchst drastisch zum hand-
fest-geschäftsmäßigen wechselt.

Für Arthur besteht zwischen dem Erbe und dem Vater so etwas
wie eine symbolische Gleichung: Aus der Sicht des Eifersüchtigen
verrät und verkauft die Mutter den Vater wie das Erbe gleichermaßen. Der mit aller Entschiedenheit, ja Rigorosität geführte
Kampf um sein Erbteil ist dementsprechend für ihn auch ein
Kampf um das Vermächtnis des Vaters: Ihn und es will er sich nicht
nehmen lassen. Und da, nicht weniger wichtig, das Erbe des frei-
heitsliebenden Vaters auch der Garant seiner philosophischen Freiheit und Unabhängigkeit ist – die Philosophieprofessoren: wären
sie nur mehr Erben und weniger bestimmt zu erwerben! –, muß er
jede Vermögensgefährdung als Generalangriff auf die Grundlagen
seiner Existenz empfinden.

Schwester und Bruder wiederum sind auch in allen Vermögens-
fragen dadurch belastet, daß sie einander nicht unbefangen als Einzelne, sondern nur als Koalitionäre bzw. Gegner der Mutter gegen-
überstehen. Arthur, ohnehin mißtrauisch und konfliktfreudig bis
zur Streitsucht, kennt hier in seinem Argwohn keine Grenze. Adele
ihrerseits mit ihrer doppelten töchterlichen und geschwisterlichen
Loyalität ist auch doppelt verletzlich. So provoziert die finanzielle
Krise von 1819 eine noch tiefere familiäre Krisis als die von 1814:
der primär seelisch bedingten folgt die totale ökonomisch-psychologische nach.

Objektiv erschwerend kommt noch hinzu, daß die Ausgangslage von Mutter und Tochter einerseits, Arthur andererseits
ungleich ist: Die beiden Frauen haben bei Muhl fast ihr gesamtes
Vermögen, Arthur nur einen Teil stehen. Außerdem sind Mutter
und Tochter hochverschuldet und benötigen dringend für ihren
Lebensunterhalt Geld. Sie arbeiten deswegen von Anfang an auf
einen Vergleich hin, für den Adele die Restbestände des brüder-
lichen Familiensinns zu gewinnen sucht. Arthur aber, selber nicht
vor Ort und nach seinem Gefühl allen betrügerischen Koalitionen
der Kontraktoren ausgeliefert, lehnt den Vergleich mit aller Härte
ab. Der Erfolg scheint ihm recht zu geben. Die Wertung seines Ver-
haltens ist indessen äußerst umstritten: Hat er am Ende nicht nur

seine Zustimmung verweigert, sondern sich gar auf Kosten von Mutter und Schwester saniert? Einerseits nahm er in der Tat in Kauf, daß der Vergleich überhaupt nicht zustande kam und Mutter und Schwester auch überhaupt nichts erhielten, was nicht ausschloß, daß er *nach* dem Vergleich weidlich von ihm profitierte. Andererseits ist nicht bekannt, daß er Mutter und Schwester den Akkord empfohlen hätte. Er selber ging, obgleich unter gemilderten Umständen, ebenfalls ein erhebliches Verlustrisiko ein. Im übrigen ist er dem Vergleich auch nicht mit einer Klage entgegengetreten. Er glaubte wohl, wie Adele selber vermerkt, sich neutral verhalten zu können. Und das Unterstützungsangebot, das er Adele und, mit einer erneuten Bezichtigung, auch der Mutter gemacht hat, wie er insgesamt durchaus generös bleibt, wo es um Menschliches, nicht Rechtliches geht, läßt ebensowenig einen finanziellen Kannibalen erkennen. Wie also bilanzieren?

Der familiäre Negativsaldo, um in der barbarischen Sprache des Kommerzes zu bleiben, ist nicht zu übersehen. Johanna erhält nur die Bestätigung ihrer schlimmsten Einschätzungen und zieht, wo immer es in der Zukunft um Geschäfte geht – und meistens geht es zwischen ihr und dem Sohn nur noch um Geschäfte – kühl die Konsequenzen: keine übertriebenen Gemeinsamkeiten, zumal sie im Gegensatz zu Arthur die Geschäfte nicht liebt; vor allem keine Unterordnung unter den ökonomisch-philosophischen Querulanten!

Adele aber ist bitterlich von der unbrüderlichen Härte, ja »Grausamkeit« Arthurs enttäuscht. Noch viele Jahre später, als er sie unberechtigterweise wieder mit Verschwendungsvorwürfen traktiert, hat sie nicht vergessen, wie sehr er sie hier allein gelassen hat: sie, die im Bruder den Vater gesucht und nicht einmal den Bruder gefunden hat. Während er sich schlimmstenfalls mit Habilitations- und Dozenturplänen herumschlagen muß, sieht sie ihr ganzes Leben »verpfuscht« – die Aussicht, das geliebte Weimar aufzugeben und als Gouvernante in Rußland zu dienen, muß auf sie, die nicht weniger als Arthur mit dem Unabhängigkeitssinn der Schopenhauers begabt ist, tatsächlich wie ein Todesurteil wirken. Noch schwerer wiegt, daß Adele sich völlig von Arthur verkannt fühlt. Wo sie als Schwester und Kind reagiert, sieht er »Lärvchen« und »*Sentimens*« (15. Januar 1822), die man in der »feinen Welt« höflicherweise für Realitäten nehmen mag, in der philosophischen »Welt des Ernstes und der Wahrheit« aber keine Geltung haben: Ihm wird auch im zwischenmenschlichen Verkehr die Philosophie zur harten »Schule des Verdachts«.

Gerade die Bitternis dieser schwersten aller Verletzungen aber stößt Adele endgültig aus dem quasi »dogmatischen«, nämlich familiengläubigen Schlummer. In der Vollendung ihrer Geburt liegt ihr Krankheits-, richtiger: ihr Krisengewinn. Danach steht sie Arthurs Härte in nichts mehr nach: Der Schnitt, mit dem sich ihre Seele von ihm scheidet, ist von derselben desillusionierten Schärfe, die sein Verhältnis zu den Menschen prägt. Zwar ist der von ihr gezahlte Preis wohl höher als der seine: Ihre Tagebücher zeigen, wie sehr sie, nach dem für lange Zeit letzten Zusammentreffen in Berlin 1820, bei dem sie den Bruder nicht so »furchtbar« findet, wie sie seine grausamen Briefe empfunden hatte, unter der Trennung leidet: verbunden mit ihren Liebeskrisen hart bis an den Rand des Wahnsinns und der Selbsttötung. Aber auch für sie führt kein Weg in die kindlichen Symbiosen zurück.

Die Affäre Muhl hat unterdessen auch noch einen Positivsaldo aufzuweisen, den man als ökonomisch-*philosophischen* buchen mag. Der Philosoph nämlich erhält Gelegenheit, den seiner Zunft so gerne bestrittenen Realismus zu zeigen. Mit einem schon erstaunlichen Geschäftssinn und Beharrungsvermögen pokert Arthur in der Affäre Muhl ebenso riskant wie hoch – und er gewinnt. Wohl selten ist das beliebte Vorurteil, Philosophen könnten schon von Berufs wegen nicht rechnen, der Adel des Geistes vertrage sich nicht mit den Niederungen der Geschäfte, und überhaupt müßten die höheren Weihen durch eklatante Lebensuntüchtigkeit erworben werden, gründlicher widerlegt worden. Arthur war sich dessen, daß er hier nicht nur einen finanziellen Sieg erstritten hatte, durchaus bewußt. Selbst Adele und Johanna, so gerne vor allem die erstere dem Philosophen gelegentlich wieder Praxisferne zu bescheinigen versucht, können nicht umhin, ihm zumindest in dieser Hinsicht nächste Lebensnähe zu bescheinigen, wie sie

EINLEITUNG 33

ohnehin später nicht mehr bestreiten, daß sein Verhalten in der
Affäre Muhl, finanziell gesehen, richtig war. Arthurs inneres Resümee kann man wohl so wiedergeben: »Wenn schon das Leben ein
Geschäft ist, das die Kosten nicht deckt, dann soll das Geschäft
doch zumindest die laufenden Lebenskosten decken.« Und es muß
ja auch wahrhaftig nicht gegen einen Philosophen sprechen, dem
es um stichhaltige Lebensbilanzen geht, wenn er rechnen kann.

Ebenso wird ein spezielleres, nicht weniger beliebtes Vorurteil
der Schopenhauer-Biographik durch die Affäre Muhl revidiert: So
sehr dieser philosophische Rentier *von* seinem Erbe *für* seine Ren-
tiersphilosophie gelebt haben mag – er hat sich dieses Erbe immerhin selbsttätig bewahrt. Die zu Tode zitierte Sequenz Goethes:
»Ererben – erwerben – besitzen«, hat hier wenigstens ihr Recht.

Den Nachweis seiner Rechenfähigkeiten kann der dem »Schwabenalter« weißgott entwachsene Arthur in den folgenden Jahr-
zehnten wiederholt erbringen, in den Auseinandersetzungen mit
dem Geschäftsgebaren des Danziger Bevollmächtigten Skerle zur
Abwechslung einmal sogar nicht gegen, sondern für alle drei Schopenhauers. Sie werden durch das gemeinsame Erbe, das sie ausein-
andergebracht hat, paradoxerweise auch zusammengehalten: Das
Geld stiftet hier die Verhältnisse. Und Arthur, jetzt vollgültiges
Familienoberhaupt, zeigt noch einmal, wie sehr er imstande ist,
mit den »Practicis« fertig zu werden und »seinen Mann zu fassen«
(19. Juli 1840). Sogar sein so oft beschrieener »fürchterlich miß-
trauischer Sinn« schlägt hier zum Guten aus. Die Skerle-Affäre
gerät so zu einer Art ökonomischer Familienutopie. Und wer diese
sogenannten »Geschäftsbriefe« liest, die in der philosophischen
Briefliteratur der Deutschen fürwahr ein singuläres Dokument
sind, wird sich dem Vergnügen an dem satirischen Witz und der
göttlichen Grobheit, der souveränen Psychologie und dem tak-
tischen Geschick dieses Weltläufigsten, nach eigenem Zeugnis
»Geriebensten« in der Gemeinde der Denker, Schweber und Seher
nur schwer entziehen können: Wer die Welt so kennt, der darf sie
sich auch so vorstellen.

Derlei geglücktes Management ist freilich nie eine Harmonie-
garantie. Es gibt immer wieder kontroverse Entscheidungen. Das

ferne Danzig, wo man über die genauen Verhältnisse, ja, nicht einmal über den eigenen Besitz richtig Bescheid weiß, bietet ohnehin einen zu großen Ermessensspielraum. Die Schopenhauers profitieren hier zwar von den Vorteilen ihrer Klasse: Sie können von dem leben, was sie nicht einmal kennen. Da sie aber die Schopenhauers sind, zahlen sie dafür, auf dem Boden einer nicht sowohl »ewigen« als vielmehr zeitlichen Gerechtigkeit, auch ihren familiären Preis.

Anfang 1836, als Mutter und Schwester die von Muhl gezahlte Rente nach seinem Tod zu verlieren drohen, wiederholt sich die ökonomisch-psychologische Krise von 1819 bis hart an den Rand eines neuen Bruchs. Arthur fürchtet offenbar besonders Adele wie den leibhaftigen, sonst so erfolgreich vermiedenen Versorgungsanspruch; Adele vermerkt das wieder mit äußerster Bitternis. Trotzdem zögert sie nicht, ihn mit der Versicherung zu besänftigen, daß sie nur den Rat seiner Klugheit, finanziell aber überhaupt nichts von ihm erwarte. Ja, in dieser Familie von Erben, wo die Enterbungsdrohung als Fortführung der familiären Verhältnisse mit den berühmten »anderen Mitteln« allezeit über den Köpfen hängt, akzeptiert sie sogar die vermutete Enterbung durch Arthur, und zwar ausdrücklich unter Anerkennung der Privilegien der Söhne im Patriarchat (wenn er hingegen die Enterbung durch die Mutter hinnimmt, dann ist das eine generöse Geste).

Einen erneuten Kotau des »im Namen des Vaters und des Sohnes« regredierenden Kindes darf man darin freilich nicht sehen. Denn die der geschwisterlichen Symbiose entsprungene Adele zeigt wie in allem übrigen auch ökonomisch ihre vollendete Emanzipation. In der Not nicht weniger »pfiffig« geworden, als es der »geriebene« Arthur schon länger war, kann sie bei verschiedenen Gelegenheiten demonstrieren, daß sie nicht schlechter, manchmal sogar besser als er rechnen kann. Sie beharrt gegen seinen Willen auf ihren Rechten und Entschlüssen. Wo er zu penetrant wird, verbittet sie sich nicht weniger entschieden, als er es getan hatte, seine Briefe. In der Drastik der Wortwahl, der Souveränität der Ironie, auch der Schärfe der Diagnosen und der Härte des Urteils steht dieses ehemals empfindelnde Wesen Arthurs Geschäftsbriefen kaum noch nach. Und daß Adele unerachtet der voraufgegangenen Erbquerelen Arthur bei ihrem Tod ein bestens geordnetes und sogar vermehrtes Vermögen hinterlassen kann, ist am Ende nicht ohne ironischen Triumph. Kurz: Geschäftsfähig ist dieses ehemals so abhängige Wesen am Ende seines Lebens, nach den diversen Familienkatastrophen, wahrhaftig geworden – mag auch das Geschäft dieses Lebens letzten Endes ein trauriges sein.

Von der Nichtigkeit und dem Leiden des Lebens

Unter der Leitung ihres »theuren Vaters« Goethe agiert Adele 1819 in Weimar als Allegorie der Tragödie. Und tragisch, zumindest abgrundtief traurig, ist gewiß der Grundton ihres Lebens. »Ich konte Schwester, Freundin, Tochter, Frau, Mutter, Hausfrau sein und Alles das gut und genügend« (an Ottilie von Goethe am 2. Januar 1828) – und ich war…?

Noch nicht einmal sechsjährig, wird Adele während der großen Europareise von Vater, Mutter und Bruder für anderthalb Jahre alleingelassen. Wenige Monate nach der Rückkunft macht der Tod des Vaters die Siebenjährige zur Halbwaise. In Weimar gerät sie zwischen die Fronten von Mutter und Bruder. Während der Affäre Muhl erfährt sie definitiv von der Selbsttötung des Vaters und verliert zugleich den im älteren Bruder gesuchten Vaterersatz. Ihre Rolle zwischen Johanna und Müller von Gerstenbergk, an den sie sogar verkuppelt werden soll, ist oft belastend, immer prekär. Ihre zahlreichen Liebesenttäuschungen können auch nicht durch ihre noch zahlreicheren Freundschaften kompensiert werden. Freundschaft und Liebe verquicken sich ohnehin meist so unglücklich, daß Adele nur zu oft ganz und gar chancenlos der weit attraktiveren Ottilie von Goethe nachliebt. Alle ihre Heiratsaussichten lösen sich in nichts auf. Am Ende fühlt sie sich innerlich wie äußerlich isoliert. Das mag im Blick auf die innige Freundschaft der letzten Lebensjahre mit Sibylle Mertens-Schaaffhausen ungerecht anmuten, ist aber zweifellos authentisches Lebensgefühl. Der Alternden, die, ohne sich selber zu schonen, ihr Selbstporträt malt: das einer schon früh »Ausgelebten«, nicht »Verlebten«, müssen zum Schluß

Bilder weitgehend die Menschen (30. Dezember 1846) ersetzen: Das Freundschaftsgenie von ehemals ist in der Welt Arthurs angelangt.

Auf das bitterste wird Adele für all das vom »Leben«, das sie nicht weniger drastisch als Arthur glossiert, mit zunehmender, ihr sehr wohl bewußter Häßlichkeit und unheilbarer Krankheit entschädigt. Schließlich stirbt sie an einem Unterleibskarzinom. Wohl selten haben die Gesetze der Psychosomatik eine schlimmere Illustration gefunden: Den Leib, der zu besserer Erfüllung nicht kam, füllt zum bösen Ende ein tödlicher Krebs.

Aus diesen Erfahrungen, die bei Adele wie bei Arthur das Denken nicht relativieren, sondern begründen und legitimieren, entsteht plausiblerweise eine Lebensanschauung, deren Düsternis kaum überbietbar ist. Die Tagebücher, die Briefe an die Freunde zeigen eindrucksvoll, wie die sentimentalische Mitgift der empfindsamen und biedermeierlichen Tradition einem durchaus adäquateren Leidensrealismus weicht. Die Briefe an Arthur, die noch dunkler als die an die Freundinnen und Freunde sind, werden vollends zu einem der großen Dokumente der Illusionslosigkeit. Adeles existentieller Sarkasmus, der hinter dem Arthurs nicht zurücksteht, sähe sich gerne »der ganzen Historie enthoben«: »Ich lebe ungern, scheue das *Alter,* scheue die mir gewiß bestimmte *Lebenseinsamkeit*« (27. Oktober 1831). Auch wenn ihre »Riesennatur« das »tragische Ende« nicht zu bedürfen glaubt, führt ihr Leben doch wie bei Arthur mehrmals bis hart an den Rand der Selbsttötung. Ihre einzige Hoffnung ist öfters ein »zufälliger Tod« oder auch ein Zufall, dem sie hilfreich ihre Hand leihen möchte – so die Weihnachtsbotschaft von 1842. Ihre Gewißheit, eher als Arthur zu sterben, ist unumstößlich; ihre Todessehnsucht zwar ohne Hektik, aber so entschieden, daß sie ihrer Freundin das Versprechen aktiver Sterbehilfe abverlangt. Prinzipiell würde sie nur zu gerne an die Möglichkeit des definitiven Endes, die Arthurs Denken eröffnet, glauben; aber die finale Hoffnung, »die endlose Reihe aufgedrungener Existenzen los zu werden« (16. August 1844), ist ihrem noch abgründigeren Pessimismus, ihrer Krankheit zum Tode, ohne sterben zu können, versagt.

Ein Ende allerdings sollen wenigstens alle schriftlichen Hinterlassenschaften finden: Möglichst wenig soll von ihr bleiben. Hier und in der Kränkung der nie Gekannten, die unbekannt zu »verschwinden« wünscht, hat Adeles herostratischer Umgang mit ihren Papieren, der den Briefwechsel der Schopenhauers so sehr fragmentiert hat, seinen tieferen Grund.

Im ganzen wird auch bei Arthur nur selten das Gefühl der »Nichtigkeit und des Leidens des Lebens« eindringlicher artikuliert: Adeles »schwarze Kunst« kommt da wirklich zu Ehren, wo sie sich mit der des Bruders trifft. Ja, wo er in der Generalabrechnung mit solcher Nichtigkeit, in der Zerstörung der Lebensideologien von den religiösen bis zu den zeitgemäß listig vernünftelnden immerhin die Basis für ein langes, gesundes und auch zunehmend aufgehelltes Leben findet, da erfährt sie das Leiden des Lebens buchstäblich am eigenen Leibe und überbietet ihn nicht im Denken, aber existentiell: Wenn Arthur nach einer treffenden Charakteristik der Forschung der Selbstmörder ist, der am Leben blieb, so ist Adeles Leben gerade noch »geheimntes Sterben«. Indessen muß man das nicht gegeneinander ausspielen. Komplementär, in einer bis dato unerhörten familiären Arbeitsteilung, machen beide vielmehr dem Hurrapatriotismus des Lebens den Prozeß.

Adele liest Arthur

Solche Komplementarität wird durch Adeles anhaltendes Interesse an Arthurs Werk unterstrichen. Dieses Interesse hält sie selbst zu Zeiten größter familiärer Differenzen fest. Während bei Arthur die finanziellen Querelen und sein bis zum Ende andauernder pathologischer Argwohn oft genug das menschlich Verbindende zu erdrücken drohen, gelingt es Adele zu sondern: Konträr zur »allgemeinsten Erniedrigung des Geschäftslebens«, analog indes zu ihrer doppelten Loyalität, die sich von Arthur keine Denunziation der mütterlichen Schriftstellerexistenz aufreden läßt, kann sie ohne irgendwelche materiellen Konzessionen die geistige Verbindung aufrechterhalten. Gegenleistungen, etwa eine symmetrische Aufmerksamkeit Arthurs für ihre eigenen Arbeiten, werden dabei nicht verlangt. Ganz und gar ohne sekundäre Zwecke wird Adele vielmehr eine der verständnisvollsten und präzisesten »Schopenhauer«-Leserinnen. Und während die frühen philosophischen Briefe Arthurs eher melancholische Präludien waren, die Geschäftsbriefe eher mittelbar zu »ökonomisch-philosophischen Manuskripten« wurden, gewinnt der Briefwechsel hier unmittelbar neben der menschlichen auch erhebliche philosophische Substanz.

Seit der Veröffentlichung des ersten Bandes der »Welt als Wille und Vorstellung«, dessen Erscheinen sie zunächst »wie den Tod« fürchtet, hält Adele den Bruder über öffentliche und private Reaktionen auf dem laufenden. Sie informiert ihn über Rezensionen. Sie sorgt sich um seinen undeutschen, gottlosen und misanthropischen Ruf und kann nur zu gut seine Schweigegebote wegen der Zensur der ängstlichen Frankfurter Kleinbürgerrepublik verstehen, in die es den Hamburger Großbürgersohn verschlagen hat. Auch, solange er nur »im Pulte schriftstellert«, nimmt sie teil. Aber sie möchte nicht, daß er sich durch seine Bücher noch mehr als sonst isoliert. Ihm hingegen sind nach eigenem Bekenntnis Menschen »nichts, nirgends«, sein Werk alles. Ja, parallel zu den grandiosen autobiographischen Zeugnissen des Nachlasses ist allein »sein Buch« für ihn das, was er in der Welt gewollt und vollbracht hat (15. Januar 1822).

Der Glaube an Wirksamkeit allerdings, der denn doch wieder eine Brücke zu den Menschen schlägt, ist auch bei Arthur nur schwer auszurotten – Adele stellt staunend fest, wieviel davon sich bei diesem sonst ungläubigsten aller Philosophen in einer religiös, politisch, poetisch rundum miserablen Welt noch erhalten hat (23. Januar 1836). Immerhin ist sein Werk bei ihr in der Tat nicht ohne Resonanz geblieben. Und mag Arthur auch Adeles »Flatterien« ironisch quittieren, so ist seine Freude darüber, sein Interesse, daß sie erkennt, was sein Leben, Streben und Leiden eigentlich ist (1. Dezember 1835), offenkundig.

Was die philosophischen Inhalte des geschwisterlichen Dialogs betrifft, mag man rügen, daß er sich weitgehend auf Einzelheiten, nicht auf das System im ganzen und von Grund auf bezieht. Daß er dabei aber höchst aufschlußreiche Gegenstände und Thesen berührt, wird man ebensowenig bestreiten können.

Adeles Beharren zum Beispiel auf den Prinzipien der Entwicklung, der Erziehung, auf dem Werden gegen Arthurs unveränderte Fixierung auf das unveränderliche Sein, das »fertig Geborne« (17. April 1841) stattet nicht nur der Welt Goethes seinen Tribut ab; es schließt implizite auch ein Plädoyer für das eigenständige Werden der Mutter und die eigene Entwicklung ein.

Der Gedanke des Werdens kann Adele freilich nicht motivieren, Arthurs Version der hinduistischen und buddhistischen Seelenwanderungsmythologie zu akzeptieren. Es ist ja auch nur zu plausibel, daß die Lebensmüdigkeit Adeles kein Interesse an solch transformierten Unsterblichkeitsphantasien haben kann – wiewohl sie auf der anderen Seite, wie schon beschrieben, auch nicht an die Möglichkeit des definitiven Endes glaubt. Widerspruchsfreiheit mag man von ihr in weniger existentiellen Fragen erwarten.

Daß Adele Arthurs rabiater Metaphysik der Geschlechtsliebe doch noch die Gefühle der Freundschaft und der Sympathie hinzufügen will, denen der realistische Zyniker keine rechte Stelle einräumt, kann bei dem sublimierten Liebes- und realisierten Freundschaftsgenie Adeles nicht überraschen. Aber der Vorzug ihrer Position ist, daß sie in ihrem Verhalten zu Arthur eben die Gefühle bekräftigt, die sie behauptet.

Stößt Adele gar hinter der misanthropischen Fassade auf die »Braminenseele« Arthurs (24. Dezember 1842), dann herrscht vollends geschwisterliche Harmonie. Im Geiste der buddhistischen und hinduistischen Ethik, die der »gläubigen Heidin« Adele durch August Wilhelm Schlegel vertraut war, können beide sich mühelos verständigen. Und wenn es in der Schopenhauer-Legende so beliebt ist, dem Philosophen sein ethisch selbstwidersprüchliches Leben vorzurechnen, so weiß Adele zumindest seit der großen Hamburger Brandkatastrophe von 1842, daß ihr Bruder, den sie geradezu einen »heiligen Denker« tauft (20. Januar 1844), auch in der Tat die Probe auf seine praktische Mystik und die Mitleidsethik der östlichen, in diesem Punkt ebenso der christlichen Tradition macht. Er selbst, diese sonst so unnachgiebige und harte Natur, wird ihr in seiner Ethik lieber (17. April 1841). Kurz: Die »sœur grise«, wie Adele mit einem schönen Wort von den Leuten genannt wird, die »Schwester« aller »innern Menschenqualen, aller Gedankenkrankheiten, aller Gefühlsdifformitäten« (17. April 1841), findet ihren »frère gris«.

Zum seligen Ende ist denn auch dieses schwierige Geschwisterleben trotz aller Narben nicht ohne versöhnlichen Ausklang. Nehmen schon vorher, zumal nach dem Wiedersehen von 1842, die liebevolleren, auch die gutmütig-witzigen Töne zu – die Grüße an den Pudel, die milde Ironie für den eher »brummigen« als »charmanten« Bruder –, so findet Adele sub specie mortis bei Arthur eine schon anrührende Sorge und Freundlichkeit. Von Sibylle Mertens-Schaaffhausen, die ihrerseits Adeles Sterben als exemplarische Freundin begleitet hat, ist Arthur eine letzte verbindende Geste der Schwester übermittelt worden.

»Das Leben wechseln«, wie der Eurobuddhist Arthur es mit den anderen »Buddhaisten« nennt, um das Ende vermeintlich hoffnungsträchtig zu moderieren – damit konnte der des Lebens müden Adele freilich nicht mehr gedient sein, nur noch mit dem Ende sans phrase. Die Philosophie hat hier einmal mehr das Ende uminterpretiert. Es kömmt aber darauf an, es nicht zu verwischen.

Freiheit und Verneinung

Solch definitives Ende ist der den Schopenhauers angemessene Punkt, um die wichtigsten menschlichen und philosophischen Aspekte des Familien-Briefwechsels zusammenzufassen.

Seine Hauptbedeutung läßt sich mit einer Erweiterung des familiären Wappenspruchs umreißen: »Point de bonheur sans liberté – kein Glück ohne Freiheit« (wie auch immer es mit dem relativen Glück innerhalb des Leidens des Lebens bestellt sein mag); keine Freiheit aber auch, zumindest nicht die der Schopenhauers, ohne Verneinung: »Point de liberté sans négation!«

Menschlich: Keine der Dissonanzen, der Pathologien, der Härten, ja, der Grausamkeiten dieses Briefwechsels ist zu dementieren.

Diese Familie hat sich nichts geschenkt. Abgesehen von dem versöhnlichen Ende zwischen den Geschwistern, ist sie nichts weniger als ein Hafen, ein Gemütsasyl, in das man sich flüchten könnte. Desillusioniertheit, die gnadenlose Wahrhaftigkeit und Offenheit einschließt; Widerspruch bis zu blanker Rücksichtslosigkeit; Individuation bis zur restlosen Entfremdung – das sind vielmehr die bestimmenden Züge dieses buchstäblich un-gemütlichen Familienlebens.

Der Krankheits-, besser: der Dissonanzgewinn dieses Lebens ist indessen ebensowenig zu übersehen. Aus ihrem gegebenenfalls ganz und gar distanzierten Umgang miteinander gewinnen die Familienmitglieder ihren lebensnotwendigen Freiheitsraum. Die Bindungen, die sie, und zwar keineswegs nur die Kinder, strangulieren könnten, schneiden sie unverzüglich ab. Und der Liebeserpressung ziehen sie allemal eine freimütige Trennung vor.

Philosophisch: Die väterliche Pädagogik des aufrechten Ganges, wie paradox auch immer sie in der Wahl ihrer Mittel ist, gestattet einen »republikanischen« Geist, der nichts und niemandem, keinem diesseitigen und keinem jenseitigen Herrn »untertan« ist.

Die Beziehung der Geschwister findet ihr tertium comparationis in der Einsicht in die Nichtigkeit und das Leiden des Lebens, dem nur das Mitleiden mildernde Umstände gewährt. Die zahlenmäßig gut besetzte Gemeinde der hurrapatriotischen Daseinsfreunde wird durch sie nicht vermehrt.

Die mütterliche Mitgift des nichtsymbiotischen Lebens schließlich, das nach der Basisformel der Individuation nur Zweiheiten kennt und seine Selbständigkeit und Eigenheit unter allen Umständen behauptet, weist vollends einem »antibiotischen«, nicht angenabelten Denken den Weg. Denn daß ein Philosoph dem, was er selber als einzige, »an sich« nicht individuierte Substanz bestimmt, bis zur Verneinung frei gegenüberzutreten wagt – und eben das, nicht die Irrationalisierung des Willens und nicht die altneue Mystik, ist die einzigartige, epochemachende Leistung Arthur Schopenhauers –; dieser bis zu ihm unerhörte Akt metaphysischer Zivilcourage, der ein für alle Mal damit aufräumt, das Sein wäre mit dem Guten zu verwechseln, ist fürwahr nur einem Denken zuzuschreiben, das sich lösen konnte und gelöst hat. Kein Abhängiger, kein Höriger wird dergleichen zu denken wagen. Wo die positiven Philosophien, die ontologischen Zwangsneurosen dessen, was herrscht und ist, die Bindungen und den Gehorsam fixieren, setzt diese negative Ontologie gründlicher als jede andere »Kritische Theorie« auf die freie Verneinung, mehr: auf die Freiheit durch Verneinung, schließlich auf die Erlösung durch Lösung. Das kann den ideologischen Liebesgemeinschaften kaum gefallen. Und welches anhaltende Harmoniebedürfnis kehrte nicht auch gerne in den Schoß der positiven Ontologien zurück! Aber das ist es nun einmal, was dieser antifamiliale Familien-Briefwechsel exemplarisch demonstriert.

EDITORISCHE NOTIZ

Die folgende Sammlung dokumentiert den bisher an verschiedenen Publikationsorten »sekretirten« und zum Teil unzuverlässig edierten Briefwechsel der Schopenhauers erstmals zusammenhängend in der heute möglichen Vollständigkeit und Authentizität. Die Reihenfolge ist chronologisch. Die Briefe werden so reproduziert, wie sie uns erhalten oder, bei verloren gegangenen Stücken, anderweitig überliefert sind. Keine historisch-kritische Ausgabe, wohl aber eine philologisch zuverlässige Leseausgabe ist intendiert. Von jeder Korrektur, Vereinheitlichung oder Modernisierung der Orthographie und Interpunktion wurde abgesehen. Mag man sich bei der Werkedition gelegentlich noch darüber streiten, ob derartige Eingriffe vertretbar sind, so ist bei einer Briefedition strikte dokumentarische Treue unabdingbar: Wie anders soll ein Briefwechsel die situativen und historischen Konturen – nicht gewinnen, sondern behalten, die konstitutiv für das Genre sind? Wie anders sollen sich die individuellen Gesichter von Briefschreibern zeigen, die selbstverständlich bis in ihre fehlerhafte oder altbackene Orthographie und Interpunktion hinein unverwechselbar sind? Derlei Korrekturverzicht mag besonders paradox dort anmuten, wo die Briefschreiber, vor allem der Vater, zu den Schulmeistern zählen und selber die größten Fehler begehen. Aber gerade so ist es unübertrefflich aufschlußreich. Die einzigen wirklichen Fehler, die es für eine Briefedition gibt, sind die Korrekturen von Herausgebern, die meinen, es richtiger machen zu müssen; die einzige Regelwidrigkeit und Antiquiertheit die, die sich als »Normalisierung« oder »Modernisierung« im Stile der »Jetztzeit« versteht.

Die früheren Teildrucke, deren editorische Arbeit bei allen Differenzen im einzelnen dankbar genutzt wird, sind im bibliographischen Teil des Anhangs vermerkt. Den Publikationen Arthur Hübschers kommt dabei wie überall in der Schopenhauer-Edition besondere Bedeutung zu. Er hat wie kein anderer als Herausgeber und Kommentator den Familien-Briefwechsel der Schopenhauers erschlossen. Und er hat auch die gravierenden, geradezu inflationären Mängel des ersten Bandes der Briefedition in der Deussenschen Gesamtausgabe beseitigt, obwohl die Resultate dieser Arbeit leider in den Nachtragsband XVI derselben Ausgabe verbannt geblieben sind. Immerhin konnte Hübscher bei der Edition der »Gesammelten Briefe« Arthur Schopenhauers seine Ergebnisse für die Wiederherstellung der authentischen Brieftexte nutzen. Abgesehen von gelegentlichen Versehen, wie sie selbstverständlich auch einer sich als »*editio definitiva*« verstehenden Ausgabe unterlaufen können* und wie sie zweifellos auch dieser Edition wieder unterlaufen sein werden, sind die editorischen Prinzipien seiner Arbeit nur dort diskussionsbedürftig, wo er aus den Briefen Johannas oder Adeles Brieffragmente Arthurs herausgelöst und als eigenständige Briefe dokumentiert hat. Dieses Verfahren ist dort vertretbar, wo, wie bei Nr. 72 und 102 der vorliegenden Sammlung, der Text als wortgetreues Zitat in der Überlieferung markiert ist. In allen anderen Fällen ist es problematisch, weil der genaue Wortlaut ungewiß bleiben muß und die Umsetzung des angeblichen Zitats in die direkte Rede unvertretbare Eingriffe des Herausgebers erzwingt. Man vergleiche die Briefe Nr. 7, 56, 65 und 103 dieser Edition mit dem Druck in den »Gesammelten Briefen« (dort Nr. 1, 6, 19 und 51); und man wird sehen, daß es hier nicht nur um die üblichen philologischen Quisquilien akademischer Federfuchser geht. Der Unterschied zum Beispiel zwischen einem – offenbar definitiv – »zerrissenen Familienband« (Ed. Hübscher) und einem bloß »zerrissen *scheinenden*« (so Johanna über Arthurs Eindrücke) ist schon nicht unbeträchtlich. Das »Anerbieten das Wenige was Dir blieb, *im Nothfall* mit uns zu theilen« (so Adele an Arthur), ist nicht unter allen Umständen identisch mit

---

* Die meisten Versehen – insgesamt siebzehn – sind bei dem Druck eines Brieffragmentes Arthurs an Johanna (Nr. 29 der vorliegenden Sammlung) unterlaufen. Für eine Kollation auch ohne den Apparat einer historisch-kritischen Ausgabe vgl. das Faksimile im 3. Jahrbuch der Schopenhauer-Gesellschaft von 1914 nach p. VIII und den Druck in den »Gesammelten Briefen«, p. 1.

dem »Angebot, ›das Wenige was ihm geblieben‹, mit Mutter und
Schwester zu teilen« (Ed. Hübscher). Und wenn jemand *will*, daß
die Wahrheit die ägyptische Finsternis in England durchbrennen *soll*
(so wieder Johanna über Arthur; alle Hervorhebungen L. L.), dann
ist das gewiß von erheblich anderem Nachdruck als der etwas kläg-
liche Wunsch, »[wenn doch] die Wahrheit mit ihrer Fackel die ägyptische Finsterniß in England durchbrennte« (Ed. Hübscher)–zumal
wenn der Schreiber dieses Satzes den Kern aller Welt später als Willen begreift und keinerlei Zweifel daran läßt, welche bigotten Fin-
sternisse seine Fackel nach seinem *Willen* durchbrennen *soll*. Im übrigen sind die fraglichen Brieffragmente in der bezeichnenden Bre-
chung der Adressatinnen eben auch in ihren Briefen enthalten: Man
kann ohne Verlust an editorischer Substanz darauf verzichten, mit
ihnen das Volumen der erhaltenen Briefe Arthurs zu vergrößern.

Einzelne weitere editorische Probleme sind jeweils bei den
Briefen vermerkt. Ergänzende oder kommentierende Randschrif-
ten der BriefautorInnen sind dem Haupttext angefügt worden.
Unterstreichungen werden *kursiv* wiedergegeben. Notwendige
Zusätze des Herausgebers stehen in eckigen Klammern. Überliefe-
rungslücken bei nur fragmentarisch erhaltenen oder dokumentier-
ten Briefen werden durch drei Auslassungspunkte … markiert.
Fehlende Datierungen werden auf der Grundlage der Poststempel
oder anderer Datierungsmöglichkeiten nur soweit wie erforderlich ergänzt, Jahreszahlen jeweils nur bei Beginn eines neuen
Jahres.

Die erläuternden Anmerkungen des Herausgebers sind auf
das Verständnisnotwendige und -wichtige sowie auf die Über-
setzung und den Nachweis der Zitate bzw. der fremdsprachigen
Texte beschränkt. Um indessen einen besseren Überblick
zu ermöglichen, wurde ein ausführlicher Anhang beigefügt,
der neben der Bibliographie der bisherigen relevanten Brief-
publikationen und einem Personenverzeichnis eine Verwandt-
schafts- und eine Zeittafel enthält. Die erstere soll im Rahmen des
Möglichen die Orientierung in den verwickelten Erbschafts- und
Familienverhältnissen der Schopenhauers erleichtern, die letztere
ihre unterschiedlichen Wege sichtbar machen. Wenn dabei der

graphischen Anordnung zufolge die Lebensläufe der Männer die der Frauen »flankieren« oder gar »umarmen«, dann ist das selbstverständlich ohne jedes Präjudiz für die nähere Charakteristik der Beziehungen: wie es im Briefwechsel dieser Familie nachzulesen ist.

DER FAMILIEN-BRIEFWECHSEL

von

Adele, Arthur, Heinrich Floris und
Johanna
Schopenhauer

1. Heinrich Floris an Arthur

Mein lieber Arthur hierbey erfolgt ein Brief von der Mutter und wenn du ihr mit der allerersten Post schreibst, dann könte dein Brief noch wohl sie hier finden da sie in der Mitte des Aprils zuerst nach Dantzig verreisen wird übrigens soll auch an deine Rückkunft gedacht werden und bitte ich mir brav daß Einmahl Eins in französischer Sprache zu lernen, auch Herrn und Mad Grégoire vielmahl zu grüßen.   HFS.

Arthur: Die Zeilen des Vaters sind einem Brief des Jugendfreundes Gottfried Jänisch an Arthur vom 21. Februar 1799 beigefügt. Zu Jänischs frühem Tod vgl. Brief Nr. 2. Arthur hat auf Jänischs Brief vermerkt: »repondu mais trop tart« [sic!].

2. Johanna an Arthur

Hamburg. d. 8. April

Mein guter lieber Arthur.

Dein Vater hat Deinen lezten Brief erhalten, und wir haben uns alle beyde gefreut daß er so gut geschrieben ist, einige kleine Fehler sind zwar noch darinnen, aber Rom ist nicht in einem Jahr gebaut, ich hoffe, du wirst von Zeit zu Zeit einen nach dem andern ablegen, und mir zulezt immer mehr Freude machen. Mache nur jetzt noch guten Gebrauch von der Zeit, denn, wie ich Dir schon in meinem lezten Brief schrieb, Du wirst nicht mehr lange in Frankreich seyn. Dein Vater erlaubt Dir die eilfenbeinerne Flöte für einen Louisd'or zu kauffen; ich hoffe daß Du einsiehst wie gut er gegen Dich ist, er bittet sich dagegen aus, daß Du Dir daß einmaleins recht angelegen seyn läßt. Das ist nun wohl das Wenigste was Du thun kannst, um ihm auch zu zeigen wie gerne Du alles thust was er wünscht. Ich bin heute recht sehr traurig, mein guter Arthur, es sterben jezt so viele Leute in Hamburg, ich habe diesen Winter schon so viele Bekannte verloren, und heute früh ist meine sehr gute Freundinn Mlle *Peterssen* gestorben, Du hast sie wohl gekannt, ihre Eltern wohnen uns schräge gegenüber, heute

8 Tage war sie noch bey mir lustig und froh, Mittwoch hat sie daß Scharlachfieber gekriegt, und ist heute nacht gestorben. Auch Dir, mein Arthur habe ich einen Verlust anzukündigen, der Dich gewis betrüben wird, Dein guter Freund Gottfried, er ist wieder sehr krank geworden, 14 Tage hat er gelegen, man glaubt er hat mit andern Knaben, im Spiel oder im Streit, einen unglücklichen Schlag gekriegt, er ist fast gar nicht zum Bewußtseyn gekommen, und hat allso nichts sagen können. Auch er ist schon 8 Tage glücklicher als wir alle, er ist auch gestorben, Dein Brief an ihn, mein lieber Junge kam zwey Tage nach seinem Tode an. So hast Du denn schon Deinen liebsten Spielkameraden verlieren müssen. Es ist immer gut, lieber Arthur, wenn man sich auch schon in Deinen Jahren an den Gedanken gewöhnt, daß man das was man am liebsten hat so leicht verlieren kann, und daß die Dauer unsers eignen Lebens so unsicher ist. Die arme Doctorin dauert mich am meisten, sie ist erstaunend traurig. Wir in unserm Hause sind alle gesund, Dein Schwesterchen ist munter wie ein Fisch. Lebe wohl, mein guter Arthur. Schone Deine Gesundheit, daß ich Dich froh wiedersehen möge.   J. Schopenhauer

arme Doctorin: Caroline Jänisch, die Mutter Gottfrieds.

3. *Heinrich Floris an Arthur*

Hambourg, 2. Aout 1799

Ta lettre mon cher Arthur en date du 20 Juillet m'a fait bien du plaisir, & c'est peut-être un bonheur que tu te ne sois embarqué sur le navire appellée »Barbara« comme nous n'en entendons rien encore, cependant nous voudrions bien ton rétour maintenant, et c'est pour cela que j'aye aussi écrit aujourd'hui à Mess. Perrégaux & Co. et à Mess. Stender & Co. à Paris pour que s'ils sçavent quelque bonne occasion pour ici ils en font part à Mons. Grégoire que celui pour lors s'informe du nécessaire & le trouvant à désir, tu fasse conduire pour Paris et tu y laisse la personne jusqu'à ce que tu te mette en route. Dieu veuille que tout aille bien, mais il ne faut nulle-

ment être exposé, si même ton départ fut encore differé. Je t'ai mille
baisers à rendre de ta Mère, et t'envois égallement la lettre qu'elle
avait écrite pour toi tandis que je te croyais déjà en route. Je t'em-
brasse du fond de mon ame adieu   Schopenhauer

Hamburg, 2. August 1799
Dein Brief vom 20. Juli mein lieber Arthur hat mir große Freude
gemacht, & es ist vielleicht ein Glück daß du dich nicht auf der
»Barbara« eingeschifft hast jedenfalls haben wir noch nichts davon
gehört, nun wünschen wir aber sehr deine baldige Rückkehr, und
darum habe ich auch heute den Herr. Perrégaux & Co. und Stender
& Co. in Paris geschrieben sie möchten falls sich von da irgendeine
gute Gelegenheit nach hier bietet Herrn Grégoire davon Mitteilung machen damit dieser das Nötige veranlasse und wenn alles
nach Wunsch ist, dich nach Paris bringen lasse wo du bis zu deiner
Weiterfahrt bleiben sollst. Gebe Gott daß alles gut geht, aber setze
dich nur ja keiner Gefahr aus, selbst wenn deine Abreise sich noch
verzögert. Ich soll dir tausend Küsse von deiner Mutter bestellen,
und sende dir jetzt auch den Brief den sie für dich geschrieben hatte
als ich dich schon unterwegs glaubte. Ich umarme dich von ganzem Herzen adieu   Schopenhauer

4. Heinrich Floris an Arthur

Mein lieber Sohn!
Jetzt wird es zu bedenklich und zu späth zur See zu retourniren, es
sind aber der junge Herr *Weichbrod* und *Mahl* von Holland nach
Paris gegangen und ich habe Ihnen zu schreiben, daß Sie mir die
Freundschaft erweisen möchten, dir anher mit sich zu nehmen bey
ihrem *Rétour* und Mons. Grégoire zu melden, wann Sie gedächten
von Paris abzureisen. Ich hoffe und wünsche sehr daß endlich dieses
würklich die Gelegenheit sey mit welcher du zurückkommst, und hat
mir die Mama aus Dantzig aufgetragen Dir hertzlich zu grüßen. Ich
umarme Dir in Gedanken und bin allwege Dein
Hamburg, 9. August 1799   guter Vater Schopenhauer

5. *Johanna an Arthur*

New Castle d. 19. July 1803

Deine Briefe, lieber *Arthur*, haben wir heute Morgen bey unsrer Ankunft hier gefunden, es ist mir lieb, daß es Dir im ganzen gut geht, daß Du gut gehalten und artig begegnet wirst, mit dem übrigen must Du schon zusehn wie Du es Dir am leichtesten nach Wunsche machst, ich denke, es ist unmöglich daß Du unter der Menge nicht einen oder zwey finden solltest die einigermaßen zu Dir stimmen, ich hoffe gewis, daß Du jezt schon besser orientirt bist, denn wie Du den Brief vom 8ten July schriebst warst Du noch zu neu. Du must nur denen Leuten ein wenig mehr entgegen kommen als sonst wohl Deine Art ist, bey jeder gesellschaftlichen Verbindung muß einer den ersten Schritt thun, und warum solltest Du das nicht so gut können als ein andrer, der obgleich er älter als Du ist, doch nicht den Vorzug gehabt hat der Dir so früh zu theil geworden ist, oft und viel unter fremden Menschen zu leben, und allso aus unzeitiger Blödigkeit sich zurückhält, weil er nicht den Muht hat vorwärts zu gehen. Der zeremonieuse Ton muß Dir freylich auffallen, er ist aber der Ordnung wegen unter solch einer Menge junger Leute nohtwendig, es würde schön hergehen, wenn da ein jeder ungenirt zu Werke gehen wollte, so wenig ich für steife regelmäßige Etikette eingenommen bin, so kann ich doch das rauhe sich nur selbst zu gefallen suchende Wesen und Thun noch weniger leiden, welches unsre jungen Kaufmannsdiener und Studenten jezt annehmen, weil sie glauben daß es Ton ist, dieser sogenannte Ton muß alle gebildeten Frauenzimmer und alle wohlerzogne Leute aus denen Gesellschaften verscheuchen wo er herrscht, Du hast keine üblen Anlagen dazu, wie ich oft zu meinem Verdruß bemerkt habe es ist mir lieb daß Du jezt unter Leuten von einem andern Schlage leben muß, obgleich sie vielleicht ein wenig zu sehr auf die andere Seite ausschweifen. Ich werde mich herzlich freuen wenn ich bei meiner Zurückkunft bemerken werde daß Du etwas von diesem komplimentenreichen Wesen, wie Du es nennst, angenommen hast dafür daß Du es übertreiben wirst ist mir nicht bange. Zeichnen, Bücher, Flöte, Fechten und Spaziergehen ist denn doch ziemlich viel Abwechselung. Ich habe viele Jahre hin-

durch fast keine andern Abwechselungen und Freuden des Lebens
gekannt und habe mich recht wohl dabey befunden, und Dein
Alter ist eigentlich noch für keine andern gemacht, um die rau-
schenderen Freuden des Lebens zu genießen muß man erstlich zu
leben verstehen, und Du bist erst in der Vorbereitung dazu begriffen. Indessen ist dieser Monat bald aus, und im Monat *August* will
der Vater Dir erlauben, alle Woche einmahl nach London zu kommen, es versteht sich, daß Du dann bey *Percivals* gehst, sie sind so
freundschaftlich gewesen, es wiederholt von mir zu verlangen,
und ich sehe es nicht gern, daß Du allein in einem Wirtshause essen
gehst. Geld hast Du, und wenn Du damit auf dem Trocknen bist,
so hat der Vater Dir ja gesagt wo Du mehr haben kannst. Ich denke
wir sind in etwa 6 Wochen wieder in London, hast Du Lust alsdann
wieder zu uns zu kommen und uns auf unsrer übrigen Tour zu
begleiten, so rahte ich Dir freundschaftlich, mache es so daß der
Vater bey unsrer Zurückkunft mit Deinem Schreiben zufrieden
seyn kann sonst stehe ich Dir, in vollem Ernst, für nichts, an Deiner Stelle würde ich alle meine Zeit, und alle meine Kräfte anstren-
gen um dieses Ziel zu erringen. Du bist vernünftig genug um,
wenn Du es recht überlegst, einzusehen wie nohtwendig es Dir zu
Deinem künftigen Fortkommen ist, gut, schnell und deutlich zu
schreiben, und ich kann nicht begreifen wie es Dir mit sorgfälti-
gem Fleiß und vieler Übung so schwer werden sollte eine so
mechanische Übung zu erlernen! Man kann alles was man ernstlich will, davon bin aus eigner Erfahrung unumstöslich fest überzeugt, schreibst Du allso nicht gut, so ist es Deine Schuld und Du
must die Folgen davon hinnehmen, denn es ist unsere Pflicht und
unser Wille, alles zu Deiner Vervollkomnung beyzutragen was in
unsern Kräften steht, die Art und Weise wie wir es thun können
wir nicht nach Deinem Gefallen abmessen. Mit meinen Presenten
hast Du stehendes Unglück, allso die Nadel ist dem Bleystift und
dem Messer nachgegangen, indessen gieb Dich zufrieden, wenn
wir wieder in London sind sollst Du eine andre haben, die noch
prettier seyn soll, bis dahinn werden Dich Miß *Lancaster* wohl mit
Stecknadeln aus der Noht helfen. Mit unserer Reise ist es so lange
recht gut gegangen, wir haben uns in keinem Orte lange aufgehal-

ten, Du weist der Vater macht nicht gern Bekanntschaften, und so habe ich denn auch nicht viel Gesellschaft als meine eigne gehabt, die viele Abwechselung macht mir indessen viel Vergnügen und mein Tagebuch ist dabey so fortgerückt daß ich in *Edinburgh* wo wir in ein paar Tagen zu seyn gedenken zu einem zweyten Bande werde Anstalt machen müssen ich habe viel Schönes und Merkwürdiges diese 14 Tage unter und über der Erde gesehen viele schöne Schlösser, Parks und Gärten, und was mir noch besser gefällt viele schöne Gegenden, einige so romantisch wild und doch so schön dabey, wie Du es Dir gar nicht vorstellen kannst ich hätte nie gedacht daß es in Engeland solche Felsen giebt, *Darbyshire* ist unbeschreiblich schön, wir waren da in einem kleinen Bade, *Matlock*, und blieben 2 Tage und drüber dort, weil es gar zu schön war, es ist fast wie Karlsbad, aber unendlich schöner, ich konnte mich auf denen hohen mahlerischen Felsen nicht müde genug klettern, von da fuhren wir nach *Castleton*, ein Felsennest, dort bin ich mit *Duguet* u einem Führer allein in die *Peakshöle* herabgestiegen, es war eine beschwerliche Partie, 2 mahl muste ich mich in einem kleinen Boot glat niederlegen und mich so unter die niedrigen Felsenklüfte auf dem unterirdischen Strom fortschiffen lassen, an einer andern Stelle nahm mich der Führer Huckepack und trug mich durch, das Klettern war auch sehr beschwerlich, auch nicht ohne Gefahr, und es dauerte eine gute Stunde ehe ich wieder ans Tageslicht kam, das wäre etwas für Dich! Ein par prächtige Ruinen habe ich auch gesehen, besonders eine alte Abtey, *Fountains Abbey* aus dem 12ten Jahrhundert, dagegen ist Tarant bey Dresden gar nichts, dies war recht so wie ich mir solche Ruinen immer gedacht habe; dann sind wir auch in einem unterirdischen Kanahl in die Kohlenmienen bey Manchester gefahren, wohl eine halbe Stunde lang immer unter der Erde, dabey hat sich denn der Vater erkältet und ist ein paar Tage gar nicht wohl gewesen, es geht aber jezt schon besser. Heute habe ich die große eiserne Brücke bey *Sunderland* gesehen, kurz ich werde genug Dir zu erzählen haben, aber schreiben kann ich nicht mehr. Aus Hamburg haben wir gute Nachrichten, Adele ist wohlauf, zu meiner Freude, In *Edinburgh* erwarte ich Briefe von Dir zu finden. *Adieu*, lieber Arthur, manch-

mal thut es mir doch Deinetwegen leid daß Du nicht mit bist,
indessen bringst Du Deine Zeit wenigstens nüzlicher zu, wenn
auch nicht so angenehm. Nimm alles zu Herzen was ich Dir
geschrieben habe und folge meinem Raht. Auf mein Wort Du
wirst Dich wohl dabey befinden, lebe wohl. Der Vater erwartet
nächstens wieder Briefe von Dir, aber auf feinerem Papier.

J. Schopenhauer

artig begegnet wirst: Während der Europareise der Schopenhauers war Arthur
vom 30. Juni bis zum 20. September 1803 in der Pension des Reverend Lancaster in Wimbledon untergebracht; die Eltern reisten unterdessen bis nach
Schottland weiter. Zu Arthurs Reaktionen auf den Geist der geistlichen
Anstalt vgl. Brief Nr. 7.
Percivals: In seinen Reisetagebüchern verzeichnet Arthur etliche Besuche bei
den Percivals. Der mit ihm gleichaltrige Sohn der Familie machte ihn mit einigen Sehenswürdigkeiten Londons bekannt: Quäker-Gottesdiensten, Löwen-
Türmen, Tower-Juwelen... (vgl. Arthur Schopenhauer: »Die Reisetagebücher«, hrsg. von Ludger Lütkehaus, Zürich 1988, S. 61 ff.).
Anstalt machen müssen: Zehn Jahre später veröffentlichte Johanna ihre »Erinnerungen von einer Reise in den Jahren 1803, 1804 und 1805«, Bde. 1 und 2,
Rudolstadt 1813/4, Bd. 3, Rudolstadt 1817. Der Vergleich der Reisetagebücher von Mutter und Sohn gibt trotz vieler Gemeinsamkeiten schon Auf-
schluß über die spezifischen Differenzen der beiden Autoren (vgl. Hrsg.: »Die
Ausfahrt des Buddha? Die Reisetagebücher Schopenhauers«, a. a. O., S. 263 ff.).
Duguet: Johannes und Sophie Duguet standen in den Diensten der Schopenhauers, auch nach der Übersiedlung Johannas und Adeles nach Weimar.
Adele: Die 1797 geborene Adele war, anders als während der ersten Familien-
reise im Sommer 1800 nach Carlsbad und Prag, 1803 in Hamburg zurück-
geblieben.

6. *Heinrich Floris an Arthur*

Edinburgh, d. 26. July 1803

Mein lieber Sohn

Freylich muß es mir sehr wundern, ja selbst besorgt machen, daß
wir zuerst einmahl Briefe von dir haben, während daß es Dir deutlich aufgegeben worden, alle 8 Tage zu schreiben. Heute am 8. Tag
hat die Mutter dir einen langen Brief erlaßen, den ich dir bitte, sehr
ernstlich zu behertzigen, sonsten ich äußerst aufgebracht seyn
würde, denn schreiben du durchaus lernen mußt in gantzer Voll-

kommenheit, und die anderen Dinge bloß Neben Sachen dagegen sind. Herr *Drewe* wird Dir ebenfalls gleich alles geben, deßen Du nöthig haben möchtest und im August habe ich Dirs gewährt, einen Tag wöchentlich in *London* zu seyn aber keine Nacht und ermahne ich dir in der Reitschule manierlich und vorsichtig zu seyn, übrigens alle 8 Tage zu schreiben auf feinem Papier und werden John Wm Anderson Drewe & Co Deine Briefe immer gleich abschiken, und damit Gott befohlen   Schopenhauer

7. *Johanna an Arthur*

Glasgow d 4ten August 1803.

Deine Briefe vom 25 *July* fanden wir erst ehegestern bey unserer Ankunft hier, in *Edinburgh*, wo wir uns doch 6 Tage aufhielten, bekamen wir keine Zeile von Dir, vermuhtlich, lieber Arthur wolltest Du nicht eher schreiben, bis Du Antwort auf Deinen ersten Brief erhalten hättest. Das war aber, aufs gelindeste genommen nicht recht überlegt, denn abgerechnet, daß Deine Verhältnisse gegen uns nicht von der Art sind um Dich zu berechtigen auf jeden Deiner Briefe Antwort zu erwarten, sondern daß Du verpflichtet bist, uns von der Art wie Du Deine Zeit anwendest und von allem Deinem Treiben und Thun Rechenschaft abzulegen, so hättest Du, selbst wenn alles dieses nicht wäre, überlegen müssen, daß wir auf der Reise sind, und uns an keinem Orte lange aufhalten, wenn Deine Briefe allso nicht vor unsrer Ankunft an dem bestimmten Orte sind um uns zu erwarten, so erhalten wir sie entweder nicht oder sie werden uns nachgeschickt, kosten doppelt Porto, und wir können am Ende das Vergnügen haben, sie in Deiner Gesellschaft in *London* zu erbrechen. Übrigens bin ich mit allem, was Du mir schreibst, ziemlich zufrieden, dem Vater ist es sehr lieb daß Du von selbst um 2 Schreibestunden angehalten hast, und ich denke ebenfalls daß es das Klügste ist was Du thun konntest, Du kannst einmahl, wie es scheint, Deine Zeit in Wimbleton nicht sehr angenehm hinbringen, suche sie allso wenigstens nüzlich anzuwenden, mit zwey Schreibestunden den Tag, gutem Willen, und vieler

Übung für Dich alleine, must Du es in solcher Mechanischen
Sache durchaus in zwey Monaten weit bringen so bald es Dir ein
Ernst darum ist. Noch einen Raht muß ich Dir wegen Deines
Schreibens geben, lieber Arthur, der zwar nicht die äußere Form
Deiner Briefe betrifft, sondern den noch wichtigeren Theil derselben, den Innhalt; mache es Dir zum Gesez, durchaus nie, auch
nicht in der größten Eile, einen Brief oder auch nur das unbedeu-
tendste Billiet fortzuschicken, ohne es noch einmahl durchgesehen
zu haben, und wörtlich, und mit Bedacht, thust Du das nicht, so
sage ich Dir vorher, daß Du es oft bitter bereuen wirst, und überdies ist dies der einzige Weg Deinen Styl zu bilden und von Fehlern
zu reinigen; Ausdrücke welche gebildete wohlerzogne Leute sich
nicht einmahl in der Hize des Gesprächs entschlüpfen lassen, z. B.
infame Bigotterie, werden sich dann nicht mehr in Deine Briefe
einschleichen. Es ist wahr, man soll schreiben, wie man ungefähr
spricht, aber doch muß man, deucht mir, in einem Briefe mehr auf
die Wahl und Zusammenstellung der Ausdrücke sehen, als in
einem Gespräche. Man schreibt ja doch langsamer und ungestörter
wie man spricht, und der Empfänger eines Briefes liest ihn auch
mit mehr Bedacht, als wie er bey einer mündlichen Unterhaltung
anwendet. Übrigens begreife ich nun wohl daß es Dir wo Du bist
nicht eben ganz außerordentlich gefallen kann, aber nüzlich ist der
Aufenthalt gewis für Dich. Ich hoffe, daß Du das Zeichnen fleißig
treibst, Du wirst vielleicht nie wieder so viel Zeit dafür haben und
dabey solch eine gute Gelegenheit zum Lernen, die Flöte ver-
säumst Du gewis nicht dabey, davon bin ich überzeugt, aber wie
geht es mit dem Singen, kannst Du schon solche schöne Kadence
machen wenn Du *God save the King* singst, wie die Frau des Herren
N. N. der Dir Unterricht giebt? Ich habe in *Edinburgh* einen *Master
Smith* im Konzert singen hören, der mir ungefähr in Deinem Alter
schien, er sang recht hübsch, aber einen hohen Discant, wie ein
Frauenzimmer, quinquelierst Du auch so?

Du thust recht Dich an die Landsmannschaft zu halten, da Du
mit denen anderen wenig anfangen kannst, Eschenburg kam mir
gleich etwas Droopisch vor, Jacobi habe ich nicht bemerkt wie ich
bey H. L. war. Du solltest aber doch weniger Gebrauch von seinen

Schillerschen Trauerspielen machen, und lieber mehr Englisch zu
lesen suchen, überhaubt, lieber Arthur, wünschte ich, daß Du die
Dichter allesammt und sonders auf einige Zeit über Seite legtest
und eine ernsthaftere Lectüre wähltest, so anziehend jene Schriften
sind, so sind sie doch nur für die Stunden der Muße, Du hast deren
zwar viele, aber in dem Alter in dem Du jezt stehst, ist Deine Zeit
so kostbar für die Zukunft, daß Du, wenn Du vernünftig seyn
willst, auch aus diesen Dir selbst gelaßnen Stunden so viel Nuzen
ziehen must als möglich. Ich gestehe die Beschäftigung mit denen
Meisterwerken des Genies ist äußerst reizend, aber wer sich zu
anhaltend damit abgiebt, verliert am Ende allen Geschmack an ern-
steren Dingen, und glaube mir, Schiller selbst wäre nie was er ist
wenn er in seiner Jugend nur Dichter gelesen hätte, er sagt ja selbst,
Ernst ist das Leben, heiter ist die Kunst, und Du, mein Arthur,
must jezt hinein ins ernste Leben, und wahrlich es wird Dir mehr
als ernst, es wird Dir unerträglich vorkommen, wenn Du Dich
schon so frühe gewöhnst, Deine Stunden alle mit der Kunst zu ver-
tändeln. Du bist nun 15 Jahre alt, Du hast schon die besten Deutschen, Französischen und zum Theil auch Englischen Dichter gelesen und studiert, und noch außer denen Schulstunden, kein
einziges Buch in Prosa, einige Romane ausgenommen, keine
Geschichte, nichts als was du etwa lesen mustest um bey H. Runge
zu bestehen. Das ist nicht recht, Du weist ich habe Gefühl fürs
Schöne, ich freue mich, daß Du es von mir vielleicht geerbt hast,
aber dies Gefühl kann uns nun einmahl in dieser Welt wie sie ist
nicht zum Leitfaden dienen, das Nüzliche muß vorangehen, und
alles in der Welt wollte ich Dich lieber werden sehen als einen so
genannten *Bellesprit*, diese Herren sprechen von Gedichten, von
Schauspielern, Musikern und Mahlern, als lebte man nur um ins
Teater und ins Konzert zu gehen. Sie bilden sich wer weis viel drauf
ein, daß sie sich amusiren und dabey mit einigen, leicht zu erlernen-
den Kunstwörtern und Modeausdrücken um sich werfen können,
und sehen mit Hohn und Verachtung auf den arbeitenden prosai-
schen Geschäftsmann herab, der am Ende die gefeyerten Künstler
bezahlt, und wohl gar noch am Ende dem weisen hochtrabenden
Bewundrer derselben einen Winkel in seiner Schreibestube anwei-

sen muß, damit er bey seinem Enthusiasmus für die Kunst etwas
zu essen hat, wenn nicht etwa sein Papa seel. auch so ein undichteri-
sches Wesen war, welches Geld verdiente zu Bildern und Büchern
für den weiseren Sohn. So weit wird es mit Dir nicht kommen,
aber wenigstens hast Du doch am Ende Deines Briefes an mich
mir ein Lächeln abgejagt. Die Wahrheit willst Du, soll mit ihrer
Fackel die ägyptische Finsterniß in England *durchbrennen*, wie
kannst Du der Wahrheit so etwas zumuhten? eine Finsterniß kann
so viel ich weis, wohl erleuchtet werden aber brennen, mein Sohn,
brennen kann sie wahrhaftig nicht. Siehe, so etwas heißt auf englisch *Bombast*, das deutsche Wort weis ich dafür nicht. Vom lieben
Kristenthum kriegst Du indessen Dein reichlich Theil, und ich
kann es Dir nicht verdencken, wenn es Dir etwas zu viel dünckt,
aber ein wenig auslachen muß ich Dich denn doch, weist Du noch
wie manchen Krieg ich diesen Winter und sonst vorher mit Dir
hatte, wenn Du des Sonntags und die Feyertage durchaus nichts
ordentliches vornehmen wolltest, weil es Dir Tage der Ruhe
waren, nun kriegst Du der Sonntäglichen Ruhe satt und genug.
Indessen wir sind nun im *August*, und Du bist gewis schon diese
Woche in *London* gewesen, *H. Paleske* oder *H. Drewe* wird Dir Geld
geben, wenn Du es brauchst, ein Verschwender bist Du nicht, allso
brauche ich Dir hierüber nichts weiteres zu sagen. Wir sind nun
starke 14 Tage in Schottland, in *Edinburgh* hat es mir sehr gut gefallen, wir waren gerade zur Zeit der Pferderennen da und hielten uns
ungefähr 6 Tage in der Stadt auf, hernach fuhren wir in die *high-
lands*, wo wir auch 8 Tage in den über alle Beschreibung erhaben
schönen Gebürgen herumreisten, ich habe mein Tagebuch treulich
bis auf den heutigen Tag fortgesezt, und werde Dir viel daraus
erzählen, wenn wir wieder zusammen sind. Ich glaube, ich habe
jezt den besten Theil meiner Reise in Engeland und Schottland
weg, schönere, merkwürdigere und interessantere Gegenstände
werden mir wohl schwerlich vorkommen. So lange war das Wetter uns auch sehr günstig, seit 3 Tagen ist es aber sehr arg, hier bin
ich schon seit ehegestern Abend, und noch bin ich nicht aus dem
Hause gewesen, darum erhältst Du auch solch eine lange Epistel.
Wir haben H. Meyerhoff hier getroffen, Du erinnerst Dich seiner

noch wohl, er war gerade beym Vater im Komtoir da wir Danzig verließen und begleitete uns bis vors Thor, er hat viel nach Dir gefragt und läst Dich grüßen. Auch der junge Rücker ist hier, der sonst bey H. Jenisch war, er erinnerte sich noch gestern Deiner Geburtstagsfeyer in der Rosenstraße mit dem celebren Feuerwerck, seine Brüder waren bey der Fete, und sein Vater war gerade Prätor. Nun Adieu, lieber Arthur, sey froh und gut, und vor allen Dingen vergiß nicht auch meine Gesundheit mit denen übrigen zu trincken.

Jeanette Schopenhauer

Droopisch: Ferdinand Droop, sprichwörtlich gewordener Schulkamerad im Hamburger Privatlehrinstitut Runge, das Arthur seit Sommer 1799 besucht hatte.
H. L.: Reverend Lancaster.

8. *Heinrich Floris an Arthur*

Ich habe Deinen Brief vom I. dieses mein Lieber Arthur erhalten und freue mich, daß es Dir nunmehro Ernst ist, schreiben zu lernen, welches aber nicht anders geschehen kan als durch Vieles schreiben, und um Dir nun dazu in den Weg zu setzen, so schreibe einsweilen den Brief ab, welchen Dir die Mutter aus Glasgow geschrieben und wobey sie doch nur eine Halbe Stunde verwendet hat. Je geschwinder Du wirst lernen eine freye mänliche Faust schreiben desto eher werde ich dir von Herrn *Lancaster* können abrufen, nur bilde Dir nicht ein, daß es vor dieses erreicht worden ist, geschehen werde. Denn ein Mensch der sich der Handlung ergeben will, schlechterdings gut und flüßig schreiben muß. Deine Berechnungen in Ansehung der Zeit daß Deine Briefe uns antreffen, sind gantz unnöthige Dinge, genug daß Dir aufgegeben worden ist, alle Woche einen Brief an Herrn *Andersons Comptoir* für uns zu schicken und welches Du hinfort zu beobachten die Aufmerksamkeit haben wirst, und übrigens von Herrn *Drewe* Dir auszahlen zu laßen, was Du nöthig haben möchtest.

Die Mutter erwartet wie ich daß Du hinfort nicht weiter ermahnt werden darfst gerade zu gehen als andere gut erzogene Menschen und grüßt Dir herzlich
Liverpool, den 10. August 1803

Adieu Heinr. Floris Schopenhauer

9. Heinrich Floris an Arthur

Mein lieber Arthur.

Deine Mutter ist nicht sehr zufrieden mit Deinem letzten Briefe, und da es mir diesen Abend an allem Papier fehlt will ich nur kürtzlich auf den deinigen vom 14. dieses erwiedern, daß Du sehr viel schreiben mußt, um flüssig und männlich zu schreiben, wobey dann die Schnörkel alle wegfallen können, und du die Gefälligkeit haben wirst, es an den unterstrichenen Buchstaben zu bemerken und Dir zuzueignen für die Zukunft. Die Übungen im Schwimmen scheinen mir ebenso gefärlich als unnützlich. Im zeichnen und im singen muß Du doch einigen Progreß machen da die Dinge einsweilen angefangen sind und *Michaely* den *29. September* Du dann wieder zuhaus in London sollst. Ich wünsche daß Du Dich der besten und deutlichsten teutschen Handschrift befleißigst, und mir eine Antwort erläßt, die mir befriedigt.
Bristol 25 August 1803   Dein Vater Heinr. Floris Schopenhauer

10. Heinrich Floris an Arthur

London, 2. Sept. 1803

Mein lieber Arthur

Heute zwey Monath verließen wir *London* und haben 1600 Meilen gemacht, und sind wieder da, werden auch bis nächsten Monath heraus wenigstens hier seyn, du aber Dienstag früh herein kommen kannst damit wir dir sprechen und zugleich zu den Races nach Enfield Dir mitnehmen können. Bringe mir mit die Nota wenn Deine Monathe mit dem Lehrmeister zu Ende gehen und Nach-

richt was dann ein Jeder wird haben müßen. Jung zu lernen die
Feder so halten daß man dieselbe durch den Fingern allein ohne die
Faust fortzurücken gantz in seiner Gewalt hat und so auch wie spie-
lend mit ihr wirken kann, ist daß gantze Geheimniß schön und
flüßig zu schreiben. Ja bald bist Du Zehn Wochen drüben her in
Wimbledon und mit dem Ausgang der 12t wünschte ich Dir Gut-
schreiben sehen und dir zu uns nehmen zu können in unserem
Gegenwärtigen *Logis*

> *Norfolk Street No 43 – Strand*
> *New Church*

Du verursachst mir durch Deine unbescheidenen Briefe grosses
Porto, bringe sie wenigstens mit, wenn Du Dienstag zu uns
kommst und mache mir mehr Freude wie Du Dir beflißen bis jetzt
zu thun. Adieu   Heinr. Floris Schopenhauer

11. Heinrich Floris an Arthur

Mein lieber Arthur,
es ist nur daß ich in den Zeitungen gelesen daß den 6t dieses Pferderennen in Enfield seyn würde, und ich bitte mir's aus nicht den langen Weg sich müde und schmutzig zu laufen, sondern mit der
gewöhnlichen ersten Kutsche hereinzukommen, da wir auf dir
schon warten werden. Ich wiederhole darauf zu achten was ich in
meinem vorgestrigen Briefe verlangt habe, da wir es dann schon
zu beschicken suchen werden, daß du nicht mehr lange in Wimbledon bleibst, vorher aber die Lections Monate beendigt werden
müßen, damit das Geld nicht gar weggeworfen sey, und wird die
Mama hier dann auch ein Klavier im Zimmer haben.
Norfolkstr. N 43, 4. Sep 1803   Schopenhauer

12. Johanna an Arthur

Freytag Morgen.

Ich hoffe Du bist ganzbeinig nach *Wimbleton* gekommen, aber Du hättest es uns dennoch wohl melden können, schreibe nur recht bald, Du weist wohl der Vater macht sich gern Sorgen wenn er keine hat. Du erhältst hiebey ein Paar *inexpressibles*, welche ich in Ehren zu halten bitte. Von uns kann ich Dir wenig melden, ich bleibe fleißig zu Hause weil ich nicht weiß wo ich hingehen soll, dabei declamiere ich das beliebte *Verbum, je m'ennuie, tu t'ennuies etc.* und zur Gemühtsergözung spiele ich die Sonaten die mir alle Tage besser gefallen. Adieu, Arthur, grüße die *Lancasters* in Maße von mir und nuze die kurze Zeit die Du noch unter ihnen zu wallen hast, nach bestem Wissen und Gewissen.   J. Schopenhauer

Freytag Morgen: Geschrieben nach dem Besuch in Enfield (vgl. Brief Nr. 11); Poststempel vom 10. September 1803.

13. Heinrich Floris an Arthur

London, den 17. Sept. 1803.

Mein lieber Arthur

Die Leute machen gar große Rechnungen wie ich sehe und ich meyne Du wohl es abschlagen könntest, dem 2 Monathlichen Sänger einen Guinea Entrance zu bezahlen, indeßen wird dieser Klavier Unterricht vielleicht dienen daß du dir im Singen selbst forthilfst.

Wenn's mit dem Überschicken der Noten keine Gefahr, so lege sie diesem Briefe bey, und zwar drey Pfundt Sterling [unleserlich] 19361, 19362 & 19363 damit du alles und jedes befriedigen kannst und siehst du wohl ein, wie gut und zuvorkommend ich stets gegen Dich bin. Herrn *Lancaster* will ich daß Seinige welches £ 25 seyn wird hier aus zahlen oder überschicken wie ers immer will, und bitte ich Ihn mit deßen Familie von der Mutter und mich freundlich zu grüßen, und nichts von Deinen Sachen zu vergeßen.

Schopenhauer

Hamburg, den 23. Oct. 1804

Mein lieber Sohn

Da Du nunmehro mir schriftlich die Angelobung machest, schön und flüßig schreiben und perfect rechnen zu lernen, so will ich dann mir auch darauf verlaßen, mit Bitte es ebenfals dahin zu bringen, wie andere Menschen aufrecht zu gehen, damit Du keinen runden Rükken bekommst, welches abscheulich aussieht. Die schöne Stellung am Schreibepulte wie im gemeinen Leben ist gleich nöthig; denn wenn man in den Speise-Sählen einen so darnieder gebükten gewahr wird, nimt man ihn für einen verkleideten Schuster oder Schneider. Es ist gut, daß Du Dich ein Kleid hast machen zu laßen, bereits resolvirt, aber Du mußt auch eine Winterweste demselben beyfügen und wird Herr Kabrun die Auslage davon machen. Sey diesem guten Mann auch ebenso ergeben wie dankbar und bitte ihn, daß er Dir die Wechselbriefe und die facturen schreiben läßt, auf seinem *Comptoir*, damit diese weiters so aussehen, daß Sie in alle Welt gehen können. Es sind wenige Häuser, wo Du Dich so gut vorbereiten kannst, ein guter Comtorist zu werden, wie bey diesem meinem werthen Freunde *Kabrun* in Dantzig. Beachte demnach alles und merke auf seine Reden, sie können Dir nicht anders wie sehr vörderlich zu Deinem Fortkommen in der Welt seyn. Zwar lohnt es sich nicht, Dir die neue Flöte noch zuzuschiken, weil die ½ der Zeit ja schon passirt ist, die Du in Dantzig noch zuzubringen hast, aber darum spiele immer auf der Alten in ein oder anderes Concert, weilen auch dieses Dir in Deiner Vaterstadt zur mehreren Empfehlung dient. Die Mutter schreibt mir gar, daß Du mit eins ein beßerer Jüngling geworden, da man ihr von Deinem ordentlichen Betragen erzählt, laß diese Ordnung aber auch doch in Deinem Zimmer und bey Deinem Reisegeräthe herschen, denn die Begebenheit in *Braunau* war gar zu ärgerlich.

Solltest Du auf der Reitschule, guten Unterricht oder durch einen guten Korporal durch's *Exerciren* den besseren *Maintient* des Körpers gewinnen können, so will ich auch dazu die Kosten gerne hingeben, allein Du mußt doch auch im französischen wie englän-

dischen Dich üben, und Herrn *Kabrun* wiederum anliegen, dir
Briefe in diesen Sprachen, wie in dem teutschen, schreiben zu
laßen; er hilft Dir gerne zurecht, und wenn Du seinen Brief-Styl
erfaßt, hast Du gantz alles was Dir von nöthen ist, auch wollte ich
daß Du bey hiesigem Herrn *Jaenisch* nicht mehr als ein Kind aufs
Comptoir säßest und damit Gott befohlen

Hamburg den 23 Oct 1804   Schopenhauer

Herr Kabrun: Arthurs erster Prinzipal.
Braunau: Zu dem auch sonst unerquicklichen Aufenthalt im damals schon
ominösen Braunau vgl. die Reisetagebücher Arthurs, a. a. O., S. 215 ff.
Jaenisch: Arthurs künftiger Hamburger Prinzipal.
Hamburg, den 23. Oct. 1804: Der Vater war nach der großen Reise von 1803/
1804 nach Hamburg zurückgekehrt; Arthur hatte in Danzig seine kaufmännische Lehre angetreten.

15. Heinrich Floris an Arthur

                                            20. Novembr 1804.

Ich wollte daß du lerntest, dir die Menschen angenehm zu machen;
denn so würdest du auch gar leicht den Herrn Kabrun bei Tische
zu mehreren Reden veranlassen. Und was dem Geradegehen und
-sitzen betrift: so rathe ich dich Jedweden, der mit dir umgeht zu
bitten, dir einen Schlag zu reichen, wenn du gedankenlos ob dieser
großen Sache dich antreffen läßt. So haben Fürstenkinder verfahren und nicht den Schmertz gescheut für wenige Zeit, bloß nicht
als Tölpel ihr Leben lang zu erscheinen. Nichts kann als dieses helfen und ich corrigire dermalen den jungen Lehmann mit Succeß
von diesem Erziehungsfehler. Du wirst mit deiner lieben Mutter
und Schwester in der Mitte des Decembers das gute Dantzig verlassen und so noch mehr als drei Monate darinnen verlebt haben.
Vom Tantzen und reiten kann man nicht leben als Kaufmann, dessen Briefe gelesen werden sollen und folglich gut geschrieben werden müssen. Hin und wieder finde ich die große Buchstaben deiner Schreiberey noch immer wahre Mißgeburthen, besonders im
Teutschen, welches als deine Muttersprache dir keines einzigen

Fehlers in der Handschrift zeihen müßte. Es ist gantz gut, daß du in
Dantzig confirmirt werden wirst, hier aber noch Morgens die Vorlesungen des Herrn Runge in der Theologie anhören und stets dich
bescheiden, sittlich und fleißig betragen. Adieu.

Heinrich Floris Schopenhauer.

16. *Johanna an Arthur*

Weimar, d. 16ten May 1806.

Wir sind lange nicht so schnell gereist, lieber Arthur, als Du meinst
und auch ich mir vornahm, das Wetter war so himmlisch und der
interessanten Gegenstände so viele die wir damahls wie wir die
Reise zusammen machten, in zu großer Eile vorbeyjagten, daß ich
es jetzt nicht übers Herz bringen konnte es wieder so zu machen,
da ich eben keine zu große Ursache zu eilen habe Dich, mein lieber
Arthur, habe ich oft zu uns gewünscht, denn nie hat mir eine Reise
mehr Vergnügen gemacht. ich habe nur wenig Zeit zum erzählen,
Visiten von Ridels Md. Kühn haben mir den Vormittag weg-
genommen und jetzt erwarte ich unsern Landsmann Falk, der …
interessant und liebenswürdig ist, und mir hier Contas Stelle drey-
fach ersezen kann. Also will ich … zu sagen, daß wir den Dienstag
Lüneburg früh genug erreichten um uns noch ein wenig darinn
herumzusehen, Mittwoch sehr spät kamen wir nach Zelle, bis
dahin war es kalt die ganze Natur todt, kurz es war Winter, Donnerstag früh um 10 Uhr, weil der Doktor dort etwas zu thun hatte
fuhren wir erst ab, und siehe es war über Nacht Frühling geworden, alles blühend und grün und die Luft milde und warm, Hanno-
ver erreichten wir um 5 Uhr, ich wollte nicht weiter weil dort kein
gutes Nachtquartier zu finden war, und so besahen wir uns die
Stadt, die schönen Wälle, die hübschen Aussichten, und freuten uns
über den neuen Frühling. Freytag VorMittag waren wir in Göttingen, gingen in und um die Stadt, es war wieder auf den Wällen so
schön, hier fand sichs daß der Umweg über Kassel nur 5 Meilen
ausmachte, ich konnte mir die Freude, es wieder zu sehen nicht ver-
sagen, wir reißen ab, giengen zwey Stunden in dem himmlischen
Thal von Minden spazieren, es war über alle Beschreibung schön,

den Abend waren wir in Kassel, den Sonntag sahen wir erst die
Parade und die Orangerie und brachten den Tag auf der Willhelms-
höhe zu, es war wieder ein Tag wie man ihn in Hamburg kaum
kennt, wie wir auf dem Wieter Kasten waren kam ein gräßliges
Gewitter, das wir in einer Grotte abwarteten, den Effect kannst Du
Dir denken, nie wünschte ich Dich so herzlich herbey. Den andern
Tag hatten wir bey kaltem regnigten Wetter auf bösen verdorbe-
nen Wegen eine sehr ermüdende Reise nach Eisenach wo wir trotz
daß wir um 5 Uhr ausfuhren, sehr spät anlangten, da meine Wahl
noch nicht entschieden ist so wollte ich die Stadt auch kennen lernen, mein alter Freund Mattesius führte uns den Morgen umher,
wir bestiegen die Wartburg, alles war recht schön, aber doch sah
ich aus M.s Beschreibung daß Eisenach nicht für mich ist. Den
Abend fuhren wir nach Gotha, auch diese Stadt wollte ich kennen
lernen, sie gefällt mir sehr, und wenn Weimar nicht wäre so würde
ich sie ohne Anstand zum Aufenthalt wälen, denn so viel ich
Erkundigungen einzog so sehe ich daß man dort angenehm lebt,
die Stadt ist sehr hübsch, und die Lage weit schöner als die hiesige.
Wir blieben einen halben Tag dort und kamen Mittwoch Abend
hier an. Jetzt kann ich noch nichts entscheiden, doch gefällt es mir
recht gut. Bertuchs, Ridels, Md. Kühn und Falks wollen alles mögliche für mich thun, ich denke wenigstens 14 Tage hier zu bleiben,
in der Zeit werde ich wohl mit mir und meinen Wünschen aufs
reine seyn, ich glaube ich werde hier Hütten bauen, aber wahrscheinlich kaufe ich das Haus nicht, ich kann angenehmer und
wohlfeiler zur Miethe wohnen. Nächstens schreibe ich mehr,
heute nimm vorlieb ich bin zu sehr in Eile. Wann Dein Brief
gekommen ist kann ich nicht sagen, ich fand ihn vor. Adieu, mein
lieber Arthur, trage Geduld mit dem Gänslein, und wirds Dir zu
bunt, so esse Mittags im Adler, die Kosten sind unbedeutend, denn
es wird so viel mehr im Haus und am Wein erspart, daß Du Sulzers
Teorie gekauft hast freut mich. Lebe wohl, schreibe bald und
viel, besuche Pistorius u sage ihr daß ich ihr sobald ich kann
umständlich schreiben werde. Viele Grüße an Adele, Luise und
Sophie.

                                            J. Schopenhauer.

Weimar, d. 16ᵗᵉⁿ May 1806: Der Übersiedlung Johannas nach Weimar im September 1806 ging die im folgenden beschriebene Erkundungsreise voraus.

damahls: Bereits während der Reise der Schopenhauers nach Carlsbad und Prag im Sommer 1800 hatte Johanna etliche der anschließend genannten Orte berührt.

Md. Kühn: Bekannte Johannas schon in der Hamburger Zeit.

der Doktor: Der zweite Mann von Johannas Schwester Charlotte.

Gänslein: Wohl Adele.

Sulzers Teorie: Johann George Sulzer: Allgemeine Theorie der schönen Künste. Leipzig 1771/4 (Arthur besaß die 2. A. Leipzig 1778/9).

Luise: Wahrscheinlich Luise Kirsten, eine Jugendfreundin Adeles.

17. *Johanna an Arthur*

Weimar, d. 19ᵗᵉⁿ May 1806.

Deinen Brief ohne Datum habe ich heute erhalten, lieber Arthur, ich glaube aber, daß er vom 14ᵗᵉⁿ ist, die Post ist also die beste. Nach empfang dieses schreibst Du mir noch einmahl gleich nach Dresden, ebenfalls *poste restante*, dann fürchte ich wirst Du mir ferner nicht schreiben können, weil ich mich überall zu kurz aufhalte, und meine Tour auf der Rückreise auch noch nicht ganz bestimmt ist, ich werde indessen fortfahren von Zeit zu Zeit zu schreiben, damit Ihr doch wist wo ich bin. Mein Entschluß hier zu bleiben ist jezt fest, es ist alles wie ich es wünsche, und ich hoffe hier frohe Tage zu leben. Viel Erzählen kann ich Dir nicht, es fehlt mir an Zeit, das bleibt zu meiner Rückkehr, Kühns Haus kaufe ich nicht, es ist sehr klein, schlechte dünne Mauren, baufällig, und so abgelegen daß sie eine Menge Kettenhunde halten müssen, um vor Dieben sicher zu seyn, auch ist es besser, ich mache mich nicht gleich durch Ankauf fest. Ich habe des verstorbenen *D.* Herders Logis gemiehtet, es ist eine untre Etage, so groß als unser jeziges Haus, oben wohnt die Eigenthümerinn eine Hofrähtin Ludekus, eine gebildete Frau, die auch etwas geschrieben haben soll, Mlle. Conta lebt bey ihr ein artiges Mädchen, ich habe einen kleinen Garten wo Adele säen und pflanzen kann, und alles was man zum Hauswesen braucht, Küche und Keller, 4 Zimmer *en Suite etc.*, für weniger als 500 Mk. jährlich, das Haus liegt mitten in der Stadt, sehr freundlich an der Esplanade die eine hübsche Linden Allee ist, das Teater ist kaum

20 Schritte davon, Equipage brauche ich nicht, es giebt hier Mieht-
wagen und Porteschaisen, so viel man braucht. Der Ton in Gesellschaft ist äußerst gebildet, Ridels thun was sie können für mich,
gestern brachten wir einen angenehmen Abend mit Falk und Fernow den Du kennen mußt, bey ihnen zu. Das Wetter ist seit zwey
Tagen sehr schlecht, sobald ich kann werde ich mich aufmachen,
um vor der Hand Möbel und dergl zu besorgen, jetzt regnet es zu
arg. Goethe u Wieland habe ich noch nicht gesehen, ersterer ist in
Jena, letztern treffe ich wahrscheinlich Donnerstag bey Md. Kühn.
Im Teater bin ich einmahl gewesen, es gefällt mir sehr, die Truppe
ist ungefähr wie in München, ein schönes harmonirendes Ganzes,
Costüm und Dekorationen sehr schön und herrliche Musick.
Diese Woche habe ich hier noch zu thun, Anfang oder Mitte der
künftigen gehe ich auf einen oder zwey Tage nach Jena, und dann
nach Dresden, da ich einmahl im Gange bin will ich diese Freude
noch mit nehmen, da wir nur 2 Pferde brauchen, und keinen großen Aufwand machen kostet die Reise nicht sehr viel, es ist wohl
für mich die lezte, die ich in dieser Art mache, und so will ich mich
noch ein wenig des Lebens freun. Die Einlage gieb gleich ab, ich
habe der Pistorius alles geschrieben und sie gebeten, meinen Entschlus bekannt zu machen, thue Du das jezt auch, so hat man aufgehört sich zu wundern ehe ich zu Hause komme. Viele Grüße
meiner Adele, ihr Briefgen und ihr Blümgen haben mich gefreut
ich werde ihr auch einmahl schreiben, Grüße auch Luisen und vor
allen Sophie, mit dem Feuer hat es wohl keine Gefahr gehabt, denn
die Marktstraße ist ziemlich weit, aber doch mag die arme Sophie
hübsch Angst gehabt haben, Du aber bist ein wahrer Dromel-
darius, so etwas zu verschlafen. Adieu, lieber Arthur, Viel Grüße an
alle die nach mir fragen. Gehab Dich wohl   J. Schopenhauer.

Hofrähtin Ludekus: Johanna Ludecus publizierte unter dem Pseudonym Amalie Berg vorwiegend Romane.

Weimar, d. 26 May 1806.

Es verdriest mich recht, lieber Arthur, daß es mit meinen Briefen
so konfuse geht, ich kann mir wohl denken daß Du unruhig wirst,
doch hoffe ich daß Du jezt außer Sorgen bist, denn ohne Zweifel
müssen die beyden Briefe die ich Dir schrieb jezt angekommen
seyn. Ich schrieb Dir zuerst den 16ten und meldete Dir daß ich den
14ten nach Ablauf der Post hier angekommen war, den 19ten schrieb
ich Dir wieder und meldete Dir daß es mir hier gefiele, daß ich aber
vors erste nur miehten und nicht kaufen wollte, u daß Kühns Haus
nicht für mich wäre, zugleich schloß ich einen Brief an die Pistorius
ein, worinn ich ihr alles sagte, und bat auch Dich ferner in Hamburg aus meinem Plan kein Geheimniß zu machen. Alles das hoffe
ich ist jezt in Deinen Händen, ich erzähle es Dir nur so in der Kürze
der Sicherheit wegen. Es geht mir hier sehr gut, und ich hoffe es
soll noch besser gehen, Herders Logis habe ich gemiehtet, ich habe
einen kleinen hübschen Garten, 3 Zimmer mit einem Kabinet *en
suite*, Küche, Keller, Wagenraum, Waschhaus, Speiskammer, ein
Zimmer für Sophie, 2 BedientenZimmer, alles in der ersten Etage,
und eine Treppe hoch, ein schönes Schlafzimmer, und noch eine
Kammer, für 170 Thlr. jährlich, die Miehte ist hier theuer, aber das
Haus liegt an der Esplanade und 50 Schrit vom Teater, deshalb zog
ich es vor, etwas Möblen fürs erste miehte ich Monatsweise, manches andre habe ich schon theils gekauft theils bestellt damit ich es
fertig finde, Ridels leisten mir in allem die besten Dienste u Md.
Ridel nimmt viele Mühe für mich über sich. Wenn ich dann so ein
Jahr hier gewesen bin, so werde ich mich, im Fall es mir nicht zu
sehr misfällt, welches ich nicht glauben kann, auf einen festern Fus
einrichten, ich denke daß ich fürs erste besser thue es so zum
Anfange *a la legere* zu nehmen. Der Umgang hier scheint mir sehr
angenehm, und gar nicht kostspielig, mit wenig Mühe und noch
weniger Unkosten, wird es mir leicht werden wenigstens einmahl
in der Woche die ersten Köpfe in Weimar und vielleicht in Deutschland um meinen Theetisch zu versammeln, und im ganzen ein sehr
angenehmes Leben zu führen, Die Gegend um Weimar ist nicht
ausgezeichnet schön, aber recht hübsch, aber der Park ist würck-

lich sehr schön. Vom Teater verspreche ich mir großen Genus, ich habe es dreymahl besucht, es ist würklich ausgezeichnet, in Hamburg haben wir kaum den Schatten davon. Mit Wieland soll ich Morgen bei Ridel zusammen seyn und obendrein *l'hombre* mit ihm spielen, den ganzen Abend werd ich denken *O Lord o Lord what an honour is this* Goethe sollte ich heute sehen, er wollte mich selbst in der Bibliothek herumführen, leider ist er gestern sehr krank geworden, aber doch ohne Gefahr. Ich muß aufhören, denn Falk und der Docktor schwadroniren hier so im Zimmer daß ich mein eignes Wort nicht verstehe. UeberMorgen frühe reise ich nach Jena wo ich mich in der wunderschönen Gegend mit Muße umsehen will, dann gehe ich über Dresden zu Hause, wo ich gern dem Fronleichnamsfeste beywohnen will, und dann über Braunschweig zu Hause, ich werde unterwegs schreyben, so oft es sich thun läst von Dir hoffe ich in Dresden einen Brief zu finden, denn ich schrieb Dir in meinem lezten, daß Du mir nur noch einmahl nach Dresden schreiben solltest, dann schreibst Du mir noch einmahl *Poste restante* nach Braunschweig sollte aber in der Zeit ein Brief an den Docktor einlaufen so schickst Du ihn nicht mit, er will ihn nicht so aufs ungewisse riskiren.

Adieu, lieber Arthur, sage Adelen ich hätte gern an ihr geschrieben, aber wahrhaftig, ich habe nicht Zeit dazu, mein Brief ist so ziemlich konfuse, doch denke ich er wird Dir mit alle dem lieb seyn:

Vielle Grüße Adele Luise und Sophie, adieu lieber Arthur, bald sehen wir uns wieder   J. Schopenhauer.

O Lord o Lord...: O Gott O Gott welch eine Ehre ist das.

---

19. Johanna an Arthur

Dresden, d. 4. Juny

Deinen Brief vom 24ten erhielt ich hier, mit großer Freude, denn mir war würcklich bange daß meine Briefe an Dich verloren gegangen wären, das wirst Du auch wohl aus meinem letzten Brief den ich Dir in großer Eile aus Weimar schrieb sehen, überhaubt mußt Du mit meiner Korrespondenz gewaltig vorlieb nehmen, und sie nur als Lebenszeichen von mir ansehen, denn in der That ich habe blutwenig Zeit, und wenn ich sie habe ist es gewöhnlich so unruhig um mich her daß es mir schwer wird ordentlich meine Gedanken zu sammeln.

Die Reise macht mir in der That großes Vergnügen, ich weiß lieber Arthur daß Dich das freut. Vom Doctor habe ich noch immer die Meynung die ich sonst hatte, Du gehst darinn von mir ab, und ich verdenke Dir das nicht, ich will mit Dir darüber nicht streiten, ich sehe wohl ein daß alles was Du mir darüber sagst, sowie überhaubt Deine Warnung mich auf niemand ganz zu verlassen aus der reinen Absicht kommt mir zu meinem Glück zu rahten und danke Dir Beydes als Beweis Deiner Liebe. Sey ruhig, mein guter Arthur, ich fühle zu sehr das Glück meiner zu theuer erkauften Unabhängigkeit als daß ich sie muhtwillig verscherzen sollte. Alles was ich gethan habe habe ich aus reinem eignen Antrieb gethan, ich habe keinen Menschen beym Entschlusse selbst um Raht gefragt, denn keiner weis wie ich was mir frommt, aber über die Art ihn auszuführen, muß ich um Raht fragen, denn mir fehlt dort die Erfahrung. Meine Wahl in Weimar zu bleiben reut mich auch hier nicht, Dresden ist für Fremde eine Art Paradies, aber die Einheimischen sehnen sich alle heraus, mündlich sage ich Dir mehr davon, auch über die Etage die ich gemiehtet habe, und über die Möblen. Ich werde allerdings viele alte Bekannte mitnehmen, obgleich der Transport sehr theuer ist, aber Stühle und Sophas sind zu zerbrechlich und zu schwer zu packen, denn alles muß in Kisten gepackt werden. Nun zu meiner Lebensgeschichte, ich konnte nicht eher von Weimar fort als den 28ten nachMittag, wir fuhren nur 2 Meil bis Jena, und blieben auch den andern Tag dort blos der über alles schönen Gegend wegen, die wir auch eigentlich genossen, denn der Doctor kennt dort noch jeden Fussteig. Den folgenden Tag schliefen wir in Weißenfels, die Nacht drauf fuhren wir durch, und kamen Sonntag frühe genug hier an um die Messe zu hören. Neumanns traf ich in der Kirche, sie sind die alten, Kora hat gestern zu meinem Leidwesen die Masern bekommen. Hier lebe ich in der

Gallerie, das Wetter das ein paar regnigte Tage in Weimar abgerechnet sehr schön war, ist jezt sehr kalt, Morgen ist hier die Frohn-
leichnamsProzeßion, der Kurfürst und Madame werden das halbe
grüne Gewölbe anhaben, nach der Messe fahren wir nach Tarant,
Freytag frühe geht es fort, und Tag und Nacht durch bis Halle, wo
wir Sonntag bleiben wollen, vielleicht auch Montag, ich kenne
dort Reichardts, und Profeßorin Froriep, Bertuchs Tochter, dann
geht es Montag, oder Dienstag nach Blanckenburg, erlaubt es das
Wetter so besteigen wir den Brocken, dann über Braunschweig
den geraden Weg nach Hause. Wenn ich komme kann ich nicht
bestimmen, ich denke vor der Mitte dieses Monats, ich schreibe
mit nächster Gelegenheit wieder, und bestimter von Dir hoffe ich
einen Brief in Braunschweig zu finden, Du vergist nicht daß Du
die Briefe an den Doctor zurück behältst. es freut mich sehr daß
Anthime kommt, laß Sophie ihn nur auf den Saal einquartieren,
der Doctor wird wohl noch ein 14 Tage nach meiner Rückkunft
bleiben, allso ist es besser sein Zimmer wird nicht derangirt, den
Saal brauchen wir so nicht. Alles was Du wegen Anthimes thust
hat meinen Beyfall, sprich doch auch mit Döller seinetwegen, ich
denke bey ihm wäre er besser weil es nahe an der Stadt ist. Trittau
ist weit. Bregardt ist eine eiserne Natur, ich weis nicht ob es mich
freut daß er noch länger leiden muß. Viele Grüße den Kindern u
Sophie Die Zeit ist hier edel sonst schriebe ich gern mehr. Adieu,
lieber Arthur, wie gerne hätte ich Dich hier. Lebe wohl schreibe
mir nach Braunschweig doch das hast Du schon gethan, nach
Empfang dieses Briefes ist nicht mehr Zeit dazu. Nächstens
bestimme ich so genau ich kann den Tag meiner Ankunft.

J. Schopenhauer.

das halbe grüne Gewölbe: Die Juwelen aus der berühmten Schatzkammer, die
die Schopenhauers schon im September 1800 besichtigt hatten (vgl. Reisetagebücher, a. a. O., S. 28 f.).
Anthime: Anthime Grégoire de Blésimaire, mit dem Arthur seit seinem zwei-
jährigen Aufenthalt in Le Havre befreundet war.

20. *Johanna an Arthur*

Sonnabend Abend.

Du bist eben fortgegangen, noch rieche ich den Rauch von deinem Zigarro, und ich weiß daß ich dich in langer Zeit nicht wieder sehen werde. Wir haben den Abend recht froh miteinander hingebracht, laß das der Abschied seyn. Lebe wohl, mein guter lieber Arthur, wenn du diese Zeilen erhältst bin ich vermuhtlich nicht mehr hier aber wenn ich es auch wäre, komm nicht, ich kann das Abschiednehmen nicht aushalten. Wir können einander ja wiedersehen wenn wir wollen, ich hoffe es wird nicht gar zu lange währen, so wird auch die Vernunft uns erlauben es zu wollen. Lebe wohl, ich täuschte dich zum ersten mahl, ich hatte die Pferde halb sieben bestellt, ich hoffe es wird Dir nicht zu wehe thun daß ich dich täuschte ich that es um meinetwillen, denn ich weis wie schwach ich in solchen Augenblicken bin, und wie sehr mich jede heftige Rührung angreift. Lebe wohl, Gott segne Dich.

Deine Mutter J. Schopenhauer.

schreibe mir doch ja nächsten Mittwoch.

Sonnabend Abend: Der Abschiedsbrief Johannas ist am 20. September 1806 geschrieben.

21. *Johanna an Arthur*

Weimar, d. 29. Sep. 1806.

Dein Brief, mein herzlich lieber Arthur, hat mir den ersten Morgen in Weimar recht angenehm gemacht. Ich denke viel an Dich, und wenn ich erst in Ruhe seyn werde, werde ich Dich schmerzlich vermissen, doch das Schicksal will es so, und woran gewöhnt man sich nicht zuletzt. Daß Du meinen polnischen Abschied so nimst wie er genommen werden muß, ist recht brav von Dir, gewis es war so am besten für uns beyde, ich hätte zu viel dabey gelitten wenn ich förmlich von Dir hätte Abschied nehmen sollen. Adelen hast Du mit Deinem Briefe eine rechte große Freude gemacht, sie wollte erst gar nicht glauben daß Du ihr geschrieben hättest auch mir ist dieser Beweis Deiner Liebe zu ihr sehr werth. Meine Reise

ist bei dem himlischen Wetter recht angenehm gewesen, in Braunschweig kamen wir Dinstag NachMittag an und reisten Mittwoch
um 2 Uhr Nach Mittag ab, der Professor Römer an den Tischbein
mich adressirte ist ein sehr artiger Mann, der sich viel Mühe gab
mir den rechten Weg hierher zu erfragen, und uns auch ins
Museum führte. Freytag Abend kam ich in Halle an, und hörte daß
ich auf dem Wege nach Jena und Weimar weder Pferde noch Unter-
kommen finden werde, weil alles voll Soldaten liege, meine alten
Bekannten konnte ich nicht gleich finden, das machte mich sehr
unentschloßen, doch ehe ich es mir versah kam der Hofraht Schey
mit seiner Frau und Professor Froriep, ich war unter Freunden, die
mir riehten, und so ward denn beschlossen daß ich Sonnabend bey
Reichardts und Scheyen zubrachte, und Fuhrmanns Pferde nahm
die mich Sonntag durch einen Weg wo ich fast nichts von den
Armeen zu sehen kriegte, gerade hieher brachte, wo ich Abends
ziemlich spät ankam. Hier ist alles gutes Muhts, die Armee wird
bald vorwärts gehen, wies dann wird liegt freylich noch im Dun-
kel, aber es läst alles gut an, der Krieg ist aber unvermeidlich, Indessen alles ist voll Muht u Leben. Ich schreibe heute nur diese paar
Zeilen um Dir zu sagen daß ich hier bin, Viele Grüße an Willinks,
Pistorius und alle Freunde.

Es freut mich sehr, daß Böhls Dich so freundlich aufnehmen,
Sey nicht so bange zudringlich zu scheinen, wenn sie Dich nicht
gern sähen, würden sie Dich nicht bitten. Du bist doch der alte, mit
Deiner Rüstung, ich möchte Dich u den Lucas wohl darinn sehen.
Der Tod der guten Meyer scheint mir ein Glück, sie ist nun aller
Leiden überhoben. Adieu lieber Arthur, nächstens schreibe ich
mehr, auch an Ganslandt, sage ihm indessen, daß ich glücklich hier
bin, und ihn herzlich grüße.   Deine Mutter J. Schopenhauer.

Willinks: Bei ihnen war Arthur nach dem Wegzug Johannas in Pension.
Lucas: Wohl ein Nachbarsjunge.
Ganslandt: Er führte die Geschäfte bis zur endgültigen Auflösung des Handels-
hauses Schopenhauer weiter.

Weimar, d. 6ten Octbr. 1806.

Ich bin hier mitten im Kriege, lieber Arthur, aber gutes Muhtes und ich schreibe Dir blos um Dich zu bitten es auch zu seyn, und Dich meinetwegen nicht zu beunruhigen. Das Schicksal spielt wunderlich mit mir, daß ich mich gerade in diesem stürmischen Zeitpunct hierher versezt finde, in ein Land, welches wahrscheinlich der Schauplatz eines blutigen Krieges wird, doch da niemand vermuhten konnte daß das geschehen würde was jezt geschieht so ergebe ich mich in Geduld, und mache mir auch keine Vorwürfe darüber, denn ich that was ich für mich und die meinigen fürs beste hielt. Persönlich riskire ich nichts, selbst wenn im schlimmsten Fall die Franzosen Herren dieses Landes würden, so würden freylich die Einwohner durch Contributionen viel leiden, ich als Fremde aber habe nichts damit zu thun, niemand hier macht Anstalt zum fortgehen, und wo die andern bleiben bleibe ich auch, es sey denn daß, welches nicht zu vermuthen ist, der Krieg sich so in die Nähe zöge daß nahe bey der Stadt eine Schlacht gefochten würde so etwas aber merckt man vorher, und mir bleibt dann noch immer die Flucht nach Berlin offen. Die Posten gehen, wegen der Armeen nicht mehr grade nach Hamburg, die heutige von Hamburg ist ausgeblieben, ich habe allso keine Nachricht von Dir, obgleich ich vermuhte, daß Du geschrieben hast, ich lasse diesen Brief unterm Einschluß eines hiesigen Kaufmanns über Leipzig gehen, Du wirst am besten thun mir auch durch diesen Weg zu schreiben, sprich darüber nur mit Ganslandt, und schreibe so bald Du nur kannst, mir verlangt herzlich nach Nachricht von Dir, mein guter lieber Arthur. Der Anblick alles dieses militärischen Wesens ist mir höchst interessant, gestern zog die Sächsische Armee unterm Kommando des Prinzen Hohenlohe durch, ehegestern war der König, der Herzog von Braunschweig und das ganze Hauptquartier hier, so gehts alle Tage, alle Abende kommen neue Truppen, alle Morgen ziehen sie fort und machen neu ankommenden Plaz, alles dies macht den kleinen Ort sehr lebendig, die schönen großen Soldaten in den glänzenden neuen Uniformen, die Officiere, alle die Prinzen und Fürsten die man auf jeden Schritt begegnet; die

Pferde, die Husaren, die Kriegrische Musick, es ist ein so großes gewaltiges Leben, daß es mich unwiederstehlich mit fortreist, nur wenn ich die unvermeidliche Folge des Kriegs bedencke, und wie viele von diesen Menschen die jezt voll Lust und Leben hinziehen bald tod oder verstümmelt da liegen werden, dann engt es mir das Herz ein. Die Soldaten besonders die gemeinen sind voll Entusiasmus, sie wünschen nur daß der Augenblick erst da wäre, er wird bald kommen, alles zieht nach Erfurt, auch Napoleon rückt mit großer Macht an, es muß bald etwas entscheidendes geschehen, und viele denken wohl mit Falstaff, *would it were night and all was over*, die Zeit wird indessen auch kommen. Ich bitte Dich nochmahls, lieber Arthur, sey meinetwegen ruhig, wenn ich auch in einiger Zeit nicht schreibe da die Posten so unrichtig gehen, an mir soll es nicht liegen, aber Briefe bleiben jetzt leicht liegen, oder gehen verloren. Für meine Person riscire ich nichts, oder mache mich beim kleinsten Anschein von Gefahr davon, von unserm Vermögen ist hier nichts als die Möblen die man mir nicht nehmen wird, Silber und Juwelen kann ich leicht in Sicherheit bringen. Sage dies auch allen die sich für mich interessiren, ich bin mit meiner Lage ganz wohl zufrieden und bin noch keinen Augenblick in Sorgen gewesen, ich habe hier Freunde die lebhaft an mir theil nehmen: Riedel sorgt wie ein Bruder für mich, der gute Falck thut auch das seine, und bringt mir gleich jede neue Nachricht zu, was ich sehr gerne habe, auch Bertuch nimmt sich redlich meiner an, ich bin unter sehr gute Menschen gerahten. Mein Logis richte ich mir ein als ob nichts weiter zu thun wäre, es wird sehr hübsch und bequem, meine Möblen sind ausgepackt und kein Stück, keine Tasse, kein Glas zerbrochen, alles ist schon beynahe in Ordnung, Mittwoch schlafe ich zuerst dort. Neue Bekanntschaften habe ich noch nicht gemacht, außer gestern bey Kühns eine Frau v Egloffstein, die Mutter des Hofmarschals. die mich sehr freundlich zu sich eingeladen hat, und die hier ein brillantes Haus macht, bey Frl. v Göchhausen bin ich gewesen, Sie hat mich auf Tischbeins Empfehlung sehr zuvorkommend empfangen, und will mich künftige Woche der alten Herzoginn vorstellen, und mir Wielands und einiger andern Bekanntschaft verschaffen.

Ich darf nur wollen so bin ich hier in den ersten Zirkeln, ich werde aber weislich um mich schauen um mich nicht zu übereilen, Göthe ist noch in Jena, so bald er kommt, werde ich ihn kennen lernen.

Sophie u Duguet arbeiten wie die Türcken in meinem neuen Logis, Adele ist ganz artig, recht gesund und studiert auf einen schönen Brief an Dich, Sie hat an der kleinen Ridel schon eine rechte Herzensfreundin gefunden, Mignon läuft alle Augenblicke fort, und muß immer eingesperrt werden, er ist schon eine ganze Nacht ausgeblieben, aber von selbst wiedergekommen. Kühn reist diesen Montag nach Hamburg, er hat sein Haus verkauft, die Frau und Kinder bleiben aber ganz ruhig hier, bis zum Frühlinge, dann liefern sie das Haus ab. Auch eine Familie Rodde aus Lübeck hat sich hier niedergelassen, es sollen fatale Prisen seyn, ich habe sie noch nicht gesehen. Das sind so meine Neuigkeiten, lieber Arthur, nun wünschte ich gleich wissen zu können wie es dir geht, besonders mit deiner Gesundheit und deinem Gehör. Wie stehst du mit Grasmeyer? Wie ist Jenisch gegen dich? wirst du nicht bald vom jüngsten erlöst? Daß du bey Willinks gut bist, daran zweifle ich keinen Augenblick, wie ists mit deinem Humor? bist du noch oft verdrießlich? oder nimmst du mit dieser närrischen Welt vorlieb weil eben keine bessere zur Hand ist. Was macht der Kymops? Gestern warst du bey Böhls, vergnügt wie ich hoffe. Schreibe mir auch etwas von Anthime, und da du Tygerherz ihn nicht nehmen willst, so sage mir wo er ungefähr bleiben wird. Grüße Böhls, Pistorius und Bregardts, wenn du sie siehst, allen dreyen werde ich schreiben, so bald ich kann, hier im Gasthofe, bey der Unruh im selben Zimmer mit Adelen ist das fast unmöglich, mit Mühe stopple ich die paar Zeilen an dich zusammen, und du siehst es ihnen wohl an. Adieu, mein guter Arthur, dencke fleißig an uns.

Deine Mutter J. Schopenhauer.

So eben lieber Arthur, erhalte ich deinen Brief vom 1ten Octbr., was mich sehr freut, laß das mit den 130 Thlr. Dir keine grauen Haare machen, wenn du gleich 92 Mk davon hast bezahlen müssen, so kann dir nicht viel übrig bleiben, daß Färber die Rech. gleich geschickt hat mußt du ihm nicht übel nehmen, er ist alt und *ergo* besorgt, laß dir ja an nichts fehlen, daß du unnüze Ausgaben nicht liebst, weis ich ja, und das nöthige und selbst angenehme kannst du immer haben wenn du nur wie ich dir zutraue, den letzten Artickel nicht zu weit ausdehnst. Wenn der Winter kommt werden Willinks weniger aus seyn, und da du übrigens gut dort bist, so mußt du nicht zu genau kalkulottiren. Der arme Anthime mit seiner Melancholie! Eigentlich wunderts mich nicht, seine Situation ist darnach. Daß es mit Pistorius besser geht freut mich sehr, wenn es dir möglich ist so besuche sie wieder und bringe ihr meinen Grus. Ich gönne Willink die KupferStiche, aber es ist doch gewaltig wohlfeil, indessen, da deren so wenige sind konnte es nicht anders kommen. Adieu lieber Arthur.

Siegle nicht mehr an mich mit dem Devisenpettschaft, in diesen Zeiten ist das genug, daß ein Brief deshalb aufgemacht würde.

der König: Friedrich Wilhelm III., seit 1797 König von Preußen.
would it were night…: Nach Shakespeare, »Heinrich IV«: »Wollt' es wär' Nacht und alles wär' vorüber«.
Grasmeyer: Hausarzt der Schopenhauers in Hamburg.
vom jüngsten erlöst: Von der Rolle des jüngsten Lehrlings.
Kymops: Ein Hund.

23. *Adele an Arthur*

Weimar, den 10ten Octb.

Lieber Arthur

Ich erwatete nicht so bald einen Brief von Dir zu bekomen; doch siehst Du daß ich auch schreiben kan. Ich schike Dir hier noch einen Brief für Emmy Pistorius, bringe ihn ihr bald und grüße sie. Bei diesem Brief ist noch ein anderer Brief an Mademoiselle Connings am Kathrinen Kirchhof. Alles dieses wird Dir durch Herren Kühn gebracht werden. Die Stadt ist nicht groß aber sonst sol sie sehr Stielle seyn; jezt aber sehn wir alle Tage Soldaten Passieren und vor einige Tage sah Sophie ein verwundeten Preuschen Officier der aber in der Stadt das Bein gebrochen hatte. Sophie läst Dich grüßen. Adieu lieber Artuhr, lebe wohl und Vergis nicht

Deine Adele Schopenhauer.

24. *Johanna an Arthur*

Weimar, d. 18ten Octbr 1806.

Daß ich noch lebe siehst Du wohl, zugleich will ich Dir nur versichere daß wir alle wohl sind, und keinem in unserm Hause etwas zu Leide geschehen ist. Ich habe ehegestern, da ich kaum mich ein wenig gesammlet hatte Dir ein paar Zeilen geschrieben um Dich zu beruhigen, denn ich fürchte Du wirst meinetwegen sehr besorgt seyn, aber ich weis nicht ob Du sie erhalten wirst, die Posten gehen noch nicht, morgen heist es geht die erste und ich schreibe dies in Vorraht, jene Zeilen hat ein französischer Officier durch einen Preußischen gefangenen Officier unversiegelt befödert, der Preuße wurde weiter transportirt und hat versprochen meinen Brief mit der ersten Gelegenheit auf die Post zu geben. Ich hoffe er hat es gethan, aber es ist doch möglich daß dieser Brief eher ankommt. Nun will ich Dir in der Kürze die Geschichte

dn. 19ten.

Hier wurde ich gestern unterbrochen, wir leben noch in sehr unruhigen Tagen, ich werde auch diesen Brief nicht eher abschicken bis ich gewis weis daß er ankommt, denn ich möchte diese Geschichte nicht gern wieder zu erzählen haben. Ich schreibe Dir indeß mit jeder Gelegenheit ein paar unbedeutende Zeilen in der Hoffnung daß doch etwas davon ankommt, denn würcklich Du mußt unsertwegen in Aengsten seyn. Nun laß Dir erzählen. Ich hohle aber weit aus, auch ist mein Kopf noch gar nicht wieder recht beysammen, ich hoffe, das soll sich im schreiben finden, schreiben war von jeher ein *calmant* für mich. Wann ich Dir zuletzt schrieb weiß ich nicht mehr auch kann ich jezt nicht zu meinem Schreibe-Kasten kommen um nachzusehen, ich weis daß damahls alles hier voll Preußen und Sachsen war, und Niemand die Nähe dieser schrecklichen Katastrophe ahndete, Guter Gott! hätte ich gewust, was uns bevorstand, zu Fuße wäre ich fortgelaufen und hätte sehr übel dran gethan, denn jetzt ists überstanden und ich und die meinen sind gerettet. Mein Logis im ErbPrinzen ward durch die Menge Fürsten und Generäle die dort logirten sehr unbequem ich eilte meinen eigenen Heerd zu haben und bezog den achten meine

Zimmer, die ganz nach meinem Geschmack eingerichtet waren, und in welchen ich nur noch für Gardinen und dergl zu sorgen hatte.

Dn 28sten war ich angekommen, damahls war die Preußische Armee in der Nähe aber noch nicht in der Stadt den ersten zog sie hier durch nach Erfurt zu, wo man die Franzosen in der Nähe vermuhtete, das dauerte bis zum 3ten oder 4ten etwa, ich beschrieb Dir damahls all den militärischen Pomp, alles hoffte, niemand konnte vermuhten daß Thüringen der Schauplatz des Krieges bleiben würde, den 3ten war eine eigene Bewegung in der Armee, Truppen die unlängst durchgezogen waren kamen zurück, in den folgenden Tagen kam alles wieder von Erfurt, in und um unsre kleine Stadt war ein Heer von über 100000 Mann Preußen und Sachsen, die Soldaten waren mismuhtig über die unnüzen ermüdenden Märsche, die Landesbewohner über die starcke Einquartierung und daraus entspringende Theurung, man hoffte noch, aber ein düstrer Geist ging durch alle Gemühter, man hoffte und zitterte. Ich wollte fort, aber wo sollte ich hin? Alle riehten mir zu bleiben, ich muste wohl bleiben, denn es waren keine Pferde mehr zu haben, auch nicht einmahl zu kaufen, auch machte Niemand Anstalt zu entfliehen, Den 9ten oder 10ten traf der König mit der Königin, der Herzog von Braunschweig und viele Generäle hier ein, die Grosherzoginn reiste ab, ein Lager wurde von Erfurt bis zum Ettersberge eine Meile von hier jenseits Weimar aufgeschlagen, welches sich bis dicht an unsern Parck erstreckte, man erfuhr mit Gewißheit daß die Franzosen auf der Seite wo man sie nicht vermuhtete hereingebrochen wären, daß sie Coburg und Saalfeld in Besiz hätten, man hörte von ferne Kanoniren, man wuste nicht was man denken sollte, man glaubte, sie zögen auf Dresden und Leibzig, und der König, die Königinn, der Herzog von Braunschweig waren ruhig hier, die Armee im Lager, jedes Herz klopfte vor Ungeduld über alles dies. Den 11ten erfuhr ich daß der G. v. K. hier wäre. Ich schickte ihm meine Adresse, er sprach selbst mit Duguet u sagte ihm, er würde den Abend zu mir kommen, nun sahen wir flüchtige verwundete Sachsen und Preußen zurück kommen, das entfernte Kanoniren hatte fast alle die Tage nicht aufgehört, wir erfuhren,

daß eine zu kleine Armee angeführt vom Prinz Louis nach einem
achtstündigen Gefecht gänzlich bei Rudolstädt geschlagen wäre,
der Prinz, dessen schöne Gestalt wir noch vor wenig Tagen
bewundert hatten, war geblieben, er wollte sich nicht ergeben, er
wollte dies nicht überleben. Der Anblick der Flüchtigen noch
mehr der Verwundeten war gräslich, es fielen Herz zerreißende
Scenen vor, auf der Straße sah ich einen Officier geritten kommen,
er fragte einen verwundeten Kürassier, wist ihr etwas vom Ritt-
meister Bär? Der ist tod, war die Antwort, ich sah ihn fallen, und
der Officier war sein Bruder. Ich war noch immer entschlossen
fort zu gehen, aber ich hatte keine Pferde, auch sagte mir jeder-
mann persönlich würde mir nichts geschehen wenn ich in der
Stadt bliebe, aber die Wege wären unsicher, ich blieb, suchte
immer im voraus nach Pferden, ließ einpacken, und wollte erst K.
sprechen, er schrieb mir den Abend er könne nicht kommen, er
würde den folgenden Tag, dn 12ten kommen. Man beruhigte sich,
den 12ten besuchte mich erst Bertuch, der mich sehr beruhigte;
man glaubte bestimmt die Franzosen zögen nach Leipzig, alles
könne gut werden, wir wären nicht in Gefahr. Kurz drauf meldete
man mir einen unbekannten, ich trat ins Vorzimmer und sah einen
hübschen ernsthaften Mann in schwarzem Kleyde der sich tief mit
vielem Anstande bückte und mir sagte erlauben Sie mir, Ihnen den
Geheime Raht Göthe vorzustellen, ich sah im Zimmer umher wo
der Göthe wäre, denn nach der steifen Beschreibung die man mir
von ihm gemacht hatte konnte ich in diesem Manne ihn nicht
erkennen, meine Freude und meine Bestürzung waren gleich Gros,
und ich glaube ich habe mich deshalb besser genommen als wenn
ich mich drauf vorbereitet hätte, wie ich mich wieder besann
waren meine beyden Hände in den seinigen und wir auf dem Wege
nach meinem Wohnzimmer. Er sagte mir er hätte schon gestern
kommen wollen, beruhigte mich über die Zukunft, und versprach
wieder zu kommen. Der Tag ging ruhig hin, Lager und alles blieb
wie es war. Den Abend kam der G. v. K. er hatte sichs ausgebeten
mich allein zu finden, und ich war allein. Er war gegen mich wie
sonst, übrigens rieht er mir auch zu bleiben, bis zum Nohtfall,
schien sehr unzufrieden mit dem Gange der Dinge, sagte mir die

Feinde wären in Naumburg und hätten dort das Magazin abge-
brannt bleiben wir Morgen noch hier, sprach er, so sind wir verloren, ich glaube Sie riskiren nichts wenn Sie bleiben, wollen Sie aber
fort so gehen Sie nach Erfurt von dort nach Magdeburg, und
wohin Sie weiter wollen, er wollte mir viel von der Lage der Dinge
sagen, jedem trat sein Adjutant herein, und meldete ihm, daß man
wieder eine starke Kanonade höre, er konnte kaum Abschied nehmen und eilte zum König. Es war schon spät aber ich bat doch
noch Conta der seit einigen Tagen bey uns im Hause war, meinen
Paß zum Herzog von Braunschweig zu tragen um ihn unterzeichnen zu lassen, geschah, Pferde hoffte ich noch immer zu bekommen, obgleich auf der Post keine waren, und die Bürger keine
geben durften, ich war noch nicht entschlossen zu gehn aber ich
wollte auf den Nohtfall bereit seyn. Ridel und mein Landsmann F.
kamen noch, letztern hatte ich versprochen mitzunehmen, um ihn
für das Schicksal des Buchhändlers P. zu bewahren, ich trug ihm
auf sich auch einen Paß zu verschafen, nach Pferden zu suchen, und
jede Stunde bereit zu seyn, er so wohl wie Ridel hielten die Gefahr
noch nicht für dringend, wir lasen das Manifest das ich erhalten
hatte, und trennten uns recht ruhig. Montag dn 13ten Morgens,
ging ich mit Conta u Adelen ins Lager, das Wetter war alle diese
Tage himmlisch schön, das Leben und Treiben im Lager, der
schöne Parck, der Sonnenschein erheiterten mich, beim Nach-
hausegehen sahen wir alle Officiere vor des Königs Hause, und den
König am ofnen Fenster, mit Mühe drängten wir uns durch, zu
Hause hörte ich, K. wäre dort gewesen er hatte Sophieen gesagt er
würde um 2 Uhr reisen, er würde mich nicht mehr sehn können,
er bäte ich möchte ihm einige Zeilen zum Abschiede schreiben, das
that ich, ich bat ihn mir zu sagen ob ich fliehen sollte und wohin,
und mir Pferde zu verschaffen, es war 12 Uhr, ich ging allso zur
Hoffdame der verw. Herzoginn, Frl. v. Göchhausen, die in der Zeit
meine Freundin geworden war ins Schlos, um etwas neues und
bestimmtes zu hören, ich traf sie gerade mit der Herzoginn auf der
Treppe, ich ward sogleich der Herzoginn auf der Treppe vorgestellt, die schon von mir gehört hatte, und beängstigt wie sie war,
mich doch sehr freundlich aufnahm, und mich mit in ihr Zimmer

nahm, Hier kamen verschiedne Officiere, alle mit beunruhigenden
Nachrichten, man hörte wieder starck Kanoniren, das Lager, von
wo ich eben kam wurde abgebrochen, alles machte sich marschfer-
tig, wie sie fort waren muste ich mich zur Herzoginn sezen, ich
blieb eine gute halbe Stunde bey ihr, wir suchten auf der Karte den
Weg den K. mir vorgeschlagen hatte, die Königin war eben nach
der andern Seite hin aufgebrochen, die Herzoginn sagte mir, sie
ließe alles einpacken zur Reise, und rieht mir ein gleiches zu thun,
Pferde konnte sie mir nicht geben, sie hatte kaum selbst welche,
auch war sie nur reisefertig nicht zur Reise entschlossen, sie wollte
mir wissen lassen, wann und wohin sie gienge, so schied ich von
ihr. Zu Hause fand ich K.s Antwort, er schrieb mir, wenn es ihm
möglich wäre würde er noch einen Augenblick zu mir kommen,
übrigens hätte ich, wenn beyde Herzoginnen hier blieben, als Pri-
vatPerson nichts zu fürchten, Pferde hätte er nicht, Übermorgen
würden PostPferde zu haben seyn, dann möchte ich über Erfurt,
Langensalza, nach Magdeburg oder Göttingen, die Route wäre
sicher, ich beruhigte mich allso weil ich muste, das Gewühl der
abziehenden Truppen in der Stadt, die Abreise des Königs, alles das
benahm mir allen Sinn für eigne Gefahr, die in der That Niemand
so nahe glaubte, gegen 4 Uhr, da die Trommel seines Regiments
schon zweymahl gegangen war, kam K. selbst, er war sehr bewegt
und zugleich voll der großen Ereignisse die ihm bevorstanden, er
konnte mir nichts sagen, unser Abschied war würcklich erschüt-
ternd, da ging die Trommel zum drittenmahl, und er riß sich los,
mir that das Herz weh den schönen alten Mann so hingehen zu
sehen, ich weis noch nicht was aus ihm geworden ist. Dieser Abschied und der ganze Wirrwarr des Tages hatte meine Kräfte
erschöpft, ich schickte Sophie mit Adelen in die Komedie wo eben
Fanchon gegeben ward um allein zu seyn, ich lag ganz stille auf
meinem Sopha, die Todtenstille nach dem Lärmen aller dieser Tage
war entsezlich, um 7 Uhr hörte ich wieder Fahren und Lärmen in
den Straßen, mir wurde es im Hause zu Enge, ich ließ mich von
Duguet zu Ridels bringen, nur durch große Umwege konnte ich
bis zu ihnen kommen, alle Straßen waren voll Pferde u Wagen, es
war die Bagage die der Armee folgte, bey Ridels sprachen wir uns

wechselseitig Muht ein, die allgemeine Meynung war noch immer
die Franzosen wären bey Leipzig, unsere Armee ginge ihnen dort
hin entgegen, wo wahrscheinlich eine Schlacht erfolgen würde, ich
ging zu Hause, Ridel, begleitete mich, das Gewühl war geringer
geworden, die mehrsten Wagen schon fort, ich fand Sophie und
Adele ganz lustig aus der Komedie zu Hause, wir gingen ohne Sorgen zu Bette, ich wachte die Nacht oft auf, alles war stille wie das
Grab, und mir schauderte bey dieser Ruhe nach alle dem Lärmen
den wir bisher Tag u Nacht gehabt hatten, ich stand erst halb acht
auf, die Schlacht hat schon vor 6 bey Jena angefangen, Du kennst
den Weg von Weimar nach Jena, Du weist die Felsen, die mit Mauren versehen sind damit die Wagen nicht in den steilen Abgrund fallen, unten im Abgrund liegt das Mühlenthal, dort waren die Franzosen, der Kayser unter ihnen, der Nebel war so dick, daß man im
Anfange nichts sah der Kayser, ich weis es von Augenzeugen, stand
vor einem Wachtfeuer und wärmte sich und fragte immer ob man
die Preußen nicht sähe, da sah man sie auf der Höhe blincken. Die
wüthenden Franzosen klimmten die steilen Felsen hinan, der Sieg
blieb eine Weile unentschieden, aber alle Augenblicke stießen frische Truppen zur französischen Armee, die Preußen kämpften wie
Löwen, aber die Uebermacht war zu groß, sie wurden aus ihrer
vortheilhaften Position, die auch wohl nicht genug benutzt wurde
vertrieben und den Erfolg weist Du. Ich erfuhr erst gegen 9 von
Md^{lle} Conta die bey uns im Hause ist daß man kanoniren höre und
eine nahe Schlacht vermuthe, nun rief ich Sophien, mein Schmuck
ward in mein Korsett genäht das ich anzog, ich hatte mir Tags vorher von einem hiesigen Kaufmanne 50 Louisd'or in Silber gegen
einen Wechsel geben lassen um mein Gold zu schonen, denn es war
keins mehr in der Stadt zu haben, ich hatte noch über 100 Louisd'or
in Gold die in eine Art Gürtel genäht waren, den Sophie auf den
bloßen Leib band, mein Silberzeug hatte ich schon gepackt, dies,
die Wäsche, und was ich sonst der Mühe wehrt hielt, und fortneh-
men durfte, ohne das Haus ganz zu entblößen, und Verdacht zu
erregen wurde in eine kleine Kammer neben meinem Boden
gebracht, und eine Menge Holz und Reisig drüber geworfen, so
daß es wie eine Holzkammer aussehen mußte, andere Dinge wur-

den im Keller vergraben, und eine Menge Kartoffeln drüber
geworfen, in weniger als anderthalb Stunden war alles in Ordnung, Conta, sein jüngrer Bruder, und ein Liebhaber einer unsrer
Mädchen der zum Glück da war halfen meinen Leuten redlich.
Meine Wirthin, die Hoffrähtin Ludekus war zu mir gekommen,
wir gaben einander die Hand drauf, alles zusammen zu tragen und
den Muht nicht zu verlieren komme was da wolle, diese würcklich brave Frau hat uns alle mit ihrer Entschlossenheit beseelt. um
10 Uhr ließ mir die alte Herzoginn sagen sie reise in einer Stunde
nach Erfurt, ich möchte mich an sie schließen wenn ich Pferde
hätte, ich hatte keine, und ergab mich mit Muht in mein Schicksal,
die gute Ludekus wollte mich mit Adelen zur Gräfin Bernstorf
bringen, die als Dänin sicher zu seyn glaubte, aber Sophie und
Duguet konnte ich nicht mitnehmen. Wie konnte ich die treuen
Menschen verlassen? ich blieb, und wohl mir, daß ich es that! Wir
sezten uns, Md. Ludekus, Mlle Conta, ich, Adele und Conta, gelassen in mein Zimmer im ersten Stock u machten Scharpie, worum
uns die Regierung hatte bitten lassen, das waren schwüle Stunden,
mein Arthur, die Kanonen donnerten von fern, alles war in der
Stadt wie ausgestorben, die Sonne schien auf die grünen Bäume
vor meinem Fenster, alles war Ruhe von außen, und welcher
Sturm, welche Angst des erwartens in unsern Herzen! Doch sprachen wir gelassen und munterten ein ander auf, die gelassene Ergebung der Ludekus war unbeschreiblich tröstend, ich folgte ihr so
gut ich konnte, nur durfte ich nicht auf meine Adele sehen, dann
war's mit meinem Muhte aus. Adele selbst war ruhig unbefangen,
ein wahres Kind, und mir ein tröstender Engel. Nun kam eine gute
Nachricht über die andre, Bertuch u viele Freunde versicherten uns
die Preußen siegten, wir Armen hofften mit Angst, es war sehr
quälend, Conta gieng ins Schlos, und brachte von dort die Nachricht die Herzoginn hätte einen Jäger auf's Schlachtfeld geschickt,
der dieselbe Nachricht brächte. Es schlug 12 Uhr, wir hörten nicht
mehr die Kanonade. Welche bange Stille. In der Zeit war Sophie
nicht müßig, wir ließen Brod und Fleisch aufkaufen so viel wir
bekommen konnten, Sophie ließ kochen und braten, Duguet
mußte 50 Buteillen Wein aus dem Keller hohlen, man hatte uns

diese Vorsicht gerahten weil dies das erste ist wonach die Franzosen
fragen, und man mich warnte sie nicht in den Keller zu lassen, Md.,
Ludekus that dasselbe. Um ein Uhr klopfte ein Freund ans Fenster
und rief uns zu, Sieg, vollkommner Sieg! O, mein Gott! wir fielen
einander in die Arme, wir wußten nicht wie uns war, aber auf
mein Herz fiel eine unsägliche Angst, eine Ahndung von Unglück
wie ich sie einmahl auch schon gehabt habe. Jezt erst zitterte ich,
und schalt mich selbst darum. Wenige Minuten drauf entstand ein
entsezliches Geschrey auf den Straßen, die Franzosen kommen!
Hunderte von Menschen strömten nach dem nicht weit entfernten
Marckt, wir machten erschrocken die Fenster auf, eine preußische
Schildwacht rief uns zu, es ist nichts, sie bringen KriegsGefangne,
würcklich sahen wir einige KriegsGefangne verwundet vorbey
bringen, ich sah einen über und über mit Blut bedeckten Chasseur,
den ein braver Sächsischer Kürassier gegen die Insulten des Pöbels
vertheidigte, der Anblick jagte mich vom Fenster, ich mußte doch
wieder hin, nun kamen Reuter Sachsen, Preußen, eine unzählige
Menge BagageWagen in wilder Unordnung in voller Karriere
gejagt, Nun war's mit dem Hoffen vorbey, wir gaben einander
stumm die Hände, und giengen hinauf in die Zimmer der Hofrähtin, die eine Treppe hoch, und folglich etwas sicherer uns dünckten,
noch kamen Freunde, die uns sagten, die Bagage der 20000 Mann
die noch frisch im Lager stünden, hätte nur retriren müssen, weil
jene vorgerückt wären und diese nicht ohne Schuz zurück lassen
könnten, andre sagten, es stünde freylich nicht so gut als vorhin
aber noch wäre nichts verloren, ach aber es waren leidige Tröster,
nicht mehr die frohen Gesichter von vorhin. Nun donnerten die
Kanonen wieder, und näher näher, fürchterlich nah. Conta war
nach dem Schlosse gegangen und brachte die Nachricht, es wäre
vorüber, die Wachen wären vor dem Schlosse und an den Thüren
schon abgelöst, wir sahen die Sachsen wieder traurig vorbeyreiten,
o mein Arthur, die Erinnerung allein macht mich jezt beben. Jezt
rasten die Kanonen, der Fusboden bebte, die Fenster klirrten, o
Gott wie nahe war uns der Tod, wir hörten keinen einzelnen Knall
mehr, aber das durch dringende Pfeiffen und Zischen und Knattern
der Kugeln und Haubizen die über unser Haus flogen und 50

Schritte davon in Häuser und in die Erde flogen, ohne Schaden zu
thun, Gottes Engel schwebte über uns, in mein Herz kam plözlich
Ruhe und Freudigkeit, ich nahm meine Adele auf den Schoos, und
sezte mich mit ihr auf das Sopha, ich hoffte, eine Kugel sollte uns
beyde tödten, wenigstens sollte keine der andern nachweinen, nie
war mir der Gedanke an den Tod gegenwärtiger, nie war er mir so
wenig fürchterlich. Adele hatte sich den ganzen Tag, selbst in diesem schrecklichen Moment nicht aus der Fassung bringen lassen,
keine Thräne, kein Angstgeschrey, immer gieng sie neben mir, und
wenns ihr zu viel ward küßte sie mich und drückte mich an sich,
und bat mich, nicht angst zu seyn, auch jezt war sie ganz stille, aber
ich fühlte die zarten Glieder wie von Fieberfrost beben und hörte
wie ihre Zähne an einander schlugen, ich küßte sie, bat sie ruhig zu
seyn, wenn wir stürben so stürben wir ja miteinander, und ihr zit-
tern legte sich, und sie sah mir freundlich in die Augen, ich war in
der That damahls weit ruhiger als ich es jezt bin da ich Dir die
SchreckensScene erzähle, Gott gab mir großen Muht, wie mir es
Noht darum war, die Ludekus war ganz gelassen, die arme Conta
folgte unserm Beyspiel und verbarg wenigstens ihre Angst, so
saßen wir, da schwiegen die Kanonen, aber nun hörten wir in den
Straßen ein fürchterliches Musketenfeuer, einen dumpfen Lärm
vom Marckt her, und das Trappeln der fliehenden Preußen durch
die Straßen, jezt wieder einige Minuten die fürchterliche Stille des
Erwartens, da trat Contas jüngerer Bruder mit der Nachricht herein sie wären da, er hätte die Generäle vor dem Schlos absteigen
gesehen, sie sähen gar prächtig aus voll Gold und Silber, auf dem
Marckt lägen viel todte Preußen u Franzosen, übrigens verkauften
sie schon erbeutete Pferde auf dem Marckt etc, da kam Sophie mit
der Nachricht wir hätten 5 Husaren im Quartier, sie schienen ganz
artig, einer drunter war Sophiens Landsmann, ihre Forderungen
von Essen, Wein, Fourage wären freylich etwas ungestüm, doch
Conta u Sophie beschwichtigten sie, und wir gaben her was wir
konnten, die Einquartierung geht freylich nur den Hauswirth an,
aber es wäre mir in dem Augenblick unmöglich gewesen nicht was
ich an Wein, Braten, etc hatte gern zu geben um meiner mir sehr
lieb gewordenen Ludekus zu helfen. Die Noht vertilgt jedes klein-

liche Interesse und lehrt uns erst, wie nahe wir alle einander verwandt sind. Jetzt atmeten wir wieder, wir glaubten das gräßlichste überstanden, ach es sollte erst kommen, es war beynahe acht Uhr, ich bestand drauf, daß wir uns ordentlich zu Tische sezten, einige Tassen Buillion und einige Gläser Wein ausgenommen, hatte keiner von uns den ganzen Tag etwas genossen, und die verzehrende Angst dabey, eben sezten wir uns zu Tische, da entstand ein Feuergeschrey, und hoch wie der Montblanc thürmte sich eine Feuer-Säule empor, wir sahen wohl, daß es nicht ganz in unsrer Nähe war, aber man rief das Schloß brennt, man rief die Stadt wird an vier Ecken angezündet, lieber Arthur, thut Dir nicht das Herz um uns weh? O mein Sohn zu was für schrecken bin ich gebohren! Endlich erfuhren wir es brenne weit von uns in der Vorstadt wo viele kleine Häuser stehn, das Schloß wäre nicht in Gefahr, es war stille, kein Wind wehte, wir trauten auf Gott und wurden ruhiger, umsonst, neues schrecken war uns nahe, Heulend und zitternd stürzten zwey Frauenzimmer, begleitet vom jüngern Conta zu uns herein, sie waren aus ihrem Hause den Soldaten entflohen, man hatte ihnen bayonette auf die Brust gesezt, man drang in die Häuser, man plünderte, erst konnten wir es nicht glauben, doch fühlten wir daß wir uns nicht aus der Fassung bringen lassen müssen, ich und Md. Ludekus bedeuteten den Damen sehr ernstlich, daß sie wenn wir sie da behalten sollten ganz stille in einer Ecke sizen müßten, ohne uns durch klagen und schreyen zu stören, ich sezte die Tochter in einen Winckel, die Ludekus die Mutter in den andern, und die armen Seelen thaten was wir wollten.

Unsere Husaren waren indeß von Sophien ganz gewonnen, die Gegenwart des Geistes, der Muht dieser Sophie ist unbeschreiblich, sie und Conta haben uns in dieser schreckensNacht von Uebeln gerettet die fast kein andrer entgangen ist. Die Husaren ließen uns sagen wir möchten kein Licht sehen lassen, und die Thüren fest verschließen, eine Thüre zu erbrechen, wäre bey LebensStrafe verboten, obgleich die Soldaten da sie keine Bagage mit sich führen durften die Freyheit hatten Essen und Trinken zu fordern, aber in unserm armen Weimar war dies Verbot aufgehoben, das wußten wir nicht, kurz drauf drohte man, die Hausthüre zu erbrechen,

Sophie und Conta liefen hinunter und beredeten die wilden Menschen, Gott weiß wie ans Fenster zu kommen, sie forderten schnell
Brod und Wein, beydes wurde ihnen zum Fenster hinaus gereicht,
sie wurden lustig, sangen, und tranken Sophiens Gesundheit, die
ihnen Bescheid thun mußte, und giengen weiter, so gieng es verschiedne mahle hinter einander, wir hofften wieder, alles wäre vorüber, mit einem Mahle rief einer unser Leute, die Thüre wäre
erbrochen, sie wären im Hause, so wars nicht, blos die äußere Gar-
tenthüre war erbrochen, sie donnerten an der Hausthüre, und ver-
langten Einlaß wenn sie die Thüre nicht einschlagen sollten, ein
Herr aus dem Hause hätte ihnen Einlaß versprochen. So wars
auch, der jüngere Conta hatte da er die Frauenzimmer herbrachte
auf der Straße den kopflosen Einfall gehabt, um sie sich abzuweh-
ren. Sophie u der ältere Conta giengen allso hin, wir bereiteten uns
drauf sie ins Zimmer dringen zu sehn, wir waren alle in ein kleines
Hinterstübchen zusammengedrängt um kein Licht sehen zu lassen, Adelen hatte ich auf ein Bett gelegt, ich sezte mich drauf meinen Beutel mit etlichen Thalern in der Hand. Nun hörten wir die
wilden Stimmen unten, *du pain, du vin, vite, nous Montons*, und
Sophie u Conta hießen sie freundlich willkomen, Sophie sagte sie
hätte längst auf sie gewartet und für sie zugekocht, sie möchten nur
stille seyn damit der Officier den wir im Hause hätten sie nicht
höre, ob sie im Zimmer essen wollten? sie hätte eben den Schlüssel
nicht zur Hand, aber hier auf der Diele wäre ja die schönste Gelegenheit, Tisch und alles, und damit tischte sie ihnen Brod Wein
und Braten auf, Conta der für ihren Mann passirte that das seine
die Wilden wurden wieder zahm, aßen trancken, und waren ganz
fidel, denk Dir dabey die gräßlichen Gesichter, die blutigen Säbel
blanck, die weißlichen mit Blut besprizten Kittel die sie bey solchen Gelegenheiten tragen, ihr wildes Gelächter und Gespräch,
ihre Hände mit Blut gefärbt, ich sah sie nur einen Augenblick von
der Treppe, es waren 10 bis 12. Sophie mitten drunter, scherzte und
lachte, einer faste sie um den Leib sie drehte sich schnell um und
schüttelte ihm die blutige Hand, damit er ihren Gürtel nicht fühlen
sollte, Duguet hatte sie fast mit Gewalt eingeschlossen, als Franzose riskirte er nichts, aber sie fürchtete seinen Rausch, der wie du

weist von der schlimmsten Art ist, und den er bey der Abspannung
aller Kräfte da er den ganzen Tag nicht gegessen und viel gearbeitet
hatte, leicht beim zutrinken hatte bekommen können. Die Herren
gefielen sich so wohl daß sie gar nicht Mine machten zu gehn, da
hohlte Sophie Adelen, die ganz niedlich mit ihnen sprach und sie
bat zu gehen weil sie sehr schläfrig wäre, und die Unholde ließen
sich von dem Kinde bereden und giengen, unsre beyden treuen
Husaren waren mit dabey, die drei andern schliefen im Vorderhause. Nun waren aber meine Kräfte so erschöpft daß ich schlafen
mußte, und wenn der Tod neben meinem Bette gestanden hätte,
zufällig war ich schon den Tag u den Tag vorher matt und nicht
wohl gewesen, unsre Thüren wurden wieder verrammelt, ich legte
mich mit Adelen in Kleidern aufs Bette Sophie that ein gleiches
unten in ihrem Zimmer, dicht an meinem Zimmer schläft Conta,
dieser und alle die übrigen blieb wach, aber ich schlief sanft und
ruhig 4 Stunden lang, das Feuer wühtete noch immer, kein
Mensch durfte löschen, wenige wagten aus ihren Häusern zu
gehen, die es thaten wurden von den Franzosen zurückgehalten,
die Herzoginn hatte ihre Bedienten zum Feuer geschickt, man ließ
sie nicht durch, Menschen wollten das arme Weimar verderben,
Gott war barmherzig, eine kleine Straße gerade über dem herzogl.
Stallgebäude, brannte unaufhaltsam, die Flamme schlug hoch in
die Luft, nur etwas Wind und das Schloß wäre in Brand gerahten
und mit ihm warscheinlich die ganze Stadt, aber kein Lüftchen
regte sich das Feuer brannte still fort, bis an ein Eckhaus, dann sank
es von selbst zusammen, es hat bis an den folgenden Mittag
gebrannt, und doch sind nur 5 Häuser zu grunde gerichtet. Alles
war von dem Feuer erleuchtet, ich sah die helle Flamme und mußte
doch schlafen, eine ähnliche Müdigkeit habe ich nie gefühlt. Die
Nacht ging uns ziemlich ruhig hin, es wurde verschiedentlich
gepocht, da man aber nicht aufmachte und kein Licht zu sehen war
so gieng man wieder. In der Stadt war entsezliches Elend, und in
den Vorstädten, die Esplanade liegt zwar nahe, aber doch nicht im
Mittelpuncte der Stadt, dies und Sophiens u Contas gegenwart des
Geistes haben uns gerettet. Die Stadt ist förmlich der Plünderung
preiß gegeben, die Officiere und die Kavallerie blieben frey von den

Gräueln und Thaten was sie konnten um zu schüzen und zu helfen,
aber was konnten sie gegen 50 000 wühtende Menschen die diese
Nacht hier frey schalten und walten durften, da die ersten Anführer es wenigstens negativ erlaubten, viele Häuser sind rein ausgeplündert, zuerst natürlich alle Laden, Wäsche, Silberzeug, Geld,
ward fortgebracht die Möbeln und was sich nicht transportiren
ließ verdorben, fast alle Thüren sind erbrochen, alle Fenster zer-
schlagen, viele wurden mit Bayoneten aus ihren Häusern getrie-
ben, dazu der gräßliche Witz dieser Nation, ihre wilden Lieder,
mangeons, buvons, pillons brûlons tous les maisons, hörte man an allen
Ecken, überall liefen sie mit brennenden Lichtern umher die sie
dann in den ersten besten Winckel schleuderten, es ist unbegreiflich
daß nicht Feuer an allen Ecken ausgekommen ist. Auf dem Marckt
hatten sie große Wachtfeuer errichtet um welche sie schwärmten
und Hüner Gänse, Ochsen, brieten und kochten. Im obern Theil
des Parcks bis an OberWeimar und den Webicht hin war ihr Lager,
das heißt, die nicht einquartiert waren, bivouakirten, ohne Zelten
bey großen Feuern, der Parck ist sehr verwüstet, die schönsten
Bäume zum Feuer umgehauen, alle Gebäude darinn, bis auf die
kleinen Behältnisse, wo das Gartengerähte aufbewahrt wurde
sogar, erbrochen und beschädigt. Die wenigsten im Lager wusten
daß unten eine Stadt wäre, dann kamen die aus der Stadt mit Beute
beladen ins Lager und erzählten daß es unten eine ansehnliche Stadt
gäbe die ihnen preis gegeben wäre und so liefen fast alle hinunter,
die Officiere waren außer sich darüber, aber sie durften sie nicht
halten. Prinz Murat und viele Generale waren in der Stadt, der Kaiser kam erst den folgenden Morgen, Viele Einwohner flüchteten
aus den Häusern, in Wald und Feld, und sind zum Theil noch nicht
wieder da, Hunderte hatten sich ins Schloß gerettet, auch in diesem
ist man in die Silber und Wäschkammer gedrungen, und manches
daraus geraubt, auch des Herzogs Gewehrkammer ist geplündert,
die Herzoginn hat unbegreiflich vielen Muht gezeugt, und uns alle
gerettet, auch hat der Kaiser fast zwey Stunden mit ihr gesprochen,
was noch keiner Fürstinn wiederfahren seyn soll. Sie allein ist
geblieben wärend alle die Ihrigen entflohen, wäre sie auch fortgegangen so stünde Weimar nicht mehr. Alles was ins Schloß

geflüchtet war nahm sie auf und theilte mit ihnen, dadurch kam es
denn, daß sie und alle einen ganzen Tag nur Kartoffeln zu essen hatten, alle die um sie waren versichern mich daß die großherzige Frau
sich immer ganz gleich blieb, und in ihrem ganzen Wesen fast kein
Unterschied gegen sonst zu bemercken war. Alle, die ihre Häuser
verließen haben fast alles verloren, einige sind so glücklich gewesen gleich Officiere ins Quartier zu bekommen die ihnen etwas
Schuz, oft mit eigener Lebensgefahr gewährten, am besten kamen
die fort die wie wir, Muht genug hatten keine Angst zu zeigen, der
Sprache und der französischen Sitte mächtig waren, darunter
gehört Göthe, der die ganze Nacht in seinem Hause die Rolle spielen mußte, die bey mir Sophie u Conta spielten, Falk hat sich auch
gut durchgeholfen obgleich er schlecht französisch spricht, und so
noch einige andre. Dem Bergraht Kirsten der bey uns im Vorderhause wohnt haben wir durchgeholfen, denn bey ihm kann Niemand Französisch. Wieland hat als Mitglied des NationalInstituts,
gleich vom General Denon eine Sauvegarde bekommen, die
Wittwe Herder deren Logis ich jezt bewohne mußte ins Schloß
flüchten, bey ihr ist alles zerstört, und was unersezlich ist, alle nach-
gelassenen Manuscripte des großen Herders, die sie mitzunehmen
vergaß sind zerrissen und zerstreut. Ridels haben nichts als Möbeln
behalten, Silberzeug, Gold, wäsche, kleyder sind fort. Sie hatten
auf meinen raht die Sachen auf dem Boden versteckt, wie das Feuer
ausbrach glaubten sie es sich sehr nahe, was noch nicht war, u trugen sie in den Keller, der gleich zuerst erbrochen ward, die silberne
Theemaschine haben sie behalten weil man sie nicht für Silber
hielt, u einen Leuchter, den ein Soldat aus Danckbarkeit für ein
geschenktes Hemde dem andern wieder abnahm. Kühns ist es
fürchterlich ergangen. Ihr Haus liegt, wie Du weist, in der Vorstadt, wohl mir, daß ich es nicht kaufte, Dort haben die Barbaren
am tollsten gewirtschaftet, Kühn reiste Montag nach Hamburg,
mußte aber wieder umkehren. Dienstag machte er sich doch, trotz
der ganz nahen Gefahr davon, und was aus ihm ward weis ich
nicht, Frau und Kinder versteckten sich noch ehe die Feinde herein-
drangen, im Garten, in einem Loche unter der Erde, der Hauslehrer ein Franzose, Perrin, blieb im Hause, machte sich aber wie die

Plünderung angieng, und ihm blancke Säbel und Bayonette drohten davon, nun ward alles geraubt, und die Möbeln in Stücken zer-
schlagen, gegen Morgen wurden die Unglücklichen in ihrem
ZufluchtsOrte entdeckt, man wollte hineinschießen, und sie kauf-
ten sich mit allem los was sie an Geld u Kostbarkeiten bei sich hatten, gegen Mittag kamen wieder andre, die ihnen den Tod drohten,
endlich gegen Abend, nachdem sie 24 Stunden TodesAngst ausgestanden haben, sind sie herausgegangen, und jezt im Hause des
Kaufmanns Desport, am Marckte. So höre ich noch alle Tage neue
Gräuel erzählen Professor Meyer wollte in seinem Hause bleiben,
aber die fliehenden Preußen ließen 3 Pulverwagen dicht vor seinem Hause stehen, wovon einer ganz zerbrochen war daß das Pulver umher lag. Meyer konnte allso nicht bleiben, er eilte zu seinen
SchwiegerEltern, die nicht weit von Kühns wohnen, auch hierher
drangen die Unholde, raubten alles, trieben zulezt mit Gewalt die
unglückliche Familie zum Hause hinaus, welche zusehen mußte,
wie man ihre Habseligkeiten ordentlich auf Wagen lud und fort-
fuhr. Meyers SchwiegerVater ist ein alter kräncklicher, hypochon-
drischer Mann, der eine Kasse zu verwalten hat, und ängstlich
Ordnung liebt, Göthe sagte mir nach her er hätte nie ein größres
Bild des Jammers gesehen, als diesen Mann im leeren Zimmer
rund um ihn alle Papiere zerrissen und zerstreut, er selbst saß auf
der Erde kalt und wie versteinert, Göthe sagte er sah aus wie König
Lear, nur daß Lear toll war, und hier war die Welt toll. Ich habe
Meyern und einigen andern mit den Hemden u anderer Wäsche
Deines Vaters ausgeholfen, bis sie wieder sich welche anschaffen
können, auch mit unserm Wein habe ich schon manches traurige
Herz erquickt, den Verwundeten habe ich Erquickung ins Lazareth
geschickt, die andern Einwohner der Stadt können noch nicht dran
dencken weil sie zu viel verloren haben, aber ich kann es denn mir
ist alles geblieben, Sterbende haben mich gesegnet, das giebt mir
wieder Freudigkeit, und der Seegen wird auf uns ruhen, des
Abends versammeln sich meine Bekannten um mich her, ich gebe
ihnen nur Thee, aber mein heitrer Sinn ist mir geblieben, und Mancher der traurig kam geht erheitert fort, die gute Ludekus steht mir
immer treulich bey.

Alles dies geschah, während ich schlief, gegen 6 Uhr wurde ich
geweckt weil die Feuersgefahr sich zu nähern schien doch diese
Besorgniß legte sich bald, ich sah auf der Straße einzelne mit Beute
beladene Soldaten, ich hoffte die Unordnung wäre vorüber, man
sagte die Truppen sollten weiter marschiren, da erhob sich das
wüste Geschrey von neuem, unser ehrlicher Husar brachte eine
gestern bey all dem Unglück entbundne junge Wöchnerinn, ihren
Mann, den Säugling und noch 2 Kinder u eine Magd, er bat um
Gotteswillen wir möchten die armen Leute aufnehmen die Barbaren hatten sie ausgeplündert und auf die Straße geworfen. Die
junge Frau hatte die Gelassenheit und das Gesicht eines Engels, still
sezte sie sich hin u säugte ihr Kind, ohne Klagen sprach sie von
ihrem Schicksal, und voll Vertrauen auf Gott, mit einer so
anspruchslosen Art, es gieng mir durchs Herz, ich fiel ihr um den
Hals und küßte sie so herzlich, wie ich nie eine Frau geküßt habe,
ich hätte ihr die Hand küssen mögen, sie flößte mir so viel Ehr-
furcht ein. Sehen sie, sagte sie, ist das denn nicht schön daß eine so
gute Frau Theil an meinem Schicksal nimmt, und muß mich das
nicht trösten? Ich habe mich hernach nach den Leuten erkundigt,
sie haben doch nicht alles verloren, Gold u Silber hat man nicht
gefunden, Mutter u Kind sind gesund geblieben, der Mann heißt
Facius, ist ein sehr geschickter Steinschneider, und hat für die ganze
Gegend weit u breit zu thun, wird sich allso bald wieder aufhelfen.
Nun war unser Zimmer ganz voll, diese Leute, die alte gruselige
Md. Jagemann mit ihrer Tochter von gestern Abend, dazu die
Forstmeisterin Willhelmi die aus der Gegend von Erfurt sich hierher geflüchtet hatte und bei Ridels logirt hatte. Ridels waren eben
des Feuers wegen das noch immer ruhig brannte ins Schloß
geflüchtet und sie erzählten uns welche Greuel dort geschehen
wären, und wie das noch immer fort wäre. Nun hörten wir am
Thorwege vom Vorderhause starck klopfen. Ich sah aus dem Fenster, sah das Thor in tausend Stück brechen und 10 bis 12
wüthende Menschen mit gefälltem Bayonete in den Hoff stürzen,
Guter Gott, welch ein Anblick, doch faßte ich mich; wir rangirten
uns im Zimmer, die Heulenden wurden zur Ruhe verwiesen, ich
stellte mich vor Adelen, wieder den Geldbeutel in der Hand,

Sophie und Conta eilten herunter, krach, fiel die Thüre unten die
den Gang nach meinem Zimmer verschließt, die Bayonete haben
auf Contas Brust gestanden, und doch gelang es ihm und Sophien,
die Menschen mit Wein, Brod, und freundlichen Worten hinauszu-
bringen. Jezt verlangte der Husar mich zu sprechen, er hatte mich
noch nicht gesehen, ich flog zu ihm, gab ihm die Hand, er sagte, er
wäre der Ehre nicht wehrt, er wäre nur ein Bauer, aber doch hätten
seine Hände nie solche Greuel besudelt, und so gab er mir die
Hand, ich bot ihm Geld an, er wollte es durchaus nicht nehmen,
doch nahm er einen SpeciesThaler am Ende. In der Hize des
Gesprächs zog ich meine goldene Dose heraus, er sah sie bedeutend an. *Si vous la demandez il faut que je vous la donne*, sagte ich. Das
erschütterte den großen schnurbärtigen Menschen fast bis zu Trä-
nen, aber um eine Prise aus der schönen Dose bat er mich. Nun
rieht er mir, bey einem General um eine Sauvegarde anzuhalten,
und sagte mir dabey, die Plünderung hätte nun ein Ende, die Infanterie die einzigen die sich deren schuldig gemacht hätten müße nun
fort, einen der Plünderer hätte eben ein Officier vor seinen Augen
auf der Straße zusammengehauen, zwey würden eben im Lager
füsilirt. Niemand von uns konnte zum General gehen, Conta
mußte im Hause bleiben, allso faße ich meinen Husaren unter den
Arm, Adelen an der Hand, und das hin aufs Schloß zum Prinz
Murat. Welch ein Gang, überall die Spuren der gestrigen Nacht,
Todte, Verwundete auf der Straße, gefangene Preußen im Park vor
dem SchloßPlatze wo sie noch ehegestern stolzirten, wilde, blutige
Menschen, die ich nicht Soldaten nennen kann, in weißen, zerrissenen Kitteln, Mord und Tod im Gesicht, die alle Augenblicke meinen Husaren als Camarade anredeten, dazwischen die Musick,
Pferde, Reuter, ein unendliches Gewühl. Beim Prinzen wurde ich
nicht vorgelassen, er hatte sich eingeschlossen und ließ Niemand
vor. Ich gieng zu Hause, schrieb ihm wer ich wäre, forderte seine
Menschlichkeit auf, schickte ihm meinen von Bourienne unterzeichneten Paß, bat diesen zu unterzeichnen, mir zu sagen wohin
ich gehen könnte, und bat um eine Sauvegarde, dies schickte ich
gleich durch meinen Husaren hin, der Prinz sprach ihn selbst,
unterzeichnete meinen Paß, *pour se rendre en France*, schrieb dabey

einen Befehl an alle Militair und Zivilbehörde mich zu schüzen, und ließ mir sagen, ich solle ruhig seyn, als Fremde brauche ich keine Sauvegarde überdies hätten die Unordnungen ein Ende. Aber es war nicht so, es drangen aufs neue Soldaten bey uns ein. Zum Glück kam im nehmlichen Moment ein DragonerOfficier, der zu essen verlangte, dieser vertrieb sie mit leichter Mühe, so wie ich davon hörte ließ ich ihn in eins meiner Zimmer führen und eilte zu ihm und bat ihn um Schuz. Es war ein freundlicher nicht mehr junger Mann, meine Lage gieng ihm zu Herzen, er versicherte mich daß alle Officiere über die Art mit der Weimar behandelt wäre empört wären, aber die Armee reiste, ohne alles Gepäck u wenn die Leute müde und hungrig, vollends nach einer Schlacht, ankämen, müße man ihnen erlauben Brod u Wein zu fodern, was aber übrigens hier geschehen wäre, wäre freylich entsezlich, jezt hätte das aber eine Ende, indessen indem wir sprachen mußte er doch noch uns und unsern Nachbar, dem eben die Fenster eingeworfen wurden vertheidigen. Nach 2 Stunden wollte er fort, seine Ehre hieng daran, er hatte bis morgen einen bestimmten Weg zu machen. Aber ich strengte alle meine Beredsamkeit an, und so gelang mir es ihn zu bewegen, daß er mir versprach, bis 2 Uhr des Morgens zu bleiben wenn er keinen Officier fände der seine Stelle ersezte, er gieng ins Vorderhaus darnach auszusehen und brachte mir glücklich einen *Commissaire des Guerres* des General Berthier nun waren wir aus der Noht, oben war kein Plaz, ich räumte allso gleich mein bestes Zimmer das ich zum StaatsZimmer bestimmt hatte ein, und übernahm es die Offiziere an meinen Tisch zu nehmen, was meine gute Ludekus, umringt von allen die zu ihr geflüchtet waren, nicht konnte. Der Dragoner ritt gleich nach Tische fort, er u Mr. Denier blieb. Einen artigern, gebildetern, und dabey hübscheren Franzosen habe ich nicht leicht gesehen, mein Tisch war alle diese Tage sehr schlecht bestellt; es war eben keine Theuerung, aber eine so große Seltenheit an Lebensmitteln, besonders Brod entstanden, daß man allgemein Hungers Noth befürchtete, der gute Denier nahm an unserm Unglück Theil als ob es ihn selbst betroffen hätte, mit seiner Schonung machte er es so daß sein Freund beim General Berthier aß, er selbst aber blieb zu Hause,

und wenn er ausgieng bat er mich um Erlaubniß und sagte mir
wohin er gienge und wann er wieder kommen würde, seine Leute
mußten dann Schildwache halten, den ganzen Tag mußte er uns
noch oft die Plünderer abwehren. Dafür mußte ich mir gefallen lassen daß mir den Abend wenigstens 10 Officiere vorgestellt wurden
die bey mir Thee trancken und himmlisch vergnügt waren wieder
einmahl ein hübsches Zimmer, reine Tassen, und ein französisches
Haus zu sehen, denn dafür hielten sie mich, wegen meiner Bedienung und der Adele, die würcklich jezt nach alle dem schrecken
ganz allerliebst war. Ich that indessen doch etwas gutes, ich schrieb
allen Officieren, die mir vorkamen, die Namen von Loder, Schütz,
Froriep, und Reichardt in Halle auf, und bat sie diese Häuser wenn
sie hinkämen zu schüzen, alle gaben mir ihr Ehrenwort darauf und
versprachen freiwillig auch ihren Freunden diese Namen zu geben.
Halle ist seit dem mit Sturm genommen, man hatte die Thore
geschlossen um den Preußen die Flucht zu erleichtern, vielleicht
hat meine Fürbitte etwas geholfen diese Leute zu schüzen die mir
so freundlich entgegen gekommen sind. Man hat in Halle gehauset
wie hier, auch Jena ist fürchterlich behandelt 15 Häuser sind abge-
brannt, Frommans und Fahrenkrüger sind indessen ziemlich gut
davon gekommen. *D.* Stark wird gezwungen da zu bleiben um die
Lazarethe zu besorgen, die schönen Weiden in dem herrlichen Thal
sind umgehauen, und sie wollten hernach nicht brennen, allso
umsonst. Lieber, lieber Arthur, in welchen Zeiten leben wir, ja
wohl *the times are out of flight.* Der folgende Tag, der 16te, vergieng
eben so, wir wurden ruhiger, wenn das Ruhe heißen kann, wenn
man es nicht wagt, sich des Abends auszukleiden, wenn man bey
jedem Geräusch, jedem Pferde oder Wagen der vorbey fährt, jeder
lauten Stimme auf der Straße ängstlich zusammenschreckt, in dieser Stimmung, lieber Arthur, sind wir noch lange geblieben, noch
viele, viele Tage. Meine Gesundheit hat nicht mercklich gelitten,
nur daß ich so mager geworden bin daß alle meine Kleider, die mir
eben anfiengen zu enge zu werden, mir jezt viel zu weit sind, doch
das Unglück ist nicht gros, Ruhe wird es bald wieder herstellen.
Dn 17., des Morgens verließ mich mein Beschützer Denier, nachdem er Vorkehrungen getroffen hatte zu verhindern daß wir nicht

wieder mit Einquartierung belästigt würden, wenige Zeit darauf marschierte das Regiment des Marschals Augereau ein, gerade diese waren den 14ten u 15ten nebst andern unsre Peiniger gewesen, dies bewog uns doch wieder um einen Officier zu bitten. Wir bekamen zwey, einen Picard, einen Normand, sie mögen brave Leute gewesen seyn, aber man sah ihnen ihr schreckliches Handwerck zu deutlich an, den Tag mußte ich schon mit ihnen zubringen, mir kam es bisweilen vor als ob ich holländische Schiffer bei mir hätte, der Abstand zwischen der Cavallerie und Infanterie in der französischen Armee ist ungeheuer, die ersteren tragen alle das Gepräge der Cultur bis auf den gemeinen Husaren herab, die letzteren sind ein wildes Volck, abgehärtet zu allem. Glücklicherweise ward ich den Abend ganz heiser, so daß ich zulezt keinen hörbaren Laut hervorbringen konnte, dies entschuldigte mich den folgenden Tag nicht zu erscheinen, die Herren ließen sichs auch ohne mich wohl seyn. Ich habe dieses Uebel schon vor 7 Jahren in Danzig gehabt, obgleich weniger heftig, mein Schwager warnte mich damahls es nicht zu vernachlässigen, den 18ten war ich fast stumm, und nahm da Hausmittel nicht halfen, meine Zuflucht zum Arzt, es war kein anderer da als D Huschke er hat mich aber innerhalb 2 Tagen ganz wieder hergestellt. Ich litt unbeschreiblich dabey daß das Regiment alle Tage drey mahl vor unserm Hause versammelt und jeder Soldat mit Namen einzeln von den Officieren aufgerufen wurde, der Ordnung wegen war das recht gut, aber ich sah wieder die fürchterlichen Gesichter, die weiten schmuzig weißen Mäntel, die sie über die Uniform werfen, u die die Spuren der Schlacht u aller verübten Gräuel an sich trugen; so waren sie auch in jener schreckensZeit. Den 18ten wurde der Preußische General Schmettau hier feyerlich begraben mit allem militärischen Prunck, nach dem Begräbniß versammelten sie sich wieder auf der Esplanade, die Musick spielte OpernArien, und die wilden Menschen tanzten u tobten lustig umher bis sie ins Quartier mußten. Endlich zogen sie den 19ten fort, wir behielten den General Dentzel mit einem kleinen Corps zum Schuze, er ist ein Deutscher, und hat sich seit dem sehr menschlich u brav gegen uns benommen, aber er hat in Jena vor diesem studirt, und seine genaue Kenntniß aller Wege ist der

Armee sehr zu statten gekommen, wie konnte er dazu helfen dies Paradies zu verwüsten, er der doch gewiß seine schönsten Tage darinn verlebte. Der General Schmettau der hier begraben ward, wurde schwer verwundet hier eingebracht, man kündigte ihm an daß er in vier Tagen nach Paris müßte, in einem einsamen Augenblick stürzte er sich aus dem Fenster, und starb wenig Stunden darauf. Seit dem wurden wir wegen der Menge Verwundeter die in Lazarethen, Gasthöffen, im Komödienhause auf einander gehäuft lagen, ohne Pflege, Ordnung, und Reinlichkeit, und wegen der entsezlichen Anzahl unbegrabner Todten die bis vor's Schloß herum lagen, aufs neue in Angst gesezt, man fürchtete ansteckende Krankheiten, allmälich wird auch hier Ordnung gemacht, die Todten werden in großen mit Kalck ausgefüllten Gruben die von der Stadt entfernt liegen begraben, die in der Schlacht fielen sind alle schon begraben, und aus den Lazarethen werden sie auch gleich fortgeschafft und liegen nicht mehr wie zu Anfange, hoch auf einander gethürmt Tage lang auf der ofnen Straße. Von diesen Gräueln des Krieges hat man nur einen Begriff wenn man sie wie ich in der Nähe sieht, Ich könnte Dir Dinge erzählen, wofür Dir das Haar emporsträuben würde, aber ich will es nicht, denn ich kenne ohnehin wie gerne du über das Elend der Menschen brütest, du kennst es noch nicht, mein Sohn, alles was wir zusammen sahen ist nichts gegen diesen Abgrund des jammers. Was mich beim Anblick alles entsezlichen was man sich denken kann noch hielt ist daß ich half wo ich konnte um den Jammer zu lindern, mein Landsmann F. gab mir die Wege an, und so habe ich mich einer Stube im Alexandershoff in der an 50 Verwundete lagen, meistens Preußen, angenommen. Ich schickte ihnen altes Leinen zum Verbinden, Wein, Thee, der erst bey mir in einem großen Kessel gekocht wurde, Suppe, einige Buteillen Madera, wovon jeder nur ein kleines Glas bekam, und doch über dieses Labsal in lauten Jubel ausbrach und mich segnete, Brod und was ich konnte, Sophie und Duguet vertheilten es selbst, denn dem harten Inspektor konnte man nichts vertrauen. Es war im ganzen wenig, und half doch viel, besonders da ich die erste war, ich rettete die Armen vor dem Unglück an Gott u Menschen zu verzweifeln. Göthe u andre haben davon gehört, und sind mei-

nem Beyspiel gefolgt. Was mich am meisten freut ist eine Quanti-
tät Aepfel die ich wohlfeil kaufte, und unter einer Menge Verwundeter austheilte, die ohne alle Erquickung vor dem Komedien-
Hause lagen, und nach etwas kühlendem seufzten, auch zu dieser
guten Idee half mir F. Sie haben sich unendlich darüber gefreut. Die
mehrsten meiner Pfleglinge sind jezt tod, ihre Stelle wird schnell
ersezt, alle Abende kommen wenigstens 300 Verwundete aus
Naumburg u andern Orten hier an, alle Morgen schaft man eine
noch größre Anzahl weiter nach Erfurt, lieber Arthur, wie harther-
zig macht das Unglück, ich freue mich jezt, wenn ich höre daß 4,
500 mit ihren zerschmetterten Gebeinen weiter gefahren werden,
ich, die noch vor wenig Wochen den Jungen der vor unserm Hause
den Arm brach, um keinen Preis ohne Hülfe fortgelassen hätte!
Wir hoffen daß in wenig Wochen das ganze Lazareth fortgeschaft
werden soll, der Tod hilft uns fürchterlich. F. ist als Dollmetscher
beim jezigen Kommandanten angestellt; Dentzel ist fort, der jezige
kann nicht Deutsch, zeigt aber fast noch mehr Eifer der Stadt zu
helfen, er hat alle Soldaten die noch hier im Quartier liegen entwaf-
net, und hält die strengste MannsZucht. Wie wunderbar spielt das
Schicksal mit uns, Dieser F. lebt jezt mitten unter den Menschen,
vor denen ich ihn vor 14 Tagen retten sollte u wollte, u dient ihnen.
Für die Sicherheit der Stadt ist aufs Beste gesorgt. Der französische
Kommandant thut das seine, und alle Nacht patrouillieren 60 unsrer Bürger, ohne Ansehung des Ranges u der Person, um für die
Sicherheit der Stadt zu sorgen, wir fürchten wenig mehr die Franzosen, aber wir fürchten die Einwohner der benachbarten Gegend
die an den Bettelstab und zur Verzweiflung gebracht sind. Wir
erwarten den Herzog der bald zurück kommen wird, wie es heißt,
dann sind wir sicher, und die wohlthätige Zeit wird unsre Wunden
heilen. Ohne die Herzoginn, die standhaft dablieb wären wir alle
verloren, das Schloß wäre angezündet u die Stadt an allen Ecken,
glühende Kugeln waren bereit, nur auf die Nachricht daß sie noch
da wäre, blieben wir verschont, das weiß man jezt mit Gewißheit.
Es ist unbegreiflich wie man dem größten Unglück entgangen ist,
Gottes Engel wachte über uns, noch heute sagte mir Göthe daß
man in seinem Hause überall zerstreutes Pulver u gefüllte Patronen

gefunden hat, in einem Hause ihm gerade gegen über ist förmlich Feuer angelegt worden u nur durch Zufall entdeckt u gelöscht, überall lag Pulver u Patronen, überall standen Pulverwagen, überall lief man mit brennenden Lichtern umher, und Gott erhielt uns doch. Meine Existenz wird hier angenehm werden, man hat mich in 10 Tagen besser als sonst in 10 Jahren kennen gelernt, Göthe sagte heute ich wäre durch die Feuertaufe zur Weimaranerinn geworden, wohl hat er recht. Er sagte mir, jezt da der Winter trüber als sonst heranrücke, müssen wir auch zusammen rücken, um einander die trüben Tage wechselseitig zu erheitern. Was ich thun kann, um mich froh und muhtig zu erhalten thue ich, alle Abende, so lange diese Tage des Trübsals währen, versammeln sich meine Bekannten um mich her, ich gebe ihnen Thee und Butterbrod, im strengsten Verstande des Wortes, es wird kein Licht mehr als gewöhnlich angezündet, und doch kommen sie immer wieder, und ihnen ist wohl bey mir; Meyer, Fernow, Göthe bisweilen, sind darunter, viele, die ich noch nicht kenne wünschen bey mir eingeführt zu werden. Wieland hat mich heute um die Erlaubniß bitten lassen mich dieser Tage auch zu besuchen. Alles was ich sonst wünschte findet sich so von selbst, und ich verdancke es bloß dem Glücke daß meine Zimmer unversehrt blieben, und daß ich Gelegenheit fand mich zu zeigen wie ich bin, daß meine Heiterkeit ungetrübt blieb, weil ich von Tausenden die einzige bin die keinen herben Verlust zu beweinen hat, und nur das allgemeine Leiden kein eignes, mein Herz preßt, ich fühle es wohl wie egoistisch alles dieses klingt, und das ist eben die entsezlichste Seite des allgemeinen Unglücks daß es auch die Besseren unter uns zu diesem Egoismus herunter stimmen kann. Lebe wohl, lieber Arthur, ich wünsche Dir Geduld diesen unendlich langen Brief zu lesen, aber ich konnte mich nicht kürzer fassen, wenn ich alles erzählen wollte, und das mußte ich doch. Theile ihn meinen Freundinnen, Md. Bregardt und Md. Pistorius mit, ich weiß mein Schicksal interessiert sie, und es ist mir unmöglich alles dies mehr als einmahl zu schreiben. Sage beyden daß ich schreiben werde, so bald ich kann, ich habe aber noch viele höchst nöhtige Briefe nach Danzig zu schreiben, und bin noch immer nicht in der rechten Fassung zu einer anhaltenden Beschäftigung. Auch dieses habe ich nur in abgerissenen ViertelStunden zusammen geschrieben, wie Du leicht sehen wirst. Erzähle Herrn Böhl, was ich Dir geschrieben habe, oder laß es ihn lesen wenn er die Geduld dazu hat, woran ich zweifle, da meine Handschrift so klein u unleserlich ist, sage ihm daß ich oft seiner u Md. Böhl gedacht habe und ihrer Freundschaft für mich, sie sind beyde meine ältesten Freunde in Hamburg, ich werde auch ihnen nächstens schreiben. Wenn du mit dem Briefe fertig bist, so schicke ihn der Julchen nach Danzig, denn auch dorthin kann ich dies alles nicht noch einmahl schreiben und ich muß ohnehin über Hamburg nach Danzig jetzt schreiben. Adieu, lieber Arthur, sey meinetwegen unbesorgt, der Horizont wird täglich heller. Ich wünschte Du könntest Tischbein meinen Grus bringen und ihm sagen, daß ich noch lebe, und für seine Empfehlungen herzlich dankbar bin. Göthe hat nichts verloren, Prof. Meyer alles, auch seine Zeichnungen, nur nicht seine Schriften und seine gute Laune. Herders nachgelassene Manuscripte sind unwiderbringlich verloren.

Weimar, d. 26. Octbr. 1806.
Fernow ist ziemlich durchgekommen. Ridels haben alles Geld, Wäsche und Silber verloren, Kühns haben 24 Stunden in einem Loch unter der Erde TodesAngst gelitten, alles, sogar ihre Möbeln ist fort und zerstört, dies Schicksal hatten alle die ihre Häuser verließen, Falck ist ziemlich gut davon gekommen, Bertuchs auch sie hatten den General Berthier im Hause. Wieland hatte als Mitglied des NationalInstitutes Sauvegarde. Die Gräuel die verübt wurden sind unbeschreiblich, das Plündern währte 2 Nächte und einen Tag, die letzte Zeit waren wir unter Deniers Schutz sicher. Allen Städten durch die die Armee gieng ist es wie uns ergangen; So führt man jetzt Krieg.

Johanna an Arthur: Der große Brief Johannas über ihre Weimarer Kriegserlebnisse nach der Schlacht von Jena und Auerstedt kursierte in mehreren Abschriften. Er wurde nach dem Tode Johannas von Adele erstmals in der »Zeitung für die elegante Welt« vom 2./7. Juli 1838, dann in den von Adele herausgegebenen autobiographischen Fragmenten Johannas (»Jugendleben und Wanderbilder«, Braunschweig 1839) publiziert.

G. v. K.: General von Kalkreuth. Johanna war mit ihm in Danzig und Hamburg befreundet gewesen.

mein Landsmann F.: Wohl Johann Daniel Falk.

Buchhändlers P.: Der Nürnberger Verlagsbuchhändler Johann Philipp Palm. Wegen der von ihm verlegten Schrift »Deutschland in seiner tiefen Erniedrigung« war er am 26. August 1806 in Braunau erschossen worden.

K.: General von Kalkreuth.

die Königin: Königin Luise von Preußen.

Fanchon: Liederspiel von Friedrich Heinrich Himmel, Text von August von Kotzebue.

Charpie: Verbandsmaterial.

du pain, du vin, vite, nous Montons: »Brot, Wein, schnell, wir kommen hinauf«.

mangeons, buvons, pillons brulons tous les maisons: »Laßt uns essen, trinken, plündern alle Häuser niederbrennen«.

Si vous la demandez il faut que je vous la donne: »Wenn Sie sie fordern muß ich sie Ihnen geben«.

pour se rendre en France: Für die Einreise nach Frankreich.

the times are out of flight: Nach Shakespeare, »Hamlet«: »Die Zeit ist aus den Fugen«.

D Huschke: Leibarzt des Weimarer Hofes.

Landsmann F.: Johann Daniel Falk.

Julchen: Juliane Trosiener, die jüngste Schwester Johannas.

25. *Johanna an Arthur*

Weimar, d. 20. Octbr. 1806

Ich habe viel schreckliches erlebt, lieber Arthur, aber Gott hat uns beschüzt und durchgeholfen, von der Schlacht, die den 14ten vor unsern Thoren vorfiel, vom eindringen des siegenden Feindes hast Du wohl gehört, und bist unsertwegen in Sorgen, sey ruhig, wir haben nichts verloren, sind gesund, und hoffen die jezige Ruhe werde wenigstens für unsre arme Stadt die unsäglich gelitten hat von Dauer seyn. Ich habe einen langen Brief für dich angefangen in welchem ich Dir alles umständlich erzähle; ich will ihn aber erst sicher abschicken können, und das geht jezt da die Posten noch nicht in Ordnung sind nicht an, diese Zeilen reichen vor erst hin Dich zu beruhigen. Ich habe Dir schon vor einigen Tagen geschrieben ich zweifle aber ob Du den Brief erhalten wirst, ich will jezt jede Gelegenheit nuzen, Dir ein paar Zeilen zu schreiben, etwas

davon wird doch bis zu Dir dringen. So bald Du dies erhälst,
schreibe meiner Mutter, denn der gerade Weg nach Danzig ist
noch nicht frey um zu schreiben, beruhige sie über mein Schicksal
und sey selbst ruhig, Gott schüzt mich wunderbar, ich bin großen
Gefahren mir selbst unbewust entgangen, KanonenKugeln und
Haubizen sind 50 Schritte vor unserm Hause gefallen, ohne Schaden anzurichten, beruhige gleich meine Mutter, auch alle meine
Freunde besonders meinen guten Ganslandt, ich schreibe ihm so
bald ich kann. Lebe wohl und ruhiger als ich bisher. Bey allem
Unglück bin ich von Freunden umringt, und kann auch noch gutes
thun und andern helfen.   Deine Mutter J. S.

einen langen Brief: Brief Nr. 24.

26. *Johanna an Arthur*
                                   Weimar, d. 24ten Octbr. 1806.
Deinen Brief vom 18ten und einen vom 15ten glaube ich, habe ich
richtig erhalten, lieber Arthur, ich sehe daraus daß die Posten von
außen hinein wohl richtig gehen, der erste Brief war einige Tage
aufgehalten, der zweyte kam ganz zur richtigen Stunde, ob es mit
den Posten von hier heraus auch so geht muß ich abwarten, ist das
so weißt du daß ich Angst und Furcht abgerechnet nichts gelitten
habe, und ich bin an Erfahrung und practischer Lebensweisheit reicher geworden, ich möchte jezt, da es überstanden ist, jene Tage
des schreckens nicht weggeben denn wer sieht nicht gern auf überstandene Stürme zurück? Ich habe Dir dieser Tage 3 mahl geschrieben, einer dieser Briefe wird ja wohl angekommen seyn um Dich
zu beruhigen, und Du wirst meinen Wunsch erfüllt und nach Danzig geschrieben haben. So bald Du diesen Brief erhältst so antworte mir, ich werde es schwerlich eher wagen dürfen einen viele
Bogen langen Brief abzuschicken an den ich jezt für Dich täglich
schreibe, und der die ganze Geschichte dessen enthält was ich in
diesen lezten merckwürdigen Tagen hier erlebte. Ich möchte die
Geschichte nicht gerne zweymahl schreiben, darum zögre ich noch

damit, genug für Dich daß ich jetzt ruhig und allem Anschein nach sicher bin.

Ich konnte jenen Schrecken nicht entgehen, in den ersten Tagen war allem vernünftigen Anschein nach nichts zu befürchten, späterhin zog das Gewitter so von allen Seiten um uns her daß Niemand wissen konnte wohin er sich wenden sollte um ihm zu entgehen, zulezt waren keine Pferde zu haben, die Strassen waren unsicher, niemand konnte mir sagen wohin ich gehen sollte, auch war es unmöglich zu vermuhten daß die Schlacht so nahe vor der Stadt gefochten werden würde, und daß hernach solche Gräuel verübt werden sollten. Alle die die lezten Tage entflohen, den Montag oder den Dienstag, als den Tag der Schlacht, haben viel gelitten, sind unter die fliehenden und verfolgenden Truppen gerahten, umgeworfen, beraubt, die Pferde abgespannt, unter freyem Himmel in Todes Angst gelassen, mein gesunder Verstand ließ mir dies voraus sehen, deshalb entschloß ich mich nach meiner lezten Unterredung mit dem G. v. K. zu bleiben, wenigstens noch einige Tage, das war den Abend vor der Schlacht. Die Königinn reiste den Tag ab, kam während der Schlacht zurück, und jagte durch die Stadt, wo sie geblieben ist wissen wir nicht. Die Herzoginn Mutter ist mit 6 Pferden gut fortgekommen, ihre Kammerfrauen aber sind ausgeplündert worden und haben viel gelitten. Bertuch war heute 2 mahl bey mir, auch er entfloh während der Schlacht, und hat viel ausgestanden, ist beraubt und in größrer Todesangst gewesen als wir hier, einer Frau v. Pfuel ists eben so ergangen, ihr sind die Pferde u. alles Gepäck genommen, u sie ist auf der Landstrasse allen Gefahren ausgesezt liegen geblieben, mir ist kein Haar gekrümmt, ich habe Angst gehabt, aber ich bin wahrscheinlich größrer Angst entgangen, und so sehe ich immer mehr man muß seinem Schicksal Stand halten, es folgt uns doch u hohlt uns ein troz unserm Fliehen.

Jezt ist hier alles ruhig, wir haben einen französischen Kommandanten und eine kleine Besazung zur Sicherheit der Stadt, nur der Anblick aller der Verwundeten preßt uns das Herz zusammen, doch werden sie täglich weiter transportirt. Freylich ist unser schönes Land jezt ein weites Grab! Aber die Todten ruhen, nur uns die wir leben drückt des Tages Schwüle. Vor jezt bin ich hier sicher, die Armeen sind weit von uns, das Ungewitter tobt anderswo, so schnell kann uns kein Gewitter mehr überraschen, beym geringsten Anschein von ähnlicher Gefahr werde ich jezt freylich mich in Sicherheit zu bringen suchen, und werde es mit mehr Ruhe thun können als damahls wie große Armeen uns von allen Seiten einschlossen, sie sind jetzt vorüber gezogen, Ruhe und Ordnung kehren zurück, in wenigen Wochen wird alles wieder seyn wie sonst. Ich bin durch die Unglücksfälle hier mit einem mahle einheimischer als ich je in Hamburg war, man hat mich gleich kennen gelernt, und da ich so glücklich bin manchen kleinen Dienst der mir wenig kostet andern leisten zu können, so liebt man mich und alles bestrebt sich mir mit Liebe und Freundschaft entgegen zu kommen. Der Winter wird freylich trauriger seyn als sonst, aber man wird näher zusammen rücken, und ich hoffe doch noch schöne Stunden hier zu erleben. Sollte es wieder trübe werden so gehe ich vermuhtlich nach Dresden, da Sachsen sich jetzt neutral erklärt hat, doch dies ist nicht zu vermuhten, und so lange ich kann bleibe ich hier. Die ersten Tage fürchtete man HungersNoht, aber jezt sind fast alle Lebensmittel wieder zu haben, freylich theuer, aber doch noch immer weniger als in Hamburg, freylich auch nicht so gut, aber Du weißt das ist eben nicht meine schwache Seite. 50 oder 60 Butelen rohten Wein, mehr hat mir die Sache nicht gekostet, und dann was ich seitdem, da der Wein hier sehr rar geworden ist, an meine Freunde und arme Verwundete gegeben habe, es ist nicht viel und ich schäme mich daß man es mir so hoch anrechnet. Heute bat mich Bertuch um eine Butele Madeira für den armen alten Raht Krause, der arme Mann ist vor Schrecken und Angst ganz hin, diese Erquickung wird ihm gut thun und ich bin die einzige die sie ihm geben kann. Göthe hat sich Sonntag mit seiner alten geliebten Vulpius der Mutter seines Sohnes trauen lassen, er hat gesagt in Friedenszeiten könne man die Geseze wohl vorbey gehen, in Zeiten wie die unsre müsse man sie ehren. Den Tag drauf schickte er *D.* Riemer den Hoffmeister seines Sohnes zu mir um zu hören wie es mir gienge, den selben Abend ließ er sich bey mir melden, und stellte mir seine Frau vor, ich empfing sie als ob ich nicht wüßte wer sie vorher gewesen wäre, ich dencke wenn Göthe ihr seinen Namen giebt können wir ihr wohl eine Tasse Thee geben. Ich sah deutlich wie sehr mein Benehmen ihn freute, es waren noch einige Damen bey mir, die erst formell u steif waren und hernach meinem Beyspiel folgten, Göthe blieb fast 2 Stunden u war so gesprächich und freundlich wie man ihn seit Jahren nicht gesehen hat. Er hat sie noch zu niemand als zu mir in Person geführt, als Fremde u als GroßStädterin traut er mir zu daß ich die Frau so nehmen werde als sie genommen werden muß, sie war in der That sehr verlegen, aber ich half ihr bald durch, in meiner Lage und bey dem Ansehn u der Liebe, die ich mir hier in kurzer Zeit erworben habe kann ich ihr das gesellschaftliche Leben sehr erleichtern, Göthe wünscht es und hat Vertrauen zu mir, und ich werde es gewiß verdienen, Morgen will ich die Gegenvisite machen. Schreibe doch nach Danzig, ich habe lange von dort nichts gehört, alle Kommunication dorthin ist von dieser Seite unterbrochen, ich glaube daß meine Briefe nach Danzig noch lange über Hamburg werden gehen müssen. Grüße Gansland, Willinks und alle meine Freunde, bitte Gansland mir bald zu schreiben, ich habe mir von Kauffmann Rinder 50 Louisd'or gegen einen Wechsel geben lassen um mein Gold für den Nohtfall zu bewahren, sage das Gansland er kennt meine Hand und wird den Wechsel ohnehin wohl bezahlen, wenn er vorkömmt. Lebe wohl und sey meinetwegen ruhig, adressiere die Briefe nicht mehr *Poste restante*, die Briefträger wissen schon mein Haus. J. S.

Gieb doch die Einlage Mdlle Bonnier, und schaff uns Nachricht von ihr, Sophie ist in Sorgen weil sie keine Silbe von ihr hört. Das andre Briefchen ist von einer hiesigen Dame, Du mußt wohl ein ander Couvert drum machen ehe Dus auf die Post giebst.

27. *Johanna an Arthur*

Weimar, d. 31. Octbr. 1806.
Dein Brief vom 22sten Oct. hat mich doch noch in Weimar getroffen, ich habe Deine 3 Briefe richtig erhalten, auch ich, lieber

Arthur, habe Dir oft einige Zeilen geschrieben, wann und wie oft
konnte ich in der schrecklichen Zeit nicht genau mercken, alle werden wohl nicht angekommen seyn, denn es ist wohl zu dencken
daß man wohl Briefe von innen hinaus aber nicht von außen hinein
ließ, doch hoffe ich daß Du einige Nachricht von mir erhalten hast,
und jezt meinetwegen weniger besorgt bist. Lieber guter Arthur,
Du zitterst wie Du hörtest daß bey Auerstädt welches 3 Meilen
von hier liegt eine Schlacht gefochten wäre, wie muß Dir zu
Muhte gewesen seyn wie Du erfuhrst daß zur nehmlichen Stunde
eine zweyte noch blutigere dicht bey Weimar vorfiel, beyde preußische Armeen waren von einander abgeschnitten, bey Auerstädt
war der König, hier der Prinz Hohenlohe, und Napoleon, Ich
wollte ich könnte Dir eine kleine SpecialKarte dieser Gegend schik-
ken, damit Du vom ganzen einen Begrif kriegtest, wenn alles vorüber und sicher ist werde ich es thun. Jezt ist hier alles sicher und
ruhig, die Verwundeten sind weiter geschaft, bis auf wenige die
nicht transportabel sind, die Todten sind alle begraben, für Kranckheiten ist nichts mehr zu fürchten, auch haben wir keine Theuerung, unser Marckt ist wohl versehen und alles beynahe wohlfeiler
als wie die Preußische Armee hier stand. Das Land umher ist zwar
verwüstet, aber doch nur in einem kleinen Bezirke u wir bekommen unsre Zufuhr aus der Ferne. Es kommen keine Verwundeten
und überhaubt keine Truppen mehr her, eine Garnison u einen
Kommandanten haben wir, und sind dessen sehr froh, Marodeurs
von beyden Armeen verwüsten das Land u machen die Strassen
unsicher, obgleich man täglich Chasseurs gegen sie ausschickt. Da
ich hier Ruhe hoffen darf will ich bleiben, und mich nicht mit großen Kosten einer gefährlichen Reise aussetzen. Ich schicke Dir hier
die Geschichte unserer Leiden, sie ist lang ich hoffe aber Dir soll
doch nicht die Zeit dabey lang werden, theile sie denen Freunden
die ich Dir darinn nenne, auch Willinks und Gansland mit, und
schicke sie dann so bald Du kannst nach Danzig an Julchen, aber
franco. Ich schreibe heute ein paar Worte an Ganslandt aber nur in
Geschäften, und werde ihn wegen des übrigen an Dich verweisen.
Man läßt die militärische Strasse nicht mehr über Weimar, sondern
über Buttelstedt 5 Stunden von hier gehen, das ist ein großes Glück

für uns, die HerzoginnMutter ist mit der Prinzessin Karoline
gestern zurücke gekehrt, alles hofft jezt auf die Rückkehr des Herzogs u des ErbPrinzen. Ich hoffe der Winter soll ruhig vergehen
obgleich eben nicht sehr froh, in meinem Kreyse darf ich doch auf
manchen fröhlichen Abend hoffen, ich habe jezt ein Klavier, Conta
singt recht hübsch und spielt die Guitarre, seine Schwester und
eine junge Malerin Mdlle Bardua die viel zu mir kommt auch, da
machen wir des Abends Musick, ich habe noch immer viel
Besuch, der mir nichts kostet, ich darf jezt keinen Luxus zeigen um
denen die alles verlohren nicht wehe zu thun, und finde allso das
Leben hier troz der schlechten Zeiten sehr wohlfeil. Adieu, lieber
Arthur, wie oft habe ich mich jezt gefreut daß Du nicht hier warst!
es werden schönre Zeiten kommen, dann werde ich Dich zu mir
wünschen, ich freue mich sehr daß es Dir in Deiner Lage gut geht,
hoffe immer das Beste, verliere den Muht nicht, und übereile Dich
ja nicht mit der Reise nach Kassel in dieser unruhigen Zeit, schreibe
bald.

Reise nach Kassel: Arthur erhoffte sich von einem Arzt in Kassel, dem Hofrat
Hunold, die Heilung von seinem langwierigen Ohrenleiden (vgl. auch Briefe
Nr. 35 und 52).

28. *Johanna an Arthur*

Weimar, d. 7ten Nov. 1806.
Heute frühe erhielt ich Deinen Brief vom ersten Nov. und vorige
Post den vom 29. Octbr, dieser Beweis daß die Posten wieder
ordentlich gehen freut mich ungemein, denn ich habe richtig am
31sten meinen bewußten langen gehen lassen, nebst einen etwas
kürzern dito an Md. Weickhmann, den ich in einem Briefe an
Gansland einschloß damit Dein Paket nicht zu dick werden sollte,
dergl. erregt jezt immer Aufmerksamkeit, die Briefe werden eröfnet, und wenn dann nur ein Wort darinn zu viel scheint so werden
sie unterschlagen, alle Deine Briefe sind uneröfnet angekommen,
die meinigen hoffentlich ebenfalls, aber vorige Post erhielten einige
meiner Bekannten alle ihre Briefe eröfnet, das hat mich wegen

dem Schicksal des armen langen etwas besorgt gemacht, melde mir doch gleich seine glückliche Ankunft, ich möchte nicht gerne einen zweyten fabriciren, er möchte auch nicht so darstellend gerahten wie jener, an dem ich viele Tage geschrieben habe, wie alle Eindrücke noch frisch waren. Ich weiß nicht genau wie viel Briefe ich von Dir habe, einige die ich im ErbPrinzen erhielt habe ich beym Umziehen zerrissen, doch glaube ich daß keiner fehlt, wenigstens habe ich keine Lücke bemerckt, jezt scheint die Post wieder ganz ordentlich zu gehen. Sehr unangenehm ists mir daß ich jezt so ganz ohne alle Nachricht von Danzig aus bin, und auch wohl so bald keine erhalten werde, in den allerersten Tagen meines Hierseyns erhielt ich einen Brief vom Doctor und einen von Md. Weickhmann, seitdem keine Zeile, alle Kommunikation mit Preußen ist für uns unterbrochen, und das kann noch lange so dauern, es liegen gewiß viele Briefe für mich auf der Post, schreibe doch einmahl an Tietz und laß er Dir einen Brief für mich schicken, ich möchte wissen wie es mit der Erbschaft steht, jezt ists wohl nicht der Augenblick an den Verkauf der Güter zu dencken. Viel gäbe ich drum zu wissen wie es jezt hinter Berlin aussieht, und ob Danzig auch wohl in Gefahr kommen kann, aber das Ungewitter ist über uns weggezogen, und liegt rund umher Pechschwarz am Horizont, wir haben unser tüchtiges Theil davon abgekriegt, und sizen jezt eben nicht im Sonnenschein aber doch im trocknen, können aber keinen Zoll weiter sehen als unsre Nase reicht, alle unsre Nachrichten kommen uns von französischer Seite, ich erhalte sie immer brühwarm vom Kommandanten den Falck bey mir eingeführt hat, und der mir nach der Sitte seines Landes fleißig Visiten macht, da aber erfahre ich nur die ungeheuren Fortschritte der unbesiegbaren, übrigens nichts, wir wissen nicht einmahl wo unser Herzog ist, die HerzoginnMutter u Prinzeß Karoline sind dieser Tage eingetroffen, gestern Abend kam auch der ErbPrinz, allmählig wird alles ja wieder ins alte Gleis kommen, wenigstens für den äußern Schein. Wir sind jezt ganz ruhig, wir haben einen Kommandanten, aber fast keine Garnison, unsre Bürger versehen die Posten am Schloß, beym Kommandanten, und an den Thören, und die Patruillen bey Nacht, kein Rang und Stand schließt von

diesem Dinste aus, possierlich ists wenn man so seine Bekannten
Schildwache stehen sieht, lezt sah ich so den jungen Bertuch u Professor Meyer vor der Haubtwache, sie haben recht ordentlich das
Gewehr vor mir presentirt, des Abends wird mir oft eine gute
Nacht von meinen Freunden zugerufen, die in Wind und Regen für
meine Sicherheit wachen, alle thun es gerne, die Noht vereint alle
und weckt schlummernde Kräfte dort, wo man ihr Daseyn nicht
ahndete, So gieng es mir mit Conta, und dem Lande auch, er
macht sich sehr rühmlich, seit acht Tagen ist er auf einem höchst
unangenehmen Posten, wo er aber viel Gutes stiftet, er ist nach
Buttelstedt geschickt, einem kleinen weimarschen Städtchen 2
Meil von hier, über welches zu unserm Heil die MilitärStrasse
geht, dort muß er die Lazarehte, die Einquartierung, die Pferde für
den Transport der Artillerie *etc* besorgen, an einem Ort, wo fast
nichts mehr zu haben ist, es ist eine ungeheure Aufgabe, inzwischen erleichtert seine Gegenwart dieses harte Loos den unglücklichen Einwohnern, die ohne seine Hülfe ganz zu grunde gehen
müßten. Meine Lage hier ist würcklich ganz angenehm, auch Du
würdest Dich sehr glücklich darinn fühlen, die Hamburger aber
würden nicht sehr bezaubert davon seyn, den Morgen und Nach-
Mittag bringe ich zu wie ich will, ich habe wieder einen Klavier-
meister für mich u Adelen genommen, den ersten in der Stadt, der
auch den Prinzen Unterricht giebt, meine Mahlerey werde ich
nächstens auch wieder hervorhohlen, um zwey Uhr esse ich mit
Adelen, gegen 6 Uhr trincke ich Thee, dann kommt mein Besuch,
ungebeten, unerwartet, aber allein bin ich bis jezt noch nicht einen
Abend gewesen, Professor Meyer, Fernow, Falck, Göthe, Ridels,
Bertuchs Familie, Mdlle Bardua, ein Wunder von Talent, Sie wird
in kurzem die erste Mahlerin in Deutschland seyn, dazu spielt sie
das Klavier u singt in großer Vollkommenheit, Conta u seine
Schwester singen auch sehr hübsch, Wieland ist noch nicht gekommen weil er kranck ist, aber Hoffraht Weiland, ein höchst interessanter Mann, u seine Frau, der jüngere Bertuch den Du auch in
Paris sahst, singt u spielt recht hübsch, alle diese, und noch einige
andre minder merckwürdige, kommen bald alle, bald einer oder
zwey, meine Md. Ludekus, die eine der liebenswürdigsten ältern

Frauen ist, und ihre PflegeTochter Mdlle Conta, bitte ich auch immer dazu, um 6 Uhr stellt sich einer nach dem andern ein, bald viele bald wenige, wie es kommt, wir trinken Thee, sprechen, erzählen, lachen, klagen einander unser Leid, wie es kommt, wer Lust hat singt und spielt im Nebenzimmer, um halb neune geht jeder zu Hause, glock neune esse ich, um 11 gehe ich zu Bett. So habe ich seit die ersten Tage des Schreckens vorüber sind noch immer gelebt, ich gehe fast nicht aus dem Hause, und wie Du siehst, habe ich es auch eben nicht nöhtig. Jezt ist mein Haus noch das einzige in welchem es so froh hergeht, die andern haben alle mehr oder weniger verlohren, hernach wird es freylich nicht mehr so seyn, aber dann wird das Teater wieder geöffnet, ich werde mehr ausgehen, künftige Woche werde ich in verschiedenen Häusern, auch wieder bey der HerzoginnMutter vorgestellt werden, dann werde ich weiter sehen wie ich es mache. Auf jeden Fall bin ich hier am rechten Orte, wenn nicht gewaltsame Veränderungen die Menschen auseinander stäuben, die jezt hier ein so harmonisches Ganzes bilden, das alles liegt hinter dem düstern Schleyer der Zukunft, uns beschäftigt nur noch die Gegenwart, kommt Zeit kommt Raht. Allmählich sprechen wir mit Ruhe von der Vergangenheit, die Blessirten sind, bis auf 49, die in wenigen Tagen sterben müssen, und ein paar hundert minder gefährlichen, die in Privat Häusern einzeln verpflegt werden, fortgeschaft, seitdem atmen wir freyer, der Anblick jenes Elends, da tausende hier lagen und fast ohne Hülfe verschmachteten war herzzerreißend, Einquartirungen sind jezt sehr selten, wir haben genug geklagt, allmählig kommen komische Anecdoten aus jener trüben Zeit an den Tag, die durch den seltsamen Kontrast den ernsthaftesten zum Lachen bringen, Meyer hat darinn eine eigene Force, sein sonderbares Ansehen, und seine Schweizerische Sprache machen den Eindruck unwiederstehlich wenn er erzählt, er selbst ist bis aufs Hemde geplündert, aber das schadet seinem Humor nicht. ehegestern war ich bey Frl. Göchhausen im *Palais* der verw. Herzoginn, ein Wagen fuhr vorbey den wir für den ErbPrinzen hielten, *tout au contraire* es war, rahte einmahl, eine Ladung Daahnziger, die Familie v. Campen, er, Md. und ihre Schwester Anette Eschmann, wie ich zu

Hause kam fand ich die Bescheerung, Sie haben die *grand tour* nach
Paris gemacht, sind anderthalb Jahr auf Reisen, den Tag der
Schlacht waren sie in Erfurt, retirirten glücklich bis Langensalza,
wo sie drey Wochen saßen, und jezt hier durch kamen um nach
Leipzig von dort nach Berlin zu gehen, wo sie sich den Winter über
amusiren wollen, es wird gewis in Berlin recht amusant seyn. Es
sind gute ehrliche Seelen, aber von der Platitüde hast Du keinen
Begrif, keinen Zug der es verriehte daß sie 5 Meil hinterm Ofen
hervorgewesen sind, besehen haben sie alles, Schlösser am Liebsten, u dann die Sprache, kodrig, Plüngen, manck, kurz wie das
beste Junge Mädchen, und dann die niedliche Biller im *Louvre*,
kurz es war zum weglaufen. Den ersten Abend kamen glücklicher
weise wenige zu mir, u gestern Abend giengen sie frühe weg um
einzupacken, heute sind sie nach Naumburg gegangen, Glück auf
den Weg. Dir gehts mit dem Eduard wohl nicht viel besser, was in
aller Welt will der Jüngling in Hamburg?

Deine Nachricht von Hannchens Tod, kam mir unerwartet und
betrübt mich um meiner guten Bregardt willen, dem armen Mädchen gönne ich das Ende eines freudenlosen Lebens, dem trübere
Tage zu folgen drohten. traure um den traurnden, nicht um den
Entschlafenen. Weit härter ist Böhls Verlust, es ist schrecklich
wenn solch ein junges blühendes Leben abgerissen wird, ihr blühte
die Zukunft, und doch ist sie wahrscheinlich unendlichen Leiden
entgangen, denn im Leben entgeht man ihnen nie, auch der
anscheinend glücklichste nicht. Nächstens schreibe ich an alle
meine Freunde, noch kann ich nicht recht dazu kommen. Sophie
bittet Dich mit den Briefen an der Bonnier zu machen, was Du
willst, den welchen Kühn gebracht hat machst Du auf, es ist ein
Briefchen von Adele an die kleine Peltzer drinn, den sie Dich zu
besorgen bittet. Adieu, lieber Arthur, schreibe mir bald recht viel
von Hamburg, die Reise nach Kassel wirst Du noch wohl aufschie-
ben müssen bis bessere Zeiten, aber den Brief kannst Du dran
wagen, ein Holländer ist für den H. Doctor genug dencke ich mit
Dir, adieu mein guter lieber Sohn, der Himmel erhalte Dich.

J. Schopenhauer

Sophie möchte gern wissen was Miß Mitchelet macht.

wie es mit der Erbschaft steht: Es ging um den Nachlaß von Andreas und Johann Friedrich Schopenhauer.

Eduard: Eduard Labes, der Bruder von Arthurs späterem Bevollmächtigten in Danzig, Carl Wilhelm Labes.

Hannchen: Die Schwester von Johannas Hamburger Freundin Maria Bregardt.

Böhls Verlust: Das vierte Kind der Familie Böhl, das erst fünfzehnjährig gestorben war.

die kleine Peltzer: Hamburger Jugendfreundin Adeles.

29. *Arthur an Johanna*

Vergessen überstandner Verzweiflung.
(aus einem Brief an meine Mutter)
   Dies ist ein so seltsamer Zug der menschlichen Natur: man würde dergleichen nicht glauben wenn mans nicht sähe. Herrlich hat Tieck es ausgedrückt in ohngefähr den Worten: »wir stehn u. jammern u fragen die Sterne wer je unglücklicher gewesen als wir; indeß hinter unserm Rücken schon die spottende Zukunft steht, u. lacht über den vergänglichen Schmerz des Menschen« – Aber gewiß, es soll so seyn: nichts soll Stand halten im vergänglichen Leben. Kein unendlicher Schmerz, keine ewige Freude, kein bleibender Eindruck, kein dauernder Enthusiasmus, kein hoher Entschluß der gelten könnte fürs Leben. Alles löst sich auf im Strohm der Zeit. Die Minuten, die zahllosen Atome von Kleinigkeiten, worin jede Handlung zerfällt, sind die Würmer die an allem Großen u. Kühnen zehren u. es zerstören. Das Ungeheuer Alltäglichkeit drückt alles nieder was emporstrebt. Es wird mit nichts Ernst im Leben: weil der Staub es nicht werth ist. Was sollten auch ewige Leidenschaften, dieser Armseeligkeiten wegen.

Life is a jest and all things show it,
I thought so once and now I know it

(aus einem Brief an meine Mutter): Datierung umstritten. Nach dem abschließenden Zitat ist von späterer Hand vermerkt: »Hamburg 1807«. Wahrscheinlich ist das Fragment allerdings bereits im November 1806 entstanden: als Reaktion auf die Kriegsberichterstattung Johannas.

Tieck: Das Zitat stammt nicht von Tieck, sondern von Wilhelm Heinrich Wak-

kenroder: »Die Wunder der Tonkunst«, aus: »Phantasien über die Kunst für
Freunde der Kunst«, Hrsg. Ludwig Tieck, Hamburg 1799.

Life is a jest...: »Leben ein Narrenspiel, in allem zeigt sich's
                    So dacht' ich einst und heute weiß ich's.«

Schon im Reisetagebuch vom 14. Juni 1803 hatte der junge Arthur nach dem
Besuch der Westminster Abbey den »bekannten Vers« John Gays (1685 bis
1732), die Inschrift unter seiner Büste in der Poet's Corner, notiert (a. a. O.,
S. 69). Um dieselbe Zeit übersetzt er John Miltons »On Time«.

30. Johanna an Arthur

Weimar, d. 14ten Nov. 1806.

Heute Morgen, lieber Arthur, erhielt ich Deinen Brief vom 8ten, er
enthält eben nicht tröstliche Nachrichten, aber doch ists mir sehr
lieb, daß ich gewiß weiß daß mein langer Brief glücklich angekommen ist. Ich begreife wohl daß er tiefen Eindruck auf Dich gemacht
haben muß, aber ich denke er muß auch Deinen Muht erheben, Du
siehst wie man durch große Gefahren sicher gehen kann, wenn uns
das Glück eben wohl will, und wir nur den Kopf nicht verlieren.
Da das Unglück einmahl so glücklich überstanden ist so thuts mir
freylich nicht leid es erlebt zu haben, an Erfahrung und Menschenkenntnis habe ich unendlich gewonnen, und lieber Arthur, jemehr
Unglück ich in der Welt erlebe je besser bin ich mit den Menschen
zufrieden, sie sind wahrlich so böse nicht, jezt da Anekdoten mancherley Art zum Vorschein kommen, finden sich Züge von Edel-
Muht, Fassung, HerzensGüte, die mich bis tief ins Herz rühren,
freylich auch Schlechtigkeit, Egoismus, Kleinheit des Gemühts,
aber der Drang der Zeit entschuldigt diese und sezt jene in ein um
so helleres Licht. Ich lebe jezt ganz nach meines Herzens Wunsch,
still, ruhig, geliebt von vortreflichen Menschen, und in einem zwar
kleinen aber höchst interessanten Kreyse. ich bin immer zu Hause,
aber Künste und Wissenschaft theilen sich in meine Zeit, die
Musick treibe ich mit Macht, alles dies ist hier sehr wohlfeil, ich
gebe dem ersten Meister 6 gl, etwa 10 fl, u er läßt Grund in der
LehrMethode weit hinter sich. Dann kommt Fernow alle Morgen
zu mir und lehrt mich Italienisch, er thut es ohne alles Interesse
bloß aus Freundschaft für mich, er ist höchst interessant, und dabey

so gut daß man mit ihm wie mit dem gewöhnlichsten Menschen
umgehen kann, und doch ist er einer unsrer ersten Köpfe, lies doch
Karstens Leben von Fernow, und seine römischen Studien die er
mir leztens gebracht hat; es wird Dich freuen. Die Mahlerey fange
ich nächste Woche wieder an, und Professor Meyer wird mir auch
als Freund mit Raht u That beystehen. Ich werde jezt in Oel in
Lebensgröße mit Adelen gemahlt, die Bardua ließ mich nicht eher
in Ruhe, bis ich ihr zu sizen versprach, es ist ungeheuer was diese
junge Künstlerinn in Zeit von einem Jahr für Fortschritte unter
Meyers Leitung gemacht hat, sie will das Bild zur nächsten Ausstellung haben, wenn es aber so ähnlich wird wie es jezt anläßt so
will ich doch sehen ob ich es nicht von ihr für Dich bekommen
kann, denn ich dencke, es wird Dich freuen. Diese Woche war sehr
interessant für mich, Sonntag ward der gute alte Raht Kraus begraben, Du mußt Dich noch auf den freundlichen alten Mann besinnen, der wie wir zusammen in Weimar waren mit uns gieng, er
war Mitherausgeber des Modenjournals, seit 30 Jahren Bertuchs
innigster Freund, ein alter JungGesell, aber der Freund u Trost aller
jungen Mädchen, der ihnen Bälle u tausend kleine Lustbarkeiten
veranstaltete, der durch seine kindliche Heiterkeit jeden Zirkel
belebte, liebenswürdig, freundlich, rein wie ein Kind ohne kin-
disch zu seyn, voll Liebe für die Kunst, ohne sich zum Ideale zu
erheben, gab er ihr die Anmuht, die in seinem ganzen Wesen lag, er
war Direktor der ZeichenAkademie, die seine größte Freude war,
besonders die zwey Tage wo alle Mädchen aus Weimar hinkom-
men, er war der Freund u Vertraute einer jeden, diesen liebenswürdigen 73jährigen Greis, haben die Barbaren förmlich gemißhan-
delt, seine Zimmer hatte er ganz allerliebst eingerichtet, und freute
sich wenn recht viele Frauen da waren die seine Ordnung bewun-
derten, (so wie er war dencke ich mir ungefähr den alten Phanta-
sus). Dieses sein Spielwerck ward vor seinen Augen zerstört, er
hielts die Nacht durch aus, dann floh er geängstigt, mißhandelt zur
Herzoginn, wo er zwey Tage blieb bis Bertuchs ihn zu sich hohlten,
wie er wieder unter Freunden war ward er wieder froh, und dachte
nicht mehr der vergangenen Schrecken, aber seine Kraft war
erschöpft, er meynte er würde besser, und ward immer schwächer

u schwächer, bis er sanft unter frohen Fantasien aus seiner Jugend-
Zeit einschlief, ohne die Nähe oder die Möglichkeit des Todes zu
ahnden. Sonntag NachMittag wurde er dicht bey Lucas Kranach
begraben, junge Künstler trugen ihn, Göthe, Fernow, Meyer u viele
folgten, auch alle Mädchen aus der ZeichenAkademie, Contas
Schwester, die bey uns lebt legte einen grünen Kranz auf seinen
Sarg wie er eingesenckt ward, es soll unaussprechlich rührend
gewesen seyn, ich gieng nicht mit weil ich gern alle zu lebhaften
Eindrücke dieser Art vermeide, den Abend kam Bertuch zu mir, wie
er die Conta in ihrem schwarzen Kleyde sah, fieng er wieder unaufhaltsam zu weinen an, es kamen noch verschiedne dazu, Kraus war
das einzige Gespräch, und alle wußten so viel gutes von ihm. Montag war ich mit Adelen zu Mittag bey Göthe die Gesellschaft war
klein, ich, Bertuchs, Major Knebel mit seiner Frau aus Jena ein
höchst interessanter Mann, der auch als Dichter bekannt ist, und
seine Frau, und einige Fremde. Ich kann Göthen nicht genug sehen,
alles an ihm weicht so vom gewöhnlichen ab, und doch ist er unendlich liebenswürdig, diesmahl habe ich ihn einmahl böse gesehen,
sein Sohn, eine Art Taps, der aber im äußern viel vom Vater hat zer-
brach mit großem Geräusch ein Glas, Göthe erzählte eben etwas,
und erschrack über den Lärm so daß er aufschrie, ärgerlich darüber
sah er den August nur einmahl an, aber so daß ich mich wunderte
daß er nicht untern Tisch fiel, ein ausdruckvolleres mobileres
Gesicht habe ich nie gesehen, wenn er erzählt ist er immer die Person von der er spricht, der Ton seiner Stimme ist Musik, jezt ist er
alt aber er muß schön wie ein Apoll gewesen seyn. Montag überraschte mich Md. Beyer aus Bourdeaux, ihr Mann hat in Apollda
2 Meil von hier Verwandte, und dazu den Bandwurm er ist hergekommen um sich kuriren zu lassen, und nun kommt die arme
Frau die kein Wort deutsch kann zu alle dem Spectakel in dies aus-
geplünderte Land wo die Franzosen *etc.* Den Abend kamen
Bertuchs, Knebels, Fernow u Meyer zu mir, es ward viel musicirt,
Frau v Knebel singt himmlisch, die Bardua und Conta (sonst Muhls
Hoffmeister) halfen mit u es gieng recht gut. Mittwoch Abend
kam Göthe, Fernow, Meyer, Ridel, u ein junger Dichter *D.* Schütze
der Göthen noch nicht ansichtig werden konnte, und sich deßhalb

bey mir einführen ließ. Göthe war in einem seltnen Humor, eine Aneckdote jagte die andre, es war ganz prächtig, wir haben einige mahle so gelacht daß die Leute auf der Straße still gestanden wären, wenn es dergl hier gäbe. Den Morgen ließ mich die Herzoginn Mutter zu sich bitten, ich hatte sie seit dem nicht wieder gesehen, sie war ganz allein mit mir u der Göchhausen, man vergißt gleich die Fürstinn bey ihr, ich blieb zwey Stunden bey ihr, und sie hätte mich gern noch länger behalten wie es schien.

Du siehst wohl daß es mir hier gefallen muß, die leichte Art mit der ich die vorzüglichsten Menschen für mich interessirt habe ist mir selbst ein Wunder, ich habe noch keine Visite gemacht, alles ist so ganz von selbst gekommen. Alle Sonntag u Donnerstag von 5 bis gegen 9 werden sich meine Freunde bey mir versammeln, was an interessanten Fremden herkommt wird mitgebracht, ich habe Göthe den Plan gesagt, er billigt ihn u will ihn unterstüzen, ich gebe Thee, nichts weiter, das übrige Vergnügen muß von der Gesellschaft selbst entstehen, wärst Du doch hier, lieber Arthur, welchen Wehrt könnte grade dieser Zirkel für Dich haben! Göthe, Meyer, Fernow, Schüze, Md. Ludekus, Conta u die Schwester, Bertuchs, Falks, Riedels, Weylands, sind vors erste eingeladen, die übrigen werden sich von selbst finden, Kosten macht das Ganze gar nicht, und unendlich viel Freude. Es fehlt hier an einem VereinigungsPuncte, und sie sind alle froh, ihn bey mir zu finden. Das Teater ist noch verwaist, niemand will gleich subscribiren, aber auch das wird sich finden. Du armer Junge sizest jezt wohl in der Angst in der wir vor 4 Wochen waren, doch bey Dir kann sie nie so groß werden, ich dencke jezt ist in Hamburg alles vorüber, und viel friedlicher wird es abgegangen seyn wie bei uns, ach aber Danzig, wie wehe thut es mir daß ich von dort so gar keine Nachricht haben kann, wenigstens nicht direct. Schreibe doch öfters an Julchen, auch einmahl an Lotten, denn an den Doctor zu schreiben muhte ich Dir nicht zu, damit ich etwas von dorther erfahre, ich habe vorige Woche wieder einem französischen Officier der nach Wittenberg gieng einen Brief mitgegeben, aber auch dieser Brief wird nicht angekommen seyn, wie so viele die ich dorthin geschrieben habe.

Sophie verdient alles was Du von ihr sagst, auch ist sie durch
ganz Weimar berühmt, Göthe macht ihr fast jedesmahl wenn er
herkommt eine kleine Visite in ihrem Zimmer das er prächtig zu
finden weiß, und spricht mit ihr. Adieu, lieber Arthur, verliere den
Muht nicht, auch Deine Zeit wird kommen, wo es Dir nach
Wunsch gehen wird, wenn man seine Wünsche zu beschräncken
weiß so kann man sicher auf Glück hoffen, das erfahre ich jezt denn
was ists eigentlich was mich jetzt froh macht? wie klein würde das
alles in den Augen der großen Welt, oder der eleganten Hamburger
erscheinen? Denke es Dir lebhaft und Du wirst mir recht geben.
Lebe wohl schreibe doch ja alle Woche wenigstens, sonst wird mir
bange um Dich.   Deine Mutter J. Schopenhauer.

die Bardua: Das bekannte Doppelporträt von Caroline Bardua, das Johanna
vor der Staffelei zeigt, die neunjährige Adele, andächtig zuschauend, melancholisch, in ihrem Rücken (vgl. aber die Kritik in Brief Nr. 34).
der in Weimar mit uns gieng: Während der Reise im Sommer 1800.

31. *Johanna an Arthur*

Weimar, d. 17ten Nov. 1806.
Nur wenig Worte für heute, mein Arthur, ich schreibe nur um Dir
aufzutragen die Einlage so schnell und gut als möglich zu besorgen, es ist ein Brief von der HerzoginnMutter, so wie er da ist
darfst Du ihn nicht auf die Post geben, er würde nicht ankommen,
obgleich er nichts enthält was nicht geschrieben werden darf, er
muß an irgend einen KaufMann in Rostock eingeschlossen werden, ich habe der Herzoginn versprochen ihn aufs beste bestellen
zu lassen, und traue Dir zu daß Du das schon einzurichten wissen wirst, H. Jenisch, oder Ganslandt haben gewiß Freunde in
Rostock, an einen von beyden mußt Du dich wenden, thue Dein
Bestes dabei.
    Ich habe die Zeitung heute gelesen, welche Greuel sind in
Lübeck geschehen! Gieb mir doch Nachricht wie es Crolls, Gou-
chès und Md. Ganslandt ergangen ist, Du hast mir heute nicht

geschrieben, ich nehme das als einen Beweis daß es in Hamburg erträglich geht weil Du von der alten Ordnung nicht abgewichen bist. Schaffe mir doch Nachricht von Danzig, ich kann directe keine Nachricht erhalten, kein Brief soll die Linie der französischen Armee passiren, wie weit erstreckt sich diese Linie? Vielleicht sind sie diesen Augenblick schon in Danzig. Ich habe die Generäle Treskow und Pletz unter denen genannt gefunden die mit Blücher sich ergeben haben, Treskow habe ich in Danzig viel in Gesellschaft getroffen, Pletz lernte ich in Hamburg kennen, Haubtmann Bessel war Treskows Adjutant, er ist allso auch gefangen, vielleicht tod, oder was noch unglücklicher ist, verwundet im Lazareth, hier liegen auch noch 5 unglückliche Preußische Officiere die an allem Mangel leiden, ich will ihnen morgen Mittag zu Essen schicken, heute schickt ihnen meine gute Ludekus, übermorgen Md. Falck, und so wechseln wir mit noch einigen andern ab, wir hörten es erst gestern, und trafen dann unsere Einrichtung unter einander. Vom General Kauffberg höre ich nichts, Horn und Fegesack waren bey seinem Regiment. Wie mag es Kalckreuth gehen? Wo ist er jezt? Ihm ahndete wohl was da kommen sollte wie er von mir Abschied nahm, je mehr ich alles überlege, was er in jener ängstlichen ViertelStunde mit mir sprach wie die Trommel ihn schon laut rief, je deutlicher sehe ich es, ich habe seit dem kein Wort mehr von ihm gehört. Ich begreife es nicht wie man sich noch dem Unbesiegbaren entgegenstellen mag, er geht seinen Gang, und was ihm in den Weg kommt wird zertreten, wie ist es möglich da gegen ankämpfen zu wollen. Gottlob wir haben den Sturm überstanden, er hat uns arg mitgespielt, aber jezt ists vorüber, ich lebe hier fortdauernd ruhig und folglich glücklich, seit lange, seit meinen Kinderjahren bin ich nicht so zufrieden als jezt gewesen, ich hoffe es soll noch besser kommen wann erst alles wieder ins vorige Gleise zurück kehrt, und das dencke ich, soll nicht lange währen. Adieu, lieber Arthur, schreibe mir bald, und besorge den Brief aufs Beste. Was macht Anthime, kommt er bald zur Stadt? Grüße alle meine Freunde.   J. Schopenhauer.

Weimar, d. 28ten Nov. 1806.

Dein Brief, lieber Freund Arthur, kam ein paar Tage später als
gewöhnlich, doch das liegt wohl nicht an dir sondern an den
Umständen unter welchen er abgeschickt ward. Die Nachricht
von der Einnahme Hamburgs überraschte mich, obgleich wir hier
längst etwas dergleichen ahndeten, ich hoffe sie wird keinen dauernden Einfluß auf das Schicksal der Stadt haben, sondern das
Gewitter wird sich mit goldnen Ableitern abwenden lassen, ich bin
höchst begierig auf deinen nächsten Brief, ich hoffe er wird nähere
Umstände der großen Begebenheit enthalten, gottlob daß alles
noch so friedlich abgelaufen ist, die armen Lübecker sind noch
übler dran gewesen als wir weil die Schlacht in den Straßen zum
Theil in den Häusern gefochten ward, es muß über alle Beschreibung schrecklich gewesen seyn. Bey euch liegt man aber jezt
auch nicht auf Rosen, die Kaufleute besonders die mit engl. Waren
handlen wie Matsen müssen in großer Bestürzung seyn. Ich
begreife nicht recht warum Hesse fortgegangen ist, ist Archenholz
geblieben?

Du hast recht, den Specktackel den mein langer gemacht hat
hätte ich mir auch im Traum nicht einfallen lassen, wie ist so etwas
in der Welt möglich! Daß du ihn abschreiben läßt ist recht gut mir
wird es selbst lieb seyn, daß eine Abschrift davon auch für meine
eigene Erinnerung nach Jahren existiert, den Eindruck des ganzen
werde ich zwar nie verlieren, aber die kleinen Nebenumstände ver-
löschen doch mit der Zeit aus dem Gedächtnis. Aber wie konnte
man auf die Idee kommen ihn drucken zu lassen? Angenommen
daß er würklich als Brief ein Meisterstück wäre, was mir, und dir
wohl auch in der That lächerlich vorkommt, wie können alle die
bekannten Namen, Göthe, Bertuch, Kalckreuth, die Herzoginn
Amalie *etc.* der Welt öfentlich genannt werden, verhüthe ja, ich
bitte dich ums Himmelswillen daß niemand mir einen solchen
Geniestreich macht, es wäre genug um alle die angenehmen Verhältnisse in denen ich hier lebe mit eins zu zerstören, doch bey der
jeztigen Lage Hamburgs denckt wohl niemand weiter daran.
Übrigens mußt du ihn schon jezt allen zu lesen geben denen du es

nicht wohl abschlagen kannst, nur sorge soviel du kannst daß niemand eine Abschrift davon macht, Md. Faber muß ihn schon lesen wenn sie es absolut will, auch Westphalen, nur vergiß nicht lezterem besonders das Abschreiben zu verbieten.

Ich lebe hier immer sehr häuslich und sehr froh, Göthe war Sonntag und gestern Abend bey mir, der Zirkel der sich Sonntags u Donnerstags um mich versammelt hat wohl in Deutschland und nirgends seines gleichen, könnte ich dich nur einmahl herzaubern! Göthe fühlt sich wohl bey mir und kommt recht oft, ich habe einen eignen Tisch mit ZeichenMaterialien für ihn in eine Ecke gestellt, diese Idee hat mir sein Freund Meyer angegeben, wenn er dann Lust hat so sezt er sich hin und tuscht aus dem Kopfe kleine Landschaften, leicht hingeworfen nur skizirt, aber lebend und wahr wie er selbst und alles was er macht. Welch ein Wesen ist dieser Göthe, wie groß und wie gut. Da ich nie weiß ob er kommt so erschrecke ich jedes mahl wenn er ins Zimmer tritt, es ist als ob er eine höhere Natur als alle übrigen wäre, denn ich sehe deutlich daß er denselben Eindruck auf alle übrigen macht die ihn doch weit länger kennen und zum Theil auch weit näher stehen als ich. Er selbst ist immer ein wenig stumm, und auf eine Art verlegen wenn er kommt bis er die Gesellschaft recht angesehen hat um zu wissen wer da ist, er sezt sich dann immer dicht neben mir etwas zurück so daß er sich auf die Lehne von meinem Stuhl stüzen kann, ich fange dann zuerst ein Gespräch mit ihm an, dann wird er lebendig, und unbeschreiblich liebenswürdig, es ist das vollkommenste Wesen das ich kenne, auch im Äußern, eine hohe schöne Gestalt die sich sehr gerade hält, sehr sorgfältig gekleidet, immer schwarz oder ganz dunckelblau, die Haare recht geschmackvoll frisirt und gepudert wie es seinem Alter ziemt, und ein gar prächtiges Gesicht mit zwey klaren braunen Augen die mild und durchdringend zugleich sind, wenn er spricht verschönert er sich unglaublich, ich kann ihn dann nicht genug ansehen, er ist jezt etwa 50 Jahre alt, was muß er früher gewesen seyn. Er spricht von allem mit, erzählt immer zwischen durch kleine Aneckdoten, drückt niemanden durch seine Größe, er ist anspruchslos wie ein Kind, es ist unmöglich nicht Zutrauen zu ihm zu fassen wenn er mit einem spricht,

und doch imponiert er allen ohne es zu wollen. Leztens trug ich
ihm seine Tasse Thee zu, wie das in Hamburg gebräuchlich ist,
damit sie nicht kalt würde, und er küßte mir die Hand, in meinem
Leben habe ich mich nicht so beschämt gefühlt, auch alle die in der
Nähe waren sahen mit einer Art Erstaunen zu, es ist wahr er sieht
so königlich aus, daß bey ihm die gemeinste Höflichkeit wie Her-
ablassung erscheint und er selbst scheint das gar nicht zu wissen,
sondern geht so hin in seiner stillen Herrlichkeit wie die Sonne.
Dann ist immer Meyer u Fernow da, beyde auch gar interessant,
jeder anders, Meyer ein Schweizer. Fernow ist mein Liebling, er
kommt alle morgen mir italienisch zu lehren, ich freue mich
immer darauf, dann kommen die Bertuchs, *D.* Schütze ein sehr
mittelmäßiger Dichter aber sonst sehr gescheidt, *Dr.* Riemer der
bey Göthe im Hause ist, auch ein sehr gebildeter guter Kopf, dies
sind die HaubtPersonen, meine gute Ludekus nicht zu vergessen
die unter dem Namen Amalie Berg manchen recht hübschen
Roman geschrieben hat, und noch verschiedne NebenPersonen die
anderswo HaubtPersonen wären, um halb sechs versammeln sie
sich, wir trincken Thee, plaudern, neue Journale, Zeichnungen,
Musikalien werden herbeygeschaft, besehen, belacht, gerühmt,
wie es kommt, alle die was neues haben bringen es mit, die Bardua
zeichnet irgend einen als Karrikatur, Göthe sizt an seinem Tischen,
zeichnet u spricht, die junge Welt musicirt im Nebenzimmer, wer
nicht Lust hat hört nicht hin, so wirds neune und alles geht aus einander und nimmt sich vor nächstens wieder zu kommen. Das ist
das wahre Leben, nicht wahr?

Wieland habe ich gesehen, ich hatte einen Besuch bey Frau von
Egloffstein zu machen, er hatte es erfahren und war richtig da, er ist
73 Jahre alt, lebhaft genug für sein Alter, er bat auch zu mir kommen zu dürfen, bey schlechtem Wetter geht er nicht aus, daher ist
er noch nicht gekommen, und da er ohne Spiel nicht leben kann,
so wird er bey mir seine Rechnung nicht finden, denn in meinem
Zirkel spielt niemand, auch weicht er Göthen sehr an Interesse. Er
trägt ein schwarzes Käpchen wie ein Abbé, das giebt ihm bey seinem weißen Haar etwas erwürdiges, er hat eine französische Phi-
sionomie, und kann nie gut ausgesehen haben, jezt ist er, besonders

ohne Brille, ziemlich häßlich. Er war gar freundlich und aufmercksam gegen mich, und schien viel von mir gehört zu haben. Heute
Abend bin ich bey der Kammerherrin von Fritsch zum Thee gebeten, wo ich ihn wahrscheinlich finden werde. Adliche und Bürgerliche sind gegen mich äußerst zuvorkommend, kurz ich finde mich
in keiner meiner Erwartungen getäuscht, und lebe so froh und
glücklich wie ich es nur wünschen kann.

Adieu, lieber Arthur, ich könnte dir viel noch schreiben aber es
fehlt mir an Zeit, lebe recht wohl, erhalte dich bey gutem Muht, es
wird dir auch einst wohl gehen, nur muß man säen um zu erndten,
und dann die Zeit abwarten wie ich auch gethan habe, du weißt
wie verschieden meine schönsten Jahre von meiner jeztigen Zeit
waren.   Deine Mutter J. Schopenhauer.

Adele ist artig u gut, sie grüßt dich und hoft auf ein Briefchen von
dir. Sophie wünscht Nachricht von Mepski.

mein langer: Brief Nr. 24.
etwa 50: Richtig: 57 Jahre.

33. *Arthur an Johanna*

Wie fand das himmlische Samenkorn Raum auf unserm harten
Boden, auf welchem Nothwendigkeit und Mangel um jedes Plätz-
chen streiten? wir sind ja verbannt vom Urgeist und sollen nicht zu
ihm empordringen. Das eiserne Urtheil des Bedürfnisses ist über
der Armen Geschlecht ausgesprochen, Mangel und Nothdurft liegen unabwälzbar auf ihm, fordern jede Kraft und hemmen jedes
Streben. Nur wenn sie völlig befriedigt sind, darf der Geist, ermüdet und abgestumpft, durch die Nebel der Erde geblendet, auf-
wärtsblicken. Tadle die Armen nicht, wenn sie im Staube nach der
Freude wühlen. O Gott, wir müssen es ihnen vergeben, wenn sie
nach dem Bösen greifen; denn ihr Himmel ist verschlossen und
wenige Strahlen scheinen durch bis zu ihnen. Und doch hat ein
mitleidender Engel die himmlische Blume für uns erfleht und sie

prangt hoch in voller Herrlichkeit, auf diesem Boden des Jammers gewurzelt. – Die Pulsschläge der göttlichen Tonkunst haben nicht aufgehört zu schlagen durch die Jahrhunderte der Barbarei und ein unmittelbarer Widerhall des Ewigen ist uns in ihr geblieben, jedem Sinn verständlich und selbst über Laster und Tugend erhaben.

Arthur an Johanna: Von Gwinner überliefertes Brieffragment. Genaue Datierung wie bei Brief Nr. 29 ungewiß; wahrscheinlich ebenfalls geschrieben im November 1806.

34. *Johanna an Arthur*

Weimar, d. 8ten Dec. 1806.

Ich habe gegen meine Gewohnheit deinen Brief vom 26. Nov. nicht beantwortet, lieber Arthur, weil ich daran verhindert ward, auch kann ich dir nur immer dasselbe sagen, mein Leben fließt seinen ruhigen Gang fort, täglich hätte ich irgend etwas Interessantes von den Menschen die mich umgeben zu sagen, aber wer kann das? Überhaubt man gewöhnt sich an das Höchste wie an das Gemeine, was andern höchst merckwürdig erscheinen würde, fällt mir bald nicht mehr auf. Doch will ich dir doch immer etwas erzählen, ich hatte ja immer die Gewohnheit meinen Kindern ein wenig Bonbon aus den Gesellschafften mitzubringen. Vors erste schrieb ich dir den Tag, wie ich bey der Frau v. Fritsch seyn sollte, ich hoffte Wieland dort zu finden, er war nicht da, aber Göthe, er war wieder liebenswürdig aber doch nicht so wie bey mir, zu mir hat er sich ganz gewöhnt, er kommt Donnerstags und Sonntags als ob es so seyn müßte, so lange Weimar steht, hat er das nirgends gethan, des Abends sticht er eine kleine Handlaterne an und geht wohlgemuht zu Hause, dencke dir Göthen mit der Handlaterne, gestern abend mußte ihm noch obendrein Sophie mit einem Endchen wachslicht aushelfen. er wurde schon um 7 Uhr abgerufen, und war ganz verdrüslich drüber, die Frau des *Maréchal Lannes* kommt hier durch, und sollte bey ihm logiren, weil sie schon viele Tage erwartet wurde und nicht kam so meynte er sie käme gar nicht, aß richtig zu Mittag eine kalte GänseleberPastete die für die

Dame bereitet war, und kam den Abend zu mir, nun kam die
Dame, und die Pastete war verzehrt und er war bey mir und mußte
fort. Vorher hatte ich noch einen andern Besuch Herr von Einsiedel führte sich selbst bey mir ein, weil es ihm zu umständlich war
dazu einen andern zu suchen, denke dir eine lange Figur im völli-
gen Hoffkustüm mit Haarbeutel, Degen *chapaubas* in tiefer Trauer,
um den Herzog von Braunschweig, denn er ist Oberhoffmeister
der verw. Herzoginn, ich wußte gar nicht was ich draus machen
sollte, zum Glück war schon meine alte Ludekus bey mir, die ihn
kannte und mir vorstellte, da freute ich mich denn würcklich über
diese Bekanntschaft, er ist als Dichter auch wohl dir bekannt, und
hat noch kürzlich den Terenz übersezt, und zwar meisterhaft, wie
ich höre. Er blieb nur bis um 6 weil er die Herzoginn nach Hoffe
begleiten mußte, versprach aber recht bald wieder zu kommen. Ich
habe würcklich eine Art Cour um mich versammelt, ich weiß
nicht wie, ein andrer Kammerherr hat der Bardua einen schlagen-
den Nachtigall, das Futter dazu für den Winter, und einen Ring
obendrein versprochen wenn sie ihn bey mir einführen will, aber
dem wirds so gut nicht, er soll dumm und langweilig seyn, der
paßt für uns nicht. Mein Bild ist fertig, es ist sehr ähnlich, ich
bekomme es umsonst und schicke es dir diesen Frühling, Adele
aber ist nicht getroffen.

    Du mußt dir überhaubt kein Meisterwerck dencken, es ist der
rohe Versuch eines aufkeimenden Talents, das aber ungeheuer viel
für die Zukunft verspricht, und so ist das Bild höchst merckwürdig
und wird es noch mehr werden wenn die Künstlerinn die höchste
Stufe erreicht hat; dies Bild, Wielands Porträt, und noch einige
andere von der Bardua waren gestern Abend ordentlich bey mir
aufgestellt, und die Kenner sprachen dann ihr Urtheil drüber und
sezten der jungen Künstlerinn, die gar ein lustiges Wesen ist tapfer
zu. Hernach las uns Professor Meyer eine Abhandlung über
geschnittne Steine vor, vorbey er die Abgüße der merckwürdig-
sten vorzeigte. Wer lieber plaudert bleibt dabey dann im andern
Zimmer.

    Suche doch den Mahler Runge kennen zu lernen, der jezt in
Hamburg lebt, es ist derselbe, von dem uns Demiani in Dresden

eine so ungünstige Idee beybrachte, Göthe hält viel auf ihn, und korrespondirt mit ihm. Dieser Runge schneidet gar schön in Papier aus und hat Göthen von seiner Arbeit sehr hübsche Sachen geschickt, Göthe erzählte uns davon, ich schnitt für mich einen blühenden Kastanienzweig von einer Fuxia umschlungen aus, und legte sie auf Göthens ZeichenTisch, nun hättest du ihn und seine Freude über meine Kunst sehen sollen wie er es gewahr wurde, er hatte mir eben ein Buquet von Runge mitgebracht wogegen ich freylich zurückstehen mußte, aber meins war in der Art ein erster Versuch, denn die Blumen sind in Lebensgröße, nun kamen verschiedne, die meine Arbeit für Runges Arbeit hielten welche sie früher gesehn hatten, und Göthe rief denn ganz triumphirend, wenn sie lange bewundert hatten, Nein, die Frau, die kleine Frau hat das gemacht, solche Streiche macht sie, sehen Sie einmahl, sehen Sie einmahl, wie hübsch das ist. Er freute sich wie ein Kind zum Weyhnachten drüber, es war Donnerstag, den Abend ward nicht gelesen aber viel Musick gemacht, die übrigen giengen ans Klavier im Nebenzimmer, ich blieb allein bey Göthen an seinem ZeichenTisch, denn ich kann ihn nicht genug sehen u hören, nun erzählte er mir von einem OfenSchirm, den ich so machen müßte, machte mir mit ein paar Strichen eine Zeichnung dazu, und will mir auch beim Aufkleben helfen. Wer kann sich Göthen so denken.

Hernach versammelten sich Meyer, Fernow und Schütze zu uns, wir machten einen kleinen Kreys, die Bardua kam dazu mit welcher immer heillos umgegangen wird, und der Abend vergieng unter Scherz und Lachen.

Leztens habe ich beym Geheime Raht v. Schardt Frau von Wolzogen die den allerliebsten Roman Agnes von Lilien geschrieben hat, und ihre Schwester Frau von Schiller kennen gelernt, Frau von Schiller besuchte mich heute, beyde sind sehr gebildet und interessant. Mit Falck bin ich im Kriege, er ist in Naumburg beym dortigen Commandanten als Dollmetscher, mit eins schreibt er mir daß er mir 2 Pferde gekauft hat weil sie hübsch und wohlfeil sind, ich schrieb ihm wieder ich brauche keine Pferde, ich hätte ihm keinen Auftrag dazu gegeben und er möge sehen wo er damit bliebe, das hat er gar übel genommen, mir wieder einen seyn sollend wizigen

Brief geschrieben der uns allen großen Spaß machte, und es bleibt dabey, Fernow behaubtet ich werde wie der *fra diavolo* nach Neapel, nach Naumburg transportirt werden, ob dieser Missethat.

So lebe ich lieber Arthur, in Hamburg siehts freylich böse aus, doch alles das währt nur eine Weile, ich bin sehr begierig auf Nachricht von dort, schreibe recht umständlich, sage Gansland er möchte mir doch antworten. Erkundige dich bey Westphalen wie es mit Göthens Wercke steht, und ob sie die Einrichtung getroffen haben daß ich sie hier erhalte, vom Buchhändler Hoffmann. Sophie möchte gern wissen ob die Mitchelet zufrieden gemacht ist, sie wohnt Katrinen Kirchhoff, dicht an die Dem., wo die Bonnier war. Die Adresse der Wäscherin folgt hiebey. Adieu, lieber Arthur, halte dich gut.   J. Schopenhauer.

35. *Johanna an Arthur*

Weimar, d. 19ten Dec. 1806.

Ich habe zwey Briefe von dir vor mir zu beantworten, einen vom 10ten u einen vom 3ten Dec. Wenn ich auch einmahl eine Woche das schreiben an dich unterlasse, lieber Arthur, so muß dich das nicht kümmern, es fehlt mir oft an Zeit, die Abende bin ich selten ganz allein zu Hause, und der Morgen geht hin, ich weiß nicht wie, obgleich ich immer halb acht aufstehe, was sagst du zu der Bekehrung? Ich befinde mich sehr wohl dabey und es macht mir auch keine Mühe mehr, das beste ist daß Sophie dabey der goldnen Ruhe genießen kann, weil Mdlle Conta es übernommen hat mich zu wecken. Das Italienische nimt mir viel Zeit, ich studire mit großem Eifer, und hoffe den Winter hindurch soweit damit fertig zu werden daß ich es mit Vergnügen lesen kann, ob ich es bis zum Sprechen bringen werde weiß ich noch nicht, es ist eine herrliche Sprache, und ich sehe alle Tage mehr wie sehr unsre Übersezer sich dran versündigen, ich fange an den Ariost zu lesen, wie ganz anders ist er als Gries gerühmte Übersezung. Fernow behaubtet auch mit großer Wahrheit daß alle diese Dinge nicht übersezt werden müssen, da die Sprache sehr leicht zu verstehen ist so kann sie jeder lernen den die Sprache interessiert und der die Dichter lesen will, die andern mögen sich darum behelfen. Das Mahlen nimmt mir auch viel Zeit, ich treibe es mit großem Eifer und ziemlichem Erfolg, Professor Meyer sieht seine Lust daran.

d. 22.

Ich ward vorige Post verhindert den Brief zu endigen, Ich hoffe mein schweigen hat dich nicht beunruhigt. Es ist hier alles still u ruhig, die MilitärStrasse wird in kurzem nicht mehr über Weimar gehen, das heißt durchs Weimarsche Land, denn über die Stadt geht sie schon lange nicht mehr, dann werden wir kaum noch Spuren des vergangenen Unglücks mercken, für die Zukunft wird uns der Himmel schüzen. Aus Danzig habe ich einen Brief von Kabrun vom 2ten Dec. Sie haben dort noch weiter nichts als gewaltige *peur*, was ich Ihnen nicht verdencke, meine Mutter und Schwestern sind in die Stadt zu Trosiener gezogen, und das schon seit 4 Wochen und mehr, ich dencke sie hätten auch nicht nöhtig gehabt zu laufen ehe sie gejagt wurden, der G. v. K. ist in Königsberg sehr unzufrieden und will seinen Abschied nehmen, das hätte er schon lange thun sollen.

Übrigens klagt Kabrun bitterlich, daß er 8 Mann Preußen im Quartier hat, der arme Mann, du hast gewiß einiges Mitleid mit ihm. Doch ist das alles eigentlich kein Spaß, ich schließe daraus daß die lezte preußische Kraft sich dort vereinigt hat, und wenn dann der mächtige Kampf sich dort wieder erneuen sollte so kann es meiner armen Vaterstadt böse ergehn. Ich lese jezt immer die Hamburger Zeitung, aber auch darinn finde ich wenig Trost. Meine Lebensweise ist und bleibt die alte, aber wenn man recht ruhig und zufrieden lebt, so läßt sich wenig davon erzählen. Vorige Woche brachte ich einen sehr angenehmen Abend bey der Herzoginn zu, es war niemand dort als ich, die Hoffdamen, Göthe, Wieland und Einsiedel, Göthe zeichnete wie immer, ich finde ihn aber nirgends heitrer und liebenswürdiger als bey mir. Auch mit Frau von Schiller bin ich näher bekannt geworden, sie ist sehr gebildet, wie du leicht dencken kannst, ihr Umgang ist mir sehr interessant, wir sprechen fast immer von Schillern und sie erzählt mir tausend kleine

Züge von ihm, die machen, daß ich immer mehr bedaure so spät hergekommen zu seyn. Göthe ist noch immer jeden Gesellschafts-Abend bey mir, gestern war mein Zirkel klein, aber um so interessanter, obgleich gerade niemand etwas zum vorlesen mitgebracht hatte, ich schnitt wieder Blumen aus, und Göthe war gewaltig geschäftig sie zu einem Ofenschirm zu ordnen den er selbst aufkleben will, dabey erzählte er Aneckdoten aller Art, ich wollte nur ich hätte mehr Zeit, oder wäre weniger träge im schreiben wie ich gerade jezt bin, dann würde ich mir ein Buch halten, in welchem ich alles einträge was ich an solchen Abenden merckwürdiges und schönes höre. Die Bardua mahlt jetzt Göthen, ich glaube fast er würde mir auch sizen wenn ich ihn drum bäte, den Muht dazu hätte ich wohl, aber wenns zur Ausführung käme, und er mich dann so ernsthaft mit seinen durchdringenden Augen ansähe, dann wäre ich in Gefahr davon laufen zu müssen allso lasse ich es lieber, die Bardua wird mir aber das Bild welches sehr ähnlich werden soll, copieren. Unser Teater ist noch immer geschlossen, wir leben aber der Hoffnung daß es bald wieder geöfnet wird, ich wünsche es sehr, obgleich ich es gar nicht entbehre. Hast du Rungen kennen gelernt, von welchem ich dir neulich sprach, hast du bey Westphalen dich nach den Wercken von Göthen erkundigt, ob Madame es so eingerichtet hat daß ich mein Exemplar hieher bekomme? Antworte mir doch auf alles dieses, gieb mir doch auch Nachricht von Pistorius, wie es mit ihnen steht, und wie es mit ihnen werden wird, grüße meine gute Pistorius von mir, und sage ihr sie soll es mir nicht verargen daß ich ihr noch nicht geschrieben habe, obgleich mein langer auch für sie mitgeschrieben war. Mit meinen Briefen geht es wunderbar, ich habe zugleich mit dem langen einen etwas kürzern dito an Mad. Weickhmann geschrieben, der ich eine Antwort auf einen sehr freundlichen Brief schuldig war, und mit diesem kurzen ist in Danzig genau derselbe Specktackel gewesen wie mit dem langen in Hamburg, er soll auch gedruckt werden, wenn ich es erlaube versteht sich, da wird aber nichts draus.

Noch eins, lieber Arthur, wenn du mir schreibst, so siehe doch zu daß du in der Wahl deiner Ausdrücke ein wenig vorsichtiger bist, es ist den Posten nicht ganz zu trauen, und man kann sich

Unheil zuziehen, du weißt ja auch daß ich auch ein halbes Wort verstehen kann.

Siehe zu ob du das Buch dessen Titel ich dir hier einlage mir verschaffen kannst, es ist für meinen Freund Professor Fernow der es zu einer Arbeit die er unter Händen hat nöhtig braucht, du thust mir einen Gefallen wenn du dir recht viel Mühe drum giebst, es ist ein neues Werck, allso wohl nicht in Auctionen zu finden, aus England kann mans jezt auch nicht kommen lassen, vielleicht treibst dus aber doch auf, wenn es auch noch ein paar Monate damit währt, aber lasse dir diesen Auftrag ja recht angelegen seyn, mein lieber Arthur.

An deine Taubheit mag ich ungerne dencken, sie ist das einzige was mich jezt an meinem vollkommenen Glücke hindert, hätte ich nicht die Hoffnung daß du davon befreit werden wirst, so würde mich dieses sehr quälen, fasse nur Muht, und lasse dich nicht zu sehr davon niederdrücken, damit auch dein Gemüht nicht kranck werde, Muht und Fassung sind ja unsre einzige Schuzwehr gegen alle Übel der Welt. Ich billige sehr daß du alles eher versuchst als die Operation, deßhalb ists auch gut daß du dich wieder einsprüzen läßt, schade daß du keine Abschrift von deinem Bericht an Hunold hast, ich würde sie an Stark, auch wohl an Loder wenn er wieder aus Rußland kommt, zeigen und ihre Meynung davon hören. Grüße Gansland, und sage ihm daß ich in allem was er mir schreibt seiner Meynung bin, und nächstens ihm antworten werde. Über deine Einrichtung mit Anthime freue ich mich, Willinks sind doch recht gute gefällige Leute, ich sehe auch draus daß sie dich lieb gewonnen haben, und das gewiß nicht ohne dein Zuthun, beydes ist mir außerordentlich lieb. Reimarus ist ein Narr so lang er ist, aber es ist doch wunderbar daß gerade in unserm Comtoir das Weglaufen von jeher so grassirt hat.

Die Italiener mit ihrer Verwunderung über den Schnee kann ich mir lebhaft dencken, ich erzählte es neulich, und Göthe, Fernow und Meyer die lange in Italien waren amusirten sich sehr darüber, hier ist noch weder Schnee noch Eis zu sehen, es ist Wetter wie im October, und heller Sonnenschein. Lezt sprach man bey mir vom Latein, wie nohtwendig es wäre, und wie wenig es jezt gelernt

würde, ich sagte du hättest es in deiner Kindheit durchaus nicht lernen können obgleich du lebende Sprachen sehr leicht vollkommen
begriffst, Göthe sagte es wundre ihn nicht, es wäre ungeheuer
schwer, da hülfe keine Methode, die ganze Kindheit müsse drauf
zugebracht werden, denn wenn 10 Louisd'or auf einem Tisch liegen kann man sie leicht einstreichen, aber wenn sie tief in einem
alten Brunnen liegen und Steine, Schutt und Gebüsch obendrauf
dann ists ein ander Ding, ein Kind kriecht dann wohl mühsam hinein, aber ein Erwachsener muß es bleiben lassen, ich sagte du hättest Lust es noch zu lernen, ich wolle dir aber abrahten, das sollte
ich auch nicht thun, sagte er, es bliebe doch immer etwas hängen,
und wenn du es noch thun wolltest so wäre es sehr gut und nüzlich,
obgleich du es zur Vollkommenheit nicht bringen können wirst.

   Adieu, lieber Arthur, ein fröhliches Fest, schade daß ich dir diesmahl keine Bonbons geben kann.   J. Schopenhauer.

Da ich mich eben erinnere daß du mir geschrieben hast, daß die
Russischen Posten wieder gehen, so lege ich die ziemlich massive
Einlage an Kotzebue von seiner Mama bey, sieh zu wie du sie auf
eine gute Art hinspedirst, wenn du es von Hamburg aus nicht
kannst, so bitte Ganslandt daß er sie an Labes schickt zur ferneren
Besorgung, dieser macht sich gewiß eine Ehre und ein Plaisir
draus, auch Kabrun würde es wohl besorgen, wenn er hoffen
dürfte, daß es in die Zeitungen käme.

36. *Johanna an Arthur*

                                Weimar, dn 5ᵗᵉⁿ Jan. 1807
Ich habe dir seit dem 21ˢᵗᵉⁿ nicht geschrieben mein lieber Arthur,
und das ist eben nicht löblich, aber die gottlosen Feyertage sind
schuld daran, dafür ist auch mein erster Brief im neuen Jahr an
dich, und ich mache Anstalt ihn recht lang und umständlich einzurichten, denn ich weiß du hast das gerne.
   Zum neuen Jahr will ich dir nicht Glück wünschen, wenigstens
dir nichts von meinen Wünschen sagen, es käme mir vor als ob ich

mich selbst höflichst gratuliren wollte. Deine Briefe habe ich alle erhalten, auch den vom 27. der den Tag nach Neujahr ankam, mit der klönigen Einlage, wie kann man mir nur solches Zeug weiß machen wollen, wie alle die zarten Gefühle von denen der Brief überfließt, und bey alle dem thut man nicht was ich will, das heißt man liest ihn nicht und giebt ihn dem Doktor gleich, wie ich verlangte, sondern man schwätzt drüber, macht sich interessant, und giebt ihn allen meinen vertrautesten Freunden, und da die ganze Stadt Anspruch drauf macht mein vertrautester Freund zu seyn so giebt das ein *entre nous* wie das in Berlin, bey welchem 500 Personen engagirt sind, du weißt es ist in Berlin eine *ressource*, die *entre nous* heißt. Ich werde ordentlich wizig aus Ärger über die schwesterliche Liebe, eigentlich ist mir dies affectirte sentimentale Wesen in den Tod zuwieder, und es verdrießt mich auch daß der Doktor in Oliva sizt und nichts von mir erfährt. Nun will ich dir erzählen wie es mir bis jezt ergangen ist, wenn ich das neue Jahr so glücklich durchlebe wie ich es anfieng so wird es das schönste meines Lebens. Den ersten Feyertag war meine Gesellschaft, den Tag vorher hatte Adele ihren Weyhnachten bekommen, und zwar nach der LandesSitte, einen großen TannenBaum mit vergoldeten Nüßen, Äpfeln und Wachslichtern, den mir einige Damen fabrizirt hatten, dabey Puppen, eine kleine Galanteriebude, und mancherley wie du leicht denken kannst, Göthe ist ein unbeschreibliches Wesen, das Höchste wie das Kleinste ergreift er, so saß er denn den ersten Feyertag eine lange Weile im letzten meiner drey Zimmer mit Adelen und der jüngsten Conta einem hübschen unbefangenen 16jährigen Mädchen, wir sahen von weitem der lebhaften Conversation zwischen den dreyen zu ohne sie zu verstehen, zulezt giengen alle 3 hinaus, und kamen lange nicht wieder, Göthe war mit den Kindern in Sophiens Zimmer gegangen, hatte sich dort hingesezt und sich Adelens Herrlichkeiten zeigen lassen, alles Stück vor Stück besehen, die Puppen nach der Reihe tanzen lassen, und kam nun mit den frohen Kindern und einem so lieben milden Gesichte zurück, wovon kein Mensch einen Begrif hat der nicht die Gelegenheit hat ihn zu sehen wie ich. Ihn freut alles was natürlich und anspruchslos ist, und nichts stößt ihn schneller zurück als Prätension. Wir hatten

den Abend nichts zu lesen, ein Aufsaz über die verschiednen Mund-
arten der italienischen Sprache welchen Fernow mit der ihm ganz
eigenen Grazie und Klarheit geschrieben und vorgelesen hatte, und
der uns einige Abende hindurch unterhalten hatte war aus, und wir
hatten nichts anders, allso kam es denn wieder an mein Ausschnei-
den wofür Göthe sich lebhaft interessirt, mein Ofenschirm ist in
voller Arbeit, dencke dir ein Ofenschirm den ich ausschneide,
wozu Fernow u Meyer Raht geben, und den Göthe aufklebt. Ob
das nicht ein merckwürdiges Stück wird. Ich fabricirte den Abend
noch mit Meyern einen transparenten Mondschein, denn Meyer
muß auch immer so etwas vor haben, die übrigen standen umher
und conversirten im zweiten Zimmer, Conta und die Bardua sangen zwischen durch ein Liedchen, und Göthe gieng ab und zu bald
an meinen Tisch wo ich mit Meyern arbeitete, bald nahm er theil
an jenem Gespräch, mit einemmahle kam man, ich weiß nicht wie
dort auf den Einfall die Bardua, die sich ohnehin leicht graut, mit
Gespenster Geschichten Angst zu machen, Göthe stand gerade
hinter mir, mit einemmahle machte er ein ganz ernsthaftes Gesicht,
drückt mir die Hand, um mich aufmercksam zu machen, und trat
nun gerade vor die Bardua und fing eine der abentheuerlichsten
Geschichten an die ich je hörte, daß er sie auf der Stelle ersann, war
deutlich, aber wie sein Gesicht sich belebte wie ihn seine eigene
Erfindung mit fortriß ist unbeschreiblich, er sprach von einem großen Kopf der alle Nacht oben durchs Dach sieht, alle Züge an dem
Kopfe sind in Bewegung, man denckt die Augen zu sehen und es
ist der Mund, und so verschiebt sichs immer, und man muß immer
hinsehen wenn man einmahl hingesehen hat, und dann kommt
eine lange Zunge heraus die wird immer länger und länger, und
Ohren die arbeiten um der Zunge nachzukommen, aber die kön-
nens nicht, kurz es war über alle Beschreibung toll, aber von ihm
muß mans hören, und besonders ihn dazu sehen. So ungefähr muß
er aussehen wenn er dichtet. Den zweyten Feyertag that ich was ich
längst thun wollte, ich fuhr des Morgens früh nach Jena wo ich bis
zum andern Abend blieb, Fernow begleitete mich. Jena sieht traurig aus, einige 20 Häuser liegen in Asche, und gerade am Eingange
der Stadt, von dem Gewühl das die Studenten dort sonst machten

ist nichts mehr zu sehen, alles todt und still, wir stiegen in der
Sonne ab, und giengen dann zum Buchhändler Fromman, die Frau
ist eine Hamburgerin, aber sehr gebildet u liebenswürdig, Göthe
hält viel auf diese Familie besonders auf der Frau, ich war ihr auch
schon durch die Lodern empfohlen, allso waren wir wie alte Freundinnen. Von da giengen wir zu Fahrenkrüger, der ein gar lustiger
Kauz voll Geist u Leben ist, den Abend brachten wir beym Major
Knebel mit Frommans sehr angenehm zu, die Knebel singt wie ein
Engel, ich glaube ich habe dir das schon einmahl geschrieben wie
sie mich besucht hatte, er ist ein alter genialischer FeurKopf durchweg poetisch. Den andern Morgen frühstückten wir auf Hamburger Weise bey Fahrenkrüger, aßen bei Fromman, und waren den
Abend mit einem großen Veilchenstrauß hier, denn das Wetter
waren durchweg so warm, daß an den Felsen wo die Sonne am
wärmsten würckt die Veilchen blühn, heute schneit es zum ersten
mahle. Den Tag drauf war Sonntag und wieder meine Gesellschaft,
das Teater ist zu meiner Freude wieder geöffnet, ich gehe bey weitem nicht jedes mahl hin, aber es freut mich doch. In Jena lebt man
noch wohlfeiler als hier, die Lage ist himmlisch, ich werde vermuhtlich im Sommer Göthens Raht folgen, und mir dicht vor Jena
einige meublirte Zimmer miehten, die etwa auf 3 Monate 10 bis 15
Thaler kosten, und einige Zeit mit meinem ganzen Hofstaat in der
herrlichen Natur zubringen, Göthe kommt dann auch hin. Den
lezten Tag im Jahr gab ich zum ersten mahl ein kleines Suppee,
ich könnte mehr Personen sezen aber ich habe mich auf 12
beschränckt, Göthe mit der Frau, Fernow, Meyer, D. Riemer der
bey Göthen lebt, die Bardua u der Dichter Schütze der ihr ein
wenig die Cour macht, Professor Froriep aus Halle, Bertuchs
Schwiegersohn, und einer der schönsten u dabey angenehmsten
Männer, Conta mit der Schwester, ich u Adele, das waren wir alle,
und gewiß einer der angenehmsten Zirckel, Göthe war auf sein
Bestes, und alle versichern mir seit vielen Jahren keinen ähnlichen
Abend erlebt zu haben, auch war das alte Jahr schon seit zwey Stunden vorüber wie wir uns trennten. Den NeujahrsTag wurde bey
mir ein Lustspiel von Schütze gelesen das ganz hübsch ist und allgemeinen Beyfall fand, sieh doch zu daß du es liest, es heißt Der

Dichter u seyn Vaterland, zur Todtenfeyer aller gestorbenen Dichter und derer die noch sterben werden. Schütze hat diese Bahn
noch nicht lange betreten, aber der erste Versuch ist glücklich, es ist
Wiz und Satyre, aber ohne alle Bitterkeit, und das ist selten, Göthe
hatte auch viel Behagen dran, er war aber recht müde von der
Schwärmerey der vorigen Nacht. Seit dem bin ich einige mahl im
Teater gewesen, Gestern war wieder Gesellschaft, Göthe fieng an
von seinem herannahenden Alter zu sprechen mit einer Weicheit
des Tons, mit einem so edlen Selbstbewußtseyn daß er uns alle tief
rührte, dabey hielt er mich fest bey der Hand, er thut das oft, und
erinnert mich dann lebhaft an deinen Vater, der mich dann auch so
fest halten konnte. Jezt ist er eben wieder da gewesen um mit mir
wegen unserer Kleberey zu sprechen, er fand mich aber mit Fernow italienisch studiren, und hielt sich nicht lange auf. Es ist unbegreiflich wie er sich an mich gewöhnt hat, alles wundert sich
drüber, und ich selbst wundre mich auch, aber ich freue mich
drüber unbeschreiblich.

Wenns dich langweilt, daß ich immer dasselbe schreibe so sag es
ohne Scheu, er ist mir bey weitem hier das Interessanteste, auch
lebe ich so viel mit ihm daß er sich in alle meine Vorstellungen ein-
mischen muß. Es giebt noch so manches das ich dir erzählen
könnte aber alles das ist mir zu wenig bedeutend. Conta ist fort,
und das thut mir sehr leid, er war mir so bequem, wollte ich ausgehen, so hatte ich seinen Arm, wollte ich Schach spielen, so spielte
er, wollte ich mir vorlesen lassen, so las er, wollte ich Musick so
sang er zu Guitarre, wollte ich *quatre mains* spielen so spielte er,
wollte ich mahlen, so saß er mir, wollte ich allein seyn, so gieng
er, solch einen *Cicisbeo* finde ich nie wieder. Er ist mit unserem
Abgesandten RegierungsRaht Müller nach Warschau geschickt,
weiß Gott wann er wieder kommt. Muhl, der Fritz nemlich, hat
mir aus Berlin geschrieben, er sizt da fest, weil er nicht nach Danzig
kann da die Posten wieder nicht gehen, und ist kranck, er daurt
mich sehr, sein Brief ist in einer sehr düstern Stimmung geschrieben, Conta wird ihn sprechen. Der ältre Muhl hat mir auch
geschrieben ich soll ihm einen Hoffmeister verschaffen, die Briefe
die ich von hier schrieb scheinen nicht nach Danzig gekommen

zu seyn, freylich hatte ich sie franckirt, was man jezt wohl nicht sollte.

Zum Neujahrswunsch schreib ich dir hier einen Vers aus Shakespeare her, ich hoffe du wirst ihn verstehen.

Take care what you write, for seals are no security in our times, a lady I know has been in great danger for some imprudent letters. You may write any news, only take care to call them ridiculous, and incredible when they are not in favour of you know whom.

Adieu lieber Arthur, mein Bild kannst du erst zum Frühling haben weil es noch zum einpacken zu frisch ist, auch laß ichs gern der Bardua zu Liebe noch hier stehen. Über den Frieden freut man sich sehr, er wurde mit Paucken und Trompeten im Teater verkündet, und dabey laut *vive Napoléon* gerufen. Adieu lieber Arthur.

J. Schopenhauer.

und nichts von mir erfährt: Johanna hatte zu diesem Verwandten, mit dem sie die Reise nach Weimar im Mai 1806 gemacht hatte (vgl. Brief Nr. 16), lange Zeit eine positivere Beziehung als ihre Schwester Juliane. Erst die Erbauseinandersetzungen des Jahres 1814 (vgl. Brief Nr. 70) brachten hier eine Änderung. *Take care what you write . . . :* »Nimm dich in acht was Du schreibst, denn Siegel sind keine Sicherheit in unseren Zeiten, eine Dame die ich kenne war in großer Gefahr wegen einiger unkluger Briefe. Du kannst alle Neuigkeiten schreiben, nur sorge dafür sie lächerlich, und unglaubwürdig zu nennen wenn sie nicht günstig sind du weißt schon für wen.« Kein Shakespeare-Zitat.

37. Johanna an Arthur

Weimar dn 9ten Jan. 1807,

Nur wenige Zeilen schreibe ich dir heute, lieber Arthur, um dir zu sagen daß ich deinen Brief vom 31. Dec. richtig erhalten habe, und dich zu bitten mir die Stickmuster je eher je lieber zu schicken. Die Labes kann sie nicht brauchen, sie ist noch immer auf der Flucht, die lezte Nachricht von ihr ist aus Memel, wahrscheinlich ist sie jezt tiefer nach Rußland gegangen, und mir kommen sie wie gerufen, nicht allein wegen meines Ausschneidens, wozu sie mir wie du recht als ein geschickter Mensch überlegt hast, sehr nuzen können, sondern auch weil ich Göthen und Meyer damit sehr erfreuen

werde seit Krausens Tod dirigirt Meyer unter Göthens Inspection
die hiesige Zeichenschule, einige junge Mädchen sollen das
Musterzeichnen dort lernen um diese Anstalt, die eigentlich nicht
für die höhere Kunst berechnet ist, gemeinnüzlicher zu machen,
und nun sind die Herren Direcktoren in großer Noht darum, alle
Damen sind mit ihrem gestickten Puz in *requisition* gesezt, alle
botanischen Wercke werden nachgeschlagen, und wenn ich mit
diesem Schaz auftrete werde ich wie ein Engel in der Noht erscheinen, allso packe sie gleich ein und schicke sie mir, ich werde schon
dafür sorgen daß sie zur rechten Zeit und unbeschädigt wieder in
Hamburg sind. Auch das Buch für Fernow lege ich dir noch mahls
ans Herz, wenn du diesen trefflichen Menschen kenntest du würdest alles anwenden ihn zu erfreuen, er ist hier mein erster Freund.
Wenn es seyn kann so lege bey den Zeichnungen 1 oder 2 Duzt
Kreydestiften, schwarze nehmlich, von der neuen Art die von
außen glasirt sind daß man sie ohne Portecrayon brauchen kann
und doch nicht die Finger beschmuzt, Böhmer hat mir einmahl
welche verschafft ich dencke du findest sie bey Novalatti, auch
hätte ich gern so einen Bleystift ohne Holz, den man nicht anspizen
darf, du hast glaube ich auch so einen. Von Danzig habe ich traurige Nachrichten, eben erhielt ich einen Brief vom Docktor, die
Allee soll umgehauen werden, Neugarten umgerissen oder ab-
gebrannt, mit Altschottland ist schon der Anfang gemacht, die
unglücklichen Einwohner werden nicht in die Stadt gelassen, sie
sind in Verzweiflung, sie sollen aufs Land, dort herrscht Mangel u
Elend, in der Stadt, ansteckende Kranckheiten, Ruhr u Nerven-
fieber unter den Soldaten. Md. Labes ist in Riga. Lieber Arthur wie
glücklich bin ich hier zu seyn u dich in Hamburg zu wissen.

Leutnant Horn ist verwundet, Bessel gefangen in Mainz, Graf
Karl, der Finanzier gefangen in Halle, Kalckreuth hat seinen
Abschied genommen und ist in Königsberg. Ich lebe hier wie
gewöhnlich, gestern war mein Zirckel größer wie sonst, Göthe
war wie immer. Heute bin ich bey Frau von Wollzogen mit Frau
von Schiller, auch Fernow, der überall seyn muß wo ich bin, ist er
da, denk dir nur nicht einen hübschen jungen Mann unter Fernow,
er ist einige 40 Jahre alt und hat eine Römerinn zur Frau, die ich

aber nicht kenne weil sie nie ausgeht, H. v. Einsiedel war gestern
bey mir, er gefällt mir täglich mehr, jezt übersezt er den Plautus, u
wird ihn nächstens bey mir vorlesen, Adieu, lieber Arthur, halte
dich gut, dich froh u glücklich zu wissen ist jezt alles was ich zu
wünschen habe.   J.S.

38. *Arthur an Johanna*

Es ist unbegreiflich wie bei der Bannung der ewigen Seele in den
Körper solche aus ihrer vorherigen *erhabenen Apathie* konnte gerissen werden, hinabgezogen in die Kleinheit des Irdischen und so
zerstreut durch Körper und Körperwelt, daß sie ihren bisherigen
Zustand verlernte und an dem von ihrem vorigen Standpunkt so
unendlich kleinen Irdischen theilnahm und sich so darin einbaute,
daß sie ihr ganzes Dasein darauf beschränkte und damit ausfüllte;
daß die Außenwelt sie so zerstreute, daß sie selbst das Wunderbare
und ihr Fremde dieser Außenwelt in dem Grade übersieht, daß
Tausende aus der Welt gehen, ohne sie beachtet und darüber
gedacht zu haben: da doch jede der dem Menschengeist unerklär-
baren einfachsten Naturerscheinungen z. B. eines der Elemente
hinreichen würde, ihn sein ganzes kurzes Leben hindurch in
beständigem Streben zu erhalten und zu beschäftigen. Aber er geht
rasch fort auf der Brücke, deren Grund er nicht kennt, ohne rechts
oder links zu schauen seinen kleinen Fußpfad, ohne zu denken
woher noch wohin, nur emsig zum nächsten Schritte strebend.

Arthur an Johanna: Datierung unsicher; nach Gwinner Anfang 1807.

39. *Johanna an Arthur*

                                        Weimar. d. 30. Jan: 1807
Vor allen Dingen, lieber Freund Arthur, sollst du unsäglich gelobt
werden, denn du bist ein gar vernünftiger Mensch, und machst
deine Sachen gut; die Zeichnungen sind nebst den Zeichenstiften
angekommen und haben große Freude angerichtet, da man wohl

jezt in Danzig etwas anders zu thun hat als zu sticken so können sie
wohl 14 Tage hier bleiben, und länger hat man sie nicht nöhtig.
Die Kreyde kam unversehrt an, hast du sie eingepackt so mußt
du ebenfalls gelobt werden, ich habe Göthe, Fernow, Meyer und
der Bardua jedem einen verehrt, und sie haben sich alle hübsch
bedanckt, wovon dir auch ein Theil gebührt, ich habe Göthen auch
die Nachtlampe um nach der Uhr zu sehn gegeben, weil er lezt
drüber klagte, daß er oft aufwache und dann nicht wissen könne
wie es an der Zeit wäre, dafür hat er mir einen Kasten mit transparenten Mondscheinen gegeben, und Göthe wird mir zu dem
Kasten immer mehr neue Mondscheine erfinden, und ich und
Meyer werden sie ausführen, er mit dem Pinsel ich mit der
Scheere, es ist eine herrliche Sache um solche gemeinschaftlichen
Arbeiten die man mit Lust und Liebe gemeinschaftlich anfängt und
ausführt; es giebt kein schönres festres Band fürs gesellige Leben, ich
habe immer mit meinen Freunden so etwas vor, und das giebt ein
Zusammenkommen, ein Berahten, ein Ueberlegen, als hinge das
Wohl der Welt daran, am Ende wirds ein Ofenschirm. Aber es ist
nicht der Ofenschirm, es ist die einzige ewige Kunst, die ewig die
Form wechselt und doch stets eine und dieselbe bleibt die uns
zusammenführt, und daß mir das Glück ward die Kunst zu fühlen
zu lieben, und auch nicht ganz ungeschickt zu üben, das ist's, was
mich jezt in der Liebe dieser vorzüglichen Menschen so glücklich
macht, klugen vernünftigen Leuten muß unser Beginnen fast thö-
richt vorkommen, wenn so ein *Senator* oder Burgermeister sähe
wie ich mit Meyer Papierschnitzels zusammenleime wie Göthe
und die andern dabey stehen und eifrig Rath geben, er würde ein
recht christliches Mitleid mit uns armen kindischen Seelen haben,
aber das ist eben das Göttliche der Kunst, sagt dein Liebling Tieck,
wenn ich nicht irre, daß ihr Beginnen, ihre Werckzeuge so fast kin-
disch und einfältig aussehen. Der Ofenschirm ist fertig und die
Bewunderung aller Welt, er ist würcklich über Erwarten hübsch,
Göthe hat letzt mit dem Licht in der Hand wohl eine halbe Stunde
davor gesessen und ihn besehen, und wer in die Nähe kam den
kriegte er beim Schlafitchen, und er mußte mit bewundern und
besehen, jezt wird ein andrer gemacht, und zwar wird der ächte

Bogen GoldPapier den ich aus *London* brachte mit dazu gebraucht.
Göthe ist seit einiger Zeit nicht recht wohl, eigentlich ist er nicht
kranck, aber er fürchtet kranck zu werden, und schont sich ängstlich, doch kommt er zu mir wenn er irgends kann, und läßt sich in
der Portechaise zu mir tragen, er kommt mir bisweilen etwas
hypochondrisch vor, denn seine Kranckheit verschwindet ganz
wenn er nur ein wenig warm in der Gesellschaft wird, und das
geschieht so leicht. Am Dinstag gab ich einmahl eine *extra* Gesellschaft, denn ich mußte einige der adlichen Häuser in denen ich
gewesen war einladen, wie wenig kostet ein solcher Zirckel und
wie hübsch ist er! Ich hatte ein kleines Konzert, mein neues *Piano*
ist wunderschön von Ton, Werner mein Musickmeister spielt es
sehr schön, dann auch singt er einen schwachen aber angenehmen
Tenor, die Bardua und der erste Sänger bey der Oper Stromeyer,
sangen Duette, Arien und auch kleine hübsche Lieder meistens von
Göthe zur Guitarre. Dann waren noch 3 Musici von der Kapelle des
Herzogs, alles dies kostet nichts als einige Gläser Punsch, diese
Leute spielen nicht für Geld sie kommen aber gerne wenn man sie
bittet. Um 9 Uhr ließ ich Punsch, Bullion und Butterbrödchen
herum geben,. wie in Hamburg in der Sonntagsgesellschaft beym
Spiel, und wir blieben bis gegen 12 Uhr lustig und guter Dinge
zusammen. Die Göthen kam allein, und sagte mir er wäre nicht
wohl und würde wenn es ihm möglich wäre eine halbe Stunde
kommen doch sey dies nicht gewis, mit eins sah ich ihn aber im
Nebenzimmer zwischen der Bardua und der Conta ganz gemüht-
lich sizen, ich lief gleich voller Freude zu ihm, die Mädchen machten mir Plaz, und ich habe fast eine Stunde mit ihm geplaudert, er
erzählte mir viel von Huber dessen Leben jezt heraus gekommen
ist, welches du lesen mußt, er war unbeschreiblich sanft und liebenswürdig gestimmt, du meinst es ist unmöglich *vis a vis* ihm
nicht ein wenig scheinen zu wollen, sähst du ihn nur, du würdest
fühlen wie unmöglich es ist gegen ihm sich anders als natürlich
zu zeigen, er selbst ist ganz Natur, und seine hellen klaren Augen
benehmen alle Lust sich zu verstellen, man fühlt doch daß er durch
alle Schleyer sieht, und daß diesem hohen reinen Wesen jede Ver-
stellung verhaßt seyn muß. Ich pflegte ihn nach besten Kräften und

hatte die Freude seinen Bedienten bis 11 Uhr mit der Laterne warten zu sehen der schon um acht Uhr gekommen war. Seit gestern
ist der Herzog wieder hier, und die Fürsten von Gotha auch, morgen ist der Herzogin Geburtstag, das alles macht in dem kleinen
Nest viel Lärm und Specktackel und ist Schuld daß ich Göthen und
manchen andern seit dem nicht sah, morgen wird der Herzoginn
zu Ehren die Oper Faniska gegeben wozu ich mich freue. Ich habe
mit deiner matantersch schon vorher ein Einsehen gehabt ehe ich
deinen Brief erhielt, und habe ihr durch die Finger gesehen, du hast
recht, es ist wie du sagst, und so laß sie doch auch einen kleinen
Spas haben. Der Docktor kommt freylich nicht viel zur Mutter
aber sie sind selbst Schuld, du glaubst nicht wie sie ihm mitspielen,
indessen will ich auch nicht behaupten daß er gar keine Schuld
habe, es wird wohl seyn wie gewöhnlich die Herren haben beyde
Schuld. Gottlob daß ich klug genug war mich aus allen ähnlichen
Familienverhältnissen zu ziehen, ich kann dem Unwesen von ferne
zusehen, und ich fühle täglich mehr wie sehr alles dies kleinliche
Thun und Treiben mein eigentliches besseres Seyn zerstören
würde.

Dem *Anthime* gratulire ich zur Schwindsucht, es ist doch elegan-
ter als der garstige Bruch der mir von Anfang an nicht gefallen
wollte, ich dencke mir daß du jezt mit deinem Freunde ein recht ver-
gnügtes Leben führst, freue dich nur drüber und sey gutes Muthes.

Laß den Vogelbusch nur seine Künste machen mir ahndet es
hilft, mich freuts sehr daß du nicht viel Schmerzen dabey hast.

Der Bregardt Brief werde ich ehestens beantworten, grüße sie
und sage ihr das. Was du mir von Pistorius sagst wundert mich
doch, freylich so sind die Menschen, und wohl ihnen, die Ausnah-
men gehn zu grunde, gottlob deren sind wenige. Ich mußte dem
Dölle auch 1 Mck p. Stunde geben, es ist viel Geld, aber in dem
theuren Hamburg ists nicht zu viel, doch glaube ich daß grade für
diesen Unterricht wohlfeilere Meister zu haben sind. Auch ich
hatte einige Nachricht von dem was man in Königsberg u Danzig
erzählt aber ich glaubs nicht, wenn du dergl Unwahrheiten mehr
hörst so schreibe sie mir doch zum Spaße.

Sieh zu daß du das Buch für Fernow über *Copenhagen* bekommst, er brauchts, und ich möchte ihm gerne den Gefallen erzeigen, gieb dir Mühe drum lieber Arthur, ich bitte dich. Wegen Danzig bin ich jezt ruhiger, die Armeen beziehen die Winterquartire, der Winter wird ruhig hingehen, und gegen den Frühling kann sich vieles ändern.

Adieu, guter lieber Arthur, gehabe dich wohl, Adele grüßt und bittet auch um ein paar Zeilen, geschrieben sind die ja bald, und so dencke ich du machst ihr einmahl die Freude. Grüße alle die mein gedencken, und schreibe bald.   J. Schopenhauer.

matantersch [sic!]: Juliane Trosiener.
Vogelbusch: Christian Vogelbusch, Wundarzt.

40. *Johanna an Arthur*

Weimar, d. 3.ten Febr. 1807.

Ich will dir nur wenige Zeilen heute schreiben, mein Arthur, weil ich nur wenig Zeit habe. Ich bin heute Abend bey Göthe zu einem kleinen Fest geladen das er ganz eigen für mich angestellt hat, und wozu ich mich sehr freue. Der KammerRaht Ridel bringt dir den Brief, er nimmt die Gelegenheit wahr einige Wochen in Hamburg zuzubringen da der Erbprinz sein ehemaliger Zögling nach Schleswig geht um seine Gemahlin zu besuchen. Ich denke es wird dich freuen ihn zu sehen da er dir viel von mir erzählen kann, führe ihn doch auch wo möglich bey Willinks ein, denn ich wollte doch auch daß er mir von dir erzählen könnte wenn er wieder kommt. Deinen Brief vom 28sten habe ich erhalten und mich drüber gefreut. Sage Mdlle. Willink daß ihre Muster Göthen u Meyer als ganz neu und geschmackvoll besonders aufgefallen sind, und daß sie sie den andern weit vorziehen, sage ihr daß wenn sie mit Ridel wieder einige aus ihrer Fabrick schicken könnte sie mich und meine Freunde sehr erfreuen würde. Du bist ein gottloser Mensch, und verführst mich deine Mama auch zur Gottlosigkeit, denn verzeihs mir Gott, ich habe über den Tod des ehrlichen alten Stenders lachen müssen, und das ist doch nicht erlaubt. In die Schachtel mit den Zeichnungen hätte freylich manches gekönnt, aber ich weiß auch nicht was es seyn könnte, Handschue sind hier zu haben, und ich brauche erstaunend wenig Puz hier, doch sollst du mir zum Sommer einen Strohhut schicken, doch da ist noch lange hin, ich schreibe erst noch deßhalb. Die Nachricht von den Büchern freut mich, thue mehr dergleichen. Die Weihe der Kraft werde ich lesen, mit der Zeit, jezt lebe ich unter den Italienischen Dichtern, und bin entzückt von ihrer Herrlichkeit.

Adieu lieber Arthur, ich muß mich ankleiden, viele Grüße Anthime u Willinks, kann Anthime schon unsre Dichter verstehen? Lebe wohl künftige Woche schreibe ich wieder.

J. Schopenhauer.

Die Weihe der Kraft: »Martin Luther oder die Weihe der Kraft«, Tragödie von Zacharias Werner.

41. *Johanna an Arthur*

Weimar, den 12. Februar 1807.

Deinen Brief vom 4ten habe ich richtig erhalten, lieber Arthur, sowie Du auch wahrscheinlich den meinigen vom 3ten. Von der »Weihe der Kraft« ist erst ein einziges Exemplar hier und das hat die Herzogin Mutter, Fernow brachte es mir gestern ehe ers ihr hintrug, denn er ist ihr Bibliothekar, und las mir den Prolog vor, der auch mir, einzelne Stellen abgerechnet, sehr schön dünkt, nur die Versart ermüdet ein wenig, in ein paar Tagen wird er es mir wiederbringen und vorlesen, worauf ich mich sehr freue, er liest schön, und du weißt, das ist meine Passion.

Bei Göthen wars den Abend wie ich dir schrieb ganz allerliebst, er hatte einige junge Schauspieler, die er oft bey sich deklamiren läßt um sie für ihre Kunst zu bilden, eingeladen und las mir mit ihnen eine seiner frühesten Arbeiten ein Stück voll Laune und Humor »Die Mitschuldigen« betitelt, vor. Er hatte selbst die Rolle eines alten Gastwirths darin übernommen, was blos mir zu Ehren geschah, sonst thut er das nicht. Ich habe nie was Aehnliches gehört, er ist ganz Feuer und Leben, wenn er deklamirt, niemand hat das ächt Komische mehr in seiner Gewalt als er. Zwischen-

durch meisterte er die jungen Leute, ein paar waren ihm zu kalt.
»Seyd Ihr denn gar nicht verliebt?« rief er komisch erzürnt, und
doch war's ihm halb ein Ernst, »seyd ihr denn gar nicht verliebt?
Verdammtes junges Volk! Ich bin sechzig Jahr alt und ich kanns
besser.« Wir blieben bis halb zwölf zusammen, ich saß bey ihm
und die Bardua auf der andern Seite, wir beyde sind seine Lieb-
linge.

Am Donnerstag drauf bestand mein Zirkel fast nur aus Herren,
aber es waren gerade die interessantesten, Frau v. Göthe war die
einzige Dame. »Weil wir eben in solchem kleinen vertraulichen
Zirkel sind«, fing er an, »so will ich denn einen Bericht von einer
Naturmerkwürdigkeit mittheilen; es ist billig, daß man unter
Freunden sich dergl. wechselseitig mittheilt und weil wir eben so
ganz unter uns sind« – und damit fing er aus einem Briefe eine
Geschichte einer Mamsell, die in die Wochen gekommen war, an
zu lesen. Darüber kam die Bardua. »Gerechter Himmel! da kommt
die Bardua!« rief er aus, »nun darf ich nicht weiter lesen.« »Es thut
nichts,« sagte ich, »die Bardua muß so lange draußen bleiben.« Das
war Wasser auf seine Mühle. Der Bardua kündigte er gleich gravi-
tätisch an, sie müsse draußen bleiben, den Bertuch, den Sohn, der
gewaltig lang ist, stellte er an die zugemachte Thür, welche die Bardua von draußen gewaltig berannte. »Halten, halten Sie Ihren
Posten wohl, Bertuch, denken Sie, Sie sind in Breslau, es soll Ihr
Schaden nicht seyn, ich will schon so lesen, daß Sie dort so gut
hören sollen als hier.« Die Bardua machte einen erbärmlichen
Spectakel, er ließ sich nicht stören und verwies sie nur von Zeit zu
Zeit mit ein paar Worten zur Ruhe und Geduld, zuletzt spielte sie
aus Leibeskräften auf dem Clavier. »Eine Kriegslist,« sagte er,
»hilft nichts, wir lesen lauter« und so erhob er die Stimme oder ließ
sie sinken, nachdem sie accompagnirte, wie in einem Melodram,
bis ans Ende wo sie dann feyerlich hereingeholt ward. – Alles dies
ist nichts, aber man muß es sehen. Dieses kleine Intermezzo
stimmte uns alle lustiger, es wurde viel den Abend gelacht, zuletzt
aber kam das Gespräch auf die Alemanischen Gedichte. Meyer als
Schweizer und Legationsrath Weyland als Elsasser sind der Sprache mächtig und lasen manches daraus sehr hübsch vor, Göthen ist

die Sprache fremde ... er las aber doch sein Lieblingsstück das
Gespenst von der Kanderer Straße (er hält viel von diesem
Gedichte) und er las es wie nur er lesen kann. Mache doch daß du
die allemannischen Gedichte zu lesen bekommst, ich weiß, sie
gefallen dir wenn du dich nur erst mit der Art bekannt gemacht
hast.

...Ich hoffe gerne das Beste, aber über ihre ungeheure Angst,
über ihre Schwäche ungewöhnliches zu ertragen kann ich mir
keine Illusion machen, und die sind denn doch das wahre Unglück, ich muß mich von dem Gedanken daran gewaltsam zurückziehen, Gott läßt den Wind sanft wehen wenn das Lamm gescho-
ren ist, sagt Yorick, das will ich hoffen. Es freut mich sehr daß
du gerade in dieser freudenlosen Zeit deinen Freund Anthime bei
dir hast.

Grüße alle meine Freunde, besonders die guten braven Willinks,
nie habe ich einen klugern Streich gemacht als da ich dich in dies
Haus brachte. Ich bin heute unsäglich liebenswürdig, würde
Meyer sagen, darum schreibe ich dir auf der andern Seite ein neues
Lied von Göthen ab welches mir sehr gefällt, es erscheint in seinen
neuen Schriften...

Du siehst einliegende Karte; die habe ich mit Göthe fabrizirt,
nämlich er hat R gezeichnet, und ich habe es ausgeschnitten, dann
hat er es auf Papier gelegt, ist mit einem Tuschpinsel darüber gefahren, und wir haben eine gewaltige Freude über das schöne R
gehabt, das dadurch wie gedruckt dastand. Es will verlauten, daß
man in England ganze Alphabete dieser Art von Blech hat, die
dazu dienen, um Inschriften und dergleichen sehr sauber zu fabrizi-
ren und auch schnell. Nun wollte ich dich bitten, zu sehen, ob man
dergleichen in Hamburg fertig verkauft und mir den Preis davon
zu melden. Machen wollen wir sie dort nicht lassen, das könnte
man auch hier thun; auch sollst du sie nicht gleich kaufen, im Falle
sie zu haben sind. Die Buchstaben müssen wohl einen Zoll groß
sein oder auch etwas mehr; auch übersieh nicht den Einbug unten
an der Karte; er dient dazu, daß man die Form gleich aufkippen
kann; durch's Wegnehmen würde der nasse Buchstabe verwischt
werden...

Alemanischen Gedichte: Sc. Johann Peter Hebels.

ungeheure Angst: Wohl die Angst der Danziger Bevölkerung im allgemeinen und der Angehörigen Johannas im besonderen. Der vorhergegangene Passus des Briefes enthielt nach Schemann sorgenvolle Betrachtungen über das Schicksal der Danziger.

neues Lied von Göthen: »Ich hab' mein Sach auf nichts gestellt«.

42. *Johanna an Arthur*

Weimar, d 20ᵗᵉⁿ Febr. 1807.

Diesmahl, lieber Arthur, schreibe ich dir nur einige flüchtige Zeilen, auch kann ich dir würcklich nichts als immer das nehmliche von mir erzählen, mein Leben dreht sich in dem schönen engen Kreyse, je schöner es ist je weniger läßt sich davon sagen, doch habe ich diese Woche einige ungewöhnliche Plaisierlichkeiten gehabt, am Montag ward Tasso zum erstenmahl auf einem Teater, hier gegeben, und vortrefflich, ich habe beym Lesen keinen Begriff von dem hohen Interesse gehabt das man auf der Bühne auch an der Handlung dieses dem Ansehen nach so thatenlosen Stücks nehmen kann, aber freylich muß es gespielt werden wie es hier gespielt ward. Ehegestern las Einsiedel und Fernow, Göthen, mir, Meyern und noch einigen die deshalb mich besuchten eine Komödie aus dem Lateinischen des Plautus vor, sie heißt das Gespenst, Einsiedel hat sie gar hübsch übersezt, Göthe war so bezaubert davon daß er sie ehestens hier spielen lassen will, troz dem Abweichenden der Sitten ist das Ganze so durchaus unterhaltend, die Situationen so komisch, daß die alte Ludekus, die oben nervenschwach auf dem Sopha liegt, ganz unruhig über den Jubel ward den wir unten trieben. Die Alten, lieber Arthur, sind doch unsre Meister, doch du bist in diesem Artikel ein Ungläubiger. Gut, daß der alte Bregardt endlich abgeschurrt ist, sein Leben war weder ihm noch andern eine Freude, die Frau wird jezt wieder aufleben, ihrem Gemüht thut das Alleinseyn nicht weh, sie braucht nur Gesellschaft die kann sie dort haben, auch muß sie ja in Hamburg bleiben, sie ist dort in ihrem Element. Die Einlage empfehle ich dir bestens, spedire ihn an die Adresse so schnell du kannst, mir ist dran gelegen, er enthält einen Auftrag von Göthe, wir wollen gern den Ciliax fürs hiesige

Teater kapern, die Bachmanns sind ohnehin bankrott. Der Winter ist mit einem mahl hier eingetroffen, gestern ist 3 Fuß hoch Schnee gefallen, die Sonne scheint und die Bäume vor meinem Fenster sehen prächtig aus. Die Weihe der Kraft kann ich noch nicht habhaft werden, ich werde sie so bald ich kann lesen, ich lese ohnehin jezt wenig, ich lebe mehr, der Buchstabe ist doch immer ein todtes Wesen.

Adieu mein Arthur, die Zeit fehlt mir, nächstens schreibe ich mehr   J. Schopenhauer.

Ciliax: Zeitgenössischer Tenor (vgl. Brief Nr. 43).

43. Johanna an Arthur

Weimar, d. 10ten März 1807.

So eben, mein lieber Arthur, erhalte ich deinen Brief vom 4ten, und da ich eben noch ein paar Stunden diesen Abend frey habe so will ich ihn flugs und fröhlich beantworten, ich habe noch einen vom 18ten Febr nicht beantwortet, schilt mich nicht wegen meiner Saumseligkeit, ich dencke viel, und mit rechter Liebe an dich, ich wünsche dich oft zu mir, und wenn Fernow, und St. Schütze mir erzählen wie sehr spät sie zum Studieren gekommen sind, und ich doch sehe was beyde wurden, so fliegt mir so manches Project durch den Kopf, aber freylich, beyde brachten Schul- und mühsam selbst erworbne Kenntnisse auf die Akademie die dir bey der eleganten Erziehung die du erhieltst und in unsrer Lage erhalten mußtest, mangeln, beyde in sehr beschränckter Mittelmäßigkeit an einem kleinen Orte geboren konnten so manchen Genuß ohne ihn nur zu wünschen entbehren, der dir wenigstens für die Zukunft unentbehrlich seyn muß, allso mußt du wohl in der Laufbahn bleiben zu der du dich einmahl bestimmt hast. Hier, wo niemand reich ist sieht man alles anders, bey euch strebt man nach Geld, hier denckt niemand daran, nur leben will man, die Freude findet man in dem wodurch man die Nohtwendigkeiten des Lebens sich erwirbt, ich bin hier in einer ganz andern Welt, aber ich weiß wohl

daß die Welt in der du lebst auch seyn muß, obgleich ich mich herzlich freue daß ich ihr entronnen bin, indessen kann es doch nicht
fehlen daß meine Ansichten dir bisweilen wunderbar vorkommen
müssen, und ich verarge dir es nicht. Bey dem geschäftigen Müs-
sigGange den ich treibe komme ich wenig ans schreiben, aller Welt
bin ich Briefe schuldig, ich schäme und ärgre mich drüber, aber das
hilft nichts, meine Tage vergehen so schnell! und doch gehe ich fast
nie aus, ein paar Tage in der Woche gehe ich ins Teater, zwey
Abende nimmt mein TheeZirkel, die übrigen vergehen ich weiß
nicht wie, Fernow kommt gewöhnlich zu mir wenn ich zu Hause
bin, die Bardua, dieser, jener, und so vergeht die Zeit. Heute stand
ich um 8 auf, frühstückte und las, halb zehn kam Meyer, ich habe
mein Porträt angefangen in Lebensgröße in Pastell nach dem Spiegel zu mahlen, und Meyer giebt mir Raht dabey, ich wollte doch
einmahl wieder etwas Großes mahlen, ich habe Conta und seine
Schwester in Miniatur gemahlt und viel Ehre damit eingelegt. Bis
12 Uhr blieb Meyer bey mir, so lange mahlte ich, sein treuherziges
Geschwäz, wovon doch fast jedes Wort aufgeschrieben zu werden
verdiente, wünschte ich dir wohl einmahl zu hören, um 12 kam
Fernow, ich las mit ihm Gozzis prächtige Mährchen, von 1 bis 2,
und gleich nach Tische hatte ich mancherley zuzuschneiden was
genäht werden muß, dann kam die Bardua und Conta und Fernow
wieder, lachten, sangen, alberten um mich her, Fernow gieng bald
fort, Conta und die Bardua tranken Thee mit mir, um halb 7 gieng
die Bardua zu Wielands, mit dessen Töchtern, die eigentlich das
Schlechteste von seinen Wercken sind, hat sie viel Umgang, dann
spielte ich bis gegen 8 Uhr eine Partie Schach mit Conta, und nun
habe ich bis gegen 11 Uhr noch ein paar Stunden für dich, um 9
esse ich, das geht aber schnell. Siehst du das ist ein Tag aus meinem
Leben, die übrigen sind Variationen für dasselbe Thema, es ist ein
Leben wovon sich wenig sagen läßt, aber es lebt sich gut, und man
begreift dabey nicht wo die Zeit bleibt. Nun will ich in der Kürze
deine Briefe beantworten. Die Einlagen im ersten aus Danzig sind
würcklich von Weickhmanns, so possierlich sie sind, freuten sie
mich doch, beantworten kann ich sie jezt Gottlob noch nicht, aber
wenn die Posten dorthin erst wieder gehen, werde ich gewaltig

schmieren müssen, denn es liegt ein ganzer Stoß Danziger da, die
beantwortet werden wollen, ich dencke ich thue klug wenn ich bey
Zeiten anfange. Den guten Schwalb grüße und vertröste ihn auf
die Zukunft wegen meiner Antwort. Wenn die Harmonie dir der
Mühe wehrt dünckt so unterschreibe, du mußt doch auch etwas
haben das dich erfreut, und diese Freude ist sehr anständig. Wenn
Laurent seinen Denner nicht zum Ansehen schicken will so mag er
ihn behalten, laß es nur ganz gut seyn und sage ihm nichts mehr
drüber, Göthe hat es sich schon aus dem Sinne geschlagen. Wegen
der Buchstaben will ich mit Göthen sprechen, zwey Marck ist aber
sehr theuer für einen solchen Spaß, man könnte sie hier wohlfeiler
machen lassen, Die Weihe der Kraft habe ich jezt gelesen, es sind
einzelne herrliche Stellen und Scenen drinn, aber die Söhne des
Thales sind mir lieber, Luther selbst gefällt mir am wenigsten er ist
mir zu unbestimmt gezeichnet, die Scene wo er beim Übersezen
die Starrsucht bekommen hat, ist zu arg, auch sein Ton wechselt,
bald spricht er Schillerisch, bald Shakespears, bald ächt Luthersch,
das ist nicht gut, es fehlt dem ganzen an Haltung, es ist schade um
Werner daß er mit dem großen Talent unter den verblasenen Berli-
nern lebt, hieher sollte er kommen, und bey Göthen in die Schule
gehen. Einsiedels Plautus ist noch nicht heraus, und wird auch in
diesen bösen Zeiten nicht so bald herauskommen, aber sein Terenz
ist zu haben, sieh zu wie du ihn zum Lesen bekommst. Daß dir in
der Welt und in deiner Haut nicht wohl ist würde mir bange
machen, wenn ich nicht wüßte daß es gerade jedem in deinem
Alter so ist den die Natur nicht von Hause aus zu einem Kloz
bestimmte, du wirst bald mit dir selbst ins reine kommen, und
dann wird die Welt dir auch gefallen, wenn du nur immer Frieden
mit dir selbst zu erhalten weißt, freylich mein armer lieber Arthur,
dir wird in deiner isolirten Lage der Übergang ins würckliche
Leben schwerer als andern, ich allein vielleicht verstehe dich, und
könnte dich geduldig anhören und dir rahten und dich trösten, und
fehle dir gerade jezt da du ein Wesen an das du dich mit vollem Vertrauen wenden kannst am nöhtigsten hast, aber das ist nicht zu
ändern, habe Geduld, es kommen dir schönre Zeiten. Gerade in der
Zeit in der du jezt lebst, lieber Arthur, schwindet die bunte Kinder-

welt, die erste FrühlingsZeit des Lebens, in der neuen Welt die dir
sich öfnet, weißt du noch nicht Bescheid, du schwanckst, und
weißt selbst nicht recht wohin du gehörst, das wird sich ändern,
dein Unmuht wird schwinden, und du wirst gern und froh leben.
Es kommt dir jezt vor als ob ich Unrecht hätte, auch das ist natürlich und wird sich auch geben, wenn dir vielleicht nach einem Jahr
diese Zeilen wieder in die Hände fallen. Es ist mir sehr lieb daß der
Brief nach Danzig abgegangen ist, der Ciliax ist freylich, die
schöne Stimme abgerechnet, eben kein Held, aber es ist nichts selt-
ners als ein guter Tenorist, dafür ist Ciliax noch ein vortreflicher
Schauspieler, denn ganz schlecht ist er doch nicht. Wir haben hier
einen Bassisten Strohmeyer, eine hübsche Figur, und eine wunder-
schöne Stimme, aber er spielt so daß er öfter Strohmann als
Strohmeyer genannt wird, und doch freuen wir uns ihn zu haben.
Wenn der Ciliax nur kommen will, Ehre soll er mir schon machen
wenn er nur seine Stimme behalten hat, wie ich hoffe. H. Quandt
als Hamlet muß göttlich seyn, Madame spielt vermuhtlich die
Ophelia?

Von mir kann ich dir nicht viel sagen, ich gehe meinen alten
Gang, am Sonntage hatte Göthe mich mit meinen beyden Freunden Meyer u Fernow zum Frühstück eingeladen, um mir Arbeiten
von Runge zu zeigen. Beschreiben kann ich sie dir nicht sie sind zu
wunderbar, aber mache doch um Gotteswillen daß du den Runge
kennen lernst, dir kann in Hamburg nichts interessanters widerfah-
ren als diese Bekanntschaft, ich konnte sie machen, Tischbein bot
sie mir an, und ich möchte mich prügeln daß ichs nicht that, aber
die Dresdner, Neumann und Demiani besonders hatten mich
gegen ihn eingenommen. Welch ein poetisches Wesen ist dieser
Mensch, erst sah ich viel von seinen ausgeschnittenen Sachen, sie
sind sehr schön, aber ich mache sie fast so gut, Göthe sagt ich
mache sie eben so gut, das ist aber nicht, dann ist sein Gesicht in
Kreyde gezeichnet, Göthe sagt er hat nie ein Profil wie seines gesehen, dieser Kopf ist leider *en face* es hat aber einen Raphaelischen
Blick, ohne Raphael zu gleichen, dann sind vier große Blätter,
bloße Umrisse, in Kupfer gestochen, sie werden aber nicht verkauft er verschenckt sie nur, die sind eben das unbeschreiblich

wunderbare, es sind Blumen und Genien, wie Arabesken, aber der
tiefe Sinn der darinn liegt, die hohe Poesie, das mystische Leben,
du mußt sie sehen, mein Arthur, ich kann dir anders nicht helfen,
ich weiß du wirst davon ergriffen, entzückt, bezaubert werden.
Meyern dabey zu sehen ist höchst ergözlich, er schimpft drauf wie
ein Rohrsperling, weil er immer davor stehen bleiben muß bis ihm
der Kopf weh thut. Hernach führte Göthe mich im Parck spazieren, daß ich immerfort dachte O Lord, o Lord *etc.* wirst du dir
wohl selbst dencken. Seit ein paar Abenden liest Göthe selbst bey
mir vor, und ihn dabey zu höhren und zu sehen ist prächtig, Schlegel hat ihm ein überseztes Schauspiel von Calderone im Manu-
script geschickt, es ist Klingklang und Farbenspiel, aber er liest
auch den Abend keine drey Seiten, sein eigener poetischer Geist
wird gleich rege, dann unterbricht er sich bey jeder Zeile, und tausend herrliche Ideen entstehen und strömen in üppiger Fülle, daß
man alles vergißt und den einzigen anhört. Welch ein frisches
Leben umgiebt ihn noch immer! Der arme alte Wieland, er kommt
mir gegen ihn vor wie der alte Kommandant von Eger, wenn Wal-
lenstein ihm sagt an meinen braunen Locken zogen die Jahre leicht
vorüber du kennst die Stelle, sie heißt anders aber dies ist der Sinn
davon. Auch fühlt Wieland sich durch Göthens Gegenwart
gedrückt, deßhalb kommt er nicht in meine Gesellschaft so gern er
möchte, denn wo er mich zu treffen weiß geht er gerne hin, lezt
besuchte ich die Göchhausen, er kam gleich auch, denn er hatte
von der Herzoginn gehört daß ich oben wäre, diesmahl interessierte er mich würcklich er war traurig, denn er hatte den Tag vorher die Nachricht bekommen daß seine erste und einzige Liebe die
alte la Roche gestorben wäre. Er sprach viel von sich, seiner
Jugend, seinem Talent Niemand, sagte er, hat mich gekannt oder
verstanden, man hat mich in den Himmel erhoben, man hat mich
in den Koht getreten, beydes verdiente ich nicht, dann erzählte er,
wie er der la Roche zu gefallen die ersten Verse gemacht hätte, wie
er eigentlich nicht zum Dichter gebohren wäre, nur Umstände,
nicht die Macht des Genies hätten ihn dazu gebracht, er habe seine
Laufbahn verfehlt, er hätte Philosophie studieren sollen, oder
Matematik, da wäre was Großes aus ihm geworden, er hätte immer

so gerne gerechnet. Nun aber hätte er müssen Jura studieren, hernach wäre er Registrator oder so etwas bey einem Archiv in einem kleinen Städchen geworden, da hätte er denn nun Verse gemacht um sich von der jämmerlichen Aktenkrämerey zu erholen, Nie, sagte er, hatte ich einen Freund mit dem ich meine Arbeiten theilen oder drüber sprechen konnte immer war ich allein, niemand verstand mich, niemand kam meinem Herzen nah, lieber Arthur, einen fast 8ojährigen Greis so sprechen zu hören ist wahrlich betrübt, und dieser heißt der Dichter der Grazien, und ist offen genug, sich gegen mich einer Fremden die er wenig kennt, und gegen eine alte Hoffdame die er wohl kennen muß so heraus zu lassen, ich begreife das nicht. Hernach, sagte er, kam ich hieher ins vornehme Leben, und da mußte alles eben bleiben wie es war, jezt bin ich alt und stumpf und werde wohl nicht lange mehr bey euch bleiben, und ich tauge auch nicht mehr unter euch. Die Göchhausen und ich trösteten tüchtig drauf los und wiedersprachen was wir konnten, ich führte ihm Voltaire zu Gemühte, ich weiß er hört sich gern mit ihm vergleichen, ach, sagte er, Voltaire war ein ganz andrer Mensch, was schrieb der noch in meinem Alter, ich habe keine Phantasie mehr, mit mir ists vorbey. Indessen übersezt er doch noch den Cicero, sehr ämsig und mit großer Freude dran. Falck ist Legationsraht geworden, er bläht sich gewaltig mit dem Titel, wie weyland der alte Bregard, er der auf den Adel u alles was ihm angehört sonst recht unanständig schimpfte. Meyer ist Hoffraht und hat Krausens Stelle und Wohnung was mich und alle sehr freut. Seit drey Posttagen waren keine Hamburger Zeitungen gekommen, was zu vielen Vermuhtungen Anlaß gab. Heute kamen alle mit einem mahle, vermuhtlich ist bey euch die neue Einrichtung der PostÄmter Schuld daran. Verliehrt Beseler auch dadurch? und lebt seine Frau noch? Die Bregardt schrieb mir vor einiger Zeit sie wäre im Sterben. Wenn Ridel einen Huht für mich mitnehmen kann, so bitte ich dich mir durch Md. Pistorius einen italienischen Strohhut, nach der neusten Mode zurecht gemacht und garniert zu verschaffen, N.B. nicht zu vergessen daß mein Kopf so dick als deiner ist, der Huht muß dir passen, sonst kann ich ihn nicht tragen; wenn Ridel ihn nicht mit nehmen kann so schicke ihn nicht, dann will ich

lieber noch ein wenig warten. Aber große Bohnen von der schönsten Sorte, und graue Erbsen wie Jenisch und Pistorius sie im Garten hatten, auch ein wenig BlumenSaamen, Sommergewächs,
kann Ridel mir wohl mitbringen, von allem brauchts nur ganz
wenig, du weißt, zum Säen gehört nicht viel, und ich brauche auch
nicht viel, den BlumenSaamen laß nur weg, ich kann dergl auch
hier bekommen,
        Adieu, mein Arthur, grüße alle meine Freunde.
                                          J. Schopenhauer.
d. 13ten
Gestern war mein Theezirkel. Ich dencke, ich habe dir den Tod des
General Schmettau der hier verwundet lag, und im Augenblick da
die Franzosen einzogen sich aus dem Fenster stürzte, erzählt, und
wie ehrenvoll er hernach vom Feinde begraben ward. Die rechte
Geschichte seines Todes wurde nicht ganz offenbar, es hieß er wäre
an seinen Wunden gestorben. Die Familie läßt ihm ein Denckmahl
sezen wozu Göthe die Idee gab; ein Haus welches einstürzt weil
Jupiters DonnerKeil drauffällt, Schmettau, in Rittertracht, das
Schwert in der Hand geht im Augenblick des Einstürzens mit
festem Tritt heraus, und sieht zürnend hinauf nach dem Donnerkeil, der eben einschlägt. Göthe zeichnete es mit ein paar Strichen
auf um es mir deutlich zu machen. Ich schicke dir seine Skizze, bin
ich nicht eine prächtige Mama? aber nimm sie gut in Acht, doch
das thust du schon von selbst.

Denner: Balthasar Denner (1685–1749), spätbarocker Porträtmaler.
Söhne des Thales: Drama von Zacharias Werner.
Schauspiel von Calderone: »Der standhafte Prinz«.
der Sinn davon: Nach »Wallensteins Tod« (V, 4): »Und seh' ich mich / Dir
gegenüber, ja, so möcht' ich rühmend sagen, / Daß über meinem braunen
Scheitelhaar / Die schnellen Jahre machtlos hingegangen.«

44. *Johanna an Arthur*
                              Weimar, d. 23. März 1807.
Soeben erhalte ich deinen Brief vom 18ten, ich war würcklich eben
nicht besorgt, aber doch verwundert so lange nichts von dir zu

hören, denn an meine Saumseligkeit bist du schon gewohnt, aber ich nicht an die deinige, die Nachrichten von Pistorius sind mir lieb, und fallen mir weniger auf als dir, denn, lieber Arthur ich habe so viel länger als du gelebt, und habe schon so manche Erfahrung dieser Art gemacht, wie gut ists daß es nicht anders ist, wie könnte man leben, wenns nicht eben so wäre! Mir geht es hier fortwährend gut, den Tag wie ich deinen Brief fortschickte (denn seit dem 20. Febr. habe ich dir noch einmahl dn 14. März geschrieben) überraschte mich der alte Wieland mit seinem Besuche, er konnte es doch nicht übers Herz bringen nicht zu mir zu kommen wie die andern, und so kam er denn mit der Göchhausen angestapft, tranck Thee mit mir und war seelenvergnügt, es war keiner meiner GesellschaftsTage und ich hatte dem Professor Reinbeck versprochen den Abend mir einen kleinen Roman von ihm vorlesen zu lassen, der in England spielt, und über welchen er ihn drucken läßt gerne meyne Meynung wissen wollte, besonders in Hinsicht auf Sitten, Local *etc.* Reinbeck kam allso mit seiner Frau, und Fernow mit einem Kammerherrn der verw. Herzoginn, der mich noch nicht kannte, und mich kennen lernen wollte, auch dazu, und ich hatte einen recht hübschen kleinen Zirckel der den alten Wieland recht zu erfreuen schien, besonders lieb war es ihm, Reinbecken zu treffen den er noch nicht kannte, und dieser freute sich ebenfalls nicht wenig drüber. Wie Wieland fort war fieng Reinbeck dann seine Vorlesung an, die Geschichte ist ganz artig aber Aufsehen wird sie wohl eben nicht machen, und das englische Leben war sehr darinn verfehlt, da habe ich aber ausgeholfen so gut ichs vermochte, Fernow ward die Zeit dabey jämmerlich lang, er mußte aber aushalten. Göthe verläßt mich nicht, er hat jeden Abend seinen standhaften Prinzen standhaft vorgelesen, bis gestern, wo er ihn zu Ende brachte, es ist ein wunderbares Wesen drum, und es sind wahrlich Stellen darinn die grade ins Herz dringen, und wo es mir anfängt möglich zu erscheinen daß man Calderon neben Shakespear nennt, aber wie viel Wust, wie viel Haubt und Staatsaktionen sind mit hineingewebt, und dann das ganze südliche Wesen, das FarbenSpiel das Spiel mit Bildern mit Tönen, die unsere nördlichen Naturen gar nicht ansprechen, indessen ists doch ein

hoher Genuß von Göthen dies lesen zu hören, mit seiner unbe-
schreiblichen Kraft, seinem Feuer, seiner plastischen Darstellung
reißt er uns alle mit fort. Obgleich er eigentlich nicht kunstmäßig
gut liest, er ist viel zu lebhaft, er deklamirt, und wenn etwa ein
Streit oder gar eine Bataille vorkommt macht er einen Lärm, wie
in Drurylane wenns dort eine Schlacht gab, auch spielt er jede
Rolle die er liest, wenn sie ihm eben gefällt, so gut es sich im Sizen
thun läßt, jede schöne Stelle macht auf sein Gemüht den lebhafte-
sten Eindruck, er erklärt sie, liest sie zwey dreymahl, sagt tausend
Dinge dabey die noch schöner sind, kurz es ist ein eignes Wesen,
und wehe dem der es ihm nachthun wollte, aber es ist unmöglich
ihm nicht mit innigem Antheil mit Bewunderung zuzuhören,
noch mehr ihm zuzusehen, denn wie schön alles dieses seinem
Gesichte seinem ganzen Wesen läßt, mit wie einer eignen, hohen
Grazie er alles dies treibt, davon kann niemand einen Begrif sich
machen. Er hat etwas so rein einfaches, so kindliches, alles was ihm
gefällt sieht er leibhaftig vor sich, bey jeder Scene denckt er sich
gleich die Dekoration, und wie das Ganze aussehen muß, kurz ich
wollte du hörtest das einmahl. Diesen Sonntag wird Fernow eine
Erzählung von St. Schütze vorlesen, die hübsch und lustig seyn soll,
dann kommt Göthe wieder mit einer Ballade. Zwischen durch singt
die Bardua uns ein Lied von Göthe von Zelter oder Hummel kom-
ponirt, er hat das gerne, und extert die gute Bardua nicht wenig
wenn sie undeutlich ausspricht, oder gar die Verse verwechselt, lezt
habe ich entdeckt, daß sein Lied, ich hab mein Sach auf nichts gestellt
recht gut zur Melodie, es giengen drey Burschen zum Thor hinaus,
sich paßt, darüber hatte er große Freude, und nun muß die Bardua es
jeden Abend singen. Diese Woche ist kein Teater, und da wird Einsiedel uns wieder einen Abend ein Stück aus dem Plautus vorlesen,
Wieland wird uns auch wohl etwas von seinen Briefen des Cicero
zum Besten geben, Fernow hat sie ihm durchsehen müssen und er
rühmt sie sehr. Sieh, lieber Arthur, solch ein Leben führe ich aber
jetzt kommt der Sommer, noch wenige Wochen, und wir stieben
aus einander wie würden die Hamburger meine Lebensweise langweilig und armselig finden! mich macht sie indessen sehr glücklich und dir sollte es wohl auch gefallen wenn du es erst etwas

gewohnt wärst. An Anbetern fehlt es mir auch nicht, aber laß dir
nicht bange werden, ein, wie ich glaube, reicher Franckfurter Kaufmann, der sich einer Erbschaft wegen einige Wochen hier aufhielt,
hat sehr ernstlich um meine Hand geworben, ich habe ihn aber
ebenso ernstlich nach Hause geschickt. Dann ist hier auch ein
Kammerherr der Großfürstinn der mich gern in den Adelstand
erheben möchte, ein herzlich alberner Tölpel, der aber eine geistreiche Frau gehabt hat, und gerne wieder eine hätte, der mich unver-
hohlen venerirt, alle Welt weiß es, aber abweisen kann ich ihn noch
nicht, weil er aller Welt nur mir nicht seine Absichten erklärt, dieser
macht uns allen großen Spaß mit seiner prächtigen Uniform seinem hohen Federbusch, und seinem goldenen Schlüssel. Am Frey-
tage hatte er mich und meinen ganzen Cirkel zu sich gebeten, die
Bardua, seine Vertraute, mußte ihm eine Liste davon machen, wir
kamen auch alle, selbst Göthe, ich machte den Thee, und er spielte
die Harmonika dazu, was das gottlose Volck für eine Lust dabey
hatte kannst du dir dencken, indessen er war seelen vergnügt, und
ließ sich nichts anfechten. Solche kleine CotterieSpäße giebt es
denn auch, und sie beleben das Ganze. Adieu, Freund Arthur, ich
muß eine WochenVisite machen, das kostet hier aber keine Species-
Thaler wie in Hamburg, habe ich Zeit so schreibe ich dir noch ein
ZigeunerLied von Göthen hin welches nie gedruckt ward obgleich
es schon lange existirt, wonicht so bleibts auf künftig.

J. Schopenhauer.

Ich komme eben von meinem Besuche zurück, ich habe ein Bulletin welches aus Dresden eingeschickt ward gesehen, die Feinde stehen dicht vor Danzig, zum Theil in den Vorstädten, die Vorposten
der Sachsen sind in Ohra, eine Vorstadt, ich weiß nicht welche ist
vor der Stadt gegen dn 10ten angebrannt und brannte am 11ten noch,
ich glaube nicht, daß die Stadt schon beschossen ward, es stand im
Bulletin nichts davon o mein Arthur, was sind das für Zeiten!
    Ich kann dir jezt das Lied nicht abschreiben, ich habe keinen
Muht dazu. Ich lege dir die Abschrift bey die ich davon habe, es
wird dir Spaß machen, schicke mir aber diese nehmliche in deiner
Antwort wieder, ich will sie gern behalten.

Nachrichten von Pistorius: Anlaß nicht rekonstruierbar.

Kammerherr: Ludwig von Schardt.

Zigeunerlied: Aus dem ersten Entwurf zum »Götz«; allerdings schon 1784 in Friedrich von Einsiedels »Adelar und Hilaria« gedruckt.

45. *Johanna an Arthur*

Weimar, d. 13. April 1807.

Ich habe zwey Briefe von dir zu beantworten, mein lieber Arthur, einen vom 2ten dieses den ich heute erhielt, und einen vom 28 März, einen sehr langen ernsthaften Brief, der eine ernste Antwort verdient, und der mir schon manches Nachdenken, manche Sorge wie und ob ich helfen kann gekostet hat, dein Glück, deine Zufriedenheit liegen mir sehr nahe am Herzen, wie noch etwas, wie noch alles für dich geschehen konnte galt meine Stimme nicht, jezt kann nur reifliches gelaßnes Nachsinnen was zu thun übrig sey helfen, denn wenn kein Mittel mehr unversucht da ist um unsre Wünsche zu erfüllen, nur dann erst können wir ruhigen Muthes uns in das unabwendbare ergeben und sagen meine Schuld ists nicht. Jenen Brief allso werde ich nächstens umständlich beantworten, dies soll dir wenigstens ein Beweis mehr seyn daß ich dich liebe, und wenigstens allen guten Willen habe zu deinem Glücke beyzutragen, wenn auch die Kraft dazu mir mangelt.

Wir sind hier alle, wenigstens die Bessern unter uns durch den Tod der Herzoginn Mutter in tiefe Trauer versezt, heute wird sie in der Stille beerdigt, nachdem sie einige Stunden vorher auf einem Katafalk wird gesehen werden können, ich will mit Bertuchs hingehen, du weist ich sah nie einen Todten, und ich glaube doch es ist gut auch dies zu können, ich denke die traurige Pracht, die um sie verbreitet ist wird ein rührendes aber kein schreckliches Bild in meinem Gemüthe zurücklassen, ich will sie gerne noch einmahl sehen, die seltene Frau, und noch seltnere Fürstinn. Sie soll im Tode ihrem großen Oheim Friedrich den 2ten sehr ähnlich sehen, sie glich ihm schon im Leben, sie hatte auch die schönen großen blizenden Augen die bis ins Herz hinein sahen, nur waren sie wohl milder als seine der Beschreibung nach seyn mochten. Sie hatte

etwas unbeschreiblich gütiges und freundliches in ihrem ganzen
Wesen, ich habe 3 Abende und 2 Morgen in allem bey ihr zugebracht. Sie hatte mich gerne, und ich konnte mit ihr so zutraulich
sprechen als ob sie keine Fürstinn wäre. Ach sie war das Band das
die Bessern hier zusammenhielt, sie hat während sie für ihren
unmündigen Sohn regirte Weimar aus einem elenden Dorf zu dem
geschaffen was es jezt ist. Sie zog Göthen, Wieland, Schiller, alle
die großen Geister her, die Weimar zum deutschen Athen machten,
sie war keine gelehrte Dame, aber ein liebenswürdiges ganz weibliches Wesen voll Liebe zu allem schönen und guten, im 18ten Jahr
ward sie Wittwe, 56 Jahre lebte sie hier, that unendlich viel gutes,
und verbreitete Freude um sich her wie ein guter Genius; wie ihr
Sohn zur Regierung kam wurde ihre Macht freylich sehr eingeschränckt, aber sie that doch was sie konnte, bis zum lezten Augenblick. Sie ist nur wenige Tage dem Anschein nach ganz unbedeutend kranck gewesen, 68 Jahre ist sie alt geworden. Man konnte
ihr ein weit längeres Leben versprechen, sie war fast nie krank, aber
die vielen Schrecken, der Untergang ihres ganzen Hauses, und alles
was sie in den lezten 6 Monaten erleben mußte haben wohl ihr
Leben untergraben, obgleich man ihr äußerlich nichts anmerkte;
wie Wieland, seit 30 Jahren unzertrennlich von ihr, dies tragen
wird, er der mehr als 70jährige Greis, den sie pflegte wie einen
geliebten Bruder, dessen Schwächen sie so duldend ertrug, das
weiß Gott, Frl. Göchhausen und Einsiedel sind beyde kranck,
beyde dancken ihr alles und sind mit ihr alt geworden, Einsiedel
hatte ihr sogar als Page gedient.

Nach Mittage.

Ich bin hingegangen mit den Bertuchs, ich traf auf Meyer, der
mich hinauf führte, ich habe gesehen und nicht gesehen, das
schwarz behängte Vorhaus, die Treppen mit Tuch schwarz
bedeckt, die künstliche durch tausend Kerzen erhellte Nacht, die
lange schwarze Gallerie an deren Wänden die Lichter wie Sterne
aussahen und kaum leuchteten weil das Schwarz rings umher
jeden Lichtstrahl beynahe einsaugte, alles das stimmte mich wunderbar feyerlich, aber eben nicht traurig. Nun trat ich in den Saal,

er war noch schwärzer, Seitenwände, Decken, Fusboden alles
schwarz, er war voll Menschen, und kein Laut war zu hören, ich
wurde vorgeschoben bis an das Geländer das die Menge von dem
Traurgerüste trennte, da lag sie im Sarge mit ihrem Fürsten Man-
tel, ich konnte in der grauenhaften Beleuchtung ihr Gesicht nicht
unterscheiden, neben ihr lag der FürstenHut und der Scepter, die
Juweelen dran blizten wunderbar in dem Helldunkel, am Haupte
standen zwey in Krep gehüllte Damen, von beyden Seiten viele
Männer in TraurMänteln mit großen an beyden Seiten aufge-
krämpten Hüten von denen lange Flöre herab hingen, sie standen
starr und stumm wie Geister, es waren alle die zu ihrem Hoffe
gehörten, und Deputirte von der Stadt und den verschiednen
Departements, alle sahen gleich aus, alle schienen mir kaum lebendig, einer sah mich an, er war blaß wie ein Todter ich erkannte meinen Freund Fernow, der ihr Bibliothekar und auch ihr Freund war,
er kam mir vor, als wär er auch gestorben, ich erschrack heftig, dies
und die schwüle Luft, oder was es sonst, genug mir schwindelte,
ich wäre vielleicht ohnmächtig geworden wenn Meyer mich nicht
schnell ergrifen und herausgeführt hätte, unten in der Frühlingsluft
unter den knospenden Bäumen ward mir gleich besser, Meyer
führte mich zu Hause und blieb bis 9 Uhr bey mir, sein Gespräch
erheiterte mich, er erzählte mir viel von ihr, 15 Jahre war er mit ihr
im freundlichsten Verhältniß, heute hatte er die traurige Pflicht die
Verzierung und Anordnung des Sarges des Baldachins *etc.* anzu-
ordnen, jezt ist mir ganz wohl und ich werde ruhig schlafen, nur
fürchte ich für Fernow, seine Gesundheit ist nicht stark, sein Gefühl
ruhig und tief, er liebte sie sehr und sie that viel für ihn, nun mußte
er in der dumpfen Luft an ihrem ofnen Sarge stehen, ich war um
5 Uhr da, um 8 gingen Sophie und Duguet mit Adelen hin, er
stand noch da, und hat noch eine Stunde da stehen müssen.

Meyer ist ein vortrefflicher Mensch, ihn von Weimar und dem
ehemaligen Leben hier erzählen zu hören ist einzig. Er hat mich
ganz wieder erheitert, Göthe schäzt und liebt wohl niemanden so
wie ihn, er hat jezt Krausens Stelle und Wohnung in der Zeichen-
Akademie mit dem HofrahtsTitel, er ist eigentlich häslich, aber ein
reiches schönes Fräulein hat sich dennoch in ihn verliebt und ihn

fast gegen Willen der vornehmen Familie geheurahtet und lebt schon manches Jahr glücklich mit ihm. Er muß hier *nolens volens* VerzierungsRaht seyn, wir haben neulich in einem Anfalle von lustiger Laune eine Menge Rähte erdacht, ihn nennen wir also beliebter Kürze wegen den Zierraht, und alles was nicht Raht ist zum Beyspiel Schütze, Fernow, heist Unraht.

Unser Teater ist jezt der Trauer wegen geschloßen, in acht Tagen geht es wieder auf dann wird Einsiedels Stück von Plautus gegeben, mit Masken auf altgriechisch, ich freue mich dazu der Neuheit wegen. Wenn Ridel den Hut nicht nehmen kann so schicke ihn mit der Post, das Porto macht wenig. Auch bitte Malchen Pistorius daß sie mir 12 weiß seidne glatte Schnürbänder anderthalb Ellen lang, und 12 dito 3 Ellen lang, ordentlich an beiden Enden beschlagen besorgt, ein Stück baumwollne Litzen wie diese Probe, ein Stück etwas dickere zu Schürzen 6 Dutzt. kleine spize baumwollne Knöpfe, und 6 Dutzt. dito gestickte von Kambray besorgt und schicke sie mit, alle diese Dinge kosten wenig und sind hier nicht zu haben, daher will ich mir mit einem mahle eine Provision davon kommen lassen. Wenn Ridel schon fort seyn sollte so kannst du diese Kleinigkeit wohl in ein kleines Kästchen gepackt mit der Post schicken, aber schnell denn ich brauche sie nötig, besonders die Schnürbänder an die ich einmahl gewohnt bin, wenn die Stücke der Litzen 60 Ellen wären so reicht von den dicken ein halbes Stück zu. Sage Gansland das mir die unglückliche Niederkunft seiner Frau sehr nahe geht, und schreibe mir doch etwas von der Bregardt, wie sie lebt, siehst du sie gar nicht? Ich bin begierig wie der Hut ausfallen wird, da ich eben nicht glaube dir ordentlich geschrieben zu haben wie ich ihn wünsche, doch du wirst wohl Rahtgeber gefunden haben, hast du ihn noch nicht gekauft, so bitte ich dich nur deshalb an die Pistorius zu wenden, ich wünsch ihn von feinem Stroh, wo möglich italiänschem, so einfach garnirt und von so simpler Form wie man ihn nur trägt, ein runder Hut, wofern sie Mode sind, gefällt mir am besten. Sophie läst dich bitten eine Uhr Silber oder Gold gilt ihr gleich, für Duguet zu kaufen, seine haben die Franzosen mitgenommen, das Geld dafür wird Gansland dir in ihrem Namen auszahlen, die Uhr muß aber gut und wohlfeil seyn, sie bittet dich nicht mit dem Kauf zu übereilen sondern nur von einer guten Gelegenheit dazu die sich in Hamburg leicht findet gebrauch zu machen.

An Danzig kann ich ohne inneres Grauen nicht denken, die unsern sind gewis alle dort geblieben, denn die Mutter ängstet sich für eine Reise nicht weniger als für eine Belagerung, mein Trost ist Labes, vielleicht hat er sie auf irgend eine Art in Sicherheit gebracht, sie selbst können keinen Entschluß fassen. Aber die arme Lotte mit den Kindern in der Stadt, und ihr Mann draußen, und ein wühtender Feind, und alle Greuel der Welt zwischen beyden, das ist entsezlich. Adieu mein Arthur, wenn du etwas erfährst so schreibe mir gleich.   J. Schopenhauer.

nie einen Toten gesehen: Auch die Leiche ihres Mannes nicht. Zu Johannas Nekroallergie vgl. auch Brief Nr. 30.

46. *Johanna an Arthur*

Weimar, d. 28 April 1807.
Ich habe mir den heutigen Tag recht eigends aufgespart um recht umständlich dir auf deine Klagen und deine Wünsche zu antworten. Die Sache liegt auch mir am Herzen, mein Arthur, ich habe lange und viel drüber gedacht, und doch habe ich kein erfreuliches Resultat herausbringen können, und das, lieber Arthur ist wohl ganz natürlich, es ist so schwer, sich in eines anderen Lage zu denkken, besonders in eine so ganz verschiedne Lage wie die deinige von der meinigen ist, bey so ganz verschiedenem Karackter. Du bist von Natur unentschlossen, ich vielleicht nur zu rasch, zu entschlossen, zu geneigt zwischen zwey Wegen vielleicht den anscheinend wunderbarsten zu wählen, wie ich selbst bey der Bestimmung meines Aufenthaltes that, indem ich statt nach meiner Vaterstadt zu Freunden und Verwandten zu ziehen, wie fast jede Frau an meiner Stelle gethan haben würde, das mir fast ganz fremde Weimar wählte. Doch ich will mich in diesem Augenblick von alle dem losmachen, und dir nur schreiben was mein Verstand und die

Lebensklugheit die ich durch so mannichfaltige Erfahrungen
gewann, mir lehren. Daß du mit deiner ganzen Situation unzufrieden warst wußte ich längst, dies kümmerte mich aber nicht viel, du
weißt welchen Gründen ich dein Misvergnügen zuschrieb, dazu
kam daß ich nur zu gut weiß wie wenig dir vom frohen Sinn der
Jugend ward, wie viel Anlage zu schwermüthigen Grübeleien du
von deinem Vater zum traurigen Erbtheil bekamst, dies hat mich
oft bekümmert, aber ändern konnte ichs nicht und so mußte ich
eben mich zufriedenstellen und hoffen daß die Zeit die so viel
ändert auch dich hierinn vielleicht ändern möchte. Da kam dein
Brief vom 28sten März, der ernste und doch gelassene tief aus dem
Gemüht und ins Gemüht dringende Ton in dem du schriebst
weckte mich aus dieser Ruhe, wäre es möglich daß du auf deinem
jezigen Wege ganz deine Bestimmung verfehltest! So muß ich alles
alles anwenden um dich noch wo möglich zu retten, ich weiß was
es sagen will ein Leben zu leben welches unserm innern wieder-
strebt, und wenn es möglich ist will ich dir, meinem geliebten
Sohne, diesen Jammer ersparen. Ach, lieber lieber Arthur, warum
mußte damahls meine Stimme so wenig gelten, was du jezt wünschest war ja einst mein wärmster Wunsch, wie thätig strebte ich
drauf los ihn auszuführen, troz allem was man mir entgegen sezte
war ich doch durchgedrungen, aber wir beyde wurden auf eine
grausame Art getäuscht, wir wollen drüber schweigen, diese späte
Klagen helfen nichts. Unruhig über dein Schicksal unentschlossen
wie ich uns beyden rahten sollte, wußte ich keinen Ausweg als
mich an einen Freund zu wenden, dem ich Einsicht genug zutraue
mir gerade in diesem Fall zu rahten der einst auch der seine war,
und unter viel ungünstigeren Umständen, denn er war sehr arm,
und 4 oder 5 Jahre älter als du jezt bist da er sich zum Studieren entschließen konnte, freylich aber auch konnte er Latein und hatte
mehr eigentliche Schulwissenschaft als du. Dieser Freund ist Fernow, wenn du ihn kenntest würdest du ihn lieben und achten wie
ich, er ist hier der einzige Mensch zu dem ich über alles mit vollem
Vertrauen sprechen kann, weil ich weiß daß alles was mich betrift,
auch ihn lebhaft ergreift, genug er ist mein Freund im vollen Sinn
des Wortes. Mit ihm sprach ich allso, und las ihm die merckwür-

digsten Stellen aus deinem Briefe vor, da er dich nicht persönlich kennt, so kann er über deinen eigentlichen Beruf nicht entscheiden, doch sagte er mir seine Meynung, ich bat ihn sie mir für dich aufzuschreiben, hiebey folgt der Aufsaz, er hat 18 Jahre anstatt 19 die du hast, verstanden, doch das eine Jahr macht keinen wesentlichen Unterschied. Du siehst Fernow meynt wie ich, daß es nicht zu spät sey wenn du nur würcklich den unwiederstehlichen Trieb zur Wissenschaft und den Muht zur Ausdauer fühlst, du würdest alsdann etwa im 26sten Jahr dir selbst und deiner Wissenschaft leben, bleibst du bey der Handlung so verläßt du Jenisch im 22sten Jahr dann mußt du noch, wie es auch gleich deines Vaters Plan von jeher war, ein paar Jahre auf einem andern Komtoir zubringen, und wirst dich allso nicht viel eher etabliren können was ich und kein erfahrner Freund ohnehin je dir rahten würde, die Zeit siehst du ist allso die nehmliche ungefähr, ohnehin wirst du später einsehen daß ein ordentliches Etablissement mit Weib und Kind und allem Hausgesind nicht für die ersten JugendJahre des männlichen Alters ist, wenn man eben nicht gesinnt ist auf Lebenszeit in den ehrwürdigen Philisterorden aufgenommen zu werden. Ich, mein Arthur, will wahrlich deinem Glücke nichts in den Weg legen, du selbst aber mußt dir den Weg suchen und wählen, dann will ich rahten und helfen, wo und wie ich kann. Suche allso vors erste mit dir selbst aufs reine zu kommen, ist der Hang zur Wissenschaft bey dir so groß daß er die Aussicht auf 5, 6 Jahre sehr angestrengter Arbeit, entfernt von glänzenden Vergnügungen, und dann am Ziele ein mäßiges arbeitsvolles Leben, ohne Glanz im Stillen, ungenannt vielleicht, nur durch das Streben und Erringen des Bessern erheitert, aufwiegt, daß du um dieser Aussicht willen gern die Hoffnung einst reich, und angesehen vielleicht, in einer großen Stadt zu leben, geachtet und genannt von einem Theil Europens zum andern, entsagen kannst, nun dann wähle dir, werde Arzt oder Jurist, aber ein Brodstudium mußt du dir wählen, nicht allein weil du auf diese Weise nur leben kannst, denn du wirst nie reich genug seyn von deinen Renten alleine zu leben, sondern auch damit du einen bestimmten Zweck habest worauf du hinarbeitest, denn nur diese feste Bestimtheit macht glücklich. Bist du entschlossen so

melde mir es, aber du mußt dich alleine entschließen, rahten will
und werde ich dir nicht, es ist ein großer ernster Schritt, irre dich
nicht, lies Fernows Aufsaz achtsam durch, und täusche dich ja
nicht, damit du nicht Mismuht und Unzufriedenheit mit deiner
freylich nicht angenehmen Situation mit dem großen Triebe zum
höhern Wissen, der alles niederreißt um nur jenen Zweck zu erlangen, verwechselst. Bist du entschlossen so werden wir mit Jenisch
wohl fertig, ich werde wo möglich wenige Meilen von hier, in
einer Stadt oder auf dem Lande, irgend einen geschickten Schul-
mann auffinden, bey diesem mußt du ins Haus ziehen, und mit
dem angestrengtesten Fleiß, zwey Jahre vom Morgen bis in die
Nacht arbeiten um das versäumte nachzuholen, Fernow versichert
mich daß mit Talent und angestrengter Mühe es möglich ist in dieser Zeit latein und was man sonst braucht um sich fürs eigentliche
Studieren vorzubereiten zu lernen. Nach Weimar nehme ich dich
nicht, du hättest hier, besonders mit mir, zu viel Zerstreuung, nur
wenn du alle dein Tichten und Trachten auf diesen einzgen Zweck
richtest kannst du zum Ziel kommen, bist du dort fertig, so gehst
du auf ein Jahr auf irgend ein Gimnasium, um dich an die akademi-
sche Lehrart zu gewöhnen, wahrscheinlich würde ich dir zu Gotha
rahten, das dortige Gimnasium wird gerühmt, um für dich die
besten Mittel aufzufinden wenn wir erst über den Zweck einig
sind, habe ich hier Männer zu Freunden von denen du dir gerne
rahten lassen wirst. Aber bedencke es wohl alle schöne Litteratur,
alles was dir jezt Freude macht, mußt du auf einige Zeit bey Seite
legen, und nur mit einem trocknen mühsamen Studium dich
beschäftigen, wenn es dir ein Ernst ist, du mußt dich entschließen
ein stilles einsames Leben zu führen und dir nur gerade so viel
Erhohlung gönnen wie nöhtig ist damit deine Gesundheit nicht zu
grunde gehe, denn von jezt an muß kein Augenblick mehr verlohr-
ren werden, und in diesem Entschluß mußt du Jahre lang beharren,
denn ich bin überzeugt du willst nicht auf dem breiten Heerwege
der Mittelmäßigkeit stehen bleiben sondern zu etwas höherm dich
erheben, fühlst du hiezu Kraft und Muht so biete ich dir gern die
Hand. Aber dencke dir doch auch das Leben des vollendeten
Gelehrten nicht zu reizend, ich sehe es jezt in der Nähe, lieber

Arthur es ist ein angestrengtes, arbeitsvolles, mühseliges Leben, nur die Freude an der Beschäftigung giebt ihm Reiz, dabey wird man nie reich, man erwirbt mit Mühe als Schriftsteller was man zur Nohtdurft braucht, ein geschickter Arzt hat es freylich besser, aber wie beschwerlich, wie traurig ist sein Geschäft, wie viel Geduld hört dazu die manichfaltigen Launen der Krancken und Gesunden zu ertragen, ein practisirender Arzt ist nie sein eigner Herr. Der Jurist hat es darinn wohl besser, besonders der Professor auf einer Universität, aber wie viel hört dazu ehe man es in diesem Fach zu etwas ausgezeichnetem bringt, wie trocken ist das Geschäft des practisirenden Juristen, wie empört es oft das Gefühl für Recht und Billigkeit. Um als Schriftsteller zu leben muß man schon etwas ausgezeichnetes liefern können, Fernow lebt so, und ich sehe wie er arbeitet, um 5 Uhr früh sizt er schon am SchreibePult, wenn er um 12 zu mir kommt, hat er schon des Tages Last und Hize viele Stunden lang getragen, den Abend arbeitet er wieder, und so vergeht ein Tag nach dem andern, und was hat er dafür? Freylich die Freude an seinem Werck und den Beyfall der Kenner, um diesen giebt er wenig denn er ist nicht ehrgeizig, jene würde er um keinen Preys geben, er würde eben so arbeiten sagt er, wenn er reich wäre, so arbeitet er aber um zu leben, er lebt höchst eingeschränckt, und doch wirds ihm schwer so viel zu verdienen, dafür aber hat er jezt im 42n Jahr, schneeweißes Haar, das Ansehen eines Greises, und eine zerrüttete Gesundheit, und dennoch ist er einer von denen Glücklichen denen ein leichter Sinn und frohes rasches Blut zu Theil ward, er ist von Natur lustig und guter Dinge, hat sich wie er selbst sagt nie über etwas gegrämt, hat ein sanftes gelaßnes Temperament, und wurde gewiß von der Natur mit großer physischer Kraft ausgestattet, wie man noch an der Ruine dessen was er sonst war, sieht.

In deiner jezigen Laufbahn hast du denn doch schon bedeutende Fortschritte gemacht, das mechanische des Geschäftes lernst du, im Fall du noch lange die Aussicht hast der jüngste zu bleiben könnte man mit Jenisch sprechen lassen, damit du entweder von ihm wegkommst, oder er eine Aenderung trift, ich will wenn du es wünschest dann an Severin Schröder darüber schreiben, daß du

nach überstandnen Lehrjahren dann ein oder 2 Jahre auf ein ander
Komtoir gehst ist wohl nöhtig aber ich halte das für kein Unglück,
du bleibst dann auf dem einmahl eingeschlagnen Wege, und wenn
du erst das lästige mechanische Einerley deines jezigen Treibens los
wirst, wirst du auch mehr Geschmack an deinem Geschäfte finden,
viele vorzügliche Köpfe weihten sich ihm, und mehr als je braucht
es jezt vorzüglicher Köpfe, der Kaufmann im großen Sinn des Wortes ist freyer als jeder andre, ihm bleiben Stunden genug zur höhern
Bildung des Geistes über, lies in dem Buche von Raynal welches du
hast, dessen Titel mir eben nicht gegenwärtig ist, was dieser drüber
sagt, mit großer Kraft und Wahrheit. Als Kaufmann kannst du
unendlich viel Gutes thun, du kannst später mein Alter verschö-
nern, du kannst Adelen versorgen, und ich kann sie ruhig dir überlassen wenn ich sterbe ehe sie versorgt ist. Doch es soll weder von
mir noch von irgend etwas die Rede jezt seyn als von dir. Lieber
Arthur, überlege alles reiflich und wähle, aber dann bleibe fest, laß
es dir nie an Ausdauer fehlen und du kommst sicher zum Ziele
wähle welches du willst. Ich sage dir nicht daß du mich nicht betrügen sollst, denn ich kenne dich und deine feste reine Rechtschaffenheit, aber mit Trähnen im Auge beschwöre ich dich betrüge dich
selbst nicht, gehe ernstlich und ehrlich mit dir selbst um, es gilt das
Wohl deines Lebens, es gilt die Freude meiner alten Tage, denn nur
von dir und Adelen hoffe ich Ersaz für meine verlohrene Jugend,
ich ertrüge es nicht dich unglücklich zu wissen, besonders wenn
ich mir den Vorwurf machen müßte durch zu große Nachgiebig-
keit dies Unglück dir zugezogen zu haben. Du siehst, lieber
Arthur, daß ich dich herzlich liebe, und gern dir in allem helfen
will, belohne mich dafür durch Vertrauen, und dadurch daß du
wenn du gewählt hast, beim Vollbringen deiner Wahl meinem
Rahte folgst, und mich nicht durch Wiederspänstigkeit kränckest,
du weißt ich bin nicht eigensinnig, ich weiß Gründen nachzu-
geben, und werde nie etwas von dir fodern was ich nicht auch mit
Gründen unterstüzen könnte. Alles was ich bis jezt für dich that
war gut für dich, daß du zu Rungen kamest, daß du zu Willinks
zogst, daß du zu Lancaster kamest, war mein Werck alles dies ist das
zweckmäßigste was für dich geschah, wäre mein Plan damahls

nicht so unbarmherzig zerstört du hättest jetzt eine Domherrn
Stelle und wärst auf der Universität, wie viel that ich dafür, Böh-
mer, Runge, Lienau, alle mußten mir helfen, meine Gründe waren
unwiederstehlich, nur jene grausame List konnte sie besiegen, dein
Vater hatte in seinem Sinne nicht Unrecht, auch er wollte dein
Bestes und er kannte nur dies eine, vielleicht ists auch das Beste.

Von dem Fehler deines Gehörs spreche ich mit Fleiß nicht, wird
er nicht gehoben so ist er ein Unglück das du mit Ergebung und
mit Muht tragen mußt, wird es nicht ärger, so ist das Unglück
eigentlich unbedeutend, und wird dir in keinem Geschäfte sonderlich hinderlich seyn, so wie im entgegengesezten Fall in jedem,
etwas mußt du indessen werden, und ich glaube dennoch daß als
Kaufmann dir deine Taubheit weniger hinderlich seyn wird wie
als Arzt oder Jurist. Und nun genug von alle dem. Ein großes
Unglück hat über uns alle geschwebt, es ist vorüber gezogen.
Göthe ist dem Tode nahe gewesen, seit 14 Tagen die er kranck war,
habe ich ihn nicht gesehen, jezt ist er besser, und kommt hoffentlich übermorgen zu mir, dann gebe ich meine Gesellschaft zum
letzten Mahle, es wird jezt Sommer, und die Zeit der Geselligkeit
ist vorüber. Er hat der verwittweten Herzoginn eine Standrede
geschrieben die am Tage ihres feyerlichen Leichenbegängnisses in
der Kirche abgelesen wurde, gerne schickte ich sie dir wenn sie
nicht auf so dickem Papier gedruckt wäre, wie wunderbar der
große Mann jeden Ton zu trefen weiß, wie meisterhaft alles ist was
von ihm kommt, sie ist ich weiß nicht ob in der Hallschen oder
Jenaer Litteratur Zeitung abgedruckt, dort kannst du sie finden,
auch kommt sie wohl ins Morgenblatt. Im Modenjournal des
künftgen Monats wirst du einen sehr hübschen Aufsaz über sie von
Fernow finden, auch einen über eine große Kazbalgerey die in
Dresden unter den Mahlern, bey der diesjährigen Ausstellung ent-
standen ist. Vor ein paar Monaten war auch etwas von meiner
Facon drinn, aber nur eine Übersezung, nehmlich die Englischen
Moden, Bertuch hat hier niemand, der englisch ordentlich ver-
steht, da half ich ihm aus der Noht, aber lustig wars mir mein
Geschreibsel gedruckt zu lesen. Morgen wird das Gespenst von
Plautus hier gspielt, welches Einsiedel übersezte und bey mir vor-

las, ich freue mich dazu es wird ganz nach alter Weise mit Masken
gespielt. Am Sonnabend wurde Don Carlos ziemlich gut gegeben,
besonders Wolf und seine Frau als Posa und Eboli spielten meisterhaft, das Ende war mir neu, Schiller hats kurz vor seinem Tode verändert, wie der König den Karlos mit der Königinn überrascht (der
GroßInquisitor bleibt ganz weg) brennt Don Karlos zwei Pistolen
auf den König ab die beyde fehlen, der König giebt Befehl ihn der
Hermandad auszuliefern, die Königinn liegt in Ohnmacht, Karlos
tritt zu ihr, betheuert ihre Unschuld in einer langen Rede, und
ersticht sich. Fürs Teater ist dies Ende wohl befriedigender, aber
mir wollte es doch nicht gefallen, vielleicht wegen des Ungewohn-
ten. Ridel ist hier ohne Huht, und ohne Hosen auch, die trägt seine
Frau, ich glaube er hat ihretwegen nicht gewagt mir einen mitzubringen, oder auch aus Furcht meiner möchte hübscher ausfallen
als der den er ihr gebracht hat, ich sehe jetzt der Ankunft des meinigen nebst den Kleinigkeiten um die ich dich bat mit der Post entgegen. Du wirst mich hoffe ich nicht warten lassen. Ridel ist ein
armer ängstlicher Philister, du weißt Tischbein hat ein Eselsbuch
das er gar nicht aus den Händen giebt er will es gerne mit Erläute-
rungen bekannt machen, und gab mir damahls einen Brief an Professor Römer in Braunschweig damit ich mit dem drüber sprechen
und dann Tischbein meine Meynung von ihm melden sollte, über
all den Wirrwarr schrieb ich nur durch Ridel erst, und rieth Tischbein davon ab weil Römer mir nicht der Mann dazu scheint,
zugleich bat ich ihn das Buch durch Rideln an Göthen zu schicken
mit dem ich drüber gesprochen hatte, er hat es auch gewollt, was
mich sehr wundert, und der ängstliche Ridel hats nicht nehmen
wollen weil Göthe es der Esel wegen seiner Meynung nach übel
nehmen könnte, ist also abgereist ohne von Tischbein Abschied zu
nehmen, ist das nicht eine ächte Eseley?

Adieu lieber Arthur, die Post eilt und mir schmerzen die Finger,
beherzige alles was ich dir schicke und schreibe, und antworte bald

deiner Mutter J. Schopenhauer.

Die Sache: Arthurs Wunsch, die kaufmännische Lehre zu beenden und doch
noch zu studieren.

auf grausame Art: Bezug wie bei der im folgenden genannten »grausamen List«

nicht klar. Die Alternative zwischen Reise und Kaufmannslehre einerseits, Studium andererseits, vor die der Vater den Sohn gestellt hatte, kann eigentlich nicht gemeint sein.

der Aufsaz: Abgedruckt bei Gwinner, S. 55 ff.

dessen Titel: Wohl die »Mémoires de politique de l'Europe« von Guillaume Raynal (1713–1796).

Eselsbuch: »Lebensgeschichte des Esels« (unveröffentlicht).

47. *Johanna an Arthur*

Du bist also entschlossen, mein Arthur; viel Glück dazu, ich hoffe es soll dich nicht reuen; denn nach diesem Schritte käme jede Reue zu spät. Jetzt ist nur EIN Weg für uns und der geht vorwärts. Wir müssen nun die Zeit zu Rathe halten. Du siehst, ich beantworte deinen Brief wenige Stunden nachdem ich ihn erhielt, und habe auch schon an Jenisch und Willink geschrieben. Die Briefe lege ich dir offen bei, wenn sie dir zweckmäßig dünken, so gib sie ab. Daß du so gegen deine Gewohnheit schnell dich entschlossest, würde bei jedem andern mich beunruhigen, ich würde Uebereilung fürchten; bei dir beruhigte es mich, ich sehe darin die Macht des Naturinstincts, der dich treibt. Nur jetzt Ausdauer und Muth, guter Arthur, wende alle deine Macht, alle deine Kräfte an, das Ziel zu erreichen, es wird dich lohnen. Lieber, lieber Arthur, laß es mich nie bereuen, daß ich nicht deinen Wünschen entgegenarbeitete, dein Glück soll mich für alles, für jede Sorge um dich, für so vieles, wovon du nichts weißt, oder es doch nur ahndest, entschädigen. Du kannst nur glücklich werden, wenn du jetzt nicht wankst noch weichst. In deinem Alter kann man ungeheuer viel, wenn man nur ernstlich will. Jetzt willst du gewiß mit ganzer Seele, aber wirst du ausdauern und werden die großen Schwierigkeiten, die sich dir entgegenstellen, dich nicht zurückschrecken? Nur dies Eine fürchte ich; denn an Talent fehlt es dir nicht, aber du bist alt und klug genug, um dein eigenes Heil zu bedenken, und so hoffe ich getrost. Ich habe auch meinen Freund Fernow schon gesprochen, auch Meyern, der mich heute besuchte, habe ich deinen schnellen Entschluß erzählt. Göthe nahm gestern Abschied von mir, übermorgen geht er ins Karlsbad: gebe der Himmel, daß er mit neuem frischen Leben zurückkehre. Meyer fand unser beider Benehmen recht und billig, Fernow hat deinen Brief gelesen, und freut sich deines Entschlusses, und wird uns ferner rathen und helfen. Ich denke dich in Gotha in das Haus irgendeines der vielen vortrefflichen Schulgelehrten zu bringen, die dort sind. Fernow hat dort einen Freund, Dr. Jacobs, der ein gar trefflicher Mensch sein soll, auch nach Meyer's Aussage, gelehrt und gebildet wie wenige. Vielleicht nimmt er dich, auf jeden Fall soll er deine Studien leiten. Ich werde Ende der künftigen Woche mit Fernow hinüberfahren und sehen, wie und wo ich dich dort anbringe. – – In Gotha sollst du so gut als möglich ist wohnen, aber Eleganz mußt du Verzicht thun; wenn du erst unter uns bist und das hiesige Leben siehst, wirst du alles dieses für Philisterei halten und dich darüber schämen; wenn du erst ein Mann bist und deinen eigenen Herd hast, dann magst du dir dein Nest so zierlich du willst und kannst aufzieren, bis dahin aber ist das lauter Ballast, der dir nur hinderlich wird. Alle Abreden wären also genommen, du reisest sobald du kannst über Kassel gerade hierher, wenn keine Reisegesellschaft sich findet, mit der ordinären Post. Bücher, Bett, Notenpult und Schreibepult werden über Lüneburg hierher an mich geschickt, die übrigen Möbeln bleiben fürs erste bei Willink's. Ich werde in der Zeit für dich hier sorgen. Auf dem Lande kannst du nicht sein: es ist kein Landprediger in der Nähe, der gelehrte Kenntnisse genug besäße. Es ist auch nöthig, daß du erst eine Zeit das Gymnasium besuchst, um dich an den akademischen Vortrag zu gewöhnen, alles das ist dort zur Hand, du kannst mehreres auf einmal dort lernen, sodaß der einförmige Unterricht dich nicht ermüdet, auf dem Lande wäre das alles einseitiger. In alle diesem folge ich Fernow's Rath, er ist mein Freund und hat mein volles Vertrauen; er war nie in Gotha, kennt Jacobs nicht persönlich, steht aber schon lange mit ihm in einer gelehrten Correspondenz, fürchte also nicht, daß er etwa das Interesse eines Freundes befördern will; das Gute, was ich dir von Jacobs schreibe, ist der allgemeine Ruf: seit ich hier bin, habe ich schon viel von ihm gehört – – Denke nicht ferner über deinen Entschluß, er ist jetzt gefaßt; aber waffne dich mit Muth, strebe dich von so manchem unnützen Tand loszumachen, der dir nur hinderlich sein und nicht helfen kann. Du verachtest den Reichthum, lerne auch seinen Schein verachten und deinen Blick einzig nach dem schönen großen Ziel zu richten, das du dir selbst gesetzt hast, so wirst du glücklich sein. Auch mir ist jetzt wohler ums Herz; denn dein Mißmuth drückte auch mich; es wird jetzt alles besser, alles recht gut gehen, das hoffe ich mit Ueberzeugung.

Johanna an Arthur: Am 14. Mai 1807.

wie und wo: Arthur wohnte in Gotha bei dem Gymnasialprofessor Karl Gotthold Lenz; er nahm im Gymnasium an den Stunden des Philologen Christian Fr. W. Jacobs teil und erhielt außerdem Privatunterricht bei Fr. Wilhelm Döring, dem Direktor des Gothaer Gymnasiums.

48. Johanna an Arthur

Weimar. d. 19 May. 1807.

Meinen langen vom 14ten hast Du jezt wohl, und ich hoffe mit Freuden gelesen, Freytag fahre ich mit Fernow nach Gotha, wo ich wohl ein paar Tage bleiben werde, um für Deinen Empfang alles vorzubereiten, da ich weiter nichts meinem Briefe hinzuzufügen habe, so will ich weiter nichts über die große Sache sagen, sondern Dir nur einige kleine Aufträge geben. Erstlich vergiß nicht Göthens Schriften recht ordentlich auch für die künftigen Lieferungen zu besorgen damit ich weiß ob ich sie von Hamburg oder hier bekomme. Hernach laß *Md. Pistorius* Dir noch 4 Ellen von diesem Band besorgen, wie auch 24 Ellen wohlfeiler Franzen zu bunten kattunen Gardinen, ungefähr a 7, bis 10 fl, p Elle. Sie müssen etwas dunckel, und abstechend, braun, gelb, orange grün oder so ungefähr seyn, der Kattun um welchen sie sollen, ist sehr bunt, *Md. Pistorius* kennt ihn. Dann hätte ich gerne 6 oder 8 ℔ Macaroni, ein Fäßchen Sardellen, und 4 Töpfe französischen Senf, diese Dinge können wohl bey Deinen Sachen gepackt werden, Franzen und Band aber bringst Du mit. Auch einige Flaschen schönes Oel wären mir sehr lieb, die Pistorius wird Dir zu alle diesem helfen. Adieu, lieber Arthur, es lohnt mir nicht mehr Dir viel zu schreiben, weil Du bald hier bist.   J. Schopenhauer

Sophie hätte gern für Ihren Mann 3 ℔ Havannah Tobacksblätter, vielleicht kannst Du die auch bey Deinen Sachen packen lassen, sie sagt, Du kennst das, er ist zu Cigarren.

meinen langen: Brief Nr. 47.

49. *Johanna an Arthur*

Weimar d. 21 May.

Ich schreibe Dir nur diese wenigen Zeilen die Dich hoffentlich noch in Hamburg treffen um Dir zu sagen daß ich jezt durch Bertuch die erste Lieferung von Göthens Wercken erhalten habe, Angelika hat ihre Sachen gut gemacht dafür soll sie gelobt werden, mache jezt nur aus daß ich die nachfolgenden Lieferungen auf die nehmliche Weise erhalte, Adieu, ich hoffe bald auf Nachricht von Dir.

J. Schopenhauer

Siegle den Brief von *Duguet* wieder zu u schicke ihn an die *femme d'Augustin* bey *Md. Boeck.*

50. *Johanna an Arthur*

Weimar. d. 15 July. 1807.

Ich erhielt Deinen Brief, eben wie ich bey mir überlegte ob ich mich beunruhigen oder mich ärgern sollte, daß Du nicht schriebst, und da kam er eben zur rechten Zeit, wie ich noch keins von beyden gethan hatte. Den Brief von *Anthime* habe ich Dir zu spedirt, es ist mir lieb, daß Du ihn richtig erhalten hast, vermuhtlich hast Du ihm jezt Deine Adresse gegeben so bekommst Du die Briefe wenigstens einen Tag früher. Ich würde Dir schon eher geschrieben haben aber es war eher keine Gelegenheit. Fernow ist gestern mit St Schütz nach Karlsbad gereist, ich bin jezt hier sehr einsam, denn Falck, Einsiedel, die Göthen, die alte Ludekus u. die Conta, die jungen Bertuchs alles ist fort, ich gehe auch Ende dieser Woche oder Anfangs der künftigen nach Jena wo ich bleiben werde

solange es mir gefällt, die Frommann hat mir ein paar Zimmer verschaft die ich wochenweise bezahle, ich nehme Adele, Sophie und
die Köchinn mit, *Duguet* bleibt hier und hütet das Haus, wenns mir
gefällt so bleibe ich leicht einen Monat in der schönen Gegend.
Mit der Einrichtung Deiner Studien bin ich sehr zufrieden, melde
mir aber doch von Zeit zu Zeit wie es damit geht, und wenn Du
irgend eine Abänderung triffst, an Deinem Fleiße und Deinem
Ernst zweifle ich keinesweges, verlange auch deshalb keine
Rechenschaft von Dir, aber da das Ganze mich so interessirt will
ich doch zu meiner eignen Befriedigung gern wissen wie es damit
geht. Vom Prof. Galetti hatten mir andre schon das nehmliche
gesagt was Du mir schreibst. Daß Dir die Gegend, der Parck, die
Gesellschaft gefallen würden wuste ich vorher, doch freuts mich es
von Dir zu hören. Nur mit dem Wassertrincken ists freylich ein
böser Umstand, dem wir abhelfen müssen. Die Foderung Bier bey
Tische zu trincken ist so natürlich daß es mir nicht in den Sinn kam
daran zu zweifeln daß es bey Lenzens geschähe, giebt man doch
dem Gesinde welches, oder doch Geld dafür. Du bezahlst so gut,
daß es das Wenigste ist was du fodern kannst, da Lenz nicht Wein
trinckt, so kannst Du wohl keinen fodern, Du kannst ja ein Glas
Wein dann und wann auf Deinem Zimmer trincken, nur bitte ich
Dich mäßig darinn zu seyn, bey Deiner Konstitution wäre das
Übermaß hiziger Getränke höchst gefährlich, Du bist nur zu sehr
gespannt. Überdies ist nichts gefährlicher als die Gewohnheit
allein, etwa beim Lesen zu trinken, man trinckt so leicht zu viel,
und wenn man es auch ohne betruncken zu werden ertragen kann,
so schadet doch das Übermaaß auf andere Weise, besonders jungen
Leuten die noch keines künstlichen Feuers bedürfen. Ich würde so
nicht predigen, lieber Arthur, wenn ich nicht grade von Jugend auf
mit Männern gelebt hätte die ohne sich zu betrincken, doch mehr
trancken, als sie sollten, und denen dies durch lange Gewohnheit
zur andern Natur geworden war. Ich habe gesehen und auch
gefühlt, welche bösen Folgen dies für sie und die ihrigen hatte, des
Geldaufwandes dabey nicht einmahl zu gedencken.

Doch diesmahl ist eigentlich die Rede vom Wasser, nicht vom
Wein. Ich rahte Dir, lieber Arthur, bescheidentlich aber deutlich

dem H. Lenz zu vernehmen zu geben, wie Du von Jugend auf nicht
an Wassertrinken gewöhnt seyst, Du fändest es schade Deiner
Gesundheit und verdürbe Dir den Magen, Du bätest Dir allso Bier
aus, Du wirst ja sehen, was darauf erfolgt. Hast Du nicht recht
Kurage dies selbst zu sagen so siegle die Einlage mit einer Oblate
und gieb sie ab, doch ists besser, dencke ich Du sprichst für Dich
selbst und zerreißt den Brief an Lenz. Der rohe Wein ist in Gotha
theuer und schlecht, Burgunder ist für Dich zu hizig und sehr
theuer. Ich rathe Dir, Du läst Dir von Zeit zu Zeit eine Buteille
Würzburger welches sehr guter weißer Wein ist, hohlen und
trinckst nach Tisch in Deinem Zimmer 1 oder 2 Gläser wenn Du
Lust dazu hast, und bey Tische Bier, welches Lenz Dir geben
muß. In Schnepfenthal kriegen sogar die Jungens bey Salzmann
Wasser u Wein zu trincken, sie geben aber auch so viel wie Du
Pension.

Meine Idee war überhaubt nur daß Du bey Lenz ein Jahr bleiben
solltest, bis Du Dich orientirt hättest, hernach solltest Du Dir Privatlogis nehmen und nach Gefallen einrichten welches weniger
kosten muß, und wohl so angenehm für Dich wäre wenn Du erst
einmahl bekannt wärst. Hängt er Dir den Brodtkorb zu hoch, und
mußt Du noch zu viel außer der Pension bezahlen was eigentlich
dazu gehörte, so ziehst Du schon Weyhnachten aus, denn solche
Knickerey ist unerträglich, wir sagen ihm dann Michaelis auf, doch
sieh erst zu wie es wird, auf jeden Fall muß alles gar sänftiglich
geschehen ohne die Leute zu beleidigen weil Du sie doch noch
brauchst, um Deine Studien ordentlich zu machen wozu nach aller
Sachkundigen Urtheil kein besserer Ort in der Welt ist als Gotha.
Du siehst ich habe alles gut für Dich überlegt das Türcksche An-
wesen konnte ich aber nicht ahnden. Von Liebenstein weis ich nur
daß es dort sehr leer ist, ich weis niemand der hinginge. Der alte
Bertuch ist in Rudolstadt, wohin er seine Litteraturzeitung verlegt,
er kommt heute oder morgen wieder, ich werde mich nach dem
neuerfundenen Lichtleiter der mir etwas unglaublich vorkommt,
erkundigen, wenn ich ihn zu sprechen bekommen kann (den
Bertuch nämlich) noch ehe ich nach Jena gehe.

Adieu, lieber Arthur, addressire Deinen nächsten Brief nur hieher, da es ungewiß ist wie lange ich in Jena bleibe, *Duguet* soll dafür sorgen daß ich meine Briefe richtig erhalte.

Der Mops ist 2 Stunden nach Deiner Abreise zu Hause gekommen, und befindet sich vortreflich, das Eichhörnchen hat sich an seiner Kette erhängt zu Sophiens großer Betrübniß, auch sind die beyden Sperlinge gestorben, und es hat sich nach ihrem Tode ausgewiesen daß sie junge Nachtigallen waren, die Mäuse sind auch fortgelaufen. Das sind lauter Hiobsposten, und dabey fällt mir ein daß ich immer keine weitere Nachricht von Danzig habe. Lebe wohl.   J. Schopenhauer

Liebenstein: Andere Pensionsmöglichgkeiten in bzw. bei Gotha.

51. *Johanna an Arthur*

Jena. d 29sten July. 1807

Seit acht Tagen bin ich endlich hier, lieber Arthur, nachdem ich so lange vergebens auf den Kayser gewartet hatte, der dann doch den Tag nach meiner Abreise angekommen ist, da er indessen gar nicht ausstieg so würde ich ihn doch wohl nicht recht gesehen haben. In Gotha ists wohl recht prächtig gewesen wie ich höre, erzähle mir doch ein wenig davon, wenn Du mir schreibst. Es gefällt mir hier recht gut, mein Logis ist zwar nichts weniger als elegant, aber es gefällt mir doch recht gut, es ist nicht unbequem hat eine hübsche Aussicht auf die Berge, einen artigen Blumengarten dicht am Paradiese, und ist sehr wohlfeil, nur habe ich bey der großen Hize viel gelitten weil es sehr der Sonne ausgesezt ist. Es ist mir lieb daß Du mit dem Weine eine erträgliche Auskunft gefunden hast, und sonst übrigens ziemlich zufrieden bist, was wir in Zukunft zu thun haben wollen wir einst mündlich miteinander überlegen, auf keinen Fall aber ists nöhtig daß Du mit Lenz brichst wenn Du sein Haus verläst, das will ich dann schon übernehmen ganz freundschaftlich einzurichten. Falck hat mich gleich nach seiner Ankunft besucht, und war noch zehnmal langweiliger als sonst, seine Vornehmthuerey ist in der That so unerträglich als unklug, denn er wird aller Welt damit zur Last, und am Ende werden ihm alle bürgerlichen Thüren verschlossen werden, wofür an den Höfen schwerlich Ersaz finden möchte.

Daß es mit Deinen Studien gut geht ist nicht mehr als ich erwarte, bald wirds mit jedem Tage mercklich besser gehen und dann wirst Du erst anfangen Dich Deines Entschlusses recht zu erfreuen. Mit dem Lichtmesser ists in der That nichts, wie ich Dir auch durch Passow sagen ließ. Ich schreibe dieser Tage an Ganslandt und werde dann suchen Dir den Knaster den gelben zu verschaffen, mir wärs lieber Du bliebst bei dem Svigent dem gelben, gewöhntest Du Dir vielleicht die garstige Schweinerey noch ab, wenn er Dir nicht schmeckte. Mit der *Claque* wirst Du possierlich aussehen, konntest Du aber solch ein Thier nicht in Gotha bekommen? wenn Du es ja haben mustest, wer weis ob der aus Hamburg passen und sonst recht seyn wird. Mit den Hemden wünsche ich daß Du Dich noch ein wenig geduldest, bis ich wieder in Weimar bin. Schicke mir indessen mit ehester Gelegenheit ein Hemde durch die Boten. Die Briefe addressire nach wie vor nach Weimar da ich nicht weiß wie lange ich hier bleibe, *Duguet* ist dort und besorgt sie hierher.

Am Sonntage war ein Herr Knievel aus Danzig hier den Ratzky mir recommandirt hat, er hat die Belagerung mit ausgehalten und hat mir viel von dort erzählt. Mariechen *Barstow* ist verheuhrahtet, der alte *Ross* ist tod, *Allmondis* haben kurz vor der Belagerung ihr Haus neu gebaut, so daß es fast das schönste in der Stadt ist, deshalb hat auch der Kaiser drinn logirt. Die Verheerungen auf dem Lande sind nicht so arg, die halbe Allee steht noch aber Aller Engel ist mit sammt der Kirche ganz geschleift, Gärten und Dörfer, wie Langfuhr, Stries, Oliva sind unbeschädigt. Fernow ist in Carlsbad glücklich mit seinem Neffen angelangt, sie logiren auf der Wiese im Maltheser Krug. Göthe ist noch da und bleibt noch ein Weilchen. Adieu Arthur, gehabe Dich wohl, und grüße Deine Hausherrschaft ein paarmahl.   J. Schopenhauer

Kayser: Napoleon.
Paradiese: Wiesengelände an der Saale.
Knaster: Schnupftabak.
Claque: Zylinderähnlicher Hut.
Ratzky: Vgl. Brief Nr. 70.

52. Johanna an Arthur

Jena d. 12ten Aug: 1807.

Ich habe gestern Deinen Brief vom achten erhalten, lieber Arthur
und ich sehe mit Vergnügen draus daß es mit Deinen Studien gut
geht, und Deine Situation Deinen Wünschen zusagt. Fahre nur so
fort, und laß Dich weder durch die Mühe, noch auch durch die
angenehme Empfindung gelobt zu werden irre machen, sondern
strebe gerade und ernsthaft zu dem großen Ziele hin das Du Dir
einmahl vorgesezt hast, es mangelt Dir nicht an Kräften es zu erreichen, aber der Weg ist doch weit. Passow hat mir gesagt daß
Döring die Schwachheit hat bey seinen Schülern gewaltig in die
Trompete zu stoßen, lasse Dich nur nicht von ihm übereilen, sondern warte lieber bis Ostern um in der Klasse wie die andern Latein
zu studieren, Passow, der es doch versteht, hat mir gesagt, es wäre
alles Mögliche wenn Du bis Ostern so weit kämst. Daß Du mit
Deinem deutschen Aufsatz bey Jacobs so gut bestehst wundert
mich nicht, bey der großen Lectüre und dem Talent das Du hast ist
das sehr leicht, ich wünsche nur daß Du Dich nicht dadurch ver-
führen läßt zu viel Zeit auf diese Dinge jezt zu wenden da die Erlan-
gung gründlicher Kenntnisse und eigentlicher Gelehrsamkeit Dein
Haubtzweck seyn muß, die schönen Wissenschaften sind eine zu
reizende Beschäftigung, und der Beyfall den man damit erwirbt
macht zu große Freude als daß man nicht gern sich ganz ihnen hin-
gäbe, und doch, wenn man sich über den gemeinen Dilletantismus
den jezt jeder Friseurjunge treibt erheben und selbst etwas Rechtes
darinn leisten will, muß man ernst und gründlich Studien getrie-
ben haben, die man hernach nur als Kenner im Wercke wiederfinden kann. Ich bin noch immer hier, und werde noch etwa 10 Tage
hierbleiben, die Gegend ist wunderschön, ich habe hier manche
angenehme Bekanntschaft, und mein Aufenthalt hier ist eher eine
Oeconomie als eine Ausgabe. Gestern hatte ich mit einer Gesellschaft einen Spaziergang nach der Kunitzburg gemacht die auf
einem hohen Felsen in Ruinen liegt, wir waren 3 Stunden gegangen und gestiegen, die Burg lag nahe vor uns, wir durften nur ein
Holz durchstreichen um hinzukommen, aber in dem verwünsch-
ten Holz verirrten wir uns so, daß wir keinen Ausweg finden konn-

ten, die Sonne gieng entzückend unter, wir sahen sie durch die
Bäume funckeln, und konnten nicht heraus um das herrliche
Schauspiel das wir ahndeten zu sehen, endlich fanden wir den Ausweg, die Sonne war schon hinunter, ohne in den Ruinen gewesen
zu seyn stiegen wir hinab ins Dorf, erquickten uns ein wenig, lachten uns selbst aus, und kamen um halbeilf in der prächtigen Mond-
nacht zu Hause. Adele war mit und hielt aus wie ein Held.

Die Nachricht daß die 63 Thlr sich ihrem Ende nahen überrascht
mich sehr, und ich muß Dich ernstlich bitten in Zukunft besser zu
hausen. Es sind 126 Mck *Banco*, allso über 150 Mck. *Curant*, und
damit bist Du in 5 oder 6 Wochen fertig geworden, wärend ich alle
nöhtigen Ausgaben für Dich bezahlt habe. Deine Lehrstunden bey
Döring können noch keine 3 Monate betragen das wären etwa 19
Thlr 12 g. Ich gestehe Dir ich begreife nicht wo Du mit dem übrigen Gelde geblieben bist. Sey so gut mir so bald Du kannst eine Art
von Rechnung darüber zu schicken, die gerade nicht sehr detaillirt
zu seyn braucht, ich will wissen wie viel Du für die nöhtigen
Bücher ausgegeben hast, wie viel Deine Installation etc kostete,
um die zufälligen ersten Ausgaben von den fortlaufenden zu trennen. Wie viel Döring Dir kostet weis ich. Wenn Du wie ich sehr billige, acht Stunden die Woche hast so beträgt es gerade den Monat
13 Thlr. Melde mir dabey wie viel Deine andre Lehrstunden
kosten, und auch ungefähr Dein Frühstück, Wein, u. dergl. Weis
ich dann wie viel Du nohtwendig brauchst, so werde ich umso
eher bestimmen können, wie viel Du etwa darüber zu Deinen Vergnügungen brauchst, sage mir auch darüber selbst Deine Meynung, ich halte es aber für sehr gut hierin eine gewisse Ordnung zu
machen, damit Du selbst weist was Du zu thun und zu lassen hast.
Du bist kein Verschwender lieber Arthur, aber Du läßt Dich zu
leicht gehen und ich fürchte Du hast aus Hamburg die Thorheit
mitgebracht Dich einer weisen Oeconomie zu schämen, die ist
aber jezt doppelt nöhtig da Du einen Weg verlassen hast auf welchem schon Deine Lehrjahre in kurzer Zeit etwas einbringen konnten, da Du hier noch lange blos zehren mußt ehe Du etwas
verdienen kannst. Ich selbst scheue jede unnöhtige Ausgabe, und
bitte Dich ein Gleiches zu thun, denn Deine und meine Verpflan-

zung und erste Einrichtung haben viel Geld gekostet, Du würdest
Dich wundern wenn ich Dir vorrechnete wie viel Du schon seit
Du von Hamburg bist gebraucht hast. Ich brumme nicht, lieber
Arthur, ich will nur Dich aufmerksam machen, und ich weiß, daß
es Dir mit Deinem guten Kopf nicht fehlen wird, den rechten Weg
zu finden. Daß Deine Freude die meinige ist weist Du, Du weist ich
bin noch nicht so alt und lebenssatt daß ich vergessen haben sollte
daß ich einst jünger war, daß Du Dich Deiner Jugend so viel als
möglich freuest wünsche ich von Herzen, aber Verschwendung ist
nicht reine Freude, Du kennst die schönen Freuden des Lebens,
bleibe ihnen treu und laß Dich nicht von falschen Freunden in
Sümpfe führen aus denen Du hernach mit zerstörten Sinnen und
zerrüttetem Gemüht herauskommst, und in neue Wirbel Dich
stürzt um Dich und Deine Reue zu vergessen. Ein reines Herz,
mein Arthur, eine frische lebendige Jugend ist das höchste Glück,
um beydes kann man in Deinem Alter leicht kommen, und dann
geht man ohne Rettung zu Grunde. Es gefällt mir nicht recht, daß
Du Dich an lauter *Comtessen* und *Barons* hängst, giebts denn in
unserm Stande niemand der Dich interessieren könnte, die Ansichten und Aussichten jener Menschen die nicht wie Du zum erwerben geboren sind und sich allso für besser düncken, sind von den
unsern verschieden, auch verleitet ihr Umgang zu größeren Ausgaben, und verrückt unsern Gesichtspunckt, Du gehörst einmahl zur
bürgerlichen Welt bleibe darinn, und bedencke, daß Du mir ver-
sichertest Du wolltest allem Glanz entsagen, wenn Du nur den
Wissenschaften leben könntest, und daß dies Dir mehr Ehre macht,
als die Jagd nach Flitter und Schein. Deine Ausflucht nach Liebenstein tadle ich nicht, obgleich mir dünckt, Du hättest Dich mit der
Reise hierher, dem Aufenthalt in Kassel und Weimar während
6 Wochen, wohl für diesen Sommer begnügen können, wie Dir
der Tag hat 10 Thaler kosten können begreife ich nicht da ein Reit-
pferd wohlfeil ist und Table d'hôte und Logis wenns drey zusammen haben, auch nicht viel kosten, wahrscheinlich hast Du Dich
aber als reicher Hamburger spendabel zeigen wollen, die Hoffrähtin Ludecus und Mlle. *Conta* haben während 4 Wochen im selben
Ort kaum 100 Thlr gebraucht. Du bist kein reicher Hamburger,

Du wirst noch viel in der Welt brauchen und ich wiederhohle meine Bitte nicht fortzufahren wie Du angefangen hast, weil Du es sicher selbst bereuen würdest. Ich hoffe Du reichst noch mit den 20 Thlr die Du etwa bey Abgang Deines Briefes noch hattest etwas aus, ich kann Dir von hier kein Geld schicken, und Du mußt allso warten bis ich wieder in Weimar bin. Doch will ich ja nicht daß Du Schulden machst, eher melde es mir und ich will mein Vergnügen aufopfern und früher nach Weimar zurückkehren. Lebe wohl, mein guter Arthur, verstehe mich nicht unrecht ich bitte Dich, Dein Wohl und nichts weiter liegt mir am Herzen, und ich will gerne alles dazu beytragen daß Dein würckliches Wohl befödert werde, Proben davon hast Du ja genug.

Deine Mutter. J. Schopenhauer

Einlage gieb an Mlle. Wichmann, es ist eine Antwort auf ein Billet von ihr, sage mir wes Geistes Kind ist sie? an Gansland schreibe ich dieser Tage nicht. Die Bücher besorge ich wenn ich zu Hause und in Ruhe bin.

Aufenthalt in Kassel: Wegen einer Ohrenoperation bei dem Hofrat Hunold.

53. *Johanna an Arthur*

Weimar d. 28. Aug. 1807.

Seit Dienstag Abend bin ich wieder hier, lieber Arthur, und freue mich dessen, obgleich es mir in Jena recht gut gieng. Deinen Brief vom 16ten erhielt ich in Jena, ich sehe aus Deiner Rechnung daß Du manche Ausgabe gehabt hast die nicht gleich wiederkommt, ich bin in dieser Hinsicht zufriedner mit Dir, und bitte Dich nur überhaubt zu sparen was Du kannst, ohne zu knickern, oder Dir etwas wesentlich nöhtiges zu entziehen. Ich schicke Dir hier aber-mahls 50 Thlr. 100 Mck banco wirtschafte gut damit, und wenns gegen die Neige geht melde es mir. Von einem Brief von Anthime an Dir weiß niemand etwas, er wird wohl schlecht bestellt worden seyn, hier habe ich über *Duguet* in dieser Hinsicht nicht zu klagen, er hat alle meine Briefe deren ich eine ungeheure Menge aus Danzig erhalten habe, alle ordentlich bestellt. Der alte Weickmann hat mir gar einen possierlichen Brief geschrieben, den ich Dir gelegentlich mittheilen will, so auch Kabrun, Muhl, *etc*, sie haben alle den Kopf voll Burgermeistern und Rahtsherren, und die Lutheraner und Reformirten haben wieder ihre alten Fehden hervorgesucht, es ist ein Jammer mit denen Philistern. Eine böse Nachricht ist daß mein vielgeliebter Neffe aus purer Dummheit bankrott ist, ich verliere nichts bey ihm aber der arme Junge dauert mich. Deinen Brief hat August richtig erhalten, wie ich von seiner Mutter weiß, er ist jezt in Carlsbad von wo er den 7ten mit seinem Vater nach Jena reisen wird, sobald werden wir ihn allso nicht wiederhaben. Deine Bücher schicke ich Dir nächstens, den Tristram will ich gern wenigstens ein Weilchen behalten, auch den großen Atlas, weil er so bequem ist meine ausgeschnittne Blumen drinn zu verwahren, wenn Du ihn aber brauchst so schreibe mir daß ich ihn mitschicke. *Anthime* kann ja wohl die paar Meilen vollends machen und nach Gotha kommen, solche Zusammenkunft auf halben Wege ist auch nur halb. Ich kann die Leinwand zu Deinen Hemden noch nicht bekommen, Du mußt Dich noch etwas gedulden in kleinen Städten ists nicht anders. Von Dir habe ich kein Tuch bis jezt gefunden aber es freut mich sehr daß ich meines wiederhabe. *Addio*, nächstens schreibe ich mehr, ich habe heute der Visiten wegen die mich willkommen hießen keine Zeit, auch ist Fernow gestern Abend wiedergekommen und ich erwarte ihn eben heute. Nachmittag giebt Falck in seinem neu ausstaffirten Eulennest den berühmten großen Thee, wir sind alle voll des besten Willens ihn auszulachen.   J. Schopenhauer

Ich erwarte den *D. Schröder* nebst Töchterchen und Kebsweib aus Hamburg, er ist in Karlsbad und Wien gewesen, das Mädel ist sehr hübsch, wenn sie über Gotha gehen must Du die *honneurs* machen.

mein vielgeliebter Neffe: Carl Gottfried Tietz, der Sohn von Heinrich Floris' Schwester Maria Renata, verheiratete Tietz.
August: von Goethe.
Tristram: sc. Laurence Sternes.

Weimar d. 22 sten Septmbr. 1807.

Ich habe Deine Briefe vom 19 ten und 20 sten dieses wohl erhalten, lieber Arthur, und die Kiste Bücher, die ich ehegestern abschickte ist hoffentlich bey Dir angelangt, die Bücher hast Du aufgestellt und den Thee Dir zur Probe wohl schmecken lassen. Es wird mir recht lieb seyn Dich einige Tage bey mir zu sehen, nur bringe guten Humor mit und laß den Disputirgeist zu Hause damit ich mich nicht alle Abend über die schöne Litteratur und über des Kaysers Bart zu kazbalgen brauche, wenn Du an der statt etwas besseres Wetter besorgen könntest damit alles freundlich und friedlich und heiter von innen und außen wäre solltest Du mir doppelt willkommen seyn, warhaftig ich bin dies abscheuliche Wetter so überdrüssig ich wäre im Stande zu Gottes Tisch zu gehen wenn das was helfen könnte. Daß aus Deiner Zusammenkunft mit *Anthime* nichts wird ist mir ganz recht, so ein Spaß kostet viel Geld, und ich möchte Dir die Frage thun mit der Du mich bey andern Dingen oft geärgert hast, *whats the use of it?* bey dem Abschiednehmen ist wenig Freude und man fühlt dann daß das Kommen des Gehens nicht wehrt war, was ihr euch zu sagen hattet konntet ihr euch in den vielen Monaten die ihr zusammen ward reichlich sagen. Doch mochte ich Dir die Freude mit meinen Einwendungen nicht verderben, und wills auch jezt nicht wenn noch etwas aus dem *rendez vous* werden sollte, zieh hin wenn Du drauf so bestrebt bist.

Daß Du ordentlich mit geritten bist einen Studenten zu begleiten hat mir Spaß gemacht, mir ists noch wie gestern daß ich als Mädchen am offenen Fenster stand und die hübschen Musjes die mir in dem Augenblick recht vornehm und mächtig erschienen vorbey ziehen sah, und ich selbst kam mir noch größer vor wenn sie unterm Fenster hielten mich zu grüßen und die Anführer so ehrerbietig den Degen vor mir senckten, und nun reitet schon mein eigener Stuhlerbe mit dahin. Der Abgang der Schüler auf Michaeli und Ostern ist etwas ganz gewöhnliches, tröste Dich, andere ersezen die Stelle, und Dein Stündlein schlägt zulezt auch. Von Deinem Aufenthalt künftgen Winter wollen wir mündlich sprechen. Von Mdlle Wichmann habe ich schon viel Gutes gehört,

ich bin auf ihre persönliche Bekanntschaft begierig, wenn sie zu
mir paßt und sich ein wenig in dem Ton der um mich her herrscht,
und in meine Weise schicken will, so will ich thun was ich kann ihr
den Aufenthalt hier angenehm zu machen, auch mich wirds freuen
solch einen Ersatz für den Wildspuck die Bardua zu haben, die mir
doch oft zu unbändig war, und irgendein junges Mädchen habe
ich doch gern um mich, mit den verheurahteten Weibern ist der
Umgang zu umständlich. Gott gebe, daß Jacobs bleibt, es wäre
sehr gut fürs Ganze.

Ich habe vergessen Dir zu melden daß das kleine Ungethüm die
Göchhausen sich vor 14 Tagen *sans façon* aus dieser Sterblichkeit
getrollt hat. Ich bin auch gar nicht wohl, aber trollen will ich mich
doch nicht, das niederträchtige Wetter ist schuld dran. Wenn Du
auf einen Sonntag kommst so erschrick nicht wenn Du Gesellschaft findest und Göthen drunter, diesen Sonntag ließ er sich
ordentlich bey mir zum Thee melden, und war gar prächtig, er
hatte mir Stecknadeln aus Karlsbad mitgebracht, er hat mich aber
schon vorher besucht seit seiner Zurückkunft, er sagte mir des
Sonntags wenns frühe finster wird müßte er zu mir kommen, es ist
allso leicht möglich daß er den Sonntag auch da ist wenn Du
kommst. Das Teater ist in vollem Gange, Montag, Mittwoch und
Sonnabend wird gespielt, richte Dich darnach mit Deinem Herkommen.

Nun noch eine *Commission* über die Du die Nase ziehen wirst,
aber ich kann Dir nicht helfen, Reinbeck und Fernow haben mir
wohl eher ähnliche bestellt. In Gotha wohnt ein *Pizzicágnolo* auf
deutsch Wurstmacher, nahmens Buffleb et Co. ein weltberühmter
Mann. Zu dem verfügst Du Dich, verlangst in meinem Namen
eine schöne Zungenwurst, ein Schinken, und etwa 2 ℔ geräu-
cherte Bratwurst, hierüber läßt Du Dir eine Rechg. geben und
sagst ihm daß ich Dir das Geld bey Deiner Zurückkunft mitgeben
werde, bringe diese Sachen mit, wenn Du kannst, es soll Dein
Schade nicht seyn. Wenn nicht so muß er sie mir herbesorgen, das
kommt aber durch Porto und Emballage theurer, das lezte mahl
hat er sie mir in einem Kästchen geschickt, sage ihm ich dencke daß
das bey dem kurzen Wege überflüssig ist wenn sie nur sonst gut in

Papier gepackt sind, am besten wärs Du brächtest sie mit dann haben wirs gleich. *Addio.*   J. S.

whats the use of it?: »Wozu ist das nützc?«
Mdlle Wichmann: Nicht definitiv zu ermitteln; vielleicht die Tochter des Berliner Bildhauers Ludwig Wilhelm Wichmann.

55. *Johanna an Arthur*

                                        Weimar d. 30 7 tmbr. 1807
In ein paar Tagen hoffe ich Dich hier zu sehen wenn das entsezliche Wetter Deine Reisegesellschaft nicht abhält. Ich dencke Du bringst die Ladung vom *Pizzicágnolo* mit, Du kannst sie ja hinten an den Wagen binden lassen.

Wenn Du frühe kommst so kannst Du noch auf einen Ball bey Göthen gehen, die Geheime Räthinn hat mir aufgetragen Dich einzuladen, Du wirst schwerlich diesmahl eine andre Gelegenheit haben Göthen zu sehen, weil er die künftige Woche wahrscheinlich nach Jena geht, aber auf dem Ball wird er wenigstens ein paar Augenblicke erscheinen. Doch aufgeschoben ist nicht aufgehoben, siehst Du ihn nicht jezt so ists ein andermahl. Morgen Abend bin ich bey Göthen. Addio mündlich mehr.   J. Schopenhauer.

Ich habs mit Fr. v. G. so verabredet daß es von Dir abhängt, ob Du Sonntag zum Ball kommen willst oder nicht. Wunderhübsche Mädchen sagt sie sollen da seyn, noch besser als leztens.

56. *Johanna an Arthur*

                                        Weimar d. 6ten Nov: 1807.
Wie unangenehm der Eindruck war den Dein gestriger Brief auf mich machte brauche ich Dir nicht zu sagen, Du kannst ihn selbst berechnen. Du siehst wie es mit Deiner eingebildeten Menschen- und Weltkenntniß steht, was geschehen ist sagte ich Dir vorher, aber Du trotztest auf Dörings Vorliebe zu Dir und auf seinen Hang

zum Gelde, Du siehst wie sehr Du irrtest, wenn Dir das mit den Gegenständen die Dich zunächst umgeben geschieht, so müßtest Du doch wohl in Deiner Beurtheilung im Ganzen allmählich etwas vorsichtiger werden, dies ist die erste Lection die die Dich umgebende Welt Dir giebt, sie ist hart, aber wenn Du Dich nicht änderst wird es noch härter kommen, Du wirst vieleicht sehr unglücklich werden, und weder das Bewußtseyn es nicht verschuldet zu haben, noch die Theilnahme der bessern Menschen wird Dich trösten, denn Du wirst beydes nicht haben. Arthur, wenn Du doch endlich einmahl verständest was Du immer überlaut bewunderst, Göthens Spruch: »habet die Narren eben zum Narren wie sichs gebührt«, ist oft und laut von Dir nachgeplapert, heist das aber die Narren zum Narren haben wenn man sie bessern will? wahrlich nicht, das heist sich ihnen gleich stellen, im Gegentheil, sie laufen lassen und ihre Narrheit benutzen, zum Nutzen oder Vergnügen wies kommt, und dabey ihnen aus dem Wege gehen, damit nicht durch irgendeinen ungefähren Stoß aus dem Narren ein Wühtender wird, das ist Lebensweisheit, und diese, und keine andre hat Göthe mit seinem Spruche gemeynt. Du bist kein böser Mensch, Du bist nicht ohne Geist und Bildung, Du hast alles was Dich zu einer Zierde der menschlichen Gesellschaft machen könnte, dabey kenne ich Dein Gemühte und weiß daß wenige besser sind, aber dennoch bist Du überlästig und unerträglich, und ich halte es für höchst beschwerlich mit Dir zu leben, alle Deine guten Eigenschaften werden durch Deine Superklugheit verdunckelt und für die Welt unbrauchbar gemacht, blos weil Du die Wuth alles besser wissen zu wollen, überall Fehler zu finden außer in Dir selbst, überall bessern und meistern zu wollen, nicht beherrschen kannst. Damit erbitterst Du die Menschen um Dich her, niemand will sich auf eine so gewaltsame Weise bessern und erleuchten lassen, am wenigsten von einem so unbedeutenden Individuum wie Du doch noch bist, niemand kann es ertragen von Dir der doch auch so viele Blößen giebt sich tadlen zu lassen, am wenigsten in Deiner absprechenden Manier, die in einem Orakelton gerade heraus sagt, so und so ist es, ohne weiter eine Einwendung nur zu vermuhten. Wärst Du weniger als Du bist, so wärst Du nur lächerlich,

so aber bist Du höchst ärgerlich. Die Menschen im ganzen sind
nicht böse wenn man sie nicht hetzt, Du hättest wie tausend andre
in Gotha ruhig leben und studiren können und alle persönliche
Freyheit haben die das allgemeine Gesez erlaubt, wenn Du ruhig
Deinen Gang gegangen wärst, und andre ruhig den ihrigen hättest
gehen lassen, aber das wolltest Du nicht, und so wirst Du ausgesto-
ßen. Ich kann die Professoren und ihr Betragen gegen Dich nicht
loben, ich will es auch nicht entschuldigen, aber was hattest Du mit
ihnen zu schaffen? warum hörtest Du nicht ihre Kolegien, nahmst
für Dich heraus was Du brauchen konntest und ließest es übrigens
dahingestellt seyn ob ihre Aufsätze mehr Sinn oder mehr Worte
haben? ohne am Tische eines ihrer Kolegen laut oder leise dem
Nachbar ins Ohr (welches obendrein eine arge Ungezogenheit ist)
gilt gleich, abzuurtheln, solch eine ambulirende Litteraturzeitung
wie Du gern seyn möchtest, ist ein langweiliges gehässiges Ding,
weil man nicht Seiten überschlagen oder den ganzen Kram hinter
den Ofen werfen kann, wie mit den gedruckten. Wenn Du tadlen
willst so mache Dich einmahl an Deinen hochgefeierten Freund
Passow, der wahrlich große Ursache hat sich jenes Aufsatzes zu
schämen, und es jezt auch thut, welches mir seinetwillen sehr lieb
ist. Genug, Arthur, Du bringst die Menschen gegen Dich auf, ohne
Noth, sie mishandeln Dich dafür, das ist in der Regel, und
geschieht Dir gewis, Du magst unter Philistern oder schönen Gei-
stern leben, niemand wird ein Betragen wie das Deine dulden, und
Du mußt entweder Dich ändern, oder Du gehst zugrunde, Du
wirst zu Grund und Boden getreten werden, und nicht ehrenvoll
fallen, auch die Ersten und Klügsten werden Dich tadeln und aus-
stoßen so gut als die geringsten. Welch eine Aussicht dies für mich
ist, die ich wie andre Mütter einst an Dir eine Stüze und die Freude
meines herannahenden Alters hoffte, das dencke Dir einmahl lebhaft, und so brauche ich Dir wenigstens für meine Person keine
Vorwürfe zu machen. Auch alles was ich Dir bis hieher schrieb soll
kein Vorwurf seyn, nur ein Versuch Dich Dir einmahl zu zeigen
wie die Welt Dich sieht, wie ich, Deine Mutter, die Dir so manchen
Beweis ihrer Liebe gab, Dich leider sehen muß, und nun ziehe daraus was für ein Resultat Du kannst.

Jezt zu der wichtigen Frage was für Dich zu thun ist, und die ist
sehr schwer zu beantworten, seit ich Deinen Brief erhielt habe ich
keinen anderen Gedancken gehabt und bin doch zu keinem Schluß
gekommen. Du brauchst eigentlich jezt nur Griechisch und Latein
zu lernen, welches Du fast überall kannst, dies gründlich zu lernen
wirst Du die zwey nächsten Jahre gewis nöhtig haben, die höhern
Wissenschaften bleiben für Deine Universitäts Jahre, außer was Du
in Erholungsstunden durch eine gewählte und von einem sachkundigen Mann geleitete Lectüre Dir selbst erwerben kannst, deshalb
brauchst Du auf kein Gimnasium und noch weniger nach München oder Göttingen zu gehen. Dieser erste so schnell und arg mis-
lungene Versuch schreckt mich einigermaßen von dem Gedancken
ab Dich abermahls auf ein Gimnasium zu schicken, wo doch
immer das Verhältniß der Schüler sehr eingeschränckt ist, gegen
die Freyheit der Studenten auf einer Akademie, und Deine wider-
härige Natur will sich ja einmahl weder in die Schrancken des bürgerlichen Lebens noch der allgemein anerkannten Schicklichkeit
fügen, obgleich ich wohl weiß daß Du darohne nicht durchkom-
men wirst, so will ich doch wenigstens den Augenblick wo Du
gewaltsam hineingerissen werden wirst nicht ohne Noth beschleunigen. Ich kann noch nichts bestimmen, ich will erstlich mich
umhören, dencken, fragen, unablässig, und wahrlich ich werde
Dich erlösen so bald ich kann. Der Gedancke nach Göttingen zu
gehen ist nichts, was sollst Du dort unter den Studenten ohne Stu-
dent zu seyn? Nach München? das ist sehr weit, sehr kostbar und
ists nicht lächerlich latein und griechisch von dort zu holen da es
fast auf jeder Dorfpfarre zu finden ist. Weißt Du noch wie Du mir
aus Hamburg schriebst daß Du gerne auf jede Annehmlichkeit
Verzicht thun würdest um nur unablässig zu studieren und die
ohne unserer beyder Schuld versäumte Zeit wieder einzuholen?
Dencke darann daß kein einzger Umstand eingetreten ist der Deinen Gesichtskreys erweitern kann, im Gegentheil dieser mis-
lungene Versuch sezt Dich weiter zurück. Doch es wird nicht nöhtig seyn daß Du eben ein Karthauser werdest, ich wollte Dich nur
an Deine ersten guten Vorsäze erinnern und Dich bitten dabey zu
verharren und Deinen großen Zweck nicht aus den Augen zu las-

sen um weniger wichtiger Dinge willen. Was du allso jezt zu thun
hast ist dieses, halte Dich ruhig bey Lenz, ohne weder verdrüßlich
noch übermühtig zu erscheinen, bleibe ruhig, kalt, still, und vermeide in irgendein Gespräch einzugehen welches auf Deine
Zukunft bezug hat, sey sehr höflich, dadurch zwingst Du die
andern es auch zu seyn, und übrigens bleibe für Dich allein oder
besuche wie sonst die Häuser in die Du eingeführt bist, ohne Dir
irgend etwas mercken zu lassen, die Aufgabe ist schwer, aber nöhtig und als Übung für manche Situation in Deinem künftgen
Leben Dir gesund. Ich will indessen für Dein Bestes sorgen, ich
finde gewis etwas aus, welches Dir gut thut, ich habe ja noch
immer Rath gefunden, nur muß ich um nichts übereiltes zu thun,
mir Zeit lassen. Daher must Du lieber noch einige Tage länger
in Deinem Fegefeuer bleiben, lange solls nicht währen, mir
liegt selbst dran um der edlen Zeit willen die verlohren geht,
daß Du bald wieder in Thätigkeit kommst. Daß Du so gut Du
kannst diese Zwischenzeit anwendest brauche ich Dir nicht zu
empfehlen. Ich würde Dich gleich herkommen lassen, aber theils
weis ich Dich jezt nicht gut auf längre Zeit zu beherbergen, denn
ein paar Tage kann man sich wohl behelfen aber nicht wochenlang.
Deine Gegenwart und Dein ewiges einreden würde mich auch
hindern ordentlich für Dich zu forschen und zu wählen, und
würde mich bald ärgerlich bald verwirrt machen, besonders wenn
Deine edle bekannte Unentschlossenheit dazu käme, und über-
dieß kann ich diesmahl nicht dafür stehen daß der Unwille über
Dich der doch bey Lesung Deines Briefes in mir aufwallte nicht
meiner Herr würde und es zwischen uns zu heftigen Auftritten
käme die wir beide besser thun zu vermeiden. Allso ists besser
Du bleibst noch dort, und wartest ruhig meinen nächsten Brief ab
der Dir vieleicht schon etwas entscheidendes bringt. Glaube mir
Du dauerst mich, ich weiß Du bist nicht bösartig, und gelingts
mir nur einmahl Dir anschaulich zu machen wie und wo Du fehlst
so bist Du geborgen. Ich hoffe Du wirst alles anwenden mir für
den Kummer den Du, und Du allein, mir machst Entschädigung
zu geben, dies kannst Du nur wenn Du in Zukunft besser meinem
Raht und meinen Warnungen folgst. Lebe wohl, beruhige Dich

über das Vergangne, ertrage die Gegenwart, und sey klüger für
die Zukunft.   J. Schopenhauer

Nimm noch eine Warnung von mir an, ich bitte Dich thue ein übri-
ges und nimm sie blindlings an, wenns nicht anders seyn kann.
Vertraue Dich von heute an keinem Deiner dortgen jungen
Freunde, Neugier, die Sucht sich in fremde Händel zu mischen und
der den mittelmäßgen Menschen eigne Hang sich an jeden zu drängen der eine Art Celebrität hat, sie sey von welcher Art sie wolle,
und wärs ein armer Sünder der morgen gehängt werden soll, wird
sie zu Dir führen, denn leider bist Du in dem kleinen Kreyse der
Dich umgiebt eine merckwürdige Personage geworden, sie werden forschen und fragen, und hernach klätschen und trätschen,
oder mit Deinem Vertrauen sich geheimnisvoll anstellen. Daß sie
Dein Vertrauen misbrauchen ist gewis, ich könnte Dir Beweise
verschaffen, wenn ich wollte, aber ich hoffe Du glaubst mir aufs
Wort. Sprich gar nicht davon wie lange Du noch in Gotha bleibst,
mache Dich breit und bequem in Deinem Zimmer, als ob nichts
vorgegangen wäre, und antworte auf alle Fragen höflich, freundlich, unbestimmt, das wird sich finden, kommt Zeit, kommt Rath
etc. etc. Sieh das wäre der Anfang auf Göthes Weise die Narren eben
zum Narren zu haben. Selbst Lenz darf nichts weiter erfahren, ich
weiß er brennt für Neugierde, aber ihm sagst Du nur ja sehr höflich,
wenn er frägt, Du hättest mir geschrieben, es wäre noch nichts unter
uns bestimmt, und da Du bey ihm so sehr wohl aufgehoben wärst
könntest Du ja es abwarten, frägt er nicht so sagst Du auch nichts.
Wenns Zeit ist wollen wirs ihm wohl zu wissen thun, und vieleicht gebe ich ihm dann auch meine Meinung noch zu verstehen.

brauche ich Dir nicht zu sagen: Nach seinen Spottversen »Auf die Gothaer Philister« und den Gothaer Gymnasialprofessor Christian Ferdinand Schulze
(»Gedichte von an über Schopenhauer«, hrsg. von Arthur Hübscher, Zürich
1984, S. 27 f.) waren Arthur von Fr. W. Döring, seinem Gymnasialdirektor, die
lateinischen Privatstunden gekündigt worden. Sein Brief hatte der Mutter
davon wie von seinen Plänen, nach Weimar überzusiedeln, Mitteilung
gemacht.

»habet die Narren...«: Frei nach dem Refrain von Goethes »Kophtischem Lied« aus den »Geselligen Liedern«.

sich jenes Aufsatzes schämen: Anlaß nicht rekonstruierbar.

57. Johanna an Arthur

Weimr d. 30ten Nov: 1807

Endlich, lieber Arthur, wirds wohl Zeit daß wir wieder einmahl einen Plan für Deine Zukunft bestimmen, der hoffentlich dauerhafter seyn wird als der welcher, gewis nicht ganz ohne Deine Schuld so schnell zertrümmert ward. Doch das Geschehne ist unwiederbringlich dahin, und ich will nicht ferner darüber sprechen, es soll mir sogar nicht leid darum seyn, wenn Du nur durch diese Erfahrung für die Zukunft gewizigt bist und Dich gescheuter aufführst. Ich habe Erkundigungen rechts und links eingezogen, die Antworten trafen weniger schnell ein als ich erwartete, und so habe ich immer gezögert um mich nicht zu übereilen, jezt indessen kann ich Dir das Resultat von allen diesem und von meiner ernstlichen Überlegung vorlegen, da Du kein Kind mehr bist so halte ichs für sehr billig daß Du auch eine Stimme in einer Sache habest die Dich so nahe angeht. Mit Göttingen, München, Braunschweig ists nichts für Dich, ich dencke Du wirst mir die Mühe schencken Dir zu schreiben warum es mit diesen Örtern nichts ist, wenn ich Dich sehe will ich Dir mündlich sagen warum, im Fall Du es verlangst.

Ich sehe nur zwey Wege für Dich, entweder Du bleibst hier in Weimar, oder Du gehst nach Altenburg, acht Meilen von hier. Das hiesige Gimnasium ist nichts für Dich, auch ist der Ruf Deiner Thaten schon vor Dir hergegangen, man würde ungern Dich aufnehmen, und ich sehe hundert Kollisionen in die wir beyde gerahten könnten, die höchst unangenehm für Dich und mich wären, denn Du must nicht vergessen daß der hiesige Direktor der Bruder Deines Lenzes ist, ihm mit Leib und Seele ergeben, und trotz alle dem Guten was Du von seinem Karackter gehört haben willst, und trotz seiner vieleicht großen Gelehrsamkeit, der unerträglichste bornirteste Pedant, über den Schüler und Lehrer gleich unzufrieden sind, er hat ordentlich Furcht dafür daß Du in seinen Schaaf-

stall kommen möchtest und arbeitet mit Händen und Füßen dagegen; er würde sich gewiß nicht mit Dir einlassen und Dir Privatstunden geben. Schwab soll recht viel wissen, aber platterdings
nicht lehren können und die elendeste Methode von der Welt im
Unterricht haben. Riemer, einer unsrer gelehrtesten Philologen,
der mit dem Gimnasium nichts zu schaffen hat, würde Dir herzlich
gern Unterricht geben, aber seine Beschäftigung mit Göthen läßt
ihm keine Zeit. Es bleibt Dir allso nur Passow, und von diesem
kannst Du allerdings viel lernen, aber auch er hat fast gar keine
Zeit, er könnte Dir nur 6 Stunden die Woche geben, und dazu
müste der Sonntag mit zur Hülfe genommen werden. Willst Du
allso hier gerne seyn, so kannst Du nur diese 6 Stunden wöchentlich von Passow haben, übrigens must Du alleine studieren, und
zusehen wie Du Dir forthilfst. Auf diese Art höre ich studiert sichs
freylich am besten, und wenn mans recht anfängt und Hülfsmittel
wie sie die hiesige Bibliothek darbietet hat, kann man ungeheure
Fortschritte in allen Wissenschaften machen. Der andre Vorschlag
den ich Dir zu machen habe ist nach Altenburg zu gehen, und dort
zu studieren ohne eigentlich Gimnasiast zu seyn, beim Direcktor
Matthiä zu logieren und zu essen und von den öffentlichen Lehrstunden mitzunehmen was Dir gut dünckt, nebst Matthiäs Privatunterricht, Du wärst dann dort ungefähr wie jetzt in Gotha, es sollen sehr brave Männer bey der dortigen Schule seyn, unter andern
wird Messerschmidt sehr gerühmt, Matthiä soll ein sehr großer
Philologe seyn, und seine griechische Grammatik ist die beste die
man hat, auch in aesthetischer Hinsicht rühmt Passow ihn sehr und
sezt ihn fast Jacobs gleich. Altenburg soll ein hübsches Städtchen
nah an den böhmischen Gebürgen seyn, 8 Meilen von hier und
8 Meilen von Karlsbad, Du kannst allso immer in einem Tage von
dort herkommen, die Lage der Stadt soll angenehm seyn, der Ton
der Gesellschaft recht gut, es wohnen viel recht gebildete Leute
dort, unter anderm ein Universitätsfreund von Fernow, Waitz, von
dem Du die Balladensammlung hast, man soll dort höchst gesellig
seyn. Ein dicker H. von Trapp der mit einer Engländerin in Karlsbad war wohnte dort, er wuste nicht genug davon zu rühmen und
hat noch hernach mit dem Vater drüber correspondiert, weil dieser

ordentlich Lust gekriegt hatte einmahl nach Altenburg zu ziehen. Matthiä wird sehr gerühmt, so auch seine Frau, die Wichmann ist einmahl mit Lenzens dort gewesen, beyde sollen recht liebe Leute seyn, sein Brief an Passow den ich Dir beylege trägt auch ganz den Stempel eines recht ehrlichen anspruchslosen Gemühts. Ich habe aber nicht allein von Passows sondern auch von andern Freunden viel Gutes von ihnen gehört. Wie Du dort leben würdest und was Du dort lernen könntest siehst Du aus dem Briefe und dem Lectionskatalog. Willst Du lieber hier seyn so must Du Dich auf Passows 6 Privatstunden und eignen Fleiß einschräncken, denn übrigens ist hier nichts für Dich, das Gimnasium ist in der That schlecht bestellt und nur für gewöhnliche Schüler ohne Ansprüche eigentlich berechnet, es ist kein Lehrer außer Passow dabey der Dir eingen Nuzen schaffen könnte. Ich würde Dir dann nicht weit von mir und Passow eine Stube und Kammer miethen und meublieren, Du wirst für uns beyde zuträglich finden daß ich dann unser gegenseitiges Verhältniß so einzurichten strebe daß unsrer beyder Freyheit kein Abbruch geschieht und ich in der zwanglosen, friedlichen, unabhängigen Ruhe bleibe, die mich jezt erst recht eigentlich des Lebens froh werden läßt. Allso, lieber Arthur, wenn Du hier wohnst treibst Du Dein Wesen für Dich als wäre ich nicht da, nur daß Du alle Mittage von ein Uhr bis etwa gegen drey bey mir zu Tische kommst, den Abend bringt jeder von uns zu wie er will, außer meine beyde Gesellschaftsabende wo Du mit den übrigen natürlicherweise zu mir kommst, und wenn Du willst auch bey mir zu Abend issest, die andern Abende speist Du zu Hause, auch Deinen Thee trinckst Du zu Hause, wie es dann mit Deinem Abendessen *etc.* einzurichten ist wird sich finden, ebenso auch mit der Aufwartung, die *Duguet* Dir wohl wird besorgen können da er so wenig zu thun hat, so lieber Arthur, glaube ich ists nothwendig für uns beyde, auf diese Weise bleiben wir so ziemlich in unsern jezigen Verhältnissen, ich gestehe Dir ich finde die meinigen so angenehm, ich bin dieser ruhigen Lebensweise so gewohnt daß mir für alles graut was eine Abänderung darin zuwege bringen könnte, indessen alles dies kann auch mit Deinem Hierseyn gar wohl bestehen wenn man nur gehörige Maasregeln trifft, und ich

bin überzeugt, Du wirst Dir gern alles gefallen lassen was ich in
dieser Hinsicht wünschen werde, und mir jede Einrichtung überlassen, Deine eigne Freyheit gewinnt dadurch auch. Deine Zeit aus-
zufüllen und nüzlich anzuwenden muß Deine Sorge seyn, da Du
die Wichtigkeit dieses Punctes ohnehin fühlst glaube ich Dir hierüber nichts mehr sagen zu dürfen. An Vergnügungen hast Du drey
Abende Theater und zwey Abende bey mir, und daran wohl
genug, obgleich ich fürchte die Abende bey mir werden Dir nicht
immer so angenehm erscheinen, wie denen die älter und bedeuten-
der als Du bis jezt noch seyn kannst, thätigern Antheil daran nehmen können, Du bist der einzge ganz junge Mensch in dieser
Gesellschaft. Doch das Interesse Göthen *etc.* nahe zu seyn wird
Dich für die Lustigkeit die Du vieleicht vermissen wirst hoffentlich
entschädigen. Mit andern angenehmen gesellligen Verhältnissen
darfst Du Dir nicht schmeicheln, junge Leute Deiner Art sind hier
nicht, alles was hier von Deinem Alter ist steht in andrer Hinsicht
weit hinter Dir zurück, und die übrigen haben ihre Geschäfte und
sind auch großentheils verspießbürgert, doch alles dies ist keine
HauptSache und wird Dich wenig kümmern.

Jezt wähle Dir, lieber Arthur, und das bald, denn es ist Zeit.
Frägst Du mich um Rath so stimme ich für Altenburg, weil ich
glaube daß der Aufenthalt dort für Dich am zweckmäßigsten seyn
wird, und daß Du dort bey weniger Zerstreuung als hier, wo Dich
doch das Teater etc. sehr anziehen wird, dennoch ein angenehmes
Leben führen können wirst, wie ich nach aller Urtheil glauben
muß, willst Du lieber hier seyn, so habe ich auch nichts dagegen,
ich glaube auch daß Du mit Fleiß und Anstrengung hier Deinen
Zweck erreichen können wirst, Du sollst mir recht willkommen
seyn, und ich will thun was ich ohne meine eigne Freyheit und
Ruhe aufzuopfern thun kann, um Dir Deinen Aufenthalt hier recht
angenehm zu machen. Ich bitte Dich überlege und entschließe
Dich, damit ich Dir entweder hier ein Zimmer besorge, oder nach
Altenburg an Matthiä schreibe. Ich muß Dir noch sagen, daß es
Mühe kostete Passowen zu bewegen daß er Deinen Unterricht
übernehme, er hat gar zu wenig Zeit, man dencke auch, Professor,
Bräutigam, Schriftsteller und Recensent in einer so kleinen Person

esch ischt ä vieles würde Meyer sagen. Nun will ich Dir noch in der Kürze sagen, in Göttingen ist das Latein in so schlechten Umständen daß es zum Sprichwort dient. In München ists sehr theuer, das gesellschaftliche Leben so elend als möglich, Jacobs u. Schlichtegroll höchst unzufrieden und die Schule noch nicht recht organisirt sondern erst im werden, in Braunschweig ist das Karolinum eine Ritterakademie eigentlich, wo junge Grafen für schweres Geld nichts lernen und für alte Sprachen gar nicht gesorgt ist, und in Schulpforta kann man freylich sehr gelehrt werden, aber die ganze Einrichtung stammt noch aus den Mönchszeiten und ist noch ganz klösterlich so daß die Schüler dem strengsten Zwange unterworfen sind. Alles dies weis ich aus sichern Quellen, Du siehst ich habe mich gut umgehört. Du wirst jezt entscheiden und mir so bald als möglich Deine Meynung kundthun, damit ich für Dich das nöhtige besorgen kann.

Ich höre Werner ist in Gotha, und besonders viel bey Lenz, das ist mir um Deinetwegen sehr lieb, sollte er nach Weimar kommen so siehe zu wie Du ihn mir zuschickst, ich möchte ihn gar zu gern sehen, und ihm selbst wird meine Bekanntschaft zu mancher andern mit weniger Mühe verhelfen. Wenn Du ihn hast kennen lernen so kannst Du ihm ja einen Brief an mir mitgeben, ich höre er ist sehr mittheilend und liest und deklamirt gern vor, das soll mich freuen wenn ers bey mir thun will.

Nun noch ein paar Worte wegen den Spielsachen. Kaufe mir ein Schattenspiel, aber kein lehrreiches, sondern so eins nach der alten Art wie es Dich so zu beglücken pflegte, und entweder einen Kuckkasten für einen Thaler oder einen solchen Kasten mit Transparents, wies Dir am hübschesten deucht. Kannst Du auch ein Domino Spiel finden so kaufe es auch, hier siehts mit allen solchen Dingen schlecht aus; findest Du noch irgendeine artige nicht theure Schnurrpfeyferey so füge sie hinzu, Ritterspiel *etc.* haben wir schon, aber kaufe nichts theures, hier macht man mit einigen Groschen so viel Freude als mit einigen Thalern. *Adieu*, antworte bald, so bald nur etwas entschieden ist wollen wir uns über das wenn und wie näher berahten, schicke mir Passows Brief und den Lections Katalog wieder.   J. Schopenhauer

In Gotha sind gewiß viele in Altenburg bekannt, ziehe dort Erkundigungen ein, und im Fall Du Dich für Altenburg entschließt so
erkundige Dich ob Dein Gepäcke über Weimar gehen muß oder
ob es geradezu nicht näher ist.

Werner: Zacharias Werner.

58. Johanna an Arthur

Weimar d. 13 Decr. 1807
Ich hoffe Du hast die 50 Thlr die ich Dir diese Woche mit der Post
schickte, richtig erhalten, die Nachricht, daß Du wieder ohne Geld
wärst kam mir unerwartet, da Du noch obendrein nicht einmahl
Deine Buchhandl. Rechg bezahlt hast, und weder Lehrer noch
andre Dinge die lezte Zeit zu bezahlen oder zu kaufen hattest,
ich hoffe Du wirst in Zukunft dies besser einrichten, daß Du im
Triumph von Gotha abziehn willst ist nicht ganz passend, denn
mir deucht Du hast wohl über nichts zu triumphiren, der Aufenthalt war eben nicht sehr gloreich. Wenn man nach geendigten
Schulstudien auf die Universität abgeht und so einen neuen
Abschnitt seines Lebens anfängt ist solche Feyerlichkeit nicht
unrecht angebracht, aber das ist doch nicht Dein Fall, ich billige
diese Feyerlichkeit nicht, doch will ich sie Dir nicht wehren, aber
Dein alter Waidspruch *what's the use of it* wäre hier nicht übel angebracht, die Professoren werden sich über Deinen Triumph nicht
ärgern, sie wissen wohl wer gern tanzt, dem ist leicht gepfiffen,
und die Gimnasiasten spielen gern Studentens und lassen sich eine
Lustpartie nie zur ungelegnen Zeit kommen, mit den 50 Thalern
aber kommst Du hoffentlich zu allem aus, die Auslage für Adele
wird etwa nur ein paar Thaler seyn, Du bringst entweder ein Schattenspiel oder einen Kuckkasten, was Dir am hübschsten dünckt,
aber ein Domino vergiß ja auch nicht. Ich habe ein Logis für Dich
gemiehtet, an eins mit der Aussicht nach dem Park war gar nicht
zu dencken, es liegen fast nur lauter herrschaftliche Gebäude am
Park, auch war eben keine große Wahl, weil unsere Officiers wieder
gekommen sind und die möblirten Logis eben sehr gesucht wer-

den. Du hast bey Deinem Hutmacher eine Treppe hoch zwey hübsche Stuben und eine Garderobe, ich muste 2 Stuben nehmen, Stube
und Kammer allein war nicht zu finden, die Stuben sind ordentlich
meubliert, und wenn Du willst, kannst Du auch noch Deine alte
Komode aus Hamburg wieder haben, einen Menschen der Dir
Deine Kleyder *etc* rein macht wird Dein Wirth besorgen, das ist
besser, so braucht man für nichts zu stehen. Die übrige Aufwartung besorgt die Magd im Hause wie gewöhnl. gegen ein Trinckgeld, den 21sten oder 22sten werden die Zimmer frey dann laß ich
sie reinmachen, und Du kannst den 24sten einziehen, auch lasse ich
Dir noch diese Woche Holz fahren. Deine Sachen lasse einpacken,
die Wichmann wird Dir den Bücherkasten schicken, womöglich
aber so lasse die Kisten selbst wägen damit wir mit der Fracht nicht
betrogen werden, Du adressirst sie an H. Kaufmann C. S. *Rinder*
und bemerkst im Frachtbrief das Gewicht, ein Fuhrmann der sie
mitnimmt soll sich künftge Woche bey Dir melden und nähere
Abrede nehmen, die Fracht werde ich hier bedingen und bezahlen.
Es wäre sehr gut wenn Du Deine Sachen und auch Dein Bett
einige Tage vor Deiner Abreise absenden oder wenigstens auf
jeden Fall einpacken könntest, einen kleinen Koffer mit dem noth-
wendigsten mache so, daß er mit Dir zugleich oder vor Dir eintrift,
denn die Frachtfuhren zögern in dieser Jahreszeit und bey diesen
Wegen oft, auch muß Adelens Spielzeug spätestens d. 23 hier seyn.
Dich selbst erwarte ich auch d. 23sten. Du steigst bey mir ab, und
sollte Dein Logis noch nicht in Ordnung seyn so beherberge ich
Dich den ersten Tag und die Nacht so gut ich es kann, ich glaube
aber daß alles fertig seyn wird. So viel von Deinem Herkommen,
ich wollte Du wärst schon da und alles in Ordnung.

Nun zu Deinem Verhältniß hier gegen mich, und da dünckt
mirs am besten ich sage Dir gleich ohne Umschweife was ich wünsche und wie es mir ums Herz ist, damit wir einander gleich verstehen. Daß ich Dich recht lieb habe daran zweifelst Du nicht, ich
habe es Dir bewiesen und werde es Dir beweisen, so lange ich lebe.
Es ist zu meinem Glücke nohtwendig zu wissen daß Du glücklich
bist, aber nicht ein Zeuge davon zu seyn. Ich habe Dir immer
gesagt es wäre sehr schwer mit Dir zu leben, und je näher ich Dich

betrachte je mehr scheint diese Schwierigkeit für mich wenigstens zuzunehmen, ich verhehle es Dir nicht, solange Du bist wie Du bist, würde ich jedes Opfer eher bringen als mich dazu entschließen. Ich verkenne Dein Gutes nicht, auch liegt das, was mich von Dir zurückscheucht nicht in Deinem Gemüth, nicht in Deinem innern, aber in Deinem Wesen in Deinem Äußern, Deine Ansichten, Deine Urtheile, Deine Gewohnheiten, kurz ich kann mit Dir in nichts was die Außenwelt angeht übereinstimmen, auch Dein Mismuth ist mir drückend und verstimmt meinen heitern Humor, ohne daß es Dir etwas hilft. Sieh, lieber Arthur, Du bist nur auf Tage bey mir zum Besuche gewesen, und jedesmahl gab es heftige Scenen, um nichts und wieder nichts, und jedesmahl atmete ich erst frey wenn Du weg warst, weil Deine Gegenwart, Deine Klagen über unvermeidliche Dinge, Deine finstern Gesichter, Deine bizarren Urtheile, die wie Orakel Sprüche von Dir ausgesprochen werden, ohne daß man etwas dagegen einwenden dürfte mich drückten, und mehr noch der ewige Kampf in meinem innern mit dem ich alles was ich dagegen einwenden möchte gewaltsam niederdrückte, um nur nicht zu neuem Streit Anlaß zu geben. Ich lebe jezt sehr ruhig, seit Jahr und Tag habe ich keinen unangenehmen Augenblick gehabt den ich Dir nicht zu dancken hätte, ich bin still für mich, niemand widerspricht mir, ich widerspreche niemand, kein lautes Wort hört man in meinem Haushalt, alles geht seinen einförmigen Gang, ich gehe den meinen, nirgends merckt man wer befiehlt und wer gehorcht, jeder thut das Seine in Ruhe, und das Leben gleitet hin ich weis nicht wie. Dies ist mein eigentlichstes Daseyn, und so muß es bleiben, wenn Dir die Ruhe und das Glück meiner noch übrigen Jahre lieb ist. Wenn Du älter wirst, lieber Arthur, und manches heller siehst, werden wir auch besser zueinander stimmen, und vieleicht verlebe ich dann meine lezten Tage in Deinem Hause mit Deinen Kindern wie es sich für eine alte Grosmutter gehört, bis dahin laß uns streben daß die tausend kleine Neckereyen nicht unsre Gemühter erbittern und die Liebe daraus verjagen; dazu gehört daß wir wenig miteinander sind, denn obgleich wir bey jedem wichtigen Anlaß bald eins sind, so sind wir bey jedem andern desto uneiniger. Höre allso auf welchem Fuß ich

mit Dir seyn will, Du bist in Deinem Logis zu Hause, in meinem
bist Du ein Gast, wie ich es etwa nach meiner Verheurathung im
Hause meiner Eltern war, ein willkommner lieber Gast der immer
freundlich empfangen wird, sich aber in keine häusliche Einrichtung mischt; um diese, um Adelens Erziehung und Gesundheit,
um meine Domestiken bekümmerst Du Dich gar nicht ich habe
das bis jezt ohne Dich besorgt, ich werde es ferner, und dulde keine
Einrede, weil es mich verdrüslich macht und nichts hilft. Alle Mittage um ein Uhr kommst Du und bleibst bis drey, dann sehe ich
Dich den ganzen Tag nicht mehr, außer an meinen Gesellschafts-
tagen wozu Du kommen kannst wenn Du willst, auch an den beyden Tagen Abends bey mir essen kannst wenn Du Dich dabey des
leidgen Disputirens *etc* das mich auch verdrüslich macht, wie auch
allen Lamentirens über die dumme Welt und das menschliche
Elend Dich enthalten willst, weil mir das immer eine schlechte
Nacht und üble Träume macht, und ich gern gut schlafe. In den
MittagsStunden kannst Du mir alles sagen was ich von Dir wissen
muß, die übrige Zeit mußt Du Dir allein helfen, ich kann Deine
Erheitrung nicht auf Kosten der meinen bewircken, auch wäre dies
nicht, ich bin das Alleinseyn zu lange gewohnt, ich kann mich
nicht davon gewöhnen und so bitte ich Dich sprich nicht dagegen,
ich gehe von diesem Plan unter keiner Bedingung ab, Dein Abendessen schicke ich Dir alle Abende durch meine Köchinn, Deinen
Thee sollst Du im Hause haben, das nöhtige Geschirr dazu werde
ich Dir geben, auch einen Theekasten wenn Du es willst. Ich wiederhohle Dir 3mahl die Woche ist Theater, zweymahl Gesellschaft,
Du kannst Dir Erhohlung genug verschaffen, auch wirst Du wohl
bald einige junge Bekannte finden, wie wäre es wenn ich nicht hier
wäre? Genug, Du weist jezt meinen Wunsch, ich hoffe Du wirst
Dich genau darnach richten, und mir nicht für meine mütterliche
Sorge und Liebe, und für die schnelle Einwilligung in Deine Wünsche durch widerstreben welches Dir nicht helfen, sondern nur
alles noch übler machen würde, betrüben wirst.

Von allen Gründen, die Dich bestimmten, Weimar zu wählen
seh ich nur den einen daß Du gern hier seyn wolltest, Du bist in
Weimar nicht mehr als anderswo bis jezt zu Hause, ob Du es mit

der Zeit seyn wirst werden wir sehen, ich lasse Dich eben gewähren, wie ich immer gethan habe. Dein Urtheil über das Gimnasium von Altenburg ist nach Ausspruch sehr competenter Richter,
von denen ich Dir nur Passow zu nennen brauche, seicht, grundlos,
voreilig absprechend, und ohne gehörige Sachkenntniß ausgesprochen, aber das ist man von Dir so gewohnt, und es wird noch ein
Weilchen so bleiben.

Werner ist gleich nach Jena gereist wo Göthe sich seit 5 Wochen
aufhält, Göthe hat mich heute grüßen lassen und hat mir sagen lassen in 6 Tagen wäre er hier und würde den Werner mir mitbringen,
mit dem er alle Abende disputirt, und der mir mancherley vorlesen
soll, da wirst Du ihn allso sehen, den Attila kann er nicht geben
weil er keinen Schauspieler zu dieser Rolle hat, an die andern Wer-
nerschen Sachen ist in Weimar nicht zu dencken. Ich höre Werner
hat dem mistischen Wesen entsagt, das ist brav von ihm, würde
Hinckel sagen.

Lebe wohl dies ist der lezte Brief hoffe ich auf lange.

J. Schopenhauer

Gieb doch der Magd von Lenz Trinckgeld bey der Abreise.

Adelen habe ich eben gesagt daß Du künftig in Weimar wohnen
wirst, sie freut sich sehr darüber, besonders behauptet sie müßtest
Du ihr etwas zum Weynachten schencken, Du weißt wie Kinder
sind, die eigennüzigsten Kreaturen in der Welt. Da weder das
Schattenspiel noch der Guckkasten viel kosten und an beyden ihr
Herz hängt so bringe nur beydes mit, eins davon soll dann Dein
Opfer seyn, ich hoffe Du wirst eine Gelegenheit finden mir die
Sachen zu schicken, Du weist der 24ste ist der große Tag, Dich
erwarte ich den Tag vorher, Du mußt das Fest doch sehen. Fernow
hat einen Auftrag an Dich für die Gothaer Bibliothek, Du sollst
Dich nach beyliegenden Büchern erkundigen, und sobald als
möglich Bescheid schreiben was davon zu haben ist, dann können
sie vieleicht mit Deinen Sachen oder den Spielsachen herüber-
kommen.

59. *Johanna an Arthur*

Weimar d. 13 Dec.

Ich muß Dir heute doch wieder schreiben, um Dir zu sagen daß
ich mit den hiesigen Fuhrleuten die Fracht Deiner Sachen nicht ver-
dingen kann weil sie nur bis Erfurt fahren, und dort der Gothaer
ihnen die Sachen abnimmt. H. Rinder hat aber dem Fuhrmann
Heinrich Stapf in Gotha geschrieben, er möchte mit Dir darüber
sprechen und vieleicht die Spedition übernehmen, nimm mit diesem allso ordentlich Abrede, verdinge alles *p. centner*, ich habe
gehört der *centner* kostet 8 g. doch weiß ich nicht ob bis Gotha oder
nur bis Erfurt, laß es womöglich selbst wägen, und thue Dein
Bestes, die Adresse an *C. S. Rinder* bleibt, dieser wird das Übrige
dann besorgen. *Addio.*   J. S.

60. Johanna an Arthur

Weimar d. 18 Dec. 1807

Es ist mir recht lieb daß aus Deiner Begleitung nichts wird, so
kannst Du Deine Sachen die Du am nöhtigsten brauchst ordentlich
transportiren, in einen Wagen geht gewaltig viel wenn nur eine Person darinn sizt. Ich rathe Dir nicht zu einem Einspänner, der Weg
bey Erfurt ist grundlos, Du könntest im Lehm sizen bleiben, besser
ists lieber es mit den Kosten nicht so genau zu nehmen, besonders
da Du viel auch Bücher *etc.* einpacken kannst. Ich weis nicht ob die
Wichmann Dir den Kasten noch wird schicken können, wie ich ihr
zuerst davon sagte wollte sie ihn mit dem Fuhrmann retour schik-
ken der jezt aber Deine Sachen auch mitbringt und allso zu spät
kommen würde. Sieh zu, ob Du die Bücher in der großen Kiste, im
Koffer und im Wagen nicht vertheilen kannst, es sind ja nicht so
sehr viele, Fernow bittet Dich ihm die Bücher über welche er den
Schein schickt mitzubringen, es sind zwey Folianten, das ganze
Werck hat *2 Tom*, in 6 Folianten, er will nur die beyden ersten haben,
nicht alle 6, besorge das doch auf der Bibliothek, wenn sie es etwa
unrecht verstünden, und bringe es ihm mit. Die Einlage gieb an
Buffleb, und bringe mir das darin bestellte zu den Feyertagen mit,

auch die Rechg, wen Du Geld übrig hast so bezahle sie wo nicht bringe sie mit, ich schreibe ihm darüber das nöhtige, aber entblöße Dich nicht von Geld, man kann im Winter nicht wissen was vorfällt, und ob Du nicht eine Nacht unter weges bleiben must. Die erste Nacht wirst Du wohl in meinem Logis schlafen, hernach werde ich Dir, da es in den Feyertagen ohnehin schwer halten wird Arbeitsleute zum Aufschlagen deines Bettes *etc* zu finden, das Bette vors erste geben in welchem Du hier geschlafen hast. Adieu, mach Dir den Kopf nicht unüz warm alles wird seinen ordentlichen Gang ohne große Schwierigkeit gehen, Deine ganze Verpflanzung ist ja gar nichts gegen mein Umziehen von Danzig nach Hamburg, von Hamburg nach Weimar, oder auch nur vom Wandrahm nach den Kohlhöfen.

Mache daß du Mittwoch vor der Komödie kommst. Ich weis freilich nicht was gegeben wird, und ob ich hingehen werde.

J. Schopenhauer

Eben läßt Göthe mir sagen, daß er mit Werner angekommen ist, Sonntag werden sie wohl zu mir kommen.

Kohlhöfen: Hamburger Wohnung der Schopenhauers vor und nach dem Tod von Heinrich Floris.

61. Arthur an Johanna

Wir sollen nicht grünen und blühen wie die Pflanzen der Erde: das sagt uns jedes Trauerspiel; also wol etwas Besseres, sagt sich der Zuschauer und sieht mit Genuß zertrümmern alles was ihm oft das Wünschenswertheste schien.

Arthur an Johanna: Von Gwinner mitgeteiltes und auf das Jahr 1808 datiertes Bruchstück, bei dem es allerdings ungewiß ist, ob es sich um ein Brieffragment handelt.

62. Johanna an Arthur

Es ist Zeit, lieber Arthur, daß ich dir von Deinem väterlichen Vermögen Rechenschaft ablege, mir ists leichter dies schriftlich als
mündlich zu thun, und Du kannst es auch so besser übersehn und
begreifen was ich Dir zu sagen habe. Zuerst wirst Du aus der bey-
gelegten Kopie ersehen daß *An* 99 die bey meiner Verheurahtung
zwischen ihm und mir getrofne Heurahts-Notel aufgehoben
ward, und wir nach Hamburger Weise in Zukunft in Gemeinschaft
der Güter leben wollten, Du wirst mir wohl aufs Wort glauben,
sonst muß ich Dir eine Kopie vom dortigen Rathause kommen lassen. Die Theilnehmer an diesem Akt sind außer mir alle todt, es
waren Labes und mein Onkel Lehmann als meine Assistenten, der
Stadtrath Flander als Gerichtsperson, und Willhelm Uphagen als
Bevollmächtigter Deines Vaters, in dessen Hause in Danzig wo ich
damahls war, der Akt unterzeichnet ward. Nach Hamburger Rechten gehört mir ein Drittel des Ganzen, die Verwaltung eures Vermögens und dessen Mitgenuß bis zu eurer Mündigkeit, dagegen
muste ich den Wittwen-Eid ablegen euer Bestes nach Kräften zu
bewürken, der Stadt hold zu seyn und die gehörigen Abgaben zu
entrichten.

Aus Ganslandt beygelegter Rechnung wirst Du sehen wie wir stehen, die Verwickelung in der Dein Vater uns lies, die traurigen
Umstände bey seinem Tode die uns zwangen geheimnisvoll und
leise zu handeln und die nachherigen bösen Zeiten sind Schuld daß
wir nicht reicher sind, doch haben wir genug um anständig zu leben
und können wohl zufrieden seyn.

Du siehst auf der Rechnung: wir besitzen jezt baar 109 875 Mk.
bco. Diese habe ich belegt so daß sie 54.950 Thlr. Sächsisch, oder
sogenanntes gutes Geld ausmachen. Dies Jahr langen wir reichlich
mit den Zinsen wozu noch die 800 Mk. die Du auf der Rechnung findest kommen und die nicht zum Kapital gehören, auch voriges Jahr
zwangen nur unsre Badreisen mich etwas aufzunehmen, obgleich
noch nicht alles belegt war, in Zukunft, wenn keine Unglücksfälle
dazwischen kommen können wir reichlich auf die angefangne
Weise fortleben.

Von diesen 54950 Thlr. kommt Dir der dritte Theil nämlich
18316 Thlr. zu.

Dazu kommt unser Mobiliarvermögen, an Hausrath, Wäsche
und Silberzeug. Ich habe bey Ganslandt nachgefragt, wie man es
damit in Hamburg hält, gewöhnlich vereinigen die Erben sich darüber unter einander, ist das nicht so wird alles von einem gerichtlich beschwornen Taxator gewürdigt und dann zahlt der so die
Sachen behält die andern aus oder sie werden verkauft. Ich möchte
nicht gern fremden Leuten alle mein Haab und Gut zeigen, und
zweifle nicht daß Du Dich nicht mit mir vereinigen solltest, und
weiß auch daß Du Deine Mutter nicht drücken wirst. Ich habe für
mich drüber gedacht und das was ich habe mit der Summe dessen
was ich in den beiden Auctionen verkaufte verglichen, und schlage
Dir vor es auf 4000 Mk. bc oder 2000 Thlr Sächsisch zu schätzen,
es kostet neu viel mehr, würde aber in einer Aukzion schwerlich
mehr oder so viel bringen, genug ich glaube Dir nicht Unrecht zu
thun. Von diesen 2000 Thlr gehört Dir der dritte Theil, nehmlich
666 Thlr. macht mit den 18316, 18982 Thlr, der runden Zahl
wegen sage ich 19000, die habe ich a 5 p.c. sicher für Dich belegt
wie Du auf beygefügtem Zettel findest, Du hast allso eine jährliche
Rente von 950 Thlr gut Geld. Hiezu kommen noch die Güter von
Deinem Grosvater, da beyde Groseltern vor Deinem Vater starben
so bin ich Miterbe, vom Onkel Andreas aber erbst Du einmahl mit
Adelen allein wenn er stirbt, das heißt, der junge Tietz kriegt eine
Hälfte und Ihr beyden die andre. Die Güter die in drei Theilen zwischen uns, dem Andreas und dem jungen Tietz getheilt werden,
sind jezt nicht rahtsam zu verkaufen, sie sind sehr unterm Preise
verpachtet, doch muß man jezt Geduld haben bis beßre Zeiten
erscheinen, noch habe ich nie etwas davon gezogen, erst lasteten
Prozesse drauf, hernach der Krieg, doch hat mir Kabrun versprochen daß es dies Jahr besser gehn soll, dann würden auf unser Theil
etwa 1000 fl. Danziger, oder 250 Pr, oder circa 290 Thlr. gut Geld
fallen, was davon herauskommt werde ich Dir redlich melden und
Dir Dein Theil schicken, bey einer andern nächstes Jahr zu treffenden Einrichtung muß viel mehr herauskommen, ich werde ferner
in dieser Sache unser aller Bestes besorgen wenn Du nichts da-

gegen hast; ich habe schon am 3. *Sptmbr* an Kabrun wenigstens
wegen der diesjährigen Zinsen geschrieben, und melde Dir den
Erfolg, etwas kommt doch dabey heraus, und so hast Du doch
wohl tausend Thaler jährlich, und die wirst Du bey Deiner jezigen
Denck- und Lebensweise wohl nicht ausgeben. Mit dem was
noch, wie Du auf der Rechnung siehst, im Ausland steht müssen
wir zum Frieden warten, Ganslandt nimt sich ferner der Sachen an,
ich treibe ihn von Zeit zu Zeit, und wenn etwas erfolgt melde ichs
Dir und gebe Dir Deinen Antheil. Kommt von Cabinyes, wie ich
hoffe, noch etwas heraus, so erhält unser Vermögen einen beträcht-
lichen Zuwachs, wir müssen Geduld haben bis zum Frieden, der
alles entscheidet.

Von Deinen 19 000 Thlr habe ich 10 000 in Leipziger Stadt-Obli-
gazionen die für sehr sicher gehalten werden, 6000 bey der hiesigen
Ober-Kammer, von den übrigen 3000 kommt es auf Dich an ob
ich Dir einen Wechsel drauf geben und Dir alle Vierteljahr die Zinsen schicken soll, oder willst Du sie selbst belegen lassen, sie liegen
in Hamburg noch bey Ganslandt, sage mir drüber Bescheid.

Bey Deiner Abreise werde ich Dir die Intressen Deines Vermögens vom lezten Vierteljahr übergeben, sie betragen 237 Thlr 12 g.
Was Du bis dahin brauchst, Deine Miehte etc. bezahle ich natürlicher weise, auch die Wäsche die ich Dir machen lasse berechne ich
Dir nicht. Es kommt mir überall wunderlich vor so mit Dir zu
rechnen, ist unser Interesse nicht eins? Aber Ordnung muß seyn;
unser gegenseitiges Verhältnis kan nichts zerreißen, die Natur band
es zu fest, fehlt mir je etwas, zu wem kan ich aufsehen als zu Dir?
und brauchst Du die Mutter, so findest Du sie immer wie bisher.
Deshalb aber müssen wir dennoch alles verabreden.

Die Intressen der 6000 Thlr hier werden vierteljährig bezahlt,
das erste fällt den 1ten März, die von Leipzig fallen Ende Juny und
Dezember, die andern von den 3000 Thlr kannst Du von mir vierteljährig geschickt bekommen wenn Du es willst.

Da Du aber doch bis zur Hebung Deiner Intressen leben must,
so rathe ich Dir etwa 900 Thlr von den 3000 baar um Neujahr
geben zu lassen, um sie im voraus zu haben, die Intressen die Du
dadurch verlierst sind nur zehn Thaler, und am Ende des Jahres

hast Du leicht so viel erspart daß Du sie wieder bestätigst, und doch wieder eine ähnliche Summe aufs künftige Jahr voraus hast.

Die Papiere die Dein Vermögen enthalten will ich Dir übergeben wenn Du willst, doch halte ich sie bey Dir nicht gut verwahrt, willst Du sie mir vertrauen, so schreibe ich darauf daß sie Dir gehören, verwahre sie wie bisher, und schicke Dir die Intressen. Sterbe ich, so geört Dir ja doch die Hälfte von allem was ich besize, eine Quittung verlange ich von Dir nicht, wozu soll sie, ich baue auf Deine Redlichkeit daß Du nach meinem Tode Adelen eben die Summe giebst die ich Dir heute gebe, das übrige theilt ihr beyde, ein Testament werde ich schwerlich machen, aber meine Wünsche werde ich vielleicht aufschreiben und Du wirst sie bey meinen andern Papieren von Wichtigkeit leicht finden, und gewis gern erfüllen wenn es seyn kann. Solltest Du heurathen so daß im Fall Du vor mir stürbest andre Erben mit Adelen zu thun hätten, freylich auf den Fall müßten wir eine gerichtliche Quittung von Dir fordern, aber der Fall ist so weit im Felde und so unwahrscheinlich daß wir uns jezt den Kopf damit nicht zerbrechen wollen.

Überlege Dir alles und antworte mir wie Du willst, schriftlich oder mündlich.

Meiner Mutter gebe ich jährlich 600 fl, oder 150 Thlr. Pr. Sterbe ich so ist mein Hauptwunsch daß dies bis zu ihrem Tode fortgesezt werde. Ob Du mit dazu beitragen willst und etwa einen Theil der Danziger Revenuen dazu bestimmen, hängt von Dir ab, mache Dich lieber nicht dazu anheischig sondern sieh erst wie Du auskommst.   Deine Mutter J. Schopenhauer

Nachdem ich dieses beendigt erhielt ich Bescheid von Kabrun, dies Jahr ist von dort auf nichts zu rechnen. Die Kontribuzion zehrt alles auf und die Pächter zahlen nicht weil Krieg und Einquartierung und Plünderung sie ruinirt haben. Man muß allso noch ein Jahr Geduld haben, in der Zeit ändert sich gewis vieles. Ich nehme aber deshalb meine Anfrage wegen der Pension meiner Mutter zurück, ich will mich schon durchhelfen, wenn Du aus Danzig etwas bekommst wollen wir wieder darüber sprechen. Mein Hauptwunsch ist daß Du alles hast was Du brauchst, und aus

oeconomie keine Gelegenheit versäumen darfst was Tüchtiges zu
lernen.

Beyliegenden Zettel von Kabrun die Güter betreffend bitte ich
mir zurück.

[Anlage 1]
10000 Thlr in Leipzig. Die Interessen fallen d. 31 *Dec*
und den 31 *Juny* jedesmahl 250 Thlr macht zusam-
men (5 %)   500 Thlr.
6000 Thlr beim Herzog, die Intressen werden vier-
teljährig bezahlt d. 1 März, 1. *Juny*, 1 *Septem* und
1. *Dec.* jedesmahl 75 Thlr. zusammen   300 Thlr.
6000 Mk. *banco* die ich Dir als 3000 Thlr mit 5 p.c.
verzinse   ·   1 50 Thlr.
                                                               ─────────
                                                               950 Thlr.

Die 6000 Mk hat Muhl Ende *Nov:* gezogen, er wird sie, wie er mit
meinem Gelde auch gethan hat in Preußisch courant umsetzen und
wartet den Zeitpunct ab es mit Vortheil zu thun, alsdann wird er
mir Nachricht davon geben, und ich werde Dir es genau melden,
auch Tag und Datum wann die höheren Zinsen anfangen einzu-
gehn. Ich hoffe Du bist davon überzeugt, sonst bin ich auch gerne
erbötig Dir gegen eine Quittung alles zu übergeben, was vielleicht
wohl das Beste wäre.

Die 6000 Thlr sind den 1. *Dec.* aufgesagt, ich habe an Kabrun
und Muhl geschrieben ob sie sie nehmen wollen, sie werden den
1. *Juny* ausgezahlt mit den letzten Interessen, eher konnte ich sie
nicht aufsagen. Ich hoffe Muhl wird mir wie sonst 8 p.ct. geben,
Kabrun hat sich damahls zu 6 erboten, und wird ja nicht zurücktreten, noch habe ich keine Antwort.

[Anlage 2]
18 316 Thr
   666
─────────
18 982

Heinrich Floris Schopenhauer,
etwa 40 Jahre alt, Aquarell

Johanna Schopenhauer,
Ölporträt von Julius Oldach

Johanna Schopenhauer,
um 1830, das Porträt in
Arthurs Besitz, auf das sich Adele so befremdet bezieht:
»Der Ausdruck ist mir widerlich.«

Johanna Schopenhauer,
Ölporträt von Gerhard v. Kügelgen, 1814

Johanna und Adele Schopenhauer,
Ölbild von Karoline Bardua, 1806

Adele Schopenhauer,
Porträtzeichnung von Alexander v. Sternberg, 1841

Arthur Schopenhauer,
Jugendporträt, Aquarell auf Elfenbein
von Karl Ludwig Kaaz, 1809

Arthur Schopenhauer,
Ölporträt von Ludwig Sigismund Ruhl, 1815

Die Zahl voll zu machen: 19000.

10000 Thr   Leipziger Stadtobligazionen
 6000 Thlr Weimarische Kammer-Obligazionen
 3000 Thlr. baar oder in Wechsel.
_____
19000

[Arthur notiert darunter:]
Die 3000 Thlr hat *Muhl* zu 8% genommen, im *Novbr:* 1809.
Von den 6000 Thlr. nimmt *Kabrun* 3000 Thlr zu 6% *del credere* ein-
gerechnet vom 1 *Juni* 1810 an. Laut Brief v. 11 *Jan.* 1810.
Und *Muhl* 3000 Thlr zu 8%.
Brief v. 15. *Nov.* 1810.

Johanna an Arthur: Nach Gwinner ist dieser Rechenschaftsbericht Johannas auf
September 1809, vor Arthurs Aufbruch zum Studium in Göttingen, zu datieren.
Cabinyes: Schuldner der Schopenhauers in Barcelona.
Kontribuzion: Danzig hatte unter der napoleonischen Besetzung eine hohe
Kontribution zu zahlen
Beyliegenden Zettel: Die dem Brief beigefügten kommentierten Anlagen, die
zweite mit einer Anmerkung Arthurs, sind hier angeschlossen.

63. *Arthur an Johanna*

Die Philosophie ist eine hohe Alpenstraße, zu ihr führt nur ein stei-
ler Pfad über spitze Steine und stechende Dornen: er ist einsam und
wird immer öder je höher man kommt, und wer ihn geht, darf kein
Grausen kennen, sondern muß alles hinter sich lassen, und sich
getrost im kalten Schnee seinen Weg selbst bahnen. Oft steht er
plötzlich am Abgrund und sieht unten das grüne Thal: dahin zieht
ihn der Schwindel gewaltsam hinab; aber er muß sich halten und
sollte er mit dem eigenen Blut die Sohlen an den Felsen kleben.
Dafür sieht er bald die Welt unter sich, ihre Sandwüsten und Morä-
ste verschwinden, ihre Unebenheiten gleichen sich aus, ihre Miß-
töne dringen nicht hinauf, ihre Rundung offenbart sich. Er selbst
steht immer in reiner, kühler Alpenluft und sieht schon die Sonne
wenn unten noch schwarze Nacht liegt.

Einen Trost gibt es, Eine sichere Hoffnung, und diese erfahren
wir VOM MORALISCHEN GEFÜHL. Wenn es so deutlich zu uns redet,
wenn wir im Innern einen so starken Bewegungsgrund auch zur
größten, unserm scheinbaren Wohl ganz widersprechenden Auf-
opferung fühlen: so sehen wir lebhaft ein, daß ein anderes Wohl
unser ist, demgemäß wir so allen irdischen Gründen entgegenhan-
deln sollen; daß die schwere Pflicht auf ein hohes Glück deutet,
dem sie entspricht: daß die Stimme, die wir im Dunkeln hören, aus
einem hellen Orte kommt. – Aber kein Versprechen gibt dem
Gebote Gottes Kraft, sondern sein Gebot ist statt des Versprechens... Diese Welt ist das Reich des Zufalls und des Irrthums:
darum sollen wir nur nach dem streben, was kein Zufall raubt, und
nur das behaupten und nach dem handeln, worin kein Irrthum
möglich ist.

Arthur an Johanna: Nach Gwinner stammt dieses Fragment aus einem während der Übersiedlung Arthurs von Göttingen nach Berlin in Ellrich geschriebenen Brief vom 8. September 1811. Ob es sich dabei wirklich um ein Brieffragment und nicht um eine für sich stehende philosophische Reflexion
handelt, ist indessen ungewiß.

64. *Johanna an Arthur*

Seit unsrer lezten verdrieslichen Unterredung habe ich mir fest vorgenommen lieber Arthur, nie wieder von Geschäften mündlich
mit Dir zu sprechen, weder von angenehmen noch unangenneh-
men, weil meine Gesundheit dabei leidet, darum schreibe ich, so
wenig ich sonst das Schreiben unter Leuten leiden kann, die einander alle Tage sehen.

Hier erhältst Du die Interessen Deines Geldes bei Muhl von
vorigem Jahr, Muhl hat sie mir durch Wechsel mit dem Rest dessen was ich noch zu fordern hatte übermacht, er schreibt mir
dabei unsre diesjährigen Interessen würden in Zukunft immer
wie sonst richtig einkommen. Die Rechnung von diesem Gelde
ist so.

2 Kapitale bei Muhl   2961 . Thlr.
                      3049 . Thlr.
                      6010
[Arthur korrigiert:] Rth. 3094
[Arthur korrigiert:] Rth. 6055

Hievon machen die Zinsen a 6 g 10. jährlich, nehmlich von jedem
Tausend 60 Thlr. die Summe von 360 Taler 14 g [Arthur korrigiert: 363–7.] Preußisch. Das preußische Geld verliehrt jezt nur 2
vom Hundert, gegen sächsisches gutes *conv:* Geld. Allso macht das
Agio auf diese 360 Thaler 14 g nur 1 Thaler. Deine Rechnung steht
allso folgendermaßen.

360 Thlr. 14 g preußisch machen 359 Thaler 14 g Sächsisch, wie
Du leicht ausrechnen kannst.

$$360 \ . \ 14\,g$$
$$\underline{1}$$
$$359 \ . \ 14\,g$$

Hiervon geht noch ab
$\frac{1}{2}$ pc. Unkosten an Ver-
kaufsspesen etc.   1 . 20 .

357 Thlr. 18 g conv. Geld

welche ich Dir hiemit überschicke.

Es hängt nun von Dir ab, ob Du die Hälfte dieser Summe über
welche neulich unser Streit entstand, und über welche wir uns
zulezt dahin vereinigten, daß sie dienen soll die größeren Ausgaben
meiner Mutter, Deiner Grosmutter vom vorigen traurigen Jahr zu
bestreiten, mir gleich geben wirst, dann schreibe ich Muhl daß er
sie gleich auszahlt, oder ob Du mir nicht lieber die erste Hälfte Deiner diesjährigen Muhlschen Zinsen zu diesem Zweck überlassen
willst, und das baare Geld behältst. Ich rathe zu lezterem u. werde
Dir dann zu seiner Zeit schriftliche Beweise vorlegen, daß das Geld
so angewandt ist, und daß ich es nicht für mich behalten habe, auch
werde ich meiner Mutter melden, daß es von Dir kommt.

Kabrun habe ich geschrieben, daß er Deine Zinsen von Weick-

mann schicken soll, daß Dir jenes Kapital gehört, wegen der von
mir bei ihm aufgenommenen 500 Thlr. habe ich auch meine Einrichtung gemacht, so daß Du darüber ganz außer Sorgen sein
kannst, sie gehen *nicht* von dem Deinigen es war auch nie meine
Absicht, daß sie es sollten obgleich Dein natürlicher Argwohn
Dich verleitete dies zu glauben.

Ich habe Kabrun auch um die Rechnung der lezten zwei Jahre
wegen der an meine Mutter jährlich auszuzahlenden 200 Thlr. und
wegen der Einkünfte aus gemeinschaftlichen Ländereien von welchen sie bis jezt ausgezahlt wurden gebeten. Auch um Nachricht
vom Nachlaß des Andreas bat ich ihn, alles dies werde ich Dir vorlegen, wenn ichs erhalte, welches hoffentlich innerhalb vierzehn
Tagen oder drei Wochen geschehen wird.

Du bist, wenn ich nicht sehr irre, d. 14ten *Nov:* angekommen.
Gans kam d. 14ten *Januar*, das weis ich gewis weil ichs in meinem
Kalender anmerkte. Den 14ten *April* bist Du fünf Monate und er
drei Monate bei mir im Hause. Gegen Ende dieses Monats wünsche ich nun wieder zu meiner alten Einrichtung zurückzukehren
und daß Du alsdann Dir entweder einen anderen Ort des Aufenthalts erwählst oder im Fall Du hierbleibst Dich für Dich einrichtest. Müllers Zimmer sind noch nicht vermiethet, und bleiben
vielleicht bis Johanni unvermiethet, wenn wir nicht eher einen
Mietsmann dazu finden wie wir ihn wünschen, dies bestimmt mich
allso nicht zu dem Wunsche den ich Dir äußere, aber wohl folgende
Gründe: Es wird mir auf die Länge unangenehm oder vielmehr
beschwerlich eine so große Wirtschaft zu führen, so viele Essen,
Wäsche, etc. zu besorgen, und beschränkt auch im Sommer zu sehr
meine Freiheit, besonders die fortwährende Gegenwart eines
Fremden wie Gans. Dann, und das ist die Hauptsache, wird es mir
zu kostbar auf die Länge, so gros mir Dein angebotenes Kostgeld
schien so finde ich doch, daß ich bei der jezigen Theuerung nicht
damit auskomme, freilich fällt im Sommer einer der kostbarsten
Artikel das Holz weg, welches ich aber nicht allein zur Heizung
eurer Zimmer sondern auch zur Wäsche, zum öfteren Braten etc.
verbrauchte, aber alles dis ungerechnet übersteigen doch meine
jezigen Ausgaben für den Tisch, für Kaffee, Zucker, Seife *etc.* um

mehr als die Hälfte das, was ich sonst für diese Artikel ausgab, und
das ist zu viel. Ich sage Dir dis nicht, weil ich mehr als das ausge-
machte von Dir verlange, ich bin gewohnt, einmahl eingegangne
Bedingungen fest zu halten, ich werde nicht mehr als das aus-
gemachte von Dir annehmen, denn ich will auch den kleinsten
Schein von Eigennuz von mir entfernen, ich sage es Dir nur, damit
Du nicht denkst, ich sei ungefällig, damit Du siehst, das ich triftige
Gründe habe zu wünschen, daß ich bald allein wieder lebe. Ich will
auch jezt meine täglichen Ausgaben auf einen festen Fus sezen um
mit dem was ich jezt gewis habe auszukommen, das kann ich bei
dieser ausgebreiteten Haushaltung nicht. Willst Du indessen mir
die gehabten Ausgaben in etwas erleichtern, so gieb *Duguets* und
der Male ein ordentlich Trinkgeld, wenn Du fortgehst für Ihre mit
Dir u. Gans gehabte Mühe sonst mus ichs thun in Deinem Namen,
denn es ist unbillig, daß die Leute nicht mehr einnehmen, wenn sie
mehr arbeiten und Sophie u. Male haben dismahl einen schweren
Winter gehabt. Wie viel Du mir zu bezahlen haben wirst, magst
Du selbst berechnen. Zieh 25 Thlr. gut Geld davon ab, als Interessen für ein halb Jahr (welches d. 30 Juni fällig ist) von der Obligazion, die Du mir auf Zinsen geliehen hast. Ende des Jahres hoffe ich
die Obligazion Dir wieder zu erstatten, ich arbeite jezt daran sie bei
Rindern einzulösen. Deine Papiere liegen noch sicher im Archiv,
wenn Du fortgehst übergebe ich Dir alle gegen eine Quittung von
Dir, oder auch eher wenn Du willst.

Johanna an Arthur: Nach Gwinner ist dieser Brief auf April 1814 zu datieren.
angekommen: Arthur war schon am 5. November zurückgekommen, hatte
aber wahrscheinlich in einem Gasthof gewohnt.
Gans: Josef Gans, ein Studienkollege Arthurs.
Müllers: Müller von Gerstenbergk, der Freund Johannas, der zunächst eine
eigene Etage in ihrem Wohnhaus, dann einige Zimmer in ihrer Wohnung
gemietet hatte und auch mit ihr aß. Die freigewordenen Zimmer sollten
weitervermietet werden.
Male: Haushaltsangestellte Johannas.

65. *Johanna an Arthur*

Die Einquartirung u. mancherlei andre Hindernisse hielten mich
ab Dir gestern zu antworten, wie ich mir doch fest vorgenommen
hatte. Heute will ich es in möglichster Kürze der Reihe nach thun.
Wie Du es mit dem Gelde das Du für meine Mutter geben willst,
einrichtest, ist mir recht. Doch möchte ich Dir rathen, lieber das
baare Geld zu behalten weil es Dir u. mir wohl bequemer ist, aber
mach es wie Du willst. Wegen des Kapitals der 3049 oder 94 Thlr.
habe ich gewis einmahl einen Irrthum gemacht, entweder in dem
Verzeichnis Deiner Gelder das ich Dir schickte, oder in dem so ich
zu meiner eignen Notiz machte ehe ich die Papiere ins Archiv
brachte. Nach lezterem habe ich das Dir zukommende Geld
berechnet, denn Muhl hatte Dein u. mein Geld auf einen Wechsel
gesezt und mir ihn ohne weitere Berechnung mit einem ganz kurzen in Eil geschriebenen Briefchen geschickt. Wenn ich Dir die
Originalwechsel abliefere wird sichs bald zeigen, wo der Irrthum
liegt, gut daß er nur 45 Thlr. betrift.

An die Erhöhung Deiner Pension gehe ich ungern, wie froh wär
ich, wenn ich Dich u. Deinen Freund als meine Gäste betrachten
könnte, ohne alle Entschädigung! Ich sehe indeß es ist Dir ganz im
Ernst daß ich keinen Schaden durch Euch leiden soll und ich will
auch nicht eigensinnig oder albern generös erscheinen, willst Du mir
allso für Gans so viel geben als für Dich, da er nicht weniger braucht,
so denke ich jezt, wo manche Ausgabe wegfällt, oder doch geringer
wird, auszukommen, genau läßt sich dergleichen nie berechnen.

Ich schrieb Dir wegen des Trinckgeld an meine Leute, weil ich
mir bewußt bin Dir, wenigstens stillschweigend, freie Bedienung
versprochen zu haben. Mit Trähnen bat ich Dich bei mir zu wohnen, das ist wahr, ich wollte nicht im Zorn von Dir mich trennen,
dann wollte ich auch, daß Du meine Lebensweise näher und länger
ansehen solltest, damit Du keine falsche Idee davon mit Dir näh-
mest, ich dachte auch, es würde Dir gut sein, wieder einmahl in
einer Familie zu leben.

Jezt weise ich Dir nicht die Thüre, nie kann mir solch ein
Gedanke kommen, Du müßtest mich denn aufs Heftigste erzür-

nen. Ich schrieb Dir aus keinen anderen Gründen als die ich Dir
meldete, was ich Dir schrieb. Ich halte es nicht für gut, daß eine
Mutter mit ihrem erwachsenen unabhängigen Sohne in einem
Hausstande lebt, es kommt für beide nie etwas gutes dabei heraus,
dagegen wenn der Sohn im Orte lebt ist sein Besuch für beide eine
Freude und Erhohlung. Ich sehe nicht ein wohin Du diesen Sommer gehen willst, in Dresden ists traurig, in Tübingen oder Stutt-
gard ists noch nicht recht geheuer, nach Berlin zurück magst Du
nicht, ich würde Dir rathen, Dich hier einzurichten, wo Du angenehmer leben und für Dich studiren kannst wie an jedem anderen Orte. Vielleicht aber willst Du nach Ilmenau, Rudolstadt oder
sonst eine schöne Gegend in der Nachbarschaft, ist dies der Fall, so
bist Du mir, wie wir jezt leben, willkommen, und kannst bis Mitte
oder Ende Mai bleiben, es wäre mir sogar lieb, denn ich würde
Dich ungern auf 14 Tage oder 3 Wochen ohne Noth in einen Gasthof oder andres Logis ziehen lassen, auf mehrere Monate wär es ein
anderes. Die Gründe warum habe ich Dir geschrieben, wenn auch
der, daß es zu viel mir kostet jezt wegfällt, so bleiben doch die
andern, genug ich wünsche daß Du nicht für wenig Wochen Dir
die Last und mir das Misvergnügen machtest, auszuziehen. Willst
Du Dich auf längere Zeit in Weimar einrichten, so stehe ich gern
bereit Dir mit Rath und That dabei zu helfen. Da mein Quartier
mir wenn Du nicht bei mir wohnst zu gros ist so will Müller mir
die Last der Miethe dadurch erleichtern, daß er mir die Hinter-
stuben abmiethet u. sein Quartier vermiethet. Dis Quartier enthält
5 Stuben u. ist nicht wohlfeil, es ist uns auch nicht gleich wer darin
wohnt, eine Familie mit Kindern möchte ich ungern darin wissen,
daher ists nicht wahrscheinlich daß es vor Johanni vermiethet
wird, sollte sich aber gegen Erwarten eine gute Gelegenheit dazu
finden eh du verreist, so werde ich es Dir sagen und wir sehen dann
uns einzurichten so gut es gehn will. Ich kann dann auf die kurze
Zeit Gans mein Schlafzimmer geben, in mein Kabinet schlafen und
Müller zieht ins Gansens Stube, oder wir sehn sonst uns zu helfen.

Müller verdrängt Dich nicht, er weis nichts von dem was wir
jezt miteinander verhandeln, denn es ist meine Art nie von dem
was ich thue oder lasse ohne Noth zu sprechen. Ich spreche über-

haupt fast nie von Dir mit ihm obgleich er nie sich so von Dir aus-
drückt daß Du es nicht selbst anhören könntest weil er weis es
würde mir wehthun, wenn er es thäte. Daß Du fortwährend auf
ihn schimpfest ist mir unangenehm und auch Deiner nicht werth,
so wie überhaupt das Schimpfen das Du Dir nur zu sehr ange-
wöhnt hast. Von jenen unangenehmen Vorfällen zwischen Dir und
Müllern haben wir so viel gesprochen, daß es endlich genug sein
könnte. Ich war damals nicht mit Dir zufrieden, mit ihm aber auch
nicht, ich sagte es ihm wie Dir, er erkannte sein Unrecht in meiner
Gegenwart sich so vergessen zu haben, bat mich um Vergebung
und die Sache war zwischen mir und meinem Freunde abgethan.
Er war fest entschlossen, nie wieder in gleichen Fehler zu fallen,
aber es gieng nicht, ihr seid ein paar einander so entgegengesezte
Elemente daß es knallen und bumsen muß wenn ihr zusammen-
kommt ohne daß jeder deshalb an sich schlechter wäre. Das sah ich
deutlich, ihr könnt nicht neben einander existiren, daher traf ich die
Einrichtung nach welcher wir jezt drei Monate ganz friedlich
neben einander leben und uns wohl dabei befinden. Müller hat jezt
keinen Grund Dich fern zu wünschen, er hast Dich nicht wie Du
ihn, er ist darin gerechter als Du. Das Alleinessen Mittags ist ihm
recht da er jezt viel zu thun hat, u. es ist möglich daß diese Einrichtung bleibt selbst wenn Du fort bist, im übrigen genirst Du ihn gar
nicht. Dein Treiben u. Wesen gefällt mir freilich nicht immer und
ganz. Du scheinst mir zu absprechend, zu verachtend gegen die die
nicht sind wie Du, zu aburtheilend ohne Noth u predigst mir
zuweilen zu viel. Deswegen aber wünsche ich nicht daß Du ein
tüchtiger Husar wärst, wenn auch Deine Weise zu sehen und Dein
Eifer anderen diese Ansicht aufdrängen zu wollen mir nicht gefällt.
Ich weis dis ist die jezige Art der jungen Welt, ich ertrage sie, und
denke die junge Welt wird auch einst alt. Besonders aber verdrist es
mich wenn Du auf die schimpfest die ergriffen von der großen Zeit
in der wir leben, das Schwerd zur Hand nehmen selbst wenn die
Natur sie nicht dazu bestimmte. Du solltest andern ihre Weise lassen wie man Dir die Deine läst denke ich. Gans ist dann froh seine
angeborne Feigheit hinter Dir zu verbergen und pappelt Dir nach
ohne deinen Geist zu haben, das ist gar nicht erfreulich zu hören,

lieb wärs mir, wenn Du solche Unterhaltung in Zukunft vermie-
dest.

Warum unser Familienband Dir zerrissen scheint begreife ich
nicht. Laß nur Gelegenheiten zur Theilnahme kommen, Du wirst
sie bei mir u Adelen nicht vermissen, schon unsre Bereitwilligkeit
Deinen israelitischen Freund aufzunehmen sollte Dir ein Beweis
davon sein. Wollte ich Dir meinen Freund opfern weil ihr euch
nicht miteinander vertragt so thäte ich Unrecht an ihm und mir.
Du hast mir oft bei andern Gelegenheiten mit Recht gesagt, wir
beide sind zwei, und so muß es auch sein.

Genug ich habe dafür gesorgt daß ihr einander wenigstens nie in
den Weg treten könnt da ich die Unmöglichkeit einsehe daß ihr
euch je erkennen könntet. Ich aber kenne euch beide jeder ist mir
lieb nach seiner Art u keiner thut dem andern bei mir Eintrag, keinen werde ich dem andern opfern. Da ich aus Gründen die ich ein-
sah eh ich Müllern kannte, weis, daß wir beide nie in *einem* Haushalt auf die Dauer leben können, da ich weis daß Du selbst dis nie
wünschtest, warum soll ich mich von einem Freunde losreißen der
mir treu ist und helfend so wie 's Noth thut, der mir meine Existenz angenehmer macht und den ich und viele achtungswerthe
Menschen für gut u rechtlich anerkennen? Blos weil er sich hin-
gerissen von Zorn, Empfindlichkeit und Hize unartig gegen Dich
betrug der auch nicht artig war? Besonders da ich die natürliche
Antipathie zwischen euch anerkenne für welche ihr beide nicht
könnt? Da wäre ich sehr ungerecht gegen mich und ihn, laß ihn
nur immer wo er ist, er thut Dir keinen Eintrag. Sei mild, gut, theil-
nehmend gegen mich u Adelen, size nicht immer auf dem Richter-
stuhl uns gegenüber u Du wirst sehen ob wir Dich lieben. Antworte mir nicht, es ist unnöthig, wenn Du Deine Abreise
bestimmt hast so sag es mir, doch das eilt nicht ich brauchs nicht
lang vorher zu wissen. Wenn Briefe von Kabrun kommen melde
ichs Dir gleich. J. S.

Johanna an Arthur: Kurz nach Brief Nr. 64 auf April 1814 zu datieren.
bei mir zu wohnen: Bei seiner Rückkehr von Rudolstadt nach Weimar.

66. Johanna an Arthur

Hier hast Du Kabruns Brief den ich gestern Abend erhielt. Den
Wechsel Hr v. Weickmanns lege ich an Dich endossirt bei. Du
siehst Dein Kapital ist vollständig erhalten. Zu meiner laufenden
Rechnung mit Kabrun die ich zu Deiner Einsicht beilege muß ich
einige Bemerkungen machen. Der obenstehende Saldo von 585 fl
ist der Rest einer Summe die von längerer Zeit aus Nachzahlungen
der Pächter etc. von den Gütern sich herschreibt und der dazu
diente die 800 fl von meiner Mutter zu komplettiren da die Güter
nur gewönlich circa 600 einbrachten. Die größeren Interessen die
Du im Jahr 1812 bemerkst sind von einem kleinen Kapital das ich
dort mit Deinem zusammen hatte das aber jezt davon getrennt ist
wie Du aus Deinem Wechsel siehst, die überall angemerkte Agio
ist der Unterschied zwischen Danziger und preußischem Gelde
und geht Dich nichts an, Du bekommst Deine Interessen in preußischem Gelde wie ich auch. Da Kabrun mir Deine Interessen
berechnet hat so bin ich jezt in Deiner Schuld. Im Jahr 1812 hast
Du alles richtig erhalten. Im Jahr 1814 zahlte Dir Kabrun die erste
Hälfte in Berlin aus, die zweite von 95 Thlr. 4 g will ich Dir in diesen Tagen oder bei Deiner Abreise geben, wie Du es willst, das
Geld dazu habe ich. In Zukunft wird das Geld Dir geradezu übermacht. Ich denke so ist alles in Ordnung. Daß die lezten Interessen
von W im Jahr 1814 angemerkt sind muß Dich nicht irren, sie
waren 1813 fällig konnten aber jezt erst gezahlt werden. Ich
gestehe die ganze Rechnung macht mich ein wenig konfus; sie ist
von gar zu langer Zeit her, Du weist indessen was Du jedes Jahr
bekommen hast, das ist die sicherste Richtschnur für Dich, wenn
Du jedes Jahr richtig Deine 95 Thlr. zweimahl bekommen hast, so
ist Dir Dein Recht geschehen. Siehe Du selbst zu ob es so ist wie
ich meine, jede Deiner billigen Forderungen erfülle ich gerne und
mir liegt selbst dran, daß Dir vollkommnes Recht geschehe eben
wie mir auch, und ich gestehe ich bin nicht recht einig mit mir
selbst ob ich Dir Deine Interessen einmahl oder zweimahl zu geben
habe, ich will aber an Kabrun um Erläuterung dieser Rechnung
schreiben, ich denke es sind nur die im abgelaufnen Jahr fälligen

Interessen bezahlt und Deine Forderung fängt jezt mit dem 12ten
Januar an wo dann die Zinsen am 12ten July fällig sind, ists anders
so schicke ich Dir das Geld nach wo Du auch seist. Darauf verlaß
Dich fest.

Ich wünschte Du entschlössest Dich jezt wegen der Zinsen von
Muhl, vom Jahr 1813 ist noch nichts von den Gütern eingekommen, wie Du siehst, denn die unterm 31. Jan. 1813 angeführten
Pachtgelder sind die vom Jahr 1812. Indessen erhält meine Mutter
immerfort ihre 800 fl. Bist Dus zufrieden, so schreibe ich Muhl daß
er die erste Hälfte Deiner Zinsen Kabrunen giebt zu diesem
Zweck, denn ich glaube nicht daß vom vergangnen Jahr etwas einkommen wird da die Leute alle ruinirt sind. Ist die Erbschaft erst
regulirt so nimt jeder von uns sein Theil und Du bezahlst jährlich
1 Drittel der 800 fl. an meine Mutter und ich zwei Drittel. Kabrun
beträgt sich so generös daß wir immer sorgen müssen ihn zu dek-
ken, er hat meiner Mutter gewis Geld über die bestimmte Summe
hinaus gegeben, ist aber zu delikat es mir anzurechnen wie ich sehe,
da er meine Lage kennt und weis daß ich genug zu thun habe um
die im vorigen Jahr gemachten Schulden abzutragen. Ich würde
mich schämen wenn ich Dir zutraute daß Du glauben könntest ich
wollte jene Gelder von Muhl anwenden um meine eigene Schuld
bei Kabrun zu bezahlen, das berühre ich allso nicht weiter. Willst
Du über alles dies lieber mit mir sprechen so will ich Dir morgen
eine Stunde dazu bestimmen, doch denke ich die Sache ist klar in
so weit sie es sein kann und wir haben nichts weiter darüber zu
reden, bis ich Antwort von Kabrun bekomme worüber leicht
mehr als ein Monat hingeht denn die Briefe laufen eilf Tage und
darüber.

Damit daß Kabrun solch eine Versorgung für die Meinen gefunden hat ist mir ein Stein vom Herzen gewälzt, mit dem Zuschuß
den wir ihnen geben werden sie jezt bequem auskommen. Wegen
der Erbschaft werde ich ihm schreiben und sagen daß ich keinen
Anspruch daran mache noch machen kann, doch wegen meinem
kleinen Antheil an den Gütern und für Adelen will ich ihm eine
Vollmacht senden mit der Kondizion daß er wenn er sie nicht persönlich ausüben will sie dem übertrage den er will. Meine Voll-

macht an den Advokaten Sommerfeldt gab ich damals auf Muhls Bitten blos in seiner Angelegenheit weil ich nicht die beiden gut zusammenbringen konnte und so alles am besten gieng. Willst Du mich in dieser Lage zu Deiner Bevollmächtigten machen so glaube ich thust Du klug, Kabrun verwaltet dann unser gemeinsames Interesse und hat nicht nöthig Dir besonders Rechnung abzulegen welche Mühe er wohl schwerlich bei seinen vielen Geschäften übernehmen würde, ich bin dann bereit Dir von allem treulich Rechnung abzulegen, doch das mache wie Du willst, ich wende mich auf jeden Fall an Kabrun.   J.

Den Brief und die Rechnung bitte ich mir bald zurück weil ich schreiben will.

Johanna an Arthur: Im Anschluß an Brief Nr. 65 zu datieren, wie sich aus dem Briefanfang ergibt.
W.: Weickhmann.

67. *Johanna an Arthur*

Die Thüre die Du gestern nach dem Du Dich gegen Deine Mutter höchst ungeziemend betragen hattest so laut zuwarfst fiel auf immer zwischen mir und Dir. Ich bin es müde länger dein Betragen zu erdulden, ich gehe aufs Land und werde nicht eher wieder zu Hause kommen bis ich weis daß Du fort bist, ich bin es meiner Gesundheit schuldig, denn ein zweiter Auftritt wie gestern würde mir einen Schlagfluß zuziehen der tödlich werden könnte, Du weist nicht was ein Mutterherz ist, je inniger es liebte je schmerzlicher fühlt es jeden Schlag von der einst geliebten Hand. Nicht Müller, das betheuere ich hier vor Gott an den ich glaube, Du selbst hast Dich von mir losgerissen, Dein Mistrauen, Dein Tadeln meines Lebens, der Wahl meiner Freunde, Dein wegwerfendes Benehmen gegen mich, Deine Verachtung gegen mein Geschlecht Dein deutlich ausgesprochener Wiederwillen zu meiner Freude beizutragen, Deine Habsucht, Deine Launen denen du ohne Achtung gegen mich in meiner Gegenwart freien Lauf ließest, dies und noch vieles mehr das Dich mir durchaus bösartig erscheinen läßt, dies trennt uns, wenn nicht auf immer doch auf so lange als bis du reuevoll und gebessert zu mir zurückkehrest, dann werde ich Dich gütig aufnehmen, bleibst Du wie Du bist so will ich Dich nie wiedersehen. Lebte Dein Vater, der wenig Stunden ehe er zum Tode gieng Dich ermahnte mich zu ehren, mir nie Verdrus zu machen, was würde er sagen, wenn er Dein Benehmen sähe. Wäre ich tod und Du hättest mit dem Vater zu thun, würdest Du wagen ihn zu meistern? sein Leben, seine Freundschaften bestimmen zu wollen, bin ich weniger als er? Hat er mehr für Dich gethan als ich? mehr gelitten? Dich mehr geliebt als ich? Du der so viel wissen will, studire das Gebot von Vater und Mutter auf daß es Dir wohl gehe, und denke des Spruchs des Vaters Seegen baut den Kinder Häuser, der Mutter Fluch reißt sie ein. Ich fluche Dir nicht, aber das Gefühl mit welchem ich von Dir scheide kann Dir nicht Seegen bringen. Meine Pflicht gegen Dich ist vollendet ziehe hin, mein leztes Geschäft mit Dir habe ich sachkundigen Männern vertraut die redlich und treu ihr Amt verwalten, sie werden es schon beendigen, seze nicht die Krone Deinem Benehmen dadurch auf, daß Du dich weigerst, Formalitäten zu erfüllen, denen jeder Erbe sich unterwerfen muß. Wegen der Erbschaft und Güter in Danzig wende Dich an Kabrun, wegen des übrigen an Ganslandt, ich habe nichts mehr mit Dir zu schaffen. Du erhältst hier deine Bücher, mehr habe ich nicht von Dir, das Bild des Großvaters und ein kleines plattirtes Schreibzeug daß ich Dir einst schenkte, ein Dekel davon ist verloren ich weis nicht wie, das ist aber eine unbedeutende Kleinigkeit laß ihn auf meine Kosten machen wenn Du willst.

Ich habe noch ein eisern Bett mit katunnen Gardinen das Dir gehört, ich wills taxiren lassen, man soll Dir den Preis melden und dann soll es von Dir abhängen ob Du es mir dafür verkaufst oder ob es Dir nachgeschickt werden soll. Laß deine Addresse hier, aber schreibe mir nicht, ich werde vor jezt keinen Deiner Briefe lesen noch beantworten, unser Weg trennt sich von nun an, ich schreibe dis mit tiefem Schmerz aber es mus so sein wenn ich leben und gesund bleiben soll. So ist es denn vollendet. Ich habe befohlen, daß Du bis Donnerstag Morgen in meinem Hause bedient werdest wie sonst. Laß uns friedlich scheiden weil mir nicht miteinander gehen können, und suche keine Zusammenkunft zu erzwingen die meinen plözlichen Tod nach sich ziehen könnte. Du hast mir zu weh gethan. Lebe und sei so glücklich als Du kannst.

Johanna Schopenhauer

Johanna an Arthur: Wie nach Brief Nr. 68 anzunehmen ist, auf den 17. Mai 1814 zu datieren.
Formalitäten zu erfüllen: Bezieht sich auf die in Brief Nr. 69 genannte Quittung, mit der sich Johanna gegen etwaige künftige Ansprüche Arthurs sicherstellen wollte.

68. Johanna an Arthur

Da ich einen unendlichen Wust Papiere durchsuchen müste um die Abschlußrechnung Ganslandts nach welcher ich *Anno* 1809 um Michaelis mit Dir unser Vermögen theilte so weit es damals in meinen Händen war zu finden, und Du sagst daß Du eine Kopie davon hier hast so bitte ich sie mir zur Ansicht aus, Du sollst sie gleich wieder haben. Ich bin entschlossen Dir heute Vormittag Deine Papiere zu übergeben, halte Dich dazu bereit, doch verlange ich, daß Du nicht eher in mein Zimmer kommst bis ich Dich rufen lasse, ich muß Ruhe bei disem Geschäft haben und meine Gesundheit leidet zu sehr bei jedem heftigen Ärger wie der gestrige war.

Du erhälst hier die Kabrunschen Zinsen. Zweimahl 95Thlr. 4 g macht 190. 8 g. Nun ist das Preußische Geld jezt 4 pro cent besser als hiesig Kourant und 2. p.c. schlechter als Sächsisches gutes Convenzionsgeld. 190Thlr. 8 g. Preußisch machen allso 197Thlr. 22 g. hiesiges Geld welche du hiebei erhältst. Du weist jede Rolle von 20 Thlr. Sächsisch enthält 21 Thlr. 6 g. hiesiges Geld. Dafür erhalte ich jezt von Dir zurück 60 Thlr. für den lezten Monat vom 17. April–17. Mai DER HEUTE IST. Daß Du noch 2 Tage länger bleibst rechne ich auf die Zeit daß Du in Rudolstadt warst. Du brauchst mir nur durch die Überbringerin Sophie das Geld zu schicken und mir sagen zu lassen daß Du alles richtig befindest. Schriftliche Antwort verbitte ich mir weil Du mir dadurch vielleicht neuen Ärger erwecken würdest der mir nur zu sehr schadet auch erwarte ich die verlangte Abschrift der Rechnung von Gans-landt sogleich mit zu erhalten. Wenn es Dir auch jezt nicht gelegen ist die Sache abzumachen so mußt Du Dich doch diesmahl in mei-nen Willen fügen, mir ist dran gelegen mit Dir sobald als möglich alle Geschäfte abgethan zu haben.   J. Schopenhauer.

[Arthur notiert dazu:]
    Sie wollten neulich daß ich von der letzten Pension die 25 Th für meine Obligation abzöge, obwohl mir solche erst d 30 Juni zukommen. Soll ich sie jetzt abziehn? mir ists gleich, ich erinnere Sie bloß daran. Denn Eile hats nicht damit.
    [Johanna antwortet:]
    Ich werde sie Dir zur rechten Zeit frankirt überschicken.

Johanna an Arthur: Laut Angabe des Datums im Brief selber geschrieben am 17. Mai 1814.
[Arthur notiert dazu:] Die dem Hauptbrief angeschlossene Frage Arthurs und Johannas Antwort wurde wie die Korrespondenz dieser Tage insgesamt von Zimmer zu Zimmer als Hauspost besorgt.

69. *Johanna an Arthur*

Hier hast Du Deine Papiere, sieh sie durch, sobald Du die Quit-tung, die ich beilege abgeschrieben und gehörig unterzeichnet und besiegelt hast auch durch H. Schwabe der schon davon benach-richtigt ist und dem Du keine Verbindlichkeit dafür hast, hast bekräftigen lassen, werden sie Dir eingehändigt, was nach 1809 eingegangen ist kannst Du selbst bei Ganslandt erfragen, wegen der Erbschaft verhandelst Du selbst mit Kabrun, so wäre ich denn mit Dir völlig auseinander gesezt. Die vorige Schuldverschrei-bung fodre ich zurück indem ich eine neue beilege, ist Dir die alte lieber so schicke die neue zurück, Wort werde ich Dir halten. Per-sönlich kann ich dies Geschäft nicht mit Dir abthun.
                                              J. Schopenhauer

Johanna an Arthur: Wohl ebenfalls am 17. Mai 1814 geschrieben.

Weimar, d. 24. Nov. 1814

Wahr ist es ich bin Kabrunen für meine Person noch vom vorigen
Jahre eine kleine Summe auf seine Rechnung schuldig geblieben,
da er mir aber wiederhohlentlich schrieb, ich möchte mich darum
nicht kümmern sondern sie ihm nach meiner Bequemlichkeit wiedergeben, er ließe sie mir ohne alle Interessen solange ich wollte, so
habe ich damit warten wollen bis Neujahr wo ich am mehrsten
Geld zu empfangen habe. In diesem Jahr bin ich ihm nichts schuldig als die 200 Thaler preußisch (800 fl. Danziger Geld) die meine
Mutter von uns erhält, er pflegte mir immer Weihnachten oder
Neujahr eine Rechg. darüber zu schicken wie auch von den Einkünften unsers gemeinschaftlichen Theils der Ländereien wo das
denn gewönlich miteinander aufgieng, im Jahr 1813 ist nichts eingegangen, wie leicht erklärlich und ich habe ihn so befriedigt, in
diesem Jahr aber, da doch wieder Gras und Korn gewachsen ist,
muß doch etwas eingegangen sein, ich mußte daher seine Rechnung abwarten da man doch ohnehin nicht eher etwas bezahlt bis
es gefordert wird. Ich kann aufs Heiligste versichern, daß Kabrun
auch nicht von Ferne gegen mich hat verlauten lassen als wolle er
früher als sonst bezahlt sein, ich hätte sonst, schon um meiner Mutter willen ihn befriedigt, und hätte es auch nicht ohne bedeutende
Aufopferungen geschehen können, er hat aber nie im mindesten
eine Äußerung gegen mich gemacht, als ob er sein Geld verlange.
Um so mehr erstaune ich über sein Betragen gegen Dich und kann
es nur seiner, durch ein dumpfes Vorgefühl des nahen Todes erhöhten Ängstlichkeit zuschreiben. Julchen schrieb mir in dem Briefe in
welchem Sie mir Kabruns Tod meldete man habe auf seinem Tisch
einen Brief von Dir gefunden in welchem Du ihn bittest Dir Deine
Interessen von Weickmann endlich auszuzahlen und eine angefan-
gene Antwort von ihm in welcher er Dir einstweilen 20 Thlr übermacht, sie schrieb mir dabei Kabrun hätte in der lezten Zeit oft
über Mangel an baarem Gelde geklagt weil er dessen bei seinem
großen Bau in Schellmühl viel brauchte und sie glaube, er hielte
Dein Geld zurück um die 800 fl. von diesem Jahr damit zu decken.
Dies verdroß mich mehr als ich sagen kann, denn Kabrun wußte,

daß ich *allein* responsabel bin für das was die Mutter erhält und daß
er sich nur an mich, nicht an Dich dessen Interesse jezt ganz von
dem meinen getrennt ist, halten kann, ich hatte es ihm deutlich
gesagt, wie ich Dir den Wechsel von Weickmann abtrat. Ich schrieb
gleich an meinen alten Freund MacLean der Executor des Testaments ist, er möchte Dir schicken, was Dir gebührt weil diese
Dinge Dir nicht angehen, und Dir melden, ich hätte der Mutter
ihre 800 fl. bezahlt wie ich zu thun schuldig sei, man würde auch
nie in dieser Hinsicht etwas von Dir fordern, zugleich gab ich ihm
eine Anweisung von 200 Thlr. an Muhl. Zu diesen 200 Thlr. habe
ich Deine mir für die Mutter zugestandenen 180 Thlr. einstweilen
mitgebracht, doch nur einstweilen, ich bin damit noch immer in
meiner Mutter Schuld, und werde es ihr zahlen sobald es nöthig
ist. Daß ich sie ihr nicht eher gab dazu hatte ich folgende Gründe.
Julchen schrieb mir zu wiederholten mahlen, ihr kleiner Handel
gienge vortreflich, sie kämen gut aus, ja sie hoffe mit der Zeit ganz
ohne unsere Hülfe auszukommen. Da sah ich allso keine Noth, ihr
das Geld jezt zu geben wäre unklug gewesen, denn wenn sie solche
Summe in die Hand bekäme so hätte sie sie ausgegeben und es
kann eine Zeit kommen wo ein Nothpfennig nöthig ist, ich kenne
Julchen darin, bei mir war das Geld sicherer. Dies war ein Grund,
der zweite ist dieser. Du erinnerst Dich, da wir miteinander aus-
machten daß die Mutter diese, unter uns streitigen, 180 Thaler
bekommen sollte, bestimmten wir vorläufig sie sollten zur Bezahlung der Schulden dienen die die Mutter im Jahre 1813, in der
Schreckenszeit, bei Kabrunen gemacht haben könnte, denn was er
ihr vorher vielleicht mehr gegeben hat that er aus gutem Willen,
auch glaube ich nicht daß es baar Geld war, nie hat er mir oder
der Mutter etwas angerechnet, auch hatte ich ihm wiederhohlt
geschrieben, daß meine Umstände mir nicht erlauben über die
800 fl. hinauszugehen, davon war allso gar nicht die Rede. Julchen
schrieb mir in den ersten Briefen nachdem die Posten wieder giengen, es beängste sie ungemein daß Kabrun ihnen Baargeld gegeben
hätte. Ich schrieb allso Kabrunen, ich vermuthe er habe der Mutter
mehr gegeben als die 800 fl. (Bemerke hiebei daß Kabrun mir die
Rechnung vom Jahr 1813 schon geschickt und ich sie mit ihm

schon berichtigt hatte, ohne daß mehr als 800 fl für die Mutter
draufstünden). Ich sagte ihm wir müßten seine Güte nicht misbrauchen, er habe ohnehin schon so viel für die Mutter in jenen
traurigen Tagen gethan. Ich sei daher bereit ihm das was er der
Mutter über jene 800 fl hinaus, *in der Zeit* gab zu ersetzen, soweit
meine Kräfte es erlauben. Ich konnte das, da ich Deine 180 Thlr. in
Händen hatte, mein Vornehmen war eine Hälfte der Schuld von
den 180 Thalern zu bezahlen, die andere Hälfte aus eigenen Mitteln
hinzu zu thun, und dann das was von den 180 Thalern übrigbliebe
der Mutter zu geben. Kabrun antwortete mir darauf was er in der
traurigen Zeit für die Meinen gethan fordere keinen anderen Dank
noch Lohn als was die That selbst schon mit sich bringe, und führte
mir dabei ein altes Liedchen zu Gemüth das wir beide in unsrer
Jugend oft gehört haben, und in welchem es hieß »Ein gutes Werck
bringt jederzeit die süßeste Zufriedenheit«. Julchen fuhr indessen
in ihren Briefen an mich fort mich mit Ängstlichkeit wegen ihrer
Schuld bei Kabrun zu quälen und mich wegen meines Versprechens zu mahnen. Ich schrieb allso wieder an ihn und wiederhohlte
mein Anerbieten, er beantwortete meinen Brief in allem übrigen,
übergieng aber diesen einzigen Punct mit Stillschweigen. So
mußte ich freilich denken er wolle das Geld nicht ersezt haben da
er aber nichts, ausdrücklich verbindendes, darüber geschrieben
hatte, hielt ichs für möglich daß er sich noch anders besönne, und
da ich besonders die Meinen in keiner Noth wußte, hielt ich die 180
Thlr. zurück und wollte erst seine gewönliche Neujahrsrechnung
abwarten. Darüber ist er gestorben, und jezt muß ich erwarten was
seine Erben thun werden, ich habe in dem Briefe an *H. MacLean*
mit großem Bedacht dieser Sache gar nicht erwähnt, denn ich bin
in meinem Herzen fest überzeugt daß Kabrun dies Geld nicht wiederhaben wollte und ich sehe nicht ein warum meine Mutter, von
einem so vertrautem Freunde es nicht annehmen sollte, da Kabrun
so viel schon für sie that und ihre Lage aufs genaueste kannte,
indessen muß ich abwarten, was die Erben thun, kann ich die
180 Thlr. der Mutter retten so thue ich es und zahle sie ihr dann bei
Heller und Pfennige aus sobald noch ein Umstand berichtigt ist
von dem ich Dich jezt unterrichten will obgleich er mich alleine

angeht. Ich weiß nicht ob man Dir gemeldet hat daß meine arme
Schwester Anette endlich nach unsäglichem Leiden, wenige
Wochen vor Kabrunen gestorben ist. Wie mein Vater starb haben
weder ich noch meine Schwestern von der Mutter etwas verlangt
weil wir wußten daß er wenig nachließ und der Mutter nichts entziehen wollten, Lotte wurde damals von Reyger geschieden und
lebte bei der Mutter in Stutthoff wo sie die Wirtschaft führte. Von
uns allen hat sie gerade am wenigsten ein Recht von der Mutter
etwas zu fordern, sie war nie im Stande etwas für die Mutter in
ihrer bedrängten Lage zu thun, hat ihr immer Kosten gemacht und
dazu unendlichen Kummer und auch Schande durch ihr Leben mit
Ratzky da seine Frau noch lebte. Im Grunde ist Lotte gut bei all
ihrem ehemaligen Leichtsinn, und es thut ihr gewis recht weh,
nichts für die Mutter thun zu können. Nun kommt aber mein Herr
Schwager *Ratzky* und verlangt sein Theil an Annettens Nachlaß.
Dieser kann nur gering sein, der Vater ließ zwar etwas nach, aber
in den bösen Zeiten ist wohl viel verloren gegangen, ich habe aus
Liebe zu meiner Mutter nie darnach fragen mögen. Ueberdies
hatte Annette 2000 fl. die jeder von uns einst ein alter Großonkel
der Bürgermeister Schwarz vermachte, mit der Bedingung, daß
sie nach dem Tode eines der Geschwister an die andern fielen. Da
sie aber längst mündig war, und immer in der vollkommensten
Gemeinschaft mit der Mutter lebte, so hat niemand darnach zu fragen, wenn das Geld nicht da ist, denn sie konnte ja bei Lebzeiten
mit dem ihrigen machen was sie wollte. Ratzky weis das alles, aber
er denkt doch bei dieser Gelegenheit von der furchtsamen mit solchen Dingen unbekannten schwachen Mutter ein paar hundert
Thaler von dem zu erschnappen, was ich der Mutter gebe mit Deiner Hilfe, vorzüglich scheints auf die 180 Thaler abgesehen. Du
mußt wohl davon etwas haben verlauten lassen, denn Julchen
fragte mich schon vor einiger Zeit darnach und ich habe ihr
geschrieben, daß sie hauptsächlich zuerst zur Bezahlung der Schulden bestimmt wären. Ich hatte mit Bedacht früher vermieden,
davon zu sprechen, weil ich erst abwarten wollte, ob Kabrun Forderungen machen würde oder nicht, ich wollte ihnen keine Hoffnung erregen, die vielleicht hernach getäuscht werden müßte.

Julchen schrieb mir vorige Woche Ratzkys Forderung und fragte
daneben abermals sehr ängstlich nach den 180 Thalern, so daß ich
deutlich sehe, sie will *Ratzky* damit befriedigen, das ist aber gar
nicht meine Meynung, daß der schlechte Mensch erhalte, was wir
zu besserm Zweck bestimmt haben. Ich habe an Lotten geschrieben, um sie zu bewegen daß sie ihren Mann dahin bringe daß er
wartet bis unsere 71 Jahre alte Mutter nicht mehr lebt, dann soll er
sein Antheil an ihrem sämtlichen Nachlaß haben wenn er ihn nicht
der armen Julchen lassen will. Geht er dies nicht ein, so habe
ich mich dahin erklärt, daß auch ich meinen Antheil verlange,
wodurch der seine dann schon sehr geschmälert wird, besonders
wenn die Mutter die Kosten für Annettens Krankheit und Begräbnis in Anschlag bringt, wozu sie ein Recht hat und worauf ich
bestehe. Überdies verlange ich, daß die Theilung gerichtlich und
öffentlich geschehe, damit die Welt sein Benehmen gegen die alte
von aller Welt geachtete Mutter erfahre. Ich hoffe dies soll ihn
abschrecken, und geschiehts nicht, so wird er wenig genug bekommen, wenigstens kein baar Geld als worum es ihm am meisten zu
thun ist, was nicht da ist, kann er nicht fordern. Kommen in der
Zeit Kabruns Erben mit einer Forderung und gelten meine
Beweise, daß Kabrun diese nicht gemacht haben würde nicht, so
kommt der Theil dieser Forderung den Annette, die mit der Mutter in Gemeinschaft lebte, zu tragen hätte, mit in die Berechnung.
Bis das alles entschieden ist halte ich die 180 Thaler zurück und
weis ich thue Recht daran, ich habe dies auch Julchen geschrieben.
Was auf mein Theil von Annettens Nachlas fiele, laß ich natürlich
der Mutter und Julchen thut das nähmliche. Von Dir wünsche ich
folgendes. Du mischest Dich gar nicht in die Sache die ich Dir nur
gemeldet habe, um Dir zu erklären warum ich die 180 Thaler nicht
schon ausgezahlt habe, obschon mein bloßes Wort das ich gute
Ursachen dazu habe, Dir genügen müßte. Frägt man bei Dir
wegen der 180 Thaler an so antwortest Du Du habest sie mir ganz
zur freien Disposition zum Besten der Mutter überlassen Du wüßtest daß sie einstweilen zur Bezahlung der 800 fl von diesem Jahre
angewendet wären, gedenkst übrigens mit keiner Silbe der Schulden die die Mutter bei Kabrun haben kann, denn wenn er, wie ich

fest glaube, sie der Mutter nicht anrechnen wollte, so wär es albern Grosmuth diese kleine Summe die der Vater seiner Freundin schenken wollte, den Kindern aufzudrängen die ohnehin reich genug sind. *Sei unbesorgt, daß ich die 180 Thaler für mich behalten* werde, ich will sie nur der Mutter retten. Mit den 800 fl die die Mutter erhält will ich es in Zukunft so halten, ich will Muhlen auftragen, ihr alle Vierteljahr ein Viertel davon zu zahlen, und zwar das erste kommenden Neujahr. Bist Du noch gesonnen Dein Drittel dazu beizutragen, so bezahlst du jährlich 66 Thlr. 16 g, ich und Adele 133 Thlr. 8 g. Preußisch Geld, denn 800 Danziger Gulden sind gerade 200 Pr Thaler. Ich werde dann Muhlen auftragen der Mutter von meinen Zinsen alle vierteljahr 33 Thaler 8 g auszuzahlen, soviel beträgt der vierte Theil von 133 Thaler 8 g. Du trägst Muhlen oder *Weickmann* auf, ihr ebenfalls Neujahr, Ostern, Johanni und Michaeli 16 Thaler 16 g zu zahlen von Deinen Interessen, so viel beträgt ein Viertel von 66 Thlr. 16 g. Ich habe recht gerechnet, verlaß Dich drauf. So erhält die Mutter das Geld ordentlich zu Zeiten wo sie es wegen Miethe usw. am nöthigsten braucht und Muhl wird gerne ein paar Thaler ein paar Monat früher geben als Deine Interessen fallen, der Mutter zuliebe, er zieht sie Dir dann halbjährig ab und mir auch.

Wegen der Erbschaft des Andreas habe ich Dir folgendes zu melden: Ich überschickte Kabrunen meine hier gerichtlich bestätigte Vollmacht. Er schickte sie mir unterm 19. August (wenn ich nicht irre, genug es war Ende August oder in den ersten Tagen des Septembers, da ich den Brief erhielt), zurück mit dem Bedeuten daß die preußische Justiz verlange ich solle es gerichtlich dokumentiren lassen daß ich Adelens Vormünderin sei. Es war der lezte Brief den ich von ihm erhielt. Er meldete mir darin es wäre mit der Erbschaft noch im weiten Felde, Jahre könnten noch darüber hingehen weil man alles so in die Länge zöge. Ich schrieb gleich an Ganslandt, schickte ihm die Vollmacht, und bat ihn, beim Hamburger Senat bestätigen zu lassen daß ich würcklich und förmlich Adelens Vormünderin bin. Der Senat war willig dazu, aber wie es in Reichsstädten, besonders in diesen Zeiten wo so viel wichtiges zu verhandeln ist geht, man sah die Ausfertigung dieses Dokuments als eine

Kleinigkeit an, verzögerte sie von Tag zu Tag, Kabrun starb darüber und ich mußte nun wieder bitten es nicht eher auszufertigen
bis ich meinen neuen Bevollmächtigten ernannt habe, um dies zu
können, muß ich erst Antwort auf zwei Briefe aus Danzig haben,
darüber gehen gewönlich an 4 Wochen hin, denn die Briefe laufen
10 bis 11 Tage und man kann nicht immer gleich antworten. Ich
schrieb gleich d. 9ten *Nov:* da ich die Nachricht von Kabruns Tod
erhiehlt an *Muhl* und unseren *Cousin Meyer.* Muhl habe ich gebeten
mir einen tüchtigen Rechtsgelehrten zum Bevollmächtigten vorzuschlagen, denn da wir mit den *Creditoren* von Tietz und mit der
preußischen Justiz zu thun haben, ist ein solcher nothwendig, ich
habe ihn gebeten mir von dem Procurator Sommerfeld bestimmte
Nachricht zu geben der früher in den Muhlschen Sachen, freilich
nur zum Schein meine Vollmacht hatte, von dem ich aber sonst
viel Gutes gehört habe. Meyer war des Andreas Vormund und verwaltete die Ohraschen Ländereien, er war es der Kabrunen immer
Rechnung davon ablegte. Diesen habe ich gebeten, mich vom
Zustande der Ländereien, ihrem muthmaßlichen Werth und ihrem
Ertrag in diesem und dem vergangenen Jahre, wo ich keine Rechnung erhielt, zu unterrichten, wie auch von dem was Andreas hinterlassen hat ohne die Ländereien. Ganz unbeträchtlich kann dies
nicht sein da die Danziger Papiere sehr steigen. Dabei bat ich auch
ihn, mir einen tüchtigen Rechtsgelehrten zum Bevollmächtigten
vorzuschlagen und erkundigte mich, ob der Advokat *Repell* noch
lebt und dergleichen annimmt, den dieser leistete mir einmahl in
einem Prozesse gute Dienste, den ich für Deinen Vater der damals
noch lebte, in Danzig ausfechten mußte weil er sich nicht damit
abgeben mochte und meinte ich könne das besser als er, besonders
da ich zur Stelle war. Sobald mir Meyer wegen der Erbschaft und
der Ländereien Antwort gibt, melde ich es Dir, und hätte es auch
ohne Deine Aufforderung gethan, denn es ist billig und nöthig daß
Du von allem unterrichtet seist. Wenn ich einen Bevollmächtigten
habe, melde ich es Dir auch, damit Du den nämlichen wählen
kannst, wenn Du es willst, denn da Kabrun tot ist, mußt Du einen
andern wählen. Ich warne Dich für einen Herrn Stadtmüller der
sich mir zum Bevollmächtigten angeboten hat und sich vielleicht

auch bei Dir melden wird. Er ist Kaufmann, und ich glaube er hat
eine Schwester von Eduard Labes Wittwe zur Frau. Ich traue ihm,
aus mehreren Gründen nicht, die zu weitläufig sind anzuführen.
Eine Hauptursache warum er meine Vollmacht nicht haben soll,
ist die, daß er der Bevollmächtigte der Tietzischen Creditoren ist,
oder doch wenigstens an ihrer Spize steht, ich kann mir denken,
daß er gern das Ganze unter Händen hätte um uns zu geben, was
ihm beliebt. Bei der Theilung der auf Stadtobligationen stehenden
Kapitalien kann er nicht viel schaden, denn da gehts seinen ordentlichen öffentlichen Gang, wohl aber beim Verkauf der Ländereien
dabei hätte er gern zwei Stimmen, wie ich mercke, um sie vielleicht
für einen Spottpreis selbst zu behalten. Ich werde besonders drauf
sehen, daß wir dabei so wenig als möglich betrogen werden und
Dir zu seiner Zeit das Nöthige redlich melden, verlaß Dich darin
auf mein heiliges Versprechen. Denn gerade in dem Verhältniß in
welchem ich zu Dir stehe, liegt mir daran daß Dir in allem Recht
geschehe und daß Du auch nicht den leisesten Grund habest zu
argwöhnen ich gehe nicht redlich mit Dir um. Noch eins habe ich
Dich zu fragen. Bist Du fortwärend gesonnen den dritten Theil der
800 fl mit beizutragen wie Du versprachst, so bist Du mir für dieses
Jahr 66 Thaler 16 g schuldig, doch will ich diese nicht eher von Dir
haben bis ich der Mutter die 180 Thaler ausgezahlt habe und Dir
bewiesen habe, daß ich es that, oder willst Du daß ich die 66 Thlr.
16 g von den 180 Thaler abziehe und ihr nur 112 Thlr. 8 g bezahle?
Auf diese Frage erwarte ich Deine bestimmte Antwort, wie auch
ob Du meinen Wunsch wegen der 180 Thaler gewährst und ob Du
im Fall man bei Dir darum anfrägt, so antworten willst wie ich Dir
oben schrieb. Auch laß mich wissen ob Du in Zukunft den dritten
Theil zu den 800 fl an die Mutter beitragen willst. Diese drei Antworten kannst Du leicht durch Adelen mich wissen lassen. Das
übrige was ich Dir schrieb braucht keiner Antwort da es Dich nur
von dem unterrichten soll, was Du wissen mußt. Ich lege Dir einen
Brief bei, den ich eben von Julchen erhielt. Du siehst daraus wie
nothwendig es ist, daß ich mich in diese Sache menge, auch daß Julchen nur das Geld haben will um *Ratzky* zufrieden zu stellen,
meine Briefe konnte sie nicht haben da sie diesen schrieb. Die Aus-

zahlung von Muhl sind eben die 180 Thlr. Wenn wie ich es verlange, die Theilung gerichtlich geschieht und ich erst einen Bevollmächtigten dazu erwählen und anstellen muß, so vergeht Zeit, Julchen braucht das Kapital nicht zu kündigen. Die Begräbnis- und
Krankheitskosten werden den dritten Theil der 2000 fl so schmälern daß es am Ende eine Kleinigkeit sein wird dem habsüchtigen
Menschen das Seine zu geben. Da er auf *Recht* besteht, soll ihm
Recht werden. Wenn Kabruns Erben unwiderlegliche Ansprüche
machen, kann er noch in den Fall kommen Geld zuzugeben wenn
er auf die Erbschaft besteht. Alles dies geht nur mich an, ich weiß
daß ich *Recht* thue. Dir melde ich es nur um Dich wegen der
180 Thlr ins Klare zu sezen. In Deine mir vorgeschlagene Korrespondenz willige ich insofern, daß Du ernstlich Dein Versprechen
hältst, mir nichts Unangenehmes zu sagen denn meine Gesundheit
fordert Schonung wenn ich nicht plötzlich an einem Schlagflus aus
der Welt gehen soll, den mir jeder tiefempfundne Zorn zuziehen
kann, ich habe Beweise davon die ich Dir aus Schonung ver-
schweige. Ich bin nicht mehr was ich vor einem Jahre war das
fühle ich deutlich. Der Tod schreckt mich nicht aber um Adelens
willen wünsche ich noch einige Jahre zu leben und ich nahe jezt
einem Alter in dem die mehrsten Frauen sterben, was ich Dir, der
einst Medizin studierte, nicht zu erklären brauche. Schreibe mir
nur wenn es nothwendig ist, das ist jezt, glaube ich nicht der Fall.
Adelens mündliche Bestellung genügt mir. Ich werde Dir auch
schreiben wenn es Noth thut. Lebe wohl und glücklich.

J. Schopenhauer.

Lotte: Charlotte Trosiener, nach Johanna die zweitälteste der vier Schwestern
Trosiener, war in erster Ehe mit dem zuvor erwähnten Fritz Reyger, dann mit
dem Physikus Ratzky verheiratet, der wahrscheinlich mit dem von Johanna
öfters erwähnten »Doktor« (vgl. Briefe Nr. 16 und 36) identisch ist.
Andreas: Michael Andreas Schopenhauer, der von Jugend auf geistesschwache
und später entmündigte jüngere Bruder von Heinrich Floris.
Tietz: Vgl. Brief Nr. 53.
Herrn Stadtmüller: Carl Stattmüller, Danziger Kaufmann, Nachlaßverwalter
von Michael Andreas Schopenhauer und Bevollmächtigter der Tietzschen
Gläubiger.

71. Johanna an Arthur

Weimar, d. 1sten Januar 1815

Du erhälst hier einen Wechsel von *Frommann* auf 1000 Rthlr. *conv.*
Geld zahlbar in 6 Monaten, wo Du dann auch a 5. p.c. die bis dahin
abgelaufenen halbjährigen Zinnsen erhalten wirst, die vom ver-
flossenen halben Jahr erhälst Du mit der nächsten fahrenden Post,
nach Empfang derselben bitte ich mir eine Quittung darüber
aus wie auch meine Schuldverschreibung über diese 1000 Thlr.
Daß dieser Wechsel Dir nach Ablauf baar ausgezahlt wird, bin ich
bereit Dir wenn Du es verlangst zu garantiren, und thue es auch
hiemit. Will Frommann nach dem ersten July das Geld länger
behalten und Du es ihm lassen so ist das Deine Sache und ich stehe
nicht weiter dafür, nicht weil ich ihn für unsicher halte, im Gegentheil, ich weis daß er jetzt sehr gute Geschäfte macht, aber weil ich
mich auf Bürgschaften überhaupt nicht einlassen will. Gern hätte
ich Dir eine Leipziger Obligazion wie die so ich von Dir erhielt
gegeben, und hätte mich besser dabei gestanden, da ich sie wahrscheinlich unter dem Werth gekauft hätte, aber es war mir für jezt
unmöglich so viel baar Geld zusammenzubringen, auch glaube
ich ists besser für Dich nicht zu viel an einem Nagel hängen zu
haben.

Kabruns Brief lege ich bei. Wie er Dir schreiben kann daß Deine
3000 Thlr. Garantie für die jährlich an meine Mutter zu zahlenden
800 fl gewesen sei, ist mir unerklärlich, so wie manches andere aus
seinen lezten Tagen, er wuste ja daß diese 800 fl immer vom Ertrag
der Ohraschen Ländereien bezahlt wurden und diese 3000 Thlr.
von jeher Dir bestimmt waren, er hat Dir ja selbst in Berlin die Zinsen davon ausgezahlt. Daß er aus übertriebener Regsamkeit und
ängstlicher Erwerbssucht die lezte Zeit in einer Art Verstandes-
Verwirrung gewesen sein muß, erhellt aus seinem Testament, er
hat es allein ohne gerichtliche Beihülfe gemacht, alle Form über-
gangen, aber eine weitläuftige Abhandlung über das Recht das
jeder hat über das Seine zu verfügen zum Eingange geschrieben,
auch die Kinder hat er nicht vor Gericht legitimirt, die Folge ist daß
sich jezt eine arme ihm nah verwandte Schneiders Wittwe findet
die einen Proceß gegen das Testament erhebt und ihn wahrschein-

lich gewinnen wird, so daß die Kinder wenig oder nichts bekommen, dies schreibt mir sein Executor *MacLean*.

Von meiner Mutter habe ich gute Nachrichten. Ratzky hat sich zurückgezogen mit seinen Ansprüchen da er meine ernsten Vorkehrungen sah. Julchens kleiner Handel geht gut, dies schreibt sie mir, auch *Almondi* und *MacLean*, beide suchen vereint Kabruns Stelle bei ihr und meiner Mutter zu ersezen, besonders mein alter Freund *Almondi* der mir einen sehr angenehmen Brief über diese Sache geschrieben hat, allso ist vor jezt dort keine Noth. Sollte sie eintreten werde ich es Dir melden und gewiß thun was ich kann ihr abzuhelfen. Das Geld das die Mutter bei Muhl hat ist aufs Haus versichert und steht allso gut. Die Kabrunschen Erben haben wegen der, vielleicht in der Schreckenszeit 1813 bei ihm gemachten Schulden, keine Ansprüche an meine Mutter gemacht und werden es auch wohl nicht denn er hat diese Kleinigkeiten wohl nicht angeschrieben, doch behalte ich die 180 Thlr. die Du zu ihrer Zahlung gegeben hast noch immer bis ich darüber ganz sicher bin. Muhl hat meine Mutter und Julchen besucht und sie beide wohl und zufrieden gefunden. Anettens Tod ist ihnen eine große Erleichterung. Ich habe Muhl geschrieben daß er ihnen die zwei Drittheil der 800 fl für mich, von Neujahr an vierteljahrweise auszahle, und ihm vorläufig gemeldet daß Du ihm für Dein Drittheil den nehmlichen Auftrag geben würdest. –

Wegen unsrer Forderung an *Böhl* in *Cadix* meldet mir Ganslandt, sein Bruder in Hamburg schreibe ihm, sie suchten in Waaren zu circa 40 p.c.; in baarem Gelde zu 25 p.c. ihre Schuldner zu befriedigen, er räth mir das baare Geld zu nehmen und lieber drei Viertel zu verlieren, weil ich bei Waaren leicht noch schlechter wegkommen könnte, ich werde seinem Rath folgen, willst Du lieber Waaren nehmen so schreibe an Ganslandt, vielleicht läst sichs machen daß Du für Dein Drittheil Waaren bekommst. Sonst geht die Sache im Ganzen, ich besorge das nöthige mit Ganslandt und zahle Dir Dein Drittheil aus sobald ich etwas erhalte.

Wegen der Erbschafts-Sache des *Andreas* habe ich endlich die nöthigen Belege vom Hamburger Senat erhalten, meine Vollmacht ausgefertigt und sie, um allen ferneren Einwendungen der

Preußischen Justiz auszuweichen, zur Bestätigung nach Hamburg
geschickt, in den nächsten Tagen erwarte ich sie zurück, dann geht
sie gleich nach Danzig. Der Kriminal-Rath und Justiz-Commissa-
rius *Skerle* ist mein Bevollmächtigter, ich kenne ihn nicht, aber
Muhl hat ihn mir als den tauglichsten Juristen dazu empfohlen, ein
Jurist muß es sein, es ist besser etwas daran zu wenden und jemanden zu haben der die Justiz und ihre Kniffe kennt, Muhl sagt er
kenne ihn als einen thätigen ordentlichen Mann und dem Rath dieses erprobten und redlichen Freundes zu folgen halte ich für das
Klügste und Beste. *MacLean* schreibt mir aus freien Stücken daß
Muhl, mit dem er so viel ich weis gar keine Verbindung hat, jezt
ganz so sicher sei als jemals, auch von andern höre ich das nehmliche. Herr Stadtmüller wird mir von allen Seiten dermaßen
gepriesen daß ich nichts weiter von ihm hören mag, er gehört zu
denen die Rechnung ablegen müssen deshalb kann er mein Bevollmächtigter nicht sein. Ich lege Dir einen ziemlich albernen Brief
von unserm *Cousin Meyer* bei, den Du nur zerreißen kannst oder
aufbewahren wie Du willst. *Andreas* Nachlas mus viel beträcht-
licher sein als er es angiebt. Was ich Dir jezt melde weis ich nur von
Hörensagen, aber ich halte es für wahr. *Andreas* erbte von seinem
Bruder Johann 60000 fl, dann noch, wenig aber etwas, wie viel
weis ich nicht, von seinem Bruder Carl, der Deinen Vater enterbte,
dann noch vielleicht 8 bis 10000 fl von seinen Eltern ohne dem
Antheil an die Ländereien, da käme dann die Summe heraus die
Kabrun Dir angab. Ich werde drauf drängen von den Vormündern
genaue Auskunft über diese Summen zu erhalten und deshalb an
Skerlen das nöthige bei Übersendung der Vollmacht schreiben.
Seine Antwort theile ich Dir mit. Ich glaube nicht daß Du auch
darum zu schreiben brauchst, es ist genug wenns einer von uns
thut und die Leute werden über unnüze Schreibereien verdrüslich.
Doch hälst Du es für besser so thue es. Die Vollmacht die Du
schickst must Du gerichtlich ausfertigen auch Deine Handschrift
und Siegel von einem Notarius recognosiren lassen, sonst gilt sie
nicht und macht neuen Aufschub. Schicke sie nur an Muhl und
schreibe ihm dabei das nöthige, sollte man an Deiner Majorennität
zweiflen so leben noch zwei Deiner Taufzeugen, meine Schwester

Ratzky und *Friedrich Soermanns*. Du bist in der Pfarrkirche getauft, wo man leicht Dein Taufzeugnis finden kann. Du wirst aus Meyers Briefe sehen daß Kabrun mit Stadtmüller Tietzens Antheil an die Ländereien für weniger als ein Drittheil ihres Werthes gekauft hat, das geschah in der großen Geldnoth, er wuste die Zeit zu benutzen, mir wollte er es damals für 12 000 fl verkaufen. Bei allem übrigen Guten blieb doch mancher schmuzige Flecken in seiner Handels-weise.

Wenn ich Dir wieder etwas zu sagen habe werde ich es thun, ich wünsche Dir ein gutes Neujahr.   J. Schopenhauer

Frommann: Johanna hatte dem befreundeten Jenaer Verlagsbuchhändler Carl Friedrich Ernst Frommann, um ihm aus einer dringenden Geldverlegenheit zu helfen, eine Arthur gehörende Obligation geliehen, ohne die nötige Einwilligung einzuholen. Arthur erhielt dafür den erwähnten Wechsel – allerdings wieder, ohne über die Identität von Obligationsempfänger und Wechselgeber informiert worden zu sein.
enterbte: Karl Gottfried Schopenhauer, der jüngste Bruder von Heinrich Floris, hatte seine Angehörigen enterbt. Freilich hatte er auch nichts mehr zu vererben – ein nur noch symbolischer Akt.

72. *Arthur an Johanna*

1.) Ein Wechsel auf aller Orten ist ein Wechsel auf keinen Ort. Ich kann doch nicht dem Frommann aller Orten damit nachlaufen. Will ich den Wechsel verkaufen, so wird man mich auslachen. Wenn auf Einen der an keinem Wechselplatz wohnt ein Wechsel gestellt ist, so muß er *domizilirt*, dies heißt in einem Wechselplatz zahlbar sein. Ich verlange demnach, daß Frommann auf den Wechsel schreibe, zahlbar in Leipzig, oder in Berlin, oder in Hamburg, oder in welchem Wechselplatz er will, nur muß der Wechsel *domizilirt* seyn,
2.) Der Wechsel muß *acceptirt* sein, denn dadurch erst hat er volle Kraft. Frommanns Name muß also drey Mahl darauf stehen. Was er aber von Ausreden und Verpfändung darauf gesagt hat, ist unnütz. Das alles liegt in dem Wort »Wechsel«.

3.) Ihr Indossement ist auch nicht richtig. Es muß nicht heißen
»Werth in Rechnung« sondern »Werth empfangen«. Sie haben ja
meine 1000 Thaler empfangen. Denn eben in diesem Indossement
liegt Ihre Garantie, die ich Ihnen keineswegs erlasse, sondern mir
vorbehalte. Länger als zur Verfallzeit werde ich das Geld dem
Frommann nicht lassen aus den oben angegebenen Gründen,
4.) Wünsche ich, daß der Wechsel auf Sächsisches Conventionsgeld
laute, da es mir mit der Wechselwährung nicht recht klar ist.

Arthur an Johanna: Dieses auf die erste Januarhälfte 1815 zu datierende Brieffragment, das sich auf den in Brief Nr. 71 erwähnten Wechsel bezieht, wird von Johanna in ihrem Brief an Frommann vom 17. Januar 1815 wohl wortgetreu zitiert
(vgl. Hermann Vogel von Frommannshausen: »Arthur Schopenhauer und C. F. E.
Frommann«. Mit sechs unbekannten Briefen Schopenhauers. In: ›Süddeutsche
Monatshefte‹ 4/1935, S. 449–457). Der Wechsel Frommanns fand in der vorliegenden Form keine Gnade vor dem ökonomisch-philosophisch geschulten
Auge. Johanna an Frommann: »Ich schreibe Ihnen, so widerwärtig es mir ist,
seine eigenen Worte ab, damit Sie sehen, welcher Wust von Unsinn in solch
einem Naturfilosofischen Kopfe wühlt ... Haben Sie je solch einen Brief eines
Sohnes an seine Mutter gesehen? Er wäre der Mann, mich auf diesen Wechsel
zu verklagen ... er läßt es [das Geld, L. L.] Ihnen nicht, davon bin ich überzeugt
wie von meinem Dasein, Sie würden sich Impertinenzen von dem mistrau-
ischsten aller Menschen zuziehen, und mir unangenehme Briefe, die mir das
Leben verbittern und abkürzen. Wäre diese Sache nicht, so vergäße ich ihn
ganz, schriebe ihm nie und nähme keinen seiner Briefe an, so aber muß ich mit
ihm in Konnexion bleiben, was mein schwer beleidigtes Mutterherz in seinen
innersten Tiefen empört, besonders da ich doch fühle, daß ich Unrecht that,
wenn auch aus den edelsten Gründen, indem ich einen Theil seines Eigenthums ohne seine Einwilligung in Gefahr setzte. ... Ich glaubte er würde aus
Achtung gegen seine Mutter nicht auf so schnelle Bezahlung dringen, ich
kannte den Filosofen nicht, für dergleichen Schwachheiten hat er keinen
Sinn.«
oben angegebenen Gründen: Johanna fügt in Klammern hinzu: »*(nehmlich weil er
Ihre Vermögensumstände nicht kennt).*«

73. *Johanna an Arthur*

Weimar d. 22. Jan. 1815.
Hier hast Du den Wechsel wie Du ihn verlangst, er war auch in der
ersten Form ganz gültig, aber ich habe es aufgegeben Dir derglei-

chen begreiflich machen zu wollen. Jezt erwarte ich mit nächster
Post meine Handschrift von Dir zurück. Einen Monat vor der
Verfallszeit wird Frommann selbst sich bei Dir mit der Anfrage
melden wo Du den Wechsel eingelöst wünschest. Du wirst Deine
1000 Thlr baar erhalten, kannst Dir eine Leipziger Obligation kaufen und behältst noch etwas übrig. Mein Gewissen ist hierüber
beruhigt, Deine Vorwürfe achte ich so wenig als Deine Ermahnun-
gen, aber sie ärgern mich, und so verbitte ich sie mir für die
Zukunft. Sonst muß ich die Erlaubnis an mich zu schreiben
zurücknehmen, es war die Hauptbedingung dabei, daß alles, was
mich verdrießen könnte dabei vermieden würde. Zahlt Frommann nicht so zahle ich Du hast meine Garantie.

Erkundige Dich in Danzig selbst ob *Weickmanns* gut sind und ob
Muhl mehr als 6 p. c. zahlt ich mische mich nicht mehr in Deine
Angelegenheiten. Wir beide sind ZWEI das Wort habe ich zu oft von
Dir gehört als daß ichs nicht behalten haben sollte. Wegen der Erb-
schaftssache werde ich Dir alles mittheilen was ich erfahre, ich habe
es versprochen und halte es, traust Du aber nicht so laß *Skerle* u
Stattmiller Dir besonderen Bericht abstatten, mir liegt nichts
daran, ich habe eine Mühe weniger. Ich schicke Dir einen Brief von
Stadtmiller den ich vorige Post erhielt, ich habe ihm heut geantwortet, ihn an *Skerlen* für meine Person verwiesen, ihm gemeldet daß
ich den Bau des Winkelhofes für nöthig halte, aber erst genauer
von den Kosten etc unterrichtet sein will, und daß ichs zufrieden
bin daß er die Güter administrirt nur bitte ich um regelmäßige
Rechnungen. Ich habe gemeldet, daß ich Dir den Brief mittheile
und daß Du ihm Deine Meinung selbst melden willst. Allso
schreib ihm und *Skerlen* was Du willst, ich will Dich von allem
unterrichten aber keinen Schritt für Dich thun der mir nur Ärger
und Verantwortung zuziehen würde. Ich verlange auch nicht zu
wissen was Du beschließest, mir gilt es gleich. Über die alte Vollmacht die Du *Kabrun* geschickt hast solltest Du die Leute nicht pla-
gen, die Vollmacht ist durch Kabruns Tod und durch die neue an
Skerle ganz unbedeutend niemand kann sie benuzen. Lebe wohl.

Johanna Schopenhauer

Winkelhofes: Auf den Schopenhauerschen Ländereien bei Danzig.

Weimar d. 1ten Febr. 1815

Es ist allerdings nothwendig daß Du gleich Deine Vollmacht
wegen der Ohraschen Ländereien an *Skerlen* oder an wen Du willst
schickst, wie Du schon aus *Stadtmillers* Brief sehen mußt, diese
lange Zögerungen verhindern ja den Abschluß neuer Pacht Contracte und thun uns überhaupt Schaden. Wenn Deine Vollmacht an
Skerlen nur für die Erbschaft gilt so must Du freilich eine zweite
nachschicken, ich habe es auch so gemacht, die Abschrift der meinigen kann ich Dir nicht schicken weil ich keine habe, so ein Ding hat
seine gehörige Form die jeder Notar kennt, meine zweite Vollmacht war ein sogenanntes Blanket in Beziehung auf die erste Vollmacht, um ihre Gültigkeit zu erweitern. Der Bau auf den Gütern
ist nothwendig glaube ich, wenn nicht das Ganze drunter leiden
soll, ein Pächter auf 30 Jahr ist nicht zu haben, diese Art Pachtung
wird auch von allen Oekonomen für den Besitzer als nachtheilig
angesehen. Jezt kann im Winter nicht gebaut werden, ich habe
einen Anschlag verlangt wieviel das Ganze kosten kann, ehe ich
mich bestimmt dafür erkläre, wenn ich ihn erhalte, theile ich ihn
dir versprochnermaßen mit. Das Ganze kann nicht kostbar werden, da die Kosten in so viel Theile gehn und es nur zur Noth ein
kleines Häuschen werden soll, Du denkst Dir das alles viel zu gros
und schwierig. Wenn gebaut werden muß so denke ich mein Theil
von den Interessen dieses Jahres großentheils zu bestreiten, ich
werde mich darüber mit *Stadtmiller* zu verständigen suchen und
rathe Dir auch dazu. Willst Du Dein Antheil verkaufen so erkundige Dich in Danzig wieviel es werth ist, bist Du dazu gestimmt,
so melde mir um wieviel Du es weggeben willst, vielleicht werde
ich dann mit Dir handelseins und behalte es, denn in je weniger
Theile solch ein Besitz geht je besser ists für die Besitzer. Zeige Du
nur weder *Skerlen* noch *Stadtmillern* zu großes Mißtrauen, Du scha-
dest Dir selbst dadurch, betrügen können sie uns so arg nicht als
Du denkst da wir ja Rechnungen erhalten. Verpflichtungen zu
Geldbeiträgen übernimmt kein Bevollmächtigter ohne Auftrag.
Skerlen traue ich auf Muhls Empfehlung, übrigens kann man eine
Vollmacht auch wieder auflösen wenn man Unrath spürt. *Stadtmil-*

lern halte ich für keinen Betrüger, aber für eigennüzig, das war Kabrun auch. Ob *Meyer* und der jüngere *Weickmann* Associés sind weis ich nicht. Lebe wohl.   J.Schopenhauer

Eile nur mit dem Blanket an *Skerlen* damit einmahl eine Ordnung wird. Ich habe ihm auch geschrieben, daß ich wegen des Baues nähere Auskunft verlange, und überhaupt alles Nöthige um uns sicher zu stellen, Du kannst ohne Schaden zu fürchten Dich auf meinen Brief an ihn beziehen, doch gebe ich Dir hiezu keinen Rath, mache es wie Du willst, denn ich scheue jede Verantwortung bei Dir.

75. *Johanna an Arthur*

Weimar d. 14. Juny 1814

Lies die Einlage und schicke sie dann auf die Post.

Dein Brief verdient keine Antwort von mir, andere Hände soll-ten sich damit befassen, deren Amt es ist, Menschen oder Philoso-phen zu behandeln, die ihre Mutter für eines Diebstahls verdächtig erklären, ich mag sie aber nicht auffordern, doch behalte ich ihn in guter Verwahrung. Frage Julchen, ob sie Dein Geld erhalten hat, meine 33 Thlr. 8 g. sind ihr gezahlt. Julchens Brief erfolgt hiebei zurück.

Daß der Fluch meiner Mutter mich nie drücken wird, weis ich, Dir fluche ich nicht weil ich nicht fluchen kann, ob aber alles was Du an mir thust und gethan hast und wahrscheinlich noch thun wirst, Dir nicht, ohne mein Zuthun einst zum Fluche werden wird, das wird die Geschichte Deines künftigen Lebens zeigen, ich wünsche es nicht, aber ich fürchte es, denn ich glaube an Gott.

Johanna Schopenhauer

Hier ist der lezte Brief von *Skerle*, ich erwarte ihn zurück zu erhal-ten. Ich schickte ihn nicht, weil er nichts enthält und ich erst den darin versprochnen Bericht erwarte, deshalb habe ich ihn auch nicht beantwortet, sondern nur Muhlen gebeten *Skerlen* zur Thä-tigkeit zu ermahnen.

Wenn Du an Julchen schreibst so lege ihr folgende Fragen vor
die sie der Reihe nach beantworten muß
1) ob sie den 14 *Jan.* dieses Jahres 800 fl. Danz. Gold. vom Muhlschen Komtoir erhalten habe um damit die Pension des vergangnen Jahres an Kabrun zu zahlen.
2) ob sie d. 17 Mertz 33 Thlr. 8 g in meinem Namen fürs Oster-
quartal erhalten habe.
3) ob Muhl ihr Deinen Beitrag mit 16 Thlr. 16 g. besonders gezahlt
habe. Hat er es nicht so schreibe ihm darum, erkundige Dich auch
bei ihm was er seit Kabruns Tod in meinem Namen der Mutter
gezahlt hat, und was ich ihm in Bezug auf ihre Pension bald nach
Kabruns Tode geschrieben habe.
Das übrige ergiebt sich aus meinem beigeschlossnen Brief an sie.

[Arthur hat auf der Rückseite notiert:]
– »turpe putant parere minoribus & quae
Imberbi didicere senes perdenda fateri.
Hor: epist: II, 1,84.
Veritatem laborare nimis saepe, a junt, exstingui nunquam.
Liv: 22,39.

Juny 1814: Obwohl dieses von Gwinner als »Scheidebrief« bezeichnete Schrei-
ben unmittelbar an die Auseinandersetzungen vom Mai 1814 (vgl. Briefe
Nr. 67 ff.) anzuschließen scheint, ist es nach der plausiblen Argumentation von
Arthur Hübscher (Schopenhauer-Jb. 1973, S. 113) wohl auf den 14. Juni 1815
zu datieren, nicht 1814, wie Johanna irrtümlich schreibt. Der Anlaß ist
Arthurs Mißtrauen in bezug auf die Verwendung des Dritteils, den er zum
Unterhalt von Johannas Mutter beisteuerte (vgl. Brief Nr. 70).
Fluch meiner Mutter: Juliane hatte den Briefen Johannas zu Unrecht die Absicht
entnommen, daß sie die Unterstützung der Mutter einschneidend verringern
wolle.
– *»turpe putant...:* »Schimpflich, meinen sie, ist es, Jüngeren zu gehorchen
und, was sie / als Bartlose lernten, als Greise aufzugeben.« Das Horaz-Zitat –
gut geeignet, Generationenkonflikte zu bezeichnen, von Arthur aber wie das
folgende Livius-Zitat wohl nicht in ganz unmittelbarem Zusammenhang mit
den mütterlichen Invektiven notiert – ist in verkürzter Form in den Schluß der
Farbenlehre eingegangen (Werke, Bd. III, S. 727).
Veritatem laborare...: »Die Wahrheit, sagen sie, plagt sich oft nur zu sehr, aus-
gelöscht aber werden kann sie niemals.« Das Livius-Zitat ist, geringfügig verändert, auch im Prooemium der »Theoria colorum physiologica« von Arthur
verwendet worden.

Weimar, d. 28. Juni 1815

Seze in diesem Augenblick alles zwischen uns getretene bei Seite, und lies diesen Brief ohne Bitterkeit wie ich ihn schreibe. Ich bin krank, gefährlich krank, obgleich ich herumgehe und lebe wie sonst. Vieles Sitzen, Gram, Verdruß haben mir eine Verstopfung in den edleren inneren Theilen zugezogen, die nach Aussage der Ärzte in Wassersucht übergehen und mir einen langen qual-vollen Tod zuziehen wird, wenn ich nicht bei Zeiten vorbeuge. Schon im vorigen Jahr hätte ich nach Karlsbad gehen sollen, ich konnte es nicht weil ich das Geld dazu nicht hatte, ich habe den Winter gespart, ich habe manches geschrieben für Bertuchs Jurnäle und auch sonst, so habe ich die paar hundert Thaler zusam-mengebracht die diese Kur mich kosten wird und gehe jezt hin da es die höchste Zeit dazu ist. Auch Adelens Brustkrampf und Nervenschwäche fordert eine Kur, ich werde allso meinetwegen vier Wochen in Karlsbad und ihretwegen vier Wochen in Eger bleiben. Niemand begleitet mich als Sofie. Diese Reise habe ich aufs sparsamste eingerichtet, ich gehe mit einem Fuhrmann der für 50 Thlr mich hin und her bringt. In Karlsbad ists dies Jahr nicht voll, und das Papiergeld macht das Leben dort wohlfeiler als hier.

So hatte ich mein Haus bestellt und gehe den 2ten *July* von hier ab, Logis haben mir Schubecks aus Hamburg besorgt, es sind die Schubecks die mit uns in Paris waren. Ich war ruhig, hoffte wieder Gesundheit zu erlangen und baute auf meine feste gesunde Natur die doch noch nicht ganz vernichtet ist. Jede heftige Gemüthsbewe-gung ist mir streng verboten, da kommts wie ein Donnerschlag vom heitern Himmel und erschüttert mich fürchterlich. From-mann, von dem ich die heiligsten Versicherungen hatte daß er den Wechsel zur gehörigen Zeit zahlen wird, meldet mir mit einem mahle, jezt da meine Abreise vor der Thür ist, daß er jezt nicht zah-len kann. Er ist redlich, darauf will ich schwören, er ist auch solide, denn er verlegt keine Modeartikel, lauter Werke von bleibendem Werth, aber der überall herrschende entsezliche Geldmangel der durch den neuen Krieg und das überhand nehmende *Agiotage* mit

Staatspapieren entsteht, macht es ihm vor jezt unmöglich die tausend Thaler aufzubringen.

Ich kenne meine Verpflichtung gegen Dich zu zahlen wenn er nicht zahlt, hätte er es mir schon Ostern gemeldet, ich hätte die größten Opfer gern gebracht um Dir Wort zu halten, aber da wuste er es selbst nicht. Jezt habe ich nicht tausend Thaler zur freien Disposition, nicht 100, denn meine Zinnsen reichen eben hin um davon zu leben, borgen thut hier niemand, weil niemand Geld hat, und jedes Kapital muß doch vorher gekündigt werden, das weist Du, dazu ist es jezt zu spät wenn ich in diesen Tagen zahlen soll. Überlege jezt kalt mit mir was in dieser verdrieslichen Lage zu thun ist.

Du kannst Frommann auf den Wechsel verklagen, ihm sogar Arrest geben lassen, dann mus er brechen, denn zahlen kann er nicht, was er hat wird verkauft, andere Gläubiger melden sich, wer weis wie wenig p.c. dann herauskommen. Du weist von Muhls Sache her, wie klug man thut wenn man in solchen Fällen Nachsicht hat. Daß Du durch dies harte Verfahren eine ganze Familie ins Elend stürzen wirst, berühre ich nur obenhin und überlasse das Übrige Deinem eigenen Gefühl.

Wenn nun die volle Überzeugung da ist daß Frommann nicht zahlen kann, so must Du mich verklagen, ich habe das Geld nicht baar, des ist Gott mein Zeuge, Du kannst ja denken daß ich es tausendmahl lieber hergäbe als diesen Brief schreiben, ich werde allso dann ausgepfändet, meine Meubels, mein Silber werden um Spottpreis verkauft. Von meiner Gesundheit spreche ich nicht, denn ich will Dich nicht zu rühren suchen, aber sagen muß ich doch, daß ich unmöglich glauben kann, daß Du so an Deiner Mutter handlen könntest. Nur der grimmigste Haß könnte Dir ein solches Verfahren eingeben, die Klugheit verbietet es Dir sogar. Was gewännest Du dabei? Über all dies Verfahren gienge doch viel Zeit hin, und unabsehliches Unglück für mich und die Familie Frommann entstünde daraus.

Höre allso meinen Vorschlag. Ich kann Dir keinen andern machen, ich lege Dir eine Anweisung an Muhl bei, zahlbar 27. *Februar* 1816. nebst einen Brief in welchem ich ihm darüber die nöthige Nachricht gebe, schicke ihm den Brief und die Anweisung zur Acceptazion, er wird sie acceptiren, das weis ich. Bis zur Zahlung der Anweisung verzinst Frommann Dir das Geld so hoch Du willst, thut er es nicht so mache ich mich anheischig dazu. Bis Antwort von Muhl kommt verfährst Du nicht weiter gegen Frommann, der Wechsel bleibt in Deiner Hand, in voller Gültigkeit. Ist die Anweisung acceptirt schickst Du ihn mir. Die Kosten des vielleicht nöthigen Verlängerns oder Protestirens des Wechsels erseze ich Dir, ich weis nicht was in solchen Fällen nöthig ist damit der Wechsel noch ein Jahr gültig bleibe, ich denke er ist es ohnehin ein Jahr lang, das kannst Du in Dresden leicht bei d. H. *Breling* oder sonst erfahren.

Frommann meldet mir Du habest schon Staatspapiere für das Geld gekauft, das ist freilich schlimm, aber der Handel kann ja rückgängig werden wenn Du außer Stand bist ihn zu erfüllen ohne daß Dein Ehrenwort drunter leidet, welches Du, wie Frommann mir meldet gegeben hast, denn Deine Briefe an ihn habe ich selbst nicht gesehen. Auf allen Fall hast Du ja Deine Leipziger Obligazionen aus denen gleich Geld gemacht werden kann, verlierst Du dabei so ersezt Frommann Dir den Schaden, und wenn er es nicht thut so mache ich mich anheischig dazu.

Über diese drei Artikel, die Zinnsen, die etwanigen Kosten bei Sichermachung des Wechsels, und den Schaden der Dir durch den wegen des Ankaufs der Staatspapiere vielleicht nöthigen Verkauf der Leipziger Obligazionen entstehen kann, seze Du ein Papier auf in welcher Form Du willst, Frommann wird es unterzeichnen und ich auch als Bürge für ihn. Mir liegt mehr daran als vielleicht dir selbst, daß Du in dieser Sache durchaus keinen Verlust erleidest. Ich baue so ganz auf Deine Rechtschaffenheit daß ich Dir freie Hand lasse dies zu bestimmen, denn für einen Betrüger hielt ich Dich nie. Dieser Vorschlag ist, dünkt mir alles was Du verlangen kannst wenn Du nicht an Unheil Deine Freude hast, was ich nicht glauben will. Beruhigt reise ich nun ab, ich habe das Meine gethan, mehr kann ich nicht. Laß Deine Antwort so sein daß ich sie ertragen kann. Ich wohne in Karlsbad am Markt, im Hause des Postsekretär *Leiner*. Antworte aber zuerst Frommann.   J. Schopenhauer

Bertuchs Jurnäle: U. a. das »Journal des Luxus und der Moden« und die »Allgemeine Litteraturzeitung«.

daß er den Wechsel... zahlen wird: Vgl. Brief Nr. 71 ff.

77. *Johanna an Arthur*

Carlsbad. d. 10ten Juli 1815.

Seit zwei Tagen habe ich Deinen Brief, gegen dessen Billigkeit ich nichts einwenden kann, ich habe ihn gelesen und wieder gelesen und weis noch immer nicht mich zu entschließen was ich eigentlich drauf antworten soll. Mein Herz spricht für Frommanns, von seiner Redlichkeit habe ich eine beßre Idee als Du, und diese stüzt sich auf eine mehrjährige Bekanntschaft und das Zeugnis von Leuten denen ich trauen muß, vor allem weis ich, daß Seebeck wie er in Jena lebte oft Geldangelegenheiten mit ihm zu verhandlen hatte und sehr zufrieden mit ihm war, daß wir nichts bei ihm verlieren können wenn wir ihm Zeit lassen, glaube ich mit triftigen Gründen behaupten zu können die aber für einen Brief zu lang sind. In diesen glücklichen Zeiten da wir mit Gewißheit dauernden Frieden erwarten können muß auch der Buchhandel sich heben und wer in diesem Jahr, bei den plötzlich eingetretenen Unfällen nicht zahlen konnte, weil alles ins Stocken gerieth, wird es doch im nächsten können. Dagegen aber sagt mir mein Verstand daß Du vielleicht, ja wahrscheinlicherweise sogar, nicht Unrecht hast, wenn Du denkst Frommann könne doch wohl vielleicht zahlen wenn er große Opfer bringen wollte, und daß ich wohl weniger riskire wenn ich Muhlen mein Geld lasse als wenn ichs Frommann vertraue. Dann aber würde es mich auch wieder sehr kränken und betrüben wenn Frommanns unglücklich würden und ich hätte es abwenden können, ich würde nie ruhig daran denken können, es wäre mir eine Reue fürs ganze Leben. Nicht weil ich Frommann so besonders liebe, er hat viel lächerliches und wunderliches, aber gewis er ist ein ehrlicher Mann im Grunde des Herzens und in all seinem Thun, wenn ihn auch vielleicht jezt die augenblickliche Verlegenheit zu einem kleinen Pfiff und Knif verleitet hat. Die Familie ist unter sich so glücklich, die Frau ein Muster häuslicher

Tugend, hängt so treu an Mann und Kinder, die Kinder an den
Eltern, der Sohn ist ein sehr wackerer junger Mensch geworden
der dem Vater arbeiten hilft mit der Aussicht einst seine Stelle bei
Mutter und Schwester zu vertreten, alles das gienge zu Trümmern
wenn Du ihn umwirfst und ich ihm nicht helfe. Nun ein Vorschlag. Willst Du Frommann schreiben Du könntest, aus Rücksicht für mich, Dich nicht entschließen mich an seine Stelle treten
zu lassen, Du verlangtest von ihm die Zahlung die er versprochen
hat, zugleich läst Du, wie Du schreibst, den Wechsel ihm ganz
im Stillen durch einen Advocaten presentiren und mit Klage
drohen, aber nicht gleich ihn verklagen, sieh dann was er thut,
aber ich bitte Dich recht inständigst, verklage ihn nicht, das
thut ihm zuviel Schaden, warte es noch ab, vielleicht hilft er sich
wenn er Ernst sieht, wenn er es kann so thut er es gewis, kann
er es nicht, nun so melde ihm ich hätte Dich so sehr gebeten meinen Vorschlag anzunehmen daß Du es mir nicht abschlagen könntest, schreibe ihm Deine gar nicht unbilligen Bedingungen vor,
er wird sie gewis annehmen und ich garantire sie Dir, seze mir
auch den Wechsel an Muhl auf wie Du ihn haben willst, ich könnte
ihn hier wo ich niemand darinn um Rath fragen kann, vielleicht
fehlerhaft schreiben. Muhl zahlt ihn gewis, und thut er es nicht
so kann ich bis dahin schon das Geld schaffen, glaube mir.
Ich glaube Du kannst diesem Vorschlag folgen ohne der Wahrheit nahe zu treten, glaubst Du es anders, nun so schreibe mir nur
gleich den Wechsel vor, den Brief an Muhl will ich ändern wie
Du es wünschest, ich schrieb ihn so um nicht weitläufig zu werden und weil ich nichts unwahres darinn sah, ich sage Muhlen
darinn daß ich die tausend Thaler Dir schuldig bin, die nähren
Umstände gehen ihn ja nichts an, und ich schrieb in großer
Eile.

Ich bin sehr matt, der Brunnen greift mich an, aber er thut mir
wohl, mit Mühe habe ich nur diese Zeilen schreiben können, auch
ist das Schreiben nur zur höchsten Noth vom Arzt erlaubt. Das
Wetter ist sehr rauh, und zu meinen übrigen Übeln ist noch ein heftiger Katarrh gekommen.

Lebewohl und entscheide, aber ich wiederhole die Bitte, mache

Frommanns nicht unglücklich, ich will nach Kräften alles thun was
Du willst ehe ich das ansehe.   J. Schopenhauer.

Darinn hast Du ganz recht, daß Du Frommann eher verklagen
oder mit Klage drohen kannst als ich, schon des Anstandes wegen.

78. Johanna an Arthur

Karlsbad d. 20. Juli 1815
Deinen Brief vom 15ten dieses erhielt ich ehegestern, heute geht erst
die Post allso konnte ich eher nicht antworten. So wars auch mit
dem ersten, ich beantworte ihn mit dem ersten Posttag zwei Tage
nach dem Empfang, ist er Dir zu lange unterwegs gewesen so ists
die Schuld der hier sehr unordentlichen Postleute.

Hier ist der Wechsel auf Muhl genau nach Deiner Vorschrift, er
wird bezahlt und akzeptirt das weis ich, das nöthige was Du verlangst werde ich an Muhl schreiben.

Frommann schreibe selbst was Du von ihm verlangst, er wird
gern in allem bereitwillig sein, Zinnsen, Unkosten etc. etc. bezahlen. Ich garantire es wie Muhls Zahlung.   J. Schopenhauer

Wechsel auf Muhl: Arthur hatte sich auf Johannas Bitten hin damit einverstanden erklärt, Frommann zu schonen und einen Wechsel auf das Danziger Handelshaus Muhl zu akzeptieren.

79. Johanna an Arthur

Weimar, d. 4ten Febr. 1816
Gestern erhielt ich Deinen Brief und hätte Dir ohnehin heute die
Einlage geschickt die ich mit letzter Post erhielt. Ich habe auf den
ersten Brief von *Skerl* nicht geantwortet weil ich nichts drauf zu
antworten wußte. Ich bin für die außergerichtliche Abmachung
und nicht dagegen, sie erspart Zeit, denn die gerichtlichen Termine
werden oft weit hinausgeschoben: sie erspart auch die Unkosten

die damit verbunden sind. Betrug ist dabei nicht denkbar denn man muß uns Rechnungen ablegen. *Skerl* eilt jetzt weil ich ihm zweimahl schrieb er möchte der Sache ein Ende machen und weil ich nicht allein *Muhl* sondern auch *MacLean* und *Almondi* hinter ihm her gehetzt habe. Die beiden letzten sind auch bei der Sache interessirt als Vormünder und *Executoren Kabruns* der zu den Tietzischen Kreditoren gehörte, sie sind meine alten Freunde, auf die ich bauen kann, ich will sie bitten dahin zu sehen daß uns kein Unrecht geschieht, und sie werden es thun, ich weis es. *MacLean* kennt *Skerl* seit vielen Jahren weil der Geheime Rat *Simpson* ihn immer comployirte. Er meldet mir er sei ehrlich aber langsam, weitläuftig, und habe viel zu thun. Von *Friedrichsen* weis ich nichts böses. *Skerles* Lob kommt daher, weil ich an *Almondi* schrieb, ich glaubte die Creditoren von Tietz zögen die Sache in die Länge. *Almondi* hat dies wahrscheinlich gegen *Skerle* geäußert da er ihn auf meine Bitte zur Thätigkeit antrieb. Dies ist meine Ansicht der Dinge, ich werde ihr folgen, thu Du auch was Dir recht dünckt, mit Dir darüber disputiren will ich nicht. Was ich als Vormünderin Adelens thun darf und zu thun hab weis ich, das ist meine Sorge. Jezt müssen wir d. 29. Febr. abwarten. Die Einlage bitte ich mir zurück ich will dann darauf antworten wegen des Zehnten, den ich suchen will uns zu ersparen da, so viel ich weis, alles Abzugsgeld zwischen Sachsen und Preußen aufgehoben ist. Ich will die nöthigen Schritte deshalb hier thun und Dir den Erfolg seiner Zeit melden.

Muhl wird die 1000 Thlr zur Verfallzeit zahlen, darauf verlaß Du Dich. *Frommann* wird auch zahlen was er versprach, ich zweifle nicht daran.   Johanna Schopenhauer

Skerl: Der Kriminalrat Gottlieb Wilhelm Skerle, der Bevollmächtigte Johannas und Arthurs in Danzig.
außergerichtliche Abmachung: Es ging um die Erbschaft von Michael Andreas Schopenhauer (vgl. Brief Nr. 70).

80. Johanna an Arthur

Weimar, d. 15ten Mai 1816

Was Du wünschest, hatte ich schon am letzten Posttage gethan, gleich nachdem ich *Skerles* Abreise erfahren hatte. Bis dahin erwartete ich posttäglich Nachricht von der Auszahlung und fand mich sehr unangenehm getäuscht. Ich habe alles nöthige an Muhl und auch an den Herrn *Wilde* geschrieben um unsre Sache zu beschleunigen, mir scheint diese neue Verzögerung daran zu liegen daß *Wilde* nicht genugsam unterrichtet ist, wie weit die Sache gediehen sei. Dem habe ich durch Übersendung der Abschrift des letzten Dekrets abgeholfen die ich Dir früher mittheilte, und hoffe nun alles bald beendigt zu sehen. Auch an *Stadtmiller* habe ich geschrieben um zu erfahren ob die Ländereien endlich verpachtet sind und wie es damit steht. Was ich erfahre melde ich Dir jedesmahl und versäume nichts. Bei der preußischen Justitz geht es in solchen Erbschaftssachen immer so. Eine Bekannte von mir, Md. *Quandt* aus Leipzig, war auf ihrer Reise nach Frankfurt vorgestern hier, und klagte mir, daß ihre sehr reiche Schwiegermutter schon *Anno* 1806 in Berlin gestorben ist ohne daß sie und ihr Mann es haben dahin bringen können daß bis jetzt das mindeste zur Regulirung der Erbschaft gethan sei, und obendrein haben sie noch alle Kriegslasten und Abgaben von den liegenden Gründen baar bezahlen müssen. Das ist nun so und da wir beide es schwerlich ändern können, müssen wir es in Geduld tragen, und nur von unsrer Seite thun was wir können um ein Ende zu machen und darin versäume ich nichts.

J. Schopenhauer

81. Johanna an Arthur

Weimar, d. 24. Juni 1816

Ich danke Dir für die Nachrichten. die Du mir wegen unsrer Erbschaftsangelegenheiten mittheiltest, ich bin dadurch mehr ins Klare gekommen als durch die vielen Briefe die ich schon deshalb schrieb und erhielt. Da der jetzige Kanzler von Müller eben nach Wiesbaden reiste so habe ich ihm einen Brief an *Skerlen* mitgegeben worin ich ihm meine Furcht entdecke daß Wilde unsre Sache noch gar nicht recht einsieht, weil es ihm wahrscheinlich an Zeit und Lust fehlt die Akten gehörig zu lesen. Da ich jezt täglich sehe welche Stöße von Akten denen Geschäftsmännern in diesem Fach über den Hals geschickt werden, so ist mir dieser Fall sehr wohl denkbar, und Wildes Äußerungen gegen Muhl, und auch in einem Briefe an mich, bestätigen mich darin. Der Brief von Wilde an mich zeigt eine völlige Unbekanntschaft mit allem was bis jezt geschehen ist, ich habe ihn *Skerlen* zugeschickt, und ihn aufs dringendste gebeten an Wilden deshalb zu schreiben, zugleich habe ich verlangt daß er dafür sorge daß die Kapitalien die eingeklagt werden sollen, es jezt werden, ich habe deshalb hier mir Raths erhohlt, und weiß daß es gleich geschehen kann. Auch an Muhl schrieb ich gestern, bat ihn Wilden zur Thätigkeit und Lesung der Akten anzuhalten und zugleich dafür zu sorgen, daß die Kapitalien gleich eingeklagt werden. Gehen die Gelder in drei Theile so thut es auch Andreas Antheil an den Ländereien, auf die Weise gehören uns fünf Neuntheile und Tietzen vier, nehmlich, ein Drittheil von meinem Mann, in drei Theile deren jeder ein Neuntheil des Ganzen macht, und von welchem jeder von uns eins zukommt, dann Andreas Antheil wieder in 3 Theile, drei Neuntel, davon eins Dir, eins Tietz und eins Adelen gehört, das übrige Drittel oder drei Neuntel, gehört Tietz, ich habe also mit Adelen zusammen ein Drittel des Ganzen oder drei Neuntel, Du zwei Neuntel für Dich. Zum Verkauf wirst Du schwerlich kommen denn die Ländereien stehen noch immer in sehr niedrigem Preise. Dein Grosvater hat das Ganze vor vielleicht 40 Jahren, wenigstens lange ehe ich heurathete, für 10.000 Pr.Thlr. gekauft, ich weis zwar daß er wohlfeil gekauft hat aber die Zeiten haben sich seitdem wenig gebessert.

Es ist mir besonders lieb gewesen durch Dich zu erfahren wie es jetzt mit den Ländereien steht, trotz aller Mühe und aller Briefe konnte ich bis dahin nichts davon vernehmen. Dies Jahr ist nichts davon zu erwarten das sehe ich wohl ein, aber im künftigen, hoffe ich, werden wir doch wieder unsere Zinnsen davon ziehen.

Wenn nur erst die Kapitalien vertheilt werden, das ist ein Schritt der auch die übrigen herbei führen muß. Deine Grosmutter starb da wir eben in Lyon waren, also im Jahre 1804, ihr Nachlaß kann

nur gering sein, sie lebte vom Ertrag der Ländereien den ihre
Kinder ihr ganz ließen, und von dem was Dein Vater ihr wöchentlich gab, ich glaube es war 50 Danzger Gulden. Ob der Kaufpreis
des Gartens in Ohra zu ihrem Nachlaß gehört oder ob er gleich
unter die Erben vertheilt ward, weiß ich nicht, der Verkauf geschah
noch zu Lebzeiten Deines Vaters, ich habe nie etwas davon erfahren.

Mit den Staatsobligationen und Dokumenten werde ich es
machen wie Du, ich wünsche ebenfalls herzlich daß alles bald beendet sei und werde.   J. Schopenhauer

in Lyon waren: Anfang Mai 1804 auf der Europareise der Schopenhauers (vgl.
Reisetagebücher, a. a. O., S. 150 ff.).

82. *Johanna an Arthur*

Langenschwalbach d. 1ten Aug. 1816
Ich hatte schon alles gethan was Du verlangst ehe ich Deinen lezten
Brief mit der Einlage von Weickmann erhielt, die ich Dir hier
zurücksende. Vor drei Wochen sprach ich *Skerlen* bei meiner
Durchreise in Wiesbaden, ich wuste daß er da war und suchte ihn
auf, er behauptete alles so eingeleitet zu haben daß die Theilung jezt
geschehen müste und daß er auch auf einen früher von mir erhaltenen Brief an Wilde geschrieben habe.

Jezt ist er seit 5 oder 6 Tagen hier, ich sehe ihn alle Tage und lasse
nicht ab ihn zu ermahnen. Er behauptet jezt die Schuld der Verzögerung liege daran daß *Wild* oder *Weickmann* nicht gerichtlich von
Dir bevollmächtigt sind. Er konnte *Muhl* und *Wilde* in meinem
Namen bevollmächtigen aber nicht gerichtlich in Deinem da
Deine Vollmacht ihn nicht dazu berechtigt wohl aber die meine,
auf die Frage warum er Dir das nicht geschrieben habe, antwortete
er mir er habe gehofft so damit durchzukommen. Ich weis indeß alles das sind Kniffe um seine Unthätigkeit zu beschönen,
und verfolge ihn immerfort, so lange er hier bleibt, das wird aber
nur noch wenige Tage sein. So viel habe ich erlangt daß er aber-

mals an Wild und den Direktor des Stadtgerichts geschrieben hat.
Er schwört hoch und theuer jetzt werde alles bald in Ordnung
kommen, noch ehe er zu Hause kommt, was im September geschehen wird.   J. Schopenhauer

83. Johanna an Arthur

Weimar d. 11ten Nov: 1816

Seit zehn Tagen bin ich wieder zu Hause, Sofie starb drei Tage vor
meiner Ankunft; dieser Todesfall und seine Folgen, nehmlich eine
durchaus veränderte Einrichtung meines Hauswesens, dem jezt
Adele unter meiner Leitung vorsteht, haben mich bis jetzt verhindert Deinen Brief vom 2ten *Nov:* zu beantworten.

Skerle muß jetzt schon zu Hause sein, ich erfuhr schon vor
6 Wochen daß er auf dem Rückwege sei, ich habe auch schon
von Mannheim aus an ihn nach Danzig geschrieben und erwarte
täglich seine Antwort.

Du hast darinn Recht daß eigentlich mit den Coupons der
Zehnte bezahlt werden müsse, und ich werde darinn Deinen Willen unterstützen, nur muß dies keine neue Zögerung der Vertheilung oder gar einen Proceß mit der Regierung herbeiziehen. Diese
verlangt gewis nichts Besseres als die Sache noch in die Länge zu
ziehen, mir aber gebietet die Vernunft lieber einen kleineren Schaden zu tragen als das Ganze aufs neue aufs Spiel zu sezen. Ich
betrachte die Regierung als einen bösen Schuldner, mit dem man
es nicht so genau nehmen muß, freilich ist das Recht im eigentlichen Sinn auf unsrer Seite, aber sie haben die Gewalt, sie sind im
Besitz. Wegen der einzuklagenden Kapitalien höre auch ich nichts
obgleich ich sie in meinem letzten Brief an *Skerle* wieder in An-
regung brachte.

Almondi hat mir noch nicht geantwortet, ich hätte Dir es unauf-
gefordert mitgetheilt, wenn ich eine Antwort erhalten hätte. Ich
will ihm wieder schreiben, mit nächster Post, ich versäume nichts,
aber man kommt eben nicht vorwärts. Deshalb muß man alle
unnützen Weitläuftigkeiten meiden und nur suchen das Seinige zu

erhalten, wenn es auch ein Opfer kostet, doch werde ich mir nur
gefallen lassen was ich mus.

Ich danke Dir indessen für Deine Mittheilungen, seit langer Zeit
sind sie das erste was ich von dieser Sache wieder höre.

J. Schopenhauer

Deinen Willen unterstützen: Vgl. dazu Brief Nr. 84.

84. Johanna an Arthur

Weimar, d. 24. Nov: 1816.

Aus einliegendem Briefe den ich gestern erhielt, wirst Du sehen
daß die Vertheilung vermuthlich geschehen ist ehe Dein Brief an
Skerle, oder auch der meinige von hier ankommen konnte. Ich
habe *Skerlen* heute geantwortet und ihm unsern Vortheil aufs Beste
empfohlen. Meine persönliche Bekanntschaft und ein Brief den ich
um ihn anzutreiben, aus Mannheim an ihn schrieb, haben ihn vermuthlich so schnell auf einmahl gemacht. Eigentlich scheint es uns
auch nur schnell.

Wie Du die Regierung zwingen willst die *Coupons* zu nehmen
begreife ich nicht, der einzige Weg dazu ist daß Du sie beim König
verklagst. Durchsezen wie Du meinst, läst sich bei einem ganzen
Kollegium nichts, das geht seinen Gang. Hat es Dir aber Unrecht
gethan, so kannst Du klagen, eher nicht, und dazu ist immer noch
Zeit, hast Du das Geld erst in Händen so ist es um so besser. Ich
spreche im Sinn Deines Vaters, der immer behauptete man müsse
erst sich in Besitz setzen und hernach sein Recht verfechten. Ob ein
Prozeß gegen die Regierung Dir nicht mehr kosten wird als 18 p. c.
der Erbschaft, steht dahin. Es ist ja auch noch gar nicht erwiesen,
daß die *Coupons* durch Schuld der Regierung werthlos sind, wie
Du meinst, ich habe indessen *Skerlen* diesen Punkt besonders empfohlen.

Wie soll ich Muhlen zum Aufseher der Regierung setzen, thu Du
es selbst wenn Du es für nöthig hälst. Wenn sie uns ein Kapital
unterschlagen wollten so müßte sich ja das ganze Kollegium dazu
vereinen, wie ist das denkbar? Ich verstehe Dich gar nicht, bald

schreibst Du Preußen wäre nicht Algier, bald machst Du die ganze Regierung zu Dieben. *Skerle* ist ehrlich, *Muhl, Almondi, MacLean* und Kabruns Vorsteher der Handlung, Dodenhoff, versichern mich dessen. Er ist reich, hat einen Theil an der sehr einträchtlichen Handlung seines verstorbenen Schwiegervaters Gerlach und seine Frau war eins der reichsten Mädchen in Danzig. Solche Leute stehlen in der Regel nicht. Ich habe 9 Wochen täglich mit ihm gelebt, ihn genau beobachtet, manches lächerliche aber nichts unrechtliches an ihm gefunden. Wenn man jemandem seine Vollmacht giebt muß man ihm trauen, setztest Du ihm einen Aufseher, so braucht der wieder einen Aufseher, und es wird wie mit dem der über die Pyrenäen reiste und seinem Maulthier einen Barbier mitnahm. Doch so wie es auf Glauben an Menschen ankommt werden wir uns nie verstehen, thu Du daher was Dir Recht dünkt auf Deine Rechnung, ich kann meine Überzeugung nie der eines andern unterordnen. Ich versäume nichts, thue meine Pflicht, und bin mit meinem eigenen Bewußtsein zufrieden. Ich werde kein Opfer bringen, das ich vermeiden kann, und versäume keinen Schritt ihm auszuweichen, aber wenn ich alles Thunliche gethan habe gebe ich mich auch zufrieden, und hier dünkt mir ist die Hauptsache erst klar zu sehen ob man uns denn so gros Unrecht thut als Du meinst.   J. Schopenhauer.

die Vertheilung: Des Nachlasses von Michael Andreas Schopenhauer.

85. *Johanna an Arthur*

Weimar, d. 19. Jan: 1817.

Hier ist das Papier. Ich würde es Dir eher geschickt haben wenn ich nicht auch auf die Nachricht daß die Theilung wirklich vorgegangen wäre gewartet hätte und Dir allso deshalb mit dem Papiere zugleich hätte schreiben wollen. Daß dies nicht schon geschehen ist nimmt mich sehr Wunder, ich schreibe deshalb an *Skerlen.*

Wegen der Ländereien meldet mir Dodenhoff der die Geschäfte der Kabrunschen Erben besorgt und an den ich mich deshalb

gewendet habe, die künstliche Überschwemmung bei der Belagerung habe auch diese Ländereien betroffen, das Wasser sei noch
nicht gänzlich abgelaufen, deshalb hätten sie in diesen letzten Jahren wenig oder nichts getragen. Die Verwaltung sei freilich bei H.
Friedrichs nicht in den besten Händen, da er sich wenig darum
bekümmert, indem der Tietzischen Masse nur ein sehr kleiner
Theil davon gehört, das mehreste uns und Kabruns Erben. Ich soll
mich nur bis diesen Frühling gedulden, dann wird die Kabrunsche
Erbschaft regulirt, und dies wird ein mächtiger Keil sein zur Beför-
derung der Angelegenheiten der Ländereien, Dodenhoff will sich
selbst alle Mühe deshalb geben. *Almondi* meldet er mir sei nach
Polen gereist und habe mir deshalb nicht antworten können.

Diese Woche schreibe ich wieder an Dodenhoff. Er ist ein
Freund meiner Mutter und ich habe ihm selbst hier im vergangenen Frühling manches Angenehme erzeigt, deshalb glaube ich daß
er um meinetwillen sich der Sache thätig annehmen wird wenn sie
nur erst wieder im Gange ist   J. Schopenhauer.

H. Friedrichs: Daniel Friedrichsen, Verwalter des Tietzschen Erbes, zugleich
Miterbe und Pächter der Schopenhauerschen Ländereien bei Danzig (vgl.
Briefe Nr. 93 ff.).

86. *Johanna an Arthur*

Weimar, d. 26. Januar, 1817.
Mit lezter Post erhalte ich beiliegenden mir sehr verdrieslichen
Brief den ich Dir beilege damit Du Deine Einrichtungen danach
treffen kannst, schicke ihn mir aber bald wieder. Ich hatte schon
vor beinahe zwei Monaten *Muhl* geschrieben er möchte das Geld
einstweilen für mich in Empfang nehmen und mir rathen ob ich
die Dokumente noch behalten oder verkaufen soll, er hat mir nicht
geantwortet, und nun schreibt mir *Skerle* sie wären nach Berlin
gesendet und ich soll nur geschwind schreiben ob ich sie *a tout prix*
verkaufen will. Das muß ein Misverständnis sein, denn so etwas
hat mir Muhl noch nie gethan, sein längeres Schweigen besonders

um Neujahr bin ich gewohnt, er hat dann viel zu thun, obendrein
verheurathet er in diesen Tagen seine Tochter an einen jungen
Mann (*Abeg* aus Heidelberg), den er in die Handlung nimmt. Die
Frau ist wie mit allem auch hiemit unzufrieden und das giebt wohl
viel häuslichen Wirrwarr der ihn am Schreiben hindert. Daß Dein
Eigenthum mitgeschickt ist ist mir doppelt verdrießlich, da Du, so
viel ich weis, *Skerlen* aufgetragen hast es an *Weickmann* zu geben,
ich eile deshalb es Dir zu melden. An *Muhlen* habe ich alles ungefähr mit heutiger Post so geschrieben wie jezt Dir, und noch
folgendes.

Muhl soll Geld und Dokumente in zwei gleiche Theile theilen,
daß niemand von uns dabei zu kurz kommt und mir Adelens
Antheil wie es ist überschicken, *a tout prix* zu verkaufen ist mir nie
in den Sinn gekommen, ich will sehen wie es mit den Papieren
steht, und kann auch von hier aus sie in Berlin oder Leipzig verkaufen wann ich es später für rathsam halte. Dein Antheil soll er zu
Deiner Disposizion stellen wie sich von selbst versteht. Sind die
Papiere so daß sie nicht in zwei gleiche Theile getheilt werden können so soll er sie mir alle schicken. Ich melde es Dir dann gleich,
und erwarte von Dir wie Du Theilung machen willst zu erfahren.
Muhl habe ich zugleich um schleunige Antwort gebeten, *Skerlen*
noch nicht geantwortet, honoriren wollen wir ihn wenn alles vollendet ist was er für uns zu thun hat, ich will erst erfahren was man
ihm zu geben hat, am besten ist es wohl gethan eine Rechnung von
ihm zu fordern.

Es ist hier heute 11 Grad Wärme und ich habe seit früh morgens
kein Feuer im Ofen.   J. Schopenhauer.

87. *Johanna an Arthur*

Weimar, d. 29. Jan. 1817
Gestern morgen erhielt ich Deinen Brief, hier meine Antwort und
die Papiere zurück wie Du es verlangst. Du hast Recht. Die Über-
gehung der 337 Thlr. baar Geld und die immerfort weniger wer-
dende Summe des Ganzen war auch mir aufgefallen, die Ver-

wechslung der Pfandbriefe hatte ich nicht bemerkt. Mit heutiger Post schrieb ich an Muhl, stellte ihm darin Deine Ansicht vor, die jezt auch die meine ist, und bat ihn um Untersuchung der Sache und Hilfe so wie diese ohne Prozeß möglich ist, denn einen Prozeß führe ich nie wenn nicht die äußerste Noth mich zwingt.

Skerlen habe ich noch nicht geantwortet, mit seinem Honorar muß es Zeit haben bis alles beendet und seine Vollmacht abgelaufen ist. Schreibe mir zu seiner Zeit, was Du ihm zu geben denkst. Ich will späterhin Muhlen oder Repeln fragen was in solchen Fällen üblich ist, meine Meinung ist noch immer wir fordern zusammen eine Rechnung von ihm, das ist Advokaten Gebrauch, ich weis, daß Müller vor einiger Zeit einer Frau v. Löwenklau in Sachsen in einem ähnlichen Fall beistand, freilich anders als *Skerle* uns geholfen hat, er rettete ihr ihr ganzes Vermögen, und sie forderte Rechnung von ihm. Er nahm nichts weil die Frau es nöthig braucht, das gehört aber nicht hieher, und ich möchte auch von *Skerlen* nichts geschenkt haben.

Da Du der Meinung bist daß die Dokumente in Berlin verkauft werden sollen, so bin ich es auch zufrieden und habe heute Muhl geschrieben daß er es thun soll weil ich jezt mit Dir darüber einverstanden bin. Wegen der Ländereien müssen wir doch wohl die nächste Rechnung abwarten. Verkaufen will ich gern sobald wir nur nicht zuviel dabei verlieren. Deines Vaters Drittheil brachte sonst immer 6–800 fl ein und sie waren schlecht verpachtet. Deine Grosmutter hatte sie für 40.000 fl um einen Spottpreis gekauft, und das vor 50 Jahren. Jezt sind sie gewis das Doppelte werth, die Güter müssen steigen wenn Frieden bleibt. Hätten wir nur jemand der sie redlich verwaltete.   J. Schopenhauer

Je eher Du Muhlen schreibst je besser. Ich habe heute meinen lezten Brief in dem ich ihm schrieb er solle uns die Papiere schicken widerrufen, der Brief gieng erst Sonntag Abend ab. Ich that dies nur weil ich glaubte Du wolltest es nicht, weil Du *Skerlen* anbefohlen hattest jetzt Weickmann Deinen Antheil auszuliefern, und ich in Deine Angelegenheiten mich nicht zu mischen habe.

Weimar, d. 5ten Mertz 1817.
Ich werde Ihnen über alles Auskunft geben wozu aber etwas Zeit
erfordert wird, soviel kann ich Ihnen aber ohne des nähern im Voraus versichern daß Ihr Sohn gewaltig im Irrthum steht, und daß
durchaus nichts von Unterschleif entdecken wird weil durchaus
keiner Statt findet und nicht Statt finden kann, wär er hier und lies
sich gegen *Skerle* oder sonst jemand zu solchen Äußerungen hin-
reißen, so würde es ihm blos einige 100 Thlr. kosten, um ihn für die
Zukunft klüger und vorsichtiger zu machen. Man mag den preußischen Gerichten Langsamkeit und unendliche Formalitäten vorwerfen, von Unterschleif ist aber noch nie gehört worden, und wer mit
dem Geschäftsgange nur einigermaßen bekannt ist, begreift leicht,
daß eben dieser in solchen Fällen endlosen Formalitäten wegen
auch Unterschleife durchaus unmöglich sind. Die Curatoren sind
als rechtschaffene Männer bekannt, wären sie es aber auch nicht, so
wird gerade vor dem Gericht auch der geringste Unterschleif entdeckt werden. Die Langsamkeit ist übrigens sehr zu entschuldigen
und wenn man nur ein wenig nachdenkt, was durch 2 Belagerun-
gen und die 7 jährige Franzosen- oder vielmehr Räuberherrschaft,
durch die Zerstörung mehrerer tausend Grundstücke, auch den
Ruin mehrerer tausend Familien in Unordnung gerathen ist, der
muß sich vielmehr wundern daß man sich überhaupt noch heraus-
finden kann. Daß dieselben Pfandbriefe so wie sie ins Deposito-
rium gekommen sind auch wieder herausgekommen sind, dafür
will ich mit meinem Kopf bürgen, ob er einen Irrthum begangen
und sie einmahl preußisch einmahl pohlnisch genannt hat, ist wohl
möglich, und sogar zu entschuldigen, so wurden z. B. 1807 Theile
von Pohlen abgerissen und wenn die Dörfer worauf der Pfandbrief
lautet in den abgetretenen lagen so wurde er pohlnisch, nun sind
Theile wieder zurückgegeben und man hat daher nur auszumitteln
wo die Dörfer noch jezt liegen, worüber ich von der Landschafts-
direkzion Nachrichten einziehen werde. Als nun der Magistrat
oder die Kämmerei, nicht das Gericht wie Ihr Sohn meint von den
vorhandenen Papieren den 10ten Theil nahm so war es ja gleichviel
ob der Pfandbrief pohlnisch oder preußisch war. Mir scheint aber

ein Versehen bei Berechnung der zur Ausgleichung erforderlichen
80 Thlr welche die Kämmerei, vielleicht in der Meinung es sei von
pohlnischen Pfandbriefen die Rede gewesen zum Cours der polnischen hätte berechnen sollen. Diese greift nun Ihr Sohn auf und
ohne ein Wort von der ganzen Sache zu verstehen verwirrt er sich
selbst in seiner wahrscheinlich ihm so wenig als irgend jemand ver-
ständlichen Rechnung. Sagen Sie ihm vorläufig was Sie von dem
Gesagten für gut finden. Daß Kabrun den Nachlaß für weit größer
gehalten kann weiter nichts beweisen als daß er sich geirrt hatte,
wenn nun nicht so viel da ist, und ob er die Sache schneller beendigt hätte bezweifle ich fast, denn da er sich klüger als alle übrige
Sterbliche hielt und jeden schulmeistern wollte, so geschah es ihm
oft sich so mit allen Behörden zu entzweien daß er Wischer und
Nasen bekam und seine Sachen liegen blieben. Die Papiere gehen
nächste Woche nach Berlin, und Herr Friedrichs hat mir heute versprochen die Administrazions-Rechnung in 8 Tagen aufzumachen.
Ich habe die von Ihrem Sohn aufgestellten Bemerkungen in Nota
genommen um solche mit den Curatoren durchzugehen.

Dies ist eine treue Abschrift von dem was mir Muhl unterm
6. *Febr.* schrieb.

Du hast Dir in Deinem vorletzten Brief einen Ton gegen mich
erlaubt der mich zu dem Entschluß brachte keine Feder für Dich
mehr anzusetzen. Nach Deinem Brief vom 28sten habe ich dennoch Dir heute wiedergeschrieben, bekomme ich aber noch einmahl eine ähnliche Zeile von Dir so gehen alle Deine künftigen
Briefe an mich unerbrochen auf der Post zurück. Anstand,
gemeine Achtung kann ich wenigstens von Dir erwarten. Überhaupt will ich nur im äußersten Nothfall Briefe von Dir sehen.

                                                Johanna Schopenhauer

Md. Hartwig schicke ich einstweilen was ich finde, ich habe noch
ein Büchelchen von ihr, ich suche danach und schicke es wenn ich
es finde, verlohren ist es nicht, aber unter meinen Papieren vergraben.

Weimar, d. 11ten Juny

Ich beantworte Deinen Brief vom 8ten mit der ersten Post, wie Du
siehst, weis aber wenig darauf zu sagen. Ob Friedrichs oder Muhl
die Dokumente an Bauer geschickt hat kommt auf eins heraus.
Friedrichs ist Miterbe und Muhl weis doch von allem. Ich habe seit
vielen Wochen nichts von unserer Angelegenheit gehöhrt, habe
deshalb an Muhl geschrieben und erwarte Morgen oder Montag
seine Antwort, vor zwei Monaten ungefähr schrieb mir Muhl
die Bankobligazionen wären verkauft, wenn alles verkauft wäre
würde er mir Rechnung davon ablegen. Dann würden auch die
Tietzischen Erben von dem Gelde uns unsern Theil von den 1780
Thlr. zahlen und alles reguliren. Mir dünkt es wäre einmahl Zeit
daß wir zu dem unsern kämen, ich hat's Muhlen ernstlich geschrieben und hoffe es soll nun gehen. *Skerles* Forderung ist enorm, aber
Advocaten sind immer Gauner, an mich ist deshalb noch keine
Forderung gekommen, ich hatte Muhl gebeten mir eine ordentliche Rechnung über die Gebühren von *Skerlen* zu schaffen, habe
sie aber noch nicht erhalten. Zahlen werden wir müssen denn die
Herren lassen sich nichts abdingen. Warte Du mit der Zahlung bis
ich meine Rechnung erhalte, ich werde Dir gleich melden ob sie
auch so hoch steht. Übrigens zahlen wir beide nur an *Skerlen*, da
die Creditoren von Tietz auf dem Platz sind und keinen Bevollmächtigten brauchen.

Das Friedrichs uns betrügen wird ist nicht warscheinlich, überdies hat Muhl ein Auge drauf, wegen der zuerst nicht geschehenen
Angabe der Zinnsen kann ich Dir nichts sagen, was ich darüber
erfahren konnte habe ich Dir immer zugeschickt. Wenn Du mir die
von *Bauer* erhaltene Rechnung zu ihrer Zeit mittheilst soll es mir
lieb sein, wenn ich etwas erfahre theile ich Dir es auch mit und habe
es immer gethan.   J.S.

90. Johanna an Arthur

Weimar d. 29. Juni 1817

Skerle fordert 75 Thlr. von uns weil er als unser Bevollmächtigter
unsre Stelle in Danzig vertrat, und für die bisher geleisteten Dienste. Für das was er in Zukunft etwa thun wird läßt er sich aufs neue
bezahlen, ich werde ihn nie wieder brauchen obgleich ich von seiner Ehrlichkeit überzeugt bin trotz seiner zu großen Forderung,
denn das ist Advokaten-Art, aber er ist mir zu langsam, hat zuviel
Geschäfte, und ein Sachwalter der mehrere Monate zum Vergnügen verreist, daneben auf Liebhaber-Theatern spielt, ist nicht für
mich. Versuche ob Du ihm etwas abdingen kannst, ich thue es
nicht weil ich weis es wäre vergebene Mühe. Von mir hat er soviel
ich weis bis jezt noch nichts gefordert, doch habe ich noch keinen
Brief von Muhl, nur eine ganz kurze Nachschrift unter einen Brief
seines Hauses, in welcher er bald zu schreiben verspricht indem das
schöne Wetter und der Aufenthalt auf seinem Gute ihn bis jezt
davon abgehalten haben. Sobald ich weis was *Skerle* von mir fordert melde ich es Dir ohne daß Du mich daran erinnern brauchst,
ebensowohl als was Friedrichsen mir wegen der Ländereien melden wird von denen ich noch immer nichts in Erfahrung bringen
kann. Hat *Skerle* für die Erben von Tietz mitgearbeitet so wird er
sich auch von ihnen bezahlen lassen, das heißt wenn es ihm von
ihnen aufgetragen ward, das geht uns nichts an, ich glaube aber sie
hatten einen andern Advokaten wie das in solchen Fällen wo mehrere interessirt sind gewöhnlich ist. Kommt ihnen gleich *Skerles*
Arbeit mit zu gut so haben wir deswegen doch keine rechtlichen
Ansprüche an sie, weil wir von ihnen nicht den Auftrag hatten
diese Sache zu reguliren, wir thaten es für uns. Willst Du für Deine
Person an sie deshalb schreiben so thue es, ich mag aber von der
ganzen *Skerle*schen Geschichte nichts mehr von Dir hören. Du
liebst den Streit ich den Frieden und weis überdies daß kein Advokat etwas Beträchtliches von seinen Forderungen fallen läßt wenn
er nicht dazu gezwungen wird, und zwingen kann ihn nur das
Gericht, wir aber haben keinen rechtlichen Grund ihn zu verklagen.

Bauer meldet mir mit vorlezter Post den Verkauf sämmtlicher

Dokumente deren Ertrag Rthlr. 7049.- ist, auf mein Teil käme daher 2.349 Thlr. 16 gl. 4 gf. ich möchte auf diese Summe bei ihm disponiren, dies thue ich heut und bitte ihn eine Kopie der an *Friedrichsen* geschickten Verkaufsrechnung Dir zu schicken Du wirst sie mir dann mittheilen. Da die Dokumente verkauft sind wird Friedrichsen uns nun auch unser Theil von dem auf Häusern bestätigten Kapital bei Bauer anweisen. Muhl schrieb mir von einiger Zeit daß er dies würde, ich habe ihn gebeten *F* daran zu erinnern. Mit dieser Anweisung hoffe ich, soll auch die Rechnung wegen der Ländereien ankommen.

Skerles Exposizion wegen der alten Erbschaften kam mir gleich unbedeutend vor weil ich wußte daß da nichts zu holen ist. *Johann* ist 23 Jahre tod sein Nachlas ward beim Leben meines Mannes regulirt. Karl starb wenig Jahre darauf, fast blödsinnig, mit Hinterlassung eines wunderlichen Testaments dessen Abschrift ich besize, das aber gar nicht in Erfüllung gehen konnte weil er fast nichts nachlies, und Leute bei denen er wohnte seine Geistesschwäche benuzt hatten. Wie wenig Dein Grosvater nachlies kannst Du aus beiliegender Bilance des Zustandes seines Vermögens in der Zeit seines Todes sehen, die ich unter alten Papieren meines Mannes fand, und deren Authentizität Dir hoffentlich nicht zweifelhaft sein wird. Den Garten in Ohra hat Dein Vater selbst in Danzig Anno 4 verkauft wie er da war, die Ländereien sind noch da. Nach seinem Tode erhielt ich noch circa 4000 Danziger Gulden von Kabrun die ich gleich Gansland gab und die zur Masse unsers gemeinschaftlichen Vermögens kamen. Deine Grosmutter lebte vom Ertrag der Ländereien die ihre Kinder ihr ließen, von den Zinnsen des Andreas und von 300 Thl. die dein Vater seiner Mutter jährlich gab, bis an ihren Tod im Garten zu Ohra, dessen Nutznießung ihr ihre Kinder ebenfalls ließen. Sie war tod, da Dein Vater in Danzig war. Erkundige Dich beim alten Weickmann ob ich die Wahrheit sage, er ist der einzige unsrer noch lebenden Verwandten aus jener Zeit. Daß diese Erbschaften nicht gerichtlich regulirt sind ist möglich weil die Erben sich unter einander vertrugen und die Gerichtskosten mit Recht scheuten. Bald darauf trat die erste Belagerung ein, die Stadt blieb 6 Jahre mit all ihren

Archiven in den Händen der Franzosen, dann kam die zweite Belagerung, die Stadt wurde wieder preußisch. Welche Unordnung muß aus alle diesem entstanden sein, möglich ist es das irgendwo noch ein paar 100 Thlr. in *Deposito* stecken, aber gewis auch daß sie aufzufinden viel Geld, Zeit und Mühe kosten würde, das könnte 20 Jahre dauern und den Ärger hätte man umsonst. Alle die darum wissen konnten sind lange tod, Kabrun, *Carl Mackensen*, der alte *MacLean* und Herr von Schröder, die nach und nach Vormünder der für wahnsinnig erklärten alten Frau waren.

Mir sagt meine Vernunft, nach reiflicher Überlegung, das bei einem Unternehmen wie das diese alten Erbschaftssachen noch einmahl gründlich durchsehen zu lassen, was doch geschehen müste, die Advokaten zwar eine reichliche Erndte finden würden, wir aber nicht. Ich bin allso fest entschlossen keinen Schritt deshalb zu thun und verlange mit jeder Aufforderung dazu verschont zu bleiben. Du bist Herr Deiner Thaten, und glaubst Du das meine Ansicht unrecht ist so folge der Deinen. Meine Einwilligung gebe ich dazu, ich bin persönlich dabei interessirt, als Miterbin, da alle diese Leute lange vorher starben ehe ich Wittwe ward und ihr Nachlaß allso zu dem Deines Vaters gehört. Du, längst mündig, ein Gelehrter, der einzige noch lebende Deines Namens, der noch obendrein solche Geschäfte zu lieben scheint, magst es thun, gilt aber mein Rath etwas, so unterläßt Du es. Ich will weder Mühe, noch Zeit, noch Geld an eine Sache wagen die ich für unausführbar halte, und von der ich überzeugt bin, daß sie wie die Welt besonders in Hinsicht auf Rechtshändel jezt steht, uns selbst im besten Fall, nichts einbringen würde das die Mühe lohnte, und in keinem Fall unter wenigstens zehn Jahren zu Ende kommen würde. Daß ich den Ertrag dieser Erbschaften, wenn ich das Ende dieser Sache erleben sollte, für mein und Adelens Theil nicht antreten werde, als nach Abzug des uns treffenden Theils Deiner dabei gehabten Unkosten will ich Dir gerichtlich in meinem und Adelens Namen versprechen, ich weis im voraus daß Du doch noch wirst von Deinem eigenen Gelde zuschießen müssen, weil alles drauf gehen wird. Der warscheinlichste Fall aber ist das weder Du noch ich, noch Adele das Ende erleben, und Du Dich um mehrere 100 Thlr. ärmer machen wirst.

Daher gebe ich kein Geld dazu her, stelle alles in Dein Belieben, setze weiter keine Feder dazu an, und will von der ganzen Sache nichts hören, als wenn Du den Revers wegen Entsagung jener Erb-schaft, bis das Du bezahlt bist von mir forderst, es sei denn das Du mir meldest, daß Du die Richtigkeit meiner Gründe einsiehst, und das ganze eitle Unternehmen aufgiebst.   Johanna Schopenhauer. Die Bilanz erbitte ich zurück.

Johann: Jüngerer Bruder von Heinrich Floris.
Karl: Vgl. Brief Nr. 71.

91. *Johanna an Arthur*

Weimar d. 9ten Juli 1817
Beiliegende Rechnung erhielt ich mit vorlezter Post von Muhl, ich sende sie im Fall man sie Dir nicht auch geschickt hätte, und bitte um Rückgabe derselben.   J. Schopenhauer

92. *Johanna an Arthur*

Weimar d. 27. Juli 1817
Eine nicht bedeutende Unpäßlichkeit und Mangel an Zeit haben mich verhindert Deinen lezten Brief früher zu beantworten. Die Rechnungen die ich von Dir erhielt sende ich nicht zurück weil ich es für überflüssig halte. Verlangst Du sie so stehen sie gleich zu Diensten und ich sende sie mit umgehender Post.

Von *Skerles* Forderung an mich habe ich noch immer nichts erfahren. Muhl ist auf seinen Gütern und schreibt mir daher selten und sehr kurz sobald ich davon höre melde ich es Dir. An Hr. *Fried-richsen* schreibe ich mit heutiger Post, wegen Rechnung von den Ländereien und Theilung des Kapitals. Wenn er antwortet melde ich Dir den Erfolg. Was Du in Hinsicht der Erbschaft Deiner Grosmutter thun willst ist mir recht, sobald ich nicht Geld dazu geben muß, weil ich glaube daß nichts dabei heraus kommen wird. Ich überlasse Dir die Sache, und billige jeden Deiner Schritte darinn, Du hast mehr Zutrauen dazu als ich, daher ist es billig daß Du die Sache leitest. Willst Du einem Advokaten die Hälfte des dabei Herauskommenden bieten, thue es, ich bins zufrieden. An *Skerle* möchte ich indessen nicht rathen sich zu wenden, wir kennen seine Saumseligkeit. Aber es giebt ja andere. Ich habe meinen Entschlus die ganze Sache Dir zu übertragen schon Dir kundgethan und bleibe dabei.   J. Schopenhauer

93. *Johanna an Arthur*

Weimar d. 7ten Sep 1817

Ich habe genau denselben Brief von *Skerle* erhalten und war im Begriff ihn Dir zu schicken als ich Deinen erhielt. Von Muhl habe ich einen langen Brief aus seinem Gute Uhlkau, in welchem aber kein Wort von unsern Angelegenheiten steht, bloß Nachrichten von sich und den Seinen. Er scheint von gar nichts zu wissen da sein Schwiegersohn *Abegg* jezt die Handlung hauptsächlich führt, und er nur zuweilen zur Stadt kommt um nachzusehen, doch will ich meinem nächsten Briefe ihm meine Meynung über *Friedrichsen* sagen. So wie wir endlich einmahl Rechnung wegen der Ländereien erhalten, müssen wir suchen die Verwaltung jemanden anders zu übertragen, denn vor halben Werth sie zu verschleudern bin ich nicht gesonnen, sie haben vor etwa 40 Jahren 10 000 Thaler gekostet und waren sehr wohlfeil, jezt müssen sie mehr bringen, oder doch nicht weniger. Wenn Du nichts dagegen hast will ich *Dodenhoff* zu bewegen suchen daß er die Verwaltung übernimmt. *Friedrichsens* Benehmen ist nicht so daß man gros Zutrauen zu ihm fassen konnte, und da ihm der allerkleinste Theil der Ländereien gehört uns aber und Kabruns Kindern der größte so haben wir darüber zu bestimmen. Ich möchte *Dodenhoff* dazu nehmen weil er noch von Kabrun her das alles kennt und nicht vornehm thut. Was wir wegen des so unbillig gebrochenen Versprechens wegen des

Kapitals thun können, weis ich nicht, erwächst uns Schaden daraus
so müßte freilich *Friedrichsen* ihn tragen, wollen wir jezt dagegen
schreiben so hilft es nicht, ich glaube aber wir thun am besten den
Januar abzuwarten. Doch willst Du einen Versuch bei Friedrichs
machen ihn zu früherer Zahlung zu bringen so schicke mir nur
Deinen Brief, und ich will ein paar Zeilen hinzufügen um auch in
meinem Namen das zu bestätigen was Du fordern wirst, denn Du
hast diesmahl ganz vollkommen Recht. *Skerle* hat mir nun auch
seine Rechnung von 75 Thalern geschickt. Wir werden schon
zahlen müssen, ich will aber sobald als möglich meine Vollmacht
zurücknehmen, wenigstens ihm andeuten daß ich von keinem Verkauf der Ländereien Notiz nehme wegen dessen man nicht vorher
bei mir angefragt hat. Thu Du das auch, er ist zum Verkauf nicht
bevollmächtigt, aber er könnte uns doch in Schwierigkeiten ver-
wickeln, denn ich habe nun einmahl kein rechtes Zutrauen mehr,
er ist was man im allgemeinen ehrlich nennt, aber auf Advokaten-
weise.   J. Schopenhauer

94. Johanna an Arthur

                                        Weimar. d. 21. Jan: 1818
Ich habe gestern von Muhl und Skerle Briefe erhalten.

Die auf dem Duisburgischen Hause bestätigten 1750 Thlr. sind
wie ich sehe Danziger Thlr gewesen, die ein viertel schlechter als
preußische Thlr sind, diese gelten 4 Danziger Gulden, jene nur
drei.

Auf Adelens Theil kommen 626 Rthl. 16g auf Deines eben
soviel.

Von unserm Antheil an den Ländereien sind 1300 fl eingegangen, davon gehören zwei Drittel mir und Adelen, allso 866 fl 20 g.

Von dem Antheil an den Ländereien aus der Erbschaft des
Andreas sind 866 fl 20 g eingegangen, davon gehören Adelen die
Hälfte also 433 fl 10 g.

Ich habe mit heutiger Post über den mir und Adelen treffenden
Theil dieser Gelder disponirt.   J. Schopenhauer

95. *Johanna an Arthur*

Weimar d. 26. Jan:

Von Muhls Hause habe ich einen Brief in dem nichts anders steht als in dem Deinen, so auch von *Skerle*. Von Muhl selbst habe ich einen Brief aus Uhlkau, der aber kein Wort weiter von unsern Geldgeschäften enthält, Muhl weiß wenig davon da er in Uhlkau fast immer sich aufhält, in diesem Augenblick ist er sogar nach Warschau zu seinem Bruder gereist, kehrt aber im künftigen Monat wieder zurück.

Ein Danzger Gulden macht ungefähr 6 g preußisch. Du kannst das leicht berechnen, ein Holländischer Dukaten gilt 12 Gulden Danzger Geld ohne die immer wechselnde Agio, ein Laubthaler 6 Gulden, ein preußischer Thaler 4 Gulden. Im Ganzen ist ein Danzger Gulden soviel als ein französischer *Livres* sonst war. Drei Gulden machen einen Danziger Thaler, allso ist dieser nur 18 g preußisch. Fünf Sechser machen einen Gulden, 2 Dütchen einen Sechser, drei Groschen ein Dütchen, 3 Schillinge einen Groschen. Der Danzger Gulden besteht aus dreißig Groschen oder neunzig Schillingen, die wie ich glaube, die kleinste Kupfermünze in der Welt sind.

Ich habe an Dodenhoff geschrieben und ihn gebeten die Verwaltung der Ländereien zu übernehmen, aber keine Antwort erhalten, ich hab Julchen gebeten ihm zu sagen daß er wenigstens antworten möge, sie hat ihn aber noch nicht habhaft werden können, sie schreibt mir er sei neu verheurathet, und sei immer in der Adorazion neben seiner Frau, sie wird ihn aber baldmöglichst zu sprechen suchen.

Ich habe keinen Zweifel an Friedrichsens Honettität und Solidität, weil Muhl und alle mich deren versichern, aber ich denke er bekümmert sich nicht um unsere Sache weil sie ihn wenig angeht, die eigentlichen Verwalter der Ländereien müssen von Gottes und Rechtes wegen die Vormünder von Kabruns Kinder sein, denn diesen gehört das Drittheil welches Tietz von seiner Mutter erbte, da Kabrun es um ein Spottgeld früher gekauft hat. Friedrichsen gehört nur das dem Tietz von seinem Onkel zugefallene 9tel des Ganzen.

Das Kassenbuch von Friedrichsen halte ich ebenfalls für überflüssig abzuschreiben, ich habe aber Muhls Haus gebeten es genau
nachzusehn, und mir zu melden wie hoch sich künftig die Zinsen
jährlich belaufen werden, da die Ländereien wieder ordentlich verpachtet sind. Wegen Friedrichsen muß ich Dir noch sagen daß ich
glaube wir können uns jezt dabei beruhigen wenn auch Dodenhoff
die Verwaltung nicht übernehmen will, da die Ländereien wieder
verpachtet sind und er nichts damit zu thun hat als das Geld ein-
zunehmen und uns auszuzahlen. Meine große Sorge war nur
daß er sich gar nicht darum bekümmern und sie ungenuzt liegen
ließe.

Mit der Vertheilung der Zinsen ist es wie Du sagst. Ich habe Dir
das auch schon am Mittwoch geschrieben, der Brief hat sich mit
dem Deinen gekreuzt.

Skerle hat uns nur zweijährige Interessen berechnet für die Jahre
16 und 17, Du kannst freilich fragen wo die von 14 und 15 sind,
wirst aber wohl nichts dafür erhalten, als vielleicht eine Berechnung daß sie unter das baar deponirte Geld gerathen sind, womit
Meyers Schuld getilgt ward, oder sonst so etwas. Ich denke
Andreas starb 1813, da hat er die Zinsen noch erhalten da sie im
Januar fällig sind. Die Zinsen müßten also 187 Thlr 8g machen,
nicht wie Du meinst 230 Thlr, ich gebe es auf um so etwas zu
schreiben, es kommt nichts dabei heraus als Ärger und Porto, die
Herren haben das Kreutz gehabt, und sich damit gesegnet, wir
können froh sein daß es nicht ärger war und wir soweit sind daß sie
uns nichts mehr anhaben können. 6 Thlr. 16 g machen wirklich
27 fl Danzger Geld bis auf einen oder zwei Groschen, vielleicht
steht das Danzger Geld jezt noch niedriger gegen das Preußische
wie zu meiner Zeit, auf den schlimmsten Fall hätte Muhl uns 3 fl,
oder 18 g zuviel angerechnet, das ist doch kaum des Erwähnens
werth.

Alles was Du wieder zu wissen verlangst steht in meinem letzten
Brief vom 21ten.   J. Schopenhauer

96. Johanna an Arthur

Weimar. d 29 Merz.

Ich will Muhl ebenfalls schreiben daß mir Herrn *F* Forderung etwas aus der Luft gegriffen erscheint und ich so viel möglich weigere zu zahlen, denn er hätte sich freilich eher melden sollen wenn er etwas zu fordern hat.

Von Cadix habe ich nichts erhalten, sonst hättest Du es auch. Ich habe aber von *Blacker* aus Hamburg, der hier war, gehört daß die Sache sehr schlecht stehen soll und selbst *Böhl* in Hamburg nichts bekommt obgleich sein *Ferdinand* in Cadix ist.

Die Verwaltung der Ländereien trüge ich gern jemand anders auf, aber ich fürchte niemand will sich damit befassen. *Dodenhoff* und *Almondi* haben mir beide nicht darüber geantwortet. Ich fürchte es wird wohl so bleiben müssen. Die Sache ist nicht in schlechten aber in nachlässigen Händen bei *Friedrichs*. Den jährlichen Ertrag der Ländereien in den lezten Jahren giebt mir Muhl in einem mit lezter Post erhaltenen Briefe auf 1929 Danziger Gulden, oder 413 Thlr preußisch an, wovon aber noch mehrere Inhaber rückständige Zahlungen zu leisten haben, ist dem so, so erhältst Du ungefähr 114 Thlr und ich mit Adelen 159 Thaler jährlich davon nach meiner Rechnung.

Was Du mit der Frage sagen willst, ob ich gefunden habe daß die bewußten Thaler preußische sind und nicht schlechte, weiß ich nicht mehr.   J.S.

Herrn F: Friedrichsens.
Cadix: Die Gebrüder Böhl in Cadix waren Schuldner der Schopenhauers.

97. Johanna an Arthur

Weimar d. 13ten Mai 1818

Ich danke Dir daß Du ferner fortfahren willst *Julchen* zu unterstützen, und bin ebenfalls entschlossen es dieses Jahr beim Alten zu lassen. Für die Zukunft dachte ich ihr die Hälfte von dem zu geben was sie bis jezt von uns erhalten hat, ich denke sie wird damit vollkommen zufrieden sein, doch habe ich ihr noch nichts davon geschrieben, sondern sie nur gebeten mir von ihrem künftigen Lebensplan vors erste Nachricht zu geben, ich erwarte alle Tage ihre Antwort, und werde ihr nicht eher wieder schreiben bis ich sie erhalten habe um ihr das Porto zu ersparen. In ihrem Briefe, den sie im ersten Schmerz an mich schrieb, äußerte sie einige Sorge wegen der Kosten des Begräbnisses, das wie sie meint, wohl an 300 Danzger Gulden zu stehen kommen könnte; ich habe ihr gemeldet daß ich gern dazu beitragen will ihr diese Ausgabe zu erleichtern, sie soll mir nur das Nähere darüber melden, meine Schwester Lotte wird ja wohl auch etwas dafür thun, und vielleicht findest Du Dich auch bewogen ihr etwas dazu zu geben. Diese Sorge dünkt mir die quälendste wenn man ohnehin über einen solchen Verlust trauren muß, und Julchen hat durch treue Pflege der Mutter wohl verdient daß wir sie ihr erleichtern. Ich adressire meine Briefe an sie immer nur geradezu an Julie Trosiener, und sie kommen richtig an, eine nähere Adresse weiß ich nicht obgleich mir das Haus in der Hundegasse, wo sie wohnt, wohlbekannt ist. *Barstow*, der erste Mann der Md. *Almondi* wohnte darin, ich weis aber nicht wem es jezt gehört. Sobald ich etwas näheres von Julchen erfahre melde ich es Dir. Tauberts [unleserlich] will ich ebenfalls nicht bezahlen und berufe mich bei der Weigerung auf Deine Gründe die mir billig scheinen.

Ich hätte eher geantwortet, aber ich bin die Feyertage über bei Frommanns ins Jena gewesen, und habe Deinen Brief deshalb erst heute bei meiner Zuhausekunft vorgefunden.   J. Schopenhauer

beim Alten zu lassen: Nach dem Tod der Mutter Johannas im April 1818, die von Juliane gepflegt worden war, mußte die Höhe der künftigen Unterstützung geklärt werden.

98. Johanna an Arthur

Weimar. d. 17. Mai. 1818.

Ich habe vorige Post einen Brief von Julchen erhalten, sie bittet wir sollen ihr dieses Jahr soviel als sonst geben und künftig die Hälfte,

ich habe ihr heute geschrieben daß ich es thun will, und auch daß
Du mir den Auftrag gegeben hast ihr vorläufig zu sagen daß Du
ebenfalls darein willigst. Das Begräbnis hat wirklich, bei aller
Oekonomie 300 Danziger Gulden gekostet, sie müssen jezt ihre
Todten außer der Stadt begraben und doch in der Pfarrkirche die
Unkosten zahlen, daher kostet alles das Doppelte, es ist eine
abscheuliche Prellerei. Die arme Julchen hat all ihr Geld und dazu
den für das vorige Winterhalbjahr gesparten Hauszins hingeben
müssen, denn die Krankheit der Mutter hat auch viel gekostet,
obgleich ich ihr schon seit einem Jahr von Muhl habe soviel alten
Rheinwein und Mallaga schicken lassen als sie zu ihrer Stärkung
bedurfte, denn den hatte sie sehr nöthig und wir haben sie damit
noch eine Weile hingehalten. Ich schreibe heute an Muhl er möchte
Julchen in meinem Namen hundert Danziger Gulden schicken, ob
und was Du etwa auch thun willst ihre jezige traurige Lage zu
erleichtern überlasse ich Dir. Johanni erhält sie von uns die
gewöhnlichen 50 Thaler, dann wird sie sich auch wieder von ihrer
jezigen Betrübnis erholt haben und wieder frisch an die Arbeit
gehen, und ich denke daß wir außer der kleinen Beisteuer von
Hundert Thalern, zu denen Du ein Drittheil giebst, in künftigen
Zeiten wenig mehr werden für sie zu thun haben, dies Jahr muß ihr
schon noch durchgeholfen werden. Lotte kann nichts für sie thun,
sie hat selbst Noth durchzukommen, ihr Mann ist jetzt Phisikus in
Neustadt. Wegen der Ländereien habe ich heute abermals an
Dodenhoff geschrieben, es wäre mir gar zu lieb wenn er die Verwaltung derselben übernehmen könnte, denn er ist ein rechtlicher
Mensch wenn er auch nicht das Pulver erfand, sonst habe ich nichts
weder von Danzig noch Ganslandt gehört, außer leztens von
einem Herrn *Toußaint* aus Hanau, den ich dort kennen lernte, daß
Ganslandt bei Gelegenheit einer Ressourcen-Sache sich mit der
ganzen Stadt Hanau überworfen hat, aber doch noch immer dort
lebt. Lebe wohl.   J. Schopenhauer

99. Adele an Arthur

Tausend Dank, lieber Arthur, weil Du über den Zauberton Rom
mein Andenken nicht überhörtest, sogar noch an die längst vergan-
gene Zeit dachtest und so freundlich schriebst. Seit langen langen
Zeiten hat mich nichts so durchaus erfreut, wie dieser Brief, wie
diese Schilderung Deines Treibens und Lebens. Wir gewöhnen
uns, Rom und Italien, weil es UNS UNERREICHBAR ist, unerreichbar
FERN zu glauben, und so konnte ich selbst nicht begreifen, wie Du
und das ersehnte Land mir plötzlich so überraschend nah gerückt
sein könnten, daß ich nun genau wisse, wie es dort um Dich stehe.
    Ich begreife Dein Gefühl ganz, wie Dir der erste Eintritt den-
noch vielleicht NICHT genügte und Du nichtsdestoweniger nachher alles genießen konntest, wie es sich bot, ohne schwärmerische
Aufwallung mit reiner betrachtender Ruhe, ohne Dich mit Verglei-
chungen Deiner Phantasiebilder zu martern; wie Dir die Vergangenheit, in der Du so viel lebst, wie zur Gegenwart verwirklicht
wird, und wie Dich das Alles immer im Bezug auf Dein Werk doppelt erfreut und interessirt. Auch die wunderbar weiche Stimmung
mit der Du Venedig nennst, ist mir gar nicht fremdartig, mag nun
die Zauberei sein WIE sie will. Ich dachte, es käme immer schöner,
schreibst Du – ach es gäbe beinah gar keine Traurigkeit, wenn man
das nicht eben so gar oft denken müßte! Es geht mit dem Leben ja
ebenso, und wir müssen am Ende Alle damit enden, uns den Irrthum zu gestehen, und den Blick VON uns weg auf Alles um uns
her zu richten. Schön ists, daß man denn doch auch manchmal
zurücksieht, recht weit zurück, noch weiter als von Rom – nach
VENEDIG; nicht wahr?
    Da Du mir nicht freiwillig erzählst, so frage ich: kennst Du
Thorwaldsen, Canova, und was hast Du dort gesehen? kennst Du
Kestner in Rom? warst Du bei der Humboldt? Niebuhr ist ein Esel,
ich fand noch nicht Gelegenheit dem Goethe die Geschichte zu
erzählen; warum, nachher. Ohne Zweifel ist Bunsen schuld, mir
thut es leid, es war so der erste Anflug von Gefühl, was ich einmal
für ihn empfand, ich war eben vierzehn Jahr und nun wird mir der
Schlingel ein Philister! Magnus ist noch in Italien, schwerlich aber

in Rom. Was Du über Deinen Freund Ruhl schreibst, hat mich
innigst erfreut. Ja, wohl liegt etwas unaussprechlich rührendes in
der wunderbaren Geschichte. Als Maler ist er längst mein Augen-
merk, ich sah sehr brave Sachen von ihm, nur zu wild, zu sehr nach
der neuen Teutschheit schmeckend. Den Pinsel hat er sehr in seiner
Gewalt; vielleicht dankt Dir die Kunst in ihm noch viel, denn Du
mußt ja Gewalt über ihn haben bei solcher Liebe. Es ist recht, daß
Du ihm gleich geschrieben, er ist doch ein seltner Mensch und verdient wohl, daß Du kleinliche Rücksichten seinethalben über-
siehst. Erhalte Dir den Freund, ihm das Gefühl, man hat es wohl
nicht oft im Leben. Möge Dir das Glück immer so treu sein und die
Mißverständnisse alle so schön lösen – jede andere Versöhnung
läßt einen Stachel zurück, diese bringt euch näher als ihr je war't, es
ist ein FINDEN, kaum ein WIEDERfinden zu nennen.

Nun laß uns von Deinem Werke reden. Ich erhielt es vor kurzem. Quandt's Vater ist todt, daher die Verzögerung. Goethe empfing es mit großer Freude, zerschnitt gleich das ganze dicke Buch
in zwei Theile und fing AUGENBLICKLICH an, darin zu lesen. Nach
einer Stunde sandte er mir beiliegenden Zettel und ließ sagen: Er
danke Dir sehr und glaube daß das ganze Buch gut sei. Weil er
immer das Glück habe, in Büchern die bedeutendsten Stellen auf-
zuschlagen, so habe er denn die bezeichneten Seiten gelesen und
große Freude daran gehabt. Darum sende er die Nummern, daß
Du nachsehen könnest was er meine. Bald gedenkt er Dir selber
weitläufiger seine Herzensmeinung zu schreiben; bis dahin solle
ich Dir dies melden. Wenige Tage darauf sagte mir Ottilie, der Vater
sitze über dem Buche und lese es mit einem Eifer, wie sie noch NIE
an ihm gesehen. Er äußerte gegen sie: auf ein ganzes Jahr habe er
nun eine Freude; denn nun lese er es von Anfang zu Ende und
denke wohl soviel Zeit dazu zu bedürfen. Dann sprach er mit mir
und meinte, es sei ihm eine große Freude, daß Du noch so an ihm
hingest, da ihr euch doch eigentlich über die Farbenlehre verun-
einigt hättet, indem Dein Weg von dem seinen abgienge. In diesem
Buche gefalle ihm vorzüglich die Klarheit der Darstellung und der
Schreibart, obschon Deine Sprache von der der Andern abweiche,
und man sich erst gewöhnen müsse, die Dinge so zu nennen, wie

Du es verlangst. Habe man aber einmal diesen Vortheil erlangt und wisse: daß Pferd nicht Pferd, sondern *cavallo* und Gott etwa *dio* oder anders heiße, dann lese man bequem und leicht. Auch gefalle ihm die ganze Eintheilung gar wohl – nur ließ ihm das ungraziöse Format keine Ruh, und er bildete sich glücklich ein, das Werk bestehe in zwei Theilen. Nächstens hoffe ich ihn wieder allein zu sprechen; vielleicht äußert er etwas Befriedigenderes. Wenigstens bist Du der einzige Autor, den Goethe auf diese Weise mit diesem Ernste liest; das, dünkt mich, muß Dich freuen. Wir, Ottilie und ich, fingen dann auf gut Glück an; die Vorrede erschreckte mich und ich wollte sogleich bei dem von Dir bezeichneten Theil beginnen. Ottilie bestand auf dem Anfang, ich fand später zu viel fremde Worte und Andeutungen, die ich nicht verstehen konnte, freute mich aber sehr mir einbilden zu können, die ersten Seiten wirklich verstanden zu haben. Laß mich aber erst weiter lesen – etwa das, was Du mir vorschlägst. Wenn ich einen Freund hätte, der mir's erklärte, läse ich wohl das ganze Buch. Traust Du es etwa Quandten zu? Hier habe ich Niemand, als Häser, meinen Lehrer der italienischen Sprache. Ein gründlich gebildeter Mann, doch wollte ich lieber gestehen das sittenloseste Buch gelesen zu haben als ein Werk der Art – Du kennst die Narren nicht, mit denen ich lebe. Häser könnte mich verrathen und ich wäre geliefert. Ich weiß wenig, doch zeige ich das schon nicht gern – und es ist auch gut so; denn uns Frauen kleidet vieles Wissen schlecht.

Meinem innern Leben ist dagegen etwas Ernst nöthig, darum lerne ich wo ich kann und weiß, doch da ichs im äußeren nicht brauche, laß ichs ganz tief DARINNEN hausen und leben. Goethen sah ich sehr viel, der Kaiserin Aufenthalt führte Feste herbei, unter ihnen eine Redoute. Goethe erhielt den Auftrag die Werke der vier Schriftsteller, die hier ehemals vereint waren, im Zug wo möglich einzuschalten, insofern sie sich personificiren ließen. Er faßte die Idee auf und schrieb eine Reihe höchst wunderbarer schöner Gedichte, die drei junge Mädchen, als Epos, Tragödie und Nacht den Zug erklärend, vor der Kaiserin sprachen. Der Zug selbst bestand nun aus seinen, Schillers, Herders und Wielands Werken in buntester Mannichfaltigkeit und großer Pracht aneinander gereiht.

Wo es nöthig war, sprachen die vorgestellten Personen selbst,
außerdem Epos und Tragödie als Herolde des Festes. Die Nacht
hatte den größten Theil des Prologs und Alles auf die Kaiserin
unmittelbar sich beziehende. Die Charakteristik jedes Dichters
gieng seinen Gaben voran, die ILM erklärte Goethen selbst. Der
TAG schloß, von den Wissenschaften unterstützt, das ganze Fest.
Wie mich dies ganz wunderbare Vorüberführen von Weimars
längst vergangener Herrlichkeit ergriff, wie begeistert ich unter
Goethe's Leitung als Tragödie auftrat, kannst Du leicht denken.
Wir brachten einen ganzen Tag allein mit ihm auf dem Lande zu
und er wußte uns durch die Schönheit der Verse und der Ueberredung seines Eifers zum Unglaublichen zu vermögen. Du wirst
das, wenn es erst gedruckt ist, erhalten wenn Du willst, und Dich
wundern, daß dies mit EINER Probe geleistet, in zehn Tagen gelernt
werden konnte. So wie er einen Theil der Verse vollendete, gab er
ihn her, weigerte aber das Ganze dem B. zum Druck, da er es selbst
für zu ernst hielt, um es ungefeilt dem Publicum zu übergeben.
Seitdem nun ging ich oft mit Julie Eglofstein zum Goethe, um dort
zu lesen, ihn über Dramaturgie reden zu hören, endlich dort zu
spielen. Er studirte uns Paleophron und Neoterpe ein, was wir bald
darauf in seinem Hause gaben. Jede Woche bringe ich nun einen
freien Abend dort zu, wir lernen dabei weit mehr als man glaubt,
denn er verbindet diesem Spiel unendlich viel Schönes, Ernsteres.
Nebenbei amüsirt es ihn selbst, es erinnert ihn an seine Jugend, an
Wolffs etc. etc. In diesem Augenblick habe ich ihn zwar lange nicht
gesehen, das heißt acht Tage. Und weil ich im Erzählen bin, so laß
mich gleich meinen Winter-Bericht hinzufügen. Nach der Kaiserin
Abgang trat Trauer und Stille ein, und man gewann Zeit seine
eigentlichen guten Stunden zu genießen. Ich habe viel in meinem
engern Kreise gelebt. Die Mutter schreibt einen Roman, der uns
einen Theil der Abende beschäftigt. Sie liest ihn vor, er kommt
mir ausgezeichnet vor und ich glaube, gerade Romane schreiben
Frauen am besten. Da ich anfange, die Stimme zu verlieren, habe
ich mich aufs Clavier verlegt und treibe es mit großem Eifer.
Nebenbei habe ich mir das Studium des Vasari auferlegt, weil ich
nach Dresden (auf vier Monate) gehe und die Gallerie dort mit

etwas gescheuterem Blicke als sonst sehen möchte. Lieber Freund, schlucke die bittere Empfindung wieder hinunter; ich WEISS wahrhaftig wohl, WIE WEH es thut, daß ich JETZT nach Dresden gehe – doch habe ich das Versprechen, Dich bei Deiner Rückkehr zu sehen. Ich reise nach Leipzig und Du kommst hin oder läßt mich holen; wenn ich in Dresden bin, will ich das schon vorbereiten. Ich hätte Dir den Schmerz ersparen können, aber seit vier Jahren sehne ich mich nach einer Gelegenheit etwas Rechtes zu lernen. Du wirst mich entschuldigen! nicht wahr? Größten Theils danke ich der Mutter Erlaubniß, Dich gewiß zu sehen, Quandten. Ich wußte es wohl, daß Du ihn nicht liebtest; wir fühlen beide das Peinliche einer ganz unvollkommen gebliebenen Ausbildung und Richtung seines Wesens, es ist etwas ganz ungeordnetes, wildes in seiner Fantasie wie in seinem ganzen Leben. Mich ängstigte er früher oft ganz unbeschreiblich – dagegen rührte mich seine himmlische Güte des Herzens, seine Treue, seine Hingebung. So wird es Dir auch oft ergehen. Er zieht nach Dresden, dort werde ich ihn jeden Tag sehen, er wird mich fragen ob Du ihn liebst – ich will ihm sagen, was wahr ist, daß Du ihm sehr gut bist; aber betrügen kann ich ihn nicht, denn er glaubt jedem meiner Worte. Ehe ich nach Dresden gehe, erwartet mich noch eine große Freude: die Wolff kommt auf einige Wochen. Du kannst mein Glück Dir denken. Das Glück hat sich mir überhaupt wieder recht treu gezeigt, es drohte mir das Schlimmste was mir begegnen kann. Unser Hausgenosse schien sich nach SÜDEN begeben zu wollen, die Mutter, die ohnehin hier ungern lebt, wäre sicher auch fortgezogen. Eine Reihe der wunderlichsten Zufälligkeiten stellt mich für dies Jahr noch ganz SICHER.

Was Du mir über mein Gefühl in der Schweiz schreibst, ist mir höchst erfreulich. Du hast also doch verstanden, was ich eigentlich wollte. Außer Dir aber auch noch Niemand. Es ist wunderbar wie in uns doch dieselbe Natur aus allen Verschiedenheiten, die uns Geschlecht, Erziehung und Leben aufdrang, hervorblickt. Nur in Deinem ungemäßigten Stolze finde ich mich nicht, und doch begreife ich, wie Du dazu kommst. Zugeknöpft! sagst Du – und es thut mir weh, daß auch ich Dir sagen muß: zuknöpfen ist das einzige Mittel Dich ruhig zu erhalten. Aber wie Dich auch das Schick-

sal oder Deine Seele treibe, gegen mich immer WAHR! nicht so,
mein Freund?

Da schreibst Du närrischer Mensch, AUSSER MIR hättest Du nie
eine Frau ohne Sinnlichkeit geliebt. Ich habe sehr gelacht. Möchte
aber fragen, ob Du mich denn wohl, wenn ich nicht Deine Schwester wäre, hättest lieben können; denn am Ende giebt's Frauen
genug, die höher stehen als ich. Wenn also mein eigentliches Wesen
und nicht der Schwestername mir Deine Neigung gab, könntest
Du eine Andere lieben, fast – sieh', ich sage FAST, ebenso lieben.
Das Mädchen, die Du nennst, jammert mich sehr, ich hoffe zu
Gott du hast sie nicht betrogen; denn Du bist ja gegen Alles WAHR,
warum denn gegen so ein armes schwaches Ding nicht? Was Du
für Kleinigkeiten von Deiner Frau forderst! Nur eben Alles, wie
Alle. Doch wäre, dünkt mich, sehr leicht, ein Mädchen zu finden,
die einem großen Theil Deiner Wünsche entspräche, der Zufall
walte nur – ihr findet eher zehn Frauen als wir einen Mann. Häus-
liches Glück ist wohl das Schönste, was uns dies Dasein giebt, und
die Meisten gehen stumm, ohne Klage hin und haben es nicht und
dürfen es nicht einmal SUCHEN. Ich habe es auch nicht; mich
drängt, mich quält fremde Einwirkung, mich treibt mein Stolz oft
zu Unfreundlichkeiten gegen Gerstenbergk, gegen die Mutter.
Aber ich kann auch nur hier und dort wieder halten was von meinem Glücksbau fällt, stützen und verdecken, mich zurückzuhalten
streben und mich selbst in Schlaf singen, wenn mich der Schmerz
zu heftig angreift. Und das thue auch Du.

So eben erhalte ich noch eine Nachricht von Deinem Werke.
Minister Gersdorf hat es gelesen und ist sehr davon erbaut. Gerstenbergk hat mich danach gefragt, ich möchte es ihm aber nicht
gern geben. Ottilie sammelt immer alle Nachrichten Dich betreffend ein, wahrhaftig Du kannst stolz auf ihre Neigung zu Dir sein!
Ueberhaupt fragen mich oft die Leute, besonders Eglofsteins nach
Dir. Tinnette Reizenstein ist als Philosophin und Betschwester
hier, auf einige Wochen, angelangt. Was sie mit all den Grazien
angefangen haben mag, die ihr sonst günstig gewesen! Mich
dünkt, Du warst auch ihr Anbeter? Uebrigens Alles beim Alten,
Fremde von Bedeutung sehen wir nicht; ich nehme die früher

genannten Theaterkünstler aus. Pückler und Haugwitz sind nicht gekommen. So begnügt man sich mit den alten wenigen Freunden; Froriep und Könneritz sind am meisten bei uns. Letzterer muß mir immer den Commentar zu dem von Dir Gesagten liefern, er hat Kunstsinn und Geschmack und erzählt sehr hübsch. Von der Fackelnbeleuchtung der Antiken haben wir schon oft gesprochen. Nebenbei lese ich Krysalides Reise durch Italien, kann also immer im Geiste Dir folgen.

In Venedig hast Du Byron nicht gesehen. Das ist mir höchst fatal und unerklärlich; denn wenig Dichter haben mich so angesprochen, wenigere haben mir den Wunsch sie zu sehen gegeben. – Lebe wohl! mein Brief ist ein Buch worden – und ein neumodisches, ohne inneren Zusammenhang der Einzelheiten. Es hängt darum doch Alles in mir ganz ordentlich zusammen; aber mein Leben bringt es mit sich, daß ich bald den Speisekammerschlüssel, bald die Palette, den Federhut und die Schreibfeder wechselnd ergreifen muß. Ich glaube zwischen den Zeilen dieses Briefes liegen wohl zwanzig Sorten von Stimmungen und Geschäften. Anfang und Ende aller ist meine herzliche Liebe zu Dir. Adio!

Deine Adele.

Adele an Arthur: Gwinner datiert diesen Brief auf März 1819; aus den Tagebüchern Adeles (2 Bände, Hrsg. Kurt Wolff, Leipzig 1909) ergibt sich jedoch der 5. Februar 1819 als wahrscheinliches Abfassungsdatum.

Zauberton Rom: Arthur hielt sich, abgesehen von einer Reise nach Süditalien, von Dezember 1818 bis Mai 1819 in Rom auf.

beiliegenden Zettel: Goethe hatte auf dem Zettel die Seiten 320, 321, 440 und 441 der Erstausgabe der »Welt als Wille und Vorstellung«, die ihm wie Adele im Auftrag Arthurs von Quandt geschickt worden war, markiert. Thema der Seiten ist die »Erkenntnis des Schönen« und der »erworbene Karakter« (vgl. auch Arthurs Notiz dazu W I, S. 369).

Ottilie: Ottilie von Goethe, die Freundin Adeles, Goethes Schwiegertochter.

Kaiserin: Maria Feodorowna.

B.: Bertuch.

Wolffs: Die Schauspieler Amalie und Pius Alexander Wolff.

einen Roman: »Gabriele«, Neudruck München 1985.

jetzt: Das heißt: »erst jetzt« – wegen des Bruchs zwischen der Mutter und Arthur.

Unser Hausgenosse: Müller von Gerstenbergk.

Das Mädchen: Die Geliebte Arthurs in Dresden, wahrscheinlich eine Kammer-zofe, mit der er eine früh verstorbene Tochter hatte (vgl. dazu auch die Briefe Nr. 100 ff.).

Reise durch Italien: Gemeint ist August Wilhelm Kephalides' Reisebericht, Leipzig 1818.

Byron nicht gesehen: Gesehen hatte ihn Arthur schon, nur nicht, trotz eines Empfehlungsbriefes von Goethe, seine Bekanntschaft gemacht: Er fürchtete Byrons Attraktion auf seine venezianische Freundin Teresa Fuga (vgl. Arthur Schopenhauer: Gespräche, hrsg. von Arthur Hübscher, Stuttgart 1971, S. 220).

100. Adele an Arthur

Großneuhausen ein Gut der Fr. von Werther
unweit Cölleda d. 12ten Mai

Eine eigene Verkettung von Zufälligkeiten machte mirs ganz unmöglich Dir zu schreiben bester Arthur, und nun muß ich hier Deinen Brief aus dem Kopf zu beantworten versuchen, da er in Weimar verschlossen liegt ich aber hier bei Werthers (Ottobals Mutter) den schönen Frühling genieße. Fr. von Werther hat eine sehr liebe Tochter, die in geistiger wie in gemüthlicher Hinsicht mir lieb und werth ist, und deren Einladung zufolge ich hierher kam. Obschon man auf dem Lande ist, geht es ziemlich städtisch zu und so bleiben mir kaum freie MINUTEN – geschweige STUN-DEN Dir ordentlich zu schreiben. Nimm vorlieb.

Du erräthst leicht, daß unter allem was Du mir schriebst Deine Liebesgeschichte mich am meisten frappierte – ich danke Dir herz-lich, daß Du mir so offen darüber schriebst, denn obschon mich das Ganze fremd und unangenehm berührt zeigt mirs doch man-che Gründe der Entschuldigung für Dich – und Deine Liebe blickt mich freundlich durch alles an, was mich etwa verletzt. Ob ich das Kind in D. sehen kann, laß ich noch unentschieden, mit dem frem-den Mann kann ich doch wahrlich nicht davon reden? Das ist wie-der einer von Deinen unbegreiflich wunderlichen Einfällen. Kan ich jedoch für das Mädchen irgendetwas thun, so sage es unver-hohlen, nimm Deine Pflicht nicht im gewöhnlichen engen Sinn in den Eure Schlechtigkeit sie gern reduziert – ich wollte, das Kind wäre nie ins Leben getreten, ists aber da, so sorge für dasselbe nach dem Grad des Bedürfnisses welches die spätern Jahre in ihm entwickeln mögen. Sehr seltsam ist mirs von Dir vorgekommen, daß Du vom Sterben, von Testieren sprichst – Du fühlst Dich doch nicht kränker? Wie wunderbar in Dir Mistrauen und Glauben, das Hohe und Niedre sich vereinen spricht sehr in diesem Briefe sich aus. – Du vertraust MIR unbedingt, und weiß Gott, Du sollst Dich nie in mir in meiner Liebe täuschen. Sobald ich nach D. komme, will ich mich unter der Hand erkundigen (ich denke Ende Juni dort einzutreffen) wie es der Unglücklichen geht, und Dir dann schreiben. Sie dauert mich sehr obschon mir dieser Handel so ganz UNBEGREIFLICH ist, daß ich ihn nicht ohne VERACHTUNG denken kan – ich habe allenfalls gelernt daß die Welt so ist nur kan ich mich noch immer nicht darin finden.

Ein zwoter Punkt in Deinem Briefe hat mich sehr bewegt – Deine baldige Rückkunft – ich mögte gern länger in D. bleiben um Dich schon Anfang des Herbstes zu sehen – sehr fatal aber bleibt es mir dadurch, daß die Mutter allein reist, Eurem unseeligen Vernehmen eine Öffentlichkeit zu geben, die ich mit großer Vorsicht mied, wo es irgend gieng. Dies nun zu bewerkstelligen, Dich, mich und die Mutter zugleich zufriedenzustellen ist eine schwierige Aufgabe – erleichtre es mir Arthur, versprich mir zufrieden zu sein wie ichs einrichte. Laß keinen Zweifel Deine Seele berühren auch wenn es mislänge, wenn ich mit fortmüßte, versteh mich wie ich mich gebe, offen und ohne Hinterlist!

Neulich verbreitete sich ein albernes Gerücht, daß *Muhl* nicht sicher mehr stehe, die ganze Sache klärte sich sehr schnell auf; es war ein Misverständniß durch des 2ten Muhl Unglück und Ende in *Warschau* veranlaßt; indessen hatte es die gute Folge daß die Mama Sicherheit meines Vermögens auf die Güter verlangte. Einige trübe Tage hat mir die Sache gemacht, denn die weite Entfernung verzögerte doch die Gewißheit, daß es ein bloßer Krämerklatsch sei, nun sind wir jedoch GANZ BERUHIGT. Bei der Gelegenheit erfuhr ich dann, wie bedeutend die Summen, die wir in Spanien stehen haben – Du warst eigentlich jetzt nicht so gar weit entfernt, und ich begreife überhaupt nicht, warum Du als Haupt der Familie

nicht einmal einen Versuch machst, einen Theil dieser Gelder zu
retten. Freilich trägt die Länge der Verjährung viel zu den Schwierigkeiten die zu lösen sind bey. –

Weimar den 22ten Mai
Ich bin wieder hier und im Besitz Deines Briefes – dennoch schicke
ich das einmal geschriebene, ich betrachte es als nicht mehr mein,
da es Dir zugedacht war. Auch ist da nichts zurückzunehmen, was
ich Dir einmal sage, ist immer was ich denke. Natürlich beantworte ich nun Deine Fragen wie sie folgen in besserer Ordnung.
Ich gehe mit der Mutter nach D. um 3 Monate bei Tettenbach dem
besten Blumenmaler malen zu lernen: Quandt hat wahrscheinlich
bis dahin Bianka v. Lon die Du kennst, und einer Sylphe verglichst
GEHEIRATHET. Dadurch wird mir die Möglichkeit gewonnen in
Dresden zu bleiben, denn die Tante Quandt die mich sehr liebt,
würde mich wohl aufnehmen. Ich konnte nicht bei Quandts wohnen, wenn Er da, oder unverheirathet war weil man sehr über seine
Neigung zu mir gesprochen, mich bereits sogar in Leipzig als seine
Braut fetirt hat, und mich das immer ungemein gestört und
betrübt hat. Ich konte Quandten nie etwas anderes als eine theil-
nehmende Freundin sein, und bin daher sehr glücklich über diese
Lösung des an sich sonst sehr klaren Verhältnisses. Ich schreibe
ihm auch nicht nach Italien, weil es mich nichts kostet es zu unterlassen, es aber seiner Frau leicht fatal sein möchte. Eine sehr traurige Geschichte erzählt man sich, er soll einen Prozeß mit 2 Vettern
haben die ihm Unrechtmäßigkeit des Vermögens vorwerfen und
fast $\frac{2}{3}$ seines Eigenthums mit schrecklichen Drohungen verlangen, ich höre, er übergibt die ganze Sache dem Gericht, was die
Vettern jedoch nicht gethan haben wollten. Von ganzer Seele wünsche ich ihm Glück und Frieden, er ist zu schwach, um fest zu stehen, unter so vielem Schwankenden, im Leben, und doch zu geistig gebildet, von zu kühner Fantasie, um mit der Woge die die
andern trägt gelassen mitzuschwimmen. –
    Laß mich auf Dich und Deine Reise mit meinen Gedanken haf-
ten und davon mir Dir reden.
    3 Monate warst Du in *Rom!* mein Byron nennt sie die Niobe der

Nationen. Mich hat das immer unbeschreiblich ergriffen, und das eine Wort hat mir die Idee des Empfindens mit dem ich Rom einst sehen werde, gegeben. Die üble Wirkung die der schneidende Contrast des Neuen und Alten, des Gemeinen Schmutzig-Widrigen mit dem Edlen und Hohen macht — — so wie Du sie mich errathen läßt, so habe ich sie mir immer gedacht. So haben mir viele Menschen, jetzt zuletzt Könneritz, dann Du *Rom* gezeichnet, und ich glaube, ich würde wenig Unerwartetes in Italien finden, so viel ist mir durch Erzählungen näher gerückt.

Dein Urtheil über *Canova* befremdet mich, man giebt ihm Spielereien mit seiner Kunst Schuld, und unter allem erträgt der wahre Genius dies am wenigsten, dem höher strebenden Künstler muß z. B. ein goldnes Diadem, ein Lorbeerkranz auf einem weißen Marmorbilde unleidlich sein, und eine Muse mit dem ersten besten Fürstinnengesichte muß ihm meine ich ganz gottslästerlich erscheinen. – *Thorwaldsen* hat sich das nie erlaubt – indessen ist mein Urtheil nichtig, ich kenne Beider Werke leider nicht.

Über Deine Westennoth und Visitenklage bei der Humboldt habe ich gelacht – ist der Zweck dem Maß des Strebens und Arbeitens werth so thue ich was erforderlich ist, sintemal nun eine Weste sehr schnell angezogen ist hätte ich sie vertauscht und in der einen Secunde vieleicht einen erfreulichen Abend gewonnen. Halb scherzend berührst Du den üblen Ruf den Du nach *Rom* brachtest dort leider reisend hinter Dir ließest. Es ist mir ein unaussprechlicher Schmerz wenn ich etwas derart höre, im NOTHFALL tritt das Urtheil mit Füßen aber ich beschwöre Dich, mache Dirs nicht ZUR LUST. Die Anklagen die Du mir nennst konte ich errathen: – laß Dir gestehen: daß ich mit aus Feigheit Dein Buch oft beiseite lege wenn ich irgendetwas einzelnes darin lese. Eure philosophischen Ansichten sind mir nicht ganz fremd, und ob ich gleich nichts weniger als bigott, nicht einmal ganz echt christlich bin, wie man es jetzt wenigstens so nennt, so fürchte ich doch: Dein Glauben Deine Meinung widerspricht der meinen und ich scheue den Schmerz dieser Verschiedenheit. Nie kan ich darin mit Dir übereinstimmen daß Du Dir aus der Verachtung der Menschen NICHTS machst, reiße wie Du willst an der Lebenskette die uns alle verknüpft, Du reißest Dich doch NICHT los, und es ist eine große Frage ob nicht Stunden kommen wo Du die Menschen brauchst, über die Du Dich jetzt stolz erhebst – gesetzt aber es wäre dann möglich gewesen, zu vollbringen was Du für nöthig fandest, ohne diesen Haß auf Dich zu laden, es fände sich gar, daß diese kleinen Mishelligkeiten die zu großen führen mit Deinem Werk in GAR KEINER VERBINDUNG ständen? Wie dann? Ich bin fast überzeugt: Der Übermuth den die innere Kraft auch mir sogar zuweilen giebt, DER ists der Dich treibt, immer mehr und mehr gegen Dich zu stellen; je größer der feindliche Haufe, je größer der Sieg – je größer der Stolz – aber am Ende, WARS DER MÜHE WERTH? Ist etwa der ganze Sieg gar unnöthig, und kämpfest Du mit Windmühlen die zu umgehen viel leichter, sicherer und KLÜGER war? Dein Schimpfen auf Teutschland sollte mir geläufige Sprache sein, die meisten geistreichen Männer unserer Zeit führen sie, ich aber hafte zu fest am vaterländischen Boden, um etwas anderes als immer wachsenden Schmerz zu empfinden. Mein Freund, zur RUHE, kommst weder Du noch einer der anderen, so bald wenigstens; mir scheint das Ende dieser momentanen Ausruhe-Ruhe schon ziemlich nah und vieleicht müssen wir unsre eigentliche Spektakelzeit erst noch erleben. Doch Du sitzest ruhig in Italien und hast bei manchem großen Vorzug auch noch DEN daß Du nicht jede Zeitung lesen, oder erzählen, und überhaupt nicht viel Politik hören mußt. Mitunter war das hier herzlich unleidlich, da am Ende das Reden nichts hilft. –

Wie hast Du nur mit dem Witte zusammenhalten, Freundschaft pflegen können, 's ist ja ein miserabler Kerl von Hause aus, der immer nur zu erschleichen, zu erbetteln verstand und seine Feigheit und seinen Übermuth zur Schau stellte! Dich hat seine Schönheit erfreut, denn er soll ja nicht einmal Kraft des Geistes oder Genius, sondern auswendig gelernte Gelehrsamkeit haben – ich kan's nicht begreifen. Göthen erzählte ichs; er lachte sehr über die Seidler, deren Klatschen auch er oft erfahren, auch Deine 16 Engländer belustigten ihn sehr. Die Sandische Geschichte hat ihn ungewöhnlich ergriffen, er spricht fast immer Politik läßt sich alles Neue erzählen, und scheint im Innersten tief verwundet, obgleich

er immer äußert: Er habe vorausgesehen, daß es so kommen müsse –
das Zugrundegehen alles Wissenschaftlichen, aller Künste, alles
Zarteren leitet er als unvermeidliche Folge der eingreifenden
gewaltthätigen Roheit her; es ist traurig diese Andeutungen zu
hören, er spricht sich nur selten in einzelnen Worten aus, doch seine
Meinung ist klar. Des alten Voigts (des Ministers) Tod, Mienchen
Huflands Heirath mit Sturza hast Du wohl auch erfahren? Falk hat
seinen Sohn verloren an einer ansteckenden Krankheit. Überhaupt
mähte der Tod mit gewaltiger Hand, unzählige Bekante sind mir
in diesem Jahre gestorben. Eine Frau die mich sehr liebte, die Berg-
räthin Kirst (die Freundin Louise, die Du Dich wohl erinnerst ist
ihre Tochter) ist auch darunter. Mich umringten Krankheit und
Tod von allen Seiten, von einem Krankenbett zum andern schlei-
chen war mein einziges Geschäft; so gieng es die drei ersten
Monate des Jahres, Tag für Tag! Ottilie ist in Berlin sie geht nach
Dresden, dann über Dessau heim. Ihre Kränklichkeit nimt zu, ihre
Kräfte schwinden, mit Todesangst sehe ich zu, wie meinem Leben
ein Schlag droht, der alles zerstören muß, was mich glücklich
macht. Ein unbeugsamer Starrsinn der ihrem Wesen eignet läßt sie
nichts ernstlich brauchen, und so bleibt mir nur die Hoffnung auf
ihre gute Natur, auf ihre Jugend, die sie vieleicht doch rettet! Für
den Moment ist ohnedies nichts zu fürchten, sonst weißt Du wohl
gienge ich nicht fort. GENUG DAVON.

Wo magst Du sein? In Mailand oder Bologna oder gar im geliebten *Venedig*? Deine Geschichte daselbst fängt an mich zu interessieren, möge sie glücklich enden – die Geliebte ist reich, sie ist von
Stande gar und doch meinst Du, sie werde Dir folgen wollen?
Wunderlich; dazu gehörte LIEBE! Hättest Du die WIRKLICH gefunden dann thätest Du gar wohl sie zu erhalten – am Ende sitzest Du
auch wohl bereits in *Venedig*? Und ökonomisch willst Du sein und
verliebt dabei? Und *triste raison!* ausrufen und von zerstörten Träu-
men reden? Es giebt doch Träume die lange dauern, darum schreie
ich mich nicht selbst wach, ich versuche sie zu halten und am Ende
bist Du auch *in Venedig*. Ach ich mache dumme Späße und doch
thut mirs innerlich recht weh, daß in Deinem einem Briefe 2 Lie-
besgeschichten sind ohne Liebe, und das alles dies doch nicht ist

was ich Dir gewünscht hätte. Diese Neigungen haben einmal
schon eine traurige Wendung für das unglückselige Mädchen in
Dresden genommen. Möge kein Unglück wenn auch anderer Art
der Dame in Venedig od: Dir selbst drohen, und mögest Du in
Mailand ruhig sitzen. Möchtest Du doch nicht ganz die Fähigkeit
verlieren, eine Frau zu schätzen wenn Du mit dem Gewöhnlichen
und Gemeinem in unserm Geschlecht Dich abgiebst und führte
Dir der Himmel einmal eine Frau zu, für die Du etwas tieferes
empfinden köntest, als diese Wallungen, DIE ICH NICHT EINMAL
VERSTEHE.

Über Dein Buch weis ich nichts Neues, eine theils lobende theils
tadelnde Rezension steht in dem neuen literärischen Journal was in
Leipzig dies Jahr neu erschienen, bei Brockhaus – den Titel weiß
mir niemand zu nennen, ich werde aber Göthen fragen, alle 14
Tage komt ein Heft heraus.

Der Mutter Roman ließ ehe Du ihn beurtheilst, er ist dünkt
mich das Beste was sie schrieb, und mir sehr lieb. –

Jetzt also bist Du schon über *Florenz* dem Ideal aller meiner
Kunstreisen, ich hoffe Du sahst *Pästum* doch, Zeit genug kommst
Du nach Mailand und in die Schweitz – in der festen Zuversicht
sende ich den Brief dahin ab, bekomme ich nicht abermahls Nachricht so erkundige ich mich gewiß in Dresden und suche mir Geld
zu verschaffen um es dem armen Mädchen zu senden. Daß Dir
indeß zuweilen bange wird ist billige Strafe, WIE GERING GEGEN DIE
DER ARMEN!

Mir wäre es sehr lieb, wenn Du mir aus Italien kleine Lieder zur
Guitarre und echte *Sepia* mitbrächtest, vieleicht in Mailand in der
Kunsthandlung. Auch hätte ich gern etwas von Mosaik wo möglich ungefaßt, damit es nicht zu theuer wird, hier brauche ich solche Kleinigkeiten viel, und muß sie theuer bezahlen, Könneritz
sagt, dort habe solcherlei Zeugs gar keinen Werth.

Nun wie ich lebe? In Sauß und Brauß seitdem alles gesund ist;
wir fahren viel aus, ich bin fast den halben Tag mit meinen Freunden in der freien Luft und halte diese Zeit nicht für verloren weil ich
mich viel gesunder fühle. Sehr bald treibt es uns ohnedies auseinander. Göthen sah ich alle Mitwoch wo wir abends bei ihm aßen; er

hat mir ein sehr schönes Blumenstück von Seger zum kopieren gegeben, ich sitze den ganzen Tag und male.

Mein Innres ist klar und heiter wie der blaue Himmel über mir, Ottilie fehlt mir, aber ich gönne ihr ihr Glück in Preußen zu sein, da sie's jahrelang wünschte. Die Mutter ist unendlich freundlich und gut, mit Gerstenberg geht es leidlich. Die Freunde kommen viel, alles um mich her ist mir eben recht. Könneritz allein macht mir trübe Stunden er ist hier Stadt-*Adonis* und man klatscht wenn ich FREUNDLICH mit ihm bin, ich fürchte auch seine Eitelkeit und so fühle ich mich bald angezogen bald zurückgestoßen, mir ist aber ein solches Spiel zuwider. Es liegt mir so klar in der Seele, daß ich ihm gut bin und mich seiner Liebenswürdigkeit freue, ABER WEITER NICHTS, daß ich gar nicht begreife wie irgendein Mensch etwas anderes dahinter suchen kan. Indessen muß man dem allgemeinen Urtheil nachgeben und folglich nicht mehr viel mit ihm reden; das geschieht den auch; aber es ist lächerlich denn er weiß recht sehr genau, wie wir miteinander stehen und daß wir uns gewiß nicht ineinander verlieben. *Adio caro*, behüte Dich ein guter Geist vor *Venedig!* Denke meiner oft und bleibe mir recht treu und gut

Deine Adele

N. S.
Göthe geht im August nach Carlsbad; vieleicht träfst Du ihn wenn Du dies Jahr im Spätherbst hingiengst denn seine Reise wird eher später als früher, doch wirst Du wohl deßhalb nicht eher zurückkommen, und so gar lange bleibt er doch nicht. *Meier* ist viel bei ihm, und alle Fremde fast die durchreisen. Tiek war da (der Bildhauer) er kam aus Carara. Man sagt der Herzog geht nach Italien.

Sandische Geschichte: Das erfolgreiche Attentat des Theologiestudenten Karl Ludwig Sand auf August von Kotzebue.
die Geliebte: Auf wen sich dieser Passus bezieht, hat die Schopenhauer-Biographik nie feststellen können. Die venezianische Geliebte Arthurs (Teresa Fuga) kann diesen Angaben zufolge nicht gemeint sein.

101. Adele an Arthur

Weimar den 28ten Mai 19

Vieleicht erhälst Du diesen Brief ZWEI TAGE später als den andern – in diesen zwei Tagen liegt die Umwälzung meines ganzen Erdengeschicks – *Muhl* hat falliert. Gestern hat er der Mutter die von allen Seiten beruhigt, dennoch auf Hypothek auf die Güter drang, geschrieben. Ich schreibe Dir einige Stellen aus dem Briefe ab. Nachdem er den Fall der Hamburger und Riganer Häuser erwähnt und über die Folgen des daraus entstehenden Miscredits geklagt, fährt er fort. – »Da wir in jeder Hinsicht die größte Sicherheit anbieten konten, so würden wir unter andern weniger ungünstigen Umständen sie auch gewiß gefunden haben, allein in dieser fürchterlichen Zeit hat jeder mit sich selbst zu thun und so wird uns leider nichts anderes als die traurige Nothwendigkeit uebrig bleiben als UNSRE ZAHLUNGEN EINZUSTELLEN. Ich beschwöre Sie sich durch diese traurige Nachricht nicht so sehr niederschlagen zu lassen, Sie haben dazu durchaus keine Ursache und für Ihre eigne Existenz nichts zu besorgen, denn unsre Sachen stehen keinesfalls schlecht, – – – nur das Bewußtsein daß unsre Sachen nicht schlecht stehen kan unsren Muth aufrecht erhalten. WENN nicht neue unerwartete Unglücksfälle hinzukommen, und unsre *Creditoren* ihren eignen Nutzen nicht aus den Augen setzen, so haben wir Hoffnung allen gerecht zu werden.«

Die Hypothek auf dem Gute schlägt er wie er sagt meines Nutzens wegen ab, die Güter sind bereits verschuldet – wie stark wissen wir nicht. Ohnedies wird er sich erklären, ehe ein Brief ihn erreicht, vieleicht bringt Dir die nächste Post die Bestätigung unsres Unglücks.

Entsetzlich ist's daß *Muhl* NICHT EINMAL DIE FÄLLIGEN ZINSEN GESCHICKT HAT – wir sind ganz OHNE GELD, obendrein noch manches schuldig. Dennoch ist wohl das einzige Mittel sogleich nach *Danzig* zu reisen, die Mutter hat dies eingesehen und sich das Geld dazu geliehen. Wie wir LEBEN werden, was für Mittel ergreifen davon ein andermal, wenn die Rinde von kalter Verzweiflung sich gelöst hat – mein Herz ist zerdrückt durch der Mutter Zustand, und durch den Abschied der mir bevorsteht. Die Reise wird für uns die dortigen Freunde gewinnen, in der Nähe läßt sich's besser beurtheilen, endlich muß auch ein Abschnitt gemacht, ein ganz anderes Leben begonnen werden.

Muhl schreibt ferner: »Nach der Lage der Masse ist mit Gewißheit anzunehmen, daß die *Creditoren* NOCH IM LAUFE DIESES JAHRES EIN BEDEUTENDES *a Conto* ZAHLUNG ERHALTEN. – Meine Handlung war ein täglicher Verkauf, und Tägliche Einnahme, und der Stillstand würde für alle gleich verderblich sein. Wird aber eine Administration eingeleitet, so daß das Werk fortgeht, so werden wenn sich hinlängliche Summen gesammelt, solche unter die *Creditoren* vertheilt. Ich würde Ihnen rathen sich an Herrn *Soermanns* ihren alten Freund und Verwandten zu wenden der sich Ihrer gewiß bestens annehmen wird.« –

Die Mutter folgt dem letzten Rath und übergiebt dem Vetter ihre und meine Angelegenheiten, Gottlob Du lieber Arthur hast nur 8000 Gulden dort, so ist doch Eins von uns nicht ganz unglücklich. Mein Leben ist auf diese Art geschlossen ein ganz neues fängt an – ohne Vermögen, ohne Freunde denn hier ist zu theuer Leben, und zu schwer – wir gehen also wohl ganz fort, denke Dir meine Lage. Die Mutter ist in Verzweiflung, mache ihr ja keine Vorwürfe, ich entschuldige sie ganz. Sie trägt mir auf Dir zu sagen daß sie alles thun wird um auch Dir zu Deinem Kapital zu verhelfen.

Wir reisen ohne es bekannt zu machen unter einem Vorwande in 4–5 Tagen allein mit dem kleinen Mädchen die ich mir aufgezogen, die Jungfer, Köchin, Bedienten schaffen wir ab sobald ihre Zeit um. Wann wir wiederkehren auf wie lange weiß Gott. Lebe wohl ich kan nicht mehr, aber gewiß werde ich meiner werth handeln, ich bin auch sehr gefaßt und ergeben. Schreibe der Tante Julchen für mich – und gleich, damit mich dort Dein freundliches Bruderwort tröste. Ein gutes Geschick walte ueber Dein Leben mein guter Arthur.   Deine Adele.

falliert: Vgl. dazu die Einleitung

102. Arthur an Johanna

...obgleich Sie das Andenken des Ehrenmannes, meines Vaters weder in seinem Sohn, noch in seiner Tochter geehrt haben...

Arthur an Johanna: Dieses Bruchstück vom Juli 1819 wird in Adeles Brief an Ottilie von Goethe vom 28. Juli 1819 (»Aus Ottilie von Goethes Nachlaß. Briefe von ihr und an sie 1806–22« hrsg. von Wolfgang von Oettingen, Weimar 1912/13 = Schriften der Goethe-Gesellschaft, Bd. 27, S. 352) ausdrücklich als wortgetreues Zitat Arthurs markiert. Nach Adeles Tagebuch vom selben Tag enthielt Arthurs Brief neben der Invektive gegen Johanna auch das Angebot, sein verbleibendes Vermögen mit Mutter und Schwester zu teilen (vgl. auch die Briefe Nr. 103 f).

103. Adele an Arthur

Stries bei Danzig den 14ten Jul.

Vorgestern Abend erhielt ich Deinen Brief, also auch Du, lieber Arthur, so tief mit in unser Unglück hereingerissen? Deine Reise geendet – alle Deine Pläne gestört – Ich hieng so sehr an dem Gedanken Dich wenigstens, obschon nicht heiter doch ruhig ueber die Zukunft und die traurige Bedingung des Lebens in dieser Welt zu wissen – jetzt ist auch diese Freude mir genommen. Seit fast 4 Wochen sind wir hier und fast nichts geschah in dieser langen Zeit das unser Geschäft gefördert hätte. Man mußte aller *Creditoren* Einwilligung erlangen die Sache auf keinen Fall gerichtlich zu machen. Daß dies uns allen zuträglich, beweisen die noch immer ungeordneten Massen von *Labes, Schönbeck* und *Franzius,* 10 Jahre giengen darüber hin, und noch immer haben die *Creditoren* nichts erhalten. *Repell,* Kaufmann und Jurist, und *Soermann* waren vorläufig zu Administratoren gewählt, *Abeck, Muhls* Schwiegersohn führt die Handlung fort jedoch so daß er nur verkauft, nicht aber wieder kauft, sonst würden wir handelnde *Creditoren.* Wir sprachen Reimer, der einst beim Vater war und noch manche Andere, alle fanden diese Maaßregeln gut. Muhl hat sich aus allem heraus auf sein Gut Uhlkau zurückgezogen, *Abeck* soll ein anerkannt rechtlicher Mensch sein, er scheint es auch mir. Die Güter sollen nicht verschleudert werden, sind also vor der Hand nicht verkauft, Muhl

bezahlt vom Einkommen den Hypothek habenden Schuldnern die
Interessen, damit er sich das Gut zu erhalten und es vortheilhafter
zu verkaufen im Stande sei. Die Hauptsache ist und bleibt das
Weinlager was fast 200000 Rth werth ist. Heute war die erste
Hauptconferenz unter den gewählten Administratoren, Muhl und
Abeck deren Inhalt sämtlichen Bevollmächtigten und Schuldnern
vorgelegt wird. Von *Soermann* suchten wir unter der Hand das
Resultat zu erfahren, (Morgen fahren wir jedoch erst nach der
Stadt das Genauere zu hören) er sagte uns: Es sei Uebereinkunft
daß Abeck die Handlung auf oben gesagte Weise fortführe bis im
März, da ohnehin alle Leute im Hause bis Ostern angenommen
wären; folglich bezahlt werden müßten, dann solle ein Divident
des Eingekommenen an sämtliche Schuldner vertheilt werden.
Muhl habe vieleicht Hoffnung noch vor dieser Zeit einen Accord
anbieten zu können doch äußerte er dies dünkt mich nur im Vertrauen als ungewiß. Mutter die Dir selbst schreiben wollte und
Dein Anerbieten dankbar anerkennt, obschon sie jetzt keinen
Gebrauch davon zu machen denken und hoffen kann, läßt Dir
sagen, sie werde Alles für Dich thun wie für sich, ich werde Dir
immer genaue Nachricht geben. Wir wollen diese Bedingungen
eingehen jedoch hinzufügen daß wir wünschen daß jemand
erwählt, im Nothfall auch dafür schadlos gehalten werde, daß er
Abecks Bücher genau revidire; gleichsam sie mit führe, was beide
Administratoren wohl im Ganzen aber nicht wohl im Einzelnen zu
thun vermögen. Dies ist der Rath mehrer gescheuten Männer
gewesen, auch Reimer wünschte einen Dritten mit hereingezogen.
Ueber alles dies erhälst Du 3 oder 4 Tage nach diesem Brief genaue
Auskunft, der Wunsch Dich der peinigenden Unruh zu entreißen
lies mich nicht länger das Schreiben verschieben, und es ist schon
weit ueber Mitternacht. Morgen in der Stadt habe ich mir Muhl
bestellt, ihm Deinen Brief zu uebergeben, dann erfahren wir auch
genauer den Inhalt der Conferenz. Ich melde ihn Dir genau, so wie
auch Alles was ich an Nebenumständen früher gehört und nur
heute nicht mehr zu schreiben vermochte.

   Soermann ist Dein Pathe, Rathsherr, und heißt mit Vornahmen
FRIEDRICH.

Muhl wird Dir ohne Zweifel noch schreiben, da die Post erst Mittags abgeht, ich bin nur Morgen verhindert. Ich hoffe zu Gott, daß Du nicht auf gerichtliche Einmischung bestehst, sonst wäre es unser aller Ruin! Wir leben hier in Stries ruhig – aber doch sehr betrübt und verstimmt im Innern, man lernt nur nach und nach die Außenseite wieder beherrschen, und das ist NÖTHIG, denn thränenvolle Augen sehen nicht KLAR. Wenn ich nur nicht Weimar verlassen muß bin ich zu allem entschlossen, auf das Schlimmste gefaßt, ich will gern alles uebrige opfern und mir verdienen was ich brauche, aber Ottiliens und ueberhaupt meiner Freunde verlust zu tragen halte ich mich selbst für zu schwach. Ueber dies alles NÄCHSTENS ich muß Dir einen langen Brief schreiben ueber meine Zukunft meine Pläne. Heute fallen mir die Augen vor Ermattung zu. Lebe wohl! Daß ich Dir danke, für die Mäßigung gegen die Mutter, für das Anerbieten das Wenige was Dir blieb, im Nothfall mit uns zu theilen weißt Du – was brauchst Du noch der Worte! Du sollst auch mit mir zufrieden sein und einsehen: daß alles was ich Dir früher schrieb, nicht blos WORTE waren! Lebwohl.

Deine Adele

04. *Adele an Arthur*

Von Tag zu Tag nähere Auskunft hoffend schrieb ich Dir nicht, weil ich nichts zu schreiben hatte, ich mogte nicht klagen ohne zugleich Dir meinen künftigen Weg anzudeuten, und bis jetzt bleibt meine Zukunft im tiefsten Nebel verhüllt. Muhl äußerte sich als wenn er Hoffnung hätte Accord anbieten zu können, macht schöne Redensarten und es geschah nichts. Abegg hatte Dir geschrieben, Dir den Auszug der 1sten Conferenz gesandt, Du sahst also klar wie nichts zu thun blieb als mit dem Strom zu schwimmen. D. Götz, Stadtmüller, Reimer, Röppell waren der nemlichen Meinung. *Muhl* ist leichtsinnig, nicht schlecht, obschon er nicht nützen kann, könnte er schaden, das scheint aber nicht zu befürchten. Das Gerücht vom Accord hat sich verbreitet, aber noch ist nichts offenbares geschehen. Somit mein Freund wären wir auf uns reduziert. Es schmerzt mich hier in der großen Welt, in allen Gesellschaften sein zu müssen obschon es uns gar nichts kostet, denn ich denke immer an den Thorschluß! Eine neue Bahn, ein neues Leben! Gerstenbergk will alles mit uns theilen, mit uns ziehen wohin wir wollen, und wo er Brodt finden kann, er quält mich mit seiner Großmuth, denn Arthur ICH will FREI sein. Ich erkenne gerührt seine Liebe und treue Freundschaft in Noth und Glück, aber ich will nicht ihn einschränken; wir werden sehr einfach leben von dem was bleibt, ich will meine eignen Bedürfnisse so viel mein Kranksein zuläßt verdienen. Der Weg dazu ist noch nicht entschieden, gleichviel. Laß mich erst genau wissen was uns blieb, laß mich diesem Strudel entronnen, die ersten Schritte gethan sein, so sollst Du mich ruhig und zufrieden wissen. In der höchsten Noth, aber auch nur in der HÖCHSTEN, verlasse ich mein Vaterland und gehe als Gouvernante nach RUSSLAND. Durch die Kaiserin und unsre Hoheit erhielte ich leicht *recommandationen* und kann vieleicht in wenig Jahren meine ganze Zukunft sichern. Heirathen kann, WILL ich nicht ohne Neigung, ein jeder kennt seine Kraft, was tausende drückt ist mir nichts, was tausende tragen würde mich zerdrücken.

Die Mutter war von Deinem Anerbieten gerührt, aber als sie las was Du ueber den Vater und uns geschrieben war sie außer sich, und sehr erzürnt, ich verstand gleich daß Du etwas anderes gemeint als ausgedrückt hattest, und legte es dadurch bei daß ich ihr sagte ich würde Dir antworten. Ich bitte Dich nur um Himmelswillen quäle jetzt nicht die Mutter, sie nimmt sich ganz vortrefflich, und ich weiß selbst nicht was Du sagen willst – sie habe das Andenken des Vaters nicht geehrt. Laß mich nichts mehr davon hören. Handle recht und edel, wie Deine Natur ist, ohne Worte die das mit einer dunklen Tinte ueberdecken, was sonst so hell in seinem eignen Glanze strahlte. Bis jetzt danken wir Dir beide herzlich, auch ich will jetzt nicht Geld aber etwas anderes von Dir bitten.

Du schriebst mir Du seist in Heidelberg – wir gründeten darauf den Plan wenn *Muhl* nicht in dieser Zeit *accord* biete, oder wenn uns der Winter hier zu kostbar würde, in Dresden ihn zu verleben. Dort leben wir sehr wohlfeil, lassen Essen hohlen, brauchen nur 2 Zimmer, etc. etc. Darum wenn Du nicht sehr gerne in Dresden bleibst so schreibe mir bestimmt Deinen Winterplan, und wann Du nach Heidelberg zurück gehst. Denn gerade jetzt müßt Ihr beiden Euch nicht treffen, ich aber muß der Freude entsagen Dich zu sehen. Arthur, lieber, geniere Dich aber NICHT um unsern Plan, handle ganz unabhängig von unsern Wünschen, meine Bitte geht NUR auf NACHRICHT, ich könte Dir verschweigen WARUM, aber es muß klar und offen zwischen uns bleiben, das bedenke und antworte eben so frei und ohne Rückhalt.

Wegen der Ländereien haben wir mehrmals mit Stadtmüller gesprochen, RÖPELL hoffen wir soll als Jurist uns beistehen, obgleich er sonst nicht so kleine Geschäfte macht. Ich nahm Stadtmüllern die Rechnung ab, und lege sie Dir bei, der unten stehende Ueberschlag der Ausgaben ist natürlich nur so ungefähr bestimmt, denn mit Gewißheit läßt sich nichts thun. Hoffentlich findest Du Dich heraus, die Abschrift ist zu volumiös.

Wenn Stm, wie Er sagt, den Theil der Ländereien dazu kauft die Kabrun gehörten, so wäre das sehr gut, weil wir dann mit ihm zusammen Alles hätten und sein Interesse mit dem unsern gleich gienge, wir folglich hoffen könten daß er alles mögliche zu unserem Nutzen einrichte. Beiliegende Notizen der Mutter sollte ich Dir abschreiben, mir fehlt aber Zeit. Vergieb und buchstabiere Dich heraus, und schalte hier den Zettel ein.

Schreibe mir was Du in Heidelberg zu thun denkst, und ueberhaupt gieb mir ausführliche Nachricht.

Von mir verspreche ich Dir das nemliche, wie sich's finde und füge ich hoffe bestimmt so viel erwerben zu können daß mich nicht künftig meine Dankbarkeit an Gerstenbergk binde. Ich rechne darauf ein Paar kleine Mädchen in *Pension* zu nehmen oder – doch was soll das? was geschieht sollst Du erfahren nicht was geschehen könnte.

Julchen grüßt Dich sehr, sonderbar, wie sie an Dir hängt! wie Dich hier manche wohl vergessene Menschen nennen und auf ihre Art lieb haben. So treibt uns alle ein ewiges Irren durch das Leben. Lebe wohl! Sei heiter und muthig und liebe mich recht denn jetzt bedarf ich aller Liebe noch mehr als sonst.

Danzig den 24sten August 19   Deine treue Schwester Adele.

in Heidelberg: Unter dem Eindruck der drohenden Vermögensverluste erwog Arthur, in Heidelberg zu lehren.

105. Adele an Arthur

Danzig den 8ten Sept.

Wie kanst Du glauben ich hätte der QUANDT und NICHT DIR
geschrieben? *Soermann* sagte mir Du giengst nach Dresden, augenblicklich schrieb ich *poste restante* wie fr., in der Hoffnung Dich
erreiche so der Brief sicher. Er enthält genaue Nachricht ueber
unsre Ländereien, wir haben Geld für Dich liegen und fragen an,
wohin es geschickt werden soll? Sodann ist eine Rechnung dabei
die uns durch Stadtmüller endlich verschaft worden ist. Laß
sogleich dem Brief nachsetzen denn er liegt in Dresden. Aus Deinem ersten Briefe ersehe ich daß *Abegg* mir vorgeflunkert hat, und
Du nicht den Auszug der ersten Conferenz erhalten hast; obschon
das eigentlich ganz unbedeutend ist, habe ich Abegg um die Conferenz ersuchen lassen, werde sie zierlich abschreiben und Dir senden. Du wirst wenigstens dann Bestätigung alles dessen finden
was ich schrieb und Dich ueber die Art des Accords den man
erwartet beruhigen. *Muhl* hofft von Außen Hülfe, indessen wie
gesagt, ich glaube nicht daran. Böttger *Lesse* hat wenig damit zu
thun ich glaube Deine Nachrichten gehen ins Blaue hinein. Repell
versichert man müste jetzt passen sich ruhig halten; er wird die
Sache mit den Ländereien als Jurist aus Freundschaft übernehmen.

Es war unser Plan nach Dresden zu kommen eh' wir von Dir
wußten, mein Brief fragt Dich deshalb: doch ist dieser Punct
bereits in dem Deinen beantwortet, Du wirst wohl bleiben und
wir werden vieleicht hier AUSHALTEN, oder heimkehren. Letzteres
ist schwer, bis alles entschieden. Deine Nachrichten über Weimar,
die Art wie Du die Liebe und Freundlichkeit meiner Freunde empfunden, hat mich TIEF gerührt. Ich wollte Dir so gern viel darüber
schreiben, nun finde ich indem ich todtmüde vom Seebade zurückkomme, Deinen Brief, und kan in dem Augenblick nur flüchtig
Alles berühren. Daß Du nie so von mir empfangen werden kanst,
daß Du nicht in Weimar mit MIR warst, kann ich nie verschmerzen,
ich kan nicht ohne Thränen daran denken! – Laß das, jetzt will ich
nicht weich werden, laß mich zu einer andern bessern Stunde Dir
mehr sagen. –

Daß Deine Tochter todt ist, thut mir LEID, denn wenn das Kind

älter worden wäre, hätte es Dir FREUDE gemacht. Du wärst nicht
so allein gewesen. Du hättest für jemand zu sorgen. Du glaubst
nicht Arthur wie wenig Opfer ich scheuen würde, um Deinen
Lebensweg heiterer zu schmücken, um Dir eine menschlich frohe
Stunde in jedem Tage zu geben! Daß Du in Heidelberg lesen wirst,
freut mich sehr; Du wirst Dich dort wohl fühlen, es ist ein Paradies.
Wie man den Winter nicht gesammt lieber im freundlichen *Man-
heim* als in Dresden verlebt begreife ich nicht – doch laß Dich nicht
von Deinem Mistrauen verleiten hierin eine leise Ueberredung zu
sehen Dresden zu verlassen. Ich werde innerlich so viel durch das
Gefühl leiden daß wir immer nur NACH EINANDER, nie ZUSAMMEN
die Orte berühren – daß ich wahrlich nicht den Aufenthalt für
sogar wünschenswerth zu halten vermag. Der Plan war vernünftig, und hier ists nicht angenehm, doch lassen sich vieleicht andre
Mittel finden, ohne große Ausgaben doch den Winter auswärts zu
verleben.

Hier geht es so im alten Zuge fort, wie leben sehr gesellig, das
heißt wir gehen immer aus, ich stehe dennoch einsam und sorgend
da. Ich nehme keinen Antheil an dem Getriebe, am eifrigsten sorge
ich für meine Gesundheit und fahre deshalb täglich nach dem
Strande um zu baden. Hoffnung habe ich daß es besser werden kan,
das ist aber auch alles denn in 2 Monaten läßt sich das nicht beurtheilen. Schreibe mir sogleich daß ich erfahre ob Du meinen Brief
hast, die Abschrift die ich Dir versprach denke ich durch Gelegenheit zu senden. Sei indessen ganz ruhig es soll nichts ohne Deine
Zustimmung geschehen. *Soermann* ist alt und etwas faul aber sehr
brav und sehr gerecht, Du kannst ihm ruhig vertrauen.

Muhl scheint den Kopf wieder etwas zu heben und Muth zu fassen, vieleicht ein günstiges Omen – vieleicht nur sein Leichtsinn.
Daß wir herkamen um den alten *Weickmann* sterben zu sehen, daß
seit zwei Tagen der Mutter Freundin von *Campen* ihm folgte weißt
Du wohl auch noch nicht. Es ist alles traurig und verwüstet, ich
gehe unter den Straßen unserer brillanten Zeit, vor dem ehemaligen Eigenthum unserer Familie oft traurig vorüber.

Göthe ist in *Carlsbad*, wie ich höre heiter und wohl. Auch unsre
Freunde sind es alle. Hier will eine Fräul. *Andreße* aus Berlin Dir

genant sein. *Julchen* grüßt Dich – hüte Dich ihr irgend etwas zu
schreiben was andre nicht wissen sollen, sie liebt Dich mehr noch
als mich ist aber schwatzhaft und unbedacht. Du wirst ihr hoffentlich die kleine *Pension* lassen? Nicht wahr? Lebe Wohl – die Post
komt.   Adele.

deine Tochter: Vgl. Brief Nr. 99.

106. Adele an Arthur

Danzig den 9ten Nov. 19.

Hoffentlich hast Du Dir diesmal mein Schweigen richtig gedeutet,
lieber Arthur, ich hatte Dir nichts neues zu sagen, denn an eine freie
Mittheilung der Gedanken an den gewohnten Austausch der
Ansichten, Meinungen und Ideen ist fast nicht zu gedenken bei der
Größe des Raums der uns trennt. Unwillkührlich warte ich immer
auf einen äußern Anstoß, hab ich dann endlich die Feder in Händen, dann ist mir wieder als könte ich nicht enden, und das ängsti-
gende Verstummen das mir die Nothwendigkeit auferlegt, rächt
sich selbst an mir, ich komme mir weiter von allem entfernt vor, es
ist mir als könte ich gar nicht mehr erreichen was mir lieb ist.
    So sehr ich zuweilen die Blutsverwandtschaft zwischen Dir und
mir empfinde, wenn Du plötzlich so aus meiner tiefsten Seele heraus denkst, so sehr schmerzt es mich wenn ich so betrachte wie Dir
doch noch alle Hauptschlüssel zu meinem Wesen fehlen, wie Du
sie gleichsam immer aus der Hand fallen lässest, in die ich sie lege.
So kanst Du noch nicht fassen daß bei mir immer das WAR ein IST
bleibt; was ich Dir früher in Hinsicht meines Vermögens, des
damaligen Planes der Mutter alles zu vermachen, Dich falls Du hei-
rathetest sicher zu stellen, ja sogar in Hinsicht meiner Mitgabe,
schrieb, das steht so klar und so hell in meiner Seele daß ich, wäre
ich in der damaligen Lage DASSELBE WÖRTLICH noch einmal
schriebe. Deine damalige Vertheidigung, Deine Klagen ueber die
Mutter, Deine widerlegenden Gründe sind mir eben so gegenwärtig, vor allem aber mein Freund ist mir's vor Augen, daß ich Dir
schrieb: daß ich Dich liebte aus treuem Herzen. Das ist nun mein

so ganzer Ernst gewesen, daß ich wäre der Fall umgekehrt, hätte es
in MEINER Macht gestanden Dir ein Opfer zu bringen, wie's in der
DEINEN zu stehen schien, nicht EINEN Moment gezögert hätte. Da
nun der Mensch nur nach sich die Welt beurtheilt, so war mir, als
müßte ich in Dir gleiche Neigung für MICH finden, und da zwischen LIEBE und HASS nie ein Gleichgewicht in MIR war, fürchtete
ich Liebe zu mir würde Dich alles vergessen machen was Du Mut-
tern vorwirfst, ich fürchtete Du würdest Dresden verlassen um
meinetwillen. Dazu kam daß die edlere Natur in der Regel wenn
die Menschen die uns beleidigten leiden helfen möchte oder doch
lindern und so vergaß meine weichere Frauen-Seele die Härte Deiner männlichen Natur. Folglich schrieb ich blos unklar weil ich
eine Kenntniß meines Wesens in Dir voraussetzte die Dir erst
spätere Jahre geben werden, Du wirst lernen daß ich immer WAHR
bin, und dann kein Wort für den Schaum jugendlicher Aufgeregt-
heit nehmen, wenn es ein Gefühl ausspricht. Nun zur Beantwortung Deiner ferneren Einwendungen.

Zuerst sagst Du: ohne den Vater wäre die Mutter wie Julchen –
möglich, nicht wahrscheinlich, der Mutter Geist hatte von je eine
andre Richtung, sie wurden verschieden erzogen, und die Verschiedenheit der Naturen sprach sich sehr früh bestimmt aus, ich
sprach hier mit VIELEN darüber. Ich wende ein: Du hast als Mensch
ein Urtheil ueber das Seiende, nicht ueber das was WERDEN KÖNTE.
Ferner die Selbstbiographie ist gar NICHT von der Mutter, Gerstenbergk hat sie fürs Conversations-Lexicon gemacht, Brockhaus hat
sie zu den Zeitgenossen benutzt, OHNE DER MUTTER VORWISSEN,
es gab damahls einen heftigen Streit. Die Eselei von G. hat also hier
niemand als Er zu tragen, die Mutter hat jene Beschreibung nie
gelesen, ich selbst auch nicht. Ueber der Mutter Betragen gegen
Dich haben wir oft gesprochen, ich wiederhohle mich als Echo des
Briefes vor 2½ Jahren ich WILL nicht richten. Daß mein Vermögen
besser bewahrt werden konte gebe ich ZU, unbedingt sogar.

Da Du Kaufmann warst konte ich mir nicht denken, daß Du so
fremd im Geschäft bist, schrieb also nichts ueber die *Muhl*sche
Angelegenheit WEIL da die Gläubiger nach der ersten Conferenz es
eingegangen daß die Handlung bis März fortgehe, NICHTS GESCHE-

HEN KONTE was ihnen vor Ablauf jener Zeit bekantgemacht würde. Der einzig mögliche Fall war ein Anerbieten des Accords der natürlich dann die erste *Convention* aufhebt. So lange Muhl insolvent ist kan seinerseits für den Einzelnen wie für alle NICHTS geschehen. Das Einzige was mir oblag war auszuspionieren: ob Accord geboten würde, bis gegenwärtigen Moment konte ich nichts Bestimtes erfahren; folglich nichts schreiben, Jetzt habe ich heimlich die bestimte Nachricht erhalten daß *Muhl* innerhalb 14 Tagen oder 3 Wochen einen solchen Schritt thun wird, vermittelst *caution* und auch vorgeschossener Summen. Dies ist jedoch noch das größte Geheimniß, nicht einmal die Administratoren ahnden es; auf welchem seltsamen Wege ich es erfahren kan ich nicht sagen: genug ich WEISS es. Demzufolge bleiben wir HIER, Du aber hälst Dich volkommen ruhig bis Dir der *accord* geboten wird, jeder Schritt den man jetzt thäte wäre unklug, da er die vorschlagende wir annehmende Partie sind, man muß das gelassen AN SICH kommen lassen, Ich verliere ALLES bei Muhl, Mutter hat ueberhaupt fast nichts, wir haben 22 000 Rth dort, das ist fast alles mein. *Muhl* bot sich der Mutter zur VERWALTUNG meines Vermögens an, ich war unmündig, sie nahm es auf seine Freundschaft bauend an, machte aber nichts gerichtlich darüber, doch zeugen seine Briefe (und seine Wechsel natürlich) die in meinen Händen sind gegen ihn. ICH kan und darf nicht in die Reihe der Gläubiger gerechnet werden, es ist himmelschreiendes Unrecht, meine Pläne gehen darauf einst in der ZUKUNFT wenn Muhl sich erhohlen sollte einen Theil des Geldes das ich jetzt verliere, wieder zu erhalten; wenn er jetzt accordirt aber, da wir mit die Hauptschuldner sind, den *accord* recht vortheilhaft zu leiten, wenns möglich; denn die Zukunft kann man nicht berechnen. Was der Mutter gehört, muß mit in die Creditoren-Masse, sie ist nichts mehr als die Andern. Ein Wort von Dir kan alle meine Pläne zerstören, ich beschwöre Dich gegen *Lesse* nichts davon zu äußern, denn wenn irgend jemand ahndete daß ich einen späteren Vorzug für mich zu bezwecken trachte, würden die Creditoren es anders nehmen, es vieleicht für Bestechung der Hauptschuldner halten, KLAGEN und DANN ist Alles verloren. Du bist mir Verschwiegenheit schuldig. Ohne dies ist ja alles

unreif, und ich kan nur die Fäden aufschlagen, mein Gewebe noch
nicht beginnen. Neulich war ein fürchterlicher Schok, die Hamburger hatten geklagt, blieb es dabei, mußte ich in Dienste gehen,
denn vieleicht hatten wir dann in 10 Jahren nichts zu hoffen, und
wir haben ja nicht zu leben auf so lange. Man ueberzeugte sie daß
die Klage gegen ihren eigenen Vortheil sei und sie nahmen auch
dieselbe am andern Morgen zurück. Nun ist Ruhe.

Wegen Stadtmüller ist das Nöthige besorgt, noch ist das 2te
Geld, die Zinsen nemlich, nicht eingelaufen, es ist uns Martini versprochen. Das wäre jetzt. Erhalten wirs so uebermache ich in 8
Tagen Beides, wo nicht so warte ich etwa bis zum 20ten und sende
dann was hier ist, durch *Lesse*, denn vieleicht hast Du auf das Geld
gerechnet. Wo nicht, kan bis dahin vieleicht eine Nachricht von
Dir ankommen, obschon keine Antwort. *Lesse* ist der gescheuteste
Kaufmann hier, ich bin sehr gut mit der Frau, und von ihm auch
wohlgelitten.

Was nun werden soll mit mir? Besonders wenn mir auch die
Hoffnung einer einstigen Verbesserung genommen wird, denn sie
ist ja NUR auf das GEFÜHL des Rechts nicht des VORTHEILS JENER
Menschen gegründet – ich weiß es selbst erst halb. Jetzt will ich
fürs erste, wenn wir in W sind mit Hülfe zweier weiblicher Domestiken die Wirthschaft führen, und womöglich mir nebenher meine
eignen Bedürfnisse vollständig befriedigen. Ich denke entweder
zwei kleine Mädchen in *Pension* zu nehmen; oder mittlerer Weile
allerlei Arbeiten nach Berlin zu senden, um mir das Nöthige zu
erwerben. Ich will durchaus nichts von Gerstenbergk annehmen,
und bedarf nur 200 Rth das ist das höchste. Geht mein Schiff unter,
bricht Alles zusammen, so gehe ich als Gouvernante mit recoman-
dationen der Kaiserin Mutter, der Großfürstin und des Prinzen
nach Rußland, auf einige Jahre. Wenn ich nicht etwa vor Schmerz
sterbe wenn ich Ottilien verlasse so wird mir so geholfen. Jetzt
leben wir hier in der großen Welt aber spottwohlfeil. Man fetiert
uns und meine Garderobe ist so schön, daß ich mir fast nichts zu
kaufen brauche. Mein Herz ist schwer aber mein Sinn ist klar, ich
weiß was ich will und was ich soll. Ich bin heiter denn die Natur hat
mir unendlichen Trost gegeben, Danzig liegt in einem Paradiese,

wie ein Stammbuch der Welt gemahnt es mich oft wenn ich umherstreife; von allen Ländern findest Du PROBEN, oft begrüßt mich mein herrlicher Rhein, oft Schwaben, oft sogar ein Eckchen Schweiz, wenn auch nicht das Oberland von Bern! Ach Arthur, wie oft denke auch ich ich wollte es wäre ein Traum! Wem gab nicht das Schicksal eine schaukelnde Gondel der Thorheit und wer verließe nicht gern das feste Land der Wirklichkeit der harten Nothwendigkeit um wieder eingewiegt zu werden von den schmeichelnden Wellen! Nur glaube ich, denken wir ueber Nothwendigkeit sehr verschieden, ich ließe vieleicht an Deiner Stelle den Traum nicht los, denn wenn es möglich ist glücklich zu sein so soll man genießen, beides Entbehren und Genießen ganz, und rein ohne Umschränkung wie es das Leben giebt! Darum wer weiß ob ich nicht nach *Venedig* eilte! Ich wüßte gern wie Dir dort das Herz gebunden ward denn nie habe ich eine solche Leidenschaft in Dir für MÖGLICH gehalten, geht es aber nicht so schweige nur fort.

Du siehst ich thue keinen Schritt ohne ihn Dir VORHER mitzutheilen, ich erwarte dasselbe von Dir. Es ist tröstlich zu wissen daß den andern das Unglück nicht zerdrückt. Du bist ohnehin nicht in Noth, besonders wenn Du die Vorlesungen anfängst. Warum Du aber nach Heidelberg gehst da die Universität sinkt und nicht nach Bonn wo ein neues Leben sich öffnet, ist mir räthselhaft. In Heidelberg ist unangenehm leben in geselliger Hinsicht nämlich.

Ueber Dein Buch las ich eine Rezension im neuen literarischen Wochenblatt (KOTZEBUES). Ich denke fast sie ist aus Weimar, etwa von Riemer. Ich freute mich eine Ansicht des Ganzen daraus zu erhalten, doch ist sie zu zierlich und leicht, damenmäßig für ein so ernstes Werk. Dennoch ist der Schreiber gescheut und manches hat mich sehr frappiert, einiges hat mir als wahr in die Augen leuchten wollen. Lob oder Tadel kan Dir JETZT vom Einzelnen beinah gleich gelten, die Hauptsache bleibt daß Dein Werk bekant werde, damit dadurch Dir neuer Lebensstoff erwachse, denn die Gegenwart hält ja auch Dich! Für kommende Jahrhunderte arbeiten ist groß, erhebend schön, gearbeitet HABEN läßt eine peinigende Leere zurück; darum wünsche ich Dir sogar einige Kämpfe mit den Zeitgenos-

sen, Niederlage oder Sieg, wie's komt. Das ist ja das Band das Dich
ans Leben knüpft. –

Meine Gesundheit hat sich nicht verbessert, ich war darauf vorbereitet aber es hat mich sehr betrübt, meine Zukunft wird
dadurch getrübt, wie soll ich Kräfte finden das Rechte zu thun, wie
meinem Geiste Klarheit, Umsicht erhalten wenn ich krank da
liege? Ich vertraue indessen dem Glück, mein Glaube steht fest,
und wo die Kraft erfordert ist giebt Gott sie auch.

Nimm zum Schluß die gewisse Versicherung daß, sollte der
accord sich so gestalten daß er mit dem Einzelnen nicht mit ALLEN
geschlossen würde, was jedoch nicht zu glauben, Dein VORTHEIL
mir so nah als der meine stehn soll. Daß ich wenn ich nichts mehr
für Dich thuen KAN, versuche mir einen Vorzug zu schaffen wirst
Du begreiflich finden, ich gebe Dir aber mein Wort eher MEINEN
Nutzen aus den Augen zu setzen ehe ich Dir irgend einen Abbruch
thuen lasse. Vertraue mir ruhig fort. Ich schrieb Dir von meiner
Idee weil ich fürchte es könnte sie einer errathen und Dir anders
UNWAHR vorstellen, Du aber von dem unseeligen Verhältniß zur
Mutter geblendet irgend eine falsche Ansicht annehmen. Ich
werde auch Sorge tragen daß Du alles zur Zeit wo möglich am frü-
hesten erfährst.

Lebe wohl! Sei ein ander mal milder, freundlicher gegen mich,
bedenke wie lieb Du mir bist und wie wund mir das Herz ist,
schone mich, behandle mich vorsichtiger. Klagen ist nicht meine
Art, auch nicht dulden, tragen will ich was ich kan, aber Ihr, die ich
liebe, solltet helfen, statt dessen fügst Du ein neues Gewicht hinzu.
Fröhliche Tage, heitres Gelingen Deines Strebens, wünscht Dir
meine ganze Seele. Laß mich bald von Dir hören, schreibe mir
doch ueber den Divan in dem ich jetzt lebe, auch das Erfreulichste
ueber Kunst, was sich eben begiebt, ich höre nichts von dergl. allo-
tria und bedarf dennoch der Erheiterung – mehr als dieser Brief
vieleicht zeigt. Adele gesendet d. 12ᵗ· Nov.

107. Adele an Arthur

Lieber Arthur!

Dein Brief den ich diesen Morgen empfing hat mich sehr unangenehm berührt. Du erlaubst Dir eine Art Argwohn als könne ich die
unbedeutende Geldsumme Dir vorenthalten wollen, oder als hätte
ich mir irgend einen Nutzen dadurch zu erlangen gestrebt, daß ich
sie Dir noch nicht geschickt. Ich fühle mich beleidigt in einem
Augenblick, wo eine Welt von Sorge mich niederdrückt – gleichviel Du kannst nach diesem Briefe mir weder rathen noch helfen,
ich weiß es.

Der Ausdruck FÄLLIGE ZINSEN ward von mir irriger Weise auf
die MARTINI fälligen Güterzinsen bezogen – Deine Connection
mit Böttiger und Lesse glaubte ich sei durch seine Erwählung zum
ADMINISTRATOREN zu erklären. In Geschäftssachen ist Klarheit
nöthig: Du mußtest schreiben, daß Du Kapitale bei Lesse hast,
die er verinteressirt, denn unmöglich konte ICH AHNDEN, daß
Du in Danzig ueberhaupt Geld hast. Daß meine Mutter das Geld
einkassierte, geschah laut auftrags in einem Briefe »daß wir für
Dich wie für uns die Ländereien-Angelegenheit betreiben möchten!« Wird uebrigens nicht weiter von nöthen sein, da Du DURCH
UNS jetzt Herren Stadtmüller bekannt bist. Hierbei muß ich
erwähnen daß ich Stadtmüller neulich gesprochen, und er mir
gesagt hat, er habe Dir in Hinsicht dieser Geschichte geschrieben,
ich werde ihm Morgen früh das Geld zustellen und ihn ersuchen
Dir jede nöthige Aufklärung zu geben. WIR MÜSSEN Erbpacht
annehmen, weil die PÄCHTER GEBÄUDE AUFGEFÜHRT HABEN,
und nicht zu vertreiben waren. Dagegen aber soll der Pacht
immer in preußischem Gelde, den Rth. zu 4 Gulden Danziger
gerechnet bezahlt werden. *Roepell* als Jurist, und Stadtmüller als
Mitinteressent sind bestimmt dieser Meinung, letzterer wird Dir,
wenn es nicht bereits geschah alles genauer auseinandersetzen.
Noch immer ist der fällige Zins nicht ausgezahlt, indessen hast
Du von nun an mit Stadtmüllern die Sache abzumachen; er
wird Dir sehr leicht beweisen daß in unsrer Lage Erb-Pacht nur
die gesetzliche Form dessen ist was seit Jahren geschah, und daß

wir durch die ART DER AUSZAHLUNG nur gewinnen und unser
Kapital vollkommen sicher stellen, was in so bedrängter Zeit
viel ist.

Muhl bietet Accord, den schändlichsten der unsre ganzen Hoffnungen zerstört und dem dennoch nicht zu entgehen ist, man
schreibt Dir wahrscheinlich durch diese Post. 30 Prozent! *Soermann, Roepell, MacLean* und noch einer schießen Summen vor und
verbürgen sich. Die Sache ist noch nicht bekannt, wird es aber in
wenig Tagen. Dieser Beweis wie schlecht es um *Muhl* steht, raubt
mir alle künftige Hoffnung. Der Hamburger Bevollmächtigte, der
früher geklagt und alles selbst höchst sorgsam untersucht hat, soll
sich zufrieden damit bezeigt haben. Officiel weiß es noch niemand.
Lesse ist eben so überrascht gewesen wie wir selbst. Die Mutter ist
krank, ich ringe nach Fassung, aber das Gefühl der Abhängigkeit
lastet im Voraus auf meiner Seele. Sobald ich ruhiger bin schreibe
ich wieder, Du wirst indessen sehr bald die Nachricht förmlicher
erhalten. Wir werden uns ruhig halten, NICHT GLEICH UNTER-
SCHREIBEN sondern erst das Beispiel der Anderen abwarten, ich
rathe Dir das nemliche an, obschon man mich versichert es werde
zweifelsohn durchgehen, die Auswärtigen haben so wenig Hoffnung daß sie leicht zufrieden sein werden: An einzelnen Accord ist
nicht zu gedenken, denn niemand weiß ob die Handlung künftig
fortgehen wird oder ob es unmöglich ist. Man zahlt in 3 Terminen,
der letzte ist 15 Monat nach der Annehmung des Accords.

Du fühlst meine entsetzliche Lage, verarge mir also nicht
wenn ich jetzt außer Stand bin zu schreiben. Gieb mir bald
Nachricht von Dir – doch bitte ich Dich ernstlich reize mich
jetzt nicht durch Mistrauen, ich bin so wund gedrückt, und
habe so verschiedene schmerzliche Losreißungen mit mir selbst
in der Stille abzumachen daß ich nichts weiter ertragen kann.
Argwohn hat noch nie zu dem gehört was ich erduldet, auch
die LEISESTE Andeutung tritt scheidend zwischen uns, ich habe
Deine Festigkeit aber ich habe auch Deinen Stolz, das vergiß
nicht.   Adele Schopenhauer

N.S. Noch sprachen wir weder mit *Muhl* noch mit *Abegg. Soer-*

mann gab uns aus Freundschaft vorläufige Nachricht uns den Schreck zu ersparen, ich weiß es erst seit gestern.

D. 22ten Nov. 19.

108. *Adele an Arthur*

Deinen gestern empfangenen Brief eile ich zu beantworten, denn er lastet auf meiner Seele. Und WIE käme ICH zu halbem Vertrauen? Kennst Du mich, oder kennst Du mich nicht? Und wie käme die gemeine berechnete Klugheit in meine Seele, die Gottlob, nie kleinlich erschien? Was ich sagte ist WAHR, ganz ungetheilt wahr; schienen meine sonst freien rücksichtslosen Worte Dir ängstlich, so liegts an der Mutter Wunsch daß ich Dir nicht davon schreiben möge, ein unbestimmtes unausgesprochenes Verbot ängstigt. WIE ich schrieb SO IST ES; unser gefährlicher Plan wie Du ihn nennst, ruhte bloß auf Ms Aeußerungen: daß unser Glück ihm eben so viel gelte, als das der Seinen, da seine EHRE jedes Opfer für uns verlange. Die an Vernichtung streifende Verzweiflung M's wenn er mich sah, die Angst mit der er mich beobachtete, gab mir den Muth bei *Abegg* leise zu horchen. Ich erfuhr NICHTS, als was ich wußte, daß wenn jener die Güter behalte, ihr Ertrag sich mehre, er vieleicht, da er sich ganz einschränkt, uns in ZUKUNFT UNTER-STÜTZEN könne. So warteten wir den Accord ab um dann ganz unabhängig von dieser Abschließung v. M, der ja erst dann selb-ständiger Mann und EIGNER WIRD, eine gewissere Hoffnung zu erlangen. Noch ists nicht geschehen; noch haben wir NICHT DIE ENTFERNTESTE Aussicht auf eine BESTIMMTE Rente – wir haben GAR NICHTS als die obige VERSICHERUNG später in einem Zettel wieder-hohlt; und bemerke wohl: dieses Billet kam NACH Empfang Dei-nes Briefes. Ferner hat M. einige HIER werthlose schöne Kunst-sachen aus dem Feuer gerettet, er hat einmal mich rathen lassen, daß er wünsche sie, WENN sie erst sein sind, zu unserm Besten zu verkaufen. Das ist jetzt gerade so viel wie gar nichts, denn wer kauft jetzt dergleichen, und hier in diesem Winkel der Welt! wie fern kann man immer eine solche Aussicht nennen! Wie ist dies

alles so gar wenig tröstlich, so ganz UNGEWISS daß wenn alles gut
gienge man eigentlich nicht einmal darauf hin etwas VERLANGEN
könte, wenn er sich weigerte! Was hat dies nun mit dem »unter
einer Decke spielen« zu thun? wie kommst Du auf den Gedanken,
daß wir einen unrechtlichen Weg einschlagen könten? – daß der
schlechtere Accord uns nütze? Bei allem was mir heilig schwöre
ich Dir DAVON IST UND KAN NICHT DIE REDE SEIN, Du weißt jetzt
ALLES. Muhl scheint mir leichtsinnig aber ich kenne ihn nur als
einen rechtlichen Mann, ebenso Abegg; hätte er gethan, was Du
argwöhnst so wäre er ein Schuft. Nach allem was mir *Soermann,
Lesse, Roepell,* sogar Götz gesagt, steht die Sache wirklich so
schlimm, sind dennoch die Hamburger bestochen, so ist die ganze
Stadt im Bunde, denn ein gewisser Bankdirektor *Gibbens* der uns
sehr ergeben, Muhl's deklarirter Feind ist, lies uns stecken, wir
mögten den Accord annehmeen, denn die bewußten 4 Herren fingen bereits an zu schwanken da Abeggs Ueberredung sie eigentlich
VERLEITET habe. Ihm habe ferner der Hamburger gesagt die Sache
stünde wegen den fallenden Wein- und Kornpreisen so schlecht,
daß sie 20 Prozent zu nehmen gedächten falls accordirt würde.
Nun ist's aber allerdings wahr, daß die 4 Herren durch Abegg's ein-
nehmendes Wesen ueberredet sind; es ist ferner bekannt daß M.
auf jeden Fall aus der Handlung tritt selbst wenn ABEGG sie fortführen könte. Was soll man nun thun? Wir hatten durch Aeußerungen Anderer und durch unsere Wünsche verleitet auf 50 Prozent
gerechnet, darum zerschmettert der Schlag alle meine Hoffnungen, denn wenn Muhl den ich für rechtlich halte wirklich so uebel
steht, so hat er selbst NICHTS, wie kan ich da FORDERN? wie etwas
auf diese leeren Hindeutungen geben? mir KAN und WIRD ja nichts
bleiben als mir zu erwerben was ich brauche, und vieleicht Weimar zu verlassen. Das dünkt mich rechtfertigt eine Klage. Ich habe
mir vorgenommen *Soermann* zu bitten daß er Dir ueber die Sache
klar und deutlich schreibe, dadurch erlange ich zweierlei, ich
sichere Dich für Misbrauch der Vollmacht die Dir Verdruß bereiten könte, und verschaffe Dir eine klarere Ansicht, ohne Dich im
geringsten zu beschränken. Man hat mir deutlich machen wollen
daß der ungeheure Irthum möglich sei, daß das Weinlager durch

niedrige Preise die man mithalten müsse, verliere, weil man schnell
verkaufen müsse. Ich kan betrogen sein, versuche Dein Glück aber
hoffe nichts. Endlich bedenke daß Du Zeit hast, unterrichte Dich
ehe Du auftritst, sieh erst was die Anderen thuen. DU NIMMST UNS
DADURCH FÜR DEN MOMENT ALLEN LEBENSUNTERHALT, klagst Du,
so machst Du uns zu Bettlern, das ueberlege wohl. Uebereile um
Gottes willen nichts, und schreibe mir alles; *Soermann* wollte ich
nicht sagen daß ich Nachricht von Dir hätte, sondern wollte thun
als ängstige mich Deine Streitsucht. Leicht wirst Du ausfinden ob
er Dir reinen Wein einschenkt, er hatte von je den Nahmen eines
Ehrenmannes. Was soll ich Dir sagen ueber den sich immer wie-
derhohlenden Schmerz daß Du mir nicht glaubst? Wir haben nur
22 000 Rth bei Muhl, sieh selbst die Ankündigung. Du wirst
30 000 für die Schoph.-familie finden, davon hast Du 9000. Der
Mutter Vermögen gieng theils im Kriege verloren, durch den
ungeheueren Aufwand der Einquartierung, theils in Rußland was
nicht 4000 Rubel sondern 6000 Rth sind. Von dieser Summe erhielten wir gar NICHTS, obgleich die Kaiserin selbst sich für uns verwandte. Ferner glaube ich – es wird mir schwer es zu sagen, die
Mutter hatte als ich noch ein Kind war, in W zu groß gelebt, Deine
Mündigkeit forderte den 3ten des vieleicht nicht mehr rein vorhanden, ihr eigenes Vermögen deckte es, und so blieb ihr wenig.
Seitdem ich erwachsen lebten wir bequem aber gar nicht prächtig,
seitdem ich die Wirthschaft führte lebten wir von unserem Einkommen, DAS WEISS ICH. Du siehst es ist keine Hoffnung nirgends
so weit wir blicken, aber wir müssen durch. Erspare mir den
unnützen Tadel meiner Mutter und meines unverheiratheten
Lebens, ich wußte was ich that und weiß es noch. Schone mich
denn meine Kräfte sind mir zu nothwendig um sie durch Aerger,
Streit und Wiederlegung oft besprochener Dinge zu schwächen.
Vor allem aber entschließe Dich, laß uns entweder aufhören uns zu
schreiben oder glaube Deiner Schwester unbedingt. Gemein kan
ich nie sein und die elende Pfiffigkeit die Du mir andeutest verachte
ich zu sehr um nicht durch den leisesten HÖFLICHEN oder GROB
geäußerten Argwohn tief verwundet zu werden. Du wirst mich
immer gleich finden aber will nicht in einem fort im Himmel

erhoben und dann verdammt werden, fasse endlich eine klare Idee
meines Wesens, – wo nicht, gieb mich auf.

Ich kan mich NICHT entschließen meiner armen Tante mitzutheilen daß Du ihr die Pension von Weihnacht an entziehst, sie lebt
kümmerlich und hat nichts als das bischen Außenleben. Ich lasse
ihr meinen Theil noch, denn wenn ichs irgend eruebrigen kann soll
sie nicht darben, ihrer Hände Arbeit nährt sie nicht obschon sie
Fraisen und Jabots trennt und näht. Ich bitte Dich ihr selbst zu
schreiben, ihre Freude da ich ihr sagte daß sie das Geld behielte, im
Sommer nemlich, und daß Du es ihr wohl wie ich glaubte ließest
war mir zu wehmüthig, ich bitte also um Entschuldigung, ich kan
es weder ihr noch der Mutter sagen. Wie ich selbst es ihr geben will
frage mich nicht, einige Arbeiten mehr oder minder werden mich
in W nicht drücken, muß ich, so will ich sehen es zu verdienen.

Der Mutter sagte ich von Deinem Rath – wir denken beide
genau dasselbe, die papierne Bilanz will nichts sagen. Der Wein
deckt nicht, ich schrieb was man damahls hoffte und glaubte, die
Erfahrung zeigt es anders. Das verkaufen ist ja eben gerichtliches
Verfahren, es ist allerdings möglich daß nach 10 Jahren dadurch
mehr gewonnen wird – indessen aber wovon leben? Wir haben
nichts als 2000 Rth in Weimar, 800 Rth Schulden und was wir verdienen und verkaufen können.

Deine Scherze verwunden mich gar nicht, ich selbst bin oft heiter, lustig sogar, denn was geschehen SOLL, es wird geschehen.
Deine Rezensionen kann ich nicht lesen, ich habe nichts als die
Danziger Anzeigen und die Berliner Zeitung. Ueber Venedig
bleibt mir nur eine Notiz zu machen: ich schrieb VIELEICHT und das
vieleicht ist eben die kleine Erklärung, daß ichs könte, ich sage
ganz kühn Alles für alles, nichts für die Hälfte! oder Genießen und
Entbehren ganz – denn im UNRECHT, in dem Verbotenen, oder als
Schädlich erkanten liegt meine Unmöglichkeit des Genusses und
es bleibt bei gänzlichem Entbehren und wo möglich bei RUHIGEM
obendrein. Gienge ich nach Italien, und bliebe, so richtete ich mich
ein, ich würde genug zum Leben haben ohne das Tragische Ende
zu bedürfen und wüßte ganz genau OB und WIE ich wagte. Folglich
paßt die Antwort nicht auf meinen Charakter, es ist zwischen uns

mancher Unterschied, darum habe ich blos nicht bedacht, daß Dein Glücklichsein das Opfer Deiner ganzen Zukunft fordert, MEIN GLÜCK hingegen mir in der Zukunft vieleicht Schmerzen bereiten würde denen ich kluger weise entgehen konte, aber meinem Beutel schwerlich schwindsüchtige Auszehrung zuzöge. Endlich bleibt noch zu bemerken daß ich als Mann mich nicht einmal vom Stuhl viel weniger von einer Brücke stürzte – weil ich kein Geld hätte.

Addio, es gehe Dir gut, und sogar besser als mir.

d. 9ten Decemb.   Adele.

Neues zu schreiben ist mir unmöglich denn nichts interessiert mich genug um es zu schreiben nichts Dich um es zu lesen. Wir bleiben noch einige Zeit hier um Gewißheit abzuwarten, des Accords halber.

N. S. Im Moment der Absendung durchlese ich meinen Brief, – Du begreifst doch daß Muhls Versprechen sich nur auf Erhaltung der Güter bezieht, die wegen starker Hypothek nichts beitragen würden die Masse zu vergrößern, da mit dem Verkauf zugleich jene Schuldner zu uns uebrigen Creditoren gezählt würden da die Anleihen den JETZIGEN, obschon nicht den Einkaufswerth uebersteigen. Hier ist also seinerseits nicht die allergeringste Unredlichkeit.

Pension ... entziehst: Das hat Arthur dann doch nicht getan, vielmehr seine Tante bis zu ihrem Tode unterstützt.
vieleicht: Vgl. Brief Nr. 106.

109. Adele an Arthur

Danzig den 14ten 1/20

Dein Brief an *Soermann* brachte mir einen Augenblick heftigen Schreck, ihm und Abegg eine sehr ernste Sorge, Beide sprachen ein Langes und Breites mit mir darüber. Ich hielt DIR Wort, und lies ihnen ihre Angst, aber ich theile sie nicht, denn DU sagtest mir, Du würdest nicht klagen, und Deine eiserne Strenge gab mir Hoffnung. Dennoch Freund, müssen wir nun enden, es ist nichts zu machen, und WIR haben bereits den Accord unterschrieben. Ich hoffe Arthur, in meinem gereizten letzten Briefe, wie in allen früheren, hast Du endlich doch die Wahrheit meines Wesens, und meiner LIEBE zu Dir erkant. Laß mich Dir also ohne alle Umschweife, geradezu sagen, wie es steht – und dann ende, thue was warlich nicht mehr zu vermeiden ist. *Roepell*, der achtungswertheste unter den drei Männern und ich glaube auch *Soermann* werden Dir juridisch und gelehrt auseinandersetzen, was eigentlich nur weniger Worte bedarf; diese wenigen gebe ICH Dir, verlaß Dich auf ihre WAHRHEIT.

Muhl kanst Du nicht festsetzen lassen, denn das preußische Gesetz weicht von dem SÄCHSISCHEN ab, mit übergroßer Bedächtlichkeit erleichtert es des leichtsinnigsten Bankrotteurs Lage; zum Beweis führe ich Eggerts, Schönbecks und Labes Massen an, die in 10–12 Jahren noch nicht geordnet – unzählige Familien giengen an diesen Bankrotts zu grunde, ihnen wird NICHT GEHOLFEN. Auf den erst gewählten Mittelweg, die Handlung unter Administratoren fortzuführen, und allmählig zu realisiren kanst Du nicht bestehn weil

1) die drei Administratoren es nicht länger bleiben WOLLEN, da sie die VERANTWORTLICHKEIT scheuen, durch ihre Geschäfte und ihre Landwohnungen an eine genaue Einsicht verhindert werden, Du begreifst daß freie Menschen nicht zu ZWINGEN sind.

2) was für ein Jahr taugte, nützt nicht für länger. Die ordinairen Weine müssen immer neu angeschafft werden, die Leute bei gutem und schlechtem Verkauf gehalten werden, die größeren Kunden mindern sich, und die Sache zieht sich in's Unendliche. –

3) Abbegg versichert: daß ihn nichts in der Welt bewegen sollte, die erniedrigende Rolle fortzuspielen, er scheint ein Mann von Ehre, und ICH GLAUBE er würde eher selbst auf Klage dringen, denn seine Lage ist schrecklich. Davon nachher.

4) *Roepell* und *Soermann* geben ihr Ehrenwort daß bei allmähliger Realisirung nach den jetzt leider traurigen Conjuncturen NOCH WENIGER ALS 30 PROZENT herauskämen.

Von diesem habe ich mich leider nach und nach durch Hin- und

Herhören ueberzeugt, ich spreche also nicht papageimäßig eine gelernte Lexion. Ich habe Dir aber nun etwas zu sagen, was Dir keiner der andern Herren eingestehen wird. Du glaubst, die 4 Herren die Caution leisten, haben einen Profit zu hoffen der die Gefahr weit UEBERWIEGT – ich glaube gerade das Gegentheil. Höre meine Gründe. Ich schrieb Dir von *Gebbens* Warnung. Aufmerksam bemerkte ich bald Abeggs wachsende Angst, endlich gestand er Herr *Mac Lean* und Herr Höhne bestünden auf einen TERMIN wäre bis dahin nicht entschieden ob der Accord ANGENOMMEN würde, so wollten sie zurücktreten. Ich traute nicht, und wollte die Noth höher steigen sehen. Gestern war Abegg bei mir, an der Todesangst in seinen Zügen, an dem ganz wiedersprechenden in seinen Worten sah ich daß es WAHR ist, Höhne und *MacLean* wanken! –

Nun ist aber dieser Abegg der ueberredenste gefährlichste Mensch den ich je gesehen; nicht blos für Weiber ich möchte sogar sagen er ist es mehr für MÄNNER. Mit einer wunderbaren Kraft Vertrauen und Wohlwollen sich zu erwerben, mit schmeichelnder Klugheit und Milde und einer dazu anerkanten RECHTLICHKEIT gewinnt er – so gewann er *Roepell* der für sehr KLUG gilt, *Soermann* den man sehr UMSICHTIG nennt, durch diese Beiden die Anderen, die dem BEISPIEL folgten. Wäre Abegg nicht mein Feind, müßte nicht ein geheimes Mistrauen mich oft erkälten so würde ich ihn sehr hoch stellen. Darum Arthur hoffe ich oder vielmehr ich weiß, daß *Soermann* irrt wenn er glaubt, Du würdest aus Rachsucht gegen Muhl ihn verderben. Wie sollte eine solche Rachsucht in Dein gerades freies Herz kommen? Wenn Du Dir nicht nützen kanst weiß ich wirst Du ihm nicht schaden wollen aus Lust am Bösen. Ich erwähne also nur weil mich *Soermann* bat daß Du ihn den Unschuldigen und nicht Muhl zu Grunde richtest, mit ihm seine Familie und vieleicht noch unzählige andere – vor allem DEINE SCHWESTER und Deine Mutter.

Ferner ich glaube Abeggen wirklich daß er so nicht fortleben kan, denn er leidet wie ein Verdammter in dem Fegfeuer, sein Stolz erliegt diesen Kränkungen und je tiefer ich in sein Inneres blicke je mehr erschreckt mich die Heftigkeit seines Wesens, die heimlich in ihm kocht. Er wird ehr alles im Stich lassen – und wer soll dann die

Handlung führen? jeder bezahlte Diener hat das Interesse die Sache
in die Länge zu ziehen, WEM also trauen?

Dies beweißt Dir also, sowohl die Unmöglichkeit den erst
gewählten Weg zu gehen, als auch die Schädlichkeit wenn es gelingen möchte die Umstände so zu verändern, daß die Sache ueberall
MÖGLICH würde. Nun aber komme ich eigentlich erst zu meinem
Zweck Dir nemlich vorzustellen daß wenn nur zwei Wege sind,
gerichtliche Klage und Einwilligung in den Accord wir leider rasch
zum letzten greifen müssen.

Die Größe der Gefahr wenn die Sache gerichtlich wird ist Dir
klar, laß mich aber noch eine Seite derselben erwähnen. Wenn die
Güter verkauft und nicht zur Tilgung der Hypothekschulden hinreichend befunden werden, so wird der fehlende Rest zur Masse
geschlagen, Muhl aber bleibt ruhig sitzen, ihm bleibt die Pachtung
und Verwaltung, tausend heimliche Uebereinkünfte mit jenen
Gläubigern werden möglich. Ist also irgend Betrug zu fürchten, so
ist es da. Die Nähe der Gefahr ist Dir nicht klar, gesetzt nun aber
Du zögerst, der Termin der etwa noch 4 Wochen sein mag, endet,
Höhne und *MacLean* treten zurück. Wer sichert uns einen Tag, eine
Stunde vor der Klage des ersten besten hiesigen Schuldners, der
eben so gut als wir die Unmöglichkeit des ADMINISTRATIONS-
HANDELS einsieht, und täglich hört: bei Muhl ist Rum angelangt –
so und so viel Wein ist gekauft – dies bestellt etc. – man sieht das
Nächste und Größte, der HIESIGE Schuldner also natürlich dies Uebel
am richtigsten, er eilt ihm abzuhelfen, und da giebt's kein Mittel. ER
KLAGT und wir sind verloren.

Ich sage Dir Abbegg gewann *Soermann* und *Roepell*, aber wenn
ihm der Muth fehlt, wird er nicht das neue Gelingen eines Plans hoffen, ohnehin ist er hier nicht, weder durch Neigung noch durch
Pläne gebunden – er kan nicht zum 2ten mahle die Caution schaffen
und geht in die Welt und dann muß es abermahls zur Klage kommen. Oder laß ihn bleiben, es muß dann doch etwas geschehen,
dies Etwas wird immer KLAGE und unser aller Verderben. Was ich
Dir ueber seinen Charakter sage, muß unter uns bleiben, ich mögte
NICHT daß Du es gegen *Soermann* erwähntest, aber ich glaube mein
Urtheil ist richtig, denn Abegg ist unvorsichtig und hat eine Art

Achtung oder Vorurtheil für mich, so daß ich ihn gelassen beobachten konte. *Soermann* endlich scheint mich sehr gern zu haben,
aller Wahrscheinlichkeit nach wünscht er unsern Vortheil, wäre
irgendeine Möglichkeit dem bösen Fall zu entgehen so hätte S.
mich sie errathen lassen. Ich habe einen Beweiß davon, den ich
Dir offen mittheile. Ich habe durchgesetzt, daß die Mutter verlangte wir möchten die 6000–7000 Rth wieviel es ist, mit einem
mahle ausgezahlt bekommen. *Soermann* hat mir die Sache geführt,
und wenigstens uns Rath gegeben und Muhl hat es versprochen.
Dies ist für uns sehr wichtig gewesen, denn Du weißt wir sollen
davon leben und haben Schulden die wir nicht mehren dürfen. Wie
viel nun noch bei M. auszurichten sein mögte müssen wir abwarten, JETZT IST GAR NICHTS in dieser Sache geschehen, und es kan
auch nicht, denn kommt es zur Klage so ist alles null und nichtig.

Ich nahm Abegg in die Klemme, ob seine Angst vieleicht Dir
nutzen könne, ich that es sogar ein wenig gegen meine Ueberzeugung denn ich verlangte doch etwas Unrechtes von ihm. Indeß ich
that es, es kommt mir vor als wäre er UNFÄHIG etwas zu thun, er
meinte M. solle Dir schreiben, wie das wird weiß ich nicht. Aber
GEWISS WEISS ICH DASS ER NICHTS THUEN kan, sonst hätte ihm die
Angst die Möglichkeit entlockt. Vieleicht erhieltest Du auch Dein
Geld auf einmal, doch zweifle ich, besonders da Du nicht sagen
kanst daß Du es von uns weißt. Denn für uns wird glaube ich fest
Soermann etwas thuen, und er hat schon unendliche Schwierigkeit
gehabt es zu erlangen. Nun also Arthur, habe ich nach meinem
Gewissen Dir die Gründe offen und ehrlich gesagt. Nun laß mich
Dir noch eben so offen und einfach die Bitte ans Herz legen meiner
zu denken, und die NOTH ZU BETRACHTEN in die DU mich stürzen
kanst! Ich bin in herzlich betrübter Lage – denn wir sind Froriep
500 und leider Gottes Quandten 800 Rth schuldig. Diese letzte
Schuld obgleich der Gläubiger sehr edel ist, drückt mich ungeheuer. Mit der größten Anstrengung sinne ich wie sie zu tilgen ist,
denn gerade Quandten kan ICH nicht schuldig seien. Darum ist
jeder Monat Ungewißheit eine neue Hölle – ich kan die Sehnsucht
nach Entscheidung der Nothwendigkeit nur mit aller Kraft meiner Seele unterdrücken. Ich glaube ich habe gethan was Recht war,

gegen mich und Dich und gegen die Mutter. Ich bin offen gegen
Dich in jeder Hinsicht gewesen und TRAUE Dir unbedingt. Mit
Geld kanst Du mir nicht helfen, so hilf mir durch deinen ENT-
SCHLUSS das Unabänderliche zu thun. Mein Weg ist rauh und hart,
aber meine Seele ist klar, und gewiß mein Freund ich werde nicht
unglücklich sein. Gebe nur Gott, daß ich bei Ottilien bleiben kan!
Dazu lasse er mir alle meine Freunde und ich werde zufrieden sein,
auch Dich bitte ich innigst, traue mir mit der alten Liebe, verhärte
Dein Herz nicht gegen mich, selbst wenn ich zuweilen unbedacht
heftig Dir wehe that. Niemand auf der Erde liebt Dich wie ich,
bedenke wohl was das heißt und halte das Herz fest was nicht leicht
zu gewinnen war. Julchen wollte Dir antworten – ich verbat es. Sie
trägt mir auf Dir zu sagen sie fühle sie könne nichts verlangen da es
Dir selbst so uebel gehe, sie bitte Dich wenn es Dir einmal möglich
würde ihrer zu denken, es gehe ihr uebel. Sie dankt Dir für das
Gute was sie von Dir erhielt. – Es hat mir ungeheuer weh gethan,
denn gerade jetzt ist ihr das Handeln verboten und eine neue Auflage drückt sie SEHR – ich hoffe es war Dir unmöglich. Ich BEGREIFE
es nicht weil die Summe so klein ist aber ich GLAUBE an Dich. Ich
kan's aber nicht, die Mutter wird ihr geben so viel sie kan, ich will
aber alles Mögliche thun um meinen Theil fortzugeben, wenns uns
möglich, es ist ja nicht so viel auf einmal! Das arme Wesen hat so
gar nichts als das bischen Leben, ich kan nicht es ihr schmälern
wollen.

Schreibe mir umgehend ich bitte Dich! auch außerdem noch
WARUM Du nun nach Berlin gehst? Wann? und wie lange Du
bleibst. Ich baue so ruhig auf Dein Wort daß nun, da ich den Brief
schließe es mir ganz leicht um's Herz ist, Du wirst nicht klagen,
denn Du hast es gesagt – die Klage hindern, denn sonst wäre es ja
nur ein Wortspiel, sobald Du einsiehst daß ich recht habe. Wäre ich
nur erst heim! gewiß wird es noch bis Ende Sommers dauern bis
ich etwas ernstes für meine Existenz thun kann, denn erst muß mir
das Haus in Ordnung, die Leute müssen abgeschafft werden – und
Quandts Schuld muß getilgt sein sonst bin ich nicht frei.

Kanst Du mir noch irgend einen Rath geben, so bitte ich schwe-
sterlich darum, es ist mein größter Wunsch uns zu nützen und auf

eine anständige Weise etwas zu meiner Erhaltung zu thun. Wäre
nur erst diese quälende Sorge von mir genommen, der Mutter
Angst steckt mich zuweilen an, wir werden GANZ ARM wenn es
zum *concours* komt. Gott erhalte mir die innere Freiheit! Die äußere
ist hin. Ich bin traurig aber ruhig, denn was in Deiner Hand steht
wirst Du thuen. Aus *Bordeaux* und Hamburg sind die Einwilligun-
gen angelangt, in 3–4 Wochen kan alles beendet sein. Lebe wohl!
Ich habe Dir nichts mehr zu sagen als die Wünsche daß Dir in all
den trüben Tagen manche Sonnenhelle Stunde bleibe. Ich bitte
Dich dringend um Antwort, Du kanst denken wie sehr ich sie
ersehne in jeder Hinsicht. Lebe Wohl   Deine treue Adele.

110. *Adele an Arthur*

Danzig den 1sten Feb.
Ich habe mich geirrt – ich büße es aber ich will und mag nicht klagen. Auf alle Deine harten Beschuldigungen, auf den gräßlichen
Gedanken, daß die Mutter oder ich je einen Moment daran gedacht
haben Deinen Tod Erbschaftswegen zu wünschen auf die unendlichen Schmähungen Ihrer und meiner habe ich NICHTS, gar nichts
zu sagen. Fahr wohl, gebe Dir der Himmel eine treuere Liebe als
die meine, ein reineres argloseres Herz als das meine! Ich habe Dich
ganz unsäglich lieb gehabt – ich weiß nicht mehr warum. Denn
DU HAST MIR nicht getraut; ich fühle es Du mistraust bei diesen
Zeilen in Deiner Hand. Du willst mich nicht verstehen, Du willst
nicht begreifen daß 6 Monate eine Sache ändern. Ich schwöre Dir
bei allem was mir heilig ist, bei allem Trost den ich je hoffen werde
und bedürfen – meine Mutter nennt Dich nicht, nie klagt sie Dich
bei andern an, NIE hat sie es gethan, auch nicht gegen die veräscht-
liche Seidler. Alles uebrige was Antwort bedarf werde ich beantworten wenn ich gefaßter bin.

Soermann hat Dir geschrieben, also höre nur ihn. Die 7000 würden wir erhalten haben als unsern uns vom Herauskommenden
gehörenden Theil. Man giebt ein Geringes dafür, nennt es disconti-
ren. JEDER KAN DIR DAS ERKLÄREN.
Indeß das ist vorbei, wenn Du nicht unterschreibst nimt Mutter

allerdings die 2000 Rth auf, bezahlt Quandten, uns bleibt GAR
NICHTS weiter. Wir arbeiten ums Brodt, denn wir sind Bettler.
Ohne Zweifel weißt Du daß Du Deine eigne Ehre weit mehr
angreifst da Jeder DIR unsre Armuth zuschreiben wird, oder wie
willst du *Soermann*, *Roepell* und Abegg zu Ruhe, zum Schweigen
bringen?
Du machst uns elend, so wisse auch was Du thust und wie die
Welt unsre Lage ansehen wird. Thue was Dir Recht scheint. Ich bin
nicht eine Minute falsch oder unwahr oder mistrauisch gegen Dich
gewesen folglich habe ich nichts zurückzunehmen.
Meinem EIDE daß uns nichts bleibt, als die Schuld in Rußland,
2000 in Weimar, von denen 800 zu bezahlen, und das kleine Stückchen Land, glaubt hoffentlich jeder MENSCH. Leb wohl, ich wünsche Dir NIE eine Erfahrung wie ich sie machte, ich gönne Dir eine
BESSERE LIEBE als meine war! In 8 bis 10 Tagen schreibe ich Dir
ueber das was meine Mutter betrifft. Ich bin fertig mit Dir, denn
Du stürzest mich, die Mutter und Ottilien die nur für mich lebt ins
Elend weil Du einer Schwester die seit 7 Jahren Dir treu anhing
nicht GLAUBEN kontest daß sie es ehrlich und rechtschaffen meinte
und NICHTS forderte als was DEIN EIGNER Vortheil verlangte.

                                                              Adele.

Ich bitte Dich noch, wenn Du mir nichts ueber unser Geschäft
sagen kanst, so warte meinen nächsten Brief ab – ich kan ja nichts
von Dir hören als was mir das Herz von einander reißt daß Du Deiner Schwester und Deiner Mutter eine *infamie* zutraust die die
strengste Strafe verdiente. Auch kan ich nichts mehr hinzufügen
was Dir nützen könte.

111. *Arthur an Adele*

Meine liebe Adele,
hinsichtlich des Briefes, den Du mir vor einigen Wochen durch
Herrn *Nicolovius* schicktest, möchte es doch wohl nicht ganz überflüssig seyn Dir anzuzeigen, daß ich den Sommer in Dresden

zubringen werde. Denn hier habe ich doch keine Zuhörer und habe seit 1½ Jahr nicht gelesen; Berlin liebe ich gar nicht, besonders der Sommer ist hier unerträglich, theuer ist es entsetzlich. Was ich in der Welt allein eigentlich gewollt habe, habe ich vollbracht, mein Buch: da nun für meine mäßigen Bedürfnisse mein Vermögen ausreicht, werde ich denn wohl den Rest meiner Tage, deren größte Hälfte schon vorüber ist, in Dresden leben, wie immer bloß mit meinen Studien und Gedanken beschäftigt, bis man etwa mich zu einem Lehrstuhl beruft. Vielleicht komme ich zum Winter wieder hieher, aber wahrscheinlich erst dann, wenn man wird erkannt haben, wer ich bin: wo nicht; nicht –

Natürlich kann eure Anwesenheit in Dresden mich nicht von meinem alten Lieblingsaufenthalt vieler Jahre verscheuchen. Macht was ihr wollt: ich bekümmre mich nicht darum: ich thue recht, scheue Niemand, und gehe meinen Weg, ohne rechts oder links zu blicken.

Was Deine geäußerten *Sentimens* gegen mich betrifft; so sind das Lärvchen, die wohl in der feinen Welt gelten, darin Du aufgewachsen bist, weil man aus Höflichkeit thut, als nähme man sie für Realitäten: aber in der Welt des Ernstes und der Wahrheit, in der ich gelebt habe, nimmt man das eben für Lärvchen. Deine wahre Gesinnung gegen mich habe ich erprobt, ergründet und erforscht: da kann mich nichts irre machen: in die Sprache jener Gesinnung übersetze ich Deine Briefe, und da lauten sie gar sehr viel anders; denn die Motive werden klar.

Berlin 15. Jan.ʳ 1822.   Adieu! Arthur Schopenhauer.

112. *Adele an Arthur*

Bonn den 12ᵗᵉⁿ Octob.

Dein Brief lieber Arthur, hat mich überrascht und erfreut, daß Du nach Frankfurt geflüchtet wußte ich durch Briefe, aber sonst ist mir seit Jahren keine Nachricht gekommen. Victor Ratzky ist seiner Bemühungen unerachtet nicht weiter gekommen, als an die Hessische Grenze, darum hast Du nichts mehr von ihm gesehen,

auch zu uns ist er natürlich gar nicht gekommen sondern nach Berlin zurück. Diese Nachrichten habe ich durch Gerstenbergk der
Kanzler in Eisenach ist und Victorn gesehen hat. Lieber Arthur Du
willst von der Vergangenheit schweigen, Du magst nichts über
Dich sagen und so gern ich viel früge, begreife ich Dein Gefühl viel
zu gut um Dich irgend zu quälen. Daß wir uns einander so nahe
sind hat etwas sehr wohlthuendes für mich, es scheint mir möglich
Dich zu sehen, und glaube mir einige Stunden Gesprächs würden
bei Menschen unserer Art mehr thun als 100 Briefe. Dennoch bitte
ich Dich laß dies nicht Dein letzter Brief seyn, schreibe mir bald,
und wenn Du willst nur von Deiner Gegenwart die mir heiter
scheint. Auch mir geht es nicht eben traurig obschon mich manches drückt – die Vergangenheit ist noch nicht so ganz überwun-
den und so gesund wie Du, bin ich nicht, es ist mir eine Schwäche
geblieben, und ich muß mich schonen. Was das Aeußere betrifft so
kan ich das nicht beurtheilen, ich glaube ungefähr in gleichem Falle
mit Dir zu seyn. Ueber dies Alles gedenke ich Dir bald in einer *ruhi-
gern* Stunde mehr zu sagen; wir wollten den Winter in Weimar u.
Eisenach zubringen, die Cholera hat unsre Pläne zerstört, wir
haben hier *eilends* eine Wohnung gemiethet, und ich schreibe in
dem leeren Zimmer mit geborgter Tinte, weil ich nach Bonn her-
eingekommen bin, um allerlei zu besorgen zum Umzug und Quartier. Die nächsten 10–12 Tage werden in dieser Unruhe hingehen,
denn ich muß überall selbst seyn, u. dies Blatt soll nur als Vorläufer
eines zweiten Dir sagen daß ich unverändert und fest gehofft habe
daß wir uns einander nähern würden, und Dir Deinen Brief herzlich danke, obschon mir Dein Schweigen früher sehr weh that. Laß
das vergessen seyn. Jetzt Dir ausführlichere Mittheilungen zu
machen ist, das begreifst Du, unmöglich, mir lag aber am meisten
daran jedes Mißtrauen zu beseitigen und ein längeres Schweigen
hätte Dich verletzt.

Ob Du den Winter ruhig in Fr. bleiben kanst, man bald wissen
können, im Frost haben wir rasches Fortschreiten der Krankheit zu
scheuen, jedenfalls kömmst Du mir *näher*. Hast Du irgend einen
Wunsch in Hinsicht auf Bücher, Kunstsammlungen oder dergl. so
schreibe mir, ich habe sehr liebe Freunde dort, die mir überall gern

gefällig sind. Wie gern ich Dein einsames Leben wenigstens mit freundlichen Minuten schmückte wirst Du wills der Himmel einmal einsehen lernen. Guter Arthur lebe wohl und möglichst froh, schreibe bald   Deiner treuen Schwester Adèle

Wir bleiben bis zum 22 in Unkel später adressire nach *Bonn* Vierecksplatz.

Adele an Arthur: Der Briefwechsel setzt im Herbst 1831, nach der Übersiedlung Arthurs von Berlin nach Frankfurt, wieder ein. Bereits 1829 waren Johanna und Adele nach Bonn umgezogen.

113. Adele an Arthur

Bonn d. 27. October.

Dir nach so langem Schweigen ein deutliches Bild der innern und äußern Gestaltung meines Lebens zu geben wird schwer seyn, lieber Arthur. Dennoch muß ich es versuchen, denn es ist die einzige Art, wie wir Geschwister uns einander nähern können, was nach meiner Ueberzeugung gut für uns Alle Beide, und gewiß doch ganz naturgemäß ist. Wenn ich irgendwo schroff erscheine, so rechne es bitte *nicht* auf meine Stellung zu Dir, es ist nur so manches in der Vergangenheit was mich fest, aber auch *hart* machte, und doch bin ich zu weiblich, um den Schmerz dieser Härte wegen weniger zu fühlen! – Wenige sind wohl so glücklich gewesen als ich im Leben: das plötzliche Aufhören des Glücks und die Verachtung, die dieses Aufhören mir gegen die liebsten Menschen aufzwang, brachte mich in die Mitte zwischen Wahnsinn und Tod. Ich suchte mir zu helfen und fand Mittel aus, das Leben zu ertragen, ohne Freude, aber doch ohne Klagen, und mein Körper blieb länger krank als meine Seele. Ich fand eine Frau hier am Rhein, die mich sehr lieb gewann, Madame Mertens, sie that viel für mich und hat mich ohne Zweifel gerettet. Wir sind jedoch nicht ihretwegen hergezogen; der Aufwand in W war zu groß gewesen, es fanden sich Schulden, die mit sehr großen Opfern meinerseits gedeckt wurden, und es war nöthig von einem andern Ausgangspuncte aus zu

leben, neue Verhältnisse zu haben, aus ökonomischen Gründen.
Dazu kam das Klima, welches in W die Mutter zu jährlichen Bade-
reisen nöthigte, die hier unnütz wurden, was eine Ersparniß war.
Endlich lasteten die Erinnerungen bleischwer auf mir, ich ging
gern, die herzogliche Familie starb, vieler Freunde Schicksal
änderte sich, sie zogen weg u. W konte uns nicht mehr fesseln,
obschon es uns unvergeßlich lieb bleibt. Hier nun leben wir ruhig.
Ich wache etwas mehr über die Ausgaben u. habe dennoch oft
schwere Sorgen, mit denen ich Dich jedoch *total verschone*. Wir
bewohnen 6 Monate ein kleines reitzendes Landhaus in Unkel und
haben 2 Winter hier als Fremde gelebt. Der öftere Umzug wird mir
jedoch fast allzu schwer: er sollte mir dies Jahr erspart werden, wir
wollten den Winter in Jena, Eisenach u. Weimar verleben, aber die
Cholera kam dazwischen, wie ich Dir bereits geschrieben habe.

So bin ich denn mit dem größten Theil unserer Möbeln hierher
gekommen: wir werden hier bleiben und ich bin ganz unbeschreiblich gelassen dabei, nicht froh, nicht trübe, nicht heiter, nicht ernst;
aber ruhig. Der erste Arzt hier ist mein recht herzlicher Freund,
also wird Alles geschehen was zu unserer Pflege nöthig. Unsre Einrichtungen sind vernünftig gemacht, so daß ich ohne drückende
Sorge durchzukommen hoffe, da die Mutter fleißig arbeitet an der
Herausgabe der sämmtlichen Werke. Keine einzige leidenschaft-
liche Empfindung bewegt mich, keine Hoffnung, kein Plan – kaum
ein Wunsch; denn meine Wünsche streifen an das Unmögliche: so
habe ich ihrem Flug und Zug nachsehen lernen, wie dem der Vögel
in der blauen Luft. Ich lebe ungern, scheue das *Alter*, scheue die mir
gewiß bestimmte *Lebenseinsamkeit*, ich mag nicht heirathen, weil
ich schwerlich einen Mann fände der zu mir paßte. Ich weiß nur
einen, den ich heirathen könte ohne Widerwillen, u. der ist *verheirathet*. Ich bin stark genug um diese Öde zu ertragen, aber ich wäre
der Cholera herzlich dankbar, wenn sie mich ohne heftige Schmerzen der ganzen Historie enthöbe. Daher ist mir Deine *Angst*, da
auch Du Dich unglücklich fühlst und oft dem Leben entspringen
wolltest durch irgend einen Gewaltschritt – seltsam. Ich meine:
nun man kan es abwarten, ich kan recht gut leben und bin oft sehr
heiter, aber es trifft mich – *eh bien!* einmal endigt es mir gleichviel

wann. Vorigen Winter war ich sehr trübe, ich litt sehr, es hat mich so zurückgebracht, daß ich zu sterben glaubte, zuletzt hätte ich fast den unvernünftigen Streich gemacht eine Vernunftheirath zu schließen, zum großen Glück kam einiges dazwischen, u. mir war mit einem mahle wieder sonnenklar daß, da nun hoffentlich Leidenschaft und Liebe hinter mir liegen, ich zwar heirathen kan, aber nur einen Mann, den ich ganz besonders u. durchaus *achte* und geistig über oder neben mich stelle, wo er dann als Mann doch über mir stünde. Nur so könte ichs mit klarem Gewissen – nun sieh selbst, wo findet sich das leicht? Der Mann würde sich finden; aber auch zu mir finden? Mich kennt fast Niemand, denn meine Seele hat ein Gesellschafts*kleid* wie die Venezianischen Schleier u. Masken, von mir selbst sieht man nicht viel. Warum die Leute langweilen? Sie wollen meistens blos oberflächliche Worte, und wenn ich denn in Gesellschaft muß, gebe ich diese. Dennoch haben einige Freunde mich halb und halb erkannt, d'Alton, ein sehr geistreicher alter Mann, seine Frau u. Tochter, Münchow, auch ein älterer Mann, u. mein Arzt, Wolff, zuletzt aber die Mertens, die mich wirklich kennt, so gut man sich eben in dieser kuriosen Welt kennen lernen kan, wenn man in ganz verschiednen Verhältnissen aufwächst. Ich habe sie sehr lieb und sehe sie oft. Außerdem kenne ich eine Menge Leute theils in theils außer dem Hause die mich aber nichts angehen.

Sieh, lieber Arthur, das wäre, etwa das Aueßere der Person abgerechnet, alles was von mir zu sagen wäre. Diese ungemein freie unbefangene Stellung hatte ich nie zu Dir, konte sie nicht haben: Jugend, und was dazu gehört, äußere Einwirkungen, Hoffnungen u. Erinnerungen zerrten an mir, ich hatte Rücksichten, Ansichten. Jetzt ist vieles anders: die Zeit hat Dich gelehrt, daß mich mein *freier Wille*, keine Art Noth, keine Hilflosigkeit zu Dir treibt. Ich bin überzeugt, daß unsre Charaktere im Guten u. Schlimmen viel Aehnliches haben, wir wollen, denke ich, nun einmal sehen, wo wir zusammenpassen. Du magst die Menschen im Allgemeinen nicht, ich achte sehr wenige, und lebe gern allein oder mit sehr wenigen; doch bin ich nicht menschenscheu. Du glaubst die menschliche Natur zu kennen, ich manchmal auch, manchmal bescheide ich mich, und glaube daß ich anfange *mich* zu kennen. Laß mich Dich womöglich sehen; wenn ich irgend einen Menschen zu kennen *wünsche*, bist Du es. Ich glaube, Du wirst den Winter in Frankfurt bleiben können; aufs Frühjahr wirst Du wohl dem Süden zu das heißt nach der französischen Schweitz fliehen; gieb mir in der Nähe ein Rendezvous von ein Paar Tagen, aber wo möglich in einem kleinen unbemerkten Orte, und wohin ich von hier aus leicht ganz allein reisen kann. Bis dahin schreibe mir was Du willst, über Dich, über Andre, über Bücher, Städte, Musik, kurz was Du willst: ich werde *Dich* herauslesen lernen, aus dem was Du schreibst. Fürchte kein Spioniren, was Du von Deinen Verhältnissen verschweigst, werde ich nie zu errathen suchen, aus Rechtlichkeit u Faulheit. Ich glaube es wäre gut wenn die Mutter gar nicht ahndete, daß wir uns schreiben, bin aber auch bereit es zu sagen, wenn Du es willst. Bist Du der ersten Meinung, so frankire und addressire Abzugeb. bei Professor *d'Alton*, dann frankire ich meine Briefe, die Posten sind sicher. Ist Dir das fatal so addressire Viereckplatz in Bonn. Ich möchte Dir jede unangenehme Erfahrung sparen. Willst Du von irgend alten Bekannten *for good old syne* Nachricht so sage es. Und nun ein eiliges Lebewohl, halte Dich froh und gesund und denke freundlich   Deiner Schwester Adèle.

d'Alton bekam während unseres Landaufenthalts öfters Briefe von uns, so fällt das nicht auf.

N. 2.

Zum Glück kam Dein Brief lieber Arthur ehe ich diesen fortschickte, ich kan also gleich ihn zum Theil beantworten, muß aber kurz seyn weil ich ganz furchtbar Zahnweh habe, ich fürchte die spanische Fliege wird mir morgen noch schwer machen zu schreiben. Also: von Friedrichsen u Skerl weiß ich *nichts*, todt sind sie nicht, das hätte man mir mitgetheilt. Ich habe nach Stadtmüllers Tode den Friedrichsen *nicht* wie die Familie *vorschlug* gewählt, sondern unser Vetter u Bekannter Carl Labes hat meine u der Mutter unbeschränkte Vollmacht. – Daß die Einnahme stets nach vollendetem Jahre erst einkommt ist richtig, Carl Labes hat uns auch nicht zu vollem die Renten geschickt, voriges mahl, weil das Wasserunglück um Danzig herum die Leute zu sehr heruntergebracht hatte. Genau kan ich die fehlende Summe nicht angeben, aber ich traue dem als allgemein vortrefflich u rechtlich gerühmten Carl ganz unbedingt. Ich könte Dir genau schreiben wie viel von der Einnahme fehlte wenn ich die Papiere hätte, aber diese hat die Mutter und ich mag nicht sie wieder fragen. Daß man mir Vortheile gegeben, kan ich nicht glauben, das wäre ja unrechtlich, und obendrein *ganz unverständig*, da ich es nie verlangt habe, auch mit dem Herrn gar nichts zu thun habe. Stadtmüllers sind unendlich arm, wenn Du also klagst, so wirst Du nichts bekommen; so aus der Ferne macht sichs schwer. Wir haben auch keine Nachricht, erwarten jetzt auch noch keine, denn die Zahlungszeit ist ja noch nicht. Willst Du genauere Nachricht so rathe ich Dir schreibe an Carl, denn die Papiere mir geben zu lassen würde mir vielen Verdruß zuziehen und unglücklicherweise habe ich die Summe welche gleich in der Wirtschaft verwandt wurde vergessen; ich weiß aber daß Carl noch eine Nachzahlung des Fehlenden hoffte, die aber noch *nicht* statt gefunden hat, u an die ich *nicht* glaube der Noth wegen in welcher die Menschen wirklich waren, auch fände sie erst statt wenn sie wieder zahlen. Meinst Du mit den Vortheilen die ich haben soll die Zahlung von 29? Meines Wissens muß allerdings das Geld welches wir zuletzt bekommen u was nicht die volle Rente war, die Zahlung von 29 gewesen seyn – schreibe also an Carl oder mir ob Du durchaus willst daß ich die Mutter frage.

[Randschrift Adeles:] Wie können den Stattmüllers Deine Einnahme haben wenn Friedrichsen Deine Vollmacht hat, dann muß der sie haben für Dich, u die Familie Stattmüller. Friedrichsen habe ich nicht gewollt weil 1) ihn Stadtmüllers hatten, 2) weil ich einmal auf Nebenwegen getroffen Anno 19, und endlich weil er mir persönlich zuwider war. Carl thut es aber aus Gefälligkeit, ich fürchte also er thäte es nicht auch für Dich, da Ihr Euch nicht kennt.

---

sämmtlichen Werke: Johannas »Sämmtliche Schriften« erschienen in 24 Bänden 1830/31 bei F. A. Brockhaus in Leipzig und J. D. Sauerländer in Frankfurt/M.
nur einen: Wohl Gottfried Osann.
for old good syne: Aus der guten alten Zeit.

Bonn den 24ten December

Ich begreife nicht, lieber Arthur, warum Du mir nicht antwortest,
zwar kreuzten sich unsre Briefe, indessen erhielt ich Deinen zeitig
genug um Dir die Hauptfrage darin zu beantworten; ich finde
nichts vergessen als die Erwiederung der Frage nach Kunstsachen
und Büchern. Das ist ganz einfach, ich bin mit mehreren Familien
dort recht bekant und vieleicht hättest Du Brentanos, Passavants,
etc, etc. Bilder gern gesehen. Dann ist dort ein Herr Malz, Bruder
einer Bekanten der ein Kunstfreund ist, alle guten einzelnen
Gemälde kennt, u zum B. Wendelstädts Sammlung ist noch sehr
interessant. Ferner bin ich mit Stark bekannt, mit Schlossers, und
den alt Adligen, durch welche man hier und da an die Kirchen u
Geistlichen Bibliotheken gelangen kan. Ich vergaß daß Du von
Berlin kommst, das wirkt auf Dich wie auf viele andre, Du hast
viel gesehen, und bist wahrscheinlich abgekühlt gegen all dergl.
Mir ist nun dagegen *ein* gutes, bequem gesehenes Bild, immer lieber als zwei, drei Hundert, in einer Gallerie, denn ich sehe langsam,
fasse genau aber auch langsam, und bin ungemein leicht durch
Nebeneindrücke zu stören. *Chaqu'un à son goût* also nimm es nicht
übel. Und glaube doch nicht daß ich eine Protecktors Miene
annehmen wollte um einer so ganz unbedeutenden Sache wegen,
ich bin 10 mahl in Frankfurt gewesen, das ist alles.

Ich finde jetzt Du hast ganz recht, es könte Dich zu Bekantschaf-
ten verlocken die Dir später unbequem wären, und Dir bleiben Bilder genug in der weiten Welt. Mit mir war das anders, ich gieng
mit Menschen die mich lieb hatten u die auch ich lieb hatte, ich
mochte viel lieber herumstreifen als bei Diners u Soupers seyn, so
hatte ich mich meistens so eingerichtet, daß ich keine Zeit hatte zu
dergl. u sah nur meine Freunde, die Bilder u all die allerliebsten
Dörfer u Orte um Frankfurt. Schelble u sein Caecilien-Verein sind
nun ferner als eine Musikalische Perle zu betrachten, so verständig
ich einiges zu tadeln *vermag*, in der Art wie er den Verein hält, so
entzückend ists Musiken zu hören, die man kaum irgendwo außer
früher bei Zelter hörte. Dann ist die Bildung eines Chors der wie
eine Solostimme mit Ausdruck u Einsatz fertig wird etwas sehr

Frappantes. Endlich ist leider Zelter gealtert u Schelble steht noch im Mannesalter, lauter Dinge die ein musikalischer Mensch beachtet. Deine Harthörigkeit kan Dich von so großen Musiken nicht abhalten, obgleich sie Dein Urtheil etwas unsicherer macht. Den Tadel würdest Du daher kaum so merklich finden wie ich, u den Genuß glaube ich eben so groß, wobei Du einen eminenten Vortheil hättest, denn ich muß mich auf den Tadel besinnen um mich nicht vor mir selbst zu blamiren.

Heute ist Weihnachten – es wird nichts bescheert. Wir können jetzt nicht wegen der Theurung, und am Ende ohne meine alten Freunde mache ich mir nicht viel daraus, was ich brauche kaufe ich, und die Mertens schenkt mir immer noch eine Menge Zierlichkeiten, mehr als nöthig. Indessen ist dieser Tag dennoch mancher Erinnerung wegen sehr betrübt. Ich wollte Dir schreiben vor Jahresschluß, ich bin gerade so pedantisch als eine Frau seyn darf ohne unausstehlich zu seyn. Obendrein aber hasse ich alles Halbe, es war mir herzlich lieb daß Du wieder schriebst, u ich will u kan nichts thun was dieser Näherung störend entgegenträte.

Ich habe ungeheuer an Zahnschmerz gelitten, überhaupt welche Riesennatur habe ich! wie wirken Körper u Geistes Schmerzen gleich so in Massen. Man hohlte noch Abends 11 Uhr einen Arzt, der ein Paar Stunden bei mir blieb, spanische Fliegen eine auf die andre, Blutegel, in die Wunde gestreutes Gift – nichts half, endlich gab man mir bis 44 Tropfen Opium, u da erst verfiel ich in Ermattung, denn ich phantasirte *früher* vor Zahnschmerz, damahls aber war ich bei ganz klarem Verstande u konte die Schmerzen recht genau unterscheiden. Es war eine Erkältung beim Umzug gehohlt, das ist alle Jahr mein *casus*. Der Deine sey aber heute ein heiterer Tag, u für mich eine freundliche Minute des Andenkens.

Adèle.

Chaqu'un à son goût: Jeder nach seinem Geschmack.

Bonn den 25ten Januar

Dein Brief, lieber Bruder, hat mir zwei sehr verschiedene Empfin-
dungen gegeben, die eine *Freude* daß Du Dich so abquälst meiner
Zahnweh wegen, denn das ist gut u freundlich, u. ich danke Dir
herzlich dafür, will auch das Rezept für den Nothfall bewahren,
mit dem Kreuzsplitter kan ich mich nicht befassen denn mir fehlt
die Hauptsache – der Glaube, ohne welchen dergl. Curen nicht
gelingen. Was Du über meine Unbekantschaft mit meinen Geldangelegenheiten sagst, schmerzt mich; ich meinte Du wüßtest wie
diese scheinbare Unmündigkeit entstand. –

Mein Vater ließ mir die Mutter als natürlichen Vormund zurück.
Anno 19 war ich noch nicht mündig als also *mein ganzes Vermögen
ohne Hypothek* Muhl anvertraut worden war, was in meiner Kindheit geschah, u Anno 19 als es verloren gieng, *bis auf 30 Prozent*, war
ich *rechtskräftig unmündig*. Als ich mündig geworden, stand es allerdings bei mir meinen Vormund, das heißt meine Mutter, zur
Rechenschaft zu ziehen, es war aber von ihrem ganzen Vermögen
so gut wie *nichts* vorhanden, Mobiliar, Silber kurz Alles, wenn
man's verkaufte, u jedes einzelne Hundert was ihr gehörte in
Anspruch genommen hätte, würde nicht *zum Viertel* meiner
rechtskräftigen Forderung gereicht haben. Hierzu kam daß wir um
nach Danzig zu gehen, und um die 15 Monate zu leben, welche
Muhls Arrangement dauerte Schulden gemacht hatten. Bei so
bewandten Umständen konte ich, die die Mutter von Herzen liebt,
keine Auseinandersetzung fordern – meine Forderung hätte sie zur
Bettlerin gemacht. Anno 23 wurde die Mutter krank, 3 mahl
wurde Wiesbaden gebraucht, im Moment ihres Erkrankens forderte Froriep sein Darlehn, welches er uns nach Danzig von selbst
angeboten, zurück. Diese Rückzahlung u die Reisen mußte *mein*
kleines Vermögen decken denn was die Mutter verdiente (u sie
arbeitete redlich) reichte nirgends aus. Als nun so die Mutter
immer mehr meine Schuldnerin geworden, und als sie so sehr
bereute mein Vermögen u das ihre nicht besser zu rathe gehalten zu
haben, u doch noch oft große Rechnungsfehler machte, da geboten
mir Klugheit u Zartgefühl einen Weg, den ich gieng. Klugheit

lehrte mich mich aller Details aller kleinen Ausgaben bemächtigen –
alles geht durch meine Hand u wo ich *kan* ohne die Mutter zu kränken, spare ich, u *darum* verließen wir W. – Zartgefühl lehrte mich
wie nöthig es sey der Mutter wenigstens so viel als möglich Freiheit zu lassen – u so ließ ich ihr auch das gewohnte Geschäft in Danzig die Einnahme der Ohraschen Länderein zu betreiben wo das
Geld dann blieb – ach Gott! Das wußte ich nur zu gut da ich die
Wirtschaft führe. Den kleinen – sehr kleinen Rest meines Vermögens, nachdem ich Mutters Schulden bezahlt placirte ich selbst
a 5 Procent u sicher bei einem Manne der keine Geschäfte mehr
macht u etwas über 200 000 Rth. in Vermögen hat, meistens in
Fremdhäusern u Fremdländereien. Er that es aus Gefälligkeit, weil
er das Geld mit einem Capital in das Schaaffhausische Comptoir
gab, wo er als Verwandter u ehemaliger Schef 5 Procent bekomt.
Fallirte auch das Comptoir so hielte ich mich an ihn, u seine großen
ganz freien Weingüter u 4 Häuser sichern mich.

Die Mutter arbeitet immer in der Hoffnung mir zum Theil
durch ihren Erwerb zu ersetzen was sie mir verloren hat, gebe Gott
seinen Segen dazu ich brauche es sehr nöthig, denn ich bin
schwächlich u werde nie heirathen. Ich werde aber die unglückliche Frau nicht drücken und quälen. Glaube mir, Arthur, wenn ich
einen Fehler habe, ist's der *zu* bestimmt, zu fest zu seyn, nicht der
weich u lässig zu handeln. Ich werde meine Mutter gewiß überleben, aber keineswegs wirst Du mich unsicher u unklar mich an
Dich klammern finden! Ich weiß ich werde viel, viel ärmer seyn als
Du, aber sey ganz ruhig, ich werde mir selbst helfen, und sterbe ich
einst ganz einsam, so wirst Du was dann noch da ist, von mir
geordnet u wohlbehalten erben. Die Mutter hat nichts mehr leider!
sie hatte schon anno 19 eigentlich gar nichts mehr, durch Ganslandt, und Rußland, durch den Krieg u große Unkenntniß in
Geschäften hatte sie alles verloren. Wäre der Bankrott nicht gekommen so hätte ich mit 24 Jahr allerdings mein Vermögen gefordert,
u der Mutter pension gegeben für meinen Unterhalt, wie sie aber
dann zu leben für *möglich* gehalten haben mag, ob blos durch
Erwerb – das kan ich nicht begreifen, denn was noch von ihr mit
bei Muhl gestanden haben mag, das war sie schuldig in Parzellen

hier u da. Spätere Berechnungen der 30 Procent v. Muhl, und Erfahrungen sehr schmerzlicher Art, Gespräche mit wohlwollenden Geschäftsmännern haben mich darüber aufgeklärt, anno 20 wußte ich das nicht. Sie verdient indessen viel, aber es geht auch meistens darauf, u immer zahle ich noch Reste Schulden ab. Mir bleibt jedoch einst meine kleine Leibrente bei Muhl u das Geld von Ohra gewiß, denn nie werde ich in den Verkauf willigen, u ich bin mäßig. Was noch bleiben wird, wenn sie stirbt, muß ich erwarten. Ich bin mir bewußt für meine Person nie verschwendet zu haben und ein ziemlich sicherer Tact hält mich von Unvorsichtigkeiten ab.

Dies ist die traurige Rechtfertigung meiner Handlungsweise. Vieleicht tadelst Du mich sehr streng, es muß aber jeder Mensch nach seiner Ueberzeugung handeln – gegen mich war die Mutter immer gut, ich konte nicht hart seyn, um so weniger da Ihr nicht einig wart – ich hätte das nicht ertragen können.

Was die geforderte Notiz betraf so begreifst Du nun daß ich um consequent zu handeln, sonst wäre ich ein schwaches miserables Ding, *nicht plötzlich* die Mutter um Rechenschaft des ihr einmal überlaßnen Geschäfts fragen *konte*. Ich habe seitdem Gelegenheit gefunden es im Gespräch zu thun, es ist wie ich sagte, *wir* haben unsre Einnahmen erhalten, obschon damahls geschmälert durch die Wassernoth. Uebrigens vergißt Du daß diese Notiz für Dich *ganz werthlos* ist, da ich ganz entschieden weder mit Skerle noch mit Friedrichsen zu thun haben will, u *gegen* den Rath der Stadtmüller, gleich nach dem Tode ihres Mannes Labes zum Bevollmächtigten erwählte. – Es ist also weder Schwäche noch Unmündigkeit welche mich abhielten im nächsten Zimmer eine Notiz zu hohlen die Du wünschtest, sondern es war *Consequenz*, die Neigung für Dich machte mir sie aber schwer, u so äußerte ich mich unsicher, mag auch in der Verlegenheit Dir nicht dienen zu können einzelne Ausdrücke Deines gewiß ernst u wohl gelesenen Briefs falsch verstanden haben. Waren diese Irrthümer bedeutend so sprich sie aus.

Was Du nun über das sagst was ich über mich schrieb so muß ichs gelten lassen, es war ohnedies meine Absicht nur einmal *so* zu schreiben, also wenn Dir's unangenehm war, so bist Du sicher, es geschieht nicht mehr. Was Herrn Schelble betrifft so *kenne ich den Mann blos als Musiker* aber gar nicht persönlich, außer daß er mir einmal vorgestellt worden ist. Die Persönlichkeit hat ja mit dem Musikverein nichts gemein. Uebrigens lieber Arthur sänge ich Dir wirklich lieber vor, als daß ich Dir über Gesang schriebe, aber für so albern halte mich doch nicht daß wenn ich kein Lied singen *könte*, ich über Musik urtheilte, ich würde auch nicht über Chöre urtheilen wenn ich nicht viele hundert Chöre gesungen hätte; ich denke gerade wie Du daß machen besser ist als beurtheilen, aber ich kan doch nicht mit Dir singen! u darum schrieb ich über Musik weil ich nicht so recht ohne sie leben kan.

Schlüßlich indem ich fürchte Du wirst wieder tausend Dinge tadeln, bitte ich Dich: ists Dir Ernst Dich mir näher zu stellen, u hälst Du es für Recht daß wir aneinander halten, so vernichte die Animosität in Dir die Du noch gegen mich hast, sie ist eine Hemmkette. Ich denke u glaube lieber das Beste von Dir, um so freier trete ich Dir entgegen, je höher ich Dich stelle, so wohler wird mir seyn wenn wir uns sprechen. Du aber versuche es Vertrauen zu meinem Character zu haben, in meiner Schilderung habe ich nicht gelogen, da Du aber keine willst so urtheile nicht bis Du etwas Genaues über mich hörst oder bis Du mich siehst.

Die Cholera ist noch in Berlin, sie wird von Halle auch wohl weiter gehen, somit denke ich gehst Du noch nach der Schweitz u ich sehe Dich. Im Voraus bitte ich jedoch mir gar keinen Vorschlag zu machen Dich auf ein Paar Stunden zu sehen, kan es nicht auf *einige Tage* seyn so lasse es.

Freundlichst grüßend – wie man g Briefe schließt

Bonn, den 25ten Januar: 1832   Deine treue Schw Adèle

Rußland: Den Bankrott des Handelshauses Peter de Bü(i)hl in Petersburg.

116. Johanna an Arthur

Bonn, d 25 Jan 1832.

Ich erhielt gestern Dein Schreiben vom 22t dieses, und beantworte es sogleich, um Dich nicht warten zu lassen.

Nach dem Tode des guten *Stattmiller*, den mir seine Wittwe, mit der ich von jeher in freundlicher Verbindung gestanden, meldete, schrieb auch Skerl an mich, um mir Hr. Friedrichsen, oder auch meinen nächsten Blutsverwandten, Karl Labes, zum Bevollmächtigten vorzuschlagen. Ich wählte letzteren aus mancherlei Gründen, von denen ich nur die bedeutendsten Dir hersetzen will. Ich war mit der Verwaltung des H. F., solange er nach Kabruns Tode sie führte, nicht ganz zufrieden gewesen. Die Gelder giengen unordentlich, oft gar nicht ein; besonders war dieses in dem für mich so unglücklichen Jahre 1819 der Fall, wo ich bei meiner damaligen Anwesenheit H. F. persönlich kennen lernte, und dieses veranlaßte mich, meinen alten Freund Stattmiller dahin zu bewegen daß er selbst die Verwaltung der Familiengüter übernahm. F. ist ein sehr vertrauter Freund *Skerles*, oder war es wenigstens dazumal. Er that damals sehr reich und was man »dick« zu nennen pflegt, war aber inwendig hohl, und ich weis nicht recht mehr ob er 1 oder 2 Jahre später förmlich bankrott machte, oder mit seinen Gläubigern sich arrangirte. Seitdem lebt er ohne großen Aufwand, und mag auch wohl in jeder Hinsicht solider geworden sein. Er ist aber der Geschlechtsvormund der Frau Stattmiller, und wie ich glaube, auch der Vormund ihrer Kinder, ich hielt es für besser, nicht ganz in seinen Händen zu sein, sondern in meinem Bevollmächtigten ihm jemand entgegenzustellen, der auf dem Platze selbst die Rechng. einsehen und berichtigen konnte, die auch mir alljährlich, bei der Zahlung abgelegt wird, und zugleich zur ordentlichen Leistung derselben ihn anhalten kann.

Karl Labes ist der jüngste Sohn meiner Kusine Labes, deren Du Dich doch noch erinnern mußt. Seine Großmutter war meiner Mutter Schwester, seine Mutter und ich lebten von Jugend auf als Schwestern mit einander, wie das bei so naher Verwandtschaft natürlich ist. Du und Adele und er, sind was man in Danzig Ander-Geschwisterkind nennt, *Cousin à la mode de Bretagne*, allso noch

immer nahe verwandt. Er ist mit Frau Stattmiller ebenfalls, aber
weitläuftig verwandt, die Wittwe seines unglücklichen Bruders
Eduard ist die Schwester derselben. Friedrichsen aber ist soviel ich
weiß, nicht mit ihr verwandt, und kann es auch nicht wohl sein. Sie
ist aus der alten Patrizierfamilie *Broen*, er aber ein Mennonit, oder
war es wenigstens. Karl Labes ist ein sehr stiller, sehr bescheidener,
etwas unscheinbarer junger Mann, aber von ganz vortrefflichem
Karakter, das hat er sein Lebelang bewiesen und thut es noch täglich, ich kenne sein Leben von Jugend auf; er ist treu, thätig, zuver-
lässig und unermüdlich in Erfüllung einmal übernommener Verpflichtungen. Dafür erkennt ihn die ganze Stadt, obgleich sie über
manche seiner Sonderbarkeiten zuweilen lacht.

Die Revenuen von 1829 habe ich im Jahre 1830, ohne viele
Umstände, wenn gleich sehr verspätet und vermindert erhalten,
was dem großen Unglück, welches die Überschwemmung im
Jahre 29 in der Danziger Niederung anrichtete, zugeschrieben werden mußte, und folglich auch ertragen. Die Revenuen von 1830
habe ich im vergangenen Jahre ebenfalls, wie Du auch, erhalten,
und erwarte jetzt die von 31, die aber schwerlich viel vor dem
Monat März eintreffen werden. Zu Kabruns Zeiten erhielt ich das
Geld immer im December des nähmlichen Jahres, *Stattmiller* hatte
die Einnahme zu erhöhen und besser zu ordnen gewußt, die Zahlung aber traf immer erst zu Anfange des folgenden Jahres im *Jan*:
oder *Febr*: ein, jezt ist sie noch mehr verspätet, was ich zum Theil
H. Friedrichsens Verwaltung zuschreiben muß, ohne mich aber
weiter darüber beklagen zu wollen, wenn sie nur richtig geleistet
wird.

Dein Zorn gegen Frau Stattmiller thut mir leid, ich kenne sie
lange als eine achtungswerthe Frau, sie brachte ihrem Manne ein
sehr bedeutendes Vermögen zu, und blieb von Schulden belastet in
Dürftigkeit zurück, was ihrem Verfahren gegen Dich einigermaaßen zur Erklärung, vielleicht auch zur Entschuldigung dienen
kann. Übrigens fällt es mir nicht ein, Dir in Deinem Thun und Lassen guthen Rath aufdringen zu wollen. Daß ich aber an dem, was
Du gegen sie unternimmst, keinen Theil nehmen kann, geht daraus hervor, daß ich mich über sie nicht zu beklagen habe. Mein

Bevollmächtigter ließ von H.F. sich die Rechg. vom Jahr 29 vorlegen, das Resultat davon war jene kleine verspätete Zahlung, die ich
im Jahr 30 erhielt. Von Frau Stattmiller war dabei gar nicht die
Rede.

Ich glaube allso nicht daß wir in dieser Angelegenheit so bald
wieder zu konferiren haben werden; alles was ich Dir darüber
sagen kann habe ich gesagt, Du selbst bist allein vollkommen
fähig, was für Dich dabei zu thun wäre zu ermessen, ohne meines
Rathes dabei zu bedürfen.

Lebe wohl und gesund   Deine Mutter Johanna Schopenhauer

117. *Johanna an Arthur*

Bonn, d. 6 ten Febr: 1832.

Ich habe im Jahre 1830 für mein und Adelens Antheil an den Einkünften vom Jahre 29: 110 Thlr erhalten. Die darüber erhaltene
Berechng. habe ich nicht zur Hand, sie liegt mit andern Papieren in
Unkel, wo ich bis jezt den größten Theil des Jahres zubrachte, und
nur während der trübsten Wintermonate nach Bonn zog. Das wird
aber in der Folge abgeändert, weil mein zunehmendes Alter es
erfordert, ich habe mir hier in der Stadt eine Wohnung gemiethet,
und gebe Ende dieses Jahres Unkel auf, wo ich nur den nächsten
Sommer zuzubringen noch gedenke.

Von hier bis Berlin sind 89 Meilen, von dort nach Danzig 3 oder
64, bei der großen Entfernung von mehr als 150 Meilen wirst Du
einsehen, daß ich nicht wohl mehr dorthin korrespondiren kann als
eben nöthig ist. Auch weiß ich nicht, was ich thun könnte, um Dir
Dein Geld von 1829 bald zu verschaffen. Briefe zwischen hier und
dort sind lange unterweges, drei Wochen gehören fast dazu ehe
man Antwort erhält, denn die wenigsten Leute antworten mit
umgehender Post, von Berlin aus kannst Du alles weit leichter
selbst besorgen.

Friedrichsen kannst Du melden daß und wie viel ich vom J. 29
an Einkünften erhalten. Übrigens hoffe ich wirst Du für meine
Offenheit gegen Dich mich gegen ihn nicht kompromittiren,

obgleich Du ihm sagen kannst, daß Du, auf Deine Anfrage, von
mir selbst erfahren, daß ich Geld u Berechg erhalten, und zwar
noch bei Stattmillers Lebzeiten, durch diesen 40 Thlr auf Abschlag,
und im August, oder Anfangs Sep: durch Labes, noch 70 Thlr u die
Rechg. Ich rathe Dir auch nicht Fried. Deine Vollmacht abzunehmen, erhälst du was vom J: 29 Dir zukommt, so hast Du eigentlich
keinen Grund dazu, denn wenn er Dich auch betrügen wollte, was
bei der Geringfügigkeit des Ganzen kaum der Mühe wehrt wäre,
so sieht doch mein Bevollmächtigter ihm auf die Finger; ihm die
Vollmacht abzunehmen, wäre eine Beschimpfung, die ihn gegen
uns alle aufbringen müßte, zu unserem Schaden, denn wir bleiben
doch in seiner Hand. Er besitzt wirklich schon seit vielen Jahren
1/9 tel an den Ländereien, ich glaube durch Kabruns Tod oder Tietzens Bankerott ich weiß es nicht mehr genau. Die Verwaltung können wir ihm nicht abnehmen, Frau Stattmiller und er selbst haben
mit uns darüber zu entscheiden, und könnte dieses auch zu Wege
gebracht werden, so weiß ich Niemand der blos, *pour nos beaux
yeux*, mit dieser unendlichen Plackerei sich befassen möchte. Hast
Du aber erst Dein Geld so bist Du sicher genug, daß er Dich ferner
nicht betrügen kann, denn erregt seine Rechg. Dir Zweifel so
kannst Du, durch Labes oder mich, immer erfahren, ob sie mit der
so ich erhalten stimmt. Übrigens habe ich noch bis zur Stunde
weder Berechng noch Geld vom vergangenen Jahre erhalten. Auch
hat Labes auf einen Brief den ich um Neujahr ihm schrieb, mir
noch nicht geantwortet, wahrscheinlich weil er Geld und Rechg.
mitschicken zu können hofft. Friedrichsens Thätigkeit und Lokal-
kenntniß ist übrigens alles Lobes werth, das Du auch selbst in Deinem ersten Briefe an mich ihm beilegst. Ich habe Deinetwegen an
Labes nicht geschrieben erstlich weil ich kaum glaube, daß er sich
noch eine zweite Last auflegen wollen wird, denn er ist etwas
umständlich in seinem Thun und Lassen und dann, ehrlich heraus-
gesagt, ich wünsche daß wir beide nicht den nemlichen Bevollmächtigten haben, Du selbst hast in Deinem ersten Briefe an mich
die Bemerkung gemacht, daß es so besser sei. Man kann ja Friedrichsens Verfahren auf diese Weise immer besser kontrolliren und
sieht gleichsam mit vier Augen, die immer besser sind, als zwei,

auch habe ich noch andre Gründe die ich Dir nicht auseinander-
zusetzen brauche, die meine Ansicht bestimmen.

Willst Du aber dennoch einen andern Bevollmächtigten wählen,
so weiß ich niemand Dir zu nennen, der Dich und den Du genauer
kennst als *John Simpson*, den ich aber keinesweges besonders empfehlen möchte. Auch haben wir dort noch Verwandte, die von
väterlicher Seite Dir eben so nahe stehen als Labes, Namens
Meyer, auch ein Wilhelm Weickmann, doch weiß ich von den Verhältnissen derselben wenig oder gar nichts.

Von einem Verwandten namens Eduard *Schopenhauer* weiß ich
nichts und begreife auch nicht wo, er herkommen kann, wenn er
nicht etwa ein Holländer ist. Er müßte etwa ein Bastard Deines
Onkels Johann sein, der im Jahre 94 oder 95 starb, den dieser aber
gewiß nicht anerkannt hat, – sonst wüßte ich darum. *Johann* hatte
freilich eine Magd im Hause mit der er lebte, doch von Kindern
habe ich nichts gehört. Aus Ärger über die Kreatur rührte ihn der
Schlag, sie wurde vieler Betrügereien überwiesen und aus dem
Hause gejagt was weiter aus ihr wurde, habe ich nicht erfahren.
Man hat mich hier kürzlich gefragt, ob dieser Eduard mein Sohn
sei, von seiner Autorschaft weiß ich übrigens nichts, da sie nicht in
mein Fach schlägt.

Ich denke Dir jezt alle Auskunft über die Ohraischen Angelegenheiten gegeben zu haben, die Du billiger Weise verlangen kannst,
und daß unsre Korrespondenz über diesen Punkt für jezt beendigt
ist. Sollte irgendetwas vorfallen, wobei ich mit Rath und That Dir
helfen kann, so sollst Du indessen mich eben so bereitwillig dazu
finden, als Du mich dieses mal gefunden hast.

Lebe wohl, kehre bald in Deine Heimath zurück, denn wir sehen
jezt am Rhein der Ankunft der asiatischen Hyäne entgegen, die ich
indessen nicht fürchte. Ordentlich leben, vor Erkältung sich
hüthen und bei der kleinsten Anwandlung von Unwohlsein sich
ins Bette legen, Kammillenthee trinken, bis der Arzt kommt, den
man gleich holen lassen muß, hilft am besten. An Ansteckung
glaube ich nicht. Franziska Ratzky, Deine Kusine, hat in Zoppoth
bei Danzig, zwei Cholera Kranke gepflegt, von denen eine gestorben, sie hat sie frottirt, ihnen alle nur möglichen Dienste geleistet,

und ist doch frei von Ansteckung geblieben. Nur muß man genau auf sich achten, auch die kleinste Unordnung in seinem Körper nicht unbeachtet lassen, und nie nach Sonnenuntergang sich der freien Luft aussetzen, bis die böse Zeit vorüber ist.

Ich hoffe und wünsche daß dein Unwohlsein jezt ganz gehoben ist.   Deine Mutter J. Schopenhauer

pour nos beaux yeux: Unserer schönen Augen wegen.
Eduard Schopenhauer: Kein Verwandter der Schopenhauers.
asiatischen Hyäne: Die Cholera.

118. Johanna an Arthur

Bonn, d. 24 Febr. 1832.

Mancherlei häusliche u gesellige Abhaltungen haben bis heute mich verhindert Dir zu schreiben, daß ich Deinen Wunsch erfüllen und Karl Labes auf keine Weise abzuhalten versuchen will, Deine Vollmacht zu übernehmen; ich werde, wenn ich ihm zu schreiben veranlaßt werden sollte, der ganzen Sache gar nicht gegen ihn erwähnen, hoffe und erwarte dagegen aber von Dir, daß Du meinem Worte trauest, und wenn er, was allerdings nicht wahrschein- lich aber doch möglich ist Deinem Verlangen nicht willfahren sollte mir nicht etwa ein hinterlistiges Verfahren zutraust und arg- wöhnest ich habe mein Wort, das ich Dir freiwillig gebe, gebro- chen. Ich nehme da eine seltsame Art von Prekauzion, die ich aber, bei Deiner Art die Dinge anzusehen, für nothwendig erachte.

Bis heute habe ich weder Geld noch Briefe von Labes erhalten, doch muß Beides bald eintreffen. Ich freue mich, daß Du meinen Rath in Hinsicht auf *Fried*: befolgt hast. Ich denke Du wirst gut dabei fahren. Sollte Labes mich um Rath fragen, ob er Deine Voll- macht übernehmen soll, werde ich ihm nicht abrathen: das ver- spreche ich Dir ebenfalls. Glaube mir, ich wünsche auf meine alten Tage nur Ruhe, ich scheue mich vor Allem was diese unterbrechen kann, daher mein anscheinendes Zurückziehen. Seit dem Anfall der am 24 *Dec*: des Jahres 1823 meine linke Seite lähmte, was ich noch immer empfinde, hängt mein Leben an einem schwachen Faden, der bei heftiger Gemüthserschütterung brechen kann, wenn ein Schlagfluß mich treffen sollte, das weiß ich, sage es aber keinem, denn anscheinend bin ich für meine Jahre noch ziemlich rüstig u gesund.

Dein Traum in der Neujahrsnacht ist wunderlich. Man soll an dergl. nicht glauben kann es aber doch nicht immer lassen, mich hat er seltsam berührt, als Beweis daß du noch der alten Zeit gedenkst, ehegestern war Dein Geburtstag, da habe ich auch an Dich u Gottfried gedacht.

Daß Du sehr krank gewesen bist, u so lange, habe ich mir nicht vorgestellt, ich hoffe Du hast einen guten Arzt und ordentliche Pflege gehabt. Nimm nicht übel, daß ich in diesen Zeilen so vieles ausgestrichen habe, die Leute um mich her und auf der Straße sind heute so unruhig es ist so viel Hin und Herlaufens um mich her, und doch will ich nicht länger mit meinem Schreiben an Dich zögern, am Ende würde gar nichts daraus, ich kenne mich auf dem Punkt.

Auf diesen Brief erwarte ich keine Antwort, den Ausgang der *Fried:* Sache aber melde mir, wenn Du meines Rathes dabei zu bedürfen glaubst, oder es sonst für nöthig hältst.

Lebe wohl, schone Dich bei diesem unerträglich scharfen, das Mark in den Beinen austrocknenden Mistral, der auch wohl in Frankfurt jetzt weht und trotz dem heitern Sonnenschein mir gefährlicher dünkt als Regen und Sturm.

Deine Mutter J. Schopenhauer

Traum: Vgl. HN IV, 1, S. 46. Arthur hatte diesen Traum als Vordeutung auf seinen baldigen Tod aufgefaßt, indessen zugleich als Warnung verstanden, die ihn mitbewog, vor der Cholera aus Berlin zu fliehen.

19. *Johanna an Arthur*

Bonn, d. 1ten März -32.
Vorgestern Abend erhielt ich beikommenden Brief, mit einer wahren Ochsenpost, ich bitte ihn mir zurückzusenden. Daß die Pacht-

gelder der Cholera wegen ungünstig ausfallen würden, habe ich
erwartet. Du siehst auch, daß *F.* uns in dieser Hinsicht nicht wohl
betrogen haben kann. Aber die an den Rath gezahlten 32 Thlr.
machen mir Bedenken. Meines Wissens hat Stattmiller mir in zwei
Terminen das Ganze in Abrechnung gebracht, daß der Rest jetzt
wirklich bezahlt ist, weil er bezahlt werden mußte, leidet keinen
Zweifel, ich fürchte aber Stattmiller hat mir in der Noth berechnet,
was er erst später zu bezahlen meinte, und der Tod hat ihn übereilt.
Sobald ich nur nach Unkel kommen und meine dort gelaßnen
alten Briefe nachsehen kann, werde ich mich davon überzeugen.
Ich melde dieses Dir nur, damit auch Du diese Nachsuchung treffen kannst, bitte Dich aber, über diesen meinen Argwohn keinen
vorlauten Lärmen zu erheben, sondern ganz still zu sein, bis wir
uns überzeugt haben, daß es so ist wie ich leider glauben muß, ich
möchte um keinen Preiß eine solche Beschuldigung nicht aussprechen, die ich hernach nicht beweisen könnte und überdem ist dieses ein Fall, bei dem es auf ein paar Wochen Zeitverlust nicht
ankommen kann. Ist die Sache erwiesen, so werde ich mit Dir vereint die nöthigen Maasregeln treffen, und mich mit Dir darüber
gern berathen. Stattmiller hat mir damals die Belege nicht gesendet
daß das Geld bezahlt sei, ich forderte sie nicht, weil ich ihm traute,
und nicht unnützes Porto wegwerfen wollte. Bestätigt sich mein
Verdacht, so werde ich die Belege fordern, die Fried. doch auffinden muß.

Tobe nur nicht, und thue keine harten voreiligen Schritte, die
mich zwingen würden Dich im Stiche zu lassen; was sein muß, soll
geschehen, aber mit geziemender Ruhe, damit kommt man am
weitesten. Lebe wohl, ich hoffe Deine Gesundheit ist jezt ganz
wieder hergestellt.　　　　　Deine Mutter Johanna Schopenhauer

120. Johanna an Arthur

Bonn, d. 10ten März 1832.

Ich habe Deinen Rath befolgt, und ganz in dem Sinn wie Du es mir
vorschriebst an Labes geschrieben ohne Deiner Unzufriedenheit

mit Fried: zu erwähnen, seine Antwort werde ich Dir mittheilen.
Bei genauerer Durchsuchung meiner Papiere, die ich nach Bonn
mitgenommen, habe ich auch den Brief von Labes gefunden, in
welchem er die Berechg. von 1829 mir sendet, ich lege den Brief
bei, weil er dir vielleicht nützlich werden kann, behalte ihn bis Du
abreisest, vielleicht findet sich dann eine Gelegenheit ihn mir wieder zukommen zu lassen. Auch lege ich einen Brief des seel. Stattmillers bei, ich denke es ist der letzte den ich von ihm erhalten, er
hat ebenfalls auf das Jahr 29 und auch auf Dich Bezug. Aus der Erbpacht die erwähnt wird, ist nichts geworden, auch habe ich unsere
Vollmacht darüber, die durch Stattmillers Tod ungültig ward,
nicht erneuert. Ich freue mich Daß Du gerecht genug gegen mich
jezt bist, einzusehen daß ich keines Verraths gegen Dich fähig bin,
und Dir im Gegentheil gern beistehen und helfen möchte.

Deine Krankheit macht mir Sorge, ich bitte Dich doch ja Dich
zu schonen, worin besteht denn eigentlich Dein Übel? Graues
Haar! ein langer Bart! ich kann Dich mir gar nicht so denken, auch
ist es mit dem ersten wohl nicht so arg, und dem zweiten ist leicht
abzuhelfen.

Zwei Monat auf der Stube, und keinen Menschen gesehen, das
ist nicht gut mein Sohn, und betrübt mich, der Mensch darf und
soll sich nicht auf diese Weise isoliren, er kann es nie, ohne geistig,
und auch körperlich dabei zu verlieren und Du sagst noch vollends
Gottlob dazu.

Lebe wohl, die beiden Briefe die ich Dir jezt schicke sind zufällig
in meinen Schreibkasten gerathen wo ich sie jezt erst gefunden, die
aber auf die es wegen des Zehnten eigentlich ankommt, sind leider
in Unkel geblieben, wo ich erst Mitte April hinkomme.

Deine Mutter J. Schopenhauer

121. Johanna an Arthur

Bonn d 20 März. 1832.

Die alten Briefe die ich Dir sandte, können Dir dennoch von eini-
gem Nutzen sein, der von Stattmiller beweist, daß der gute Mann
noch bei seinen Lebzeiten Dir Deinen Antheil an den Einkünften

von 1829 zusammenzubringen sich bemühte, der von Labes enthält die Berechnung jenes Jahres, die Du zu Anfang unsrer erneuten Korrespondenz zu haben wünschtest.

Ich antworte den Tag nachdem ich Deinen Brief erhielt, um Dich sobald als möglich aus der Angst zu reißen, die Deine düstre Fantasie Dir einjagt. Selbst wenn Deine Vollmacht so gestellt wäre, wie sie wahrscheinlich nicht ist, wie Du es aber zu befürchten scheinst, so könnte Fried. Deinen Antheil doch nicht verkaufen, ohne daß mir und Adelen das Näherrecht bliebe, von dem Du uns doch wohl zutraust daß wir es nicht anders als zu Deinem Vortheil, und wie Du es wünschen würdest, benutzten. Du weist das ja aus Erfahrung von Stattmiller her. Das ganze wäre allso nur eine Spiegelfechterei, auf die Fried. sich nicht einlassen würde. Auch sind die Gesetze in Preußen eine sichere Schutzwehr gegen solche Spitzbübereien. Du hast noch immer von Fried. und seiner eigentlichen Lage keinen rechten Begriff, er ist sehr unordentlich und ein schlechter Zahler, aber daß er einige Hundert Thaler zusammenstehlen, und damit fortlaufen würde ist mir ganz unglaublich. Daß er nicht länger Dein Bevollmächtigter bleibt halte ich selbst für gut, aber so, mich nichts, dich nichts, kannst Du eine gerichtlich gestellte Vollmacht auf einen bloßen Brief hin ihm nicht abnehmen lassen, und Labes, der schon um meiner und Adelens willen in leidlichem Verhältniß mit ihm bleiben muß, und ohnehin ein Mann des Friedens ist, würde dieses auch nie unternehmen. Mein Rath ist folgender. Du schreibst an *Skerle* der sich immer gut gegen uns benommen hat, und so ehrlich ist, wie man es nur von einem Juristen fordern kann. Schicke ihm die Abschrift der von Fried. unterzeichneten Rechnung von 1829, die Du von mir erhalten hast, melde ihm dabei daß ich meinen Antheil von diesem Jahr erhalten, daß er Labes vollständige Rechnung von diesem Jahr abgelegt hat und das Geld daher in Händen haben muß, und bitte ihn Fried. zu fragen ob er jezt gleich Dir von beiden Jahren schicken will was von 29 und 31 Dir zukommt, an Frau Stattmiller darfst Du Dich nicht halten, nur an ihn, denn er allein ist Dir verantwortlich, nicht die Frau, gegen die Du keine Beweise in Händen hast. Im Fall Fried. nicht gleich bezahlt, so gieb *Skerle* den recht ernstlichen Auftrag

Fried. durch einen Advokaten gerichtlich zur Zahlung anhalten zu lassen, denn *Skerle* selbst ist als Justizrath vielleicht zu vornehm dazu. Hast Du erst Dein Geld, dann ist es erst Zeit Fried. die Vollmacht ebenfalls durch *Skerle* (den Du wahrscheinlich auch gerichtlich dazu bevollmächtigten mußt, was Du vorher bei ihm erfragen mußt) die Vollmacht abnehmen zu lassen. Hast Du sie in Händen, dann ist es Zeit Labes zur Annahme derselben zu bewegen, weil Du wünschest mit mir einen und denselben Bevollmächtigten zu haben. Dazu wird Labes sich wohl entschließen, aber nicht dazu sich mit Fried. herumzubeißen, was ihm auch von unsrer Seite gar nicht zuzumuthen ist. Mit Fried. mußt Du erst ganz auseinander sein, ehe Du mit Labes anbindest, und folgst Du meinem Rath so verspreche ich Dir alles was in meinen Kräften steht anzuwenden, um ihn zu bewegen, daß er auch Deine Vollmacht übernimt. Stelle *Skerlen* zugleich auch die Sache mit dem Zehnten vor wenn Du ihm schreibst. Von Labes habe ich deshalb noch keine Antwort, bin ich in Unkel, was gleich nach den Feiertagen geschieht, so sende ich die Stattmillerschen Briefe ein, werde Dich aber zuvor davon benachrichtigen damit Du es mit mir gleichzeitig thun kannst.

Nur eines bitte ich Dich, mäßige Dich und behandle Friedrichsen durchaus nicht auf ehrenrührige Weise, Nachlässigkeit ist alles was Du höchstens ihm vorwerfen darfst, er ist freilich ein Schuft, aber wir sind einmal in seinen Händen, können ihn als Verwalter nicht loswerden, haben auch Niemand an seine Stelle zu setzen, also verfahre säuberlich mit dem Knaben, es ist das Klügste für uns, und Leute seiner Art sind dickfellig; wer weiß wie sich alles noch einmal wendet, muß vielleicht Frau Stattmiller einmal ihren Antheil um einen Pappenstiel verkaufen, dann sprechen wir näher darüber. Dann benutzen wir unser Recht, Du und Adele theilen sich darin, dann hat Md. Fried. nur noch ein 9^{tel} und wir können das Ganze nach unserm Willen einrichten. Das Alles liegt im Reich der Möglichkeiten, und die Lage der Wittwe Statt ist der Art, daß ich noch immer glaube es kommt in Jahr und Tag noch dazu.

Was Du über Deine Gesundheit, Deine Menschenscheu, Deine düstre Stimmung mir schreibst, betrübt mich mehr als ich es Dir

sagen kann und darf, Du weist warum. Gott helfe Dir, und sende
Dir Licht und Muth und Vertrauen in Dein umdüstertes Gemüth,
dies ist der herzlichste Wunsch   Deiner Mutter J. Schopenhauer

Du weist warum: Johanna fürchtete offenbar, daß Arthur sich wie der Vater das
Leben nehmen könnte.

122. Johanna an Arthur

Bonn d. 3ten April. 1832.

Ich erhielt Deinen vorletzten Brief fast am nehmlichen Tage mit
der Nachricht von Goethens Tod, und da wirst Du es mir hoffentlich nicht verdenken, daß es mir zu schwer ward ihn so zu beantworten wie ich es wünschte, und ich dieses also aufschob, und um
ruhiger und gefaßteren Mutes es zu können.

Aus Deinem letzten vom 31. Merz ersehe ich indessen, daß das,
was mir am meisten Kopfzerbrechens gemacht haben würde,
die Schwierigkeit von Fried: Deine Vollmacht zurückzuerhalten,
durch seine eigne Eselei gehoben ist, und gratulire schönstens
dazu. Du erhältst mit diesem Briefe einen an Labes, den Du dem
Deinigen an ihn beischließen magst, wenn er Dir so recht ist. *Skerle*
ist nicht so böse wie Du ihn glaubst, aber Rechtsgelehrte schreiben
nicht gern eine Zeile die ihnen nicht bezahlt wird, denn sie sind das
einmal so gewohnt, deshalb antwortet er Dir nicht. Doch wollte
ich nicht daß wir ihn erzürnen. Man kann ja manierlich auseinander kommen, und hoffentlich werden wir nicht wieder mit ihm in
Collision kommen. Zur Wiedererstattung des uns warscheinlich
ungerechter Weise abgenommenen Zehnten wird er, schon aus
bloßer Trägkeit uns nicht verhelfen, das kann ich Dir prophezeien,
aber ich habe noch einen mir und besonders Adelen sehr wohlwollenden juridischen Freund in Danzig, der mir jezt erst eingefallen
ist, an diesen wende ich mich, sobald ich in Unkel bin, was gleich
nach den Feiertagen geschehen wird; lauten Stattmillers Briefe, die
ich dort vorfinde, so wie Du und ich es meinen, so schicke ich sie
ihm ein, und dann werden wir ja sehen, wie es wird. Da Du den

Sommer in Frankfurt bleiben willst, so werden Deine Briefe wohl in Berlin liegen bleiben, da sie aber mit den meinen gewiß gleich lauten, so hat das wenig zu sagen, erhalten wir, nehmlich Adele unser Recht, so wird es auch Dir nicht versagt werden.

Lebe wohl, und freue Dich des Frühlings, der in Frankfurt überaus schön ist, schöner als anderswo.

Deine Mutter J. Schopenhauer

P. S. Ich schicke Deinen und Fried: Brief Dir zurück, ich glaube du thätest wohl sie an Labes zu senden, da Du es portofrei thun kannst, damit er selbst sieht wie Fried: sich benimmt, der gewiß auf Dein Konto Lügen wird, daß die Balken knacken.

Gratulire schönstens dazu: Friedrichsen hatte die Vollmacht von selber zurückgegeben.

23. Johanna an Arthur

Bonn d. 11ten April 1832.

Ich hoffe Du hast meinen vor einigen Tagen an Dich abgesandten Brief, nebst der Einlage an Karl Labes erhalten, und hast letztere zweckdienlich gefunden. Seitdem habe ich von Karl einen Brief erhalten, den ich Dir beilege, aber gelegentlich, ehe ich nach Unkel gehe, mir wieder zurückerbitte. Du wirst daraus ersehen, daß die Angelegenheit wegen des Zehnten in guten Händen, aber leider auch daß mein vorgefaßter Argwohn gegen Stattmiller sich bestätigt: Sehr zu beklagen ist es, daß dieses in Deiner Erbitterung gegen Menschen, zu denen Du doch auch gehörst, Dich bestärken, und Dich düsterer und argwöhnischer machen wird, als Du ohnehin es schon bist. Und doch darf man den armen mit Sorge und Noth kämpfenden Mann nicht zu strenge richten. Gewiß er wollte uns nicht betrügen, und konnte es auch nicht wenn er leben blieb. Er meinte uns in folgenden Jahren das, freilich widerrechtlich von uns entliehene zu erstatten ohne daß wir darum wußten, indem er die Schuld, die er uns als abgetragen angezeigt, bezahlte, und da überraschte ihn der Tod. Ich kann keinen Stein auf sein Grab werfen, der [fehlendes Wort] gleicht einer Kostenveruntreuung, und diese Schuldigen sind mir immer als höchst bedauernswerth erschienen.

Den 25ten gehe ich, wenn nichts dazwischen kommt nach Unkel, so bald ich dort einigermaaßen in Ordnung bin, schicke ich die geforderten Belege an Labes, und werde auch Deiner Forderung dabei erwähnen, gut wäre es freilich wenn auch du die Deinigen mitsenden könntest, das ist freilich so nicht wohl möglich, indessen ist wohl auch, wenn Du wieder in Berlin bist, Zeit dazu, und die Familie Stattmiller wird sich ohnehin mit Wiedererstattung des Geldes nicht übereilen, das weißt Du am Besten, wie es damit steht.

Lebe wohl, mein Sohn, ich will hoffen daß dieser fürchterliche Mistral, den ich fühle, selbst wenn ich noch im Bette bin, Deine Gesundheit nicht wieder angreifen wird.

Deine Mutter J. Schopenhauer

124. Johanna an Arthur

Unkel, d. 22. Juni. 1832.

Ich beantworte Deinen letzten Brief, den ich bald nach meiner Ankunft in Unkel erhielt, weit später, als ich es mir vorgesetzt hatte. Mein Umzug hieher hatte sich verzögert, ich bin erst in den ersten Tagen des Monats Mai hergekommen, acht Tage wenigstens vergiengen in den *horreurs* die eine solche Expedizion gewöhnlich begleiten, dann kamen nicht aufzuschiebende Arbeiten, dann ein ganz unvermutheter Besuch Ottiliens mit ihren beiden Söhnen und ihrer Mutter, die drei Wochen bei mir zubrachten, in Bonn oder Godesberg sich einmiethen wollten um den Sommer in unsrer Nähe zuzubringen, und dann, auf die Nachricht daß die Cholera in Erfurt ausgebrochen sei, verwichnen Sonntag aber Hals über Kopf per Dampf nach Hause eilten, was mir etwas wunderlich vorkam, die Fête hätten sie hier abwarten und Ulrike mit der Goethen kleinem Töchterlein nachkommen lassen können sollte ich denken.

Daß es mir aber Freude machte, alte Freunde wiederzusehen,

und daß ich bei so bewandten Umständen nicht ans Briefschreiben kam, wirst Du leicht begreifen, und auch entschuldigen. Unsere Angelegenheit habe ich aber darüber nicht vergessen, kaum daß ich um mich sehen konnte, und ehe noch mein Besuch anlangte, habe ich Stattmillers Briefe und Rechg gesucht und gefunden, und es geht daraus hervor, daß die Sache leider so steht, wie wir es ohnehin schon dachten. Ich habe Briefe u Rechg an Labes gesandt, und erwarte jetzt täglich die Antwort. Ich habe ihm gemeldet, daß Du Deine Beweise dafür in Berlin liegen habest, und er wohl am besten thun würde, es nicht darauf ankommen zu lassen, welchen Gebrauch Du davon machen würdest, sondern Md. Stattmiller ermahnen durch baldige Einsendung unsrer Gelder eine allemal nicht löbliche That ihres verstorbenen Mannes wieder gutzu- machen. Ich konnte mich nicht entschließen, eine Familie mit der ich stets in den freundlichsten Verhältnissen stand, durch Ein- mischung eines Fremden zu beschimpfen, auch Labes, an dem mir viel gelegen ist, hätte ich dadurch beleidigt, ich weiß, er ist redlich, und wird von den ihm anvertrauten Papieren keinen unrechten Gebrauch machen, das ärgste was daraus entstehen kann, ist das ich einige Wochen länger auf meine 32 Thlr warten muß und das ist am Ende zu ertragen. Daß er den Brief nicht erhalten, kann er nicht vorgeben, denn ich bin so gescheidt gewesen mir einen Postschein darüber geben zu lassen. Erhalte ich nicht morgen oder übermor- gen die erwartete Antwort, so schreibe ich noch einmal. Mein Brief an ihn ist d. 10ten Mai abgegangen, wenige Tage später kamen meine Gäste. Mein juridischer Freund in Danzig ist übri- gens der Justizrath Nikolovius, der älteste Sohn des Staatsraths Nikolovius in Berlin, der in Jena studirte und als Verwandter Goe- thens viel in Weimar bei uns war. Er hat bei dem großen Examen sich ungewöhnlich ausgezeichnet, weshalb er sehr frühe eine Anstellung erhielt, auf welche mancher junge Mann Jahre lang warten muß, den die äußeren Umstände nicht minder begünstigen als ihn. Er hat zu allen Diensten, zu Rath und That, in seinem Fach sich bei uns freiwillig erboten und ist als sehr redlich und brav mir bekannt, so daß ich mit vollem Vertrauen meine Zuflucht zu ihm nehmen werde, wenn der Fall eintreten sollte, daß ich dessen bedarf. Ich habe in Weimar vor drei Jahren ihn gesehen, kurz ehe er nach Danzig und ich an den Rhein gieng.

Nimm meinen herzlichen Dank für Deine köstliche Geschichte von der englischen *Lady*. Ich wollte ich könnte sie mit einer von gleichem Werth erwiedern, um Dir ein Vergnügen dafür zu machen, denn so hat mich lange nichts ergötzt. Schade, daß ich sie nicht wohl wieder erzählen kann. Der Pogwisch habe ich sie aber doch mitgetheilt, ich dachte es wäre ihre letzte Stunde, so lachte die Frau. Der Himmel gewähre Dir bald eine ähnliche Pläsirlichkeit. Ich lese jetzt ein Buch, Dymokratos, das mir sehr gefällt, daraus lerne ich den Wehrt solcher Begegnisse noch mehr schätzen, als es ohnehin in meiner Natur liegt. Lebe wohl mein Sohn

Deine Mutter J. Schopenhauer

Adresse: Unkel über Oberwinter am Rhein.

Ich habe wie eine junge Katze geschrieben, nimms nicht übel, es geschah *entre chien et loup* mit schlechter Feder, die ich noch immer nicht gelernt habe, mir selbst schneiden.

englischen Lady: Nicht rekonstruierbar.
Dymokratos: Gemeint ist: Karl Julius Weber: »Demokritos«, Stuttgart 1832.
entre chien...: Sprichwörtlich für »in der Abenddämmerung«.

125. Johanna an Arthur

Unkel d 17. Sept. 32 unter Remagen

Eben wollte ich Dir heute schreiben, um Dir die Abschrift eines Briefes von Labes zu schicken, den ich vor einigen Tagen erhalten, als die Ankunft des Deinigen dieses überflüssig machte, denn dein Brief von L ist fast wörtlich eine Abschrift des meinigen. Du siehst indessen wieder einmal durch Deine beliebte grüne Brille, mein Sohn, wenn Du glaubst L. sei über meine Äußerung über Nicolovius verletzt und ärgerlich, ich sehe von alledem nichts, er meint es wie er es schreibt; so wie er jetzt Friedrichs u Stattmillers Handlungsweise näher kennenlernt sieht er ein, wie schwierig es ihm werden würde mit gehöriger Strenge gegen diese Leute, in seinen

Verhältnissen nehmlich, zu Werke zu gehen, er wollte zu eigner
Erleichterung, aber auch zu unserm Besten uns rathen, und hat es
auch wirklich gethan. Gelingt es uns Nicolovius zur Übernahme
dieser *corvée* zu bewegen, so ist das für uns sehr ersprießlich, ich
kenne N. Er ist durchaus brav u gescheidt. Ich habe Labes folgendes geantwortet: Aus Achtung für Frau Stattmiller, um eine nicht
zu entschuldigende Handlung ihres verstorbenen Mannes nicht
kundbar zu machen, die sein Andenken mit Schande bedecken
würde, und auch um ihr größere Kosten zu ersparen, will ich Friedrichsens Vorschlag annehmen; ist das Geld aber nicht den letzten
October in meinen Händen (L.s Brief ist vom 1ten *Sept.*) so werde
ich den Weg Rechtens gehen, und L. außerdem meine in seinen
Händen befindlichen Beweise gegen Stattmiller unserm Anwalt zu
übergeben, ich riethe Fried: aber sehr ernstlich auch Dich zu glei-
cher Zeit zu befriedigen, denn Du möchtest noch weit weniger zur
Nachsicht geneigt sein als ich. Übrigens wunderte ich mich, daß
Frau Stattmiller sich nicht an ihre Nichte Röschen wendet (deines
Spielgefährten Eduards Tocher, deren Mutter die Schwester der
Frau Stattmiller ist). Diese ist seit kurzem an einen alten reichen
Mann verheirathet, und es wäre wohl ihre Pflicht mit einer für sie
so unbedeutenden Summe das Andenken ihres Oheims vor
Schande zu retten, der von ihrer frühen Jugend an Vaterstelle bei
ihr vertreten hat. Wenn diese unangenehme Sache erst beseitigt
wäre, schrieb ich ferner an Labes, würde ich es versuchen, Nicolovius zu bewegen, ihm die Last unsrer Geschäftsführung abzunehmen, denn ich könnte die Gründe die ihn bewegen dieses zu wünschen nur billigen, weil ich ihre Rechtmäßigkeit einsehe: u dieses ist
auch wirklich meine Meinung. Daß Du in Mannheim bist freut
mich, es ist ein Ort den ich immer geliebt habe. Auch lebt es sich
dort wohlfeil, wenn man sich einzurichten weiß, wobei *Friedrichs*
Dir sehr mit Rath beistehen kann. Grüße den guten alten Freund
auf das freundlichste von mir, wenn Du ihn siehst, und halte ihn in
Ehren, er verdient es. Das Klima von Mannheim ist im Sommer
äußerst mild, aber im Frühling und Herbst sind die aus den nah-
umliegenden Sümpfen aufsteigenden Dünste freilich etwas
bedenklich. Lebe wohl.   Deine Mutter J. Schopenhauer

[Adele fügt hinzu:]

Sey freundlich gegrüßt lieber Arthur; ich habe an Frl. *Vincenti* geschrieben wie ich Dir von Mainz aus *Ende July* schrieb, wo Friedrich nicht helfen kann, kann es die Generalin gewiß mit Rath und Tath.

Generalin: Frau von Vincenti, die Witwe des Mainzer Stadtkommandanten. Anlaß nicht rekonstruierbar.

126. Johanna an Arthur

Bonn, d. 7ten Jan: 1833

Ich habe Deinen Auftrag an *Labes* ausgeführt, und hoffe er wird im Stande sein Alles nach Deinem Willen einzurichten, ich bin nur froh daß diese häsliche Geschichte endlich beendigt ist und wir unser Geld haben. Wegen Veränderung der Vollmacht habe ich noch keinen Schritt gethan, da Labes in seinem Briefe kein Wort davon erwähnt, habe ich es auch unterlassen, und ihn nur gebeten zu sorgen, daß wir unsre Einnahme bald und richtig erhalten, wir wollen dann abwarten wie es in Zukunft sich gestaltet. Da Nikolovius, wie ich höre, jezt in Berlin ist, so wäre ohnehin für den Augenblick nichts zu machen; ich hoffe er ist nur zum Besuch dort; würde er versetzt und Karlchen machte mir Sperenzien, so weiß ich warlich nicht *a quel Saint nous vouer*, aber das wird ja nicht sein!

Wenn du Frau von *Heigendorf* wiedersiehst, so grüße sie auf das Allerfreundlichste von mir, ich halte wirklich viel auf diese Frau, ich wollte die wirklich schöne Gegend um Bonn lockte sie im Sommer in meine Nähe, ich sähe und hörte sie gar zu gern, sage ihr das.

Allso, ein Hallischer Ritter hat für mich eine Lanze gebrochen? ich danke es ihm vom Herzen, weis aber sonst nichts weiter davon, denn seit vier Jahren lese ich keine einzige Recension, kein einziges Blatt derart kommt über meine Schwelle; *quand on le sait, c'est peu de chose, quand on ne le sait pas ce n'est rien*; und übrigens kann man sich durch dumme Rezensionen leicht irren lassen, und seine Sachen schlechter machen, als ohnedem geschehen wäre, das habe ich zu meinem Schaden damals erfahren. Mein Thermometer sind einstweilen die *Verleger*, und da steht es noch gut. Übrigens sage ich mit Goethen, der auch keine Rezensionen mehr las, »Hat auch der Wallfisch seine Laus, kann ich auch meine haben.« Übrigens sehe ich als einen Beweis Deiner Theilnahme es an, daß Du mir diese Nachricht gemeldet hast, und ich habe mich darüber gefreut.

Glück zum neuen Jahr, mein Sohn, möge es uns dreien einmal etwas Gutes bringen, es ist lange nicht geschehen, und wäre wohl einmal Zeit dazu.   Johanna Schopenhauer

a quel Saint...: »Welchem Heiligen wir uns weihen sollen.«
Heigendorf: = Caroline Jagemann.
quand on le sait...: »Was ich nicht weiß, macht mich nicht heiß.«
»Hat auch der...«: Frei nach Goethe: Gedichte aus dem Nachlaß, »Invectiven«.

127. Johanna an Arthur

Bonn, d. 12ten Aug. 1833.
Ich danke Dir daß Du mir die Veränderung Deines Aufenthaltes meldest, die mir nicht unerwartet kam, ich meine, ich habe Dir schon früher, als Du nach Mannheim gehen wolltest geschrieben, daß der Ort im Sommer, besonders wegen der in der Nähe der Stadt befindlichen stehenden Gewässer und Sümpfe, weder gesund noch angenehm ist. Frankfurt aber ist für einen einzelnen Mann ein sehr wünschenswerther Wohnort, den ich aber, in meiner Lage mir schwerlich wählen würde; für eine große Stadt ist Frankfurt mir zu klein, für eine kleine zu groß, im Ganzen ein Klatschnest, was Dir aber gleichgültig sein kann. Siehst du Ottilien oft? und macht sie hübsch viel dumme und liebenswürdige Streiche, *al solito?* Hieher wird sie diesen Sommer nicht kommen, und ich bin es wohl zufrieden denn ihre Anglomanie würde mir viel Noth machen, da ich meine Zimmer gern rein von diesem Fliegenschwarm erhalte der sich überall ziemlich unnütz macht und nach des verstorbenen August G. Ausspruch, uns die Societät verdirbt.

Daß Kügelgen eine Ahnung von einem gewaltsamen Tod

gehabt hätte ist mir nicht erinnerlich, auch glaube ich es nicht. Ich habe mich aber eine Zeitlang mit dieser dummen Idee geschleppt, die mich gottlob verlassen hat; ich äußerte dies zuweilen, auch gegen Dich, solange Dein Vater noch lebte, vielleicht hast Du dies verwechselt. Adele ist von Weimar ziemlich gesund und recht zufrieden heimgekehrt, mich zieht das Herz gar nicht mehr nach dem Ort, wo alles anders ist, als es war. Zum Ausleben ist am Ende jeder Ort gut genug. Daß Du mit Labes zufrieden bist, ist mir lieb, wir lassen es allso beim Alten, solange es so geht.

Lebe wohl, und pflege Deine Gesundheit   J. Schopenhauer

August G.: August von Goethe.

---

128. Johanna an Arthur

Bonn, d. 29. April 35

Ich würde früher Deinen Brief beantwortet haben, mein Sohn, aber ich wartete von einem Tage zum andern auf Moneten, und kann auch heute Dir nur melden, daß sie auch bei mir nicht angelangt sind, was mich ziemlich genirt, da ich fest darauf gerechnet habe. Aus Ungeduld habe ich heute an Labes geschrieben, ich weiß es ist weggeworfenes Porto, denn hoffentlich kreuzen sich die Briefe unterweges; aber man macht wohl mitunter etwas Dummes um sich nur sagen zu können, man habe doch etwas gethan.

Mit meiner Gesundheit geht es so leidlich wie es gehen kann, wenn man in ein paar Monaten das siebzigste Jahr antreten soll. Auch Adele ist ziemlich wohl. Unser Hausstand hat mit einer jungen Hündin sich vermehrt, welche die berühmte Iris, von der Adele Dir gewiß erzählt hat nebst fünf andren, die alle verschenkt sind, vor vier Wochen zur Welt gebracht hatte. Diese wird *Stella* genannt, wegen eines schwarzen Sterns vor der Stirn.

Deine Anekdote vom *Signor colla testa di cane* hat mich lachen gemacht, und auch gewissermaaßen gerührt. Der arme Gottlieb, seine Mutter hat manche Thräne in meiner Gegenwart um ihn

geweint. Seitdem habe ich von vielen Seiten lauter Gutes und löb-
liches von ihm gehört.

Von Frau von *Löwenich* könnte ich viel Lustiges Dir erzählen,
wenn ich über das Ausbleiben des Geldes nicht so verdrießlich
wäre. Nur so viel: gleich nach ihrer Heirath nannte der Frankfurter
Witz sie die Frau Professorin *Gardumm*. Ich habe einmal während
seiner Regierung bei ihr zu Mittag gegessen, und er war albern
genug die alte Bekanntschaft mit mir zu erneuern, ich hatte den
Narren schon längst vergessen. Kennst Du *Fletchers have a wife and
rule a wife?*, so gieng es ihr. Sie nahm ihn um einen Begleiter auf
Reisen zu haben, aber als er einmal festsaß, wollte er durchaus nicht
aus dem warmen Nest, es half weder Bitten noch Zureden. Da
faßte sie sich kurz, machte ihm die Hölle tüchtig heiß, und richtete
es ein, daß er am Ende herzlich froh war mit einem Kopfstück per
Tag ins Freie zu kommen.

Schreib mir doch ob die Brentanos Bettinens wunderliches
Werk wirklich aufgekauft haben, damit es aus der Welt kommt,
erkundige Dich danach, so genau Du kannst, ich wüßte es gar zu
gern.

Lebe wohl in deiner Eremitage mit Deinem garstigen Pudel, der
wie alle seinesgleichen nach altem Käse riecht. Da solltest Du unsre
zierliche Iris sehen, das ist eine andere Person.   J. Schopenhauer

Signor colla . . . : »Der Herr mit dem Hundekopf.« Bezug nicht rekonstruierbar.
Fletchers . . . : »Besitz ein Weib, regier ein Weib«, nach: Francis Beaumont, John
Fletcher: »Rule a Wife and Have a Wife«. Arthur besaß die Ausgabe London
1791.
wunderliches Werk: Bettina von Arnim: »Goethes Briefwechsel mit einem
Kinde. Seinem Denkmal«, Berlin 1835.

129. Arthur an Johanna

Geehrteste Frau Mutter!
Sie werden zweifelsohne bereits die erquickliche und erklekliche
Nachricht erhalten haben von einem in Danzig für uns, daß ich
mich so ausdrücken darf, gefundenen Fressen: (hier allgemeine

Familiengratulation, mit Verbeugungen). Jedoch bin ich der unmaaßgeblichen Meinung, daß wir nicht zu gierig darüber herfallen, sondern uns erst NACH MEHR umsehn; als bescheidene Leute. Will mir nämlich wittern, daß man uns mit einem kleinen Theil des Zukömmlichen abspeisen will. Ich finde allerlei Verdächtlichkeiten, die ich in innere und äußere theile.

I° Die äußerlichen.

a) Der Hr. Kriminalrath schreiben eigenhändig, was Sie seit 20 Jahren nie gethan haben und der Brief ist 4 Seiten lang: *vuol dire*, Sie scheuen die Blicke der naseweisen Schreiber: *vuol dire*, Sie haben Ursach dazu.

b) Der Brief ist frankirt, was Advokaten nie thun, als wenn sie fuchsschwänzeln, sonst lassen sie sich auch noch den Brief bezahlen, mit 16ggr *pro his litteris*. – Noch zu bemerken, der Brief ist sehr ausführlich und höflich, während der Hr: Krim: Rath sich sonst lakonischer Kürze und Spartanischer Gradheit befleißigen.

c) *Last not least*: in dem Schema zur Quittung kommt, so lang und ausführlich es ist, gar nicht vor, was ich denn eigentlich gekriegt habe, sondern nur daß ich genug habe und kontentirt sei.

II° Die innern.

a) Ich traue Advokaten im Allgemeinen und auch dem Hrn: Krim: Rath im besondern, gar nicht so ganz und gar; im Gegentheil.

b) Derselbe agirt hier als Sachwalter des Gegenparts, des Schuldners: er steht also nicht neben uns, sondern uns gegenüber, welches die feindliche Position ist. Also vorgesehn! *en garde!* –

c) 3 Mal wird gesagt, daß der Kommerzienrath Schmidt gestorben sei; aber nie, WANN er gestorben ist; hier scheint mir der Hase im Pfeffer zu liegen! Posito, er wäre 20 Jahre todt: so hat sich durch die Zinsen das Kapital verdoppelt: und statt 500 Rth die man als uns für unser 5/9 zukommend angiebt, wären es 1000 Rth. Wenn wir nun da, des Friedens halber, die Zinsen schenkten; so müßten wir doch 500 Rth rein erhalten und ließen uns noch die Hand küssen. Das ist mein Plan.

d) Wird gar nicht gemeldet, wer denn eigentl diesen Hasen aufgejagt hat: und muß doch seyn: denn *ex nunc* wird man nicht die

Anwandlung gehabt haben uns sein liebes Geld in den – zu jagen; sondern hätte uns ja noch länger in Unschuld dahin leben lassen können. Muß also ein Dränger und Droher daseyn; wer ist dieser Goldmann? er könnte uns die besten Lichter aufstecken; *posito*, daß er nicht schon geschmiert ist.

Sehr ist zu wünschen, daß wir Alle *de concert* agiren, weil wir da mehr Nachdruck haben. –

Nach oben ist noch anführen:

e) Der Beweis aus den Büchern der Hohenfelds muß schlecht oder ungültig seyn: da man sonst darauf trotzen würde. Auch ließe er sich wohl umstoßen durch einen Gegenbeweis aus den Büchern der Vormünder des Andreas und der Erben des Johann: und dann ist's klar. Die Preuß: Justiz hat sich sehr gebessert und ist nicht mehr so langsam, wie der Skerle angiebt, um uns einzuschüchtern.

Nunmehro, was thun wir? – Ich fürchte, daß Sie für schnelles Nehmen sind: aber bedenken Sie, daß wir wahrscheinlich das Doppelte erhalten können, wenn wir uns gehörig benehmen: jedenfalls müssen wir mehr kriegen, als das erste Gebot: jeder Bieter hat noch etwas zum Zulegen *in petto*. Eine Hauptfrage ist: wer kriegt die übrigen 4/9? ich denke Mad: Stattmiller und Mad: Friedrichsen: erstere wird wohl durch Labes vertreten. Sollte man diesen, damit sie schweigen, nicht mehr geben als uns? – Sollte man Ihnen und Adelen mehr geboten haben als die Hälfte der anerkannten Forderung, so hoffe ich, daß Sie es mir nicht verschweigen werden. Wenn aber Alle wirklich gleich behandelt werden; so können die Anwesenden am besten ins Innere der Sache sehn, und wenn sie aufrichtig sind, uns rathen. – Oder sind die Tietzischen Erben wieder ganz andre? die wir gar nicht kennen? seine Gläubiger? hier bin ich im Dunkeln. Jedenfalls vermuthe ich, daß man sich der Anwesenden auf eine oder die andre Art versichert hat, ehe man an uns gieng. Immer jedoch könnte Labes Ihnen rathen. – Mein Plan ist, jedenfalls erst nach dem Todesjahr des Komm: R. Schmidt zu fragen und nach den sich daraus ergebenden Zinsen: und möchte ich gern mit dem Erlaß dieser davon kommen, folgl 200 Rth statt gebotener 100 Rth einkassiren.

GLEICHSAM P. S. – Den oben sub II, c. im Pfeffer gewitterten

Hasen halte ich bereits bei beiden Löffeln! – Habe nämlich nach-
gesehn den alten Bericht v. Skerle über die ganze Erbschaft vom
Andreas v. Aug: 1815: es sind 3 Bogen, die Sie mir damals nach
genommener Durchsicht nach Dresden sandten. Daselbst also
heißt es, bei Angabe des Bestandes der Verlassenschaft wörtl so:

»Es kommen jedoch hinzu noch 100 f und diejenigen 300 # welche auf dem Hohenfeldtschen Grundstück für den »Kriegsrath
Schmidt als Leibrente eingetragen sind, da LETZTERER VERSTORBEN
ist.« –

Das schrieb Skerle 1815. Ergo ist der Schmidt wenigstens schon
20 Jahre todt, wahrscheinlich länger, vielleicht sehr viel länger:
Daraus folgt, daß die von jenen 300 Dukaten auf unsere 5/9 kommenden 500 Rth GOLD (nicht Courant) durch die aufgelaufenen
Zinsen jetzt WENIGSTENS 1000 Rth GOLD betragen, und wenn er
1815 schon 10 Jahr todt war, 1250 Rth GOLD: ein erhabener
Gedanke! – Schlechterdings dürfen wir uns nicht mit 50 Rth court
für jedes 1/9 abspeisen lassen; es wäre unverantwortlich! Wenn wir
das unverminderte Kapital in GOLD nehmen, und die Zinsen fahren lassen; so haben wir eigentlich schon ZU VIEL gethan, näml
mehr als die Hälfte unsrer Forderung fahren gelassen! – Mein Plan
ist, dem Skerle kurz und höflich zu schreiben: »er habe vergessen,
das Todesjahr des Hrn Schmidt anzugeben, welches ich mir zu
melden bäte, um zu ersehn, wieviele Zinsen zum angegebenen
Kapital hinzugekommen« und weiter nichts: da sieht er gleich, daß
wir keine Narren sind, und wird sein Ziel niedriger stecken, nämlich bloß auf Erlaß der Zinsen. Er wird mir das Todesjahr wohl
richtig melden; sollte er das nicht, so kann ich ihn durch obige
Angabe dermaßen *ad absurdum* führen, daß er vor Schreck einen
verkehrten Heisterkopf schießt. Zudem bezeugt seine Angabe v.
1815, daß damals das Kapital UNBEDENKLICH ALS NICHT GEZAHLT
angesehn wurde. Damit komme ich ihm nachher.

Ich setze voraus, daß Skerle Ihnen ganz eben so wie mir geschrieben hat: allenfalls könnten wir uns gegenseitig seinen Brief überschicken. Ich hoffe, daß Sie mir beistimmen und im gleichen Sinn
handeln werden. Ich werde an Sk: nicht eher schreiben, als bis ich
Ihre Meinung vernommen, welcher ich daher zuversichtlich BALD

entgegensehe. Vielleicht hat Ihnen schon Labes geschrieben: Sie trauen ihm sehr viel Gutes zu: vielleicht mit Recht: es giebt auf der Welt gewiß ehrliche Leute, wie es auch vierblättrigen Klee giebt.

Wie manches mag noch seyn, was aus Andreas' Verlassenschaft uns gebührt und kein Zufall, wie dies Mal, ans Licht bringt! Ich habe vor mir, was ich 1815 auf Skerle's mündlichen Aussagen niedergeschrieben habe. Da heißt es, zur Erbschaftsmasse gehörten noch beträchtliche ausstehende Kapitalien, die eingeklagt werden müßten, aber pupillarisch-hypothekarisch sicher ständen: und so vieles aus den Verlassenschaften der Mutter und Brüder des Andreas! und Kabrun schätzte den Nachlaß des Andreas auf 70 bis 80000 Danz: Gulden. Ich wünschte, daß Sie, nach beendigter Sache, ein Mal eine Vermahnung an Skerle schrieben, ob nicht noch sonst wo etwas wäre: auf Sie nimmt man mehr Rücksicht. – Jetzt brauchten Sie eigentlich dem Skerle nicht zu antworten, sondern könnten warten, was er auf meine Frage antwortet. Also lassen Sie uns de Conzert und mit Verstand agiren! und ja nichts übereilen: zum Nachgeben ist immer Zeit: aber wir müssen uns in Respekt setzen und »also borstig seyn: denn alles jagt man mit Falken, nur nicht das wilde Schwein«. Um baldige Antwort bittet

Ihr ergebener Sohn Arthur Schopenhauer.

Frankfurt a. M. d. 22 Juli 1835.

Bedenken Sie, daß Sie an mir einen nach weit zurückgelegtem Schwabenalter sehr gescheut gewordenen Sohn haben und der gerieben ist in der Welt: und schlagen Sie daher seine Meinung nicht in den Wind!

Verdächtlichkeiten: Aus dem Nachlaß des Großvaters Andreas Schopenhauer waren zwei Grundstücke, auf denen eine hypothekarische Schuld zugunsten seiner Erben eingetragen war, mit einem entsprechenden Preisnachlaß an den Kaufmann Carl Friedrich Hohnfeld verkauft worden. Diese Summe war zwar als Sicherheit einer von Hohnfeld an den Geheimrat Martin George Schmidt zu zahlenden Leibrente zunächst blockiert, wäre aber einschließlich der aufgelaufenen Zinsen nach dem Tode Schmidts fällig gewesen. Der Bevollmächtigte der Schopenhauers in Danzig, der Kriminalrat Skerle, hatte indessen die Auszahlung verzögert und seine Klienten mit nur einem Teil des ihnen zustehenden Betrages abzuspeisen versucht.

#: Dukaten.

»also borstig seyn...«: Frei nach Goethe, »West-östlicher Divan«, »Buch der Sprüche«.

130. *Johanna an Arthur*

I. über das äußerliche

a) ich bin noch immer von Skerles Rechtlichkeit überzeugt, u habe keine Ursache ihm zu mistrauen. Der Profit den er hier machen könnte müßte, wegen der Geringfügigkeit der Summe, obendrein unbedeutend sein.

b) der Brief ist frankirt weil er mit dem Dienstsiegel gesiegelt ist, das ist eine Höflichkeit die ihn keinen Heller kostet. Fast alle Briefe die ich von ihm erhalten, waren so frankirt. Du hast ihm oft das Leben sauer gemacht, warst knittelgrob, wie man in den Wald ruft hallts wieder. Machs wieder so, du wirst es erfahren.

c) Das Schema der Quittung sei zum Umtausch mit einem bessern dir überlassen, je mehr wir bekommen je lieber ist es auch mir.

II. Das innerliche

a) ist mit obigem a beantwortet.

b) S. ist nicht nur des Gegenparts Sachwalter, sondern auch unserer, gegen *en garde* habe ich aber nichts, nur gegen jede Übertreibung.

c) Zu erfahren, wann der Kom.Rth. Schmidt gestorben ist, wird nicht schwierig seyn. Ist er früher als mein Mann gestorben, so kommt mir als Wittwe ein Drittel, ein Kindestheil, und nicht ein 9tel zu.

e) auf den Beweis aus den *Hohenfeldschen* Büchern wird gar nicht getrotzt. Johanns Erbe war Dein Vater der ihn viele Jahre überlebte. Wir giengen 1793 nach Hamburg, Andreas, Dein Großvater starb 94 oder auch 93 um Weihnacht oder Neujahr herum. Johann 94: Ende April, beider Erbschaft wurde noch von Deinem Vater in Empfang genommen.

Deines Vaters Schwester war an den Kaufmann Tietz verheirathet und wurde noch vor unserm Hinzug nach *Hamburg* Wittwe;

sie hinterließ einen nichtsnutzigen Saufaus von Sohn, der aufs
Land zog eine Magd oder so etwas heirathete, eine Menge Kinder
hatte in Schulden u Armuth gerieth, mich mit Briefen um Geld
bombardierte, und wie ich jetzt sehe maustot ist, seine wehrte
Familie sind die Tietzischen Erben. Weder Md. *Stattmiller*, noch
Friedrichs, noch Labes, haben das mindeste hiemit zu thun, u wissen von gar nichts.

d) *Skerle* als *executor* des Hohenfeldt Testaments, that seine
Pflicht, indem er bei mir über diesen Punkt Nachfrage hielt. Er
allso ist dein Goldmann.

Und nun, was thun wir.

Ich werde *Skerle* schreiben daß Du u Adele zwei sind und ich nur
eine, daß ich euch beiden als übermäßig mündigen Kindern, die
Sache habe überlassen müssen, und von seinen guten Gesinnungen
gegen mich fest überzeugt bin, und allso hoffe er werde es so
einrichten daß wir erhalten was uns gebührt. Nun thue du das
Deine, Dein Plan mit den Zinsen ist nicht zu verwerfen, ver-
wickle uns aber nicht in kostspieligen Prozeß, u sey nicht all zu
grob gegen *Skerle*. Mach Deine Sache gut ich gebe Dir völlige
Freiheit aber ich will mich nicht mit herumbeißen, ich will diesmal
zusehen.

Vater, Mutter u Brüder Deines Vaters, bis auf den blödsinnigen
Andreas sind vor ihm gestorben: allso ist die Erbschaft bei seinen
Lebzeiten regulirt. Der Vater war sehr heruntergekommen, besaß
außer dem Grundstück u den Ländereien in *Ohra* wenig, wovon
ich Dir Beweise schicken kann, wenn Du das Porto hin u her nicht
scheust. Die Mutter lebte nach ihres Mannes Tod, von den Ohraschen Ländereien u von dem Beystande ihres Sohnes Heinrich Floris. Sie war von so heftigem Charakter, daß sie zuletzt für wahnsinnig erklärt und unter Vormundschaft eines alten Freundes,
Namens *Mackensen* gesetzt wurde, die Regierung gieng heillos mit
ihr um, Deinen Vater kränkte es tief, wegen des blödsinnigen
Andreas aber konnte er nichts ändern, als mich im Jahre 99 hin-
schicken. Sie wohnte im Gartenhause in *Ohra* in einer Stube, das
ganze Haus war leer, man hatte alles gerichtlich verkauft. Ich trö-

stete sie, beruhigte sie, schaffte an, was ihr fehlte, sorgte für ihre
Bequemlichkeit, aber wie ich sie fand werde ich nie vergessen. Sie
lebte nicht lange mehr, nachdem ich fort war. Karl der zweite Bruder Deines Vaters, ein elender, ausgemergelter, durch thierische
Ausschweifung halb wahnsinnig gewordner Mensch, hatte von
seiner Familie sich losgerissen, lebte in einem Winkel, mit schlechtem Volk, sein Vermögen bestand in dem was er von seinem Bruder *Johann*, dem ehemaligen *Associé* Deines Vaters ererbt hatte.
Diese Erbschaft gieng damals in vier Theile, er wurde darum
betrogen, starb arm, hinterließ ein Testament in welchem er seine
Familie enterbte und an andere Leute viele Tausende vermachte,
worüber alle Welt lachte, denn es war nichts vorhanden wovon die
Legate hätten ausgezahlt werden können. Auch dies geschah noch
bei Lebzeiten Deines Vaters. Hätte die Nachlassenschaft des blödsinnigen Andreas aus 80000 Danziger Gulden bestanden, so hätte
Johann über 3mal hunderttausend Gulden wenigstens nachlassen
müssen, das wären an hunderttausend Thaler, er hatte kaum die
Hälfte, das weiß ich gewiß, allso: Andreas stand lange unter Vormündern. Genug in dem Revier springen keine Hasen uns mehr
auf. Der größte Theil von Andreas Geld war in polnischen u
andern Papieren die fast allen Werth verloren hatten. Kabrun
schwatzte wie ein Narr ins Geleg hinein.

Ich lege Nr. 1 einen Brief von *Skerle* bey vom 21 Octbr. 1834
von dem ich gern die Hälfte abschnitte um Dir Porto zu ersparen,
Du könntest aber denken ich wolle Dir wunder was verheim-
lichen. Aus eben dem Grunde, weil ich Dich kenne u Deinen fürchterlich argwöhnischen Sinn, wollte ich Dir den Brief nicht schik-
ken, bis ich nähere Nachricht wie es mit der Sache stünde erhalten.
Ich schrieb *Skerle*, der Wahrheit gemäß, daß ich mich wohl erinnere von der Leibrente sprechen gehört zu haben, aber nicht von
der Bezahlung der 300 Thlr., auch unter den wenigen Notitz-
büchern Deines Vaters die ich habe, nichts davon gefunden. Nun
war alles stille, zweimal habe ich seitdem an *Skerle* deshalb geschrieben, u endlich auf meine dritte Mahnung die Antwort No 2
erhalten, von der ich gleich vermuthete, daß sie mir ein werthes
Handschreiben von Dir zuziehen würde.

Beide Briefe bewahre bis Du sie mir mit Gelegenheit wieder-
schicken kannst. *Vale.* J.S.

Korrespondiere mit Adelen darüber, an *Skerle* schreibe ich wenn
Du geantwortet hast, Adele soll den Brief vorher lesen, auch Du
wenn Du es verlangst.

Frage *Skerle* wie es zugeht daß die Tietz. Erben so viel erhalten
als Du u Adele zusammen, Geschwisterkinder pflegen zu gleichen
Theilen zu gehen; da aber, wie es scheint, die Erbschaft vom Grosvater herrührt, der vor meinem Mann gestorben ist, so kommen
uns u jenen Erben jedem die Hälfte der Summe zu, von der Hälfte
die uns gehört + 50 Thlr, trifft mich dann der dritte Theil, 150 Thlr,
und euch beiden jedem auch so viel. Siehst Du ich kann auch rechnen, doch das findet sich, wir wollen nicht die Haut verkaufen bis
wir den Bären haben u uns auch nicht darum streiten.

Johanna an Arthur: Der briefliche Kommentar Johannas zu Arthurs Brief vom
22. Juli 1835 ist wie der folgende Brief Adeles vom 24. Juli 1835.

131. Adele an Arthur

Bonn den 24ten July 35

Allerdings, lieber Arthur, wollte die Mutter die 200 Rth. annehmen. Ich aber hatte die feste Ueberzeugung Du würdest uns schreiben und wollte das gern abwarten, und so gab sie nach. Obgleich
mir scheint, daß Du in den Summen einige Verwechselungen
machst u die Abreviatur Fl. Danc. Cour. Dich irre macht und Du
Dich dann verschrieben hast, denn die ganze ursprüngliche
Summe beträgt für *uns Alle nur dreihundert Ducaten.* Du aber
sprichst mehrere Male von fünfhundert, so sehe ich doch daß wir
eigentlich ganz einer Meinung sind. *Warum* aber Skerle uns den Fall
meldet ist mir klar. Du oder wir konten ja aus der von ihm eigenhändig geschriebenen Auseinandersetzung v. anno 15 die Sache
bemerken, und da er nicht blos Hohenfeldtscher sondern auch
Schopenhauerscher Testamentsexecutor oder doch Geschäftsträ-

ger ist konten wir ihn verklagen, und der Unredlichkeit beschuldigen, dem konte er sich als kluger Jurist nicht aussetzen. Ich bin demnach vollkommen einverstanden mit Dir, daß Du nach Lesung der Beilagen ihm *in Deinem und in meinem Nahmen* freundlich aber bestimmt schreibst und anfragst wann Schmidt gestorben, wegen der zum 2ten Capital angelaufenen Zinsen. Mir scheint kein Prozeß möglich, besonders wenn wir die Zinsen *erlassen* und sehr ruhig handeln; wir haben Unrecht gehabt uns nicht als Schuldner zu melden was ich nach den von Dir, nach Skerle angeführten Stellen kaum begreife. Daß die Hohenfeldtschen Beweise nicht gültig sind ist klar.

Meiner Mutter etwas undeutliche Bemerkungen betreffend, füge ich eine Uebersicht bei, weil ich glaube die Sachen sind Dir nicht ganz gegenwärtig.

Andreas Schopenhauer starb 93 oder Anfang 94, im April 94 sein Sohn Johann. Die Erben Beider waren der Vater, Onkel Karl, Andreas und die Diez, diese Erben sind die Contractanten in Folge einer von ihrem Vater mit Schmidt getroffenen Uebereinkunft. Fünf Jahre nach des alten Andreas Tod schließen sie *Anno 98* den Contract. Wahrscheinlich starb Schmidt nach unserm Vater; denn unsre Mutter hat den Garten und das Haus in Ohra welche Skerle anführt, und auf welchen die Rente beruht als unser Vormund verkauft obschon unser Vater den Verkauf eingeleitet hatte. Denn dieser Verkauf geschah im September *1805*, ein halb Jahr nach unsers Vaters Tode. Folglich erbt sie als Witwe ein 9^{tel}, wir aber die wir von Vater und dem Anno 7 verstorbenen Onkel erben, bekommen jeder zwei Neuntel, wie auch die Diezschen Kinder.

Da dieser Verkauf Anno 5 geschah, können *weder* die Friedrichs noch Stadtmüller Antheil an der Erbschaft haben, denn ein späterer Verkauf der sogenannten Niederfeldschen Ländereien, bei Ohra, der Dich irre zu machen scheint, kan ihnen an diese früher *von der Mutter selbst* an Hohenfeldt verkauften Stücken kein Anrecht keiner Art geben. In so fern scheint mir unnütz Labes in die Sache zu ziehen. Ich bin jedoch erbötig jetzt den OberregierungsRath Kleefeld durch seine Tochter insgeheim zu fragen *wer die Hohenfeldtschen* Erben sind. *Ich melde es Dir dann.* Mitlerweile

schreibe Du an Skerle. Sollte ich mich irren und Skerle Dir eine
andre Summe angegeben haben so schreibe es, auf den Fall wäre
Alles anders. Was wir künftig in Bezug der Erbschaft des Andreas
thun davon müssen wir jetzt schweigen. Lebewohl lieber Arthur
Deine treue Schwester Adèle.

132. Arthur an Adele

Liebe Adele!
Falls Du noch nicht dahinter gekommen seyn solltest, warum Du
aus meinen Zahlen nicht klug werden konntest, eröffne ich Dir,
daß Sk: mir für 2/9 nur 100 Rth C^t, Euch aber, für 3/9 200 Rth C^t
geboten hat. Er tritt, wie Ihr beide richtig bemerkt, in dieser Sache
noch als unser Erbschaftsregulator auf. – Wie nennt man nun das
auf Deutsch? – Gehn der Mutter endl die Augen auf? – An die Existenz der Notiz der Abzahlung in Hohenfelds Büchern werde ich
glauben, wenn ich sie sehe. Angenommen aber, sie existirte wirklich; so ersiehe aus folgendem Auszug aus dem Preuß: Landrecht,
den mir ein Special hieselbst, der Advokat ist, ausgeschrieben hat,
daß dieselbe gegen uns schlechterdings nicht anzuwenden wäre:

Preuß: Landrecht: Tit: II.
§563. Diese Beweiskraft (nämlich aus Handlungsbüchern)
erstreckt sich jedoch nur auf das zur Handlung gehörende Waaren-
und Wechsel-Verkehr.
§564. Bei Anlehen und Bürgschaften, wegen eingebrachten Vermögens der Ehefrauen und andern Geschäften, haben Vermerke in
den Handlungsbüchern keine mehrere Glaubwürdigkeit als andere
Privatverzeichnisse.
§565. Wenn auch dergleichen Forderungen (§564) mit dem
Handelsverkehr in Beziehung oder Verbindung stehen; so können
dennoch, sobald sie nicht selbst aus einem Waaren- oder Wechsel-
Verkehr entsprungen sind, die Handlungsbücher als Beweismittel
dabei nicht gebraucht werden.
§572. Gegen Andre als Kaufleute kann nur bei streitigen Waa-
renlieferungen ein Beweis aus den Handlungsbüchern entnom-

men werden, wenn durch Geständniß oder sonst bereits ausgemittelt ist, daß die Waaren gekauft worden.

Für wen macht nun der Patron alle diese Winkelzüge? Für die Hohenfeldschen Erben? – Die wird er nicht zärtlicher lieben als uns. Ergo für sich. Als ich meinem obigem Special die Sache, ohne Namen, vortrug, sagte er ganz gelassen: »Nun ja, der Mann will das halbe Kapitälchen und die Zinsen für sich: das ist auch recht; man muß was verdienen: aber er hat's dumm angefangen«. Dabei war sein Rath, wir sollten gleich an die Hohenfeldschen Erben schreiben (die aber der Patron uns weislich verschwiegen hat) auch an Tietzens Erben. – Allerdings sollten wir das: und wäre ich allein und hätte in Danzig Jemand, der mir für den äußersten unwahrscheinlichen Nothfall einen Advokaten schaffte, der Sk's Freund nicht wäre; so thäte ich ES GEWISS. Denn: sind die Erben redliche Leute, so geben sie uns gern das Unsrige: außerdem aber, thun sie es aus Klugheit, zumal wenn wir ihnen die halben Zinsen erließen: denn den Proceß müßten sie verlieren und ganz und die Kosten dazu: deshalb auch Sk: ihnen nicht dazu rathen dürfte. Die Ausmittelung der Schuld wäre leicht, da wir Sk's Briefe als Zeugniß darüber haben, auch seinen Bericht v. 1815. Er müßte Rede stehn und ausliefern, was er hat. Es käme also, 100 gegen 1, nicht zum Proceß. – Seid Ihr resolut genug dazu, wollt Ihr es; so erfrage, wer die Erben sind, und ES GESCHEHE SO. Die würden sich wahrscheinl wundern. – Mit dem Patron, dem wir dann garnicht schrieben, hätten wir gebrochen; und was schadet das? – Das wäre also DER GRADE UND RECHTE WEG. – Für den Fall, daß Ihr es nicht wollt, habe ich, da wir Alliirte sind und einander daher nachgeben müßten, einliegenden Brief an Sk: verfaßt, den ich mir baldigst zurückerbitte, um ihn, falls Ihr nicht anders wollt, zu expediren: es ist kein Umweg, und ich trage lieber das Bischen Porto, als daß ich ihn für euch abschriebe. In selbigem zeige ich ihm, daß ich ihn ganz durchschaue, und benehme ihm zugleich alle Gelegenheit zum Grobwerden, dieser letzten und würdigen Reßource aller elenden Wichte, wenn man gelassen ihre Schlechtigkeit od: Dummheit entschleiert hat. – Ich denke, daß Erlassung der halben Zinsen, Opfer

genug ist: seid Ihr aber so furchtsam, daß Ihr schlechterdings ihm
die ganzen Zinsen schenken wollt: so will ich auch da *malgré moi*
nachgeben und *à contre-cœur* ein P. S. schreiben, daß auf erhaltenen
Brief von der Mutter ich auf ihr Zureden, ihm noch die ganzen
Zinsen lassen wollte. – Ihr seht wie nachgiebig ich bin. Aber der
Teufel hole mich, wenn ich vom Kapital ein Groschen schenke.
Viel lieber ein Proceß: aber wie sollte er es wagen, es dazu kommen
zu lassen! Denn: 1°) Er weiß daß dann ich schon dafür sorgen
würde, daß die ganze schmutzige und unrechtliche Transaktion
ans hellste Tageslicht gezogen würden. 2°) Er weiß daß Hohen-
felds Erben den Proceß verlören, zu dem er etwa dann gerathen
hätte, ja daß Jeder das vorher sieht. 3°) Er hätte gar nichts von der
Sache. Und wenn nun gar etwa die Büchernotiz gar nicht existirt?! –
Für uns wäre der Proceß kein Unglück: er wäre in 2 Terminen entschieden: wie viele Processe hat nicht Stadtmiller für uns geführt:
ja ich glaube Sk. selbst hat Kapitalien für uns eingeklagt. Das ist
Kleinigkeit – aber es kommt nicht dazu, zumal so lange wir ihm ein
Profitchen lassen. – Du siehst ich schreibe Dir sehr konfidentiell:
wirst also es nicht mißbrauchen. – Ihr habt Connexionen in Danzig, die euch leicht den rechten Mann verschafften. – 300 ⌗ sind
Gold, man spricht nicht von Dukaten wenn man Courant meint:
wie er sagen kann »oder 3600 f Danz.« begreife ich nicht: das
wären 900 Rth C^t da 4 f Danz: einen Thaler Cour^t machen. Sollte
es etwa Danziger Gulden Gold geben, wie es Thaler Gold giebt?
Frage die Mutter. 300 ⌗ sind wenigstens 1000 Rth Cour^t. –
   Wir hätten, sagst Du, Unrecht gehabt uns zu der Schuld nicht zu
melden? Wozu war er denn Regulator des Andreasschen Nachlasses? er hatte ja 1815 die Summe angeführt? Er ist schuld, seine
Pflicht war für uns die Summe einzufordern. Ein redlicher Advokat würde jetzt Capital und Zinsen für uns einkassiert und im
Triumph übersandt haben, froh das Vernachlässigte gut gemacht
zu haben. – Aber der, was thut er? – Pfui! – Breite moralische Maxi-
men auskramen, von der Baronesse Schwiegertochter und dem
Herrn Sohn reden, der auch den Rummel lernt: und dann ein
Stückchen wie dies probiren: alles im Karakter.
   Die Successions-Frage hat Sk. in seinem Brief an mich ausführ-

lich auseinander gesetzt: ich schreibe sie also für deine Mutter WÖRTL AB: Du hast ganz richtig darüber erkannt.

»Nach dem von mir aus den Schopenhauerschen Nachlaß-Akten gezogenen Erben-Verhältniß, würde das Capital v. 900 Rth folgends zu vertheilen seyn: Aus dem Andreas Schopenhauerschen Nachlaß gebührten ursprünglich:

1) dem Michael Andreas Sch: 1/3

2) Ihnen, Ihrer Frau Mutter, und Ihrer Fräul Schwester zusammen

1/3

3) Dem Carl Gottfr. Tietz, als Erben seiner Mutter der Wwe. Marie Renata Tietz geb. Schopenhauer 1/3

ad 1) ist Michael Schopenhauer gestorben, und von seinen Geschwisterkindern a) Ewr Wohlgeb. b) Ihrer Fräul Schwester, c) dem Carl Gottfr: Tietz beerbt worden. Mithin hat aus seinem 1/3 jeder der 3 letztern wieder 1/3, also 1/9 des Ganzen geerbt.

ad 2) gehören nach Hamburger Erbrechten von dem 1/3 Antheils Ihres Herrn Vaters, Ihnen selbst, Ihrer Frau Mutter und Ihrer Fräul Schwester jedem wieder 1/3, mithin 1/9 des Ganzen. –

Hiernach gehören jetzt von den 900 Rth

1) Ewr. Wohlgeb.

    a) ursprünglich 1/9

    b) von Michael Andreas Schop: ererbt 1/9

              . . . . 2/9

2) Ihrer Frau Mutter. 1/9

3) Ihrer Fräul Schwester

    a) ursprüngl 1/9

    b) v. Michael Andreas Sch: ererbt 1/9

              . . . . 2/9

4) Dem C. G. Tietz. jetzt dessen Erben

    a) ursprüngl 1/3

    b) Von Michael Andreas ererbt 1/9

              . . . . . . <u>4/9</u>

                      1.–

Hoffentl wird es die Mutter nun auch einsehn; Andreas müßte vor unserm Vater gestorben seyn, wenn es anders seyn sollte. – Ihr habt

jetzt gar keine Ursach, dem Patron zu schreiben; selbst nicht, wenn
Ihr zu meinem ersten Vorschlag nicht resolut genug seid: also
selbst dann wünsche ich, daß Ihr ihm nicht schreibt: denn Ihr dient
bloß ihm Courage zu machen: hingegen mit mir allein ist ihm
unheimlich: das soll's. Merkt er Verzagtheit oder Schwanken; so
wird er trotzig und gewinnt Muth. So aber hat er die Wahl einzu-
lenken, oder einen Skandal auf den Hals zu kriegen. Er hat sich fest-
gerannt, und muß zurück. In jedem Fall schicke mir den Brief an
ihn zurück. –

Schone den Brief, daß er absendbar bleibt, ist dünn Papier.

In Erwartung baldiger und gescheuter Resolution

Frankfurt d. 2 Aug 1835   Dein Bruder Arthur Schopenhauer.

Advokat: Der befreundete Dr. Martin Emden.

133. Adele an Arthur

Bonn d. 3ten August

Lieber Arthur, die Mutter zögert noch immer an Skerle zu schreiben, weil sie auf eine Antwort von Dir wartet, ob Du das wie sie
Dir geschrieben zufrieden bist? Du sollst mirs schreiben. Ich habe
an Julie Kleefeld geschrieben u sie gebeten, ihren Vater der mit im
RegierungsRath sitzt zu fragen, wer die Hohenfeldtschen Erben
sind; wenn ich Nachricht habe, sollst Du sogleich sie von mir
bekommen. Uebrigens kan ich Dir nicht sagen, wie lieb mir ist daß
wir in dieser Angelegenheit doch endlich einmal alle Drei übereinstimmend handeln, und ich hoffe Du übernimmst meinen Auftrag
an Skerle, nemlich daß du u ich dasselbe wollen. Herzlich und
freundlich grüßend   Deine Schwester Adèle.

Bonn d. 4ten August

Lieber Arthur,

Deinem Wunsch zur Folge, wird die Mutter, die *sehr* zufrieden
mit Deinem Briefe an Skerle ist, ihm nun gar nicht schreiben; und
hat Dir, wie auch ich, die ganze Sache übertragen. Uns scheint
jedoch Beiden, als wäre es gut, daß Du dich an Skerle wendest,
und nicht direct an die Hohenfeldtschen Erben, denn diese müssen
nach alten Erinerungen der Mutter aus mehreren, ganz verschiedenen Familien bestehen, und die Sache käme folglich doch
gleich an Skerle. Ferner ist er der Einzige der die Lage der Dinge,
besonders hinsichtlich des Onkels Andreas u der damahligen
Nachlassenschaft kennt; wenn wir ihn also schrecken und in
Zaun halten können, ohne ihn ganz und gar uns zu verfeinden ist's
klüger; denn der diesmahlige Fall könte sich ähnlich wiederhohlen.
Hinzu kommt, daß mein Freund der Justizrath Nicolovius, ein
tüchtiger Jurist, Danzig verlassen hat, und Oberlandesgerichtsrath
in Frankf. a. d. O. geworden ist, so daß wir keinen tüchtigen und
brauchbaren Mann dort wissen, der uns beizustehen vermöchte.
Obschon wir also zum Briefe an Skerle entschieden zurathen,
sind wir so weit entfernt uns zu fürchten, daß wir im Gegentheil meinen, Du hättest *nicht* gleich mit dem Anerbieten die halben Zinsen abzulassen herausrücken sollen, denn nun wird er
glauben uns abdingen zu können, und natürlich möchten wir
möglichst viel, da das Recht auf unserer Seite. Sollte Dir das einleuchten – wir sind aber jedenfalls mit dem Briefe zufrieden –
sollte Dir das einleuchten, so brauchtest Du nur das einzelne letzte
Blatt abzuschreiben, und etwas zu ändern, was um so besser
wäre da Du unten abermahls 90 Ducaten statt 30 geschrieben
hast.

Wenn Dir Skerle nicht 150 Rth. geboten hat, ist er ein Schuft, ich
finde das eine wahre Infamie, denn Du hast doch wahrhaftig ganz
gleiches Recht mit mir, und ich habe nimmer gemeint, 50 für die
Mutter, und jeden von uns 150 wäre sein Antrag gewesen. Behalte
also noch unsre Briefe als Beweis.

Noch läßt Dir die Mutter sagen, es habe nie Danziger Gold

gegeben, und die kleinen Silbermünzen wären seit vielen Jahren
auch außer cours.

Uebrigens danke ich Dir herzlich für Deinen langen ganz und
gar aufklärenden Brief an mich, und Du kanst fest darauf bauen
daß Dir von unserer Seite keine Art Hinderniß in den Weg gelegt
wird.

Gute Nacht, lieber Arthur, der Brief soll gleich morgen früh
fort, deshalb füge ich nichts hinzu.   Deine Schwester Adèle

135. Arthur an Adele

Liebe Adele!

Ich habe also auf Euern Wunsch und Rath den Brief losgedrückt.
Mit meiner Generosität im Weggeben der halben Zinsen ist es
nicht so splendid bestellt, wie es aussieht. Denn jetzt will ich Euch
eröffnen daß es im Landrecht heißt:

Th: I. Tit: 11.

§ 849. Wer die gerichtliche Einklagung rückständig gebliebener
Zinsen länger als 10 Jahr verabsäumt, der kann einen über 10 J. hin-
ausgehenden Rückstand nicht ferner verlangen.

§ 850. Doch kommt dem Gläubiger bei dieser Art der Verjährung alles das zu Statten, was den Anfang der gewöhnlichen Verjährung durch Nichtgebrauch, hindert, od: deren Fortsetzung
unterbricht.

§ 851. Außer diesem Fall können Zinsen, deren Berichtigung der
Schuldner verabsäumt oder verzögert hat, so weit sie rückständig
sind, gefordert werden, selbst wenn der Rückstand, wegen Länge
der Zeit, den Betrag des Kapitals übersteigt.

Also geben wir nur weg, was uns bestritten, ja wahrscheinlich
abgesprochen werden könnte: letzteres freilich nur weil der Patron
versäumt hat zu mahnen und zu klagen: daher wir eine Entschädi-
gungsklage gegen ihn führen könnten. Aber das wäre zu weitläuftig. So aber lassen wir den Erben den Vortheil von seiner Nach-
läßigk[t] und machen ihn nicht dafür verantwortl, fordern das Capi-

tal und 10 Jahre Zinsen: Das ist billig genug, und sollten wir fest
darauf bestehn. Danach erhielten Du und ich jedes 100 ♯ und die
Mutter 50 ♯ – und Sk. soll aus Angst unser Dukatenmann werden,
in Folge des ihm von mir applicirten kalten Klystiers.

Ich habe übrigens das Quartblatt doch abgeschrieben um »die
Hälfte der uns gebürenden Zinsen« umzuändern in »die Hälfte der
seit mehr als 20 J. so beträchtl aufgelaufenen Zinsen«, – aus Vorsicht – habe auch bei meinem Vorschlag hineingeschoben »in
unser aller Namen« – ist decidirter. – Probiren wird er wohl noch
mancherlei: da gilt es Festigkeit und ernsthafte Mienen. –

Aufgejagt ist der Hase dadurch, daß der Patron, als er das Ding
in den Akten fand, dachte: »Halt! Da läßt sich ein Schmuh machen:
ich brauche nur eine Schwierigkeit zu fingiren, schlecht oder gut
(sie verstehn nichts davon) und kaufe ihnen die Sache für die Hälfte
ab: die andre Hälfte in meine Tasche.« So scheint mir's. aber ich
kann mich irren. – Die Vertheil^g hat er aber so gemacht, daß er Dir
und mir richtig nur die Hälfte des Kapitals bot, der Mutter hingegen ihr volles 1/9 desselben (Agio abgerechnet.) und das aus so
einer Art von abergläubischem Gewissen: näml sie ist eine Witwe:
– wir aber noch keine Waisen: auf Zinsen aber ist die Bibel überhaupt nicht gut zu sprechen: also spricht er gar nicht davon.

Daß er 300 ♯ mit 3600 f Danz: od: 900 Rth Cour^t, übersetzt,
giebt mir Anstoß: man sagt »5 Rth Gold« – d.h. ein Friedrichsd'or.
Kann man nicht eben so sagen: »36 f Gold« und das hieße ein
Dukaten? Das wollte ich wissen: denn jetzt stehn Dukaten so: 100
Rth Dukaten sind 118 1/2 Rth Cour^t welch ein Unterschied!
Da könnte, wenn er streitet, Labes die Sache entscheiden: Nie sagt
man »ein Dukaten« und meint bloß 3 Rth cour^t.

Sobald ich Antwort kriege, werde ich sie Dir getreulich mittheilen. und Deine Meinung einholen ehe ich antworte. wird wohl erst
in 3 Wochen seyn: bis dahin
Frankfurt d. 9ten Aug. 1835   Lebewohl! Arthur Schopenhauer.

»*Good Master Trust is a very simple gentleman*« sagt Shakespeare:
hätte ich was die Mutter meinen »fürchterlich mißtrauischen Sinn«
nennt, nur nie aus den Augen verloren; so wäre ich nicht auf

2/3 meiner *revenu's* reduziert, wie ich schmälicherweise bin, seit
8 Jahren! –

»*Good Master*...«: »Gut Meister Trau ist ein gar simpler Herr« (nach Shake-
speares »Wintermärchen«).
seit 8 Jahren!: Arthur hatte durch den Kauf mexikanischer Staatsobligationen
erhebliche Verluste erlitten.

136. Arthur an Adele

Liebe Adele!
Aus beifolgender Kopie wirst Du ersehn, daß *Sk.* nach meinem
kalten Klystier der beste Mensch geworden ist. Er versucht gar
nicht zu repliciren, da er sieht, daß es verlorene Mühe wäre und
bloß dienen würde, ihn noch mehr zu kompromittiren. Bloß die
Agio dingt er ab, aus Gründen die ich vorhergesehn, da in seinem
ersten Brief an mich die Anführung eben so steht: kann seyn, daß
er Recht hat: untersuchen ließe es sich nur in Danzig: wir werden
also wohl müssen die *Agio* der ♯ fahren lassen; aber auf volles
Kapital und 10jährige Zinsen müssen wir desto fester bestehn, sind
für Euch 450 Rth Pr. C. und für mich 300Rth – mit diesen 750 Rth
sollen die MijnHerren herausrücken und wenn sie ein Brett
vorm – – – – –
  Der Sinn seines Briefes ist »Seid nur still! Ihr sollt Alles haben!« –
  Könnte seyn, daß er ein Paar Louisdörchen für Mühewaltung
abzöge, vielleicht auch nicht, weil es ein altes Versäumniß, durch
die wir immer 12 oder 15 Jahre Zinsen einbüßen, und weil er meinen Grimm nicht wecken wollen wird. Verharrt nur ja in Euerm
gänzlichen Schweigen: sonst könnt Ihr mir Alles verderben. Ich
schreibe auch nicht an ihn, sondern warte auf die holländische Botschaft die Dir sorglich mittheilt
Frankfurt d. 4 *Sept* 1835   Dein Bruder Arthur Schopenhauer.

der beste Mensch geworden ist: Skerle hatte seine von Arthur kopierte briefliche
Auskunft »mit Hochachtung und FREUNDSCHAFT« unterzeichnet.

Bonn den 9ten Nov.

Lieber Arthur

Ich bin in der sonderbaren Lage, nicht zu wissen, soll ich mein langes Schweigen oder mein jetziges Schreiben entschuldigen – Du hast mir einmal geschrieben Du hättest nur zu Geschäftskorrespondenzen Zeit, so habe ich Deinen Brief mit den günstigen Nachrichten recht herzlich dankbar empfangen und geschwiegen bis eine Veranlassung käme zu schreiben. Direct habe ich keine, doch quält mich dies scheinbar undankbare Schweigen und ich möchte mich über einen Punct unserer Korrespondenz rechtfertigen. Ich habe nehmlich wirklich, *gleich* als ich es versprach, nach Danzig geschrieben um die Nahmen der Hohenfeldtschen Erben zu erfahren. Dieser Brief blieb ohne Antwort, endlich kam ein Brief der Kleefeld, in welchem sie bitter klagte, ohne alle Nachricht geblieben zu seyn, augenscheinlich war mein Brief nicht in ihre Hände gelangt, ich schrieb sogleich an's Postamt, sandte Laufzettel und Klage, der Brief blieb fort – auf einen mit dem Laufzettel geschickten, erhielt ich folgende Nachricht, zugleich hatte die Kleefeld Skerle den sie kennt gefragt, ob er etwas an uns zu bestellen habe, worauf er gesagt: er warte noch auf Nachrichten von Holland uns betreffend, woselbst *Henr. Euphrosine Hohenfeldt* u Frau Jeanette *Louise Schneevoigt* leben, u die Erben sind. In Danzig sind die Erben: Witwe Hollatz geb. Hohenfeldt, dann der Gutsbesitzer Hohnfeldt auf Fridlin, und sieben unmündige Kinder des verstorb. Kaufm. Hohenfeldt (Ernst Ludwig). Können diese Nachrichten noch zu irgend etwas dienen? Mir scheint sie geben Gewißheit, daß wir das Geld bekommen, denn für die Minorennen spricht ja Skerle, und die Andern sind auch so Viele, daß der Schaden kaum merkbar ist, den der Einzelne von ihnen erleidet.

Die Mutter fängt an bedeutend zu altern und zu kränkeln, dabei hat sie noch den alten Hang der Unabhängigkeit und ein gewisses Geheimthun was mich alles oft qualvoll sorgen läßt, da ich nicht klagen kan, noch mag, schreibe ich keine Details über mich; genug mein Leben ist nicht erstaunlich. – Kanst Du mir gute Nachrichten geben, so erfreue mich bald damit, schreibe mir womöglich auch etwas Weniges, von Dir selbst, ob Du wohl, ob zufrieden bist, ob Du nichts wieder schreiben magst, oder ob Du im Pulte schriftstellerst. Gott weiß daß ich immer den alten Antheil an Dir fortnehme. Sollte ich die Mutter verlieren wie ich oft ahnde; so reißt uns Beide das Leben noch mehr auseinander, seit Jahren schon habe ich meine eigne Zukunft bestimmt, ich würde den Rhein augenblicklich und auf imer verlassen. Ich muß in Thüringen leben, nur dort ist mir wohl. Mögtest Du recht heiter seyn wenn Dich diese Zeilen erreichen. Auf das eben Gesagte über Mutter und mich antworte *nicht*, wenn sie den Brief gern lesen will, muß ich ihn ihr geben, und sie ängstigt sich wenn man über ihre Gesundheit spricht, wodurch mir keine angenehmen sondern verdrießliche Stunden erwachsen. Lebe wohl   Deine Adèle

138. *Arthur an Adele*

Liebe Adele!
Einliegend erhältst Du den Brouillon eines Briefes, den ich gestern an Skerle abgesandt habe, und der Alles nöthige besagt. Hätte er inzwischen an Euch geschrieben, so würdest Du es mir mitgetheilt haben. Daß frankirte Briefe unsicher sind, ist Ernst. – Story hat ein SCHÖNES Englisches Mädchen mit £6000 –! geheirathet und sagt sie hätte das beste Gemüth in der Welt. – Sobald Sk: schreibt erhältst Du Nachricht von
Frankfurt d. 10 Nov. 1835   Deinem Bruder Arthur Schopenhauer.

Story: Captain Story, vor seiner Heirat mit Ottilie von Goethe befreundet.

139. *Arthur an Adele*

Liebe Adele!
Dein Rosenfarbnes Schreiben habe erst nach Abgang meines letzten erhalten. Von Sk: noch immer nichts: begreif's nicht, kann nicht glauben, daß er so niederträchtig wäre, uns durch

Hinhalten zu strafen, weil wir sein Stück ihm verdorben haben. SOBALD ICH DEINE ZUSTIMMUNG ERHALTEN, gedenke ich ihm zu schreiben, »daß da mein Letztes ohne Antwort geblieben, ich schlösse, daß kein Brief verloren gegangen: die Zeit, die er uns warten geheißen, sei jetzt mehr als 3 Mal abgelaufen, die Erben hätten alle Zeit gehabt sich zu entschließen, ob sie das Unsrige uns, mit dem von mir gebotenen Opfer, gutwillig geben wollten, oder nicht: daher ich ihn nunmehr bäte, mir ohne allen ferneren Aufschub zu schreiben, wie die Sache stände, wir hätten das Kapitälchen lange genug entbehrt und wollten jetzt nicht noch ferner darauf warten.« Willst Du etwas daran geändert od: zugesetzt haben; so sag's. – Daß der Erben so viele sind hat, wie Du bemerkst, sein Gutes; aber auch sein Schlimmes sofern man nicht weiß an wen man sich nothfalls direkt zu wenden hätte: der Hollandsche Mynheer ist wohl die Hauptperson? wo residirt er wohl eigentl? – Seit 8 Tagen könnte ich von Sk: Antwort haben.

Du frägst ob ich schriftstellere: sonderbar! 17 Jahre lang hätte ich die Frage mit »bloß im Pult« beantworten müssen: grade jetzt aber mit Ja! – Habe seit 5 Monat tägl 3–4 Stunden gearbeitet an einer kleinen Abhdl^g v c^a 6 Bogen, bin beim Abschreiben, werde in 14 T fertig seyn: dann einen Verleger zu suchen der es umsonst druckt! womögl hier, wegen der Korrektur. Dann die Censur dieser ängstlichen Klein-Bürger-Republik zu passiren! – Hoffentl werden die Guten das Schlimme nicht recht merken. –

Sollte Dir die Schrift ein Mal zu Gesicht kommen, so kannst Du durch Blättern daraus ABNEHMEN, was mein Leben, Streben und Leiden eigentl ist. –

Mir gefällt der Rhein, weil ich bloß aufs Physische, Klima, Wohlfeilheit und Bequemlichk^t sehe: Frkft ist *a comfortable place*: – Menschen sind mir nichts, nirgends.

Grüße die Mutter bestens und Lebewohl!

Frankfurt, d. 1 Decr 1835.　　　　　　　A. Schopenhauer.

P. S. Ich bitte Dich inständig und auf das ernstlichste, gegen keinen

Menschen ein Wort verlauten zu lassen, daß ich schreibe: aus sehr triftigen Gründen.

kleinen Abhandlung: »Ueber den Willen in der Natur«, Frankfurt am Main 1836.

---

140. Adele an Arthur

Bonn den 4ten Decemb.

Lieber Arthur,

Dein gestern erhaltnes Schreiben beantworte ich sogleich, um nicht noch längeren, unnützen Aufenthalt in der Hohenfeldtschen Sache zu veranlassen. Sowohl Mutter als ich sind es zufrieden, daß Du an Skerle schreibst, wie Du es vorschlägst. Vielleicht wäre es gut, wenn Du Deinem juristischen Freunde den Brief zeigtest, der Form wegen. Ich glaube Skerle ist ärgerlich und *nachlässig*, letzteres greift in der Welt von Jahr zu Jahr mehr um sich. Ich glaube nicht daß der Mynheer mehr als die andern haben und zu sagen haben kan, alle stehen in gleichem Grade der Verwandtschaft, alle sind Geschwister, so auch die Myfrau. Außerdem sind noch die unmündigen Geschwisterkinder, schwerlich ist der in Harlem wohnende Schwager deren Vormund; sondern eher einer in Danzig, auch haben diese nur *eine* Stimme.

Ich schreibe eben an den Kammergerichtsrath Nicolovius in Berlin, der so lange in Danzig lebte und frage ihn als unsern Freund wer wohl als Advokat in Danzig hinsichtlich der Sachkenntniß u Redlichkeit zu empfehlen wäre. Das kan allemal nichts schaden, denn sollte es zur Klage kommen brauchen wir vieleicht einen Juristen am Ort, auf Nicolovius kan ich mich unbedingt verlassen. Hoffentlich wird Dir das Recht seyn um so mehr da ich die Sache gar nicht erkläre sondern diese Frage zwar bestimmt aber ohne Angabe des Falls thue.

Ich habe der Kleefeld Brief nicht zur Hand indessen steht mir doch die Verwandtschaft der verschiedenen Erben sehr klar in der Erinnerung, die 7 Unmündigen haben zusammen mit den uebrigen gleichlautendes Anrecht, nur als Vormund könte der Mynherr ein besonderes haben, seine Frau ist ja der Erbe, nicht er.

Was Du über Dein Schriftstellern sagst freut mich von Herzen, es beweist doch ein immer gleiches Interesse an K[unleserlich]heit und am Fortschreiten der Geistesbildung – daß Du die Frankfurter, oder Societäts-Menschheit nicht magst, begreife ich ganz. Lebe ich doch auch unter ihnen völlig einsam! Indessen habe ich in der Welt einige wenige Menschen, die mich interessiren u für die ich fortlebe.

Ich habe der Mutter kein Wort gesagt über Dein Buch, hätte ich nichts weiter gelernt habe ich doch allmählig begriffen, daß man schweigen kan, u so schweige ich denn über u. über, und früge mich Jemand so sähe mir keiner an daß ichs wußte. In dergl. verlaß Dich auf mich; aber wenn es fertig ist so bitte ich Dich schicke mirs, schlag mirs nicht ab, wenn Du willst werde ich Dir nie ein Wort darüber schreiben. Für Heute lebe wohl ich bitte Dich nochmahls herzlich thue ganz u gar was Du in der bewußten Sache meinst, denn unsre Ansicht ist genau dieselbe. Möchte Dir der wunderliche Kometen Winter nichts anhaben, mir hat er eine Rarität gebracht, in meinen Jahren, zum 2ten mal den Keuchhusten!

Deine Adèle

141. Arthur an Adele

Liebe Adele!
Soeben erhalte ich mit dem Deinigen zugleich einen Brief von Skerle, des Inhalts: »erst jetzt habe er aus Holland Bescheid: das Kapital von 3600 f Danz: betrage (Auseinandersetzung) 900 Rth Pr: C^t und nicht in Dukaten a 12 f. Dzg: uns dreien gehöre davon 5/9 also 500 Rth: sodann heißt es:

»Die Erben sind bereit an Kapital und Zinsen für diesen Antheil 600 Rth zu bezahlen. Sind Sie insgesammt damit einverstanden; so übersende ich Ihnen und den Ihrigen den Ihnen kompetirenden Antheil spätestens bis d. 15 Jan^r FRANCO.« (Merks! franco heißt *peur!*) »Ich bin zur Annahme der Offerte anräthig« (woraus ich schließe, daß wir sie nicht annehmen müssen) und sehe Ihrer gefälligen Antwort entgegen« etc. etc. Danzig d. 1 Dec^r.

Also wird uns jetzt grade das Doppelte als vor meinem kalten Klystier geboten. Allein ich BIN GEGEN DIE ANNAHME: für 20 bis 25 Jahre (er verschweigt noch immer das Todesjahr) 100 Rth Zinsen von 500 Rth ist zu wenig. Es müßten eigentl wenigstens 500 Rth Zinsen und darüber seyn. Die halben Zinsen von 20 Jahren a 5 pC^t, also 250 Rth Zinsen, ist mein Satz: folgl zusammen 750 Rth – statt 600 Rth.

Ich schlage also vor ihm zu schreiben, daß wir auf unserm gemachten Vorschlag, der ja schon die halben Zinsen wenigstens opfert, bestehn und *ergo* 750 Rth haben wollen; außerdem bedauern müßten doch genöthigt zu seyn den Weg Rechtens einzuschlagen: es sei gar kein Grund vorhanden, uns von dem was uns gehört irgendetwas abzuziehen, und bezöge ich mich auf mein ausführliches erstes Schreiben darüber, d.i. auf das kalte Klystier.

Wahrscheinl hat er schon Ordre, in diesem Fall 750 Rth herzugeben; wenn er nicht gar etwa schon jetzt wieder ein Bischen auf eigne Rechn^g probirt. – Uebrigens wird zur Annahme der 600 Rth immer noch Zeit seyn. Wir wollen nicht 150 Rth den Mynheeren und ihrer Sippe in den P–x jagen! – Ich erwarte also zu vernehmen, ob Ihr mit gehöriger Mannhaftigkeit meiner Meinung beitretet; und werde dann sogleich einen zweckmäßig stilisirten Brief, besagten Inhalts, an Sk schreiben und, wenn Ihr ihn nicht etwa durchaus vorher sehn wollt, an selbigen sofort absenden.

Bedaure Dein Keuchhusten, wird wohl so schlimm nicht seyn; aber halte Dich zu Hause und warm; es ist doch bedenklich. Baldige Besserung wünschend

Frankft d. 8ten Decr 1835.   Dein Bruder A. Schopenhauer.

142. *Adele an Arthur*

Bonn d. 10ten Dec.

Lieber Arthur

Wir sind Deiner Meinung, versuche es und schreibe wie Du es vorschlägst.

Bemerke aber noch, daß es doch auffallend ist, daß Skerle auf Ducaten *verfiel,* wenn es keine Ducaten waren, in welchen die Rente gezahlt wurde, und wiederum noch sonderbarer daß die ursprüngliche Rente in Dukaten gezahlt wurde, wenn das Kapital nicht in Ducaten bestanden hat. Es könten aber dänische gewesen seyn. Es macht einen bedeutenden Unterschied, und wenn auch die Kaufsumme des Gutes in Florin bestand, so hat das doch keinen Einfluß auf das stehen gebliebene Schuldkapital. Selbst wenn Du klagen willst oder in Folge des Briefes mußt, glaube ich wird Mutter *ganz* nach Deiner Einsicht sich fügen, und ich verlasse mich auf Deinen Freund. Jedenfalls melde uns aber Skerles nächste Erwiderung, u mache ihn aufmerksam, daß er die Zinsen steigert, indem er die Sache immer weiter hinauszieht, all dergl. Leute sind im Kleinen äußerst geitzig.

Herzlich grüßend aber sehr in Eile   Deine Adèle

Wenn *Du* wegen der Ducaten Dich überzeugst ists gut, darum schreibe nicht expreß, ich bemerke dies nur damit Du Dich nicht übereilen läßt. Uns hatte er ja gleich 200 Rth. *geboten* ohne Renten und ich meine das wäre nach seiner Art, wenn es nicht Ducaten waren ein zu großes Gebot gewesen, dergl. zufällige Großmuth fällt mir auf. Wahrscheinlich weiß er daß Mutter die wenig mehr schreibt oft in Verlegenheit ist, und so denkt er durch promte Zahlung uns zu kirren. Ich habe mir aber bereits vorgenommen das Geld augenblicklich auf Zinsen zu legen, u kommt mir also auf 2–3 Monate nichts an.

143. *Adele an Arthur*

Lieber Arthur

Dein triumphirender Brief hat nicht nur seiner reellen Vorzüge wegen mich *sehr* erfreut sondern auch an und für sich, weil gerade *Dir* dieses Verfechten unserer Rechte so gelungen, und weil Du es ganz allein gethan, und wir Dir vieleicht nie in einem wichtigeren Augenblick dafür danken könten. Mutter und ich erkennen Deinen

diesesmal höchst glücklich angewendeten »argwöhnischen Sinn«
als eine sehr practische Lebensgabe an, leider nur eben mit schwe-
rem Herzen, weshalb auch alle lustigen Trompetenstöße Deiner
Victoria! unbeantwortet bleiben. Ehe ich aber den Gegenstand
berühre, laß mich das Nöthige wegen Quittung u. Geldsendung
abmachen. Freilich ist Skerle ein entsetzlicher Esel, u eben so gewiß
ist das beste Auskunftsmittel, daß wir unsre Quittung Karl Labes
zuschicken, der sie ihm gegen Postschein, oder sonstige bestimmte
Sicherung der Absendung geben mag. Ob du ihm nun noch die
besagten Grobheiten anhängen willst, die er allerdings *verdient*,
oder direct gleich bestimmen, daß wir die Quittung Karl Labes
schicken wollen, stellen wir Dir anheim. Es ist wohl zu bedenken,
daß wir ihn nicht gar zu böse machen dürfen, da doch möglicher
Weise noch Anforderungen von unserem Großvater od. Onkel
seyn können um die er wissen kan; weshalb ich rathe jetzt ihm
seine Eselei verblümt zu verstehen zu geben um ihn dann später,
wenn man in gutem Vernehmen geblieben als Spürhund zu brauchen. Mit allem Uebrigen in Bezug auf die Zahlung v Hohenfeldt:
ob sie in Rth od Ducaten gewesen, denken wir es, wie Du meinst,
sein Bewenden haben zu lassen; Deine Gründe sind vollkommen
richtig, wir haben alle Ursache zufrieden zu seyn.

Was die Ausstellung der Quittung betrifft, so meinen wir, Du
stellst sie aus, und schickst sie uns, mit freigebliebenem Platz daß
wir unterschreiben, willst Du, so schicke ich sie Dir dann zurück,
und Du beförderst sie, wie sich's doch eigentlich am besten schickt
nach Danzig an *Labes*, oder willst Du so schicke ich sie von hier zur
Post, wie Du willst. Daß Du Dir das Geld schicken läßt, ist uns
ebenfalls ganz recht; ich werde Dir noch schreiben ob Du es uns
dann schicken, oder es an Mühlens in Frankfurt geben sollst, in der
Zeit wirst Du noch mehrere Briefe von mir haben. Denn nun
kommt die Hiobspost, die Gottlob Dir nichts schadet, und blos
meine ganze Zukunft verdirbt. *Muhl* ist *todt*. Das v Muhl gepach-
tete Gut zu kaufen, ist leerer Plan geblieben, sein Tod macht es vieleicht den Söhnen unmöglich. Ulkau *allein* trägt nicht gehörige
Zinsen, die Hypotheken sind so stark – es wird wahrscheinlich verkauft werden *müssen* u dann bin ich meines Rechts verlustig, u

mein Einkommen, sonst das einzige außer Ohra was mir geblieben, ist hin es kommt jetzt alles darauf an, vorher Abegg, der sehr reich ist zur Unterschrift des Documants zu bringen, das mir und der Mutter 300 Rth. jährlich sichert, wie Du weißt bleibt die Rente der Ueberlebenden v. Beiden.

Abegg hat schlecht gehandelt, Muhl noch schlechter. Die Mutter glaubt durch die Drohung, des Letzteren Briefe drucken zu lassen, Abegg um seines Credits, u Muhls Nahmen wegen zur Unterschrift zu bringen. Leider zweifle ich – Abegg ist ein Betrüger, uns hat er sehr schöne Dinge gesagt, aber er ist immer schlau geblieben; nicht nur *Du* bist, was Weg rechtens *möglich* war, zu Vollem ausgezahlt, sondern *auch Götz* – ich kan es aber nicht beweisen. Zuerst laß mich Dir nun wiederhohlen, daß ich Deines traurigen Verhältnisses zur Mutter bewußt, und durch Dich in Frankf. benachrichtigt, daß Du später ⅓tel deines Einkommens entbehrst, nie pecuniäre Hilfe von dir verlangen werde, Deine geistige Kraft, die hast Du ungeschmälert, der lei... Muhl hat mein Vermögen veruntreut, es war unmündiger Kinder Geld, ohne Sicherung durfte er es nicht nehmen; vor dem Bankrott, ganz *zuletzt* hat er mich sicher stellen wollen, und Abegg, der von einem engl. Hause unterstützt vor diesem seine Ehre retten wollte, hat ihn, zu Gunsten dieses engl. Hauses, gehindert. Dieser Gewissensangst Muhls verdanken wir die *Pension*. Jetzt rathe uns, *wie*, auf welche Weise hast du Abegg gezwungen, wie ist ihm beizukommen? Die Mutter ordnet die Muhlschen Briefe, so bald ich sie gelesen, schicke ich Dir ein *résumé* des Falls, unsrer Rechte, und der Möglichkeit Abegg beizukommen.

Auf gerichtl: Wege geht es nicht, nur auf kaufmännischem Credit muß man fußen. Fr. Abegg lebt in getrentem Einkommen u hat auf die väterl Erbschaft resignirt.

Auf dein Buch bin ich nun es gar die Censur passirt sehr begierig – denn *die* Mögl begreife ich gar nicht. Mutter grüßt und dankt, sie ist in einem bedauernswerten Zustande, sie erliegt stark der Reue und Sorge und der Angst sich nun von mir trennen zu müssen.

Das Papier verwahre ich, *Du kannst es jeden Augenblick wieder haben*. Ich hoffe es enthält eine Verpflichtung die ich gern über-

nehmen würde nehmlich die, eine *treue Tante* zu seyn; *das* kanst du
auch bei Lebzeiten haben! Lebewohl, in wenig Tagen schreibe ich
genauer.   Deine Adèle

Adele an Arthur: Am 13. Januar 1836.
die Mögl: Vgl. Nr. 139.
Das Papier: Arthur hatte Adele sein versiegeltes Testament geschickt, das nach
ihren Vermutungen auch die Versorgung seiner Kinder regelte. Die »2
batards«, die Arthur in seinem Brief vom 10. Dezember 1836 an Anthime
Grégoire de Blésimaire erwähnt (Gesammelte Briefe, S. 158), d. h. neben der
Tochter in Dresden wohl auch eine in Frankfurt, waren schon jung gestorben.

144. Adele an Arthur

Bonn d. 22ten Januar
Ich sende Dir, lieber Arthur, erst heute diese unglücklichen
Papiere, weil sie erst heute abzuschreiben möglich waren, die Mutter konte täglich nur ein Paar Stunden an der für sie allerdings
schrecklichen Arbeit, sie zu suchen, zu lesen und auszuziehen arbeiten. Mir wollte sie es nicht anvertrauen. Das Gefühl der gänzlichen
Schutz- und Rathlosigkeit in der der Tod meines Vaters mich jeder
Willkühr preisgegeben hat, hat mich sehr niedergeschlagen. Ich
bitte Dich lies, und gieb den Rath, auf welche Weise nach deiner
Ansicht Abegg am Besten beizukommen. Nikolovius hat uns Grodegg vorgeschlagen, einen Juristen, es ist unsre Meinung, daß dieser den Abegg mit Veröffentlichung durch den Druck bedrohen
soll, ihm die Auszüge vorlesen, aber nicht in die Hand geben soll.
Jeden Falls mußt Du Mittel und Wege zur Erreichung Deines
Zweckes gebraucht haben *anno* 19 u 20, Du kennst also ganz gewiß
seinen Character, u weißt ob er zu schrecken; daß ihm auf dem
Rechtswege nicht beizukommen, ist klar. Aus den Briefen ersiehst
Du daß *Gibson* einen früheren Kampf mit Abegg bestanden hat,
wir wenden uns also an ihn und an Grodegg. Hast du irgend noch
Belege, Briefe, oder sonstige Papiere die uns fördern können so
sende sie mit der Inlage umgehend uns zu. Weickmann hat vorläufig mit der weitläuftigsten Vorsicht mit Abegg gesprochen, der

sich sehr bestimmt geäußert daß er zu nichts verpflichtet sey, aber auf unbestimmte Art nicht abgeneigt etwas zu thun sey. Natürlich ist dies nur ein Schein, den er sich giebt, vieleicht um den Edlen zu spielen, vieleicht auch nur, um eine Neigung zu mir zu affectiren, die er schon *anno* 19 fingirt hat, ohne reel etwas für mich zu thun, die Rente hat er bis jetzt bezahlen *müssen*, wie Du aus den Auszügen ersiehst. Wollte Gott, Arthur, Du wärst in Danzig! Ich gestehe ich habe wenig Glauben an den Erfolg.

Schließlich eine Bitte – schicke *ja kein Geld* wenn Du es von Danzig bekommst, sondern schreibe mir! ich beschwöre dich darum, ich will jetzt lieber alles über mich ergehen lassen, und alles losbrechen lassen wenn es nicht anders ist, mir bleiben blos die Einkünfte von Ohra und 1600 Rth bei Mertens zu welchen ich das Geld aus der Nachlassenschaft Hohenfeldts zulegen will, um nur etwas gewiß zu behalten. Außerdem giebt Gerst: der Mutter 100 Rth jährlich als Abzahlung, dies alles schreibe ich Dir heimlich, auf diesen Theil meines Briefes antworte auf einem apparten Zettel. Wir haben außerdem von dem gelebt, was die Mutter mit Schriftstellern verdiente, haben Schulden, von denen ich nichts wußte, mit der Gesamtherausgabe abgezahlt, und es muß nun allerdings anders werden. Das *Wie* werde ich Dir heimlich schreiben, Du kannst u sollst *gar nichts dabei thun*, aber ich will Dir kein Geheimniß daraus machen, sondern ehrlich u offen mit Dir umgehen, mit mir ist man nicht immer so verfahren! Du antwortest jetzt blos auf die Abeggsche Sache, kanst auch mit Deinem Freunde sie besprechen, vor allem aber antworte schnell, ob Du noch irgend uns einen Beweiß geben kannst der uns nutzen kann, denn ich baue auf Deine Klugheit und auf Deine Gerechtigkeitsliebe, Du wirst einsehen wie schädlich man der Mutter Leichtgläubigkeit benutzt hat u wie man mein Vermögen, Pupillengeld veruntreut hat dabei. Will Abegg Muhls Ehre u seinen Credit retten, so muß er uns die Pension zugestehen, hat er aber irgend Mittel uns entweder wie Lügner erscheinen zu machen oder sich aus der Schlinge zu ziehen u Muhl alein schuldig erscheinen zu machen, so ist die Hälfte meines Einkommens hin – u ich muß künftig die Mutter in Pension geben, u meinen Unterhalt erwerben. Deine Adèle

Mutter dictiert mir was ich schreiben soll. Die Mutter ist fest entschlossen Abegg mit der Drohung der Bekanntmachung der ganzen Geschichte, wie er Muhl gezwungen hat sie wissentlich zu betrügen, indem er die Rente versprochen hat, ins Blaue hinein, als Beschwichtigung, ohne *Mittel zur Realisation zu schrecken.* Muhls Brief (der große) giebt selbst Mittel u. Wege dazu an; sie bittet diesen aufmerksam zu lesen, u wo möglich genau zu schreiben *wie* Du mit ihm verfahren bist.

Jedenfalls müssen die Papiere so schnell als möglich zurück, da sie *sogleich* abgesendet werden sollen, u wir blos noch auf Deine mögliche Auskunft warten.

Gerst: Müller von Gerstenbergk.

145. *Adele an Arthur*

Den 23ten Januar

Eben habe ich Deinen Brief bekommen, lieber Arthur, Dein *erstes* Briefschema an Skerle habe ich *eben* nochmahls gelesen, kan nicht helfen, dies *erste* Schema was gleich anfängt *»Die Quittung werden wir nach Vorschrift ausfertigen, ich sehe nicht ein warum Sie solche vor der Zahlung haben wollen«,* war etwas *grob,* und ich bin sehr froh, daß diese zweite viel feiner u höflicher ausgefallen ist. Ich fürchtete Du behieltest das Schema bei. Denn, Arthur, Deine Briefe lese ich *sehr* aufmerksam, eben *weil* ich Dich nicht kenne, und aus Deinen Briefen Dich errathen u verstehen möchte ob Du denn so gar anders bist als ich? Und nun also noch einmal: Mutter und ich kennen Karl Labes als höchst reel, brav, und rechtlich, *setzen volles Vertrauen auf ihn u sind vollkommen damit einverstanden, daß Skerle das Geld an Labes auszahle u von ihm die Quittung empfange.* Besagte Quittung wird auf einem Stempelbogen geschrieben werden müssen, glaube ich, solches wird der Notar wohl verlangen wenn es nöthig ist u dann wird sie abgeschrieben, unterschrieben u Dir geschickt.

Wenn ich Dir Gründe angab, warum ich nie von Dir etwas fordern würde als eine Unterstützung Deines Geistes, so wußte ich doch recht gut, lieber Arthur, daß ich, Weg Rechtens *gar nichts* zu fordern *hatte, nicht einmal diese.* Es stünde schlimm um meinen Verstand, wenn ich Deine hart ausgesprochene Ansicht bedurft hätte, um das zu wissen, ja ich bekenne Dir, ich bin sogar *ganz* Deiner Meinung daß Söhne das Vermögen erben, u für die Frauen sorgen sollten, es ist naturgemäß. Wollte Gott, nur, da es so nicht war, hätte mir je ein Bruder zur Seite gestanden u mir zu *rechter* Zeit gesagt, nun laß Dir geben das kommt Dir zu! *Ich habe aber gar nichts* bekommen, und später hatte die Mutter auch nichts, was sie mir hätte geben können! Rechne ich alles in allem, so habe ich inclusive meiner Nahrung *nie* über 350 Rth das Jahr gebraucht also habe ich wohl albern, unerfahren, thörigt alles gehen lassen, und die Mutter ist schändlich betrogen worden, aber *ich*, lieber Arthur, habe *nichts* verschwendet! Meine Paar Ballkleider, mein sehr mittelmäßiger Unterricht, haben es nicht verschuldet, aber meine Unkenntniß des Lebens u daß mir nie ein kluger Mann zur Seite gestanden, – *Quitt sind wir aber;* ich habe gern vermeiden wollen, daß Du mir etwas *Hartes* schriebst, da ich viel Kummer habe; aber gerade so ist's dahin gekommen daß Du mich zwingst zu wiederhohlen – *ich habe kein Recht das Mindeste zu fordern, von Dir,* und was mir bleibt, werde ich anwenden um die Mutter zu erhalten.

Dein Beruf muß nun endlich klar werden, ich kan nicht urtheilen, bis Dein Thun ans Licht tritt! Ich achte Deinen Geist, so hoffe ich daß er nicht irrt, Du achtest das *Leben* höher als ich, denn eine Wirksamkeit wie die, welche Du andeutest, scheint mir in dieser, wie in *aller* vergangner Miserabilität, inclusive aller politischen, religiösen, poetischen und positiv reelen Formen u Erscheinungen, nicht vorgekommen – wir wollen also sehen was Du thun wirst, u ob der Menschengeist das alles auffassen wird – oder ob die Welt bleiben und wechseln wird und die Menschen irren und elend seyn, nach wie vor? Um eine Stunde Deines Glaubens, gäbe ich meine ganze Existenz. Und Du hast wohlfeil gekauft, wenn Du blos das ruhig bürgerliche Glück, Haus, Hof, Weib u Kind zu haben daran gesetzt hast – ich beneide Dich! – Was nun, um auf mich zurück zu kommen Heirathen wie die mit Quandt betrifft, so

bitte ich Dich, sprich mir nicht davon, Reue liegt nicht in meiner
Natur, ich hatte Ursachen, *die noch stehen*, u so bereue ich *nichts* der
Art, achte das, lieber Arthur!

Wegen Muhl Folgendes: der Act, oder wie Du willst das Versprechen hat die Klausel: daß *er* u beide Söhne die Pension so lange
zahlen, bis die Güter unfreiwillig, *gewaltsam* verkauft werden. Dies
hatte mir die Mutter, die mir *nie* das Papier zeigte *verschwiegen*.
Unsre Verhältnisse mit Muhl, Abeggs Erschleichen des Hand-
lungshauses, und sein für Muhl zahlen an uns ersiehst Du aus den
Dir geschickten Auszügen. In einer halben Stunde sind sie durch-
lesen, es war der Mutter expresser Wunsch daß Du sie lesen solltest. Wie sie mir sagt, hat Abegg Muhl gehindert uns sicher zu stellen, um ein englisches Haus zu befriedigen, ich sehe aber keine
gültigen Beweise. Ich danke für die Bemerkung, daß man erfragen
muß, *ob* man Briefe drucken darf, es geschieht aber oft in Jour-
nalen. Da du *fragst: ob* Abegg der Schwiegersohn ist, wirst Du
wohl nichts haben, was uns helfen kann, und so hoffe ich nur, Du
hältst die Sache nicht auf. Leider Gottes finde ich eben eine traurige
Nachricht, *Gibsone* ist gestorben! Du ersiehst aus den Dir geschickten Papieren wie wichtig das ist. Nun genug! *Dir* Deinen wohl-
gemeinten Rath gelänge auch unsere Bemühung nicht, je zur Last
zu legen, ist *ganz* unmöglich – begreifst Du denn nicht, daß das
schändlich wäre, u mir ganz unmöglich? Sey Du ruhig, und rathe,
ernst, aber laß nun alle harten Worte weg – Arthur es ist ja zu spät,
verschwende sie nicht! Das laß Weibern, für einen Mann paßt es
nicht, sage auch der Mutter nichts mehr, es kann ja weder für die
Zukunft noch für die Vergangenheit helfen, die Frau ist 70 Jahre alt,
laß sie nun so still hinleben. Wäre der Fall noch einmal kannst Du
wohl denken, daß ich anders handeln würde. Unglücklicher Weise
war sie mein *Vormund*, u 3 Jahre *vor* meiner Mündigkeit verlor sie
mein Vermögen. Hättest Du damals nicht Argwohn gehabt gegen
mich, die ich so jung, so ganz unerfahren war, Dein Rath hätte vieleicht mein Vermögen gerettet! so tathest Du als könte *ich* Dich
betrügen wollen – und kanntest doch wenigstens meine Jugend, da
betrügt man nicht, man ist großmüthig, schon aus Unerfahren-
heit, u ich riß mich los von Dir, weil mich Dein Mißtrauen

erschreckte! Es ist eine traurige Geschichte, Vorwürfe verdiene ich
aber nicht, ich habe in aller Unschuld gefehlt.

den 28ten

Soeben hat der Notar vor zwei Zeugen die Quittung unterzeichnet, da die Formen etwas abweichen, wir haben französische
Gesetze, und wir die vorgeschriebene Form beibehalten wollten ist
d. Stempel cassirt wie er es nennt u das Stempelblatt beigefügt. Zu
rechter Zeit werde ich Dir Nachricht schicken ob Du mein und der
Mutter Theil in Frankf. zahlen oder schicken sollst. Ich hoffe erste-
res. Auf den Fall erhälst Du eine schriftliche Bestimmung der Mutter darüber, ich habe sie glücklich vermocht mir's zu diesem
Zweck zu geben (nehmlich es zu meinen 1600 Rth bei Mertens zu
schlagen da er *sicher* ist und 5 Prozent mir giebt!)

Zu meinem Schrecken hast Du die Papiere nicht geschickt, wir
müssen Umzugs wegen bestimmen ob wir in Bonn bleiben, das
kommt auf die Muhlsche Sache an, u so bitten wir Dich *dringend*
sende die Papiere zurück! – Schon die Unsicherheit verlängern ist
sehr schlimm! Endlich sehe ich auch keine Hoffnung da Du nicht
einmal weißt ob Abegg der Schwiegersohn ist von Dir etwas zu
erfragen, über die Art mit ihm zu verfahren.

Die Notariatssache wird Dir hoffentlich so recht seyn, ich
fürchte jedoch Du wirst noch einen apparten Stempelbogen haben
müssen, u auch die Summe angeben müssen, wie wir, darum
bemerke ich daß wir so haben zahlen müssen als wäre es eine Quittung v. 750 Rth. Ich fand das sogar theuer denn er nahm 2½ Rth.
Das Porto, meint er, komme nicht hoch wenn Du wie wir Gerichts-
acten aufschreibst.

Lebe wohl Arthur! ich bitte Dich schreibe nichts Hartes, denke
daß ich doch eigentlich ein Kind war als mein Unglück bestimmt
wurde – als ich 23 Jahre alt war, war mein Vermögen verschwun-
den. Sie ist betrogen worden, und hat es nicht verstanden! Nimm
mir auch kein Wort übel, Gott weiß, ich will Dir nicht wehe thun.

Deine Schwester Adèle.

die mit Quandt: Er hatte vergeblich um Adele geworben.

146. Adele an Arthur

Bonn den 6ten

Deinem Rathe ganz genau Folge zu leisten war unmöglich, Ab. macht sich weder aus Frau noch Schwiegermutter etwas, beherrscht sein Haus despotisch u würde ihr gleich Schweigen auferlegen, ihren Thränen würde er hart geschlagene Thüren entgegenstellen u gehen. Ich habe alles an Abegg geschrieben, sehr vorsichtig, sehr künstlich fast ganz wie Du mir gerathen, denn Abegg hat mich in D. gebeten mit Götz zu sprechen, Ab. hat *mir* immer *seine* Noth geklagt, hat uns persönlich zu Accord u Annahme der Pension *beredet* – leider ohne Zeugen! Ich habe geschrieben, als wenn die Mutter nicht darum wüßte, aber ich habe ihn errathen lassen was aber nicht auf welche Art es ihm drohen könnte. In solcher Noth wird auch eine ehrliche Seele pfiffig – Gott weiß, ich war es nie! aber doch steht *alles* in dem Briefe u noch mehr, und noch Genaueres als das was Du geschrieben, auch über die Familie, u doch kann er meinetwegen den Brief drucken lassen, aber seinetwegen kaum ihn jemand mittheilen, denn die Mutter konnte vor Thränen nicht auslesen, u sagte es sey ein Brief über den man sich todt weinen könnte, u sie begriff nicht wie ich ihn ohne ein Wort zu streichen hatte schreiben können. Ich begriff es – weil ich wußte, welche jahrelange Qual ich erduldet, denn mein Vermögensverlust hat alle edleren schöneren Verhältnisse geknickt, verdorben, mein Leben verpfuscht, weil ich lebte als wäre ich wohlhabend, u doch nicht heirathen konte aus Armuth u weil mich die Scheinwohlhabenheit drückte wie eine Lüge. –

Davon ist nicht weiter zu reden. Inliegender Zettel von Mertens spricht das Nöthige wegen dem Gelde aus, Jacob Mühlens ist einer der ersten u reichsten Kaufleute in Frankf. Auf dieses Billet wird er das Geld nehmen u Dir eine Quittung geben, wenn es nicht in Rth ist, was ich fürchte, sonst mußt Du es freilich per Poste senden. Habe Dank daß Du so gemäßigt u ruhig geschrieben und gerathen hast. Gott lasse Dirs besser gehen.

In 8–10 Tagen *kann* uns Abegg antworten. Ich melde Dir das Resultat.   Deine Adèle.

Bonn den 6ten: Februar 1836.

147. Adele an Arthur

Bonn den 7ten Februar

Lieber Arthur.

Ich frug den Notar: ob er den Entwurf der Quittung *abschreiben* könne, er sagte *nein, er müßte sie dann nach hiesigem Recht etwas umschreiben;* er bat mich ihm den ganzen Fall vorzutragen. Hierauf sagte er, schriebe *er die Quittung um, könne Skerle sie zurückschicken,* er versprach mir aber, sie nun so sicher zu machen wie möglich. – Meine Bitte *den Stempel auf Deinen Bogen zu drucken schlug er ab*, er schlug auch ab, den Bogen, den er anheftete, zu *halbiren*. Er erklärte mir als ich ihn bat einen Stempelbogen für 4,50 Rth zu nehmen, der Unterschied trage nur 10 Silbergroschen, u könne ebenfalls Rücksendung der Quittung, oder *jedenfalls* noch einen von Dir dann zu nehmenden *zweiten* Stempelbogen zu Folge haben. Der Stempelbogen für 3,50 Rth ist eben so groß, also im *Porto* kein Unterschied. Du hast geknausert, hättest Du eine gestempelte Quittung geschickt, so konten wir sie unterschreiben, Du hast auch mißtraut, und Deine geschriebne Quittung nicht unterschreiben wollen, um sie nicht unterschrieben *uns* anzuvertrauen. – Du kennst das hiesige Recht, an *diesem* Rheinufer nicht, es weicht ganz und gar ab, und ist französisch; weder Du, noch irgend Jemand vermögen etwas dagegen. – Der Notar *durfte* ohne die Summe, gegen welche die Quittung gestellt würde, zu nennen, die Quittungsformel gar nicht schreiben, da hat Skerle gefehlt. Der Notar schien zu meinen: *Du* würdest vieleicht auf Nennung der Summe bestehen. Nicht wahr, Du weißt daß die Mutter lahm ist? Also, wir konten nicht zum Notar gehen, was hier Sitte ist, u das hat die Sache etwa um noch 20 bis 25 g vertheurt. Der ganze Stempelbogen *kostet 1 Rth 15 g.* Das Übrige ist also, theils sein Herkommen, theils das Aufdrucken u Beifügen des Siegels auf *Deine nicht nach hiesigem Recht, nicht* nach hiesig gerichtlicher Form von einem *hiesigen* Notar geforderte u gestellte Quittung. –

Um nun aber Dir freie Hand zu lassen Deinen Freund zu befragen, habe ich Dir diese, allerdings nicht erfreuliche Sache so zeitig geschickt, daß Du mir nochmahls schreiben, oder sie auch noch vieleicht dort ändern kontest, da Du die unterschriebene Quittung hattest, u sie von Frankf. aus abgehen sollte. Der Umstand von nicht gelöschter im Hypothekenbuche verzeichneter Schuld, macht *allein* den Stempel nöthig, sonst braucht man blos 2 Zeugen u den Notaire, welcher beglaubigt, daß man in s. *Gegenwart* geschrieben hat.

Du kennst Dich aber gleich nicht vor Zorn – denn wo in aller Welt ist denn *Mertens* Kaufmann? Er ist Rentier u hat 5 große Güter, u sein KapitalVermögen steht als ehemaliger Scheff des Schaffhausischen Komptoirs in Köln u als Mann der ältesten Tochter, zum Theil bei Schaffhausen, dadurch giebt er mir 5 Prozent, machten aber Schaaffhausens Bankrott, so würde ich obschon mein Geld unter seinem Nahmen dort steht, *seine* Schuldnerin bleiben, er macht seit 4 Jahren keine Geschäfte, lebt auf den Gütern und hier, wo er ein großes Haus hat, ist ein Geizhals ohne Gleichen, u hat mein kleines Kapital erst seitdem er nicht mehr Kaufmann ist. Er hat kein Komptoir, u Herr Mühlens ist sein Verwandter, der ihm wohl dann u wann noch zum Scherz ein Geschäft von einigen 1000 macht, aber *Mertens der in Bonn* lebt, wie sollte denn der *Kaufmann* seyn? Auf keinem Gute steht eine Hypothek, u er legt jährlich viele Tausende zurück. Als er austrat machte er bei Schaafhausen das Recht geltend welches alle Kinder des Hauses haben seine Kapitalien dort zu 5 prozent unterzubringen. Als ich ihm mein Geld gab *schrieb er die Quittung,* um mir aber 5 prozent zu geben, that er es mit zu Schaaffhausens aber unter seinem eigenen Namen. Stirbt er, so sind seine Kinder meine Schuldner nicht Schaaffhausens. So glaube ich sicher zu seyn, fiele ihm je ein zu handeln, oder ein Komptoir zu haben, so würde ich es zurücknehmen.

Sieh, *ich* hätte nun gemeint: es sey vorauszusehen, daß ich *nie* einem Kaufmann Geld geben würde, u daß ich den Notarius nach allem gefragt, was nicht *bedacht* zu haben Du mir vorwirfst. Höchstens habe ich also 10 bis 15 Silberg dadurch verschwendet, daß ein *geschworner Notar vor Zeugen mich vieleicht unnütz gezwungen hat die ganze Summe der 5 Neuntel zu nennen,* da, wie er sagte, die Quittung in ihrer Form es erforderte u er mir *vorgerechnet* hat, es waren hier nicht $\frac{1}{9}$tel sondern 5 Neuntel gemeint, mir das auch, nachdem er mir die einzelnen *benanten Antheile vorgezählt hat* als unumstößlich deutlich erschienen. Denn auf *einem* Blatte konten wir nur dann vereint quittiren, wenn wir $^5/_9$tel quittirten. Skerles Quittungsformel war nicht fehlerfrei – u so hat jeder von uns mit für die beiden andern quittirt, u quittiren *müssen*. – That ich's nicht, war die ganze Formel *falsch*, mußte appart für uns auf 3, für dich auf $^2/_9$tel geschrieben seyn, und auf 2 ganz verschiedenen Stempelbogen. Für alles dies kan ich dir meine Zeugen bürgen lassen, ich habe $1\frac{1}{2}$ Stunde mit dem Notairen darüber gestritten u nur seinen Gründen nachgeben müssen. Kan ich voraussetzen daß der Notair um 10 g willen mich *öffentlich* vor Zeugen täuschte? Lies gefälligst Deine Quittung durch, so wirst Du einsehen, 1) daß der Notar *frug:* sind dabei keine Zinsen?, 2) daß er sogleich die einzeln benannten Neuntel zusammenzählte, u sagte, die Quitt. lautet auf $\frac{5}{9}$, nicht auf 3 u sonst ist sie nichts nutz. –

Deine furchtbare Heftigkeit, Deine Bitterkeit haben mich anno 17 u anno 20 zu den Äußerungen verleitet die Du schreibst – aber! gethan habe ich's nicht und hätte ich's nicht! *Jetzt* wo ich nichts habe als die 1600 Rth u die Mobilien habe ich die Mutter zum Erben eingesetzt vor 3 Jahren – stirbt sie vor mir, so gebührt Dir ohnehin was ich einst hinterlasse, sie hinterläßt *nichts*, leider, u ist *meine Schuldnerin!* Käme ich je zu Gelde, so würde ich der Mutter stets die paar Jahre Nutznießung lassen, aber Dir das Kapital, es sey denn daß ich's durch Legate schmälerte. Das scheint mir nun *blos Weg Rechtens* aber ich übersehe nicht, daß Du mitten in Deiner Wuth mir einen Rath mit der Leibrente giebst, der Dich beraubte, Du denkst also eigentlich doch wie ich.

Ganz wahr ist das was Du über Berlin schreibst – ich ahndete nicht was mir bevorstand! ich verstand nicht, daß die Mutter so unrecht gehandelt. Nun laß mich schweigen, die arme Frau schläft keine Nacht! – quäle mich doch nicht – ich weiß ja daß Du mir nichts geben wirst, ich *bitte* ja nicht, *fordre* nicht – ich *wünsche nicht einmal*, denn Deine Achtung hängt daran, daß ich *nichts* von Dir bekomme u doch nie ganz von Dir lasse.

Übrigens was ist das für Unsinn daß *Labes* nun verfügen soll, Du hast meine Quittung gefordert, u angenommen, Du hast geschrieben: Du wolltest *Dir* das ganze schicken lassen, u dann uns

schicken was uns zufällt, ich habe an Labes geschrieben Du würdest ihn *für uns* um eine Gefälligkeit bitten, die *auch ich wünschte,*
und nun soll er mir appart das Geld schicken? Du kriegst es ja,
dachte ich, postfrei, so hat es Skerle angeboten, also muß man das
benutzen. Mein Wille ist: daß wenn Skerle das Geld postfrei *Dir*
schicken kan, *Du* es in Empfang nimmst, daß Du falls es auf Wechsel kommt, u ich also nichts verliere, durch die Geldsorte, Du es an
Herrn Jacob Mühlens, für Herrn Mertens in Auftrag der Frl. Schopenhauer zahlst, mir Herrn Jacob Mühlens Quittung schickst, für
mich und unsre Mutter. Daß aber wenn das Geld Dir selbst wie
ich vermute in Rth Preuß: geschickt oder gezahlt wird, Du mir
dies Geld, nebst meinem Billete v. L. Mertens per Poste hierher
schickst, und nicht mit H. Jacob Mühlens sprichst. An Labes
schrieb ich blos von der Gefälligkeit daß er's annehmen soll, ist nun
nöthig ihn nochmahls zu benachrichtigen es Dir mitzuschicken,
was ich nicht glaube, so lege ich Dir hier einen Zettel ein den Du
schicken kanst, wenn du es für nöthig erachtest, sogar ohne
Franco, denn wir berechnen. Aber koste mir nicht unnütz 14 Silbergroschen, denn *Labes glaubt Dir, ohne meine Handschrift!*

Adèle

148. *Adele an Arthur*

Bonn d. 9ten

Da Du durchaus nun nicht das Geld wie Du selbst vorschlugst für
uns annehmen und uns schicken willst, habe ich eben an *Labes*
geschrieben. Schicke ihm also *nicht* die an Dich geschickte Einlage,
sonst kostet sie unnütz Porto, schicke sie mir auch nicht zurück,
sondern *verbrenne* sie, ich brauche es ja nicht.

Lebe wohl, Gott schicke Dir freundlichere Menschen zu als mir.

Adèle Schopenhauer

Bonn d. 9ten: Februar 1836.

149. Johanna an Arthur

Bonn d 15ten April. 36

Die Einkünfte von *Ohra* hast Du vermuthlich, so wie ich auch, zu
rechter Zeit von Labes erhalten, sonst würdest Du warscheinlich
bei mir schon deshalb angefragt haben. Von den 450 Thlr: haben
wir aber bis jezt nichts gehört noch gesehen, sind sie denn ausgezahlt? und liegt es vielleicht daran daß *Labes* keinen Wechsel
finden kann, um sie uns zu übermachen? daß wir sie nicht erhalten?
Sollte vielleicht irgendeine *Skerlische* Teufelei darunterstecken? ich
bitte um einige Auskunft hierüber, und hoffe in dem Fall daß Du
das was Du für uns unternommen auch bis ans Ende durchfechten
wirst.

Lebe wohl und antworte bald   J. Schopenhauer

150. Adele an Arthur

Bonn d. 2ten Dec.

Inliegenden Brief erhielt ich vorgestern für Dich lieber Arthur;
erwiedern werde ich ihn nicht, ich habe keine Veranlassung dazu.
Du wirst wohl selbst schreiben, mögte er Dir doch recht lieb seyn.

Mir geht es nicht gut. Die Mutter hat die entschiedensten Zeichen der Brustwassersucht, ich kann auf keine Art auskommen
trotz aller Einschränkung, meine Redlichkeit leidet *unsäglich*, über
den *Schein* von Wohlhabenheit, über die Schulden, die sich steigern, obgleich ich schon einiges Silber und dergl. verkauft habe, zu
guten Preisen. Die Mutter schreibt, aber – es geht langsam. Ich ver-
sage ihr, was ich kann, aber den weißen Haaren gegenüber kann
ich nicht! Abegg zahlt, hat aber noch immer keine Sicherheit gegeben, ich erwarte ihn, er kommt, um alles mündlich abzumachen.

Die Mutter ahndet ihren Zustand nicht. Überlebt sie den Winter, hoffe ich mit ihr nach Thüringen zurück, wo ich mehr Hilfe
habe u auch wohl der Herzog etwas thäte, im Nothfall! Hier geht
es nicht. Gerstenbergk hat sich in einige schmutzige Geschichten
verwickelt, hat den Abschied genommen, lebt in Dresden. Seine
Frau hat sich von ihm getrennt. So verliere ich die Summe die er

der Mutter als eine Art Abzahlung gab. Es stehen auch 700 Rth bei ihm, die werde ich wohl auch nie bekommen, es ist nichts gerichtlich u ich *kann's* nicht *durchsetzen* mit Mutter, trotz *Bitten, Ärger u Vorstellungen* [Randschrift Adeles: Die 700 stehen seit 20 Jahren dort, sie hatte ihm geliehen.] Da nun der Tod rasch eintreten kan, muß ich Folgendes offen u ernst Dir ans Herz legen. Was noch da ist, weißt Du. Sie hatte früher ein Testament gemacht worin sie mir alles vermacht, als nicht ausreichenden *Ersatz* für mein verlorenes Vermögen, von welchem sie mir nie Rechnung abgelegt, wie sie deutlich ausspricht. Ein andres gerichtliches Papier bestätigt dies, und giebt *so viel ich weiß* Details. Damahls hatte sie aber das Geld von der letzten Ausgabe noch. Jetzt seit den letzten Jahren hat sie längst *nichts mehr.* Darüber habe ich Dir bereits geschrieben, sie wird das zweite Papier nun bestätigend erneuern u dies aussprechen, was der alten Frau sehr schwer fällt (des Mobiliars wegen). Ich kann den Betrag der Schulden nicht genau angeben, denn sie hat mich zu oft getäuscht, ich traue ihr nicht ganz. Ich werde also dann erst mich entscheiden ob ich die Erbschaft antrete oder dem Rathe meiner Freunde gemäß blos als Creditor auftrete, ich bin der erste, und dann im Stande alles mit den Schuldnern abzumachen.

Daß Du nichts zahlen sollst, versteht sich; Du köntest mir aber Versiegelung und vieles Unangenehme sparen, wenn Du der Erbschaft entsagtest, zu meinen Gunsten. Es ist eine Form, denn Du verlierst *nichts*, ja im Fall Du es nicht voraus thust, wirst Du es später doch thun, um keine Schuldenlast anzunehmen. Es ist hier die Rede vom Pflichttheil; dies könte sie Dir nie nehmen, wenn sie etwas eignes hätte, weil sie jedoch nichts hat, so verlierst Du auf keinen Fall, denn sie bekennt sich als meine Schuldnerin. Ihre Ehre leidet dadurch nach ihrem Tode – kannst Du, so spare mir das. Willst Du das thun, so schicke mir die nöthigen Papiere darüber, daß ich im Fall des plötzlichen Todes, sie den Gerichten gleich abgeben kann. Willst Du nicht, – so sage mir's offen. – Besprich es mit Deinem Freunde, ob es nicht ist, wie ich sage. Die Mutter hat leider unrecht gehandelt, jetzt büßt sie sehr schwer.

Ist denn Dein Buch nicht heraus? Willst Du mir es nicht schik-

ken? Soll denn der Verdruß zwischen uns nicht enden? Mein Gott,
mir ist so weh, mir scheint, ich habe keine Zeit irgend Jemanden
mehr zu zürnen.

Gott mit Dir, Arthur. Ich beschwöre Dich, nur keine harten
Worte! Willst Du nicht gut. Aber keine harten Worte, ich kann es
nicht aushalten. Möge Antymes Brief Dich recht freuen, er scheint
Dich sehr lieb zu haben.   Adèle

Du begreifst daß wenn Du mir zu Gunsten entsagst ich langsam u
nicht durch das Gericht verkaufe, daß ich meinen Credit behalte,
und mit den Creditoren einzeln u ruhig alles abmache, Zinsen
zahle u allmählig in den folgenden Jahren in Ordnung komme. Ich
thue das, auch wenn Du nicht entsagst, aber dann geht alles öffentlich, u jeder sieht mir zu u spricht darein: u ich verkaufe mit Nachtheil u habe Gerichtsunkosten. Bedenke es ruhig und entscheide,
ohne Vorwürfe, ernst u gefaßt, wie ich frage.

Antymes Brief: Der schon zu Eingang dieses Schreibens erwähnte Brief des
Jugendfreundes Anthime Grégoire des Blésimaire.

151. Adele und Johanna an Arthur

Godesberg den 7ᵗᵉⁿ August
Anbei den Brief von *Labes*, lieber Arthur. Wir sind beide vollkommen mit Deiner Ansicht übereinstimmend, und überlassen Dir
sehr gern die Führung dieses Geschäfts, wenn Du so gut seyn
willst, sie mit für uns zu übernehmen. Wir bemerken noch, daß
wenn wir 50 Rth von den Interessen oder vielmehr der Pacht-Ein-
nahme der Länderei abließen, der Herr H. eigentlich 80 profitiren
würde, da wir zusammen Herrn Friedrichsen dreißig Thaler für
die Verwaltung und Eintreibung zu geben hatten, welches natürlich wegfällt wenn ein Oberpächter ist, wie ich glaube daß Herr H.
seyn will, denn so geschwind wird er schwerlich die vielen kleinen
Pächter los, wie wir ja alle aus Erfahrung wissen. Wir fordern also
mit Dir übereinstimmend daß H. Höpfner für sämtl. Interessenten

jährlich 450 Rth zahle, und sind die Pachtung auf 6 Jahre zufrieden, so wie auch alle von Dir angeführten Bedingungen mit einzugehen gesonnen.

Treulichst Adèle Schopenhauer
Johanna Schopenhauer

Ich bemerke auf diesem Untertheil des Briefes was ich Dir zu schreiben ohnehin willens u beauftragt war, nehmlich daß wir Bonn verlassen und nach Jena ziehen, weil wir gar nicht auskommen können. Man erleichtert es uns von Weimar aus – aber es hat so schwere Opfer gekostet daß auch ich nicht die kleinste Einnahme entbehren könnte. Wir gehen Ende August, werden aber nicht über Frankf. gehen, der Messe wegen, u weil wir so viele Bekannte haben, u das theuere Leben im Gasthof scheuen.

Godesberg den 7ten August: 1837.
Johanna Schopenhauer: Johanna hatte den von Adele geschriebenen Brief eigenhändig mitunterschrieben.

152. Adele an Arthur

Jena den 26ten Octob.

Lieber Arthur, wir sind hier. Es ist etwas Fürchterliches um einen Umzug! Natürlich liegt uns nun viel daran zu wissen, ob wir Neujahr oder Februar die 150 Rth bekommen. Habe die Güte mir zu schreiben was Du in unsrer Angelegenheit gethan, u ob Entscheidung da ist. – Dein Buch wird hier gelesen, und man spricht mit Anerkennung davon unter den Gelehrten.

Die Mutter leidet fortgesetzt an Erkältungen, und an den alten Übeln, Stark hat Wolffs Urtheil bestätigt. – Du willst keine Briefe, so bleibt mir nur mit der ernsten Versicherung zu schließen daß ich Dich nie absichtlich verletze.

Treulich Adèle Schopenhauer

Jena d 30. Jan: 1838

Sey so gut die Innlage von H. *Ganslandt* zu lesen und dann darüber
nach Deinem Gutbefinden zu disponiren, auch wünsche ich, daß
Du Deine Antwort geradezu nach *Hamburg* an Ganslandt und
nicht an mich adressirst.

Willst Du die alten Bücher aufbewahren lassen, und die Miethe
dafür bezahlen, so steht das bei Dir; ich halte dieses für völlig überflüssig, und bin mit Adelen übereingekommen sie zerstampfen zu
lassen, um sie aus der Welt zu bringen, in der sie jezt ohne allen
Werth sind. Da H.G. bis jezt uns keine Ursache zu Misvergnügen
oder Argwohn gegeben hat, auch mit unsren Angelegenheiten
wohl bekannt ist, so nehme ich sein Anerbieten die uns noch nützlich werden könnenden Papiere die sein Bruder ihm übergeben
aufzubewahren dankbar an.

Der Rentenbrief von dem die Rede ist schreibt von 400 Mck sich
her, die ich im Jahre achtzehnhunderttacht, als Hamburg in solcher
Not war, mich nicht entbrechen konnte der Stadt zu geben, aber
für meine Person nur, ich habe ihn mir, nicht Dir angerechnet. Mir
wurde 30 Jahre lang, jährlich 16 Mck erstattet, und er ist mit diesem Jahre erloschen.

Lebe wohl.   J. Schopenhauer

Jena den 17ten April

Lieber Arthur, die Mutter ist diese Nacht um 11 Uhr sehr sanft ent-
schlafen! Es kam plötzlich – ich war in Weimar wurde geholt kam
2 Stunden zu spät! Sie hat noch ganz angezogen Thee getrunken,
ist erst halb 9 zu Bett – dann hat sie Beklemmungen bekommen,
hat einmal aufgeathmet, aber ganz sanft, u ist mit geschlossenen
Augen ganz schmerzlos gestorben.

Ich weiß daß sie vollkommen gepflegt war – aber ich werde es
nie vergessen u nie ganz verwinden daß man mich zu spät geholt
hat. Leb wohl ich kann wirklich nicht mehr schreiben.   Adèle

Vor 8 Tagen war sie von einem Anfall genesen, jetzt soll ein Lungenschlag dazu gekommen seyn! – Um 2 Stunden kam ich zu spät –

155. *Adele an Arthur*

Jena den 23ten April

Lieber Arthur,

Ich danke dir herzlich für Deinen guten milden Brief, der mir wohl getan – ich bin heute ruhiger, und im Stande zu begreifen daß das Unerwartete wenigstens für sie ein Glück war, indessen bin ich um äußere Fassung zu erhalten etwas hart mit mir verfahren: ich fühle mich recht krank, was anfangs nicht der Fall war.

Ottiliens Nähe, die große Treue und Anhänglichkeit meiner Freunde thun mir wohl, doch strenge ich mich ihretwegen an, und ich fürchte ich thue mehr, als auf die Länge geht, wie gesagt ich glaube ich werde einige Tage krank seyn, doch geht das vorüber. Nach Empfang Deines Briefes habe ich das Stadtgericht um Eröffnung des Testaments ersucht; ich sende Dir anliegend eine Abschrift desselben. Du würdest die vom Gericht erhalten, doch glaube ich Dir auf diese Weise Kosten zu sparen, u habe auf Anrathen meines Vormundes H. Dr. u Prof. Asverus von hier, mich daselbst verpflichtet, es Dir zukommen zu lassen und Deine Anerkennung zu vermitteln, die Du entw. vor einem Notair, oder vor Gericht auszustellen und hierher zu senden hast, wie mir die Herren sagen, worum ich Dich denn hiermit bitte!

Den Inhalt des Testaments hast du längst gewußt. Doch bin ich gern zu jeder Erläuterung und Erklärung erbötig, ich bitte Dich aber inständig ohne Mißtrauen zu lesen, denn nöthigenfalls könte ich jedes Wort derselben beeidigen.

Lies also zuerst was vorhanden ist.

1) Der Antheil der Ländereien v. Ohra, du kennst ihn.

2) Die angef. 1600 Rth bei Mertens Schaaffhausen Bonn.

3) Dazu gekommen 300 Rth durch *Deine Vermittlung*.

3 Bei Gerstenbergk 700 Rth Forderung, es bricht aber *Concurs* aus, und er hat auf unrechtliche Weise sich den Schein gegeben, als

habe er sie ganz oder größeren Theils in *kleinen Zahlungen* ab-
bezahlt, der Kummer über diese Angelegenheit hat wahrscheinlich nach Hofr. Kiesers Ausspruch der Mutter Tod beschleunigt.
Es wird dies eine gerichtl. Sache werden deren Ausgang *ganz*
ungewiß ist, nach allem Anschein sind diese 700 Rth verloren.

4) Meine Verhältnisse mit Ab in Danzig u der mir daraus entspringende Vortheil sind Dir bekannt.

5) Ein kleines Mobiliar, neu, aber ohne Werth, noch nicht ganz
bezahlt, (es stehen noch 60 Rth) das schönere ist in Bonn verkauft
worden um Schulden zu tilgen da seit 3 Jahren kein Heller vom
Kapital für Herausg. sämtl. Werke mehr vorhanden.

6) Aus dem alten Mobiliar, Betten, Matrazen, Christall, Bilder,
Kupfer, Handzeichnungen, der kleinere Spiegel, die Marmoruhr.

7) Eine höchst geringe Garderobe, die theilweis aus Dankbarkeit
den Leuten geschenkt wird die sie gepflegt, theils für mich verwendet wird.

8) die kleine Bibliothek.

9) Tisch u Bettwäsche (nichts neu).

10) Anwartschaft auf das Laufende u sagt man aufs nächste Vierteljahr Pension.

11) Der 1ste Band Memoiren bis zur Flucht von Danzig gehend.
Wahrsch.: 18 Rth d. Bogen.

12) Der Antheil an Silber, der in Löffel, Gabeln u Messer
bestand, etwas neues Dessertzeug (alle Leuchter, alle großen
Sachen, der Korb *alles* verkauft in Bonn).

13) Der große fleckige Spiegel.

14) Hoffnung doch keine Aussicht zu Supplementbänden, in
einigen Jahren, jetzt Buchhandelverhältnisse wegen vorläufig
unmöglich.

15) Wirtschafts- und Küchengeräth.

Anno 24 schenkte mir die Mutter 3 Reihen Perlen, später in
Bonn Ihre beiden Zobel, die mir zurechtgemacht wurden weil sie
sie nicht mehr tragen konnte.

Vor 2 Jahren als ich mich darüber aussprach daß mein Gewissen
nicht gestatte eine Wirthschaft zu führen in der der Aufwand unver-
hältnißmäßig sey, übergab Mutter mir doch sehr *allmählig* die Füh-

rung ihrer Angelegenheiten. Sie machte eine Schenkung alles dessen was sie besaß u ich versprach ihr den Nießbrauch. Sie glaubte mir so mein durch sie verlorenes Vermögen zu ersetzen, denn sie hoffte die Memoiren zu beenden, u rechnete sehr übertrieben auf ein großes Kapital. Später wurde diese Schenkung gerichtl gemacht ich habe sie noch in Händen. Um so schmerzlicher war der Verkauf all der Kostbarkeiten, Möbel etc für mich, den ich selbst veranlassen mußte, da es nöthig ward ihre *sehr* großen Schulden zu zahlen, um nach Weimar zu gehen, wo ihre alten Tage durch die Pension u das Uebriggebliebene vor Mangel geschützt waren.

Ich bitte Dich jetzt anzuhören was ich über die Geldopfer die ich gebracht zu sagen habe.

Alles was ich an Schmuck, an Geldwerth besaß verkaufte ich (außer den Perlen). Ferner meinen Wiener Flügel, den ich mit Uebersetzen mir erworben.

3) gab ich den Ertrag des mir geschenkten Bildes von Paul Veronese, 600 Rth in Gold, welche Bethmann Holweg bezahlt hat.

4) den Ertrag aller kleinen belletristischen Arbeiten die ich insgeheim gemacht.

5) alles was ich durch Unterricht oder auf andre Art durch meine Arbeit erwarb sogar alle Geschenke einer wohlwollenden sehr reichen Freundin.

Ebenso gab ich den vollen Ertrag meiner Renten, in unsre Wirthschaft. Außer dem Gelde zu einer Rhein-Reise anno 27 habe ich nie etwas insbesonders für mich von meiner Mutter erhalten, auch keine großen Kosten durch Erziehung verursacht.

An Schulden jetzt noch zu zahlen

An Fried. Werth in Bonn 60 Rth für die ich mich verbürgt habe (in Kraft der Schenkung)

Kaufmann Koch hier 150 Rth

bei Mertens 30 Rth welche auf meine laufenden Zinsen geschrieben sind.

Lohn der Leute für das *laufende* Viertelj. bis Johanni.

Arzt, Apotheke.

ein halbes Lotterieloos in Breslau an Präsident Heinke 20 Rth für

Möbel, die erst gekommen, Rechnungen aller Art, Holz, Wein, von dem zur Beerdigung gebraucht worden 152 Thaler.

Das Begräbniß habe ich bezahlt 64 Rth Preuß. C.

Die mit den Ohraschen Ländereien wie ich vermuthe durch Onkel Andreas' Tod auf mich gefallene Geldsumme habe ich *nie* erhalten.

Die 1900 Rth bei Mertens sind alles was ich an baarem Gelde habe. Ich habe mich auf der ersten Seite verschrieben, weil wir ja 450 erhielten, aber der Mutter 150 sind darauf gegangen, als wir Bonn verließen.

Vergleiche nun die noch auf mir lastenden Schulden, überzeuge dich vom ganzen Stande der Sachen. Als mein Bruder hast Du vollkommenes Recht dazu, und es thut mir wohl, dies genau zu sagen, damit Du einsiehst, daß die Mutter wenigstens in *dieser* Sache Dir kein Unrecht thut.

Ich *muß* nach Landesbrauch das Quartier bis Michaelis behalten, es kostet jährlich 100 Rth Sächs. Ebenso muß ich beiden Mädchen Kost u Lohn bis Johanni geben.

Ich bleibe ruhig in Jena, in Weimar thut mir vieles wehe und ich muß zu viel Aufwand machen, in dem Kreiß in welchem ich lebe.

Das Quartier will ich zu vermieten suchen, das heißt einen *Theil* davon, mit oder ohne Möbel. Von Johanni ab will ich nicht mehr kochen lassen sondern mich speisen lassen u Mädchen halten. Michaeli will ich ein kleines Quartier miethen. Was weiter wird weiß ich selbst nicht. Ich brauche Ruhe um innerlich zu genesen, denn mich haben innerer Zwiespalt und ernste Sorgen sehr mürbe gemacht.

Ich bitte Dich inständig sey freundlich, erschwere mir nicht die an und für sich nicht leichte Lebensstellung! Laß auch die Mutter ruhen, was sie an uns beiden gethan mag vergessen seyn.

Schreibe mir bald, oder komm; ich würde dich gern sehen! Hast Du irgendeinen Wunsch, ist Dir etwas lieb das in meinem Besitz, so sprich mir's aus, wie gern gebe ich's Dir!

Lebe wohl, ich kann kaum mehr fortschreiben.   Adèle

reichen Freundin: Sibylle Mertens-Schaaffhausen.

156. Adele an Arthur

Jena den 10ten März 39.

Schon *sehr* lange, lieber Arthur habe ich ganz die nehmliche
Ansicht über Labes gehabt, die Du aussprichst. Ich bin von
Gemüth zu ruhig um Dir das Geschehene nachzutragen. Ich traue
Friedrichs nicht Labes ist furchtsam, altjüngferlich, ängstlich,
außer Stand das Geschäft leicht und sicher zugleich durch *Ueber-
blick* u *Verstand* zu machen, u zu träge um für uns Fremde sich anzu-
strengen. Mad. Stadtmiller ist die Schwester seiner Schwägerin
Labes; – intim mit Friedrichsens Frau, Labes hat *nicht* die Geschäfte
für die Stadtmiller, ist *nicht* Vormund der Kinder. Es ist mir nie
begreiflich gewesen wie Labes *Dir* je hat können Details geben u
ich bin immer überzeugt gewesen, sie beruhen nur auf Nachfragen
an Friedrichs selbst, und damit hat er Dich beschwichtigt. Gegen
uns hat er immer nur gesagt, was er *jetzt* sagt: »er sähe die Rechnungen durch u empfinge das Geld«. Ich glaube *viel* mehr wird keiner können, weil Friedr. sehr gescheut ist und sich seiner Stellung
nach nicht gar zu viel gefallen läßt. Der der ihn in Händen hat,
nachdem er nun Makler geworden, ist Abegg, Angst allein vor
dem ist eine Sicherheit für uns. Da Labes glaubte, Friedr: würde
deshalb abdanken, u dadurch sein 1/9tel jemand anders mit zur
Verwaltung gehen lassen, scheint nicht besondres, neues, indivi-
duelles Mißtrauen in Friedr. ihn zu bestimmen, sondern die von
ihm angeführten Gründe, und vieleicht Uebermaaß von Geschäften, die Geld eintragen, während dies ihm *nichts* einträgt. Uebrigens ist das gleich, da *er* entschieden nicht will, u *wir längst Friedrichs
mistrauen*. Die alten Geschichten v. 29 weiß ich ja alle schreib sie
doch nicht immer wieder. Sehr fatal ist, daß Du das Gut so niedrig
hast anschlagen lassen, es wird jeden Verkauf unmöglich machen,
denn zu solchem Preise verkaufe ich niemals, wozu sich doch vielleicht Gelegenheit fände. – Jetzt das Geschäftliche:

Schon vor fast 3 Wochen habe ich an Abegg die ganze Sache
geschrieben, ihn um Rath gebeten über Folgendes:

1) Wer Labes Stelle ersetzen könne; ob er od Jemand durch ihn
Empfolener,

2) ob Herrn Höpfner Generalpachtung zuzugestehen rathsam

sei, wenn unser Einkommen nicht verringert würde, was bei mir Zwangsbedingung sei,

3) habe ich ihn gebeten, Friedrichs vorzunehmen und die eigentliche Lage der Sache deutlich sich zu machen, ich weiß Friedr: zittert vor ihm, und wagt nicht zu lügen. –

Und wenn ich hierauf Antwort erhalte, sollst Du sie erfahren. Ich werde sie erhalten, denn schon am 1sten sollte m. Geld u mein Brief v. Abegg hier sein, und sind noch nicht da; was natürlich erklärt, daß Abegg zugleich mit diesem alle halbe Jahr eintreffenden Briefe meine Anfragen beantworten will und mir Porto sparen will, was ich Dir auch sparen wollte, weshalb ich also deinen Brief vor 8 Tagen nicht erwiedert habe. Nun also laß uns das ruhig abwarten und dan weiter sehen. – Ich denke weder daran etwas hinter deinem Rücken zu thun, da das Interesse gemeinschaftlich ist, noch überhaupt etwas zu übereilen, da erst Michaeli der Pacht fällig und dann erst dessen Eintreiben beginnt u erst übers Jahr neue Revenuen eingehen.

Was Du über Deinen Sieg in der Preißfrage schriebst hat mich *sehr* gefreut, und muß Dir doch auch eine wirkliche und schöne Freude gewesen sein, eine reine Anerkennung, die durch nichts bedingt u influenziert ist mußte auch auf Dich wirken. Ich wünsche Dir herzlich Glück.

Tönniges ist mein Gevatter u eine Art Narr, der sich reicher macht als er ist. Der selige Roeppell verwaltete seine Geschäfte zu Tönniges' großem Nachteil, sein Bruder war ein arger Schuft u so wie ich ihn kenne werde ich mich nie an ihn wenden nie was mit ihm zu thun haben, brauche ich dort Jemand zum Verkaufs Rath oder dergl. so werde ich mich an einen der Herrn v. Gralath durch Vermittlung wenden. Jetzt aber *gar nichts thun* als Abeggs Antwort abwarten, dann Dir schreiben. Lebe wohl! Adele

[Randschriften Adeles:] Vielleicht ist Labes' Stellung zu Fried. als *Makler* eine veränderte geworden.

D. Herrn v. Gralath sind unsre Vettern, *reiche Gutsbesitzer zu Solmin* etc.: u sehr geachtet.

alten Geschichten: Vgl. Briefe Nr. 116ff.

Preißfrage: Die Krönung von Arthurs Schrift »Ueber die Freiheit des menschlichen Willens« (Werke, Bd. III, S. 359ff.) durch die Königlich Norwegische
Societät der Wissenschaften zu Drontheim, am 26. Januar 1839.

157. Adele an Arthur

Jena den 17ten März.

Lieber Arthur,

Abegg hat mir geschrieben sehr freundlich, und sich willig gezeigt
vermittelnd aufzutreten für mich, zugleich aber gestanden, er verstehe nichts von Landwirtschaft, könne also nicht über die Vortheile der Verpachtung urtheilen. Nach Besprechung mit meinem
Vormunde bin ich zu dem Entschluß gekommen den inliegendes
Schreiben ausspricht. Ich bin ernstlich krank, und Schreiben thut
mir weh. Mir ist Rheumatism aufs Herz gefallen, ich habe es nicht
geschrieben weils unnütz war. Ich rathe Dir jetzt *nicht an Friedrichsen zu schreiben,* sondern meinen Brief *stillschweigend zu genehmigen,*
ich denke er ist genau was Du meinst, dann sieh, *mehr* werden wir
nicht kriegen, so lange Fried: verwaltet, und einem anderen müssen wir mehr als 33 Rth Verwaltungsbesoldung geben, da geht
auch was darauf: laß uns so zufrieden sein, wie es ist. *Bist Du nun
dieser Meinung, so schicke gleich den Brief an Abegg auf die Post, frankire
ihn aber, es würde ihn gleich verdrießlich machen, wenn es nicht geschähe,*
ich werde wohl Gelegenheit haben in dieser uns *Beide* betreffenden
Sache auch für Dich zu frankiren. Abegg hat durch Labes m. Brief
erst 4 Tage nachdem dieser ihn hatte, erhalten, *gleich* Friedr. kommen lassen, gleich die Abschrift machen lassen, überhaupt handelt
Abegg rasch, aber ungeheuer klug, und fürchtet *nichts!* Von Dir
muß *nicht* gesprochen werden, was für mich geschieht, geschieht
still mit für Dich. Wenn ich v. Friedr. den Brief erhalte, schreibe ich
augenblicklich Dir wieder. Solltest du wieder alles vermuthen
Deine Ansicht geändert haben und eine neue gefaßt, dann schicke
mir *sogleich* meinen Brief zurück u schreibe. Verlange aber keine
größere Weitläufigkeit, ich *kenne* Abegg! es ist so hinlänglich
gesagt. Verkaufen will ich gern, doch ist dies Kapital sicher, und

wenn ich einen Käufer fände der in den Pacht einträte hätte man nichts dagegen, gegen den Pacht ließe man mich doch nie verkaufen, es ist so leicht zu hindern, wo wir 100 Meilen fern sind! Die vertraute Mittheilung über Friedr. hat bei Abegg keine Gefahr, wir haben uns viel Bedeutenderes gegenseitig gesagt. Lebe wohl. Du siehst ich handle wie ich's versprochen   Adèle

Die Kornbill ist zwar wichtig doch haben wir meist Wiesenland, wie ich immer gehört habe.

Abeggs Brief bitte mit einer *Oblate* ohne Dein Wappen zu siegeln, wo möglich, oder mit fremdem Pettschaft, wenn Du eins hast, ich lege Oblate ein weil Du vieleicht keine zur Hand hast da Du nicht damit siegelst.

158. Adele an Arthur

Jena den 4ten Mai
Lieber Arthur.
Inliegender Brief von Abegg wird Dir beweisen welchen thätigen und bestimmten Freund ich an ihm habe, und Dir zugleich die Lage unserer Angelegenheiten ganz deutlich machen. Ich bin zufrieden mit Abeggs Einrichtung, die Pachtung auszubieten, werde nicht gleich antworten sondern ihn gewähren lassen. Wie nachlässig *Labes* ist, erhellt daraus daß er mir geschrieben hatte, (vor langer Zeit) er würde die Eintragung ins HypothekenBuch besorgen lassen d. Friedr. und daß ich vor einigen Monaten, ich denke Mitte Febr. ihm die dazu nöthigen Papiere geschickt habe, ihm auch die 20 Thaler gelassen habe, zum Bezahlen, u sehr gebeten mir den Rest zu schicken, da ich oft *sehr* in Verlegenheit bin, ich habe oft nicht *einen* Thaler im Haus gehabt, wenn mich Abzahlungen hart bedrängten, u Herr Labes hat *nichts* gethan, Herr Labes aber hat meine alte Vollmacht noch, und deshalb mußte ich dies durch ihn gehen u an Friedr. auftragen lassen, um Kosten für eine neue Vollmacht zu sparen. Es ist sehr traurig, daß er so gar kein Wohlwollen für uns hat.

Ich habe nicht Geld genug um mit meiner Freundin nach Bonn zu gehen, ich habe meinem Arzt erklären müssen, es sei mir *unmöglich*. Ich befinde mich leidlicher seitdem das Wetter sich gut anläßt, aber ich leide doch noch viel; wie mein Herzübel eigentl. ist, weiß ich nicht, es war rheumatisch u nervös, aber ich glaube es ist auch *noch* eine eigentliche bestimmte Herzkrankheit da. – Jeder Arzt kann u wird Dir erklären daß man rheumatisches Herzweh hat. Man befiehlt mir ein wärmeres Klima, zum Winter. Ich *kan* aber nicht! Vermuthlich habe ich eine Herzenserweiterung.

Wenn jemand meine Guthantheile pachtet, gehen Deine mit, ohne Deine Einwilligung natürlich nicht, also bleibe ruhig.

Gelegentlich wenn Du etwas zu schreiben hast, sende dies Blatt v. Abeggs Brief zurück, ich könte es einst sehr nöthig brauchen, da in der anderen Hälfte steht: er werde in Rente immer fortzahlen – nie gegen ihn! doch gegen seine Erben, wenn ich das Unglück hätte ihn zu verlieren.

Ich dachte der Mutter Bild zu hohlen, um es sicher herzubringen, aber wie gesagt: alles unmöglich.   Adele

Du bemerkst wol aus Abeggs Brief daß er mit Friedrichs. ziemlich befehlend verfährt, und daß seine Autorität u Gewandtheit letzteren in Schranken halten u so mich sichern kan. Deine Antw. v Friedr. brauche ich nicht zu erfahren, da ich mich *nur* an Abegg halten will.

159. *Adele an Arthur*

Weimar den 10ten July.
Lieber Arthur, inliegende Notiz und der Brief werden Dir den Stand unserer Angelegenheiten klar machen. Ich warte nun auf Labes Brief aus Töplitz, kommt er an Dich, so theile mir ihn gütigst mit, umgekehrt *sende ich ihn Dir*, dann werde ich auch weiter beschließen; ich gehe Friedr. Vorschlag erst ein, wenn ich Labes' Brief mit den Veränderungsvorschlägen habe. Nöthigenfalls schreibt man nach Töplitz, doch noch nicht. – Ich glaubte mich

bereits ausgesprochen zu haben, daß ich keine Leibrente für meinen Antheil in Ohra will. Die Sache ist ernst überlegt, wird also vorläufig keine Aenderung in ihr statt haben, es thut mir herzlich leid Dir darin nicht beistimmen zu können. Ebenso beharre ich bei meinem Entschluß unter 450 Rth keinen Pacht einzugehen, u nicht mit Herrn Höpfner abzuschließen, worin mich Friedrichs. Vorschlag ungemein *befestigt*. Für alle Nothfälle scheint vorläufig gesorgt. Ottilie grüßt Dich freundlich, ich kann nicht viel schreiben, weil ich sehr viel zeichne. Ich brauche die kalte Wasserkur, die Regenbäder ob mit Erfolg? wer kann es wissen. Inliegenden Brief sende gelegentlich zurück.   Treulich Adèle S.

Keinesfalls unternehme ich das Mindeste ohne Deine Ansicht darüber, ich theile Dir alles mit, und sende Dir die Briefe, bestimme nur nicht zu rasch, ohne Labes zu hören, er wird wohl nur 10 Jahre, u bestimmten Zahlungstermin vorschlagen, denke ich mir.

Notiz. Abschrift aus Abeggs Brief.
[angeschlossen ist die Kopie; dann fährt Adele fort:]
Folgen andere Dinge die nicht hergehören.
Die Memoiren erscheinen nächste Woche. Der Buchhändl. Westermann Viehwegs Schwager wollte kein Portrait.

Memoiren: Johanna Schopenhauer's Nachlaß. Jugendleben und Wanderbilder. Herausgegeben von ihrer Tochter. Bde. 1 und 2, Braunschweig 1839.

160. *Adele an Arthur*

Jena den 13ten Nv.
Ohne Zweifel hast Du lieber Arthur ebenfalls von Herrn Labes einen Brief erhalten, der Mann mißfällt mir immer mehr! Ob er wirklich die Forderungen die wir haben genau untersucht hat, ob nicht, ist schwer zu sagen! Er plantirt uns und mich läßt er Sachen bezahlen von den ich keine Ahnung habe: zum B. *alle* Briefe habe ich stets frankirt. Ich lege Dir seinen Brief ein, aber da er mich sehr

ärgert so sei so gut ihn nicht wieder zu schicken, sondern verbrenne ihn, oder behalte ihn.

Mit dem Schulzen der jährlich 100 Rth Profit machen will, kann
ich mich nicht einlassen es sei denn daß Abegg aus besonderen
Ursachen darauf bestünde, denn alles unsichre Einkommen ist mir
schrecklich, denn ich komme leider nicht recht aus. Mein Entschluß ist also folgender: ich schreibe jetzt an Herrn Abegg und an
Herrn Friedrichsen. Den letztern Brief als bloße Beglaubigung
dessen was Herr Abegg dem Fried: sagen wird: nehmlich daß ich
für mein Theil in die Pachtung willige, wenn *Du* es zufrieden bist,
wie ich voraussetze, *daß ich Herrn Abegg meine Vollmacht gebe,* und
obgleich dies *noch nicht ausgefertigt worden,* ihn befuge die Rente u die
Rechnungen des vorigen Jahrs in Empfang zu nehmen, u letztere
durchzusehen. Ferner daß ich ihn befuge den Contract für mich zu
schließen, der die Ländereien auf 15 Jahre verpachtet, und daß *er*
etwanige Aenderungen mit Herrn Friedrichsen zu verabreden hat
zum B. §10 wo Du *ganz Recht* hast; daß meine Vollmacht gleich
nachdem H. Abegg mir geschrieben ausgestellt werden soll, mithin die Sache als *beendigt* anzusehen sei. Die einzige Bedingung
wiederhohle ich, daß Unordnung in den Zahlungen mich berechtigen sollen den Contract als gebrochen anzusehn.

An Abegg schreibe ich also ferner, daß er wenn er irgend Bedenken hat umgehend mir schreiben u auf den Fall den Brief an Friedrichsen behalten u nicht gleich abgeben soll. Für mich wäre demnach gesorgt. Nun bleiben dir zwei Wege. Entweder Du läßt Dir
von Labes für eine geringe Vergütung einen Rechtsgelehrten oder
Kaufmann vorschlagen, oder Du wendest Dich an Abegg, wobei
ich nicht zu u nicht abrathe. Vereinfacht ist das Geschäft nur
solange als Friedrichsen pünktlich zahlt, was wohl die ersten Jahre
hindurch sein wird. Dagegen aber ist vortheilhaft einen Rechtsgelehrten zur Hand zu haben, der immer schon weiß wovon die
Rede ist. Labes könte Herrn Kiebke damit beauftragen. *Ich* will
nichts mehr mit dem Menschen zu thun haben, er hat gegen mich
eine kleinliche Rachsucht weil ich ihn mir als junges Mädchen sehr
fern hielt. So lange Mutter lebte war er gut, von da an wo sie todt
war hat er mich vernachlässigt, mich mit den 20 Thalern hingehal-

ten – nun muß ich borgen! Er konte doch das Maul aufthun. Er hat nicht einmal die Gnade zu sagen für was ich ihm schuldig bin! Nun Gottlob das ist aus und vorbei. Du stehst wahrscheinlich besser mit ihm.

Antworte Du mit für mich, ich will nicht an Labes schreiben, magst Du auch nicht so lasse es bleiben. Auf Deinen Brief bester Arthur kann ich *nicht* warten, wegen Friedrichs Forderung *umgehend Antwort* zu haben, und meinem Wunsch daß Abegg für den Nothfall Zeit hat mir zu schreiben. Du brauchst mir also nicht zu schreiben denn ich weiß ja *daß Labes Dir wie mir zu Friedrichs räth*, u obschon der seinen Schmu macht, *können* wir nicht anders, wir bringens eben nicht höher als 450 Rth. Deine Vorrangsanforderung mache Du, u das Duplicat laß Du Dir geben, allerdings kommt Dir das zu, ich brauche dann keins, wie Du sehr richtig sagst.   Deine Adele

[Randschrift Adeles:]

Wenn irgend ein Grund gegen Friedr. spricht, so wird Abegg ihn mir schreiben, dadurch bist Du mit sicher gestellt. Willst Du Deine Vollmacht ihm auch geben, so mußt Du ihn doch erst fragen, brieflich. Ich würde an Deiner Statt jemand anders nehmen, es gilt ja nur zum Schein, dann sieht Abegg meine Sachen an, wenn pressante Dinge kommen sind Deine ja mit besorgt! er kan ja nicht anders u Du bist ihm dann nicht verpflichtet, doch wie Du willst.

161. Adele an Arthur

Jena d. 16ten Nov.

Mir scheint nach Deinem so eben erhaltnen Schreiben lieber Arthur daß Labes Dir nicht die Abschrift der Antwort Friedrichsens gesandt was ich unmöglich errathen konte. Hier ist sie. Friedrichsen macht mir jetzt ganz deutlich was er will, denn allerdings wenn er nach Danzig zieht ist's viel schwerer für ihn Rechnung zu führen, wahrscheinlich unterpachtet er gut, und für die 30 Rth die er von uns erhielt *klagt er nie*. Unrecht von Dir u der Mutter das

nicht schon vor vielen Jahren selbst gethan zu haben, nun aber entschieden *für uns zu spät!* Auch ist glaublich, daß Stattmiller der sehr
redlich der Sache sich annahm, früher mehr eingetrieben haben
würde, wäre es möglich gewesen, es geht aus der Berechnung hervor, daß bei seinem Tode sich der Rückstand gesteigert hat. Wie
dem sei, wir haben nur zu bedenken 1) *ist's rathsam überhaupt
an Friedrichsen,* 2) *ist's klug auf 15 Jahr zu pachten,* 3) *läßt sich § 4 nicht
deutlicher machen,* daß wir nur im schlimmsten Fall 150 Rth geben
müssen. –

Ehe ich darauf weiter mich einlasse – vor einigen Wochen
schrieb Tante Julchen: »Labes Kopf sei ganz wirrig u schwach,
darum sei seine Schwester mit ins Bad gereist, nun quäle er sich
schrecklich, mit den Briefen an uns u schwerlich *hätte ich mehr als
das* allernöthigste von ihm zu hoffen, er besorge nichts recht.«

Gleich schrieb ich das an meinen Abegg, bat ihn die Augen ja
nicht von der Sache zu wenden, gab ihm die besten Worte u erinnerte ihn an sein Wort meine Vollmacht anzunehmen.

Gestern nun ging nach reiflicher Erwägung wie ich Dir bereits
schrieb im Voraus, ein Brief an Abegg ab, worin ich die auf voriger
Seite angeführten Punkte fragend aussprach, ihm die *Vollmacht*
nochmals anbot, damit er das Recht habe den Contract für mich zu
ordnen, zu schließen u zu unterschreiben (es kostet sonst enorm Porto)
wenn er die 3 Punkte geordnet, u *nicht* einen besonderen Grund
habe Friedr. für einen schlechten *Zahler* zu halten. Besonders gab
ich die 15 Jahr zu bedenken, legte es aber in *seine Hand.* Die Sache
mit Labes erzählte ich ihm, ich bat ihn den Brief an Friedrichsen zu
lesen dem ich schrieb Abegg sei von mir *obgleich noch nicht gerichtl*
doch durch schriftl Uebereinkunft bevollmächtigt alles mit ihm zu
besprechen u bis zur Unterschrift zu bringen. Ende des Monats
solle die gerichtl Vollmacht nachfolgen. Zahlung u Rechnung dieses Jahres habe er für mich an Abegg zu machen, den ich ersucht
hätte sie durchzusehen u das Geld anzunehmen u ihm zu quittiren.
Abeggen ließ ich zu den Kosten die 6 Rth u bat mir die etwa übrigen mit dem Gutsgelde zu senden, aber nicht theilweise sondern
ganz.

Hierdurch bist du gedeckt. Unwillkürlich sieht ja Abegg Deine

Rechnung in der meinen mit an. Erlaube mir nun Dir zu rathen,
Dein Gemüth nicht in Geschäfte zu mischen, willst Du verpachten so *schreibe an Friedrichsen*, schreibe auch an Abegg und frage ihn:
da nun Labes nicht mehr bevollmächtigt sei u Du von mir hörtest
er sei so gütig meine Vollmacht anzunehmen ob er auf den Fall
wenn dieser Pacht zu Stande komme, die Deine mitnehmen könte
u wollte? oder ob er Dir irgend jemand bestimmen könne der *ihm
jetzt* wegen der Verhandlungen genehm sei. Du habest keine
Bekannten, man habe Dir Simson vorgeschlagen. Sollte jedoch
Abegg für besser halten einen *Rechtsgelehrten* zu befragen, bätest
Du ihn in Deinem und meinem Nahmen es zu thun, Du würdest
dann etwanige Unkosten gern erstatten, kenne jedoch Abegg die
Sache hinlänglich, so wärst Du auf seine Beantwortung entschlossen Dich nach meiner Bestimmung zu richten, unser Interesse
gienge zusammen, und Du wolltest den Contract dann genehmigen wie ich. An Friedrichsen schreibe auch ungefähr so, u
schweige noch von dem Gelde. Du hast noch Zeit, wir bekommen
es ja erst im Februar. *Jedenfalls* mußt Du Vollmacht geben, *oder*
Dir den Contract senden lassen, und unterschreiben, u die jedes-
maligen Sendungen durch Friedrichsen annehmen. Das hat Zeit.
Will Abegg unsre Vollmacht annehmen, so wäre es sehr freundlich
von Dir wenn du erlaubtest daß ich Dir einen schriftlichen Auftrag gäbe sie mit für mich machen zu lassen, Du sie schicktest, u
ich sie hier unterschriebe u sendete, *ich* bezahlte das Porto, u *Du*
die gerichtliche Vollmacht. Ich will sie ganz ausgedehnt. Besser
ist vielleicht wenn ich die alte Dir schicke zum Ansehen, ich habe
eine gerichtlich in Preußen aufgenommen. Willst Du nicht, auch
gut. – Ich habe Abegg gebeten in den Contract wo möglich ein-
fließen zu lassen daß Unregelmäßigkeiten der Zahlungen uns
berechtigen den Contract als gebrochen anzusehen und demnach
zu verfahren.

Ich bitte sogleich nach Danzig schreiben zu wollen, ich kan es
nicht für Dich, es schickt sich nicht. Schlüge Abegg ab, brouillirten
wir uns, das ganze Gut ist mir nur halb so viel als Abegg. Ich kann
nicht unbescheiden sein gegen ihn. Auch mag Paul oder Peter
Deine Vollmacht haben, so sichert Dich die meine.

Leider kan ich nicht in die Rentenanstalt, denn ich habe nur das eine Kapital, das kan ich nicht fest u indisponibel machen. Ich habe aber kein Geld bei Mülhens sondern bei Mertens, werde es auch später wegnehmen, aber ich komme ja nicht aus, da muß ich manchmal kleine Summen haben, ich habe noch nicht alles bezahlt! Frankire an Abegg.   Addio

[Randschriften Adeles:]
Kurioser Mensch, bei den Künstlern in Weimar die die Zimmer malen war ich ja eben zum Lernen! Den Wieland wollen sie aber in Weimar leider *nicht!* haben ihn auch selbst.

Die Taufscheine will Labes nicht schicken weil es ihm Geld kostet u er keines von Dir hatte.

Behalte den Brief. Mache kein unnütz Porto, es wird mir schwer genug!

162. Adele an Arthur

Jena den 24ten.
Lieber Arthur, Du bist viel zu rasch. Mein Brief an Abegg war frankirt, also gar keine Ersparniß. Ohne ein höflich Wort von Dir nimt Abegg keine Mühwaltung für Dich an, ohne Deinen an irgend jemand geschriebnen, ausgesprochnen *Willen* macht niemand einen Contract u wenn ich 10 mahl für Dich schriebe. Das ist nicht Sitte nicht Weg. Ich schreibe ohnehin an Abegg. Ich will ihn dann fragen ob er wenn er *diesmal* meinen Revenü einkassirt er Deinen mit einkassiren will, aber ohne ein Wort von Deiner Hand kan er nicht u wird er nicht. Vor Februar bekommen wir ja aber gar nichts. Ich habe aus Deinem Briefe verstanden gehabt: Abegg solle die ganze Contractsache und alle die künftigen Geschäftssachen für Dich übernehmen, da habe ich Dir weil ich *ihn* kenne den Weg angegeben wie er das thäte. Ihm habe ich nichts von Vollmacht geschrieben für Dich sondern für *mich. Ich* gebe Vollmacht: der Contract kann geschickt oder nicht geschickt werden! Ich gebe auf *jeden* Fall Vollmacht, weil Fälle eintreten können, wo ich bei einer Revenü wie diese einen Vertreter bedarf. Du giebst keine, gut. *Come vi piace.* Das Geschimpfe ist ja dumm Zeug; ich muß Abegg

vorsichtig behandeln, das ist alles, mit der Thür ins Haus fallen darf
ich nicht. Nimm nicht übel Du bist aber wirklich heftig ohne Ursache und würdest selbst lachen wenn Du Deine Tirade ruhig lesen
köntest. In meinem Briefe an Abegg will ich schreiben von der
Caution u. s. f. hilft aber weiß Gott nichts ohne Deine Handschrift.
Bist Du ein Narr zu glauben, ich hätte dich einen Sachwalter allein
bezahlen lassen! *Du* bist *dazu* kein Charakter! Ich glaube daß sogar
Abegg da Labes ein solcher Esel ist vieleicht einen zu Rathe zieht,
um genau alles aufs Gut Bezügliche zu erfahren, willst Du den mit-
bezahlen, so ist's billig, willst Du nicht, verdiene ich die Paar Thaler
wohl: denn es liegt ja mir daran daß die Sache vorsichtig geschieht,
und *Du* hast Abegg ja nicht gebeten alles Nöthige zu thun sondern
ich, und *die* Kosten kann man Dir also *nicht* abfordern. – Ich wollte
wirklich ohne nach Danzig zu reisen, Du und die Mutter hätten
früher die Reste eingeklagt, es wäre aber ja für Dich eben so gut
wie für mich! Da sehe ich nicht, was Du da für Opfer gebracht
hattest, hinreisen, davon ist keine Rede. Und am Ende! ich hätte
es nie bekommen sondern die Mutter. Also wie sollte ich so
närrisch gereizt sein,? Arthur sei mild, gut, ruhig! ich bitte Dich
wenn Deine Weigerung an Friedrichsen zu schreiben nicht bereits die Sache beendigt hat so thue was nöthig ist auf ein oder
andre Art.

Eine Firma von Abegg *kenne* ich nicht. Briefe gehen *an Herrn
Abegg* ohne weiteres. Unter frühern Briefen stand *H. B. Abegg*.

Ich werde den Contract so unterschreiben wie ihn Abegg für
mich abmachen wird, *die* Bedingung hatte ich ja bereits an Abegg
gemacht die *Du* jetzt forderst. Es ist mir sehr lieb, daß Du auf Caution bestehst, so kommt's noch bestimmter, kräftiger heraus.
Ohne Dich kann allerdings niemand einen Contract über Deine
Besitzungen schließen, *aber* auch nicht entwerfen, ohne eine Zeile
Deiner Hand. Schreibst Du also nicht, so tritt Friedrichsen zurück.
– Das wäre aber nicht das Schlimmste, aber wenn er nicht mehr
verwalten wollte, müßtest Du einen Pächter vorschlagen mit mir,
das liefe auf Höpfner heraus, was mir 10 Rth alle Jahre kosten
würde. Also bitte zu überlegen: ob eine Zeile zu schreiben, das
werth ist? – Du kannst übrigens ruhig sein, ich schreibe das mit der

Caution u der Klausel morgen oder *bald*. Lebe wohl und bitte sei
gelassener, Du hast keine eigenwillige Thörin vor dir, aber auch
kein Kind.   Treulich Adèle.

Ich kann vieleicht *morgen* nicht weil ich nicht ganz wohl bin.
   Soll der Contract geschickt werden, auch gut. An solchen Lap-
palien hänge ich nicht so sehr.
   Nota Bene. Ich hielt für sehr unzart einzuklammern in d. Vorschlag wegen Abegg: schreib nur so Anstands wegen; ich bezahle
doch 3/5tel der Kosten, wie billig. Aber hier hast Du es schriftlich
daß wenn Extraausgaben auß Deinem *Pacht* u *Pacht*geld kommen,
ich immer mein Theil bezahlen will, also 3/5tel.

                                                       Abends spät
So eben habe ich meinem Geschäftsmann Deinen Brief mitgetheilt, der sagt mein Schreiben an Abegg könne *gar nichts* helfen
höchstens ihn verdrießlich machen, Abegg könne von der Notiz
keinen Gebrauch machen weil er nicht befugt sei sie Fried. mitzutheilen, er habe keinen *Auftrag* v. *Dir*, er werde also thun was er jetzt
auch wohl thue, Deine Stimme *abwarten*, ohne welche gar nichts zu
machen sei, auch nicht einmal für mich. Ich *hätte* mich bereits scho-
nender, aber sonst fast *ebenso* erklärt, also könte ich's jetzt thun
oder lassen, wäre gleich. Es sei an Dir auf irgendeine Art Deinen
Willen kund zu thun, ob Du an Fried. schriebest, oder jemanden
Auftrag gäbest, oder was u wie, sei gar nicht meine Sache, *mir* hättest Du keinen bestimmten Auftrag gegeben an Friedr. also müßte
ich Dich nun gewähren lassen.
   Das war eben auch meine Meinung, ich hatte Dir deshalb blos
den Rath gegeben mit Abegg. In der That stimmen wir ja ganz
überein also sehe ich selbst ein daß Du Dich nur gegen irgend
jemand erklären mußt, u zwar bestimmt. Ich fürchte fast, es ist zu
spät geworden, und mir scheint es eine bloße Rechtlichkeit da noch
andere außer uns betheiligt daß Du Dich erklärst. *Caution* liegt
darin daß Friedrichsen liegende Gründe hat, schon unsern 9ten
Antheil. Ich hatte aber da er auf seine Frau geschrieben, gemeint die

Bedingung daß jede unregelmäßige Zahlung den Contract bräche
sei besser. Doch habe ich Dich in gar nichts gebunden, sogar an
Friedr. geschrieben *Du* würdest Deine Stimme senden. Also habe
ich gar nichts für Deine Person bestimmt wozu ich allerdings auch
gar keinen Auftrag hatte. Mein Brief hat nur Abegg Zeit gegeben
die Verhältnisse des Pachts zu erfahren. Vielleicht macht Md. Friedrichsen *Caution*, mit d. 9tel. Ich werde also noch nicht *gleich* nach
Danzig schreiben da mir Asverus abräth, aber doch bald, u auch
den Auftrag.

Jena den 24ten: November 1839.
come vi piace: Wie es Euch gefällt.

163. *Adele an Arthur*

Jena den 31sten Decemb.
Mein Vormund erklärt inliegenden Contract für ganz gut lieber
Arthur. Ich finde ihn billig und bin es zufrieden. Willst Du das nun
schreiben so schreibe, ich selbst werde in 8 Tagen schreiben. Du
thust mir einen Gefallen wenn Du jetzt für mich schreibst, denn ich
bin wieder krank. Wolltest Du also nur Herrn Abegg dann melden,
uns die Contracte zu senden, wir senden sie einander zu. Ich
schicke Dir den Contractentwurf den Du behalten kannst, *zum Vergleich für uns Beide* wenn der andre Contract kommt, es wäre demnach zu wünschen die Contracte kämen an *Dich*, Du schicktest sie
mir. Du bezahlst dann 1 Porto und ich 1 Porto, nach Danzig
zurück. Es kann aber auch anders sein, nur mußt Du zuerst unterschreiben, da Du obenan stehn mußt. Ich überlasse Dir's es schien
mir jedoch so gut u schicklich. Den Brief von Abegg kannst Du
verbrennen oder gelegentlich schicken, es liegt nichts daran. Damit
Du doch nicht etwa über meine Portodalbereien klagst, ich habe
für die Inlage u meine 156 Rth 2 Rth 10 g bezahlt. Ich glaube also
nicht daß Du Dich sonderlich zu beklagen hast, wenn ich Dich
bitte diesmal an Herrn Abegg zu schreiben und für mich mit. Herr
Abegg wollte Dir nächste Woche schreiben, das ist die laufende;
also hast Du wohl schon den Brief erhalten. Ich bitte wenn Du

etwas einzuwenden hast es bald zu schreiben, sonstige Styländerungen mache ab wie Du willst. Du siehst Abegg sorgt *redlich*. Ich bitte Dich lieber Arthur, *danke für mich*, es läßt anständig daß Du das thust, ich kenne Abegg es nimmt ihn für Dich ein, auch verdient er's und hätten wir ihn nicht, wer hülfe uns? Den herzlichsten Glückwunsch zum Neuen Jahr, es vergehe Dir froh, gesund und zufrieden.   Adèle

Kannst Du so laß die Contracte nicht auf Stempelpapier sein, das ist jedoch vieleicht nöthig!

[Randschrift Adeles:] Das in Abeggs Brief das Jahr 39 nicht gerechnet worden verstehe ich so, daß nicht 455 – sondern 450 Rth bezahlt werden.

Vormund: Wohl Professor Gustav Asverus, der Rechtsberater Adeles und Johannas.

164. Adele an Arthur

Jena den 10ten März

Lieber Arthur,

Den 20ten März also künftigen Freitag reise ich mit dem Eilwagen von Weimar nach Bonn. Ich würde also den 21ten gegen Mittag in Frankfurt sein können. Ich würde jedoch lieber in Hanau bleiben, wenn nehmlich was ich nicht weiß eine gleich durch Frankf. durchgehende Gelegenheit nach Mainz ist, wo ich dann abermahls schlafen und den 23ten in Bonn sein kann, wenn ich mit dem Dampfschiff gehe. Mein dortiges Quartier, was ich vom 20ten an habe, bestimmt mich zu großer Eile. Wenn ich in Frankfurt übernachte, kann und will ich nur im *Englischen Hof* sein, was ein sehr theurer Gasthof ist, weil ich dort die Pröbstin von Fichart ganz nahe habe, außerdem muß ich dann zu Rath Schlosser und muß also meinen Koffer öffnen was mir fatal ist. In Hanau würde ich niemand sehen als Dich. Schreibe also augenblicklich ob Du nach Hanau kommen willst, oder ob Du statt dessen in Frankfurt den 21ten mich an der

Post erwarten, zum Englischen Hof führen und am folgenden Tage nach Mainz bringen willst; hast Du jedoch Abhaltungen, bist Du krank, ist irgend ein Hinderniß Dich zu sehen, so wünsche ich gleich durch bis Mainz zu fahren wo ich dann niemand sehe, den Rest des Tages und die Nacht zubringe u schon am 22ten in Bonn bin. Kannst Du überhaupt es so einrichten daß Du einen Wagen besorgst, schon am 21ten gegen Abend nach Mainz und ich nicht in Frankf. schlafe, *niemand* sehe, sondern *gleich* nach Mainz mit Dir fahre, wo Du mich aber dann 2–3 Stunden allein lassen mußt, so ist's mir *noch lieber*, dann gehe ich ganz heimlich durch Frankf. und bleibe auf dem Rückwege. *Ich ziehe dies vor.* Auf den Fall bestelle mir ein Zimmer in oder nahe bei der Post, erwarte mich an der Post, sage *niemanden* daß ich komme und laß uns gleich nach Mittag nach Mainz fahren, wo Du dann wohl übernachtest. Ich gehe dann am 22ten zu Schiffe u bin mittags 3 Uhr in Bonn. Alles übrige mündlich; ich erwarte mit Sehnsucht augenblicklich ganz bestimmte Nachricht, was Du von diesen 3 Vorschlägen willst. Jedenfalls triffst Du mit mir an der Post zusammen. Frankf. kostet mich enorm da meine Bekanntschaften u. meine Stellung im Leben große Rücksicht auf Anstand nöthig machen in Frankfurt wo ich sehr bekannt bin.　　　　Mit den besten Wünschen Adèle

Jena den 10ten März: 1840.

165. *Adele an Arthur*

　　　　　　　　　　　　　Weimar Dienstag den 17ten März 1840
Lieber Arthur.
Dein Brief hat mir sehr weh getan. Da Du selbst so gar keine Rücksicht auf mich nehmen magst, wirst Du natürlich finden daß ich bei dem entsetzlich schlechten Wetter lieber ganz gerade nach Mainz fahre ohne mich länger aufzuhalten als eben nöthig ist, denn die Opfer an Geld u Zeit die ich brächte, machen Dir ja keine Freude! Ich werde also in der 1ten Woche Juny wo ich zurückkomme einige Tage in Frankfurt zubringen und mir dann meinen

Aufenthalt vorher bequem einrichten. *Jetzt* aber werde ich künftigen Sonnabend mit der Eilpost nach Frankfurt kommen, man
sagt etwa um 10–11 Uhr morgens, werde wenn in der Post Zimmer sind in der Post bleiben, sonst nach dem Pariser Hof gehen
und dort mir ein Zimmer und ein Frühstück geben lassen. Man
sagt die Post bleibt 1 bis $1\frac{1}{2}$ Stunde in Frankfurt und geht dann
nach Mainz. Dahin werde ich dann sogleich fahren dort schlafen
und bereits Sonntag mittag bei meinen Freunden sein können. Ich
richte nun alles darauf ein, man kommt mir entgegen, mehrere
meiner Bekannten stoßen auf dem Rhein zu mir und es hängt nicht
mehr von mir ab dieses zu ändern.

Habe also die Güte wenigstens zu Haus zu bleiben, ich werde
sehen ob ich jemand zum Schicken finden kann, der Dich zu mir
hohlt, wo Du dann wohl bis ich zur Post muß bei mir bleibst.

Es versteht sich von selbst, daß die Geschäfte besorgt sind, alle
Erinnerungen sind in solchen Dingen überflüssig.   Adèle

166. Adele an Arthur

Bonn, 14. 5.

Lieber Arthur,

Den 2ten oder 3ten Juny werde ich auf ein oder zwei Tage nach Frankfurt kommen willst Du so gut sein mir Deine Adresse zu senden,
hierher Bonn bei Frau Mertens Schaaffhausen, oder wenigstens im
Englischen Hof und bei Frl. v. Fichart nachfragen, wenn Dich
irgend etwas abhält zu schreiben, Ich kan mich nicht besinnen wo
Du in Frankfurt wohnst, da Du umgezogen und ich möchte Dich
doch gern sehen, auf meiner Rückreise.

Ob Du meine Briefe erhalten hast weiß ich nicht, ich habe 4 mal
geschrieben ohne daß je mir eine Antwort zugekommen, die letzte
Nachricht von Dir brachte mir Ottilie welche Dich herzlich grüßt.

Deine Adèle

Ich erzähle Dir lieber mündlich als schriftlich.

167. Adele an Arthur

Saline Sulza den 12ten July.

Lieber Arthur heute morgen habe ich Deine beiden Briefe erhalten. Vor 8 Wochen wurde ich unwohl in Bonn, dann kränker, es
fand sich nach einer nöthig gewordnen Untersuchung daß ich eine
Drüsengeschwulst innerlich hatte, zu deren Cur man mir Karlsbad
rieth. Ich gieng zu meinen Freunden nach Düsseldorf wo ich einige
Tage blieb, dann auf ein Gut in Münster Westphalen, wo eine meiner intimsten Freundinnen lebt. Mein Arzt hatte das erlaubt, nur
mir empfohlen zu Anfang Juny nach Jena zurückzukehren, um
nach Karlsbad zu gehen. Da ich Einladungen nach Rödelheim,
Frankf, Heidelberg nun nicht annehmen konnte, kehrte ich *geraden-
wegs* v. Münster über Kassel nach Haus: dort angelangt brach eine
Entzündung innerlich theilweise aus, ich habe zwei Aerzte weil
Gh. Hofrat Kieser Hernn Doctor Wedell als höchst geschickt in
Drüsenübelkuren verlangt hat. Beide konferirten mit D. Wolff in
Bonn, und fanden daß die Gefahr einer Entzündung nicht gestat-
tete mich nach Böhmen reisen zu lassen, man verordnete mir das
hiesige ganz einsame Soolbad, ich zog es Kösen vor, da ich gern
allein bin. Es geht aber nur alle 8 Tage ein Bote nach Jena, also muß
ich auf eine gute zufällige Gelegenheit rechnen oder diese Papiere
Herrn Professor Asverus mit der Post über Eckartsberga senden
der Dir sie dann von Jena aus zusenden wird. Es war mir da ich erst
den 9ten Juny in Jena angelangt, dann aber gleich krank geworden
bin, gar nicht möglich Dir gleich zu schreiben, ich hielt es auch
nicht gar so eilig, da mein Leben nicht in Gefahr ist. Vermuthlich
ist das, Gott weiß wie! vor Jahren veranlaßte Uebel übersehen worden, bis Wolffs stets aufmerksame Theilnahme mich in Bonn zu
der Untersuchung zwang. Doch genug davon, die Bäder thun mir
wohl, ich hoffe Genesung, es kan aber geschehen, daß ich noch später nach Karlsbad muß. – Doch zur Sache. *Ich glaube das Gericht hat
gar kein Unrecht.* Denn es datirt den 26ten Mai 40 also volle
6 Wochen vor dem Termin. Deine Protestation wird Herrn Friedrichsen in große Verlegenheit bringen denn er hat auf die Vollmacht der Güter sich gestützt u ist glaube ich zu weit gegangen,
denn er hat keine Vollmacht einen *Prozeß* anzunehmen. Ich

schreibe also gleich noch an Abegg um Rath, wenn er welchen hat!
Da es aber sein kan, daß er etwas Nothwendiges schreibt, muß ich
ihn bitten Dir's auf den Fall auch mitzutheilen. *Muß ich eine Total-*
vollmacht stellen so habe ich bereits früher gesagt daß ich sie nur Abegg
gebe u dieser dann das Recht hat Herrn Grodegg der erstlich uns
verwandt, zweitens mir als höchst achtbar, rechtlich u geschickt
von Justiz Rath Nicolovius empfohlen ist, anzunehmen, für den
einzelnen Fall. Soll ich aber in Uebereinkunft mit Euch wirklich
einem Rechtsgelehrten zu diesem Prozeß eine geben, so ist mir
allerdings Grodegg vollkommen recht, da ich *Beweise* seiner Rechtlichkeit habe. – Mir scheint die ganze Sache ist daß Herr Friedrichsen Dir den für Dich als Verwalter angenommenen Brief nicht
a tempo geschickt hat, so daß schon durch meine Abwesenheit
unmöglich war zum 2ten July Vollmacht zu schicken. Ferner habe
ich *nie* in Frankfurt a. M. gewohnt, wie aus allen kürzlich gestellten
Documenten zu ersehen ist: Auch darüber schreibe ich an H.
Abegg denn *Du* kontest nie für mich Vollmacht geben. Also was
fällt ihm, d. Friedrichsen ein. Die Proceßsache selbst verstehe ich
gar nicht, mir kommt vor als wollten sie uns nichts geben u das
Land behalten, wo wir denn freilich späteren Schaden haben, jetzt
nicht, da wir mehr abgeben als das Pacht. Die Stadtmüllerschen
Untersuchungen müssen das erweisen er hat alle einzelnen Pachte
untersucht. Alle alten Abschriften die ich selbst noch habe kan ich
in etwa 3 Wochen schicken von Jena aus, solltest Du sie dann zu
sehen wünschen. Es ist wohl nichts dabei was Stadtmüller nicht
gehabt hätte. So viel ist klar Du hast Dich übereilt, nicht das
Gericht sondern Friedrichsen hat Dir den Brief geschickt, ich will
hoffen, daß Du nicht Verdruß bekommst.

Lebe recht wohl.   Adèle Schopenhauer

Ich sende Dir Asverusens Meinung da ich *keine* habe sobald ich
kan.

[Randschriften Adeles:] Ich schreibe sobald ich meinerseits
Asverus Meinung habe – noch einmal, doch wirklich bin ich entschlossen seinem Rathe ganz zu folgen. Dieser Brief soll Dich nur
beruhigen.

Die Frage wegen Vollmacht stelle ich an Abegg. Ich habe immer *per poste* alle Klagsachen in Danzig bekommen.

Freunden nach Düsseldorf: Zu Karl Immermann und seiner Frau.
Münster Westphalen: Das Rüschhaus Annette von Droste-Hülshoffs.
zur Sache: Die »Sache« ist ein Prozeß, den einer der Pächter der Schopenhauerschen Ländereien angestrengt hatte, um als Erbpächter anerkannt zu werden.

168. Adele an Arthur

Saline Neu Sulza den 17ten July

Lieber Arthur,

Ich habe an Abegg geschrieben: daß ich ihn bitte da Grodegg *die sämtlichen Papiere* hat, einmal mit ihm zu reden, *wenn* es dann seiner Ansicht gemäß sei, nach diesem Gespräch, wolle ich den Prozeß mit führen, bäte auch den Poelt um ein Schema der Vollmacht für Grodegg. Ferner habe ich ihn gebeten Friedr. vor zu kriegen der gegen mich gefehlt hat denn er weiß ich wohne in *Jena*, kam aber den 24ten erst die Meldung in Deine Hände, war es fast unmöglich, daß meine v. Dir mir abverlangte Vollmacht zum 2ten in seine Hände kommen konte! Ich brauchte nur in Weimar zu sein, so war der Termin versäumt. Ferner habe ich gebeten mir wo möglich die gar nicht von mir verlangte Insinuation zu sparen, erst vor einem halben Jahre hat das Marienwerder Gericht zweimal per poste an mich geschrieben. Du hast Dich übereilt. Indessen es ist ganz gut so. *Asveru* Brief – er war der bedeutendste Advokat im Lande, ist jetzt Professor u sehr in gelehrtem Ruf – den Brief also sende ich zum Theil. Lies u zerreiß. Mir fällt da ich angegriffen bin schreiben etwas schwer. Du wirst gut thun Deinen nächsten Brief nur das Geschäft betreffen zu lassen, denn da der Bote von hier blos *Sonnabends* geht, ein neuer Termin jedoch angesetzt sein könte, oder sonst irgend etwas in der Sache nöthig sein, wird Asverus Deinen Brief erbrechen, um nöthigenfalls einen Expressen schicken zu können, auch das zu thun was etwa in Jena nothwendig. Asverus ist mein alter Jugendfreund u seit der Kindheit mir nah, ich traue

ihm ganz. Seine Ansicht ersiehst Du im Briefe. Die meine ist noch:
um 50 Rth gebe ich nicht Erbpacht wenn ich nicht *muß*, was helfen
mir die paar Thaler, es verschlechtert das Gut, erschwert den
Verkauf. Doch überlegt sich Grodegg u *Abegg* die Entscheidung,
u rathe Dir dasselbe. Hat indessen auf Deinen Brief Friedrichsen
den Erbpacht schon gestattet – so muß ich mirs gefallen lassen.
Die Sache mit dem Dietrich weiß ich nicht, also muß ich sie
entweder erfahren oder Euch überlassen. So viel weiß ich: Stadtmüller hat unumschränkte Vollmacht gehabt u damals gewünscht
Erbpacht mit erhöhtem Pachtzins überall einzuführen, hat
er das dem Manne schriftlich versprochen, müssen wir's *halten*,
dann aber wie Abegg richtig sagt, uns nachzahlen lassen was
damals abgemacht worden als Erbpacht, wenn wirs nicht erhalten haben. Im Allgemeinen war Erbpacht nicht ausführbar.
Willst Du Dir die Papiere kommen lassen, oder Grodegg oder
Friedrichsen um einen Auszug bitten, so mache das wie Du
meinst. *Ich* kan jetzt nur abwarten was von Danzig, sei es durch
Abegg sei es durch das Gericht an mich kommt. Meinen Entschluß weißt Du nun. Mir scheint es wird auch der Deine sein
nach Deinem eignen Briefe zu urtheilen. Sollte Abegg verreist
sein so wird wohl Friedr. an Dich schreiben, dann theile mirs
mit. Solltest Du nach Asverus Brief u dem meinen bereits zur
Annahme der Klage entschlossen sein u den Prozeß führen
wollen, so könnten wir vieleicht eine Vollmacht für uns Beide
geben.

Ob meine Gesundheit sich bessert ist noch ungewiß. Ich bin
jedoch außer aller Lebensgefahr, nur muß ich sehr geschont werden, ein Rückfall wäre wohl tödtlich, denn eine Unterleibsentzündung repetirt sich verschlimmernd.

Abegg habe ich natürlich alles *au long et au large* geschrieben,
auch wodurch Du Dich geirrt etc. Friedrichsen hat *paper sparing
Pope* sein wollen. Geht mir auch so kan hier kein Papier zu kaufen
bekommen bin in der tiefsten Waldeinsamkeit Morgen kommt
einer meiner Aerzte. Addio.   Adèle

[Randschrift Adeles:] Was noch in Asverus Brief steht betrifft andre

Dinge, deshalb zerschnitt ich ihn. Wir sind in andern geschäftlichen
u freundschaftlichen Verhältnissen.

au long et au large: Des langen und breiten.
paper sparing pope: Ein mit Papier knausernder Pfaffe.

169. *Arthur an Adele*

Liebe Adele!
Am Tage, nachdem mein Schreiben der Ungeduld abgegangen,
kam Dein Brief v. 12 Juli. Ja, wie hätte ich errathen können, daß Du
in einem so unzugänglichen Winkel stäkest! Deine Krankheit
bedaure ich von Herzen: aber die Lustreise im März mit der
Schnellpost konnte nicht viel Heil bringen. Hoffentlich wird es Dir
heilsam seyn, jetzt etwas marinirt zu werden, und dann pflege der
Ruhe: Die Reisesucht ist eine wahre Krankheit unsrer Zeit: hier hat
man sie am Besten vor Augen.

Was Du von mir und der Danziger Sache schreibst ist Alles ganz
verkehrt und dummes Zeug. Aber das ist Dir, zu Mal jetzt, sehr zu
verzeihen. Jetzt lehrt der Erfolg, daß ich, in Allem was ich gethan
und gesagt vollkommen recht gehabt habe: näml erstl mit dem
Gericht zu Danzig: dieses hat meine Protestation und die ihm er-
theilte Zurechtweisung säuberlich eingesteckt und keine Silbe
replicirt; so sehr es sich ärgern mag: Denn, statt daß Du glaubst ich
könnte Verdruß kriegen, sind die Herren sehr froh, wenn ich ihnen
keinen mache, und halten sich fein still. Die Citation war ein Skandal, zumal da die GerichtsHand das Couvert des Briefes geschrieben und ihn also expedirt hatte. Das ist gegen allen *Comment!* Von
dem anberaumten Termin ist auch weiter keine Rede: Kraft meiner
Protestation wäre Alles an demselben null und nichtig gewesen.
(Datiren kann man 100 Jahr zurück: gilt nicht!)

Zweitens habe ich Recht in der Proceßsache, da ich, soweit ich
Data hatte, ganz dagegen war: jetzt sind sie in Danzig Alle meiner
Meinung und wollen keinen Proceß: wie Du aus den 2 Einlagen
ersehn wirst. *Friedrichsen* sucht nun das Alles durch Lügen zu ent-

stellen, die so grob sind, daß man lachen muß. Habe seinem Briefe einige Glossen beigesetzt. Weil ich gesagt habe, daß von dem Proceß der mögliche Vortheil ihn allein träfe, die Kosten uns Alle, ist der elende Bursche »tief gekränkt«. – Dies gleich Gekränktseyn ist so recht das Kennzeichen aller schlechten Gesellen: Leute von Ehre sind ganz das Gegentheil. Wüßte ich nicht schon längst (wie auch Du) was der *Friedrichsen* ist, so würde ich es aus diesem Briefe entnehmen. Ich will ihn keiner Antwort würdigen. Wir haben jetzt bloß Jemand zu bevollmächtigen, der den Klägern ihren Erbpachtskontrakt zugesteht: es ist passend, daß wir beide hierin zusammengehn und das Gleiche thun. Es sind 2 Wege: ich kann an Just: Komm: *Groddeck* schreiben, er möchte mir ein Formular zu der dazu nöthigen Vollmacht schicken: das kann ich dann hier vollziehen und es dann Dir schicken, damit Du das Gleiche thust: für den gegenwärtigen Fall, wäre das hinreichend. Aber Du sprichst von einer Generalvollmacht für *Abegg*. Die würde für diesen und alle ähnliche Fälle gut seyn: nach der Bereitwilligkeit und Freundlichkeit die *Abegg* mir in diesen Dingen bewiesen hat, ist nicht zu zweifeln, daß er zugleich auch meine Vollmacht nähme, wodurch auch Deine mehr gilt: und was er für Dich beschließt mag er immer für mich mit thun, da er es mit Dir gewiß gut meint. Jetzt beschließe welchen der beiden Wege Du willst: special-Vollmacht für *Groddeck*, oder General-Vollmacht für *Abegg?* – Im letztern Fall, wenn Du dem *Abegg* Deine Vollmacht anträgst, könntest Du doch wohl für mich mit anfragen: sonst muß ich ihm expreß deshalb schreiben, eine bloße Formalität, die Porto kostet. Ich werde froh seyn wenn ich nur mit dem Stänker *Friedrichsen* nicht zu korrespondiren brauche. – (Der eingelegte Zettel macht das Obige überflüssig).

Hast Du wohl gar meinen vorletzten Brief den Dokumenten, die Du Deinem *Asverus* gesandt, beigelegt? Sage mir die Wahrheit. Es wäre sehr indiskret gewesen, da ich Dir im engsten Vertrauen und von der Leber weg schrieb: aber ich WILL ES WISSEN: ich verspreche Dir, nicht darüber zu zanken. – Schicke mir die 2 Einlagen zurück. – Kommt der *Friedr:* mir ein Mal in die Klauen so Gnade ihm Gott: ich hab es jetzt auf ihn abgesehn: und in Danzig weiß

Mancher, ob ich meinen Mann zu fassen verstehe. Er ist so dumm-
dreist, daß die Gelegenheit wohl ein Mal kommen wird.

Seit 4 Wochen liege ich auf der Folter: Ohrenschmerz ist
bekanntl einer der allerfürchterlichsten. Seit 8 Tage sitze ich zu
Hause, brauche warme Bäder in der Stube und 100 Mittel: Alles
umsonst. Die Zeit wird es ändern: aber ich stehe fürchterlich aus! –
Gute Besserung. Verliere möglichst wenig Zeit –!

Frankfurt, 19 Juli 1840   Arthur Schopenhauer

NB. Bemerke ja das *Post Script* auf eingelegtem Zettel,
[Das Post Script lautet:]
    Nach Durchsehung des *Friedrichschen* Pachtkontraktes, sehe ich,
daß er laut §8 berechtigt ist, mit den Unterpächtern Pachtkon-
trakte abzuschließen. Wozu bedarf es da noch einer Generalvollmacht? – bloß zu Processen: die kommen aber höchst selten vor.
Die §6 angeführten Processe hat *Fried:* allein auf seine Kosten zu
führen. Ich bin daher der Meinung, daß wir keine Generalvollmacht an *Abegg* zu geben brauchen: ist unnütz, also vom Uebel.
Demnach will ich nächstens an Just: Comm: *Groddeck* schreiben,
um das Formular zur Specialvollmacht: damit ist die ganze Sache
abgethan. Ich denke Du läßt es dabei bewenden, werde Dir das Formular schicken. Du bietest also MEINE Vollmacht dem *Abegg* nicht
an. Ist überflüssig.

170. Adele an Arthur

                        Saline Neu-Sulza den 19ten July 1840
                                        Sonntags mittag
Mein werther Bruder,
Auf Deinen ganz expressen Wunsch unnütze Briefe zu haben,
melde ich Dir denn, daß ich heut vor 8 Tagen Deine beiden ersten
per Bote der blos Sonnabends geht *zugleich* erhielt. Ich schrieb den
selben Tag nach Jena u an Dich, sandte die Briefe was sehr teuer ist,
expreß an Herrn Professor *Asverus* der jedoch erst *Dienstag* morgen
sie bekam [Einfügung Adeles: Montag ging der Bote ab, Sonntag

wollt er nicht], Dienstag abend sie auf die Post gab, so daß sie *Don-nerstag*, den Tag wo Du jetzt no: 3 schriebst, in Deine Hände gelangt sein werden. *Sonnabend* 18. habe ich abermals an Dich geschrieben, wird morgen früh eintreffen. So lange es nicht mög-lich sein wird, eine Post von hier aus gehen zu lassen, so lange wirst Du Geduld haben müssen. Ich darf, das haben alle Aerzte erklärt, nicht fahren, also kan ich nicht wegen der möglichen Briefe nach Jena. Es lag doch wohl auf der Hand, daß ich eine wichtige Ur-sache haben mußte zu schweigen, und ein gewöhnlicher Mensch hätte auch gleich gedacht: daß ich wohl auf dem *Lande* sein könte, oder abwesend, wo mir die Briefe *nachgeschickt* würden, u das ver-zögere die Antwort.

An Abegg habe ich geschrieben. Mein Brief No: 2 muß Dir alles erklärt haben, was geschäftlich zu erklären mir möglich; ich bitte aber sehr, habe doch mit etwas Unabänderlichem Geduld, es kan leicht geschehen daß Du einige Tage auf eine Antwort wartest, da ich jetzt eingerichtet habe daß Asverus Deine Briefe erbricht. Ist es nun ein Sonnabend, so muß wenn Asverus etwa aus ist, oder der Bote fort *ehe* der Briefträger die Briefe ausgiebt, das Blatt liegen bis über 8 Tage, oder wenn etwas ganz *Nothwendiges* muß Asverus abermahls einen Expreß an mich schicken, man fährt zwar in 4 Stunden, doch geht so ein Kerl 6 Stunden. Ich muß einen halben Thaler zahlen darum, das kan doch nicht für einen Wisch gesche-hen der nichts enthält. Also thut es dann nicht *Noth*, so bleibts bis nächsten Sonnabend. Begreife eine so einfache Sache und laß uns doch beide ruhig die Angelegenheit betreiben. Geschäftlich sorgt Asverus. Sein Gutachten hast Du. Meine Meinung weißt Du, nach Danzig ist sie auch geschrieben, ich melde *was mir etwa Abegg schreibt gleich*, nun gieb Dich also endlich zufrieden!

Ich benutze einen Jahrmarkt und Vogelschießen in *Camburg* um wo möglich diese Zeilen an Dich kommen zu lassen. Vor 1 Stunde erhielt ich Deinen am 16ten geschriebenen Brief denn der Bote gieng gerade ab, wie er ankam in *Jena*. Dein Mißtrauen macht Dich elend, und das thut mir noch leider als Dein Kranksein von dem ich hoffe es geht über, ärgre Dich nur so wenig als möglich, das scha-det am meisten. Schreibe mir nur das Nothwendige, es ist doch immer fatal daß ein Fremder jetzt Deine Briefe erbrechen muß, ich sehe aber vorläufig kein andres Mittel. Die gerichtliche Insinuation habe ich wann sie kommt ebenfalls an Asverus bestellt, u deshalb an den Stadtrichter mich gewendet. Ich wollte nur, Bester, Du kostetest mir nicht so sehr viel Porto, Boten, Gerichtskosten, durch Deine gewiß wohlmeinende Unruh, es ist aber durchaus nichts von meiner Seite versäumt, und ich hoffe Du wirst nun auch gelaßner u zufrieden sein, denn was auch Dein Comentar über mein Benehmen enthalte, so wird doch immer das sein u bleiben: daß ich am 10ten Juny mit einer Entzündung im Leibe in Jena ankam, u krank lag, am 3ten July *sehr langsam* herfuhr, was erst zwei Tage vorher fest bestimmt ward, und am Sonntage, als den 12ten *July*, Deine *beiden* wahrscheinlich in der dazwischen liegenden Woche angelangten Briefe, etc. *erhielt*. Nun möchte ich mein Unrecht dabei wohl wissen!

Höchstens daß ich nicht von Münster aus Dir erzählte ich führe über Arnsberg u Kassel. Was hätte Dir das genützt? Von Jena aus hätte ich doch nicht wieder geschrieben, denn da wurde ich ja erst ernstlich krank, u Deine Briefe hatte ich *damals nicht!* Also – kein Mißtrauen! Adele Schopenhauer

Nota bene. Der Bote geht Sonabend v. Jena, nach der unfern liegenden Stadt Sulza die keine Post hat, Montag kommt er erst hier an auf der Saline.

[Randschrift Adeles:] Da ich *Freitag* herfuhr, war *Sonabend* der Bote noch nicht für mich auf die Post u zu meinen Geschäftsfreunden gesandt, so blieb gleich alles was d. 4ten kam, bis zum 11ten in Jena, so daß ich d. 12ten bekam.

---

171. *Adele an Arthur*

Saline Sulza den 23ten July 1840.

Lieber Arthur,

ich bin zwar in Bezug auf Einzelnes in Deinem Briefe nicht Deiner Meinung denn zum Beispiel Grodeggs 2ter Brief hat Friedrichsen auf seine anfängliche Meinung zurückgebracht, darauf kommt jedoch gar nichts an. Dieser zweite Brief von Grodegg entscheidet, hat auch Friedr. und die Stattmiller bestimmt, u wir processiren also *nicht*. Es ist mir für meine Person *sehr* unlieb *Herrn Grodegg* zu Schließung des Pachtcontraktes zu bestimmen oder zu bevollmächtigen, anders war's zum Processiren. Das mußte ein *Jurist*

1. müßten wir ihn bezahlen, u Abegg nicht;

2. kan u darf ich Abegg nicht umgehen, in einer solchen Angelegenheit, da ich weiß daß er meine Vollmacht annehmen will, ich habe ihn ja schon vor 8 Monaten gefragt,

3. muß ich nun 2 Vollmachten stellen, denn später kommt es doch dazu daß Abegg Generalvollmacht von mir bekommt, wie Herr Labes sie von mir hatte. Denn wenn Friedr: einmal nicht *a tempo* bezahlt, so muß einer da sein der ihn mahnen *darf*, endlich wenn Fried: eine Unrechtlichkeit in der Verwaltung begienge, muß doch wieder Jemand sein, der für uns spricht. Um jedoch nicht die schon eingeleitete Sache aufzuhalten, werde ich abwarten daß Grodegg Dir das Formular schickt. Ein Formular zu Generalvollmacht habe ich, da es aber in *Jena* verwahrt ist, kan ich nicht daran, ich darf nicht fahren; es ist die mir von Herrn Karl Labes zurückgesandte Generalvollmacht. – Kommt nun jenes Formular von Grodegg früher an, als ich wieder in Jena bin, werde ich ganz natürlich gleich mit unterschreiben. Es kan dann später immer noch eine Generalvollmacht von mir an Abegg gegeben werden, und Du kannst Dich dann noch besinnen. Kommt das Formular erst an wenn ich in Jena bin, so wollen wir sehen, ich habe dann Asverus zur Hand, u der wird mir das *Schickliche* angeben.

Ist es thunlich und kommt das Formular *bald* so laß doch lieber gleich eine gerichtliche Form für uns Beide auf diesen speciellen Fall aufsetzen.

1) nimmt das Abegg dann weniger übel,

2^tens sparst Du mir Unkosten, Du schickst mir gleich das Document und bestimmst: ob Du es zurück willst, oder ob es direct nach Danzig soll, welches letztere wohl besser wäre, ich unterschreibe es gleich. Allerdings hat Asverus Deinen Brief gelesen, er enthielt lauter Dinge die zum Geschäft gehörten. Uebrigens hat das nichts zu sagen, Asverus und ich sind alte Jugendfreunde und sind gegenseitig offen in wohl wichtigeren Dingen, es ist also als habe Niemand Deinen Brief außer mir gelesen. Daß ich an Abegg geschrieben habe, ist ganz gut, so erfahren die dort gleich meine Meinung, denn ich hatte ihn gebeten mit Grodegg zu reden u mit Friedrich, u dann für mich zu bestimmen. Er hat also jener Ansicht erfahren u so ist alles bis auf die Vollmacht in Ordnung.

Mit den besten Wünschen für Deine Genesung   Adèle

Jedenfalls bleibe ich bis zum 6–7 August vieleicht noch länger hier.

[Randschrift Adeles:] Eines kan ich nicht begreifen daß *Du* nicht verstehst daß das Gericht die Zitation an Dich u eine gleiche an mich, an Friedrichsen hat abgehen lassen, als an unsern bevollmächtigten Verwalter, weil seit Jahren dasselbe geschehen ist u er als solchen sich gerirt hatte, *auf die Post* hat er den Brief *keineswegs gegeben.* Fr. sagt es ja deutlich in beiden Briefen: Wollten Sie so gut sein die Sendung des *Documents* lieber so zu *addressiren:* »Abzugeben bei Herrn Professor Wolff, so bekomt es Asverus gleich.«

172. *Adele an Arthur*

Bad Sulza d. 27ten July.

Lieber Arthur!

Asverus hat nur den *einen* ersten Brief gelesen u ihn sogleich verbranndt. Willst Du gefälligst die erste Zeile des Stück Briefes von ihm nachlesen, so findest Du daß er schließt »den Göttern der Unterwelt opfern«, nehmlich Deinen Brief. Ich sende Dir jedoch den andern u den eiligen ungeduldigen der mich zu der Maßregel trieb, die jedoch *nicht* in Wirkung trat ehe ich jene Briefe bekam, eben weil es sehr lange dauert, ehe ein Blatt von hier nach *Jena* kommt, selbst wenn ich per Bote nach Eckartsberga schicke. Deine krankhafte Eile ist schuld, ich mußte fürchten daß ein neuer Termin angesetzt sein u durch meine Abwesenheit verpaßt sein könte. Uebrigens würde ich einem Manne der lange Jahre hindurch meine Verhältnisse alle kennt, u den ich seit 28 Jahren kenne

Deine Briefe ohne besondre Indiscretion geben können. Es ist aber schon ohnedies dafür gesorgt, daß er nur den »*An Herrn Professor Wolf* abzugeb.« beschriebnen zu öffnen bekommt, da seit dem der Brief mit den Inlagen v. Danzig kam die Aspecten ganz anders geworden; *darauf* habe ich denn die Einrichtung wegen der Vollmacht getroffen daß Du den sie enthaltenden Brief *an Wolff bezeichnest*. Ich fürchte Du hast die Unanständigkeit begangen nicht an *Asverus* zu frankiren, der von mir kein Postgeld *wiedernimmt*, das ist wohl das Fatalste, gebe der Himmel daß ich mich darin irre, dann will ich Dich gern um Verzeihung wegen dieses Verdachts bitten. Das Uebrige glaub mir ist ohne alle Bedeutung, sei nur ganz ruhig.

Adèle

d. 6ten August wird meine Badekur beendigt sein.

173. Adele an Arthur

Jena d. 10ten Aug

Beikommenden Brief lieber Arthur kannst Du behalten. Ich habe geantwortet daß wir falls es nothwendig Beide Grodeck unsre Vollmacht zu geben bereits beschlossen, *ich* ihn aber später viel wegen Friedrichsen Generalvollmacht anzunehmen bitten würde. Uebrigens müßten *alle Termine, Anfragen, Beschlüsse bis Ende September verschoben werden denn ich reise sogleich nach Carlsbad.* Ich gehe den 19ten. Leider hat das Soolbad nicht genug bewirkt und die Aerzte haben nach der letzten Conferenz einstimmig erklärt daß ich sogleich nach Böhmen muß. Lebe also recht wohl, wenn ich zurückkomme werde ich Dirs melden. Inzwischen bitte mir nicht zu schreiben, ändern kan ich *nichts* mag bis jetzt geschehen sein was will so ist meine Meldung zeitig genug dort.

Asverus sagt es koste Dir nichts mehr die Vollmacht mit für mich schreiben zu lassen, ich unterschriebe dann hier u ließe allenfalls meine Unterschrift bestätigen, was aber nicht nöthig da sie bekannt ist glaube ich. Das alles aber erst *Ende* Septemb. In Lebensgefahr bin ich nicht.

A. Schopenhauer.

Meine Kürze wirst Du begreifen, in so ernsten Momenten wird man still. In höchstem Nothfall erfährt Asverus meine Adresse in Carlsb. durch die Leute die ich dort v. Jena finde. Jetzt weiß ich sie natürlich selbst nicht aber er kan sie später ausfindig machen. Doch kan ich von dort aus in dieser Sache *nichts* thun wegen der Gerichte u. die Bauern warten schon so lange.

174. *Adele an Arthur*

Jena d. 23ten Nov.

Von einer kleinen Reise nach Weimar zurückkehrend finde ich Deinen Brief. Wüßtest Du was ein Unterleibsuebel ist, durch Drüsen veranlaßt, so wüßtest Du daß Malen u Zeichnen sich durch Schmerz v. selbst verbeut. – Uebrigens bin ich besser obschon nicht genesen und die gute Wirkung Karlsbads ist *so* stark daß ich Anfang Mai wieder hin gehe.

Asverus, verlaß Dich heilig darauf, hat Deinen Brief verbrannt, er ist selbst oft viel unbesonnener in seinen Ausdrücken, als Du gewesen bist, aber sei ruhig *das Blatt ist vernichtet.* Von Abegg habe ich liebe Briefe. Im Nothfall wird er unsre Generalvollmacht annehmen, wenn wir gegen Friedrichsen sie brauchen sollten, falls er nicht richtig zahlt. Die Prozeßsache muß wohl langsam gehen, u die Vollmacht für Grodegg noch nicht nöthig sein, denn Abegg schreibt nichts darüber während er alle andern Punkte meines Briefes genau berührt. Nehmlich ich lasse mir all mein Danziger Geld in *Weimar* zahlen u gebe Anweisung. Ich werde in etwa 14 Tagen eine solche Anweisung an Friedr: schicken daß er an meine Ordre den 2ten Januar zahlen muß in Danzig, dann werde ich die Geschichte wieder genau erfahren, falls er antwortet, es ist aber möglich daß er mir Porto spart u *nicht* antwortet, denn er ist bereits prävenirt durch Abegg u ich gebe nur die formelle Nachricht der zu zahlenden Anweisung.

Ich denke die Prozeßsache still abzuwarten, hast Du einmal Nachricht, so theile sie mit u verlasse Dich darauf daß ich es auch so mit Dir mache.

Ich bin sehr neugierig auf Deine Abhandlung die ich zu verste-

hen hoffe da ich in dem Fach manches gelesen habe. Mögte Deine
Taubheit bald abnehmen, Du dauerst mich sehr, eine so lange Eite-
rung schwächt gewiß ungemein.

Mit den herzlichsten Wünschen Adèle

Ich habe einen Prozeß gegen die Gerstenbergkschen Erben, die
Liquidation der 700 Rth betreffend, Concours! werde wohl nicht
viel kriegen doch vieleicht etwas u ich bedarf es sehr da ich nichts
erwerbe jetzt. Du weißt, ich schrieb Dirs mal!, könte ich nur so viel
kriegen, daß ich die 100 Rth (der Mutter Schuld) abtrüge!! es ist
nehmlich nicht möglich gewesen wegen Karlsbad, ich hatte es
erspart mußte aber es verbrauchen zur Kur, und muß nun wieder
zusammen sparen, da waren mir 100 Rth sehr viel werth! Dann
wäre ich schuldenfrei, ich habe keine für mich, als kleine viertel-
jährliche Rechnungen. Nach meinem Tode wirst Du eine große
Ordnung darin finden. Ich denke jetzt bald mein Testament zu
machen. Meine Idee ist: Du bist mein Erbe, bis aufs Mobiliar, das
sollen meine Freunde theilen, die Rente fällt an Abegg, das Uebrige
Dir zu. Meine Papiere sollen meine Freunde haben u *zerstören*. Man
hat niemals viel von mir gewußt, eben so unbekannt wünsche ich
zu verschwinden. Meine Briefe verbrenne ich stets alle, wenn sie
nicht ganz gleichgültig sind. So denke ich das in Ordnung zu
haben, Du bist ein sehr rechtlicher Mensch u so hoffe ich daß Du
nichts dagegen thun wirst. Ich habe noch ein Testament von Dir,
doch kein gerichtliches, meins werde ich gerichtlich niederlegen,
nicht daß ich eben grade zu sterben glaube, sondern so der Ordnung wegen, es ist ja nur ein Geschäft wie jedes andre. Ich bin sehr
gleichgültig dabei, da ich nie gern gelebt habe, selbst wenn mir's
gut gieng, die allgemeinen Natur- und Lebensbedingungen drük-
ken mich, u ich lege es gern ab: werde was da wolle.

[Randschrift Adeles:] Du brauchst nie an Abegg Vollmacht zu
geben, wenn Du nicht magst; Du kannst es ja abwarten wie auch
ich, dies Jahr zahlt Friedr. gewiß.

Deine Abhandlung: Die beiden Grundprobleme der Ethik, Frankfurt am Main
1841.
Testament: Vgl. Brief Nr. 143.

175. Adele an Arthur

Bester Arthur

hierbei ein versiegeltes Testament, Gottlob daß wir darauf gekommen, es steht am Ende was drin was ich nicht wissen soll.

Ferner kan ich Abegg leider, da er mich speciell an Grodegg gewiesen hat u. sagt »es sei *sein Geschäftsmann*, u er sei *rechtlich*«, *nicht* auftragen, noch einmal zu *fragen*, denn Abegg würde sagen: warum schreiben Sie denn nicht an Grodegg, ich habe zu thun. Also bitte ich Dich, thue mir die Liebe u schreibe Du an Grodegg u frage ihn, oder warte seinen Brief ab, und ich will in dieser Sache gerade das thun, was Du thust, denn ich verstehe sie nicht. Ich denke aber Grodegg wird Dir genaue Details geben, wenn er um Vollmacht schreibt, willst Du sie aber nicht abwarten, so schreibe Du selbst weil Du schon einmal geschrieben hast, ich aber noch nicht mit Grodegg in persönlichem Verkehr stehe. –

Uebrigens scheint mir Friedrichsen verrückt denn die Hälfte des Pachtes ist ja Martini, die andre Hälfte den letzten Decemb. fällig indessen ist das ganz gut, meine Anweisung lautet auf den 2ten Januar. Sollte ich mich irren so berichtige mich gelegentlich ob den 1sten oder letzten Decemb: der Pacht fällig ist? Glaube ja nicht ich wolle nicht gern an Abegg schreiben, ich thue es blos aus Klugheit nicht, weil sein Brief an mich bestimmt alles Eingehen in Details in der Prozeßsache *ablehnt*, dagegen die vieleicht einst gegen Friedrichsen nöthige General-Vollmacht *annimmt*. Da will ich ihn nicht bös machen.

Was Du also mit Grodegg beschließest bin ich bereit anzunehmen. Kommt die Vorladung, und an Dich die Form der Vollmacht, so lasse sie aufsetzen u schicke sie zur Unterschrift, oder schicke das Schema. Wie Du willst: mir ist beides recht.

Ich danke herzlich für die Abhandlung auf die ich unendlich gespannt bin, ich hoffe sie zu verstehen, jedenfalls sie nicht zu scheuen. Du mußt Deiner Ueberzeugung genügen u hast ganz Recht.

Was Dein Testament betrifft so wollte ich Deine Kinder lebten, ich habe immer gewünscht Du hättest welche. Du bist auch noch immer jung genug welche zu bekommen.

Was die Zahlung der Mutter Schulden betrifft, so habe ich keinen Pfennig vom Kapital verwendet um an den Rhein zu gehen, sondern vom Geld das ich verdiente hab ich mir den Spaß gemacht, und von meinem Ersparten hatte ich 100 Rth liegen für die Schuld, die *letzte*, da kam die Krankheit. Muß ich so nehme ich 100 Rth auf, von jenem Gelde der Memoiren, ich habe es auf Zinsen, und habe die andern Schulden vom Verkauf *der Perlen, des Gemäldes*, der Bücher u. s. f. abgetragen. Die 100 Rth hatte ich nach und nach, theils erspart, theils durch *Arbeiten erworben*. Ich wollte es so gern noch dahin bringen einst 600 Rth Einkünfte zu haben! es wird aber nicht gehen, weil ich nichts verdiene. Ich bin ordentlich u sehr rechtlich im Abzahlen, gewiß Arthur Du wirst es finden, denn sterben werde ich doch wohl. Am 14ten Januar ist die Gerstenbergksche Liquidation. Was nun da herauskommt habe ich jetzt zur Zahlung der 100 Rth bestimmt, was fehlt schieße ich zu. Nur wenn gar nichts herauskommt nehme ich von den 600 Rth: bei mir wirst Du die allereinfachste Ordnung in allen Geldsachen finden. Lebe wohl! wirf mir den Rhein nicht mehr vor. Adele

Ich denke die Prozeßsache ist die alte, es waren ja wohl mehrere Bauern u einer ist also hartnäckig. Ich habe gar keine Details erfahren u wir müssen wohl einen Prozeß gewonnen haben in Friedrichsens Person, sonst wäre nicht abgeschlossen mit *Wolff* u *Wahlert* oder es ist Uebereinkunft. Von all dem weiß ich nichts genaues. Wenn Du es weißt genügt das. Wolff u Wahlert sind viel: die Bauern denen Uebereinkunft angeboten?

Es kan aber auch sein daß es ein bloßer Pachtproceß der Art war wie Friedr. *ohne uns* sie führen darf. Im ersten Fall begreife ich nicht, daß wir nicht Vollmacht gegeben haben, u daß man Dir nicht wegen Pachterhöhung geschrieben hat. Ich glaube jedoch alles das wird Grodeggs nächstens eintreffender Brief Dir erklären.

Jena d. 7ten Decemb.

[Randschrift Adeles:] Ich habe jetzt nicht an Abegg zu schreiben, müßte also expreß ihn fragen.

Jena d. 21ten Dec.

Lieber Arthur, wenn ich Dir eine fatale Minute gemacht habe,
durch das Papier, so vergieb, ich dachte es könnte was drin stehen
was Dich reute mich wissen zu lassen u Du hättest es vergessen.
Aber Du bist ja *selbst* streng rechtlich, wenn *Du mir* ein Testament
giebst, zu meinem Nachtheil, wie kannst Du glauben, ich würde
es nicht genau wie meine Schuldigkeit wäre, executiren? Dein *Vertrauen* höbe doch Dein *Recht* nicht auf? Ich habe all die Jahre
gemeint, dies Papier enterbe mich theilweise, aber ich dachte Du
hättest Kinder, u nie wäre mir aufgefallen daß Du mir aufträgst
was Du noch wolltest gethan haben; Du mußt ja wissen, daß ich
rechtlich bin. Nun meinte ich weil die Kinder todt wären, wünschtest Du vieleicht daß ich jetzt nicht wisse um Deine Verhältnisse, u
in keinem Recht möcht ich Dich kränken! Ich habe nicht Zeit heute
viel zu schreiben u doch ist mein Brief von Friedrichsen wohl zu
wichtig als daß ich ihn Dir vorenthalten dürfte, da Du eben entscheiden sollst. Wenn ich keine weitere Nachricht von Dir
bekomme, so werde ich *um Neujahr*, wo ich immer an Tante
schreibe, Friedrichsen ein Billet einlegen in welchem ich sage:
wenn es wirklich *nothwendig* sei neue Vollmacht zu schicken, so
sollten sie ein Schema senden. – Ich glaube aber das Klügste wäre
wenn Du nach diesen wiederhohlten Forderungen eine Special
Vollmacht von Deinem die juristischen preußischen Formen ken-
nenden Freunde aufsetzen ließest. – Das *Schema* kostet Porto, die
Ladung kostet an *2 Rth porto*, ich habe in der Muhlschen Sache
vorig Jahr 2 Ladungen erhalten, an 4 Rthl bezahlt. Ist nun nicht
besser wir geben die Vollmacht wenn wir können, u entgehen den
Kosten? Aus meinem Schreiben von Friedr. wirst Du sehen Friedr.
kan nicht ohne unsre Vollmacht. Ich schreibe vor dem 1–2. Januar
nicht nach Danzig – unser letzter Verwandter Felix Ratzky ist
gestorben u hat Fr. u. Kind hinterlassen, in großer Noth. Das Kind
ist meine Pathe. Unsre Kusine liegt am Tode, die Franziska, wir
bleiben *ganz* allein, – Du wirst der letzte der Abenceragen! – In der
Angelegenheit schreib ich. Lieber guter Arthur, frage mich weiter
nicht warum ich zu sterben glaube. Mein Herzübel ist still, seit das

Drüsenleiden sich gebildet hat, wahrscheinlich hängt es zusammen, viel: ist das letzte die Hauptsache.

Schicke mir Friedrichsens Brief *nicht* zurück, es ist unnütz ich habe notirt was ich wissen muß. Dein Papier soll auf den Fall meines Todes uneröffnet bleiben, ich besorge das, u siegle es an der Adresse ein. Ist Dein Wille zu warten mit der Vollmacht, so laß uns warten, obschon es viel kostet. Das Schema wird Friedrichsen nur schicken wenn es nöthig ist, und mein Billet an ihn kan also durchaus nicht schaden, ich kan auch das Billet an Abegg schreiben, aber nicht vor Neujahr, ich denke es ist Dir recht so. Hier sind 5 Buchhandlungen. Bitte wo *möglich* möchte *Fr. Frommann* hier Dein Buch.   Deine Adèle

[Randschriften Adeles:] Schreib doch gelegentlich ob wenn Du stürbest dies Papier vor Zeugen oder allein geöffnet werden soll.

Da mir einfällt es ist Dir lieber werde ich d. Billet an Abegg schreiben d. 2ten Januar, eher nicht.

Tante: Juliane Trosiener.
Abenceragen: Nach Chateaubriands »Les aventures du dernier des Abencèrages«.

177. *Adele an Arthur*

Jena d. 17ten April

Ich hätte Dir längst geschrieben, lieber Arthur, um Dir für Dein Buch zu danken, hätte ich nicht gehofft von Schwarz od. Hase ein Urtheil darüber zu hören, Beiden hatte es Frommann geschickt, aber keiner hatte es damahls gelesen u nun sind Ferien, da wird es wohl noch ungelesen bleiben, denn die Herren laufen alle ins Weite. Sei überzeugt daß ich Dir jedes Urtheil darüber mittheilen werde. Ich schicke es meinen Freunden nach Bonn und habe es der Wolzogen jetzt geben müssen, die durch Fries früher schon philosophische Sachen gelesen. In Bonn wird es gleich verboten sein, darum aber schicke ichs hin. Ich habe es mit großem Interesse gelesen. Da ich Hegeln nicht mag hat mich die Vorrede sehr amüsirt, doch wollte ich Du wärst weniger witzig animos. Es bleibt unendlich merkwürdig daß gelehrte Männer in Deutschland den Naturwissenschaften so ganz entfremdet sind u bleiben, daß diese Art Kenntniß bei uns nicht zur Basis des Jugendunterrichts gemacht wird. Ich sprach mit Asverus davon und der wollte die Geschichte mit der Eisenstange erst mit thierischem Magnetismus erklären, dann keine wirkenden Pole annehmen – ich möchte wissen wo er dazu hinreisen will, die Kenntniß der Neigung des Eisens, des Stahls, die sogar seit einer Reihe von Jahren an den feinsten Wagen den Stab von Messing machen läßt, die jeder Apotheker hat, und jeder Mechaniker, die in zwanzig Handwerke greift, ist den Professoren fremd geblieben. Ich weiß dergleichen weil ich seit 10 Jahren fast nur mit Naturforschern und Aerzten umgehe. Deine erste Abhandlung behandelt einen Gegenstand den wohl jeder klare gesunde Kopf durchdacht hat, nach Maasgabe seiner Kraft u Eigenthümlichkeit. Du hast einen eminenten Scharfsinn in der Behandlung gezeigt u ich kan Dir nichts einwenden. Ich muß hierbei erwähnen daß ich durch längern Umgang mit Schlegeln die indischen Religionsformen kenne, so weit man durch englische Bücher sie kennen kan, ohne gelehrt zu sein, und sehr dahin neige. Die Augustinische Lehre war mir verhaßt, und wurde mirs noch mehr als ich sie in Bonn im protestantischen Pietismus wieder fand. In so fern konte ich Dich leicht verstehen. Dennoch läuft Dein Scharfsinn gegen eine meiner Ansichten an, ich glaube nehmlich daß der Charakter nicht fertig entwickelt geboren wird, und man sowohl an sich als an Kindern durch richtiges Verstehen der Anlage, und kluges Ausscheiden der körperlichen Wirkung – die zum B. einen guten Knaben in gewissen Jahren zum Mordbrenner machen kan – durch Intelligenz und durch milde ungestörte Entwicklung der Grundformen und Abweisen der körperlichen scheinbaren Einwirkungen auf die Seele, viel thuen kan. In späteren Jahren ists unmöglich. – Ich habe mir immer Mühe gegeben meinen Charakter zu erkennen, und nicht halb zu handeln, in dem ich dem Einfluß der Dinge zu sehr nachgäbe, in allen Fällen wo ich bewußt nach meinem angebornen Wesen handelte *nie*

Reue gefühlt. – Ich kan über dies alles *reden* nicht gut schreiben.
Besonders geht es mir für den Schluß schlimm, ich ahne ihn,
und theilweis ist mir klar, was Du meinst, doch fehlen mir *Worte*.
Die zweite Abhandlung hat mir wohl gethan. Sie stimmt mit allen
Religionen, mit der Christlichen sehr genau. Ich finde sie bewun-
dernswürdig geschrieben und durchgeführt. Du selbst bist mir in
dem Buche lieber geworden. Ich habe Mitleid immer als das
Edelste erkannt um so mehr da ich es nicht im *gewöhnlichen* Barm-
herzigkeitssinne in hohem Grade empfinde. Körperleiden affiziren
mich weniger als Gemüthsleiden, und seit 10 Jahren nennt man
mich die *sœur grise* aller innern Menschenqualen, aller Gedankenkrankheiten, aller Gefühlsdifformitäten, man sagt ich thue den
Leuten wohl – wie einer kranken Brust die laue Luft. Ich weiß
nur daß diese Qualen mich rufen – u. ich antworten muß. Ich
möchte, ich könte Dir sagen wie unendlich viel ich gedacht habe
über Dein Buch, aber da müßte ich wieder ein Buch schreiben!
So kan ich nur Dir sagen daß ich Dir Dein Geschenk herzlich
danke.

Wenn Deine zweite Abhandlung mir lieber ist, als die erste so sei
überzeugt es liegt im Naturstudium. Meine Gedanken haben die
Richtung, der Gedanke des Werdens, Vergehens, Entstehens über-
wächst die andern. Jede Störung des Lebens, jede Thierquälerei, ist
mir ein Greuel, und *Chlor* macht mich melancholisch – jede Natur-
form ehre ich – ja ich begreife den Indier der einen Canal stoßen u
graben läßt, besser, als den Christen der fastet. Es ist zu spät um
mich zu ändern. Wo nun Dein System gegen meines stößt und mir
das fertig Geborne zeigt – staune ich, fühle mich gedrückt, und kan
nicht gegen meine lange Ueberzeugung, so klar auch Deine Worte
sind.

Ich reise d. 26ten April zum erstenmal nach Böhmen. Ende
August zum zweiten mal. Ich schreibe Dir gleich nach meiner
Rückkehr im Juny. Jetzt antworte mir nicht, etwas Deutlicheres
Besseres als Dein Buch kannst Du nicht schreiben, darum laß
mein Auge sich gewöhnen. Alle Urtheile melde ich Dir gleich.
Wenn Andre darüber reden wird mir mein eignes Meinen klarer
werden.

Ich war bedeutend krank, jetzt bin ich besser, ich konte d. Jod
Kali nicht vertragen. Deine Adèle.

Jena d. 17ᵗᵉⁿ April: 1841.
Eisenstange: Vgl. Werke, Bd. III, a. a. O., S. 343.
Schlegel: August Wilhelm Schlegel.

178. Adele an Arthur

Jena d. 3ᵗᵉⁿ July
Lieber Arthur!

Ich bin seit etwa 14 Tagen v. meiner ersten Kur aus Karlsb. zurück.
Die Drüsenverhärtungen im Leibe sind bedeutend kleiner, die
Unbequemlichkeit fast ganz gehoben, und den 20ᵗᵉⁿ August reise
ich zum zweitenmal; sollte dann das Uebel nicht ganz od. doch fast
ganz gehoben sein, so werde ich mich der Jod-Kali-Kur unterzie-
hen, bei deren erstem Versuch ich freilich *sehr* krank geworden bin.
Da diese Kur nicht in jedem Klima gleich wirkt, ich auch von keinem Menschen auf der Welt fordern kan so viele ärztliche Aufmerksamkeit dabei zu haben als mein alter bewährter Doctor Wolff
in Bonn hat, so werde ich wenn was Gott verhüte, *die* Kur *nöthig*
wird, dorthin reisen wenn ich von Karlsb. Ende Sept. zum zwei-
tenmale zurück bin, und Dich dann im Anfang October besuchen
u einen Tag in Frankf. bleiben; besonders wenn Schlossers da sind,
was freilich im voraus nicht zu bestimmen ist. Wirkt Karlsbad
tüchtig so bleibe ich ruhig hier.

Dahlmann u. Austins (die Uebersetzerin u Er ein Parlaments-
mitglied) haben mir den Aufenthalt sehr angenehm gemacht. Da
mir je *mehr* Geist, je *mehr* Kenntniß, je *lieber* ist, so sind alle solche
Kreise mir eine geistige Erwärmung, es exaltirt mich nicht leicht
etwas, aber es freut mich, mir ist wohl dabei. Meine Studien kan
ich noch nicht wieder anfangen, ich male aber Kleinigkeiten, u lese
viel u lerne viel, wo man am Ende immer sein Körperleid am
besten vergißt! Mir ist nöthig nicht über mich zu grübeln, ist Genesung nicht möglich – so werden wir sehen was zu thun, jetzt dar-

über sinnen hilft nicht. Ich habe von Danzig zwar Briefe doch keinen über Ohra. Solltest Du irgend etwas wissen u zu thun für
nöthig erachten, so schreibst Du mirs wohl gelegentlich. Ich hoffe
von Herzen Dein äußeres Leben ist ein wenig behaglicher eingerichtet, Du hast wohl Möbel, auch eine Magd, etc. etc. In Deinem
Alter beginnt man Bequemlichkeit zu lieben und obgleich Du
bequem noch 30 Jahre leben kanst, sehe ich nicht ab warum Du sie
auf *unbequeme* Art verleben sollst. Kan ich Dir mit Rath od. That in
Ankauf od. Einrichtung beistehen so sage es nur. Man behauptet
daß ich dergl. verstehe. Möchtest Du einmal kommen so wärst Du
willkommen. – Wie gewöhnlich bin ich sehr gut hier empfangen
worden und gehe viel aus, sehe viel Leute, indessen fühlt man doch
sehr daß man wie in einer ausgelöschten Laterne hier wohnt.
Leider habe ich von Hase u Schwarz nichts über Dein Buch gehört
was mich bei dem Titanen-Sturz der Hegelianer wundert; warum
Hegel mit *einemmale* gestürzt ist, weiß ich, obschon ich die Berliner
Zustände kenne, mir nicht klar zu denken. Möchte es Dir gut
gehen, Gott-Vater hat den Rokoko-Geschmack angenommen u
einen Mai gegeben der so altmodisch-wonnemondig war, daß er
gar nicht möglich schien; mögst Du ihn genossen haben! Lebe
herzlich wohl. Apropos ich sehe *ganz* wohl aus.   Deine Adèle

179. *Adele an Arthur*

Jena d. 1sten Nov. 41

Lieber Arthur daß Groddeck mir nicht geschrieben war die Ursache daß ich nicht ganz genau die Sache wußte, ich hätte freilich
das erwähnen können. Wie es jetzt ist bin ichs ganz zufrieden, daß
Du für mich u Dich an Groddegg schreibst, wenn Friedr. in 2ter Instanz den Prozeß fortführen wollte, wären wir Beide es zufrieden,
würden jedoch nicht weiter bezahlen als jetzt den Betrag der
Kosten, wogegen aber Friedr. in besagtem Falle den etwanigen
Vortheil einer neuen Verpachtung natürlich so lange sein Contract
dauerte *ungeschmälert* behielte! So mit wären wir Beide unter einem
Hut, denn Du nimmst ja doch einen meiner Vorschläge an. Ich bin

hier in Jena gewohnt Alle dergl. Dinge meinem Sachwalter zu
schreiben, darum wollte ich es an Grodegg schreiben, statt an
Friedr. Ich danke sehr daß Du es übernimmst, u stehe ein andermal
zu Diensten.

Das Wort »Regierungsbeschluß« ist allerdings unrichtig – Stadtgericht meinte ich. Das ausdrückliche Notifiziren Friedrichsens
scheint mir unnütz, Grodegg *muß* dafür stehen wenn er Deinen
Brief hat, und muß als *Bevollmächtigter* dort diese Bedingung Friedrichsen klar machen, eben *darum* wollte ich an meinen Bevollmächtigten u nicht an Friedr. schreiben, da Ersterer nicht leugnen kan.

Wie gönnte ich Dir, meine liebe Tugend, das Zutischsitzen! Du
sollst sehr hart angegriffen sein, ich lese solche Blätter nicht so weiß
ichs nur v. Hörensagen. Beschrei es nicht mit dem Gesundsein! Du
bist ja hoffentlich abergläubig wie alle geistreichen Menschen. –
Was *wirkliche* echte Portraitsmaler sind, lieber Arthur, denen schaden die schönsten Daguerrotypen nicht – die Raçe ist aber selten.
Ich bin heute schreibfaul und habe zu massenhafte Gedanken für
das Wortdetail, verzeih.   Deine Adèle

hart angegriffen: Durch eine pseudonym unterzeichnete Rezension in den »Hal-
lischen Jahrbüchern« vom Juli 1841.

180. Adele an Arthur

                                            Jena den 25ten Novemb. 1841
Lieber Arthur!
ich habe zu ungeheuerm Aerger eben 1 Rth 20 für die Insinuation
bezahlt daß in 2ter Instanz geklagt ist u der Prozeß fortgeht. Dein
démêlé mit dem Gericht geht mich nichts an, u ich habe augenblicklich an Groddeck geschrieben: daß er mir solche verflucht unnütze
Kosten sparen soll, da meine ganze ausgedehnte Vollmacht ihn
befugt, an m. statt dergl. anzunehmen, ich bin wüthend auf ihn.

Im Februar komme ich u bleibe etwa 3–4 Tage da wollen wir
uns ordentlich sehen. Es war doch wohl nöthig Dir zu schreiben
daß ich das Groddeck geschrieben da es nur durch Dein Schreiben

an die Regierung veranlaßt sein kan, weil Du mit in meinem
Namen geschrieben hast, Du verlangtest Insinuation, etc. etc. Lieber Arthur! viel Ehre aber wenig Plaisir dabei. Ich freue mich recht
herzlich Dich einmal ordentlich zu sehen, wenn ich in 3 Monaten
komme! Da wohne ich bei Schlossers. Lebe wohl, vergieb wenn
ich Dir unnütz Porto koste, aber mir schien ich *müßte* Dich benachrichtigen damit Du Dich nicht wunderst wenn ich künftig nicht
alle Detail-Zufertigungen erhalte.   Adèle

[Randschrift Adeles:] Laß doch bitte Deinen Hund mit portraiti-
ren! u schenke mir ja einen Abdruck.

181. Adele an Arthur

Lieber Arthur! Eine Generalvollmacht habe ich nicht gegeben weil
es nicht nöthig war, bis jetzt. Abegg hat aber vor 2 Jahren *versprochen* sie anzunehmen, aber zugleich gesagt: um die Details könne er
sich nicht kümmern, u Grodegg empfohlen. Wir können die Brief-
portos nicht sparen, aber die Einzeln-Vollmachten. Ich stimme
dafür daß Du an Abegg schreibst weil er auf Formen hält, und
mein Briefchen einlegst; ich brauche die Papiere nicht zu sehen,
und weiß was es ist, wie die Kerls heißen weiß ich nicht. An eine
Vollmacht an Grodegg ist nicht zu denken, das wäre ja dumm!
Ueberhaupt selbst wenn Abegg sie hat, müssen wir durchaus die
einzelnen Fälle wissen. Ueber diesen Folgendes:
    1) ich bin dafür sich zu wehren, aber *gegen Erbpacht*, die den
Werth des Gutes verringert, das *ich* zu verkaufen wünsche.
    2) ich denke Friedrichsen hat nach Contract diese Kosten des
Prozesses zu tragen.
    3) jede Generalvollmacht wird von uns in verschiedener *Form*
gegeben, weil wir in verschiedenen Ländern wohnen.
    4) haben wir denn in 2ter Instanz gewonnen u kan die Sache nicht
trainirt werden, die erste hat den Bauern Wuth gemacht, vielleicht
wäre uns die 2te günstig.
    Willst Du meinen Brief schicken mit Deinem, so ists mir lieb,

Abegg ist Kommerzienrath, ich schicke Dir den meinen weil wenn
Du ihn einlegst, Abegg nicht umhin kan es für Dich mit anzunehmen, u ich schreibe nicht an Deiner statt, weil er mir sonst sagen
kan, »*für Sie* aber nicht für Arthur«. Willst Du nicht, dann schreibe
ich allein. –
    Uebrigens muß nun nicht geantwortet werden, weil doch eine
Zeit verloren geht, u auf d. 2ten Termin die Vollmacht nöthig sein
wird. – Ich komme nicht. Auf Wolffs Rath habe ich den Geheimen
Hofrath Vogel konsultirt u 2 Monate in Weimar, jetzt seit 4
Wochen hier eine Kur im Haus gebraucht, die gut anschlägt, ich
gehe den Mai auch nicht ins Karlsb., vielleicht aber im August, es
ist unbestimmt, ich bin bedeutend besser. Sonst geht es mir wie
Dir, in meiner Art sehr fleißig, und still. Ich bin bei Ottilie die 2
Monate gewesen, sie leidet an einem bedeutenden Halsübel u sollte
nach Italien. Jetzt hofft man das Gegentheil. Lebe wohl guter
Arthur, vergieb daß ich heute nichts unterschreiben kan.
Grüße den Pudel.   Deine Adèle

Vogel u Wolff korrespondieren wegen mir u. d. Kur.
    [Randschrift Adeles:] Auf keinen Fall gebe ich eine solche Voll-
macht daß Prozesse gemacht werden *ohne* mich zu fragen; sonst
kan man Friedrichsen nicht controlliren. Dieser scheint mir fällt
ihm zu, doch auch im Gegenfall ist er zu führen. Um Himmels willen an Abegg frankiren!

Adele an Arthur: Am 25. April 1842.

182. Adele an Arthur

                                                    Jena d. 22ten Mai
Es freut mich lieber Arthur, daß Du so viel an das gute Hamburg
hast wenden können, ich wollte ich könnte es auch, aber leider ist
das nicht möglich! – Jeder also was er kan! Einmal ist mir die Wohl-
thätigkeit himmlisch leicht geworden, im Conzert für sie, von
Ernst! Höre diese Violine ja, wenn irgend Gelegenheit sich beut.
Ich habe entsetzlich zu thun sonst schriebe ich Dir, einen langen

Brief – ich fühle mich Dir gegenüber, wie im Carneval, so wenig
weißt Du von mir, u doch welche Geduld des Hörens und Erzäh-
lens müßten wir consumiren, um Dich und mich auf den Fleck des
Verstehens zu bringen! – Vorläufig bleibe ich ruhig hier, u in Weimar, in Doct. Vogels Kur, wahrscheinlich gehe ich Ende August
nach Karlsb. Ich thue es nicht ungern – weil ich einen Kreis ausge-
zeichneter Menschen dort finde, mit denen ich mich zu treffen verabreden werde. Wolfgang Goethe ist das Semester hier – ich weiß
nicht ob ich Dir gesagt wie dieser Enkel Goethes mir nah' steht, u
wie ich ihn von *Kindheit* an geliebt? Er ist mein geistiger Sohn, und
in 10 Jahren wird er mein nächster Freund sein.

Was mich an der Zeit freut, ist daß die Menschen endlich die
Kette sehen, die ringweis Staaten u Städte u Orte zusammen hält,
daß das Allgemeine auf Einzelnes, u Einzelnes aufs Allgemeine
wirkt, fühlt erst jetzt unsre kultivierte Welt, u trotz ihrer oft hervor-
brechenden Rohheit hat sie endlich eingesehen, daß alle einander
helfen müssen – so bei dem Hamburger Elend, wo zuerst eine allgemeine Theilnahme der Fürsten, Staaten u Privatpersonen glänzend
ans Licht tritt.

Ottilie war in Gefahr die Halsschwindsucht zu bekommen, es
geht jetzt sehr gut. Deine Heringskur war schon vorig Jahr angewandt; die ist so bekannt.

Wegen der Bauern ist's gut, die Kosten müssen wir zahlen, gebe
Gott daß Ruh bleibt. Vergieb mir daß ich das Nöthige zuletzt
erwähne, es ist ja im Grund ein Abgemachtes. Ich habe noch keine
Vollmacht gegeben, und es wie Du abgewartet.

Möge es Dir gut gehen, und Du Freude am Sommer haben! Deinen Pudel grüße von mir ich möchte sehen ob ich ihn gleich bändi-
gen u gewinnen würde, wie mirs meist bei Hunden gelingt, die ich
förmlich studiert habe in ihren Körper- u Geistes Entwicklungen.

Deine Adele

wenden können: An Spenden nach der Hamburger Brandkatastrophe vom Mai
1842.

Jena den 6ten Oktober

Lieber Arthur,

Gestern Nacht angelangt, in den *horreurs* eines neuen Dienstmäd-
chens, neuer Einrichtungen eines kalten Quartiers etc, folglich
nicht schreiblustig. Meine Kur war gut, ich habe geistreiche und
angenehme Menschen in Karlsb. gefunden, wie fast immer dort.
Ich lebe gern mit Ausländern, denn ich bin der Sprachen mächtig u
habe also ein bequemes *plaisir*. Meine Vollmacht war gerichtlich,
denn hier giebt es keine Notarien u also bin ich wohl nicht genöthigt fernere Schritte zu thun.

In Karlsb. fand ich einen neuen alten Freund aus Tilsit, durch den
ich Friedrichsen schrieb, um ihm zu melden *wie* ich die Pachtgelder
einziehen will, u hieß ihn dabei die Prozeßkosten abziehen. Ich
werde nemlich d. 1sten Decemb. nicht hier sein. Doch davon nachher. Ich verstehe die von Dir unterstrichene Zeile so, als sollten wir
sagen was uns die Pachter für die eigentliche *Erb*pacht als Verspä-
tung zahlen sollen. Da ich nicht genau weiß wie viel verpachtet,
kan ich das nicht bestimmen, auch kenne ich die Taxe eines solchen
Erbmieth-Schillings nicht. Ich stimme also dafür, daß wir das
Friedrichsen überlassen, oder *Groddeck*. Solltest Du nun ebenfalls
dieser Meinung sein, so bitte ich Dich schreibe es für mich mit,
ich muß glauben Du hast Friedrichsen nicht verstanden da Du
nichts schriebst in dem Briefe an mich, erinnere aber wohl, daß
Friedrichsen in einem frühern Briefe an Dich schon von dieser
Forderung sprach. Ich denke Groddeck soll dieselbe für uns
thun.

Den 31sten Octob^r oder 1sten Nov. werde ich Dich ein paar Stunden sehen. Ich muß nach Bonn auf ein paar Monate, Mertens ist
todt, und ich will zu seiner Witwe, meiner intimen Freundin. Ich
werde nicht in Frankfurt uebernachten, sondern gleich mit der
Eisenbahn nach Mainz, ich *kan* nicht in Frankfurt sein ohne Besuche zu machen, u der Aufenthalt ist mir zu kostbar. Auf dem Rückwege werde ich bei jetzt abwesenden Freunden ein paar Tage
verweilen, Dich länger sehen. Wolff mein alter Arzt mag den Rest
meiner Krankheit bewältigen. Ich freue mich sehr auf Dein Bild,

bist ein Narr mit dem Stufenjahr! Du kerngesunder Mensch! Du
lebst noch lang Gut Nacht!   Deine Adele.

[Randschrift Adeles:] Ich habe Deine Adresse in Frankfurt verloren, schicke sie doch! ehe ich gehe.

Stufenjahr: Bezieht sich wohl auf hypochondrische Todeserwartungen
Arthurs gemäß biorhythmischen Spekulationen über bestimmte Stufen- als
Krisenjahre.

184. Adele an Arthur

Jena d. 3ten

Du bist sehr freundlich lieber Arthur u. ich danke Dir herzlich. Leider hat mich ein Unfall mit dem Wagen auf einige Tage krank
gemacht u dadurch verspätet. Es ist meine Absicht den Sonabend
bis Weimar und Sontag weiter zu gehen, da träfe ich Montag Morgens um die Postzeit ich denke etwa um 10 Uhr am Posthof mit der
Eilpost ein. Ob ich aber dann wohl genug bin um zu Dir zu fahren
– mit Fiaker – od. ob ich in den Gasthof gehe, kan ich im Voraus
nicht sagen. Die Post ist verlegt u mehrere Gasthäuser nah', ich will
mit dem letzten Eisenbahnzug nach Mainz, und habe eigentlich
eine halbe Stunde mit der Pröbstin von Fichart zu reden. Gehe ich
in den Gasthof so kan ich dort mich umkleiden, zur Fichart gehen
die im Stift auf dem Roßmarkt wohnt, ich kan dann Dirs sagen lassen u Du kommst zu mir. Bin ich sehr frisch so sehe ich gern Deine
Wohnung u Du gäbst mir irgend was zu essen wo ich dann von Dir
abführe. Ists aber schlecht Wetter so kan ich das Alles nicht, sondern weiche und wanke nicht vom Gasthof, denn ich leide an rheu-
matischem Kopfweh. So bitte ich Dich denn, wenn Du einen
Dienstboten hast, so schicke auf die sehr pünktlich ankommende
Post, hast Du keinen so bleibe etwas zu Haus, so schicke ich Dir
Nachricht, entweder daß ich Dich erwarte, oder daß ich von der
Fichart aus zu Dir komme, nachdem ich sie eine halbe Stunde gesehen, dann ists immer noch Zeit mir eine Tasse Kaffee zu besorgen
bei Dir, denn so weit reicht wohl Deine Wirtschaft.

Liebes Herz, ich will Dir mündlich Alles mögl: erzählen, aber
nichts schreiben. Mein Geld ist vollkommen sicher, u sichrer als es
war. Du rechnest mir aber doch sehr nach, wie kannst Du wissen,
wo ich die 600 Rth von den Memoiren hin gethan? Und ob die
Schulden der Mutter sie nicht verschlungen? – Sei indeß ruhig! –
ich habe sie u die Schulden habe ich auch bezahlt. Ich bin froh daß
Du einsiehst daß ich gar nicht zu Thorheiten neige! Ich komme
sehr ordentlich aus, obgleich sogar meine Miethe u Wirthschaft
fortgeht.   Deine Adele.

Ich öffne meinen Brief und mache eine neue *Enveloppe*, um auf den
möglichen Fall Dich vorzubereiten daß ich nicht kommen könte,
etwa in Eisenach übernachten müßte od. sonst irgend etwas zu
meiner Pflege thun müßte. Bei dem Unwohlsein das in den letzten
Tagen mich gefesselt ist der Fall sehr möglich, ich kan sogar plötzlich wieder einen Rückfall bekommen. Dennoch möchte ich das
Schreiben nur ungern verzögern, und mir bleibt nur übrig Dich zu
bitten mir eine solche Mögl. nicht übel zu nehmen.
    Du bist ein närrischer Kunstfreund! Ein Daguerotyp-Portrait
sieht nach den 20 Jahren schon alt aus, wenn nicht große Kenntniß
und glückliche Umstände das Möglichste leisten, um das Original
vorteilhaft erscheinen zu lassen. Hast übrigens Recht, die Sachen
sind nicht *Dein* Fach. – Deine Briefe lese ich genau, aber mein Herr
Philosoph »Irren ist Menschlich!« Und warum sollte Friedrichsens
unverständlicher Styl mich nicht irre machen! Addio!

Jena d. 3ᵗᵉⁿ: November 1842.

185. *Adele an Arthur*

                                          Bonn den 24ᵗᵉⁿ December
Längst schon hätte ich Dir schreiben sollen, lieber Arthur, um Dir
für die freundliche Aufnahme bei Dir zu danken, hatte mir's auch
fest vorgenommen, indessen ich habe wie wohl Klügere pflegen,
die Zeit verdämmert und verträumt, auf dem Lande eine Stunde

von Bonn, in Plittersdorf; wo ich auch bei meiner Ankunft gleich vom Dampfschiff ausstieg. Erst seit 8 Tagen bin ich hier, habe noch nicht einmal alle gehörigen Visiten gemacht, und finde Bonn nicht eben angenehmer als vor 5 Jahren, da ich im Spätherbst es verließ. Auch meinen Freund Dahlmann und seine Familie habe ich nun hier, obschon nicht oft gesehen, mich an der ehrenvollen Aufnahme gefreut die ihm geworden, und mich im Stillen an den protestantischen Pietisten ergötzt welche lange Hände nach ihm ausstrecken, um ihn in ihre engeren Kreise zu ziehen, woran sie aber kein Erfreuliches sich bereiten, denn der alte Löwe wird sich schon heraus wickeln, wenn er es bemerkt. Freilich vermuthet er dergl gar nicht, und beachtet es jetzt nicht. – Meine Geschäfte stehen gut, ich lebe in solcher Vertraulichkeit mit der Mertens daß ich alle Details ihrer Lage kenne, es ist hier weder von aufgenommenen Geldern auf Hypotheken, noch von irgend einem Handel die Rede, sie theilt sich mit den Kindern ab, und behält ein ungeheures Vermögen, meist in Gütern. Bleiben meine kleinen Kapitalien bei ihr, so möchte ich sie in die große Lederfabrik stecken oder sie müßte sie blos behalten um sie mir aus Freundschaft zu verzinsen, aber anderer Leute Kapitalien giebt sie *alle* ab. An der Lederfabrik, deren Besitzerin sie ist, an der auch ihr Schwiegersohn einen Antheil hat, möchte ich es recht gern placiren, weil das eine ganz sichere, selbst durch Krieg nicht gefährdete Sache ist, denn diese große Gerberei ist die beste in der ganzen Umgegend bis Malmedy u macht sehr solide gute Geschäfte. Von Schulden od. Verlusten ist Gott lob keine Rede, und keine Art kaufmännischer Banquierschaft vorhanden. Du siehst also lieber Arthur ich habe auch hier eine Art guten Glückes gehabt. Die Menschenschicksale wiegen jedoch im Allgemeinen alle ziemlich gleich, so geht es denn auch mir auf einer andern Seite, vermuthlich zur Compensation, herzlich schlecht, denn ich bin unheilbar. Ich habe meinen Arzt gezwungen mir aufrichtig zu sagen, wie es kommen wird, für jetzt habe ich nichts zu fürchten, werde auch noch vielleicht lange Jahre so fort leben – später droht mir die Wassersucht, u zwar Zellenwassersucht, die leichteste. Indessen hat mich's sehr erschüttert, meine einzige Hoffnung ist ein zufälliger Tod – oder ein herbeigeführter Zufall! Es giebt ja

eine Menge Gefahren – mich kan eine ereilen, u sie ist nun immer
Gewinn. Wir wollen diese Sache nicht weiter viel besprechen, die
Drüsengeschwulst ist theilweise verhärtet. – Leider habe ich der
Austin das ihr geschenkte Buch noch nicht schicken können, weil
ich auf eine versprochne Gelegenheit warte; habe es ihr aber schriftlich angemeldet worauf sie sich sehr freut. Sie sind beide in Berlin
wohin sie mich dringend einladen. Mich aber zieht es in meine alte
Häuslichkeit zu meinen Arbeiten zurück, ich möchte die Menschen wieder sehen, die dort an meine Existenz die ihre geschlossen! Momentan bin ich sehr wohl, auch heiter, aber die Sorge liegt
im Hintergrunde. Du weißt wie wenig lieb mir Bonn ist. Ich war
eigentlich nie heimisch hier u manche sehr drückende Erinnerung
belastet mich. Darum halte ich auch den alten Plan fest, im Lauf des
Januars zurück zu gehen. Die Winterreise hat mir gar nicht gescha-
det, im Laufe nächsten Jahres muß ich noch einmal nach Karlsbad,
um dem Uebel immer die möglichen Schranken aufzurichten,
Kreuznach enthält Jod, u ich darf das Mittel nicht anwenden, weil
ich's durchaus nicht vertrage. Ob ich *je* wieder herkomme, ist also
sehr zweifelhaft; ich bin gereist, weil ich der Mertens die viel für
mich gethan, schuldig war ihr wo möglich beizustehen, jetzt, in all
der bösen Zeit; sollte ich wieder einmal zu ihr gehen, so wäre mir
jeder andre Ort ihres Aufenthalts lieber als Bonn. Sie reist im Lauf
des Sommers nach Italien auf ein Jahr. Das ist nun eine Reise die ich
vielleicht mitmachen könte – aber ich fühle mich nicht stark genug
dieselbe im Sommer, und zwar in etwas abhängigem Verhältniß zu
ertragen.

Also ich komme zurück, u über Frankfurt! Vielleicht begleitet
mich die Mertens, auf diesen Fall bleibe ich 3 bis 4 Tage in Frankf:
Komme ich aber allein, so werde ich Dir schreiben, damit Du mir
wieder die Nichte der alten Magd sendest, und mir im Gasthof ein
Zimmer bestellst, daß ich nicht wie in Mainz friere, bis es nach u
nach sich erwärmt. Und bleibe ich länger als eine Nacht, so soll
mich die kleine Dame bedienen, ich hoffe es ist ein unbescholtenes
Mädchen die ich auf die kurze Zeit um mich haben kann. Jedenfalls
schreibe ich Dir darüber noch ganz genau. Und nun laß Dir *recht
herzlich* ein gut angetretenes Neujahr wünschen. Mögte Deine

Braminenseele nicht durch den Unfug unsrer Tage gestört werden!
Ich hatte alle die Religionskämpfe und Geschichten in meiner Welt-
ecke vergessen, hier strömt es von allen Seiten so mächtig auf mich
ein, daß ich immer die Leute versichere: ich sei ein Heide! Denn
diese christlichen Seelen gehen mit Feuer und Schwerdt um. Bonn
hat übrigens zehn hier studierende Prinzen, was dem Christen-
thum die Wage hält, da die Weltlichkeit und der Wunsch recht vornehm zu sein ihnen doch auch sehr wichtig ist und sie diese noch
knabenhaften Fürstlichkeiten wie lauter Gesalbte des Herrn
betrachten.

Unaussprechlich schön war es aber den Rhein vor dem Fenster
zu haben, mit seinen Dampf-schiffen, Schlepp-schiffen, etc. Und
dazwischen die Nachen von Oberwinter mit ihren Focksegeln, die
wie Riesenvögel sich hin u her bewegen! Doch ich komme in's alte
Weiberschwätzen. Leb herzlich wohl!   Deine Adèle.

186. *Adele an Arthur*

Jena den 19ten August
Im Begriff zu einer sehr langen Kur nach Karlsbad abzureisen, ist
mir so unnatürlich Dir gar kein Zeichen meines Lebens zu geben,
daß ich noch spät Abends die Feder ergreifen muß. Die Drüsengeschwulst ist stärker, und somit muß ich mich zu nochmaliger
Herbstkur entschließen, deren Ausdehnung ungewiß bleibt. In der
Zwischenzeit habe ich einmal einen kurzen Abstecher nach Berlin
gemacht, wo es mir im Ganzen gefallen, und kan wohl sein, daß
ich einen Theil des nächsten Winters dort verbringe. Für Jemand
der im Winter eine nicht in die Nacht gedehnte Geselligkeit liebt,
gern gute Musik hört, und sich mit Kunstgeschichte und bildender
Kunst beschäftigt, bieten die Formen der Gesellschaft und die
höchst liberalen Anstalten im Antiquarium in den Gallerien, etc.
Diversion und Beschäftigung. Doch bin ich zu nichts entschlossen,
ich muß die Kur erst hinter mir haben.

Der Mutter Bild, das ich bei Dir gesehen, ist mir so total fremd,
daß ich's deshalb Dir immer nicht abgefordert hab, der Ausdruck

desselben ist mir zu widerlich, um es einer Bibliothek zu schenken, sogar dem Großherzog mag ich *das* Bild nicht hinterlassen. Bewahre mir's noch, ich habe 4 Bilder von ihr, leider ist mir keines recht.

Die Mertens reist nun den 14ten Sept. nach Genua von da nach Sorent. Wie richtig hat mich mein Instinct geleitet, wie schwer wäre mir jetzt eine solche Reise! Ueberhaupt wie bedürfte ich in meinem Zustande einer wohlwollenden immer gleichen Treue und wie wunderlich habe ich kein Recht zu klagen, und bin doch allmählig verarmt in dieser Beziehung! Mögte Dir lieber Arthur Dein Werk niemals das Gefühl der Einsamkeit erlauben, möge es Dich fortwährend erfüllen und tragen u Du gesund bleiben, ohne diese Krankheit hätte mir mein Talent das Selbe gewährt! – Wenn Du mir einmal schreiben magst, so addressire nach Karlsb. bei Madame Telle, rother Engel. Wenn Du es nicht thust, denke ich Dich in der alten Umgebung. Ende Octob. *hoffe* ich wiederzukommen, bin ich heim so schreibe ich es Dir. Lebe recht wohl, und bleibe freundlich wie Du es in *Frankf.* warst   Deiner Adèle.

Jena den 19ten August: 1843.

187. *Adele an Arthur*

Jena den 3ten Oct.

Lieber Arthur

Vorige Nacht bin ich nach einer sehr ernsten Kur von Karlsbad zurückgekehrt. Geheilt bin ich nicht, doch besser, und eines Stillstandes des Uebels für den Winter gewiß. Es ist eine Verhärtung der lymphatischen Drüsen. Ende April kehre ich nach Böhmen zurück, es kan sein, daß ich die Kur noch 2–3 mal wiederhohlen muß, doch hoffentlich wird das Uebel *ganz* behoben. Das Traurigste ist daß mirs sehr viel kostet, und daß ich mein Zeichenstudium, das mir einst viel Geld einzutragen versprach aufgeben muß, ich darf nicht so angestrengt arbeiten, u habe auch kein Geld um den sehr theuren Unterricht fort zu setzen. – Ich schreibe noch heute nach Danzig um meine Rückkehr zu melden. Sobald ich von dort etwas höre, oder Du die Vollmachtsform erhalten hast das Weitere. Für jetzt ist mir *alles nicht nöthige* Schreiben sehr strenge untersagt wegen der gebückten Stellung die nach der Kur Uebligkeit erregt. Ich habe 6 Becher getrunken u täglich 45 Minuten in einem ganz reinen Sprudelwasser gesessen zu 28 Grad. Davon bin ich todt-matt. Erlaube also für jetzt zu schließen, u sei gewiß daß ich nichts versäume in der Danziger Sache.   Deine Adèle.

188. Adele an Arthur

Jena d. 26ten October

Bester Arthur!

Du bist wie oft ein wenig zu rasch im Urtheil. Ich bin den 2ten Octob. von Karlsb. zurück gekommen, sehr angegriffen, aber obschon noch nicht geheilt doch in so fern besser, als mich die Drüsen nicht mehr geniren, u *viel*, ja um 2/3tel kleiner geworden sind. Worauf ich an Doctor Wolff in Bonn den 11ten geschrieben um zu fragen ob ich kommen sollte und vor 4 Tagen den Bescheid erhalten habe jetzt nicht zu kommen, indem nach meiner genauen Beschreibung mein Zustand eine Krisis sei, der eine totale Reaction folgen werde, die auf keine Art gestört werden müsse, ich solle mich mit Diät etc., außerordentlich schonen, nicht einmal die gewohnten täglichen Regenbäder nehmen, u wenn die Reaction vorüber, u ein Stillstand einträte sollte ich kommen. Das kan aber 3–4 Monate währen. Es war nun meine Absicht Dir in einigen Tagen zu schreiben, u scheint mir daß da ich Karlsb. nicht einen Tag verlassen u ganz schnurgerade nach Jena gekommen bin, daß Du ohne Hexerei hast wissen können wo ich war, wie Du mein guter brummiger Mensch auch ganz exellent gewußt hast.

Da Du nun aber so gar brummig bist antworte ich *gleich*, nehmlich nach 2 Stunden 35 Minuten, was ganz unnatürlich schnell bei meiner Schreibescheu ist. Die Sache ist aber daß ich Dir heute wie sie hier sagen »aus freiwilligem Herzen« schreiben wollte. Ich wollte sagen:

1) habe besagten miserablen Regierungsbeschluß erhalten, gelesen, aber *nicht* genehmigt, sondern mich geärgert.

2) daß ich an Friedrichsen geschrieben habe weil ich avisiren mußte, um mein Geld später richtig zu erhalten u niemals eine Anweisung stelle, ohne zu avisiren, u. Kaufm. Koch sie wollte.

3) habe ich also Friedrichsen geschrieben, blos wegen der Kosten, denn ich hatte den Prozeß als beendet betrachtet, was sie betrügen wollte ich von den *nächsten* Revenüen *abgezogen* haben, nicht *jetzt*.

4) bin ich nicht Deiner Meinung. Nehmlich ich überlege gewöhnlich *sehr* lange, ehe ich eine gerichtliche Sache eingehe. – Mein und Euer Hauptgrund war daß die andern Bauern sich dasselbe erlauben werden, daß sie Alle Eigenthumsrecht fordern werden, was, da man einem Käufer das vorlegen u eingestehen muß, den Verkauf erschwert. – Daß ich 15 Jahre nichts davon profitire weiß ich jetzt, gerade wie ichs wußte als ich den Prozeß von dem *ich* 1/3^{tel} Kosten habe *eingieng*. Es hat sich also gar nichts geändert als daß mich die Sache 10 Rth mehr kosten kan. Nun aber ist Grodegg mir empfohlen als klug u rechtlich (von meinem Freunde Nicolovius und von Abegg) er räth also man solle 2te Instanz probiren – er sagt daß es unwahrscheinlich sei, daß wir verlieren. Friedrichsen hatte mir nichts zu antworten da er die Kostenrechnungen noch gar nicht hat, wie ich aus der Nachricht ersehe, daß von zweiter Instanz die Rede ist, also allerdings diese Berechnung nicht *jetzt* eine auf den 1sten Decemb. fällige Anweisung hindern konte, er gieng folglich durch sein Schweigen darauf wie gewöhnlich (denn es ist *immer* eine Anweisung an Koch) ein. – Ich habe folglich *jetzt* nichts an Friedrichsen zu schreiben, und an Abegg gar nicht, der schon früher wie Du weißt, diese Prozeß- und Verwaltungssache abgelehnt hat. Du wirst also wohl an Grodegg schreiben müssen. Meine Meinung ist aber: Ich denke zwar falls *Stattmillers* u *Friedrichsen* mit beitreten, und Herr Grodegg *zuräth*, in *zweiter Instanz zu appelliren*, aber ich erwarte, daß Herr Friedrichsen dagegen einsehen wird, daß mir 3/9^{tel} Unkosten, ihm 1/9^{tel} zufallen, u er also, da ich so viel mehr wage als er, und sein Contract auf die Einnahme v. 45 Rth für dies Grundstück gestellt ist, mir und Euch Allen *in*

günstigem Falle ein erhöhtes Einkommen das heißt $1/3^{tel}$ des etwa erhöhten Zinses für das Grundstück zugestehen wird. Und ich bitte Herrn Grodeck, dies ihm vorzutragen. Will mir also Friedrichsen $1/3^{tel}$ etwanigen Profits sichern, so will ich mit appelliren. Will das Herr Friedrichsen nicht, so will ich nicht appelliren, da ich keinen Vortheil habe, jetzt. Will Herr Friedrichsen anstatt dies einzugehen, die zweite Instanz auf seine Kosten, dann bleibt ihm 15 Jahre lang ungeschmälert was er hierdurch erwirkt u *ich mache keine Ansprüche darauf.* Ich werde aber im schlimmen Fall dann den Prozeß so weit bezahlen, als er bis zu dem Appelliren war, und Herr Friedrichsen kan berechnen was er wagt. – Willst Du lieber Arthur dies nun auch mit, so bedarf es nur daß Du es an Grodegg schreibst, da Du doch schreibst. Ich werde dann nicht selbst schreiben. Bedenke die Gefahr noch 10 solche Prozesse zu haben, bedenke daß Friedrichsen mit der Zeit es kaufen wird, u daß wir den Werth nicht schmälern müssen. – *Leibrente* kaufe ich nicht eher bis ich das Gut verkauft habe, ich habe blos das kleine Kapital, es steht *nicht* bei Mülhens.   Deine Adèle

[Randschrift Adeles:] Findest Du die 2te Bedingung nicht gut, so mache blos die *erste*, od. umgekehrt wie Du willst.

189. Adele an Arthur

Heute am 7ten Nov. erhalte ich Deinen gar liebenswürdigen Brief lieber Arthur, es soll Alles besorgt werden, nur muß ich eines heftigen Schnupfens wegen um 3–4 Tage Ausstand bitten da ich persönlich aufs Stadtgericht gehen muß, was dann den Gesandten unnütz macht, der ohnehin eben verreist ist. Ich habe schon ähnliche Vollmachten gestellt, persönliches Erscheinen u Protokoll sind unvermeidlich nach *unserer* Gerichtsform u deren Bezüge zur Preußischen.

So wie nun meine Vollmacht aus d. Händen d. Gerichts kommt, also in 3 höchstens 4 Tagen, gehen beide Briefe welche Du mir

gesendet, an Dich zurück, und dann werde ich auch wohler sein
und Deinen Brief ordentlich erwiedern.

Ich kan jedoch nicht für den *Vergleich* stimmen und nicht für die
Abfindung durch Rente, wenn dadurch die *Schwierigkeit das Gut zu
verkaufen zunimt*, denn sonst bin ichs ganz zufrieden. Friedrichsen
als *Pächter* muß wünschen das Gut *nicht* zum Verkauf kommen zu
lassen, bei ihm überwiegt entschieden der momentane Vortheil,
also vielleicht die etwas gesteigerte Rente, od. Einnahme wenn Dir
das klarer ist, das 1/9^{tel} seiner Frau steht damit in keinem Verhältniß. Hierüber muß ich an Grodegg schreiben. Denn, am 9–12
October war Herr v Grallatt aus Solmin bei meiner Freundin Fr.
von Schmeling in Berlin, und ich ließ ihn der selbst Güter dort
besitzt u mit dergl. Käufen u Verkäufen bewandert ist dringend bitten, den Werth u die Lage u den ganzen Zuschnitt des Gutes bei
H. Grodegg zu erkunden, u wo möglich mir u respective Dir einen
Käufer zu schaffen, ich habe ihm aber sagen lassen was das Gut
trägt, daß Friedrichsen Generalpächter ist etc. Mir liegt viel an dem
Verkauf. Da ich erst am 2ten Nov. angekommen bin konte ich noch
nichts v. Gralatt erfahren, doch sind die Güter sehr an Werth gestiegen: sollte ein Kataster eingeführt werden statt des Hypotheken-
buchs wie man sagt, so erführen wir den positiven Werth, sonst
aber müssen die Regelmäßigkeit, und d. abzugslose Einnahme,
auch die Bemerkung daß Friedrichsen doch die 30 Rth mehr hat
die in unsere allgemeine Ausgaben fallen den relativen Werth des
Guts bestimmen. Ich habe Grallat an Justizrath Grodegg gewiesen
u an Abegg. Alles Nöthige werde ich an Grod: mit der Vollmacht
zugleich schreiben, u meine Ansicht wird wohl mit der Deinen
darüber übereinstimmen.

Heute vergieb, ich kan nicht aus d. Augen sehen vor Schnupfen.
Jena d. 7ten Nov. 1843   Deine Adèle

190. Adele an Arthur

Leider war ich zu krank um *gleich* aufs Stadtgericht zu gehen. Sage
mal lieber Arthur wenn der Fall nun noch oft kommt, wäre es dann

nicht am besten wenn ich *Dir* Generalvollmacht gäbe, und Du
gäbst dann immer all die Vollmachten gleich in eins? Du schreibst
mir ja doch und theilst mir alles mit und thust gewiß nichts heimlich, nur fragt sich ob Du nicht mehr Kosten hast wenn Deine Vollmachten lauten »für mich und meine Schwester«.

Du kannst jetzt nicht antworten ich weiß, aber wenn einmal
etwas nöthiges vorfällt so schreibe nach *Karlsbad* direct. Ich bleibe
dort bis Ende Mai. Jetzt habe ich die Vollmacht auf Friedrichsen
gestellt u sie geht ab.   Deine Adèle

Adele an Arthur: Wohl kurz nach Brief Nr. 189.

191. Adele an Arthur

Jena d. 11ten Nov.

Meinst Du wirklich ganz ernsthaft guter Arthur, ich könte nicht
schweigen! Sollte ich Dir nicht – *par parenthese*, mitunter einen
Gegenbeweis geliefert haben? Mich dünkt man lernt schweigen,
auch wenn man sehr offen geboren ist!

Anbei die Briefe. Ich bin gestern auf dem Gericht gewesen, und
habe meine Vollmacht gestellt, heute od. morgen geht sie ab. Mir
ist die ganze Sache sehr klar, u ich schreibe an Grodeck wie ich Dir
bereits schrieb, »ich bäte ihn zu bedenken daß 15 Jahre lang die verbesserte Rente nur Friedrichsen zu gute käme was ich auch meinerseits zulasse da die Erhöhung v. der *Hälfte* einer Rente von 45 Rth
nicht gar groß sein kann, von dieser Erhöhung dann auf mich 1/3^tel
fiele, aber ich gäbe nicht zu, daß des eventuellen Vortheils wegen,
irgend etwas geschähe, das den Werth des Gutes beeinträchtige u
daß er auf irgend eine Art frühern oder spätern Verkauf schwieriger mache«. Ich schreibe in diesen Tagen auch an die Schmeling,
wiederhohle meine Bitte, u suche zu erfahren was Gralatt ihr
geantwortet, dann gurre ich, daß sie ihm noch einmal darum
schreibt, macht sich eine Aussicht des Verkaufs scheinbar? *Basta.*
Du fragst, wie mir die Kur bekommen? Es ist nun erwiesen, daß
die Geschwulst nicht eine der lymphatischen Drüsen, sondern lei-

der die in dem Gekröse, in den Eingeweiden trifft, u deren Schwellung und Druck gegen die inneren Theile verursacht die Melancholie der ich vorigen Sommer fast erlag, als auch die plötzliche Abmagerung, weil trotz meines guten Magens, die Nahrungsstoffe nicht regelmäßig vertheilt, gar keine Kraft zu geben vermögen. Ich habe nach der Consultation das traurige daß nur mehrere einander folgende, lange schwache Karlsbader Kuren *Heilung*, oder eine Verkleinerung der Drüsen herbeiführen können u werden die bis zum Minimum gehn und mir *mehrere Jahre* F u Ruhe sichern. *Deshalb* gehe ich den 1sten Februar nach Karlsbad wo ich bis Ende Mai bleibe u noch 2 Kuren, mit 4 wöchentlichem Zwischenraum, brauche. Aber 2 Monate bin ich *ganz* allein dort, den Februar und März! Im April kommen mitunter Gäste. Die Sache ist so traurig, so kostbar, u so langweilig, daß nur die größte Noth mich treibt, an S ist leider gar nicht zu denken. Eine längere Pause jetzt, erlaubt der Arzt nicht.

Daß ich also für den Moment nicht nach Berlin gehe, begreifst Du. Es thut mir leid, ich werde später, auf länger hingehen. Du würdest übrigens Berlin kaum erkennen. – Berlin hat für mich den Vorzug viele ausgezeichnete, vielseitig gebildete Menschen zu vereinen, ferner eine leichte Geselligkeit ohne *Soupers*, Droschken, so daß ich Abends nicht gehen muß im Winter, gute Musik, prächtige numismatische u antiquarische Sammlungen, die immer geheizt sind, passable Bilder, gründlich unterrichtete Kunstfreunde, u einige Menschen die mir sehr werth sind. – Wäre ich 10 Jahr älter würde mir Bequemlichkeit vielleicht höher gelten, vorläufig empfinde ich weder *das* Bedürfniß, noch das eines guten Tisches. Wohl aber des Umgangs. Dabei ist Berlin so nah, daß ich selbst bei längerem Aufenthalt im Sommer dahin kan. Große Reisen werde ich nie ertragen können; in späteren Jahren, nach dem Verkauf des Gutes denke ich in Rom zu leben, weil das intime des dortigen deutschen Lebens, Klima und Künstlerumgang mir zusagen, das übrige Italien kan ich nicht bereisen. Die Mertens ist in Genua. Ich bereue gar nicht ihr nicht gefolgt zu sein, sie reist auf eine Weise die ich nicht ertrüge.

Deine Beschreibung der Statue ist himmlisch. Deine »schöne

Aussicht« hat Dich ganz ... gemacht. Vieles haben Deine Frankfurter Kunstgeschmack nicht! Meine Tage vergesse ich nicht was ich erduldet als ich die Gypse auf feuerfarbnem Grund im Museum sah! Wie muß Karl der Große die Aufmerksamkeit so vieler kleinen Karle erfreuen. Du Armer hast die Grippe gehabt! Eine schändlich fatale Krankheit die einen lange tückisch am Rockzipfel festhält.

Ich muß aber schließen, denn mich ermüdet das Schreiben noch immer recht sehr, und heute sind einmal wieder Freund und Feinde mit Billets und Briefen verschworen gegen mich. Laß Dir's gut gehen, und bleibe so charmant wie Dein letzter Brief der wie die Prinzessin im Johann v Paris seinen gnädigen Tag hat, wo er Alles auf die leichte Seite nimmt.   Deine alte Adèle

Leider hat mein Freund der hiesige Stadtrichter, der mir die Vollmachtformel erst hier geschrieben hat, die nachher öffentlich vor Gericht anerkannt, besiegelt, unterschrieben wurde, den Brief von Groddeck verunstaltet, durch eine Randglosse wie ich schreiben sollte, nimm diese Arabeske meines zwanzigjährigen Verehrers u 10jährigen Freundes nicht gar zu hoch auf – ich trat noch an den Kinderschuhen aus als er schon ein *Esel* war.

[Randschrift Adeles:] Weigert sich Friedrichsen der Kosten, ists gut, so gewinnen wir die Theilung der erhöhten Rente, die Kosten der beiden Instanzen trägt ja ohnehin der Bauer.

nicht schweigen: In bezug auf den zweiten Band der »Welt als Wille und Vorstellung«.
»schöne Aussicht«: Arthurs neue Frankfurter Wohnung.
Johann v. Paris: Komische Oper von F. A. Boieldieu.

192. *Adele an Arthur*
                                                      Jena d. 24ten Nov.
Mein lieber Arthur
ich fühle dankbar wie gut Du es mit mir meinst, aber jetzt wo ich krank bin, lasse mich bitte nicht so viel detaillirte Zukunfts-Pläne

machen, nimm auch meine Worte nicht als gienge ich wie sie hier
sagen *stante pede* nach Rom. Geirrt haben die Aerzte *vielleicht* da sie
wie mir schien anfangs andre Drüsen für die Urheber meines Leidens genommen, vielleicht haben sie mir's auch blos *nicht sagen
wollen*, u der Karlsbader ist damit heraus geplatzt. Immer wars
beschlossen die lange Kur zu brauchen, das heißt 3 Kuren hinter
einander, im Sommer aber, von Juny an halte ichs der *Hitze* wegen
nicht aus, das haben wir ja probirt. Da kommt nun eben zu noch
2 Kuren u 4 wöchentlicher Zwischenzeit nichts anderes heraus als
eine Winterkur. Da ich mich nun darin ergeben habe, so lasse mich
doch nun um Gotteswillen in Ruh, und schreibe nicht wieder dagegen, schreibe, bitte jetzt nichts davon! –

Im Uebrigen mit Groddeck wollen wir es ruhig abwarten; es ist
am Ende nicht so wichtig. Wegen der 2 Instanzen des Prozesses
vergieb daß ich mich geirrt, kommt auch auf eins heraus, entweder
Friedrichsen od. die Bauern bezahlen, will er nicht, so fällt sein Profit theilweis weg, also ists ganz egal.

Wegen dem Gutsverkauf steht es ja noch ganz in weitem Felde,
u Du brauchst ja gar nicht mit zu verkaufen, ich wünschte Friedrichsen kaufte mir's ab, pressiren thue ich's nicht, 15 000 a $3\frac{1}{2}$ Prozent ist ein Zinsbetrag v. 525 Rth: das Gut trägt aber 445 nach
Abzug d. Abgaben etc. also ist das sehr hoch angeschlagen, Du hast
aber *ganz Recht*. Grundbesitz ist recht gut; wenn ich aber meinen
Antheil verkaufen kan, mag sein wann es will, gebe ich das Geld
sogleich *in die Rentenanstalt*, u darum wünsche ich zu verkaufen;
verkaufe Du nicht. Was das Geld bei der Mertens betrifft, so kan ich
es jetzt nicht herausnehmen, u habe Dir bereits die Ursachen
gesagt, Dir auch persönlich versprochen den Finanzrath v. Wal-
dungen zu consultiren. Sobald andres disponibles Kapital in meinen Händen ist, werde ich Deinem Rath folgen, aber ein paar Tausend oder *ein* Tausend muß ich immer disponibel behalten, da
mich *Verkrüppelung*, *Blindheit* irgend ein Unglück treffen kan, und
ich also Geld bedürfen kan, zu *Operationen*, zu *käuflicher Pflege*,
u. s. f. Da Du mir nun *nicht* helfen würdest, *da ich Niemand habe*, der
500 oder 600 Rth für mich hergäbe, so muß für einen solchen traurigen Fall immer disponibles Geld da sein, denn obgleich ich trotz

meiner Reisen Niemand was schuldig bin, habe ich für einen solchen Schlag kein Geld, u auf Freunde rechne ich *nicht*, Macht aber der Schwiegersohn der Mertens Bankrott, so kümmert mich das nicht, meine Forderung steht auf Sibille u die handelt nicht; und ihr Gut kan nicht bankrott machen. So lange die Frau 2 Häuser u 3 Güter u 2 Mühlen hat bin ich sicher, da sie nicht Kaufmann ist. Von Sentimentalitäten ist da gar nicht die Rede, es ist eine simple Berechnung. Aendert sich das so nehme ich gleich mein Geld fort, kaufe aber dann Staatspapiere od. gebe es auf irgendeine Art Hypothek, getheilt, nicht in *eine* Hand. Nimm aber den Fall lieber Arthur ich verlöre die 2000 Rth: so würde ich ärmlicher aber doch immer noch auskommen, das macht ja nur 100 Rth! Bitte warte *noch 1 Jahr*, dann wollen wir sehen.

Von nach Dresden ziehen ist nicht die Rede, ich schrieb von Berlin aus könte man im Sommer da hin, u das ist sehr leicht, auch sehe ich gar kein Unrecht darin, so lange ich keine Schulden mache. In Rom wäre die Mertens, aber das ist noch lange hin, wer weiß ob man es erlebt. Nach Weimar würde ich ziehen *hätte* ich Jugendfreunde dort, sie sind *Alle* fort, bis auf der Göthe alte Mutter und Schwester. Stirbt die Pogwisch so zieht Ulrike fort. Also habe ich Niemand als recht viele Bekannte da, – u sehr schmerzliche Erinnerungen. In Jena habe ich viel Freunde aber die Gesellschaft besteht aus lauter Soupers u Diners u Bälle, alles das darf ich nicht. Es giebt keine Miethwagen, u keine Portchaisen u da erkälte ich mich Abends im Winter, u leide dann sehr. Aber immer würde ich meine Sachen noch da lassen, da ein Zimmer so lächerlich wenig Miethe kostet, u gar keine *schnellen* Entschlüsse fassen. In Berlin habe ich sehr liebe Freunde, aus Jugend und Kindheit; Allwina Frommann, Heinrich Nicolovius, meinen alten Freund Leiß, Frau v. Schmeling Göthens Kusine, und immer einen der Götheschen Söhne. Also verkrümle ich mich nicht, wenn ich da hingehe.

Laß mich aber indem ich Dir dankbar die Hand reiche – (u nochmals bitte, schreibe jetzt *nicht*, mache mich nicht wieder konfus,) laß mich Dir *offen* sagen: Ein Mädchen ohne Familienbande, die altert u kränkelt ist *nie* und *nirgend glücklich*, das ist Alles vorbei. Ich werde über Verdienst ausgezeichnet, gehätschelt, geachtet, geliebt

– aber ich bin in doppelter Hinsicht *allein* – äußerlich *durch den Man-gel an Familie, innerlich* – weil ich *anders* bin als alle Frauen die mir bis jetzt vorgekommen sind. Den Mann der mir am liebsten ist, u der mich sehr geliebt hat, mag ich nicht sehen, denn der ist weit von mir verheiratet, es soll da auch kein klein wenig Unrecht hin-ein, und *ist* auch nicht, u *war nicht*. Andre Männer sehe ich recht viel, es unterhält mich. Frauen sehe ich auch recht viele, aber verste-hen thun sie mich nicht, u ich mag mich nicht aussprechen. Laß mich also meinen Weg stille so fort gehen, *was ich noch* will, das fin-det sich überall, da ich eigentlich von den Leuten weniger will als ich ihnen gebe. Wäre ich verheirathet wäre es vielleicht noch *viel schlimmer*, also!   Deine Adèle

[Randschriften Adeles:] Wohlfeil werde ich auch nicht verkaufen, versteht sich.

Ehe ich Ende Januar fortreise nach Karlsb. schreibe ich Dir ganz gewiß.

geliebt hat: Osann.

193. Adele an Arthur

Jena d. 20ten Jan.

Lieber Arthur

Es thut mir herzlich leid Dich so geärgert zu haben. Ich hatte dir *erstlich blos* in Bezug auf Deine Aerztlichen Rathschläge schreiben wollen: Du mögtest mich jetzt gewähren lassen. Diese Bitte muß ich wiederhohlen, weil ich 3 Aerzte habe, und nicht Verstand, noch Charakter genug, um auch noch des vierten Rathschläge *auszuhal-ten;* ich danke Gott daß diese 3 die selbe Ansicht haben, u denselben Rath; als sie noch nicht ganz übereinstimmten u einer Hü u einer Hot wollte, gieng mirs übel, auch habe ich Ursachen diese Kur bis jetzt, in ihrem ersten Stadium, als *nicht* ohne Hoffnung zu beach-ten, – Daß ich bei meiner Rückkehr gerade durch die von Karls-bader Bädern herrührende Reizbarkeit zum 3ten mal im Leben den *Keuchhusten* bekam war fatal; aber ohne Bezug auf das *Hauptübel.* Indessen war es ein neuer Beweis: daß ein Winter-Aufenthalt in

einer Stadt wo alle Gesellschaften mit Soupers enden, u man
Nachts aus den heißen Zimmern zu Fuß nach Hause muß, weil es
weder Wagen noch Portechaisen giebt, mir nicht ferner gut ist.

Also *das*, lieber Arthur, habe ich schreiben *wollen*, da Du nie die
Geschwulst untersucht hast, kannst Du kein deutliches Bild meines Leidens haben, und ohne im mindesten an Deinem Talent für
Medicin zu zweifeln, ists doch begreiflich, daß ich mich nicht
durch Deinen, nicht auf directe Kenntniß der Krankheit basirten
Rath irre machen lassen will, sondern die begonnene Cur fortsetze
da sie sich gut anläßt. Es wäre leichtsinnig anders zu handeln, und Du
selbst würdest mich tadeln in einer spätern Zeit, wenn ich vielleicht noch viel leiden muß. – Was das Gutsverhältniß betrifft habe
ich allerdings $3\frac{1}{2}$ gelesen, u mehrere mal, vielleicht mit deshalb
weil mir ganz deutlich schien daß *niemand* für einen bloßen *Antheil*
eines Guts in *diesem* Theil Preußens, welcher noch kein Kataster
hat, daher noch in seinem Grundbesitz einer traditionellen, oder
willkührlichen Werthschätzung unterliegt, einen zu 3 Prozent
berechneten Preis zahlen wird. – So weit aber sind wir noch gar
nicht, daß es sich um Feststellung des Preises handelt, denn Gralatt
räth mir die Mündungsdirection der Eisenbahn abzuwarten, weil
wenn der Staat kauft solches zu den allerhöchsten Preisen geschieht
und eine Möglichkeit ist, daß das nach Ohra hin gelegene Thor zu
diesem Behuf erwählt wird. Worauf ich Gralatt geschrieben, ihm
herzlich gedankt habe, versprochen habe seinem Rath zu folgen,
und versucht habe seine Theilnahme für die Zukunft mir zu
sichern. Denn Gralatt hat die große Güte gehabt die ganze Angelegenheit ernst u genau mit Abegg durchzusprechen, und vergewis-
sert daß diese Einnahmen des Guts-Revenus immer u jeder Zeit,
unter allen Umständen eine sichere ist, weshalb er auch sagt »Das
Gut oder vielmehr der *Antheil* würde sich gewiß verkaufen, *aber*
sehr fraglich sei ob zu so hohem Preise, als verhältnißmäßig jetzt
die Einnahme sei«. Es ist vorläufig also blos erst die Eisenbahnrich-
tung abzuwarten da sie einige unserer Felder treffen kan, 2^{tens} Gralatt freundlich zu erhalten, 3^{tens} wenn unser Contract *bricht*, was
durch den Verkauf einzelner Felder an den Staat entstünde, wieder
miteinander zu überlegen was zu thun ist.

Uebrigens nach Gralatts Bericht glaube ich Dir rathen zu müssen *nicht* zu verkaufen. Ich dagegen habe 2 Kaufleute u Gutsbesitzer u 1 Juristen befragt, die alle 3 meine Lage kennen, sie rathen mir allerdings mich in die Rentenanstalt einzukaufen, jedoch, ein paar Tausend Thaler disponibel zu halten, bei meinem kränklichen Zustand, u der Wahrscheinlichkeit *später* in ein wärmeres Klima zu ziehen, od ziehen zu müssen, denn Lieber, ich habe *Niemand* der mir in solcher außergewöhnlichen Ausgabe beistünde, *Du* gar nicht! u deshalb wünsche ich meinen Gutsantheil zu verkaufen, um doch 2–3000 Rth in die Rentenanstalt zu geben – kurz, so viel *wie Du;* aber jetzt wie gesagt, ist auf geraume Zeit alles verschoben, bis zur Lösung der Eisenbahnfrage, und dann berathen wir uns abermals, jetzt ist es ja verlorene Mühe! Ueberdem, wenn Du nicht mit verkaufst, und findest daß ich *zu wohlfeil verkaufe*, so kanst *Du* ja den Kauf brechen, und selbst kaufen, Du hast dadurch weder an Vollmachten, noch Portos noch Briefen einen Pfennig mehr Ausgabe und vielleicht kannst Du auf gar keine sicherere Art Geld anlegen. Hätte ich so viel wie Du, ich hätte Dir längst Deinen Antheil abgekauft u mir fiele gar nicht im Traume ein, zu verkaufen. Ich wiederhohle jedoch, daß gar nichts darüber zu reden ist, bis die Eisenbahn bestimmt ist, u das werde ich seiner Zeit sogleich melden.

Vor sieben Jahren hast Du mir gerathen 1) in eine Familie einzutreten, weil ich dann wohlfeiler lebte u keine Magd brauchte! Wie entsetzlich wenn ich krank wie ich seit 3 Jahren bin, ohne Bedienung in einer Familie lebte!!

2) allerlei über meine Geldeintheilung. Ich habe nicht nur vollkommen ausgereicht, ich habe alle Schulden meiner Mutter bezahlt, u zu den 2500 Rth: noch 600 zugelegt, die *ich* an den *Memoiren* erworben, ich habe 5 mal Karlsbad, 1 Soolbad gebraucht – und *ausgereicht mit meiner Einnahme.* Habe ich Tadel verdient?

3) riethest Du mir Gouvernante bei unsern Prinzessinnen zu werden; abgesehen davon daß ich nicht einsehe, warum ich *dienen* sollte? hatte es die Schwierigkeit, daß beide derweilen nach Preußen geheirathet hatten, u die älteste eben das 3te Kind kriegte, wobei ich ihr unmöglich gute Lehren geben konte!

Ich halte Dich für einen zu tiefen, ich möchte sagen zu heiligen

Denker (denn es ist Dir ein so edler Ernst darum) als daß ich erwarten kan, daß Du die kleinen miserablen pecuniären u bürgerlichen
Verhältnisse so durchdenken solltest wie andere practischere Menschen. Darum achte u ehre ich stes Deine Ansicht, bewundre
Deinen Geist, mehr noch Deinen durchdringenden Verstand, oft
sogar die wunderbare Poesie die in Deiner Anschauungsweise
anbetungswürdig vortritt – in Geschäften *gemeiner* Art, folge ich
Dir nicht unbedingt, ich frage *Männer vom Fach.* Den Beweis wird
mein Tod Dir geben, daß ich mein kleines Vermögen besonnen
verwaltet, *vermehrt* Dir hinterlassen werde. Ich habe noch keinen
Rth: durch falsche Berechnung eingebüßt. In die Rentenanstalt
hast Du zuerst Kapital eingelegt, u ich folge nur Deinem Rath u
bestimten Willen, ich hätte es nicht gethan, weil ich Dir das Geld
dadurch nicht lassen kan, aber Du selbst willst es.

[Randschriften Adeles:] Könte Jemand das *ganze* Gut kaufen das
könte 15000 Rth geben.

Es ist übrigens mein fester Wille allenfalls Jahre lang zu warten
bis ich einen leidlichen Verkauf machen kan.

Jena d. 20ten Jan.: 1844.

194. Arthur an Adele

Liebe Adele!
Ich muß dagegen protestiren, daß Du sagst, ICH hätte Dir gerathen,
Dein Land ZU VERKAUFEN, UM (1) das GELD DER RENTENANSTALT
zu geben (2). DAS ist eine arge Verdrehung der Sache. Ich habe dir
gerathen, das Geld von den Mertens oder Mühlens (3) wegzuneh-
men, als wo Du keine Sicherheit hast, und dann es der Rentenanstalt zu geben: und diesen Rath wiederhole ich noch AUF DAS
ERNSTLICHSTE. Es ist eine LEERE AUSREDE (4), daß Du disponibles
Kapital brauchst: man soll nie Kapital angreifen. Mit dem, womit
man in gesunden Tagen auskommt, kommt man auch in kranken
aus: für dringende Fälle legt man einen Spaarpfennig zurück (5),
oder hat auch wohl irgendein KLEINOD (6).

Die Ohra hingegen giebt die größtmöglichste Sicherheit: bloß die Entfernung macht die Sache mißlich: aber da Du Freunde hast, welche Dich eifrig daselbst vertreten, hebt sich Das für Dich auf; für mich aber nur, so lange Du lebst: Daher werde ich nie Deinen Antheil kaufen. Die Thorheit Deinen Antheil zu verkaufen, wäre umso größer, wenn Du es nur zum Tarif v 3 $^1/_2$ pC. thätest, da die Rentenanstalt, nach dem neuen Satz, der 5ten Klasse jetzt nur 4% giebt, welches so langsam steigt, daß es bei mir erst 1839 nur um 2 sgr für hundert Rth. gestiegen ist. Wenn Du also sagst, daß Du nur »auf meinen Rath und bestimmten Willen« (7) jene Operation machen willst, so hast Du sie seyn zu lassen: denn ich rathe ganz und gar davon ab. – Auch paßt Deine Versicherung sehr lächerlich dazu (8), daß Du meinst, ich wäre zu praktischen Dingen wie Geldaffären untauglich: Du hast also vergessen, wie ich mich darin schon hervorgethan und mit den Practicis fertig zu werden gewußt habe.

Für die schönen Flatterien, die Du mir sagst, werde ich Dir ein Exemplar meines voluminosen gegen Ostern erscheinenden Werkes verehren.   Gute Besserung! A. Schopenhauer

Frankfurt a. M. d. 26. Jan^r 1844. (9)

P. S. Ich habe Friedrichsen geschrieben, er möchte Groddeck fragen, ob Das mit Deiner General-Vollmacht für mich so angienge und was dabei zu beobachten: Die Antwort gelegentlich zu geben. Ich bin dazu erbötig und würde doch immer erst bei Dir anfragen, wenn was käme.

Diesen ganzen Winter thue ich nichts, als korrigieren: Ich glaube, daß 5 Setzer an meiner Sache immerwährend arbeiten. 80 sehr große Bogen werden in 4 Monaten gedruckt! Ist noch alles EIN GEHEIMNISS: also reinen Mund!

»Den Teufel merkt das Völkchen nie.
Und wenn er sie beim Kragen hätte«.

Heute habe ich einen freien Tag, expedire also meine Vollmacht und Brief (10).

[Kommentare Adeles:]

(1) habe ich nicht gesagt

(2) steht nicht in m. Briefe!

(3) Ersterer ist todt, zweiten kenne ich nicht. Da ich die Sache welche das Geld betrifft 3 mal geschrieben habe so lies nach. *Madame* Mertens, die *nicht* Banquier ist hat es, sie ist auch nicht Kaufmann, u. darin besteht die Sicherheit, sie ist auch keine Verschwenderin, u. das ist Sicherheit so lange *sie lebt* länger nicht.

(4) *wozu?* für wen?

(5) wenn man einen *hat.*

(6) habe keins, sonst wüßtest Du es, seit Mutters Tod, ich lüge nicht! ich hätte dirs gestanden.

(7) wollte ich mich *einkaufen, nicht verkaufen,* das sagte ich, sonst wär es ja Unsinn!

(8) Bei d. Tarif v. $3\frac{1}{2}$ also wäre der Gutserlös: 4500 Rth: à 4 Procent hätte ich in d. Anstalt (garantirt) in *Berlin* 180 Rth Einnahmen, also 30 mehr. In *Oestreich* Staatspapier hätte ich à 5:250 Rth:, *in Sachsen* à $4^1/_2$ (garantirt) $192^1/_2$ Rth: statt jetzt 151 Rth 20 Sg. *rechne selbst.* Du aber verlierst nur die 150 Rth Einnahme nach meinem Tode. Nebenbei war meine Absicht mich, da ich Geld erwerbe, so einzurichten, *daß Du einst* statt 2000 Rth: bei *Madame* Mertens stehend 3000 erben solltest, u. gedachte Dir so die 1000 zu vergüten, falls es einst *in Jahren zum Gutsverkauf käme,* aber Deine Eile, wo ich doch hier krank liege und *nichts* kaufe noch verkaufe, hat mich angewidert, u. Italien ändert alles!

(9) Ich habe nicht vergessen, daß Du bei Abegg u. Muhl Dein Vermögen gerettet, auch nicht daß Du das in Danzig stehende Rentengeld Dir u. uns gerettet hast. Aber auch nicht, daß Du dann doch an 30000 Rth. haben müßtest – wenn Du nicht durch Speculationen verloren, wie Du mir sagtest.

(10) Die Friedrich'sche Antw. hat Zeit bis Ende Mai, wo meine Kur endet, u. diese fieberhafte Reizbarkeit aufgehört hat – ich *kann* jetzt nichts.

In Bezug auf Oestreich: ich kenne die Verhältnisse, u. Leute v. Fach. Die 5 *percent.* Staatsp. sollen seit 7 Jahren auf 4 p.c.v. Staat reduziert werden, *Thiers* Kriegsmarine hinderte es; So lange nicht

jeder Anschein d Möglk: eines Krieges schwindet, kommen sie
nicht auf 4 p.c., das wäre dann das Schlimmste hier, das Beste bei
uns! sie stehen *al. par.*

(1): Die eingeklammerten Zahlen verweisen auf die unten angeschlossenen
Kommentare, mit denen Adele den Brief versehen hat.
voluminosen ... Werkes: »Die Welt als Wille und Vorstellung«, zweite Auflage,
Leipzig 1844.
»Den Teufel...«: Frei nach Goethe, Faust I, V. 2182 f.

195. Adele an Arthur

Carlsbad d. 3ten Februar.

Lieber Arthur

da Du *trotz* meiner Bitte schreibst, bemerke ich, *künftige Briefe* hieher gehen uneröffnet an m. Sachwalter, da ich nicht schreiben darf,
u nicht Briefe lesen die mich aufregen, nach des Doctors Willen,
der mich kränker fand heute, u andres als *Geschäft* kan bis *Mai* warten wo ich nach Jena komme u mich melden will.

Bedaure Deinen Rath *nicht* annehmen zu können. Du hast *nicht*
geschrieben, *ich sollte das Gut verkaufen* um das Geld in die Rentenanstalt *zu thun,* denn Du betrachtest dies Geld als sichres Erbtheil!
*Du hast gerathen das Geld was jetzt bei Frau Mertens steht, in die Renten-
anstalt zu geben,* erstens weil es nur *2000* sind, u Du doch Dir vorwirfst 3000 hingegeben zu haben, anderntheils, weil Du es *nicht* für
sicher hältst, weder für mich – *noch für Dich!* – An Kranke sollte
man etwas *vorsichtig* schreiben: Ich habe diesmal *gut* gelesen.

Adèle

Ich »verdrehe nicht« u mache in meinen *mich* allein betreffenden
Angelegenheiten keine »leere Ausflüchte«, ich *habe* aber auch nicht
geschrieben, was Du sagst, lies bitte selbst nach! Wegen der
Anstalt, würde ich mich *immer erst genau erkundigen;* sie legt ja im
Februar wohl Rechnung ab, alle Jahr. Du hast Deine Ansicht sehr
geändert; im vorigen Januar sollte sie bis 50 Procent steigen kön-
nen, da muß das ja ein Alter von 200 Jahren erfordern!
So eben erklärt d. Arzt 1) einen Auffenthalt in Jena für schädlich

für das Drüsenübel. 2) einen Auffenthalt im *Süden* für nöthig u räth Venedig an, nöthigenfalls auch Mailand od. Genua, aber wo möglich für *immer!* Dazu soll ich aber entschieden mit d. Einnahme auskommen, auch beim *Umzug,* u entschieden das Gut behalten, also: *alles Geld in Preußen haben??* Eine sehr eigene financielle Ansicht, die ich jetzt *nicht* erwiedern kan. Uebrigens könte ich ja wenn ich wollte nach dem Gutsverkauf, wo ich dann mehr freies Kapital hätte eben so gut das Kaufgeld theilweis in Staatspapieren nehmen, und etwas davon zu den 2000 Rth der Mertens legen u mich wie Du mit 3000 Rth: in eine Anstalt einkaufen. Ich habe nie gesagt ich wolle durchaus das Geld bei ihr *lassen*, sondern *nur:* ich wolle einige Tausend disponibel haben.

Kleinodien welche von so hohem Werth sind daß ich einen Umzug nach Italien machen könte, hat nach Vaters Tod auch die Mutter nie besessen. Ich glaube aber Dir sehr deutlich geschrieben zu haben, die Eisenbahndirection müsse abgewartet werden. Also beruhige Dich, ich habe Dir blos vorläufig die Sache als *Plan* mitgetheilt, aber *bis* ich *mehr* Kapital habe bleibt für jetzt die Summe v. 2000 Rth disponibel, darüber verliere ferner kein Wort.

Einen Tag später
Lieber Arthur!
Ich habe 12 Stunden in *heftigstem* Fieber gelegen. Du siehst daß der Arzt Recht hat mir während dieses Zustandes Briefe zu verbieten. Die Deinen schaden mir fast immer, sogar wenn ich gesund bin.

Sollte meine gestrige Antwort Dir Unrecht thun so bedaure ich es, aber Du *mußt es als Folge dieses Zustands nehmen!* Jedenfalls hast Du nun über u über Deine Meinung gesagt, und bitte mir nun Ruhe zu lassen! Deinen Rath hast Du gegeben, u also Deiner Pflicht völlig genügt, und als Mann dächte ich müßte Dir fatal sein immer wie ein Weib Dasselbe zu schreiben. Es ist nun genug, sei doch nicht so unvorsichtig.   Adèle.

196. *Adele an Arthur*

Jena den 10ten 6/44

Seit 4 Tagen, lieber Arthur, bin ich zurück, und unglaublich angegriffen doch mit großer Hoffnung bei fortdauernder Schmel-
zung der Drüsen entweder gänzliche Heilung, od einige freie Jahre
errungen zu haben. –

Die Eisenbahn geht *in Danzig nach Ohra* zu, ich habe geschrieben an Abegg, u werde melden wenn etwas vorfällt, *darauf verlasse
Dich.* Da unsre Tante 71 Jahre alt ist, und leicht während meines
Winteraufenthalts in Rom sterben kan, vermuthlich dann Schulden halber die Erbschaft *nicht* anzutreten ist, auch bei etwa eignem
Verkauf einiger Äcker an den Staat, Verhandlungen mit Friedrich-
sen entstehen, die jeder Idee einstigen Verkaufs *voran*gehen, so habe
ich, weil es für Dich besser ist, vorläufig Abegg gefragt, ob er eine
Generalvollmacht von mir will, anstatt den Gedanken festzuhal-
ten, sie Dir zu geben. Wir wollen nun sehen was er sagt, bei der
Tante Tod muß es Jemand an Ort u Stelle sein. Ich habe bestimmt
alles Geschäftliche dann immer an Grodeck zu geben, wodurch
Du in ein und demselben Briefe an Letzteren Alles *in beiden
Fällen* abmachen kannst. Sehr übel daß die Actien-Schwindelei
der Posener Bahn die Aussicht auf Verkauf fast vernichtet, jeder
legt dort sein Kapital an, sehr gut für *Deine* Ansicht nur für meine
nicht!

Gestern erhielt ich Dein Buch – leider bin ich noch zu geistes-
schwach; unter ein paar Wochen mag ich nichts Gutes lesen, ich
habe meine Kräfte überboten – leben werde ich. – Im Septemb.
verlasse ich Deutschl. aber erst auf ein halb Jahr od. 8 Monat. Ich
gehe nach *Genua*, von dort mit der *Mertens* nach *Rom*, nach der
heiligen Woche kehre ich wieder zurück, u dann wird sich's entscheiden, ob ich *ganz* fortbleiben muß.

Lebewohl, ich bin zu matt; habe tausend Dank fürs Buch, ich
schreibe sobald ichs gelesen.   Deine Adèle.

Auch wenn mir Abegg antwortet, u wenn ich durch Gralatt etwas
wegen dem Verkauf erfahre melde ich's augenblicklich u ganz
genau.

197. Adele an Arthur

Weimar, Goethes Haus, August 16, 44.

Lieber Arthur,

obschon ich nicht habe erfahren können ob das Ueberschwem-
mungs Unglück direct unser Gut betroffen, schwindet durch dasselbe vorläufig *jede* Aussicht eines günstigen Verkaufs. Dein
Wunsch ist also erfüllt, ich kan bei dieser Lage der Dinge nicht hoffen einen *leidlichen* Preis zu erhalten. Die Eisenbahnkauffrage wird
erst nächstes Früjahr erledigt. Meine Vollmacht in Bezug auf den
Verkauf an die Regierung behufs der Eisenbahn habe ich an Kommerzienrath Abegg, gerichtlich gegeben. Eben so meine Vollmacht in einer möglichen Erbschaftsangelegenheit auf den Todesfall unserer (in Danzig lebenden) Tante Trosiener. Du hast also auf
beide Fälle an Abegg Dich zu wenden, was eine Erleichterung und
Hilfe sein wird für Dich.

Den 4.−12ten Septemb. gehe ich nach Genua, ich werde zur Mertens gehen, ich komme gegen Johanni 1845 wieder. − Auf der Post
wechsle ich nur mit Wagen u Eisenbahn, werde nicht zu Dir können, Dir aber die Stunde u den Tag melden, falls Du kommen
kannst; was mich sehr freuen wird. Ich gehe gleich weiter nach
Heidelberg, oder p. Eisenbahn nach Mainz um Abends in Heidelb.
zu sein, d. folgenden Tag nach Basel.

Dein sehr geistreiches Buch hat erstl durch Styl, Schreibart u
Darstellung mich sehr erfreut, Dein System kante ich, weil ich das
frühere Buch gelesen. Vielleicht theilte ich Deinen Glauben an die
Seelenwanderung, wäre ich nicht v. Kindheit auf mit Menschen
umgeben gewesen, die ihn hatten! Es erhob sich ein innerer Wider-
stand, scharf u fest dachte ich weiter, meine Ansicht scheidet sich
auf mehreren Punkten von der Deinen, aber sie ist ihr nicht fremd.
− Ueberraschend war mir der Gedanke der *Möglichkeit* die endlose
Reihe aufgedrungener Existenzen los zu werden, aber wo liegt ein
Beweis? Im Buch überhaupt nichts davon, u Du selbst stellst diese
Idee blos als Möglichkeit auf. Da ich nicht gern lebte, *nie*, so wäre
mir das sehr tröstlich, aber ich glaube nicht, daß diese Kette zu
brechen ist. −

Die Einzelnheiten sind sehr schön und besonnen gearbeitet. Ich hätte Deine Beobachtungen noch ergänzen helfen, hätte ich sie geahnt. Z.B. über *körperl.* und *intellektuelle geerbte Aehnlichkeit!* Die Kreuzungen v. *Großonkel* u *Großtante* zu *Großneffe* u *Großnichte*; (schade das hast Du übersehen). Dann der *Sprung* u die *Modifikation* der Geisteskräfte in Talent u wissenschaftlichem Streben, v. *Groß-vater* zu *Enkel*; – mit vielen 100 Beispielen – ich habe 5–6 Jahre durch die letzten 2 Jahrhunderte u dann in der lebenden Generation sie gesammelt, jetzt habe ich diese Beobachtungen alle nicht mehr; ich that es einem Arzt zu liebe, mit dem ich sehr befreundet. – Mich freute Dir auf dem von mir durchfurchten Felde zu begegnen. (Bei der Geschlechtsliebe hast Du Sympathie zwischen Menschen ver-gessen, in Freundschaften auch, oder davon wenig Erwähnung gethan, zwischen Menschen u Thieren gar nicht glaube ich) – (überhaupt könte man noch 10 Bände schreiben!) – Ich danke sehr herzlich: ich lese sehr oft in dem Buch. Einen so schrecklichen Ein-druck macht' es nicht, wenn ich davon erzählte, z.B. dem Erbgroß-herzog *gar* nicht, es interessierte ihn sehr; die letzten zehn Jahre haben die Menschen gewöhnt dergl. zu hören, es beunruhigt sie nicht, besonders nicht in wissenschaftlicher Form, es ergreift sie aber auch nicht, denn sie hören es wie jedes andere philosophische System, als einen Beweiß der mit ihnen *persönlich* nichts gemein hat! – Dergl. Erscheinungen sind eigentlich sehr drollig. Ich werde Dein Buch oft lesen, mitnehmen kann ich es nicht. Vieles was ich darüber denke kan ich nicht schreiben, noch andres nicht sagen, weil ich *Dich* zu wenig kenne.

Im Ganzen waren mir alle diese Ansichten *keineswegs fremd*, theils kante ich sie durch Dich selbst, theils hatte ich sie aus mir, theils durch Gespräche mit Naturkundigen. Sie waren nicht alle die meinen, aber sie ließen sich den meinen anknüpfen. Nochmals u wieder meinen Dank. Ich schreibe noch 2 Tage vor meiner Abreise.   Deine Adèle.

198. Adele an Arthur

Florenz den 14ten Oct.

Lieber Arthur,

Obgleich ich keine Antwort von Dir hatte, hätte ich gewiß nicht m. Reise angetreten, ohne Dir genau Tag u Stunde anzugeben, aber eine besondere Fatalität schien über meinem Paß zu walten, d. Bekanntmachung d. Schweitzer zwang mich bis zum 10ten Abends die Farth *ungewiß* zu lassen, da der Paß in Leipzig war, und am 11ten *früh 6 Uhr* fuhr ich ab, u *durch* Frankf. durch nach Mainz, immer zu, bis *Basel*. – Somit habe ich keine Minute in Frankf. gehabt, um Dich zu sehen. Das Nöthigste ist nun jedoch Dir zu sagen, daß ich meinen Koffer mit Silberzeug u den kleinen Schmucksachen die ich nicht mitnahm, bei Friedrich Frommann in *Jena* deponirt habe, auf den Fall meines *Todes*; ferner daß ich ihm 50 Rth: gegeben um m. Haus-Zins u kleine Schulden im selben Fall zu bezahlen u end-lich, daß er mein Conto-Cur: u meine Papiere für das bei der Frau Mertens stehende Kapital Dir (auf diesen Fall meines Sterbens) *hier* geben würde, das er auch hat; u daß ich *kein* Testament gemacht habe, Dich aber bitte: mit d. Kapital bei d. Mertens, dem Guts-antheil u dem Silber Dich dann als Erbschaft zu begnügen u mei-nen Freundinnen: Louise Wolff, Sibille Mertens, Ottilie v. Goethe, u Allwine Frommann das Uebrige, bestehend aus Kunstsachen Kleidern Wäsche u Möbel, zu lassen zur Theilung, denn der Ver-kauf in Jena würde nicht lohnen, Du bekämst gar wenig u so gewähren die kleinen Andenken den Freunden verhältnißmäßig weit mehr, als Dir durch den Verkauf od Transport würde. Ich wünsche alles was sich Geschriebenes vorfindet an Louise Wolff zum Vernichten zu geben. Dies Alles aber bester Arthur, gilt blos wenn Du eine gerichtliche Versicherung meines Todes erhälst, natürlich würde Herr Frommann einem bloßen Gerücht zu Folge Dir von dem Allen *nichts* geben. Ich bin durch die Schweitz über d. Gotthart, Pavia, Mailand nach Genua gereist, dort habe ich mich an die Mertens geschlossen, den 9ten bin ich zur See nach Livorno, p. Eisenbahn nach Pisa, jetzt in Florenz wo ich vorläufig bleibe bis ich Alles erfahre, ob 8–12 Tage weiß ich nicht. Addresse kan ich nicht geben bei der Unsicherheit, aber Frommann in Jena u Herr Abegg

in Danzig welcher Letztere General Vollmacht hat für Danzig und
Ohra werden alles Geschäftliche abmachen, u wenn ich in Rom bin
melde ich es Dir. Behüte Dich der Himmel vor Krankheit u jedem
Unglück.   Treulichst Deine Adèle

Ich hoffe lieber Arthur Du vergißt das Ueberschriebene, es liegt
darin daß ich Dir gern klar machen wollte daß Du von Frommann
keine Art Rechenschaft zu fordern hättest, wenn ich stürbe, daß ferner alles dies blos für diese momentane Entfernung so eingerichtet
ist, u ich Dir nicht etwa einen Auftrag gebe, sondern Dich nur
benachrichtige daß ich Dich als meinen Erben sicher gestellt habe
daß nichts Dir verloren gehen kan, von allem was ich hinterlasse,
falls ich hier sterbe.

199. Adele an Arthur
                                        Neapel den 30sten Decemb.
Deine Prophezeiung, lieber Arthur, daß mich Rom langweilen
werde ist an mir und meinen Freunden zu Schanden geworden, ich
habe fast zwei Jahr mit stets sich erneuendem Interesse dort verlebt, und sogar hier *weiß* ich noch wie schön es ist, obschon ich
zum dauernden Aufenthalt Neapel vorzöge. Von Genua aus, dem
ersten Ort in dem ich in Italien weilte schrieb ich Dir; später einmal
von Rom, heute am Schluß des Jahres wie an der Schwelle meines
Aufenthalts hier, begrüße ich Dich nochmals. Obschon ich nicht
ganz genesen, bin ich doch vom eigentlichen Druck meiner Krankheit frei geworden, und denke *nach* einem kurzen letzten Aufenthalt in Rom während dessen ich nochmals alle Privatsammlungen
ernstlich zu studieren und wiederhohlt zu sehen habe, erst auf
4 Wochen nochmals nach Florenz, dann aber in den ersten Tagen
April nach Deutschland, und zwar zunächst von Straßburg nach
Bonn um meinen Freund Wolff zu consultiren und Abrede mit ihm
zu nehmen der ferneren Gestaltung meines Lebens wegen, da mir
jeder Aufenthalt in Jena verboten ist, der Drüsen wegen.
    Seit 4 Monaten bin ich hier mit Goethens. Leider ist Wolf nicht

hergestellt, und bisher schwer zu sagen ob ihm Italien genützt! ob es mehr als Palliativ gewirkt, die Wassercur soll ihn nun im Frühjahr kräftigen, dann wird man erst sehen, was dann wirklich erreicht ist. Das Leiden zu sehen, ist eine höchst betrübte Geschichte!

Ueber Italien werde ich wohl niemals viel reden, ich fühle den sehr großen Einfluß den es auf meine ganze Seele gehabt, es hat mich von mir selbst gelöst, und ganz andre Interessen u Ideen in mir geweckt. Daß mir die Kunst so viel gewähren könne wußte ich nicht. Manches habe ich gelernt, vieles bleibt zu verarbeiten; andres muß erst klar werden.

Hätte ich mehr Geld so würde ich wohl vorziehen in Italien zu leben, denn ich fühle daß ich auf die Länge doch die Nordische Kälte nicht ertragen kan, wird mir doch dieser kalte Winter hier unsäglich schwer! – Die große Cur welcher ich mich in Carlsbad unterzog, hat meine Constitution ganz verändert, ich bedarf sehr vieler Wärme. Ohnedies bin ich nun in das Alter getreten wo äußere Dinge höher gelten, Gegend, freier Genuß abwechselnder Interessen, archäologische und künstlerische vom Leben, nicht vom Buch gegebene Anklänge, die dann, eine lange Ideenreihe wecken, haben allerlei neue Freuden. Einen Rafael zu sehen thut mir wohl, und die wundervolle Luftklarheit, Meer, Inseln, Golf u Vegetation thuen mir wieder recht sehr wohl, ohne mich nachträglich zu verletzen.

Ottilie behauptet Bilder ersetzten mir die Menschen – sehr möglich. Das Gefühl der Schönheit ist ein sanftes Glück, und in der Kunst bleibt es ungetrübt. Ich habe tüchtig Italienisch gelernt, und in Neapel würde ich auch einen sehr hübschen Umgang haben, die Bildung ist eine gar andere hier als in Rom. Dort ist ein gewisses Badeleben der Fremden, eine Landsmannschaft der Deutschen welcher alle unsre Nationalfehler anhangen, Neapel ist fast so groß wie Paris, so ein 16 bis 20 Tausend Fremde machen wenig, darum ist mirs lieber. Sollte ich jedoch wiederkommen, so kann ich nur mich ganz niederlassen, und leider sehe ich keine Möglichkeit mit meinen Renten hier zu leben, und könte doch hier nichts erwerben. Ich konte daher nur so lange bleiben als mein erworbnes Geld reichte und nun muß ich mich in mein Schicksal fügen. Mit der Mertens auf immer leben geht nicht, weil sie meine Freiheit beeinträchtigt und dazu bin ich zu alt, und habe zu lange eigne Wirtschaft geführt. Sie ist jetzt der Erbschaftsangelegenheiten in Deutschland. Ich blieb ein Jahr bei ihr. Nachher wohnte ich allein.

Bis heran ist in unsern Gutsangelegenheiten nichts vorgefallen, Abegg hat mir stets *a tempo* Geld geschickt, nun erwarte ich es wieder. Ich muß durchaus suchen mein Einkommen zu steigern weiß aber noch nicht wie. – Möge Dich dies Blatt heiter und wohlauf finden, bis Ende Februar (13 Tage geht ein Brief) findet mich jede Nachricht in Rom *»via della Stamperia No. 4, piano I«*. Sobald dieser Anfall von Gesichtschmerz des armen Wolf vorüber, ist unsre Absicht nach Rom zurück. Göthens waren den Sommer über in Ischia, ich theils im Albaner Gebirg theils in Frascati von wo aus ich Ende August nach den ersten Regengüssen nach Neapel gieng. Da es alles anders war zu Deiner Zeit muß Dir meine hiesige Existenz etwas seltsam erscheinen; sie ist es jedoch durchaus nicht. Lebe herzlich wohl   Deine Adèle.

Nochmals bitte ich Dich um endliche Nachricht, daß Dich Goethens gesprochen war die allerletzte die ich hatte.

Neapel den 30ten Decemb.: 1846.
Von Genua aus: Wahrscheinlich eine Verwechslung mit Florenz (Brief Nr. 198). Ein Brief aus Genua ist jedenfalls ebensowenig erhalten wie einer aus Rom.

200. Adele an Arthur

Bonn d. 2ten October
Die Abschriften des Pachtcontracts habe ich erhalten, da leider nur sehr allgemeines darin, so wird nun in Danzig sich erkundigt, allein Du mußt doch durchaus entweder Papiere über die Parzellen, oder die genauern Grenzen, Flächen-Inhalt, Abgaben etc., wenigstens alte Jahres-Rechnungen v. Labes haben. Wir können noch nicht einmal erfahren wie viel Morgen zu einer Hufe gehören!

(nach 94 Messung). Da im Augenblick Gelegenheit zum Verkauf
ist, und ich *hoffe* Dir dann Deine gewünschte Summe von Staatspapieren, welche die Rente v 100 Rth geben zu schaffen, so schaffe
Du wenigstens die Papiere welche Du hast herbei; es kostet mich
zahllose Briefe und Portos von Danzig. Es ist bereits an Md. Stattmiller geschrieben wie viel sie für ihren Antheil haben will. Wäre
ich vor 2 Jahren wie Du in Deutschland gewesen! Da war der *rechte*
Moment, jetzt fallen die Güter. So wie ich wieder in Italien bin kan
ich nichts mehr thun in der Sache, jetzt will ich das mögliche versuchen, aber ich bedarf von Dir eine schriftliche Notiz daß Du Deinen Theil für so viel Staatspapiere als 100 Rth Prozent tragen geben
willst, u das Papier ähnlichen Inhalts von der Stattmiller, und dann
will ich handeln, dann natürlich wird *sehr* schwer so viel zu bekommen. Meine Tage hier sind gezählt bricht der Krieg nicht aus, so
gehe ich noch im October, u muß dann die Sachen meinen Freunden zu thun überlassen, die ich jetzt mit ihnen mache; Du solltest
Gott danken daß bei der Gelegenheit Dein Wunsch berücksichtigt,
Kosten u Arbeit für Dich getragen werden von mir, u mir nicht
durch die Zurückhaltung von Papieren welche den Käufern eine
vorläufige Uebersicht geben, von dem was sie kaufen wollen, die
Sachen erschweren. Die Leute wollen blos mit mir unterhandeln,
mündlich, darum muß ich Alles besorgen.   Adele

Addresse bei Md. Mertens-Schaaffhausen, Bonn a. Rh.
   Kommt es zum Abschluß so hast Du natürlich nicht eher etwas
zu unterschreiben als bis die Staatspapiere von Dir auf d. Tisch liegen. Eben so möchte ich es mit d. Stattmiller, wenn sie nur eine
Summe ganz *fest* bestimmt. Die Uebertragungskosten muß glaube
ich d. Käufer tragen, im Hypotheken-Buch so weit sind wir noch
lange nicht. Ueberhaupt verspreche ich Dir nicht daß mir der Verkauf glücken wird, ich habe aber dann das Meinige gethan, für
Dich und mich. Mislingt es, dann thue Du später das Deine und
hilf Du Dir selbst, denn später kan ich nicht. Trotz meiner Vollmacht hat Abegg nicht im rechten Moment verkauft, weil er eben
selbst seine Persönlichen Geschäfte hat. Daß Du die Papiere,
namentlich Rechnungen hast welche eine Uebersicht geben weiß

ich da ich sie Dir immer sandte, ich glaube Du hast auch Stattmillers Pachtfestellung denn in Mutters Nachlaß war sie nicht, eine neue Abschrift würde enorm kosten, u die Leute würden der Sache müde, wo anders um Danzig herum Grund kaufen. – Also gieb Dich ein wenig an das Suchen, und sende mir die Papiere. Geht der Handel zurück, so gebe ich Dir Deine Papiere sogleich wieder. Weißt Du ganz gewiß daß Friedrichsen die Bedingung im Contract die 300 Rth zu löschen welche auf s. Frauen 9^{tel} standen, welches für Haltung des Vertrages bürgt *gehalten?* Sonst ist der Contract Null.

Bonn d. 2ten October: 1847.
unterhandeln: Vgl. Brief Nr. 201.

201. Adele an Arthur

Bonn den 30ten Juny

Vielleicht hast Du bereits von Andern gehört daß mich die Italienischen und Deutschen Zustände veranlaßt haben vorläufig nach Bonn zurückzukehren. Solltest Du mir irgend etwas auf unsere Gutsantheile Bezügliches zu melden haben trifft mich die Nachricht hier, wo ich still und ruhig in einem *ganz kleinen* Privatlogis bei Professor Nicolovius den Gang der Ereignisse abwarte. Nach Italien kamen weder Zeitungen noch Briefe, noch wurde von irgend einem Bankier Geld auf Wechsel oder Creditbrief gezahlt. *Das* zwang mich zur Rückkehr. Ich bin übrigens in Florenz am Tode gewesen, das Klima bekam mir nicht.

In Bezug auf den von mir Dir früher gemachten Verkaufsvorschlag (Deines Gutsantheils) hatte ich Dir nichts zu schreiben, Dein damaliger Brief veranlaßte Fr. Mertens *sogleich* zum Rücktritt, sie hatte Geld unterzubringen und wollte Deinen Antheil kaufen; erklärte jedoch mit mißtrauischen Leuten keine Geschäfte machen zu wollen. *Ich* konte der Mertens nichts verkaufen, weil ihre Kinder auch mißtrauisch sind, und man nach ihrem Tode, wenn sie früher sterben sollte als ich, glauben würde, sie hätte mir heimlich große Vortheile gegeben, ich hatte wie Du seit Jahren weißt, den Plan und die Hoffnung meinen Antheil auf Leibrente zu geben, und da Du mir immer gesagt: *Deine* Einnahme könne *gefährdet* werden, wenn ich verkaufte, da *meine* Freunde die Besorgung für uns Beide übernommen hätten, wollte ich Dich sicherstellen. Die Umstände wurden nun in Deutschland so daß *weder* an Verkauf, noch an Leibrente zu denken ist; und ich mußte meinen Plan aufgeben; Du hättest indessen verkauft gehabt.

Daß Du mir die Papiere verweigertest welche ich bedurfte, war thörigt, ich konte mir ja eine Abschrift kommen lassen! Sie in Frankfurt einsehen, war eine Sache von welcher nicht die Rede sein konte, da ich gar nicht die Absicht hatte nach Frankfurt zu gehen, und auch nicht hingekommen bin.

Es ist jetzt gar nichts zu thun als den Lauf der Dinge abzuwarten, ich glaube Herrn Abegg in Berlin, als Deputirter; und da hat er für uns keine Zeit. Gegen Dich aber glaube ich meine Pflicht mit jenem Vorschlag nun abgetragen, ich hatte es gut gemeint, Du schriebst mir argwöhnisch, grob, und die Mertens erklärte sogleich nun habe sie die Lust verloren; mögest Du in den bösen Zeiten keine Ursache zur Reue haben, es kan recht sehr schlimm kommen in jener Gegend. Indem ich Dir ruhig und ohne alles Nachtragen Deiner Unfreundlichkeit das Beste wünsche und gönne, bitte nochmals mich mit jedem Auftrag an Herrn Abegg *für jetzt* zu verschonen; sollte ich irgend eine Nachricht erhalten die uns nützen kann, so werde ich Dir *sogleich* sie mittheilen, davon sei überzeugt.   Adele

Bonn den 30ᵗᵉⁿ Juny: 1848.
Deutschen Zustände: Die Revolution von 1848.

202. Adele an Arthur

Bonn den 26ᵗᵉⁿ July
Ich sende dankend Friedrichs Schreiben, und bin *ganz entschieden Deiner Meinung*. Herr Friedr. hat mehrere ganz treffliche Jahre

gehabt und auch vermuthlich manchen Pacht erhöht; auch hat er
darauf zu sehen, daß die Pächter nicht die Grundstücke vernachlässigen und den säumigen zu künden, bleibt nun nachher Unzahl-
fähigkeit so fallen die Häuser, da Grundboden den Bau nachzieht
ohnehin an uns, und *mit* Haus kan man besser verpachten als ohne.
Thörigt wäre zu seinen Gunsten den Vortheil aufgeben, damit *er*
den Pacht zahlt; er mag der bessern wegen ein knappes Jahr tragen.

Ich höre zum erstenmal von der Existenz eines Dorfes, bisher
hat man mir immer gesagt »wir hätten gar keine Gebäude, es
wären von den Pächtern einzelne Häuser erbaut.«, man hat mir ferner gesagt »die Mühlen hätten wir zum Ausschöpfen bauen müssen eh' die Weichsel sich ein *anderes* Bett suchte«, wie kamen wir
denn also dazu, *jetzt* und zu *welchem Behuf* einen Mühlenanbau zu
tragen wenn wir keinen Antheil an Dorf und Häusern haben?

Ich bin da ich die nähern Verhältnisse gar nicht kenne, und jetzt
alle Pacht-Erbpacht und anderen Teritorial-Gesetze *geändert* werden, *nicht* gesonnen der Gemeine das Recht zu *Erb*-Pacht eines
Stück Wiesen-Landes zu geben. *Ohne Vollmacht kan* es H. Fr. nicht
thun, darin hat er Recht. Das Stück um welches wir mit Dietrich
processirt haben, hat er damals zu *seinem Vortheil*, mit Deiner darin
inclus. Bedingung »*kein Geld zur dritten Instanz* zu geben«, auf Erbpacht gegeben, und den Kauf-Schilling als Kostenersatz behalten.
Du hast damals, glaube ich, Unrecht gehabt, und ihm *unbewußt*
einen Vortheil zugesprochen, es ist aber zu spät das nun aufzunehmen: weil Du schriebst »er möge auf seine Kosten in die dritte
Instanz gehen« that er's, *gewann* – und strich das Sümmchen ein;
gab auf Erbpacht, allein gewissermaaßen mit unsrer Zustimmung
und zählte den Kaufschilling als Ersatzgeld für Kosten die er hätte
haben können, wenn er in 3^(ter) Instanz verloren hätte. Ohne Deine
Vollmacht kan er aber *nun* nicht. Habe Du die Güte übereinstimmend für uns Beide Dich zu *weigern*, schreibe wie Du willst, ich
gebe meine Einwilligung zu *keinem von Beiden*.

Abegg ist zurück nach Danzig, ich schreibe ihm nun, und trage
ihm *Alles* das nochmals vor, um mehr Licht in dieser Sache zu
bekommen; Du hast aber Unrecht mir keine Einsicht in die Guts-
papiere zu gestatten, ich bin in Preußen und von Geschäftsmän-

nern umgeben – kanst Du nicht *jedes* Blatt numeriren und signiren,
da kan doch keins durch meine Schuld verloren gehen, und ich
könte es später einmal in Frankf. empfangen u für mich Dir quittiren lassen. Z. B. sagt Fr. »*einige* können die Miethe nicht zahlen« u
»*die* auf *unserm* Lande erbauten Häuser« will er verkaufen. liegen
nun diese Häuser alle auf Deinem und meinem Stück? Kennst Du
die Grenzen? Mir scheint er sagt das Alles sehr undeutlich, und legt
gar keine Art Rechenschaft ab.   Mit den besten Wünschen A. S.

203. Adele an Arthur

Bonn den 2ten August.

Deinem Rathe nach habe ich nochmals die ganze Sache überlegt,
ich danke Dir sehr für alle Nachrichten über die Gutsverhältnisse,
welche ich nur theilweis wissen konte, da die sehr wenigen darauf
bezüglichen Papiere und Briefe welche sich in der Mutter Nachlaß
vorfanden, nur in *Rechnungen einzelner Jahre* bestanden, von den
Stattmillerschen scheint bei dem Hin und Herziehen ein Theil verloren: ich habe jedoch ohnedies meine Schreibschatulle jetzt herkommen lassen, weil sie andre Sachen enthält welche ich bedarf,
und es ist möglich daß wenn ich nach Ankunft der Papiere sie nochmals alle durchsehe, ich mehr habe als ich dachte: so viel ist jedoch
gewiß, ich wußte nicht daß gar keine Abtheilung des Besitzes statt
gefunden hat, und glaubte wir hätten nur einige Theile ganz
gemeinschaftlich: zu diesem Irrthum hat mich der Tiezische frühere Verkauf verleitet, ich begreife erst jetzt, daß auch er seinen
Theil nur als Einkommen, gewissermaaßen als Antheil einer angenommenen Ertragssumme verkauft hat.

Was nun das Quallungsland betrifft, so will ich Deine Meinung
gern annehmen, wünsche aber und halte es auch für besser wenn
man etwa auf 18 oder 24 Jahre mit etwa 6 jähriger Kündigung verpachten *könte*; weil die Erfahrung jetzt allgemein ist daß die Erbpächter nach und nach immer rückständiger zahlen, und man sehr
häufig am Ende *nichts* kriegt. Ich bitte Dich also nachdem ich auf
Deine klare völlig mich überzeugende Darlegung mir Raths

erhohlt: im ersten Artikel nach unserer Beider Ansicht ablehnend zu schreiben, im zweiten den eben hier ausgesprochenen Mittelweg *vorzuschlagen* welcher dem Pachtenden völlige Sicherung giebt, und wenn dieser Vorschlag *nicht* durchgeht, so ist meinerseits keine Vollmacht nöthig, denn so wie mir scheint, hat Friedrichsen gar nicht mit Abegg gesprochen. Ich habe nemlich einen freundschaftlichen Brief mit Nachricht seiner Rückkehr nach Danzig u der Verlobung seines Sohnes von Abegg erhalten, in welchem er dies Geschäft gar nicht erwähnt; Abegg aber hat bei meiner Abreise nach Italien eine von mir *persönlich vor Gericht* gestellte, detaillirte *General-Vollmacht* bekommen, nach welcher er sogar *verkaufen* könte; eine noch völligere könte man gar nicht geben, und vermuthlich weiß Friedrichsen nichts von derselben. – Ich erwähne dies, damit Du überzeugt sein kannst, meine *Zögerung* kan gar kein besonderes Hinderniß werden, denn wenn der Vorschlag verworfen wird, *kan* Abegg sogleich sie geben, wenn ich es ihm schreibe. Ich schreibe ihm jetzt gratulationswegen, und theile ihm Alles mit, was ich eben Dir geschrieben, damit er im ersten Artikel uns beisteht, im zweiten meinen Vorschlag, der Dir genehm sein wird, *unterstützt.* Ueber die bevorstehenden Aenderungen ist möglich daß ich mich unklar ausgedrückt: erstlich weißt Du wohl werden allenthalben Reformen und Aenderungen in den neuen Verfassungsvorschlägen beantragt; zu diesen soll ein Cataster für Preußen gehören, wie eines hier lange Jahre besteht, nach welchem die Steuern bestimmt werden. Vielleicht habe ich Zehntenpacht und Erbpacht verwechselt, ich habe eilig geschrieben. Bei einem Cataster und Regulirung der, wie man sagt, im *eigentlichen* Preußen noch konfusen Grundbesitzverhältnisse kan sich so wohl für, als gegen uns, ein *Steuer*verhältniß ändern, und deshalb habe ich gemeint es sei gut für jetzt das Bestehende so ruhig zu erhalten als möglich. Vergieb wenn ich in der Eile Dir unklar und konfus geschrieben habe, ich hatte Deinen Brief nicht ganz verstanden, und halte nicht für *unmöglich* daß Friedrichsen *selbst* die 6 Morgen pachten will und das auf seine Ansicht influenzirt, und habe eine Scheu vor Erbpacht, weil so viele Bekannte von mir durch dieselbe großen Verlust erlitten. Daß Du jedoch Recht hast, sehe ich ein,

und werde, geht mein vermittelnder Vorschlag *nicht* durch, *nach-*
geben. Somit denke ich sind wir einverstanden.

Mit den besten Wünschen Adèle Schopenhauer

Also, erhälst Du einen Brief von Fr. welcher jenen Pachtvorschlag
als unausführbar verwirft, so gebe ich sogleich wenn Du mirs mittheilst Abegg Auftrag Erb-Pacht zu unterschreiben, wo nicht,
unterschreibt er blos für die Pacht auf festgestellte Zeit, und Dein
nächster Brief ordnet das. Meines Wissens hat die Sache Zeit bis
Martini, wo alle Pachtungen beginnen.

[Randschrift Adeles:] Daß wir zu Ohra rechnen, wußte ich,
meinte jedoch unsre Guthsantheile lägen im sogenannten Nieder-
feldt, und dem Dorf Stern, u so machte michs irre, daß von einem
2ten Dorf mir die *Rede* schien.

204. Adele an Arthur

Bonn am Rhein d. 1 5^{t} Septemb.

Lieber Arthur

Ich ersuche Dich Herrn Doctor *Jacob Mühlens* aus Frankfurt a M
den Pachtcontract welchen wir mit *D. Friedrichssen* aus Danzig in
Bezug auf die Ländereien v. *Ohra* haben gefälligst zur Ansicht vor-
zulegen, er wird ihn Dir wieder zustellen. Eben so würde ich Dir
sehr danken wenn Du ihm durch die Register der Ländereien eine
noch klarere Einsicht in das Detail verschaffen kannst. Ich beziehe
mich hierbei auf Dein früheres Anerbieten des Contracts wegen,
und auf Deine Angabe des Kaufpreises welchen Du für Dein
Antheil wünschest nehmlich: so viel Staatspapiere daß dessen
Renten Dir wie bisher Dein GutsAntheil 100 Rth. preuß. Courr.
tragen.

Alles Andere mündlich wenn ich komme.   Adèle Schopenhauer.

Herr Doctor Jacob Mülhens weiß nichts von Deiner Forderung, ist
auch blos so gütig mir seinen Rath u Ansicht mitzutheilen nachdem er die Papiere gesehen weil sich eine Aussicht uns eröffnet.

Bonn den 27ten Sept.

Fürs erste meinen Glückwunsch für glücklich überstandene Greuel-Scenen, werde wahrscheinlich in einigen Tagen auch bei einer ähnlichen Gelegenheit am Fenster stehen.

Deinen Brief erhielt ich vorvorgestern; vorgestern sprach ich mit unserm allerseitigen Beistand und Berather, denn ich dachte mir sogleich daß die Sache für mich in andrer Form gehen werde da wir hier *Code Napoleon*, französische Gesetzformen haben. Also »Alle Vollmachten werden hier vor zwei Zeugen und einem Notar auf Stempelbogen ausgestellt und es *giebt* kein Gericht vor welchem man, wie in Preussen selbst, sie ausstellt.« Demnach kan ich weder auf der Original-Vollmacht, auf die von Dir bezeichnete Stelle, noch überhaupt auf diesem Papier schreiben, es ist ja auch in dem ganzen Akt nicht von *uns* die Rede, und Ort und Datum stimmt nicht, sondern *ich* muß für *jeden* Akt einen Stempelbogen haben, glaube auch nicht daß Du nachher auf dem Bogen Deine Vollmacht schreiben darfst, doch das wird Dir in Frankfurt gesagt werden, wie mir's hier gesagt ist, es ist dort wohl anders. Nun aber habe ich General-Vollmacht an Herrn Abegg gegeben, als ich nach Italien gieng, dieselbe nicht zu Verpachtung und Verkauf. Ich bat daher meinen Rechtsfreund zu seinem Notaren zu gehen um zu erfahren »ob im vorliegenden Fall ich meine gegebene frühere General-Vollmacht nicht etwa entkräfte, indem ich nun einem Andern in derselben Angelegenheit auch Vollmacht gebe, Herr Riegeler, so heißt der alte Freund meint *nein*; ich habe sonst wenn der Notar andrer Meinung ist, statt an H. Friedrichsen abermals an Abegg Vollmacht zu geben welche dieser zu *übertragen* hat. Nun ist aber gestern der in Cöln ausgebrochenen Unruhen wegen Vieles sehr confus gegangen, demnach ist Herr Riegler bereits gestern und heute vergebens zum Notar gegangen um Raths zu erhohlen und hat ihn nie gefunden. Herr Riegler soll auch den Notar fragen ob etwa irgend eine gerichtliche Beglaubigung nach vollzogenem Notar-Act für die mit Preußen vorkommenden Fälle dieser Art irgend nöthig oder *möglich* ist, er glaubt *nein*, denn selbst Schenkungen, Testamente, kurz alle Vertrauensüberträge geschehen nur auf diese Art. Die Kosten Nr. 2 lasse ich mir ersetzen vom Dorf, wie Friedrichsen in seinem ersten Briefe an Dich proponirt hatte.

Ob nun Deine Formel, die ganz schön ist, oder die einmal dort schon gebrauchte, ich meine die uns übersandte die richtige, muß ich dem Notar überlassen, will er die Deine, nehme ich sie, sagt er »es geht nicht« nehme ich jene.

Sehr sonderbar daß Abegg schreibt, die Sache schade uns nicht, Friedrichsen habe sie uns nur schlecht vorgetragen und nicht deutlich erklärt, allein *seine* Vollmacht werde wohl nicht dazu ausreichen. Und sie ist unumschränkt! ich glaube Abegg hat nur nicht verstanden daß er für mich sie an Friedrichsen übertragen kan, oder ist faul. Das ist aber hier eine Sache von 5 bis 6 Thaler, wenn mir also mein Notar sagt, es sei von Abegg nur Unkenntniß so werde ich mir Abschrift der beiden Actenstücke nehmen und Dir dieselben zurücksenden, dann aber meinerseits erst an Friedrichsen schreiben, denn die General-Vollmacht ist eine Gerichtliche und Preußisch-Gerichtliche, und ist am Ende doch besser als die neue notarielle. Auf diesen Fall schickst Du und ich jeder appart, für No. 2.

Damit Du nicht glaubst daß ich absichtlich zögere wenn sich die Entscheidung vielleicht noch ein paar Tage hinzieht, schreibe ich dies Alles, da Du jedenfalls es wissen mußt. Endlich aber scheint uns hier ganz recht daß Friedrichsens Vollmacht lautet als verpachte er, nehmlich *er* als Bevollmächtigter verpachtet unsern nicht getrennten Allgemeinen Theil an dem Gemein- oder Dorf-Quallungslande, ja jeder Hauptbesitzer der nicht blos zum Dorf zählt, wird eben so verpachten, und die zusammenfallenden Vollmachten geben der Gemeine das Recht zu verpachten, und bilden eine *Gesamt-Bewilligung*. Ich habe es zwar begriffen, ob ichs aber deutlich Dir darstelle *e altra cosa*.

den 27.ten nachmittag

So eben kommt Herr Riegeler, *der Notar* hat bestätigt was ich Dir geschrieben, die notariellen Vollmachten sind die *einzigen* hier üblichen, und werden in der Regel auch im Ausland als rechtsgültig angenommen. Herr Riegeler räth mir, beide Aktenstücke hier

genau zu meinem Gebrauch abzuschreiben, Dir die Originale die
Du geschickt, zurück zu senden, an Friedrichsen zu schreiben ihm
den Fall No. 2, nach einem mir von Riegeler angefertigten Schema
vorzustellen und da das Jenaische und Weimarische Gericht wegen
der Nähe Erfurts alle preußischen Angelegenheiten auszuführen
hat und deshalb auch alle Formen beobachtet hat, die *beiden* Vollmachten dort von Abegg auf Friedrichsen übertragen zu lassen,
oder wenn das nicht gehen sollte wenigstens vorher zu vergewis-
sern, daß sie mit der notariellen Vollmacht für No. 2 sich begnügen. Ich thue das nun, und da doch jeder von uns appart seine Vollmacht stellen muß, sende ich Dir die Papiere dankend zurück, und
bitte ganz frei nach Gutdünken zu handeln, rathe aber *nicht* auf die
notarielle Vollmacht für Friedrichsen zu schreiben, »da wir nicht
erschienen bekannt und genannt sind«, auch nicht auf die andre
gerichtliche v. Skerle, weil sie eine bloße beglaubigte Abschrift ist
um zu beweisen daß alles sich so verhält. Sie ist außer Skerles Nahmen ganz von einer Hand.

Mit den herzlichsten Wünschen vielmals dankend   Adèle.

Als ich so weit war wollte ich doch immer noch gar zu gern wenigstens einen Theil der Angelegenheit Deinem Wunsch zufolge und
auf Deine Weise erledigen, ich gieng also zu *noch* einem alten Justizrath und zum Sachwalter der Mertens welche eben wieder nach
kurzer Abwesenheit eintraf. *Diese* riethen mir auf die Vollmacht
zur Subhastation die Unterschrift dies hiesigen *Bürgermeisters* mir
zu verschaffen, *so* könnte die Sache gehen *wie Du meinst*, und für die
eine Vollmacht zum Verkauf der Häuser die Kosten gespart werden. Im Begriff dorthin zu fahren, macht man mir die Bemerkung
»wenn etwa Friedrichsen die Häuser alle *selbst* kaufte, und sie blieben stehen, bis Ablauf unseres Contractes mit ihm, so könne er
nachher *im Besitz* derselben uns Schwierigkeiten erheben, und
wenn sie *zum Abbruch* verkauft werden sollten so hätten wir ja da
wir sie nicht erbaut hätten, gar kein Anrecht das durch Vollmacht
zu übertragen wäre, das wäre ja dann Sache des Generalpächters
gegen die Unterpächter: es gienge uns gar nichts an.

Dagegen war blos das eine § im Contract, er müsse *das Gut im*

Zustand wie ers befunden zurückgeben. Nun wurde ich sehr stutzig – Der Contract läuft 56 ab, da stünden vielleicht die Häuser noch, Friedrichsen hätte sie zu *vermiethen* auf unserm Grund und Boden? Beim Verkauf könte das fatal sein – uns an Friedrichsen binden?

Morgen oder Uebermorgen kommt der bisherige Deputirte in Berlin Stub aus Cöln, welcher alle die Schlesischen Angelegenheiten geordnet hat für den Staat, er kommt zur Mertens, bleibt den *ganzen Tag* für sie mit uns, und ist einer der berühmtesten Rechtsgelehrten am Rhein, die Mertens will ihm den *ganzen Fall* vorlegen und sein Urtheil hören, ob gar kein Hinterhalt oder Zufall bei dieser Concession uns droht; dann schreibe ich Dir.

Vergieb also daß ich Dir die Contracte oder Vollmachten erst in 2–3 Tagen senden kan. Was ich hierin thue ist für Dich wie für mich und deshalb kan ich nicht anders als Alles mit Bedenken thun, Du sollst jedoch die Verzögerung begreifen und deshalb schicke ich den weitläufigen Brief. Der Contract wegen dem Quallungsland ist unwichtig für uns; darin stimmen *Alle* überein. Wegen der Form für mich von Nr. 2 werde ich aber erst an Friedr. schreiben wenn ich von Stub ein Gutachten über die Hauptsache habe.   A.

[Randschriften Adeles:] Der Bürgermeister muß aus Güte das thun, der Notar läßt sich den ganzen Akt zahlen wie den ersten.

Wundre Dich nicht daß ich die Kosten bedenke, nach dem Code kostet jede notarielle Schrift 3–4 selbst 5 Rth; und ich hab nicht 1 Pfennig davon, in deutschem Recht ist das anders.

Greuel-Scenen: Die Frankfurter Straßenkämpfe.

206. Adele an Arthur

Lieber Arthur,
Lies gütigst beide Briefe an D. Friedrichsen und sende sie wie sie in einander liegen Beide nach Danzig. Du ersiehst gewiß augenblicklich daß ich die Forderung in dem das *Verkaufs*-Geschäft Betreffen-

den machen *muß*, und sobald seine Antwort kommt, theile ich sie
Dir mit. Porto zu sparen bewahre ich den Contract bis dahin. Auf
Deine gegebene Vollmachts-Form zum Erbpacht *kan* ich nicht eingehen wie Du ebenfalls aus dem Briefe ersiehst, ich willige nach
Rathschlag aller Gefragten ein, muß aber *durch Abegg* dem ich
geschrieben und genaue Abschrift dieses Briefs (in Quart) gesandt
habe die »Gerichtliche Vollmacht in Danzig geben.« Deshalb stelle
ich das Schema zu Deiner Verfügung zurück, *Du* mußt sie in
Frankf. gerichtlich geben, mir kommt Deine Form sehr schön vor
allein die Juristen sagen, es käme darauf weniger an, gieb sie also
wie Du meinst, Du hast ja Deinen Freund zur Seite, ich habe die
Sache anfangs zu bedeutend genommen.

Möchtest Du doch zufrieden sein mit den Bedingungen die ich
Friedrichsen stelle! Ich habe mir sehr viele Mühe gegeben, klüger
und besser wüßte ichs nun nicht zu machen. Es hängt nun ganz
von Dir ab ob Du Dich dem anschließen willst da mirs ja doch von
klugen vernünftigen Männern gerathen hoffe ichs.

Wenn Friedrichsen das zugesteht, so machen wir auf seinem
Contract auf der Nebenseite in wenig Worten die Bedingung und
der Notar unterschreibt mit. Es ist Alles besprochen. Gute Nacht,
sobald Nachricht auf die von Dir abzusendenden Briefe kommt
erhälst Du sie.

Bonn den 30ten Septemb. 48.   Adèle

Selbst wenn Du nicht ganz mit mir überein denkst schicke die
Briefe, seine Antwort klärt uns jedenfalls über s. *Absicht* auf.

207. Adele an Arthur

Bonn den 8ten morgens
Deinen Brief erhalt: d. 7ten.

Da ich auf dem nehmlichen Stempelpapier wo alle Eure Unter-
schriften stehen, Herrn Friedrichsen in meinem Briefe auch zu
unterschreiben *versprochen* habe, sobald sein nächster Brief *an mich*
mir die *gewünschte Zusage* in gehöriger Form bringt, befindet er
sich nicht in Zweifel, *daß ich* den Aufenthalt einiger Tage ver-

anlasse, und nicht *Du*. Daher sei so gut da Du *unbedingt* unterschreibst, den Akt wieder an mich zu schicken, wenn Du ihn vollzogen, unterdessen wird seine Antwort schon da sein, und ich
werde dann *ohne den mindesten Verzug* noch am selben Tage denselben absenden, denn sein Brief endigt das Geschäft, er wird mir
die Zusage schon geben.

Uebrigens habe ich ein Recht einen Contract den man mir
zustellt zur Unterschrift, an dem ich eine Anschluß-Zusage will bis
zur Antwort des Contrahirenden zu behalten, das weiß Friedrichsen auch; meine Vollmachtsordre an *Abegg* für das Quallungsland
ist schon mit dem Brief an Dich abgegangen, allein wenn auch
vollzogen, gilt er nicht, da gestern die Zeitung berichtet »alle Erb-
Contracte sind null und aufgehoben.«

Sei so gütig zu bedenken daß wenn Du eigenmächtig den Contract an Friedrichsen, statt an mich sendest, *Du* die Verzögerungen
veranlassest, denn auf den Fall muß er ihn retour senden, nach
Bonn.   Adele.

Bonn den 8ten: Oktober 1848.

208. Adele an Arthur

Lieber Arthur,
Ich kan meinen Guthsanteil an den Ländereien in der Ohra für
3700 Rth. p.C. baar verkaufen, und bin gesonnen es zu thun; da
Du aber vielleicht für diesen Preiß ankaufen mögtest, frage ich bei
Dir an da Dir immer der Vorkauf zusteht; und bitte Dich ohne weitere Erörterung mir zu antworten damit auch die andern Betheiligten Deine Antwort lesen können. Jedenfalls wird Abegg mir den
Gefallen thun, hoffe ich, auf Deine Renten ein Auge zu haben, Du
magst den mir gehörenden Antheil mit an Dich bringen oder
nicht.

Es thut mir herzlich leid daß Dir die Sache vielleicht unangenehm ist allein ich kan eben nicht anders.
Bonn den 2ten Januar 1849.   Adèle.

Bonn d. 10ten

Lieber Arthur,

Als ich in Karlsbad die Briefe zurück geschickt, war ich *todkrank*
und ganz gewiß zu entschuldigen; es fällt mir aber jetzt nicht dergl.
ein. So viel ich kan will ich Dir beantworten. Daß meine Mutter
einen großen Theil des ihr übrig gebliebenen Vermögens ver-
braucht, mitunter verschwendet hat, ist wahr; daß *ich* je verschwendet, ist nicht wahr; so wie ich die Wirthschaft bekam, habe
ich *nie* Schulden gemacht, so wie mir unsre Lage *klar* ward, habe
ich gethan so viel ich gegen einer sehr lieben Mutter unglückliche
Neigung zum Geldausgeben *konte*. Nach ihrem Tode habe ich alle
Schulden bezahlt, eine Zeitlang für 8 gr. Stunde gegeben, später
mein Einkommen gehoben; so daß ich nur noch 200 Rth abzutragen habe an die Goethe; es ist mir nach Belieben Frist gelassen.
Folglich bin ich nicht verschwenderisch! Auch liegt stets 100 Rth
vorräthig vor mir, also stürbe ich, wären noch zu zahlen 100 Rth!
Ob meine Mutter mit Dir berathschlagt hat, kan jetzt aber um so
weniger Einfluß haben, da sie keine gute Wirthschafterin war. Daß
Du das Vermögen der Mutter, das heißt »diesen halben Guts-
antheil« nicht beansprucht hast, war freundlich; und darum bin ich
Dir dankbar; aber Du irrst, Du hattest kein *Recht* nach ihrem Testament! – Daß ich Dir Porto für 450 Rth zugemuthet, weiß ich nicht
mehr; es kommt mir aber, wenn es der Fall ist, vor als wäre es
wenigstens weder Undank noch sonst was uebles, sie sind doch
wohl nicht baar geschickt, allein ich weiß es wirklich nicht, es kan
aber keine *große Ausgabe* sein! – Was soll denn das sein, »anonym
Kauf«? Wo sollte ich denn Geld haben, Dir Deinen Antheil abzu-
kaufen? im Gegentheil habe ich Dir den Verkauf verschaffen wollen, um auch zu verkaufen. – Auch im Aerger mußt Du mir keine
Dummheit zumuthen, und keine Lüge! Es ist mir weder Vortheil
noch Nachtheil ob Du verkaufst oder nicht, denn ich sterbe eher
wie Du! – –

Ich verkaufe um meine Renten, aber mit *Sicherung*, zu erhöhen;
weil ich fortwährend krank bin, und nach Italien ziehe, später;
weder heute noch morgen, aber bald; da kan ich kein Grundstück

in Danzig haben, u Abegg ist viel älter als ich, was nach seinem
Tode in solcher Entfernung? Du bleibst in Preußen od. Teutschland. Deine angeführten Beispiele sind mir natürlich nicht fremd,
ich werde mich schon in acht nehmen, sei aber versichert, die
Kalifornische Geschichte wird zunächst das *Gold* niederdrücken,
nicht das Geld; ich mache nie auf Geldgeschäfte nicht einmal in
Honorar-sachen, wie viel Schaden kan mir wohl erwachsen?

Habe herzlichen Dank für Deine gute redliche Meinung, in Jahr
und Tage lebe ich in Rom, deshalb kan ich sie nicht anwenden, sei
aber gewiß ich habe Geschäftsfreunde und werde keine leichtsin-
nige Schritte thun, Du hast nie Ursache gehabt mich in Geschäfts-
dingen für unbesonnen zu halten, und hast noch kürzlich das
Gegentheil geschrieben. Glaube, ich übersehe gar nicht den Einfluß des Californischen Goldes indessen ich wahre mich möglichst, muß aber den Umständen ihren Lauf lassen.

Bemerke, in der Anforderung der Form des Geschäftes, daß Du
mir (wie ich Dir einst Porto einer Geldsendung) jetzt das Zählgeld
einer großen Summe aufbürdest! ich soll bezahlt *sein, ehe* Du ent-
scheidest, und ich will *baar* bezahlt sein! Wenn ich nun auch in
große Anklage ausbräche! Ich bin aber gar nicht böse, und werde
es einrichten so gut wie möglich; da Du vielleicht Deinem Briefe
nach, doch kaufen willst; mir ist's ganz egal, wer von Euch beiden
kauft, wenn ich nur nicht noch große Ueberausgaben bekomme.
In's Danziger Hypothekenbuch kan der Kauf erst eingetragen werden, wenn er bestimmt ist, zwischen Euch, also *nach* Deiner for-
mellen Erklärung. Der Preiß für den Guts-Antheil ist übrigens
nicht hoch, denn es ist Kapital gerechnet, das nach gewöhnl: Zins-
fuß 4 Procent brächte, das sind 3700 Rth: 150 Rth: Renten. Du erhältst in nächster Woche die Papiere in gewünschter Form. Dabei ist
ja gar nichts zu »verplempern«, Du hast entweder ja oder nein zu
sagen, im Fall Du kaufst hast *Du anzugeben wie Du mir 3700 Rth zahlen willst*, im Gegenfall die Entsagungs-Akte; zu begünstigen ist
nichts, lieber Arthur, zu misbilligen im Geschäft auch nicht, nur als
Bruder; und natürlich hast Du das nicht notariel, sondern mir allein
zu schreiben. Bringe doch keine Neben-Sachen hinein! Du weißt
wohl bei dem Verkauf an Friedrichsen hat man Dich gar *nicht* gefragt

u er ist *gültig!* Indessen wie gesagt, wenn Du mich auch *baar* aus-
zahlst, und auf einmal, so bin ich's herzlich zufrieden, wenn Du lieber Grundstücke hast; wenn Du dem Kauf entsagst, *va bene,* ist *mir*
auch Recht, nur mache alles klar, so wohl Deine Zahlungs-Mittel,
als durch Abschrift die von Dir bewahrten Beweise Deines Rechts,
wenn man sie fordern sollte, falls Du kaufst; schicke sie nicht voraus, laß sie falls Du nicht kaufst ruhig liegen, denn das ist unnütz,
wenn man nicht darauf besteht, und beweislos bist Du hoffentlich…, ich weiß die Sache nur durch Dich.

Du wirst von mir in dieser Angelegenheit nun keine weitere
Nachricht bekommen, sondern die Betheiligten … es mit Dir
abmachen, ohne meine Einmischung, denn … ist ganz gleich wer
meinen Guts Antheil kauft.

Mit den besten Neujahrswünschen   Adele.

Bonn d. 10ten: Januar 1849
Kalifornische Geschichte: Der kalifornische Gold-Rush von 1848/9

210. Adele an Arthur

Bonn den 8ten Februar
Recht herzlich lieber Arthur habe ich mich über die Beendigung
unseres Geschäftes gefreut; die Mertens wünschte (ihrer Eigenthümlichkeit nachgebend, alles Gerede zu vermeiden) ich mögte
sie Dir nicht als Käuferin nennen, sondern das Alles lassen bis Mertens nach Frankfurt gienge; was sich um 10–12 Tage verzögert hat.
Darum habe ich Dir das nicht alles geschrieben. Mertens, dessen
Herz Du ganz gewonnen, bekennt er habe Dir auch sonst noch
vielerlei, besonders über die Rente und Hypothek erzählt, das ist
mir auch recht, und ich will nun zu Deiner noch nähern Aufklärung
hinzufügen: daß ich vor etwa 1 1/2 Jahr meinen Guts-Antheil gegen
Leibrente an Friedrichsen zu verkaufen gedachte. Herr Abegg richtete mir's unter den buchstäblich nehmlichen Bedingungen ein, die
ich jetzt eingegangen; ich meinte aber immer noch mehr zu bekommen und traute Friedrichsen nicht recht, so blieb die Geschichte
ganz ungewiß liegen; noch später kamen mir immer neue Hoffnungen und da meinte dann die Mertens Deinen Antheil zu dem

damals von Dir bestimmten Preise zu kaufen. Wir hatten blos *diesen Kauf* für *Dich, ich* hatte für mich die *Aussicht* auf *Friedrichsen*, und hier hatten Leute welche auch Güter um Danzig hatten, ein Obrist und Familie behauptet das Gut sei mehr werth. Wenn ich nun Dich gesichert hatte, dann meinte ich entweder einen Käufer sei es für blos meinen oder mehrere Antheile zu finden, und desto freier handeln zu können; fände sich aber keiner, so wußte ich Dich gedeckt und konte mit Friedrichsen abschließen. Mein Aerger war nun groß als ich statt freundlicher Antwort von Dir Mißtrauen erfuhr, das ich auch nicht entfernt verdiente; die Mertens hatte gute und vortheilhaft gekaufte Papiere und wollte eigentlich blos tauschen, sie gedachte weder zu verlieren noch zu gewinnen. Nicht entfernt war von einem Kauf zwischen uns die Rede. Nun reiste ich nach Florenz. Als ich im Mai nach Bonn zurückkehrte, waren die Sachen beim Alten; mogte das Gut mehr wert sein, *ich* konte nicht mehr bekommen. Abegg fragte, ob er auf Friedrichsens Vorschläge eingehen solle, aber *mehr* gäbe dieser nicht. Das zog sich 3–4 Monate hin, ich sprach oft davon mit der M. Sie wollte, nun sie zur Liquidation mit den infamen Schwiegersöhnen kommt, auf irgend *eine* Art etwas für mich thun, aber doch nicht *gegen* ihrer Kinder Vortheil, da schlug sie mir die nehmlichen Bedingungen wie Friedrichsen vor, aber hier war ich der Hypothek gewiß, und konte den Akt selbst mit aufnehmen, auch wußte ich daß Dir keine kleinliche Schererei erwachse wie das wohl wenn Friedrichsen 4 Neuntel besäße sein konte. Diese Ursachen bestimmten mich den Kauf einzugehen, ich glaubte mich nicht sicher bei Friedrichsen, ich war aber überzeugt von Sibillens Rechtschaffenheit, ich kannte genau den Stand ihres Vermögens u die Sicherheit ihrer Hypothek. Jetzt weißt Du die Sache weiß Gott so genau als ich selbst.

Du hast mir durch Tadel und Voraussetzen arger Dinge oft sehr wehe gethan und darum habe ich mir abgewöhnt von mir zu reden; es steckt aber gar keine Geheimnißkrämerei dahinter. Nach meiner lebensgefährlichen Krankheit in Florenz wo ich 9 Wochen lag, habe ich den Wunsch nur wenn Sibille zurückkehrt nach Italien zu gehen, ich warte auf ihre Geschäfte, sind diese bis auf einen

gewissen Punkt so gehen wir. Auguste, ihre jüngste und jetzt einzig noch im Haus befindliche Tochter heirathet nächsten Mittwoch; ihre zwei längst mündigen ganz schlechten Söhne sind nicht
im Haus, wir sind nun beide allein, beide aufeinander angewiesen,
durch die Umstände. Es läßt sich von dieser Reise für meine Person
aussprechen daß ich von Juny an bis Sept: nicht reisen kan, der
Hitze wegen, also ist natürlich daß falls Sibille erst im Sommer
geht ich nachkomme, im September. Auf den Fall gehe ich noch zu
meiner guten Louise Wolff nach Jena und zur alten Pogwisch um
sie beide noch einmal zu sehen.

Während Auguste Mertens ihre Heirathsreise macht, will viel-
leicht die Mertens nach Leyden. Auf den Fall habe ich mir diesen
Winter wo ich weder ins Theater, noch in Gesellschaft, noch ins
Conzert konte, eine kleine Summe gespart, denn die Galerie im
Haag kenne ich nicht, das Leben hat für mich jetzt durchaus nur
Kunstgenuß, von andern Dingen bin ich abgeschnitten durch mein
inneres Körperleiden. Ich habe aber sehr viel gelernt in Italien, ich
genieße wahrhaft; sowohl für Gemälde als für Sculptur und
Archeologie ist mir der Geist entfaltet, seit einem Jahr fange ich an
Architektur zu sehen. Da habe ich denn eine große Menge Freuden, überall, und sie sind Ersatz für das Verlorene, Aufgegebene.
Seit etwa 8 Jahren hat Gesellschaft nichts Lockendes für mich, es
fällt mir gar nicht ein einzelne Menschen zu studiren oder kennen
zu lernen, nun ich gar graue Haare habe und dieses Plaisir noch neu
ist, gehe ich noch ungerner unter Leute, meistens reden Männer
lieber mit jungen Frauen als mit alten, und obschon ich das persönlich noch nie empfunden, *weiß* ichs; mit Frauen aber spreche ich lieber einzeln als in Massen. So bin ich allmählig zu einsiedlerischen
Gewöhnungen gekommen, und gelte für eine Seltenheit in der
Gesellschaft, *wenn* ich einmal sie besuche, und werde gehätschelt,
als solche. Meine Krankheit hat nach den heftigen Anfällen in Florenz nicht zugenommen, nur kan ich das kalte Klima nicht ertragen, es wirkt so entzündlich daß mein Puls beim 5ten, ja endlich
beim 4ten Schlag aussetzte; dazu kommt daß hier im Winter nicht
immer Eis zu haben, was ein Präservativ ist. Ich habe hier eine
Unterleibsentzündung und eine Menge Anfänge derselben die

unterdrückt wurden durchgemacht. Uebrigens bin ich wohl und
bis auf ergrauendes Haar sehe ich wohl aus, und fühle mich so.
Arbeiten kan ich jetzt nichts, es wird ja gar nichts gelesen, das ist
ein allgemeines Schicksal aller Autoren. Doch das sind Odiosa.
Lieber sage ich Dir daß ich mit großer Freude von Tante Julchen
gehört habe daß Du ihr einen kleinen Zuschuß giebst, ich danke
Dir recht sehr dafür, ich kan es nicht und sie hat es nöthig, sie ist
75 Jahre! Leb herzlich wohl.   Adèle

Wundre Dich nicht über meine Handschrift, ich habe mit einer
Stahlfeder schreiben wollen u ich kann es nicht, es giebt keinen
Strich.

Mertens: Wilhelm Mertens-Dewald hatte Arthur Anfang Februar in Frankfurt
getroffen.

211. Adele an Arthur

Lieber Arthur ich habe so eben der Tante Julchen Tod erfahren –
vor meiner italienischen Reise hatte ich Abegg bevollmächtigt; ich
glaube die Erbschaft wird nicht anzutreten sein, Schulden kan ich
nicht übernehmen.
    Du wirst Nachricht bekommen und was du thust werde ich
auch thun. Alle Details über ihren Gottlob nicht schweren Tod, ihr
Begräbniß in der Begräbnisgruft der ersten Fr. Ratzky geb. Schulz
schreibe ich Dir später.
    Die Krankheit in Frankf. war Ernst, sie wird mir wahrscheinlich
das Leben kosten. Ich bin hier gewesen während die Mertens in Italien war, wohin sie damals v. Frankf. aus reiste, was aber nicht ein
Plan war, sondern plötzlich durch Umstände veranlaßt ward. Ich
will nun nach Bonn zurück sobald ich mich wohl genug fühle, da
ich nun Alles hier gethan was nöthig war. Ich erzähle Dir's ein
andermal mir ist sehr unwohl durch die Kälte.
Weimar den 30ten Juny Addresse Fr. v. Pogwisch   Deine Adèle

Ich kan *nicht* mit Dir Vollmacht geben da Abegg sie hat, wäre ich
Du, ich bäte ihn die Deine auch zu übernehmen so ist's gut.

212. *Adele an Arthur*

Bonn den 20 July 1849

Lieber Arthur. Von Herrn Arndt, dessen Brief ich Dir hierbei
zurücksende, habe ich nichts weiter gehört, und finde mich demnach nicht veranlaßt, ihm zu schreiben: vermuthlich macht er alles
mit Herrn Abegg ab, und erst das Resultat wird an mich gelangen.
An Abegg habe ich geschrieben, daß ich in Nichts den Wünschen
unserer verstorbenen Tante entgegentreten will. Das Portrait
werde ich schicken; bei näherer Besichtigung habe ich bemerkt,
daß es so schön gemalt ist, daß es von bedeutendem Werth ist: ich
will es daher lieber in einem Kästchen schicken. Leider muß ich
mich einer fremden Hand bedienen, weil ich sehr krank bin.

Deine Adele.

fremden Hand: Adele hat ihre beiden letzten Briefe (Nr. 212 und 213) zwar noch
selber unterschrieben, den Text aber diktiert.

213. *Adele an Arthur*

Bonn den 20. August 1849.

Lieber Arthur!

Die Verfügungen, die Du Gottlob genau kennst, werden Dir von
meinem Vermögen leider nicht so viel zurücklassen, als wünschenswerth. Dieses aber steht sicher, wird in bestimmten Raten
bis zu jedesmaliger Abzahlung gut verzinst Dir ausgezahlt werden. Den noch in meinen Händen befindlichen Theil unseres Fami-
lien-Silbers wird Frau Sibille Mertens-Schaaffhausen Dir im Falle
eines Unglücks sicher übersenden. Es bleiben mir noch, unbedeutend an Werth, zur Verfügung eine kleine Damenbibliothek, vier
Portraits in Oehl, die Miniaturen die die Mutter gemalt hat, etwas
werthloser Modeschmuck, und einzelne Mobiliarstücke, und alte
Kupferstiche die mir niemand hat abkaufen wollen. Erlaube mir,

daß auf den Fall eines sehr plötzlichen Endes meine Freundin Sibylle Mertens diese Dir unnützen Dinge, nach meinem ihr bekannten Willen unter meine Jugendfreunde vertheilt. Du würdest sehr wenig durch den Verkauf zu Deiner Gunst gewinnen.

Um für den angedeuteten traurigen Fall das Versieglen bei der Mertens zu verhüten, bitte ich Dich an irgend jemand in Bonn Deine Vollmacht zu senden: Du könntest sie, wenn Du niemand näheres weißt, an Dr. Wolff, Professor Nicolovius oder Herrn Wilhelm Mertens Dewald schicken.–

Indem ich Dir von ganzem Herzen für alle Freundlichkeit der letzten Monate danke, bitte ich mir bald zu antworten.

Deine treue Schwester Adèle

214. Arthur an Adele

Liebe Adele,
Ich habe Deinen von Dir unterschriebenen Brief erhalten und sehe mit großem Bedauern, daß Du auf Deinem Krankenlager Dich mit allerhand kleinlichen, irdischen und hoffentlich ganz überflüssigen Sorgen zu schaffen machst. Wenn es inzwischen zu Deiner Beruhigung gereicht, so gebe ich Dir die Versicherung, daß ich den von Dir in Deinem Briefe gewünschten Anordnungen nachkommen werde, im Falle daß Du wirklich, wie wir Buddhaisten es nennen, das Leben wechseln solltest. Hoffentlich wird es dazu dies Mal noch nicht kommen und daß der Himmel Dich stärke und erhalte ist der wahrhaft aufrichtige Wunsch

Deines Bruders Arthur Schopenhauer

Arthur an Adele: Am 25. August hat Sibylle Mertens-Schaaffhausen Arthur das Eintreffen dieses undatierten Briefes bestätigt und ihn über den Tod informiert: »Ihr Brief kam gestern: meine arme Freundin konnte ihn nicht mehr lesen: sie trug mir mit Blick und Wink auf den Dank für Ihre Freundschaft Ihnen zu sagen.«

ANHANG

BIBLIOGRAPHIE

Gwinner, Wilhelm: Schopenhauer's Leben. Zweite, umgearbeitete und vielfach vermehrte Auflage der Schrift: A. Schopenhauer aus persönlichem Umgange dargestellt, Leipzig 1878 (abgekürzt: Gwinner).

Düntzer, Heinrich: Abhandlungen zu Goethe's Leben und Werken. Bde. 1, 2, Leipzig 1883.

Grisebach, Eduard: Die Briefe Arthur Schopenhauer's. In: Edita und Inedita Schopenhaueriana, Leipzig 1888, 185–221.

Schemann, Ludwig: Schopenhauer-Briefe. Sammlung meist ungedruckter oder schwer zugänglicher Briefe von, an und über Schopenhauer. Mit Anmerkungen und biographischen Analekten herausgegeben, Leipzig 1893 (abgekürzt: Schemann).

Tagebücher der Adele Schopenhauer. Hg. v. Kurt Wolff, Bde. 1, 2, Leipzig 1909.

Brahn, Max: Arthur Schopenhauers Briefwechsel und andere Dokumente, Leipzig 1911.

Schopenhauer, Adele: Tagebuch einer Einsamen. 1823–1826. Hg. v. Heinrich Hubert Houben, Leipzig 1920, erweiterter Neudruck München 1985.

Houben, Heinrich Hubert: Damals in Weimar. Erinnerungen und Briefe von und an Johanna Schopenhauer, Leipzig 1924.

Houben, Heinrich Hubert: Neue Mitteilungen über Adele und Arthur Schopenhauer. Aus dem Nachlaß der Frau Sibylle Mertens-Schaaffhausen. 16. Schopenhauer-Jb. 1929, 29–182.

Der Briefwechsel Arthur Schopenhauers. Herausgegeben von Carl Gebhardt. Erster Band (1799–1849), München 1929.

Houben, Heinrich Hubert: Neue Mitteilungen über Adele und Arthur Schopenhauer. 16. Schopenhauer-Jb. 1929, 79–182.

Der Briefwechsel Arthur Schopenhauers. Herausgegeben von Arthur Hübscher. Zweiter Band (1849–1860), München 1933.

Der Briefwechsel Arthur Schopenhauers. Herausgegeben von Arthur Hübscher. Dritter Band, München 1942.

Hübscher, Arthur: Unbekanntes von Arthur Schopenhauer. 34. Schopenhauer-
Jb. 1951/52, 55–63.

ders.: Der Philosoph lernt schreiben. Unbekannte Briefe von Schopenhauers
Vater an seinen Sohn. 36. Schopenhauer-Jb. 1955, 82–88.

ders.: Arthur Schopenhauer, Mensch und Philosoph, in seinen Briefen, Wiesbaden 1960.

ders.: Zwei Hamburger Jugendfreunde. 51. Schopenhauer-Jb. 1970, 32–40
(enthält den Brief von C. G. Jänisch vom 21.2.1799 und sieben Briefe von
Charles Godeffroy aus den Jahren 1803 und 1804 an Schopenhauer).

ders.: Ein Lebensbericht für Anthime Grégoire. 51. Schopenhauer-Jb. 1970,
41–49.

ders.: Unbekannte Briefe von Johanna Schopenhauer an ihren Sohn. 52. Schopenhauer-Jb. 1971, 80–110; 54. Jb. 1973, 108–149; 56. Jb. 1975, 158–186; 57. Jb.
1976, 105–126.

ders.: Adele an Arthur Schopenhauer. Unbekannte Briefe. 58. Schopenhauer-
Jb. 1977, 133–186; 59. Jb. 1978, 110–165; 60. Jb. 1979, 181–240.

ders.: Arthur Schopenhauer. Gesammelte Briefe, Bonn 1978. 2., verbesserte
und ergänzte Auflage, Bonn 1987 (abgekürzt GBr).

ders.: Drei Tanten Schopenhauers. 61. Schopenhauer-Jb. 1980, 127–150.

Johanna Schopenhauer: Ihr glücklichen Augen. Jugenderinnerungen, Tagebücher, Briefe, hrsg. von Rolf Weber, Berlin 1978 (= Im Wechsel der Zeiten, im
Gedränge der Welt, München 1986).

Hübscher, Angelika: Arthur Schopenhauer. Ein Lebensbild in Briefen. Zusam-
mengestellt und herausgegeben von A. H., Frankfurt am Main 1987.

Hübscher, Angelika und *Fleiter, Michael* (Hrsg.): Arthur Schopenhauer. Philosophie in Briefen, Frankfurt am Main 1989.

Die Werke Arthur Schopenhauers werden zitiert nach:
Arthur Schopenhauers Werke in fünf Bänden. Nach den Ausgaben letzter
Hand hrsg. von Ludger Lütkehaus, Zürich 1988.

Der Nachlaß Arthur Schopenhauers wird zitiert nach:
Arthur Schopenhauer, Der handschriftliche Nachlaß, hrsg. von Arthur Hübscher, 5 Bde., Frankfurt am Main 1966-1975 (abgek. HN).

VERWANDTSCHAFTSTAFEL

Andreas Schopenhauer	∞ 29.7.1745	Anna Renata Soermans	Christian Heinrich Trosiener	∞ 6.9.1763	Elisabeth Lehmann
* 11.6.1720 in Danzig		* 28.10.1726 in Danzig	get. 7.5.1730 in Danzig		* 2.7.1745 in Danzig
† 23.12.1793 in Ohra		† 9.4.1804 in Ohra bei Danzig	† 17.1.1797 in Stutthof		† 18.8.1818 in Danzig
Bruder: Johann Leo Schopenhauer (1711–41), Vormund des Andreas Schopenhauer					

Heinrich Floris Schopenhauer	∞ 16.5.1785	Johanna Henriette Trosiener
get. 27.6.1747 in Danzig,		* 9.7.1766 in Danzig
† 20.4.1805 in Hamburg		† 16.4.1838 in Jena
Geschwister u. a.:		Schwestern:
Johann Friedrich Sch. (1748–1794)		Charlotte Elisabeth (get. 1768)
Maria Renata Sch.		Anna (1769–1814)
(*1750, † vor 1807),		Juliane Dorothea (1773–1849)

Christian Gottfried Tietz
(die »Tietzischen Erben«)

Michael Andreas Sch. (1758–1813)
Karl Gottfried Sch. (1761–1795)

ARTHUR SCHOPENHAUER	Louise Adelaide Lavinia Schopenhauer
* 22.2.1788 in Danzig	(Adele) * 12.6.1797 in Hamburg
† 21.9.1860 in Frankfurt am Main	† 25.8.1849 in Bonn

PERSONENVERZEICHNIS

Abegg, Hinrich Burghart (1791–1868), Schwiegersohn von A. L. Muhl

Allmondi, Danziger Patrizierfamilie

d'Alton, Joseph Wilhelm Eduard (1772–1840), Professor für Kunstgeschichte und Archäologie in Bonn

Anna Amalia (1739–1807), Herzogin von Sachsen-Weimar-Eisenach, Nichte des preußischen Königs Friedrich II., Mutter des Herzogs Karl August

Arnim, Bettina von, geb. Brentano (1785– 1859), Schriftstellerin und Frau des Dichters Achim von Arnim

Asverus, Gustav (1798–1843), Jurist, zunächst Advokat, seit 1832 Professor an der Universität Jena, Adeles Rechtsberater

Augereau, Pierre-François-Charles (1757–1816), Herzog von Castiglione, Marschall von Frankreich, einer der Feldherrn Napoleons I.

August, (1772–1821), Prinz von Gotha

Auguste, geb. Prinzessin von Wales, Frau des Herzogs Karl Wilhelm Ferdinand von Braunschweig

Bardua, Caroline (1781–1864), Porträt- und Historienmalerin in Weimar, später in Berlin

Bernstorff, Julie Gräfin von, seit 1779 in Weimar lebende Witwe eines dänischen Ministers

Berthier, Louis-Alexandre (1753–1815), Fürst von Wagram, Marschall von Frankreich, seit 1799 Kriegsminister und seit 1805 Generalstabchef Napoleons I.

Bertuch, Friedrich Justin (1747–1822), Schriftsteller, Verleger, Kunst- und Buchhändler in Weimar, Herausgeber zahlreicher Zeitschriften

Bertuch, Karl (1777–1815), Buchhändler und Sohn von Friedrich Justin Bertuch

Böhl, Ehepaar in Hamburg, Freunde Johannas

Boisserée, Sulpiz (1783–1854), deutscher Kunstgelehrter, Begründer einer berühmten Sammlung altdeutscher Kunst, seit 1835 Generalkonservator der Denkmäler Bayerns, wirkte später in preußischen Diensten an der Vollendung des Kölner Doms mit

Böttiger, Karl August (1760–1835), Philologe und Archäologe, Direktor des Gymnasiums in Weimar, Publizist, redigierte mehrere Zeitschriften, seit 1806 Studiendirektor und Leiter der Antikenmuseen in Dresden

Bourrienne Louis-Antoine Fauvelet de (1769–1834), französischer Diplomat und Schriftsteller, 1804 bis 1806 Gesandter in Hamburg, seit 1814 Polizeipräfekt von Paris, später Staatsminister der bourbonischen Restauration

Bregard, Madame de, Freundin Johannas in Hamburg

Brentano, Franz D. M. J. (1765–1844) und Antonie (1780–1896), Senatorenfamilie in Frankfurt a. M., befreundet mit Sulpiz Boisserée

Brockhaus, Friedrich Arnold (1772–1823) Verlagsbuchhändler und Buchdrukker in Leipzig, Herausgeber des nach ihm benannten Konversationslexikons und zahlreicher Zeitschriften, Verleger Arthurs und Johannas. In der Verlagsbuchhandlung F. A. Brockhaus erschienen auch einige der Werke Adeles

Bühl, Peter de (auch: de Bihl), Handelshaus in Petersburg

Conta, Karl Friedrich Anton von (1778–1850), Legationsrat, später Minister in Sachsen-Weimar-Eisenach, mit Johanna befreundet

Conta, jüngerer Bruder Karl Friedrich Anton von Contas

Conta, Schwester Karl Friedrich Anton von Contas, Pflegetochter von Johanna Caroline Amalie Ludecus

Demiani, Carl Friedrich (1768–1823), Miniatur- und Porträtmaler, seit 1816 Inspektor der Gemäldegalerie in Dresden

Denier, französischer Kriegskommissar, Beschützer Johannas im Oktober 1806 in Weimar

Denon, Dominique-Vivant (1747–1825), französischer Maler und Kunstschriftsteller, Sammler und Graphiker, seit 1804 Generaldirektor der Museen Frankreichs

Dentzel, Georg Friedrich (1755–1828), französischer General deutscher Herkunft, Theologiestudent in Jena, Pfarrer in Landau, 1793 Mitglied des Konvents in Paris, 1806 französischer Militärkommandant in Weimar

Desport, Kaufmann in Weimar

Döring, Friedrich Wilhelm, (1756–1837), Direktor des Gymnasiums in Gotha

Droste-Hülshoff, Annette von, (1797–1848), Dichterin, Freundin von Adele, Ottilie von Goethe und Sibylle Mertens-Schaaffhausen

Duguet, Johannes, Franzose, Bedienter der Schopenhauers in Hamburg und Weimar

Duguet, Sophie, Frau von Johannes D.

Egloffstein, Gräfin Henriette v. E., (1773–1864), und ihre Töchter Caroline (1789–1868), die Hofdame der Großherzogin Maria Pawlowna, und Julie (1792–1868)

Einsiedel, Friedrich Hildebrand Freiherr von (1750–1828), Kammerherr der Herzogin Anna Amalia, Oberhofmeister der Großherzogin Luise, Schriftsteller und Übersetzer antiker und spanischer Dramen

Emden, Martin, 1801–1858, Advokat in Frankfurt a. M.

Eschmann, Annette, Schwester von Frau von Kampen

Facius, Angelika (1806–1887), Stein- und Stempelschneiderin, Tochter von Friedrich Wilhelm Facius

Facius, Friedrich Wilhelm (1764–1843), Stein- und Stempelschneider in Weimar

Knebel, Karl Ludwig von (1744–1834), Übersetzer und Dichter, zunächst preußischer Offizier, dann Hofmeister am Weimarer Hof, Freund Goethes, lebte seit 1804 in Jena

Knebel, Frau von, bis 1797 Kammersängerin bei der Herzogin Anna Amalia

Könneritz, Hans Heinrich von (1790–1863), von 1815 bis 1820 Regierungsrat in Weimar, danach Generaldirektor des Dresdner Hoftheaters, sächsischer Diplomat und Minister, mit Johanna befreundet

Koppenfels, Johann Friedrich von (1737–1811), Kanzler und Regierungsrat in Weimar, Schwiegervater des Kunstgelehrten Heinrich Meyer

Kraus, Georg Melchior (1737–1806), Landschaftsmaler und Zeichner, seit 1778 Direktor der Zeichenakademie in Weimar

Kügelgen, Gerhard von (1772–1820), Porträt- und Historienmaler, seit 1805 Professor in Dresden

Labes, Carl Wilhelm, geboren um 1790, Verwandter der Schopenhauers, Bevollmächtigter Arthurs in Danzig

Lancaster, Reverend, Inhaber einer Erziehungsanstalt in Wimbledon

Lannes, Frau von Jean Lannes

Lannes, Jean (1769–1809), Herzog von Montebello, französischer Marschall, befehligte in der Schlacht bei Jena 1806 das französische Zentrum

Laroche, Ritter Karl von (1794–1884), vielseitiger Schauspieler, seit 1823 in Weimar, seit 1833 in Wien

Laroche, Sophie von (1731–1807), deutsche Schriftstellerin, schrieb Romane in Briefform, Jugendfreundin Wielands

Lenz, Christian Ludwig (1760–1833), Gymnasialdirektor in Weimar, Bruder von Professor Karl Gotthold Lenz, bei dem Arthur in Gotha wohnte

Loder, Justus Christian von (1753–1832), Anatom und Chirurg, seit 1778 Professor der Medizin in Jena, seit 1803 in Halle, später in Moskau

Loder, von, Frau des Medizinprofessors Justus Christian von Loder

Louis, Ferdinand (1772–1806), Prinz von Preußen, preußischer General, Neffe Friedrich II.

Ludecus, Johanna Caroline Amalie (1757–1827), Schriftstellerin, veröffentlichte vornehmlich unter dem Pseudonym Amalie Berg, Hofdame der Herzogin Luise von Sachsen-Weimar, Johanna wohnte in ihrem Haus

Luise (1776–1810), Königin von Preußen, Frau Friedrich Wilhelms III.

Luise Auguste (1757–1830), Prinzessin von Hessen-Darmstadt, seit 1775 Herzogin von Sachsen-Weimar, Frau Karl Augusts

Maria Pawlowna (1786–1859), Großherzogin, Frau Karl Friedrichs von Sachsen-Weimar

Matthiä, August (1769–1835), seit 1802 Direktor des Altenburger Gymnasiums

Mertens, Louis (1781–1842), Kaufmann und Fabrikant, Mitinhaber des Schaaffhausenschen Bankgeschäftes in Köln, Besitzer des Landhauses in Unkel, das Johanna mietete

Mertens-Schaaffhausen, Sibylle (1797–1857), Tochter des Kölner Bankiers

Abraham Schaaffhausen, Kunstsammlerin, Archäologin, lebte lange in Italien, Freundin Adeles

Meyer, Johann Heinrich (1759–1832), aus Zürich stammender Maler und Kunstgelehrter, seit 1807 Direktor der Weimarer Zeichenschule, Freund Goethes und Johannas,

Mühlens = Mülhens, Dr. jur., Jurist in Frankfurt a. M.

Muhl, Abraham Ludwig (1768–1835), Handelsherr, Senator in Danzig

Müller, Friedrich Theodor Adam von (1779–1849), seit 1815 Staatskanzler des Großherzogtums Sachsen-Weimar-Eisenach, Freund Goethes

Murat, Joachim (1767–1815), Marschall von Frankreich, seit 1808 König beider Sizilien in Neapel

Neumann, Maler in Dresden

Nicolovius, Heinrich (*1798), Kammergerichtsrat, Freund Adeles

Niebuhr, Bartholor Georg (1776–1831), Historiker, preußischer Gesandter in Rom

Osann, Friedrich Gotthilf (1794–1858), Freund Arthurs, lehrte ab 1825 in Gießen

Osann, Gottfried Wilhelm (1796–1866), Professor für Chemie in Dorpat und Würzburg, Freund Adeles

Palm, Johann Philipp (1766–1806), Buchhändler in Nürnberg, wurde wegen patriotischer Propaganda auf Befehl Napoleons I. erschossen

Passavant, Johann David (1787–1861), Maler, Museumsinspektor in Frankfurt a. M.

Passow, Franz Ludwig Karl Friedrich (1786–1833), Philologe, seit 1807 Gymnasiallehrer in Weimar, seit 1815 Professor an der Universität Breslau

Perrin, Hauslehrer der Familie Kühn in Weimar

Pistorius, Freundin Johannas in Hamburg

Pückler-Muskau, Hermann Fürst von (1785–1871), Großgrundbesitzer in Muskau und Branitz, Reiseschriftsteller und Landschaftsgestalter

Quandt, Johann Gottlob von (1787–1859), Sammler, Mäzen, Freund der Schopenhauers

Reichhardt, Johann Friedrich (1752–1814), Komponist und Musikschriftsteller in Berlin und Halle, Herausgeber mehrerer Zeitschriften

Reinbeck, geb. von Pallandt (gest. 1816), Frau Georg von Reinbecks

Reinbeck, Georg von (1766–1849), Schriftsteller und Ästhetiker, seit 1808 Gymnasiallehrer in Stuttgart, Redakteur des »Morgenblattes«

Reitzenstein, Christiane Henriette von (1784–1837), Freundin Adeles

Remer, Wilhelm (1775–1850), Mediziner, seit 1799 Professor in Helmstedt, später in Königsberg und Breslau

Ridel, Cornelius Johann Rudolf (1759–1821), Prinzenerzieher, Kammerdirektor in Weimar, mit Johanna befreundet

Riemer, Friedrich Wilhelm (1774–1845), Philologe, Gymnasialprofessor und Bibliothekar in Weimar, Lehrer und Erzieher August von Goethes

Rinder, Christian Siegmund, Kaufmann in Weimar, Gläubiger Johannas

Werner, Klavierlehrer in Weimar

Werner, Zacharias (1768–1823), Dramatiker, wurde 1814 katholischer Priester

Werther(n), Frau von; ihre Tochter Luise Klara (1798–1891) verheiratet mit Hans Heinrich von Könneritz

Weyland, Philipp Christian (1765–1843), seit 1790 Geheimsekretär des Herzogs Karl August, Hofbeamter und Geheimer Rat in Weimar

Wilhelmi, Frau eines Forstmeisters aus der Gegend von Erfurt

Willink, Gysbert (1748–1812), Hamburger Logierwirt Arthurs

Witte, Karl (1800–1883), Wunderkind, Studium in Göttingen, Professor der Rechte in Halle, Dante-Übersetzer

Wolff, Amalie, geb. Malcolmi (1783–1851), Schauspielerin, Frau von Pius Alexander Wolff

Wolff, Pius Alexander (1782–1828), Schauspieler und Dichter, lebte von 1803 an in Weimar, später in Berlin

Wolzogen, Karoline Freifrau von, geborene von Lengefeld (1763–1847), Schwägerin Schillers

Zelter, Karl Friedrich (1758–1832), Maurermeister, dann Komponist, seit 1800 Leiter der Berliner Singakademie, Freund Goethes

ZEITTAFEL

Heinrich Floris	Johanna	Adele	Arthur
getauft 27. 6. 1747 in Danzig	* 9. 7. 1766 in Danzig		
⚭ 16. 5. 1785			
1787 Reise nach England			
			* 22. 2. 1788 in Danzig
1793 Nach der Okkupation Danzigs durch Preußen Übersiedlung nach Hamburg			
		* 12. 6. 1797 in Hamburg	1797–1799 Aufenthalt in Le Havre bei der Familie Grégoire de Blésimaire
			1799 Eintritt in das private Lehrinstitut Runge
1800 Dreimonatige Reise mit Arthur und Adele im Sommer nach Carlsbad und Prag			
1803 (Mai) bis 1804 (August) Reise der Eltern mit Arthur, ohne Adele, durch Holland, England, Frankreich, die Schweiz, Österreich, Schlesien und Preußen			1803 (30. 6.–20. 9.) Aufenthalt im Hause des Reverend Lancaster in Wimbledon
			1804 (25. 8.) Konfirmation in Danzig Beginn einer kaufmännischen Lehre
† 20. 4. 1805 in Hamburg (wahrscheinlich durch Selbsttötung)			1805 Fortsetzung der Lehre in Hamburg
	1806 Mai–Juni: Erkundungsreise nach Weimar September: Übersiedlung mit Adele und den Duguets nach Weimar Oktober (12.): Erste Begegnung mit Goethe – (18., 19. und 26.) Johanna beschreibt die Auswirkungen der Schlacht von Jena und Auerstedt (14.) auf Weimar		1807 Aufgabe der Lehre Ende Mai: Umzug nach Gotha Dezember: Umzug nach Weimar Teilnahme an den Teegesellschaften Johannas

Johanna	Adele	Arthur

– (20.) erste Begeg-
nung mit Christiane
von Goethe,
geb. Vulpius
– Beginn der litera-
rischen Teegesell-
schaften
– Freundschaft mit
Carl Ludwig
Fernow
(† 4. 12. 1808)

1809 Auszahlung des Erbteils
Beginn des Studiums in
Göttingen

1810 »Carl Ludwig
Fernow's Leben«

1811 Fortsetzung des Studiums in
Berlin

1813 Müller von Gersten-
bergk zieht
zunächst in das
Wohnhaus,
dann in
die Wohnung
Johannas ein

1813 In Rudolstadt Niederschrift der
Dissertation »Ueber die vier-
fache Wurzel des Satzes vom zu-
reichenden Grunde«; Promotion
in absentia zum Dr. phil. in Jena
November: Rückkehr nach
Weimar

1813/4 »Erinnerungen von
einer Reise in den
Jahren 1803, 1804
und 1805«

1814 Mai: Nach dem Bruch mit
Johanna Umzug nach Dresden

1814 Mai: Bruch zwischen
Johanna und Arthur

1816 »Ueber das Sehn und die Farben«

1818 (Jahreszahl 1819) »Die Welt als
Wille und Vorstellung«

1817 »Reise durch das südliche
Frankreich«

1818 (September) bis 1819 (Juli) erste
Italienreise; Beziehung zu Teresa
Fuga in Venedig; Arthur wird in

1819 »Gabriele«
Mai: Bankrott des Handelshauses A. L. Muhl; Reise
mit Adele nach Danzig

absentia Vater einer Tochter in
Dresden, die noch als Säugling
stirbt

1819 Habilitationsgesuch bei der Universität Berlin

1820 Juni/Juli:
Nach der
Rückkehr
von Danzig
Begegnungen mit Arthur in Berlin

1820 März: Probevorlesung; Zusam-
menstoß mit Hegel
Erste und einzige Vorlesung

Johanna	Adele	Arthur
		1821 Beziehung zu Caroline Richter (»Medon«); Beginn des Prozesses Marquet
		1822 (Mai) bis 1823 (Mai) zweite Italienreise
1823 Schlaganfall		
		1824 Erneuter Aufenthalt in Dresden
		1825 Rückkehr nach Berlin
	1827/8 Reise ohne Johanna an den Rhein	
1829 Übersiedlung mit Adele nach Bonn und Unkel		
1830/1 »Sämmtliche Schriften«		
		1831 Flucht vor der Cholera aus Berlin zunächst nach Frankfurt
		1832 Umzug nach Mannheim
		1833 Endgültige Niederlassung in Frankfurt
		1835 (?) Arthur wird Vater einer zweiten, wieder früh gestorbenen Tochter in Frankfurt
		1836 »Ueber den Willen in der Natur«
1837 Übersiedlung mit Adele nach Jena		
† 16. 4. 1838 in Jena		
1839 »Jugendleben und Wanderbilder«, herausgegeben von ihrer Tochter		1839 Krönung der Preisschrift »Über die Freiheit des menschlichen Willens«
	1840 Besuch bei den Immermanns und im Rüschhaus	1840 »Über die Grundlage der Moral«
		1841 »Die beiden Grundprobleme der Ethik«

Johanna	Adele	Arthur

1842 Reise von Adele nach Bonn; erstes
Wiedersehen der Geschwister seit
1820 in Frankfurt

1844–1848   1844 »Die Welt als Wille und Vor-
Aufent-   stellung«, 2. Auflage der ersten,
halte in   1. Auflage des zweiten Bandes
Italien   1848 (18. September) Straßenkämpfe
in Frankfurt

1849 März: Letzte Begegnung der
Geschwister in Frankfurt

† 25. 5. 1849
in Bonn

† 21. 9. 1860 in Frankfurt

Schopenhauer,

Wappen der Familie Schopenhauer zum Wappenspruch:
»Point de bonheur sans liberté«

Errata

Seite 143, Zeile 8:

... wozu ich mich freue. Zwey Briefe von dir habe ich zu beantworten, einen vom 19ten u einen vom 7ten, ich glaube, Gott vergebs mir, daß ich dir seit dem 9ten nicht geschrieben habe, das ist arg wenns wahr ist, ich dencke aber es ist nicht so lange und ich habe nur das anschreiben im Kalender vergessen, auf jeden Fall tröste dich damit daß es mir wohl geht wenn ich schweige, ich habe in der Zeit manche Zerstreuung gehabt und auch einige nöhtige Briefe nach Danzig geschrieben, H Kabruns Sendschreiben habe ich auch noch nicht beantwortet das findet sich. *Ich habe mit deiner matantersch ...*